Forschungsinstitut der Friedrich-Ebert-Stiftung
Reihe: Politik- und Gesellschaftsgeschichte, Band 39

Herausgegeben von Dieter Dowe und Michael Schneider

Thomas Lindenberger

Straßenpolitik

Zur Sozialgeschichte
der öffentlichen Ordnung
in Berlin 1900 bis 1914

Verlag J. H. W. Dietz Nachfolger

ISSN 0941-7621
ISBN 3-8012-4057-6

Forschungsinstitut der Friedrich-Ebert-Stiftung
Godesberger Allee 149, D-53175 Bonn

Vorwort

Die vorliegende Untersuchung wurde im Sommer 1992 abgeschlossen und im Dezember desselben Jahres vom Fachbereich 1 Kommunikations- und Geschichtswissenschaften der Technischen Universität Berlin als Dissertation angenommen. Für die Veröffentlichung wurde sie geringfügig überarbeitet und gekürzt.

An dieser Stelle gebührt vielen, die mich auf einer langen Wegstrecke unterstützt haben, herzlicher Dank: Prof. Dr. Reinhard Rürup als Betreuer der Dissertation hat meine Arbeit über Jahre hinweg mit kritischen Kommentaren engagiert begleitet. Auch andere Angehörige des Instituts für Geschichtswissenschaft an der TU Berlin haben in Kolloquien und bei anderen Gelegenheiten wertvolle Hinweise beigesteuert, nicht zuletzt Prof. Dr. Karin Hausen und Prof. Dr. Heinz Reif als zweiter Gutachter der Dissertation.

Die Idee, den Begriff der „Straßenpolitik" theoretisch zu begründen und historiographisch zu erproben, entstand in der Zusammenarbeit mit Dr. Manfred Gailus (Berlin), dem ich für seinen zahlreichen Anregungen und Beobachtungen zu besonderem Dank verpflichtet bin. Das gleiche gilt für Priv.-Doz. Alf Lüdtke (Göttingen), der die konzeptionelle Ausarbeitung und empirische Durchführung dieser Idee in zahlreichen intensiven Gesprächen und schriftlichen Kommentaren nachhaltig befördert hat. Auch Prof. Dr. Bernd Warneken (Tübingen) und Dr. Michael Wildt (Hamburg) sowie mein Vater Prof. Dr. Heinz Lindenberger (Berlin) haben die erste Fassung der Dissertationsschrift teilweise oder ganz gelesen und nicht mit kritischen Hinweisen und Verbesserungsvorschlägen gespart.

Den Mitarbeitern und Mitarbeiterinnen der benutzten Archive sei an dieser Stelle für ihre Hilfe ebenfalls gedankt, insbesondere Frau Kirschbaum, der Leiterin des Mikrofilm-Archivs des Fachbereichs Politische Wissenschaft, dessen extensive Nutzung eine der wichtigsten technischen Voraussetzungen für die Durchführung des Projektes darstellte.

Dr. Dieter Dowe und Dr. Michael Schneider vom Historischen Forschungszentrum der Friedrich-Ebert-Stiftung in Bonn danke ich für die Aufnahme in die Reihe Politik- und Gesellschaftsgeschichte und für Verbesserungsvorschläge während der Überarbeitung für die Drucklegung. Ermöglicht wurde diese in der vorliegenden Form nicht zuletzt durch einen Zuschuß aus dem von der Friedrich-Ebert-Stiftung verwalteten Herbert-Wehner-Stipendium. Die finanzielle Unterstützung meiner Eltern half, Zeiten „ehrenamtlicher" Forschungsarbeit zu überbrücken.

Neben diesen Institutionen, Kollegen und Freunden bin ich auch nocht etlichen anderen, hier ungenannt bleibenden zu Dank verpflichtet. Vor allem gilt mein Dank aber Eva Brücker: nicht nur für ihre kritischen, oftmals eigensinnigen Einwände als Historikerin, sondern auch für die freundliche Unterstützung in den kleinen und großen Dingen des Alltags.

Berlin, im März 1995

Inhalt

8

1 Die Straße als Politik-Arena

„Es wird das Recht auf die Straße verkündet. Die Straße dient lediglich dem Verkehr. Bei Widerstand gegen die Staatsgewalt erfolgt Waffengebrauch. Ich warne Neugierige." Der zweite Satz dieser Bekanntmachung des Berliner Polizeipräsidenten Traugott von Jagow am 13. Februar 1910[1] weist auf die Möglichkeit verschiedener Straßennutzungen hin. Der Säulenanschlag richtete sich gegen die Absicht der sozialdemokratischen Partei, für das gleiche, geheime und direkte Wahlrecht in Preußen auf der Straße und nicht nur, wie bis dahin üblich, im Saal zu demonstrieren. „... lediglich dem Verkehr" — außer der schneidigen Warnung an die „Neugierigen" war es diese obrigkeitliche Definition der Straßenfunktion, die nicht nur in der Arbeiter-, sondern auch in der bürgerlich-liberalen Presse lebhaften Widerspruch provozierte. Die Vossische Zeitung kommentierte zum Beispiel: „Mancher Leser war im Zweifel, ob dieser Aufruf mehr beruhigen oder mehr aufregen werde. Auch konnte sich nicht jedermann eines Lächelns erwehren, wenn er las, daß die Straße dem Verkehr diene, lediglich dem Verkehr. Man hat in Berlin nur zu oft das Gegenteil erfahren, bei höfischen Veranstaltungen, wo die Straßen in weitem Umfang abgesperrt wurden und die Presse Grund genug hatte, die Interessen des Verkehrs gegen die Anordnungen der Polizei geltend zu machen."[2]

Doch damit nicht genug. Oppositionell-demokratische Straßendemonstration einerseits, herrschaftlich-monarchisches Zeremoniell andererseits – zusätzlich zu diesen beiden Extremen *politisch-symbolischer* Straßennutzung strafte eine enorme Vielfalt alltäglicher Verhaltensweisen auf der Straße das „lediglich" in Jagows Bekanntmachung Lügen. Dem definitorischen Problem der Polizei lag ein praktisches zugrunde: Als für die Aufrechterhaltung von Ruhe, Ordnung und Sicherheit zuständige Behörde mußte sie sich mit der Tatsache einer heterogenen und nicht nur zweckrationalen Nutzung des öffentlichen Straßenraumes herumschlagen. Auf der Straße wurde (und wird noch immer) nie „lediglich" verkehrt, sondern auch gearbeitet, gefaulenzt, sich vergnügt, gestritten, gewohnt, gelebt, gestorben — es gibt nur sehr wenige Lebensäußerungen, die auf der Straße so gut wie gar nicht anzutreffen sind.[3] Die Straße war und ist ein Ort relativ unzensierter Wahrnehmung, eine Art „Massenmedium" vor allem für gesellschaftliche Erfahrungen, die auf Vermischungen, Berührungen und Konfrontationen zwischen Sphären beruhen, die sonst räumlich voneinander getrennt existieren: Hier begegneten sich nicht nur Obrigkeit und „Untrigkeit", sondern auch Arm und Reich, Männer und Frauen, Alte und Junge,

---

1 BLHA, Rep. 30, Tit. 95, Nr. 15994, Bl. 32.
2 Vossische Zeitung v. 14. 2. 1910, Nr. 75. Siehe dazu auch u. S. 347. Zur Person v. Jagows siehe u. S. 341 f.
3 Als Beispiele für verstreute historische Studien zu einzelnen Aspekten der Straße als Lebensraum siehe z. B. Lindner (1983), Scharfe (1983), Schlumbohm (1979), Walter Benjamins (1983) „Passagenwerk" sowie eine „Kulturgeschichte der Straße" von Ernst Fuchs und Ernst Kreowski, Anonym (1910).

Fremde und Einheimische, Fleißige und Müßiggänger, Nüchterne und Betrunkene, Seßhafte und Obdachlose, „Anständige" und „Unanständige"...

In diesem Buch geht es um die sozialhistorische Bedeutung von Konflikten um die Ordnung auf der Straße. Schauplatz ist die deutsche Reichshauptstadt in der Spätphase der Wilhelminischen Gesellschaft zwischen 1900 und 1914. Die Straße entwickelte sich insbesondere in der Großstadt zu einer strategisch unverzichtbaren *Politik-Arena*[4] des hochindustrialisierten Deutschlands. Sie nahm als Artikulationsort unterschichtiger Interessen in der alltäglichen „kleinen" Politik des 19. Jahrhunderts wie frühen 20. Jahrhundert einen festen Platz ein.[5] Obwohl es dabei nur ganz selten zur schlagartigen, quasi aufständischen Gefährdung der politischen und sozialen Machtverteilung kam, beeinträchtigten kollektive Aktionen der Armen und von der Herrschaft Ausgeschlossenen dennoch immer wieder die Routine von „Ruhe, Ordnung und Sicherheit": Letztere galten als „gestört", wenn etwa bei Nahrungsrevolten Eigentum bedroht wurde, protestierende Menschenmengen den reibungslosen Verkehr behinderten, oder insbesondere, wenn Untertanen gemeinschaftlich dem staatlichen Gewaltmonopol seine Legitimität absprachen, den Gehorsam verweigerten und stattdessen zum Angriff übergingen. Für meinen Untersuchungszeitraum lassen sich innerhalb der breiten Skala derartiger Straßenaktivitäten drei Bereiche voneinander abgrenzen:

— Die politischen *Straßendemonstrationen*, die in obrigkeitlichen Bedrohungsphantasien als unmittelbare Vorboten der Revolution, als sozialdemokratische Heerschauen wahrgenommen und reglementiert und seitens der Anhänger der Sozialdemokratie zeitweilig mit dem Projekt einer die Machtverhältnisse umwälzenden Massenmobilisierung verbunden wurden.

— Die *„Streikexzesse"*, so die zeitgenössische Bezeichnung für gewaltsame Auseinandersetzungen zwischen Streikenden und Arbeiterpublikum einerseits und Streikbrechern und Polizei andererseits. Sie resultierten aus der Einbeziehung des Straßenraumes in Arbeitskämpfe.

— Der alltägliche *Kleinkrieg* zwischen Polizei und Publikum: Darunter fasse ich eine Vielzahl „unordentlicher" Verhaltensweisen vor allem der unteren sozialen Schichten zusammen, die Ordnungskonflikte mit der Polizei nach sich zogen oder sich von vornherein gegen deren Ordnungskompetenzen richteten. Aus welchen Anlässen auch immer, die Bereitschaft des Straßenpublikums einen „Auflauf" zu bilden, „den Aufforderungen des Beamten nicht Folge zu leisten", vielmehr ihm gegenüber „eine drohende Haltung einzunehmen" und den Straßenraum nach eigenem Gutdünken zu nutzen, schien stets vorhanden.

---

4 Zum Begriff „Politik-Arena" siehe Lüdtke (1982b), S. 339-343.
5 Vgl. Herzig (1988).

1.1 Straßenpolitik von oben und Straßenpolitik von unten

Um den historischen Zusammenhang dieser nach Form und sozialem Gehalt unterschiedlichen Machtkämpfe auf der Straße und um die Straße zu analysieren, definiere ich sie als *Straßenpolitik*.[6] In „Straßenpolitik" ist nach meinem Verständnis eine *doppelte Perspektive* enthalten: die von oben *und* die von unten.[7] Unter *Straßenpolitik von oben* verstehe ich die *Prävention der Polizei* vor Ort gegen eine in den Augen der Obrigkeit ständig lauernde und allgegenwärtige Gefährdung der *öffentlichen Ordnung* bei gleichzeitiger Privilegierung bestimmter Straßenräume für die symbolische Darstellung der ständisch-feudalen Elemente der Staats- und Gesellschaftsordnung. Zugleich sicherte sie darüber hinaus auch auf der Straße den die gesamte Gesellschaft durchziehenden patriarchalen Vorrang der Männer.[8]

Schutz der öffentlichen Ordnung und Beförderung der allgemeinen Wohlfahrt machten bis in das 19. Jahrhundert hinein den doppelten Inhalt des Polizeizwecks aus.[9] Nur beide „Leistungen" konnten den Bestand des Staates *und* des von ihm geförderten Privateigentums sichern. Daraus ergaben sich zwei Stoßrichtungen der *Straßenpolizei*: einerseits die Kontrolle derjenigen Bevölkerungsgruppen, von denen in diesem Sinne „unordentliches" Verhalten zu befürchten war, die also dazu „neigten", weder das Privateigentum noch staatliche bzw. staatlich sanktionierte Herrschaft jederzeit anzuerkennen; andererseits die Beförderung einer der allgemeinen Wohlfahrt dienlichen Straßennutzung, und das hieß der Schutz des *gesamten* „Publikums" vor den der Straßennutzung möglicherweise entspringenden Gefahren, vor allem jedoch die Gewährleistung eines „reibungslosen" und sicheren Straßenverkehrs.

Was stand bei der Straßenpolitik von oben „auf dem Spiel"? Welche *Risiken* barg ihr Scheitern, welche *Chancen* ihr Gelingen? Gerade in Berlin, einer Residenz- *und* Großstadt, konnten von der Straße mehrfache Gefährdungen der öffentlichen Ordnung ihren Ausgang nehmen, Gefährdungen, die im Zentrum der Staatsmacht als besonders akut und stets gegenwärtig empfunden wurden. Risiko Nr. 1 war natürlich der *Zusammenbruch der öffentlichen Ordnung* als solcher, der seit den für die traditionellen Eliten traumatischen Erfahrungen der europäischen Revolutionen als fester Bestandteil der Auflösung überlieferter Herrschaftsverhältnisse galt.[10] Doch über die Bestandssicherung des Ancien Régime als solchem hinausgehend war „öffentliche Ordnung", präziser: „ordentliches" im Sinne von Regeln einhaltendes Verhalten

---

6 Vgl. Überlegungen von Manfred Gailus (1990), S. 38. Rosenhaft (1983) und McEligot (1983) bezeichnen in einem engeren Sinne die Straßenkämpfe politischer Bewegungen während der Weimarer Republik als „street politics". Siehe zuletzt auch Rosenhaft (1995).

7 „Von oben" und „von unten" werden hier nicht zur Kennzeichnung von Parteilichkeiten des Historikers eingeführt, sondern folgen der Logik staatlicher Herrschaft. Die Überordnung des Staates über das Gemeinwesen schafft einen sozialen Antagonismus sui generis, den Ernesto Laclau als den „*Volk*"-*Machtblock-Widerspruch* („'people'/power bloc contradiction") faßt. Dieser ist *nicht* mit Klassenantagonismen identisch, sondern verfügt über eigene, über deren historische Diskontinuitäten weit hinausreichende Traditionen popularen Widerstandes gegen staatliche Herrschaft. Laclau (1977), S. 166 f. u. passim.

8 Siehe ausführlicher dazu u. Kap. 3.3.2.

9 Lüdtke (1982a), S. 67-82, siehe a. Lüdtke (1981).

10 Siehe die Skizze von Hobsbawm (1969) sowie die extensive Studie von Papcke (1973).

13

Aller in der Straßenöffentlichkeit, für das Funktionieren einer komplexen Gesellschaft wie dem urbanisierten und industrialisierten Deutschland zu Beginn des 20. Jahrhunderts unentbehrlich. Dazu gehörte nicht nur die Respektierung des Eigentums, sondern vor allem auch die Anerkennung des *Gewaltmonopols des Staates*. Jede Herausforderung dieser beiden Institutionen stellte nicht nur eine Verletzung eines Privateigentümers oder eines Gesetzes dar, sondern gefährdete bei Nichteinschreiten der Polizei über kurz oder lang das Funktionieren öffentlicher Ordnung als solcher.

Die Internalisierung der diesem „ordentlichen" Verhalten entsprechenden Normen durch die Untertanen-Bürger und -Bürgerinnen vollzog sich historisch nicht ausschließlich durch freiwillige Unterwerfung, etwa infolge rationaler Einsicht. Sie bedurfte zu ihrer Verstärkung und Absicherung immer angedrohter und praktizierter *Gewalt* seitens der die Ordnungsvorstellungen der Obrigkeit exekutierenden Polizei. Diese Gewalt gegen die Untertanen als legitime von der der Untertanen gegeneinander oder gegen den Staat abzugrenzen und als die einzig allgemein anerkannte zu etablieren, erforderte nicht nur die *Verrechtlichung* der staatlichen Herrschaftsfunktionen insgesamt[11], sondern auch die langwierige *Diziplinierung* derjenigen Bevölkerungsgruppen, denen dabei am meisten abverlangt wurde, der Unterschichten. Vor allem die Forschungen Michel Foucaults[12] haben entscheidend dazu beigetragen, die Funktionsweise von Institutionen, die an dieser Zurichtung und Kontrolle der Individuen beteiligt waren, besser zu verstehen: Disziplinierungs-Agenturen wie Gefängnis, Armenwesen, Schule, Militärdienst, Psychiatrie wirkten als institutionalisierte Diskurse, die im differenzierenden Spiel der Macht den „modernen", den Normen der bürgerlichen Gesellschaft entsprechenden Menschen hervorbringen sollten. Diesen Einrichtungen wäre das Regime der öffentlichen Ordnung durch eine der staatlichen Bürokratie zugehörige professionelle Straßenpolizei hinzuzufügen. Ähnlich diesen Institutionen arbeitet sie auf Grundlage nicht nur symbolischer, sondern im Grenzfall auch immer physischer Gewalt, um „freiwillige" Unterwerfung und Hinnahme von Herrschaft in langwierigen und „methodischen" Verfahren zu erzeugen.[13] Im Unterschied zu den erwähnten Institutionen ist die Straße jedoch der einzige Raum, in dem sich — im Interesse einer reibungslosen materiellen Reproduktion — weder durch stummen Zwang (wie z. B. in schulischen und kulturellen Einrichtungen) noch durch Setzung von Privilegien eine vollständige Trennung von Bevölkerungsgruppen durchsetzen läßt; auch bei erfolgreicher Aufrechterhaltung der öffentlichen Ordnung ist die Straße nie „totale Institution".

Bei allen Widerständen, denen der Geltungsanspruch der öffentlichen Ordnung begegnete, galt im Zweifelsfall die ultima ratio polizeilicher Gewalt, deren rechtlich kaum begrenzte Anwendbarkeit gegen den Untertanen auf der *Definitionsmacht* des Polizisten vor Ort beruhte.[14] Dieser auch auf der Straße und nicht nur in der Verwal-

---

11 Siehe Funk (1986), S. 127-200.
12 Einen Überblick über das Werk Michel Foucaults aus geschichtswissenschaftlicher Sicht siehe Dosse (1985).
13 Vgl. Lüdtke (1982a), S. 35-37.
14 Siehe Lüdtke (1987), S. 94-96, zum Begriff der „Definitionsmacht der Polizei" siehe die gleichnamige Untersuchung von Feest/Blankenburg (1972).

tung praktizierte *exekutive Sicherheitsvorbehalt des Staates* gegen die seinen eigenen Staatsbürgern gegebenen Rechtsgarantien, der erst gegen Ende des 19. Jahrhunderts auf Widerstand in der Rechtsprechung stieß[15], blieb bis zum Ende meines Untersuchungsraumes Leitvorstellung polizeilichen Handelns. Dem entsprach bei der Interaktion mit dem Straßenpublikum eine militärischen Mustern entlehnte „Festungspraxis": Ohne die ständig präsente Gewaltbereitschaft, ohne den Ausweg, „kurzen Prozeß" zu machen, statt sich auf langwierige bürokratisch-rechtsstaatliche Prozeduren einlassen zu müssen, schien die Aufrechterhaltung der öffentlichen Ordnung im semi-absolutistischen Preußen-Deutschland[16] nicht möglich.[17]

Notwendiger Bestandteil dieser Straßenpolitik von oben war eine „soziale Entdifferenzierung" bei der Wahrnehmung und Behandlung der zu Überwachenden:[18] Sie integrierte Ereignisse und Probleme heterogener Natur zu einem zusammenhängenden Ganzen. Diese Polizei-Praxis stellte eine Verbindung zwischen so disparaten Phänomenen wie dem Widerstand gegen die Festnahme nach einer Wirtshausschlägerei und dem bewaffneten Einsatz gegen Demonstranten her: denn es war dieselbe Schutzmannschaft, die in diesem Steinzeitalter der Polizeitaktik im Zweifelsfalle nur ein Rezept kannte, nämlich „blankziehen" und „einhauen". Als *Straßenpolitik von oben* lassen sich somit die auf die Straße bezogenen Maßnahmen und Strategien zur Aufrechterhaltung der öffentlichen Ordnung zusammenfassen. Sie ist zugleich *Teil* jenes übergreifenden Prozesses sozialer Disziplinierung, in dem vor allem — aber nicht nur! — den Unterschichten die Verhaltensstandards der sich modernisierenden Industriegesellschaft „beigebracht" werden sollten.

Von unten gesehen stellt sich „Straßenpolitik" hingegen als ein Bündel vergleichsweise heterogener Handlungsweisen dar. Die Fremdbestimmung der Aktivitäten des Straßenpublikums durch die Polizei erschwert zunächst die Bestimmung einer spezifischen und konsistenten *Politik* der Straße *von unten*. Zwei Argumente lassen sich dennoch für einen Begriff von „Straßenpolitik", der diese als eine dynamische Beziehung zweier relativ eigenständiger Komponenten, einem „Oben" und einem „Unten", faßt, entwickeln und gegen das denkbare Verdikt des „unpolitischen" Charakters unterschichtiger Straßenaktivitäten anführen:

1. Zunächst ist der in diesem Zusammenhang verwendete *Politikbegriff* näher zu charakterisieren. Läßt man ihn nur für die Machtkämpfe in *Institutionen* bzw. für Straßenaktionen, die sich explizit auf diese Institutionen beziehen, gelten, hat dies eine teleologische Verengung der Betrachtungsweise zur Folge: Die Auseinandersetzungen darum, was zur in diesem Sinne als „politisches System" gefaßten „Politik" dazugehörte oder nicht, waren nämlich selbst Gegenstand politischer Machtkämpfe.[19] Im Rahmen der Durchsetzung eines durch Institutionen definierten politischen Systems spielte die Straße als Ort der Disziplinierung und Erziehung zu normgerechtem Verhalten durch einen professionellen Agenten der Staatsgewalt

---

15 Siehe Funk (1986), S. 195-204.
16 Siehe Wehler (1983). S. 60-63.
17 Vgl. Lüdtke (1982a), S. 53 f., 350-352.
18 Siehe Lüdtke (1987), S. 97-102.
19 Zum Begriff der Politik als „politischem System" bzw. als Machtkampf sowie anderen Politik-Begriffen siehe Berg-Schlosser u. a. (1981), S. 21-31.

eine wichtige Rolle. Auch auf der Straße sollte ein bestimmter, durch jene politischen Institutionen sanktionierter Modus sozialer Konfliktregelung eingeübt und durchgesetzt werden. Der Übergang vom Volkstumult zur friedlichen und legalen Straßendemonstration ist nur das sinnfälligste Ergebnis dieser langfristigen Veränderung, deren Prinzip lautete: Anders als auf Grundlage der durch Recht und Ordnung gesetzten Verhaltensregeln und Verfahrensweisen sollten auch auf der Straße Konflikte um Ressourcen von Macht und Gütern nicht ausgetragen werden. Der direkte, vorgeschriebene Instanzen und Verhaltensweisen umgehende und im Sinne institutioneller Politik „unpolitische" Zugriff zur Wahrung individueller wie kollektiver Interessen war für die Allgemeinheit ausgeschlossen. Das, was sich innerhalb dieser vom Staat gesetzten Gewaltgrenze in den Institutionen und Foren der Zivilgesellschaft abspielte, also das Treiben der Staatsbürger und -bürgerinnen in Vereinen, Parlamenten, Gewerkschaften, Schulen, Kirchen etc. pp., entsprach und entspricht den impliziten Normen jenes Politik-Verständnisses, das Machtkämpfe nur in institutionellen, direkt oder indirekt auf den Staat bezogenen Formen als den angestrebten Normalzustand von „Politik" zuließ. Wichtigstes Merkmal dieser politischen Praxis ist die strikte Begrenzung auf *verbale Argumentationen* und die Anwendung regelgebundener, indirekter Verfahren, sei es der parlamentarischen Geschäftsordnung, bürokratischer Prozeduren oder des Austauschs von Angeboten und Zugeständnissen in Verhandlungen. In diesem strikten Sinne wären die meisten der von mir erfaßten Vorgänge des Begriffs „Politik" nicht würdig, da sie nicht auf derartigen Handlungsweisen beruhten.

Der von mir vorgeschlagene Begriff einer Straßenpolitik von unten bezieht hingegen die in der historischen Entwicklung dynamischen Auseinandersetzungen um die Grenzziehung zwischen Politik und Nicht-Politik ausdrücklich mit ein: Immer dort, wo die ausschließliche Gültigkeit rechtlich geregelter Verhaltensweisen und Konfliktlösungen nicht nur verbal-explizit, sondern körperlich-implizit bestritten wurde, fand ein (wenn auch noch so kleiner und ephemerer) Kampf um Macht statt, ereignete sich „Politik von unten". In diesem Sinne ist Straßenpolitik von unten eine weitere Facette jener „Alltags-Politiken" vor allem der Unterschichten, wie Alf Lüdtke sie am Beispiel des Verhaltens von Arbeitern am Arbeitsplatz geschildert hat.[20] Die mögliche Bedeutung dieser „Politik außerhalb der Politik" für die Entwicklung moderner bürgerlicher Gesellschaften liegt auf der Hand: Die *Summe* der straßenpolitischen Auseinandersetzungen ist mitentscheidend für die Wirksamkeit (oder Unwirksamkeit) eines bestimmten „offiziellen" Politikmodells und damit für die Durchsetzung (oder Nicht-Durchsetzung) eines bestimmten politischen Stils bzw. einer „politischen Kultur". Isoliert betrachtet scheinen die zahlreichen Aktionen des alltäglichen Kleinkriegs zwischen Straßenpublikum und Polizei jeglichen politischen Charakters zu entbehren. Dieser tritt zutage, wenn sie im Kontext mit gleichzeitigen gesellschaftlichen Konflikten in politischen Institutionen wie auf der Straße gesehen werden. Dabei erschließt sich der Zusammenhang zwischen diesen unterschiedlichen Konfliktbereichen in dem Moment, wo die Handlungsweisen von *Menschenmengen* und nicht nur von Einzelpersonen verglichen werden: Ohne Berück-

---

20 Siehe die Beiträge in Lüdtke (1993).

sichtigung der Erfahrungen im alltäglichen Kleinkrieg zwischen Polizei und sich meist aus der Unterschicht rekrutierenden Menschenmengen wäre die Logik von Konflikten anläßlich von Streiks oder Straßendemonstrationen nicht nachvollziehbar.

Oder aus der Sicht der oftmals angeführten „Betroffenen" gesehen: Immer wieder war die Straße Zufluchtsort abgedrängter Interessen, die auf dem „ordentlichen" und institutionellen Wege keine ausreichenden und adäquaten Artikulations- und Durchsetzungsmöglichkeiten fanden. Die genehmigte friedliche Demonstration stellte dieser Problematik gegenüber eben keine absolute, sondern nur eine relative, vorläufige Lösung dar, nämlich solange die Beteiligten glaubten, auf diese Weise erfolgreicher zu sein als durch illegale Straßenaktionen. Daher blieben trotz aller „modernen" Rationalisierungen des Konfliktverhaltens *direkte Aktion*[21] und, meist damit verbunden, physische oder symbolische *Gewalt* Teil der sozialen und politischen Auseinandersetzungen. Der Anforderung, Interessen nicht direkt, sondern stets indirekt, re-präsentativ (im linguistischen Sinne) zu artikulieren und durchzusetzen, mögen heute weitaus mehr Bürger und Bürgerinnen gerecht werden können als vor hundert Jahren – insofern handelt es sich bei den vielen möglichen Beispielen für die historische Kontinuität der Straßenpolitik bis in unsere Tage nicht um eine Wiederkehr des Immergleichen. Dennoch: Ein für alle Mal unumkehrbar war und ist der Prozeß der Durchsetzung des staatlichen Gewaltmonopols und der Verinnerlichung der dementsprechenden Normen gewaltfreien Handelns zu keinem Zeitpunkt. Dort, wo politische Institutionen Interessenartikulationen verhindern und als Ort des Machtkampfes versagen, steigt die Bereitschaft, stattdessen oder zusätzlich die Straße aufzusuchen, und dies mitunter bis zu jenem Grad, an dem die symbolische Präsenz der Staatsgewalt trotz der bereits erfolgten Verinnerlichungen entsprechender Normen ihre disziplinierende Wirkung einbüßt. Und gerade wegen dieses „Restrisikos" kann staatliche Herrschaft in ihrer Ausführung durch die Polizei „in letzter Instanz" *nie* des physischen Zwangs entraten.[22]

2. Auf der Straße werden nicht lediglich Interessen direkt artikuliert, die theoretisch auch in einer Behörde oder einem Parlament indirekt vorgebracht werden könnten.[23] Es geht um mehr: Die direkte Aktion ist immer auch *Selbstzweck*, indem sie die Praktizierung von Einstellungen und Werthaltungen ermöglicht, die den Beteiligten unmittelbar zugehörig sind (und nicht – wie im Fall des „ordentlichen" Instanzenweges – dem Staat oder dem Gemeinwesen „als ganzes" zuzuordnen sind). Straßenpolitik bietet oder verspricht zumindest die Möglichkeit einer nicht-entfremdeten,

---

21 Ich führe hier „direkte Aktion" trotz seiner Herkunft aus der syndikalistischen Tradition ein, da ein treffenderer, etwa politikwissenschaftlicher Begriff nicht vorzuliegen scheint. Vgl. aber Marina Cattaruzza (1980), die in ihrer Hamburger und Triester Arbeitskämpfe von Werftarbeitern vergleichenden Studie dem Typus des (deutschen) „organisierten" Konflikts den der (italienischen) „direkten Aktion" gegenüberstellt.
22 Zur Kritik an Ansätzen, die die Herausbildung des modernen staatlichen Gewaltmonopols in erster Linie mit dem „Einverständnis" der Gewaltunterworfenen begründen, darunter v. a. an Max Webers Legitimationsmodell, siehe Lüdtke (1982a), S. 27-41.
23 Diesen „rationalen" Kern des „bargaining by riot" hat erstmals Hobsbawm (1964) am Beispiel der Maschinenstürmer herausgearbeitet.

eigen-sinnigen Interessenartikulation, die nicht in Distanz, sondern in unmittelbarer Nähe zum Körper und seinen Sinnen stattfindet. Die Eigendynamik dieses kulturellen und identitätsstiftenden Elements kann die konkreten veranlassenden Konflikte bis zur Unkenntlichkeit verdecken und zur Nebensächlichkeit oder zum Vorwand degradieren. Zu den konkreten Interessen, die auf anderem Wege nicht hinreichend artikulierbar sind, tritt das Bedürfnis, die Trennung von Person und Interesse, wie sie durch die Verkehrsformen der bürgerlichen Gesellschaft tagtäglich zugemutet wird, in direkter Aktion „kurzzuschließen". Daher der immer wieder berichtete „festliche" Charakter revolutionärer, aber auch kleinerer, alltäglicher Straßenszenen, die Verausgabung, die diese erst ermöglicht, die Rolle des Alkohols und „massenpsychologischer" Effekte, die die Hemmschwellen bis hin zum „sinnlosen" Vandalismus herabsetzen.[24] Dieser kulturelle Aspekt der Straßenpolitik von unten erfährt im Laufe der Jahrzehnte zahlreiche Metamorphosen, die ihm zugrunde liegenden Bedürfnisse werden teilweise etwa in Formen politischer Demonstrations-Kultur sublimiert und symbolisch überhöht – dennoch überlebt der ihm zugrundeliegende Widerspruch: die Differenz zwischen den entfremdeten Verkehrsformen der bürgerlichen Gesellschaft und den persönlichen, mitunter ausgesprochen unordentlichen Impulsen der direkten Bedürfnisbefriedigung.

Direkte Aktion von Menschenmengen im Gegensatz zur indirekten, auf Verbalprozeduren beruhenden Interessenartikulation und die kulturelle Dimension kollektiver Handlungsweisen, die gegenüber der Obrigkeit den *Eigen-Sinn*[25] Herrschaftsunterworfener manifestieren, machen die Straßenpolitik von unten[26] aus. Direkte Aktion und Eigen-Sinn markieren das, was für die Unteren „auf dem Spiel" stand, wenn sie

---

24 Vgl. Lüdtke (1984), S. 328, Lefebvre (1965).

25 Dieser von Alf Lüdtke in zahlreichen Aufsätzen – siehe Lüdtke (1993) – entwickelte Begriff hebt auf die prinzipielle Differenz zwischen dem Sinn, der einer Handlung aus übergeordneten Perspektiven und Handlungszusammenhängen – nicht nur gesellschaftlicher Institutionen und Entwicklung, sondern letztendlich auch der historischen Forschung, insofern sie sich deren Sinnhorizonte zueigen macht – zugeschrieben wird, und den Sinnproduktionen, die die Subjekte selbst in ihre Handlungen hineinlegen, ab. Die Voraussetzung dieser Differenz sagt weder etwas über ihren Inhalt noch über ihr Konfliktpotential aus: Eigen-Sinn kann mit äußerlich angepaßten Handlungen, bei denen die Handelnden in ihrem Sinne auf „ihre Kosten" kommen und sich zugleich für den übergeordneten Sinnzusammenhang erst in zweiter Linie oder gar nicht interessieren, verbunden sein – daher eignet sich dieses Konzept insbesondere zur Erforschung von politischem Anpassungsverhalten bis hin zur Komplizenschaft in Diktaturen, siehe Lüdtke (1989), S. 253-255, 262-265, zuletzt (1994a) am Beispiel der DDR. Am anderen Ende des Spektrums offenbart sich Eigen-Sinn auch in der Nichtkommunizierbarkeit des Sinns widerständiger Handlungen, wenn man im Herrschaftsdiskurs – etwa der polizeilich-juristische oder der pädagogische oder der ökonomischer Rationalität und Effizienz – Handlungen Herrschaftsunterworfener nur als „Un-Sinn" zu deuten vermag. Die zuletzt von Lüdtke (1994b) vorgenommene Einengung des Begriffs auf Deutungs- und Verhaltensmuster von *Individuen* in Abgrenzung zu sie umgebenden Kollektiven werde ich aus naheliegenden Gründen nicht in meine Analyse übernehmen.

26 Diese Definition knüpft an die von Gailus (1990), S.38, anhand seiner Untersuchung des sozialen Protests 1847-1849 in Deutschland entwickelte Unterscheidung zwischen der „primär verbalen Argumentation" der Eliten und der „physisch und/oder symbolischen Argumentation" der Unterschichten an, mit der Erweiterung, daß nicht nur explizit politische Aktionsformen damit eingeschlossen sind. Mit dieser Definition soll keineswegs der Romantisierung der Straßenpolitik von unten das Wort geredet werden, eher im Gegenteil: Ihre Formen und Inhalte erweisen sich in vielen Fällen alles andere als harmlos und sympathisch, und dies nicht erst bei Betrachtung der „plebejischen" Elemente in der Straßenpolitik der Nazis vor und nach der Machtübernahme.

auf die Straße als Ort der Gegenmacht zur Obrigkeit setzten. Davon zu unterscheiden sind andere Formen unordentlichen Verhaltens, bei denen zwar Widerständigkeit und Eigen-Sinn gegenüber der Polizei im Spiel sind, die aber zugleich entweder durch besondere Randbedingungen konventionalisiert sind – z.B. das Treiben in der Berliner Silversternacht oder Straßenprostitution und Bettelei – oder aber der bewußten Anteilnahme einer Öffentlichkeit von vielen Personen entbehren. Zusammen mit der Straßenpolitik von unten lassen sie sich in direkter Entgegensetzung zum von der Obrigkeit angestrebten Idealzustand auf Straßen und Plätzen als *öffentliche Un-Ordnung* bezeichnen. Hervorzuheben ist hier außerdem, daß die *Sozialgeschichte der Straße* keineswegs in der Geschichte der öffentlichen (Un-)Ordnung aufgeht: Die historischen Veränderungen der sozialen Nutzungen und Bedeutungen des Straßenraumes in ihrer Gesamtheit lassen sich nur für einen längeren als den dieser Untersuchung zugrundegelegten Zeitraum systematisch beobachten und analysieren. Als im zweiten Kapitel skizzierte Rahmenbedingungen der öffentlichen Ordnung hingegen gehören sie zur hier präsentierten Geschichte der Straßenpolitik in Berlin zwischen 1900 und 1914.

1.2 Berlin 1900-1914: Sozialgeschichtliche Fragestellungen

Worin bestand die Bedeutung dieser unter dem Begriff „Straßenpolitik" zusammengefaßten Handlungsweisen für die Gesellschaftsgeschichte des späten Kaiserreichs? In welcher Beziehung standen Konflikte um die Ordnung auf der Straße zu Klassenkonflikten? Bei der Annäherung an diese Frage kann zunächst von zwei Tatsachen der politischen Sozialgeschichte ausgegangen werden:

1. Innerhalb der anderthalb Jahrzehnte vor Beginn des 1. Weltkriegs läßt sich in Berlin für die Jahre von 1906 bis 1912 eine Hochphase gewaltsamer Auseinandersetzungen von Menschenmengen mit der Polizei auf den Straßen und öffentlichen Plätzen mit der Staatsgewalt beobachten.[27] Neben der zunehmenden Intensität des eine jahrzehntelange Tradition lediglich fortsetzenden alltäglichen Kleinkriegs zwischen Polizei und Straßenpublikum läßt sich für diese Jahre eine Häufung von Straßenkonflikten infolge von Arbeitskämpfen und den mit dem Wahlrechtskampf in Preußen verbundenen Straßendemonstrationen beobachten.[28]

---

27 Das Anfangsjahr 1900 meiner Untersuchung ist durch den ersten größeren „Streikexzeß" mit der typischen Beteiligung der Bevölkerung eines Arbeiterviertels, dem Streik der Straßenbahnangestellten im Mai 1900, siehe u. Kap. 5.3.1., der Endpunkt durch den Beginn des Ersten Weltkriegs gegeben.

28 Um die naheliegende Frage, inwieweit sich dieser Befund über Berlin hinaus verallgemeinern läßt, zu beantworten, reicht der derzeitige Forschungsstand – z.B. Boll (1981), Saldern (1984), Nolan (1981) und zuletzt Ritter/Tenfelde (1992) – noch nicht aus. Zur Zeit bietet er eher ein widersprüchliches Bild: Es gab sowohl „ruhige" als auch „unruhige" Regionen mit überwiegend „reformistischen" bzw. „radikalen" Arbeiterbewegungen bzw. Arbeiterschaften, wobei selbst diese Entsprechung nicht selbstverständlich ist. In jedem Fall hält die vor allem durch die Rückprojezierung der Integration in die Kriegspolitik ab 1914 auf die Jahre davor entstandene Vorstellung einer befriedeten, integrierten oder integrationswilligen Arbeiterschaft bzw. Arbeiterbewegung einer differenzierten Betrachtung nicht stand: Siehe die ausführliche Diskussion dieser Problematik im europäischen Vergleich bei Geary (1983), S. 101-121, der im Ergebnis für die Jahre vor 1914 „einen beispiellosen Höhepunkt, was den Umfang und Militanz der Arbeitskämpfe und in einigen Fällen auch des politischen Protests der Arbeiterschaft betraf" (S. 119), ausmacht.

Die besondere Qualität des Berliner „Falls" besteht dabei weniger in einer im Vergleich mit anderen deutschen Städten überdurchschnittlichen Tendenz zur öffentlichen Un-Ordnung. Eher im Gegenteil: Im Verhältnis zur Bevölkerungszahl war Berlin um 1900 alles in allem ein vergleichsweise „ruhiges Pflaster".[29] In Deutschland einzigartig und für eine Untersuchung der Straßenpolitik von besonderem Interesse ist hingegen die Gleichzeitigkeit bestimmter, für das Untersuchungsthema relevanter sozialer und politischer Randbedingungen: Straßenpolitik von oben war hier unmittelbarer Ausfluß der Politik der preußischen Staatsregierung, deren Leitlinien aufgrund der Sonderstellung des Berliner Polizeipräsidenten direkt vor Ort in die Tat umgesetzt werden konnten. Zugleich stand diesem am besten ausgestatteten Polizeiapparat in Preußen die Bevölkerung der größten städtischen Industrieregion Deutschlands gegenüber, in der die Sozialdemokratie die führende politische Kraft war. Die Spitzengremien dieser Bewegung hatten ihren Sitz in Berlin, in der Berliner Straßenpolitik standen sich also etwa bei großen Streiks und bei Straßendemonstrationen auch die Eliten der beteiligten Lager direkt gegenüber. Zugleich wurde der Straßenalltag in dieser Region von einem enormen Verkehrsaufkommen geprägt, der für die Polizei wie die Straßenbenutzer eine zusätzliche Quelle öffentlicher Un-Ordnung darstellte.

2. Der Aufschwung der sozialdemokratischen Arbeiterbewegung seit dem Scheitern des Sozialistengesetzes ging nach der Jahrhundertwende in eine krisenhafte Phase des politischen Immobilismus über. Obwohl sie an Breite zunahmen, konnten Partei wie Gewerkschaften ihre Machtpositionen in der Gesellschaft kaum ausbauen. Diese Situation wurde ideologisch mit der Erwartung einer mit Naturnotwendigkeit irgendwann hereinbrechenden Systemkrise („revolutionärer Attentismus") und praktisch mit der Kompetenzausübung in eigenen, vom Rest der Gesellschaft getrennten Handlungsfeldern („negative Integration") kompensiert;[30] hinzu kamen Erfahrungen mit der „positiven" Integration durch die zunehmende Mitarbeit in Kommunen und sozialpolitischen Institutionen.[31] Eine Folge dieses politischen Immobilismus war die Suche nach aktionistischen Alternativen: Strategien der massenhaften Verweigerung, inbesondere der *Massenstreik*, aber auch weniger beachtete wie der „Kirchenstreik"[32] oder der „Gebärstreik"[33], wurden als Auswege aus dem Stillstand diskutiert, und zwar nicht nur unter den Parteiintellektuellen, sondern durchaus auch an der breiteren Basis.[34] – Zugleich zeigten sich Spannungen im sozialen Gefüge derjenigen Bevölkerungsgruppe, die das Hauptrekrutierungsfeld der Sozialdemokratie darstellte: der Arbeiterschaft. Sowohl die Professionalisierung und Hierarchisierung der Organisationen selbst als auch die Veränderungen in der Qualifikationsstruktur der Massen-

---

29 Siehe u. S. 87 f.
30 Vgl. Groh (1973).
31 Dies betonen gegen Groh (1973) Ritter (1977) und ihm folgend Grebing (1985), S. 126 f., die dabei auf die zukunftsträchtigen wohlfahrtsstaatlichen Ansätze bereits des Kaiserreichs abheben, siehe in diesem Sinne zuletzt auch, ohne direkt auf die Problematik der „negativen Integration" Bezug zunehmen, Ritter (1989), S. 300-320.
32 Siehe Ermel (1971).
33 Siehe Bergmann (1987).
34 Siehe Groh (1973), S. 476 ff.

basis ließen immer größere soziale Distanzen innerhalb der Arbeiterschaft entstehen, die punktuell in Gegensätze umschlagen konnten.[35] Für die sozialstrukturelle Entwicklung des späten Kaiserreichs lassen sich ähnlich der von Josef Mooser für die bundesrepublikanische Gesellschaft seit den sechziger Jahren diagnostizierten *Unterschichtung* der traditionellen Arbeiterschaft durch die faktische Einwanderung ausländischer Arbeitskräfte[36] Ansätze zu einer Unterschichtung der in die Kultur der Sozialdemokratie integrierten Arbeiter durch ein breites Spektrum „subproletarischer" Randgruppen beobachten.[37]

Die Bereitschaft von SPD-Anhängern, auf militantem Wege den Durchbruch zu erkämpfen, zeigte sich in der Beteiligung an Straßendemonstrationen und -kundgebungen ebenso wie in der Neigung, die zunehmend erfolglosen Wege einer legalistischen Streiktaktik zu verlassen und durch direkte Aktionen dem Erfolg von Arbeitskämpfen nachzuhelfen. Straßenpolitik — von oben wie von unten — gewann in diesen Auseinandersetzungen an Bedeutung. Die sich dadurch aufdrängende Frage nach ihrer Funktion in Klassenkonflikten und Klassenbildungsprozessen bedarf vorab einer kurzen Erläuterung zur Verwendung des Klassenbegriffs in dieser Untersuchung.

„Klasse" wird hier im Sinne der Konzeption von Edward P. Thompson strikt relational und prozessual verwendet: Klasse ist demnach in Abgrenzung zu reifizierenden Definitionen, die Klasse ausschließlich oder in erster Linie stratifizierend oder strukturell als „Ding" bestimmen, eine sich ereignende soziale Beziehung („class is a happening"[38]). So verstanden bezeichnet „Klasse" nicht lediglich einen Tatbestand der Sozial- und Wirtschaftsgeschichte, sondern verknüpft diese mit der politischen Geschichte: „Klasse" wird hier verwendet für eine historisch spezifische Weise, kollektive Erfahrungen und Handlungen zu deuten und diese Deutungsmuster in ein Konzept politischen und sozialen Handelns umzusetzen. Dabei handelt es sich keineswegs um ein mit absoluter Notwendigkeit aus der Entwicklung kapitalistischer Produktionsverhältnisse folgenden Vorgang im Sinne des Übergangs der „Klasse an sich" zur „Klasse für sich", wie dies auch noch in „modernisierten" Versionen des letztendlich teleologisch-essentialistischen marxistischen Klassenbegriffs angelegt ist;[39] es gab und gibt konkurrierende Konzepte, die mindestens ebenso erfolgreich, wenn nicht erfolgreicher waren und sind.[40] Dieser Klassenbegriff enthält im Kern

---

35 Siehe zusammenfassend Geary (1983), S. 101-121; zuletzt Ritter/Tenfelde (1992). − Zum problematischen Verhältnis zwischen „Volks"- bzw. „Arbeiterkultur" und „Sozialdemokratie" als Problem der jüngeren sozialhistorischen Forschung siehe Eley (1991), insbesondere S. 263-265, 287-292.

36 Siehe Mooser (1984a), S. 101.

37 Im marxistischen bzw. sozialdemokratischen Diskurs wurde die dadurch mögliche Abgrenzung nach unten durch die Bezeichnung „Lumpenproletariat" und deren Synonyme geleistet; siehe anhand von Kautsky Ritter (1989), S. 330 f.

38 Thompson (1981), S. 939. Zu Thompsons Klassenbegriff siehe a. ausführlicher Thompson (1987), S. 962, Thompson (1980a), insbes. S. 263-268, ferner Lindenberger (1995a).

39 Vgl. z.B. Zwahr (1981), Kocka (1983) und zuletzt daran anknüpfend Ritter/Tenfelde (1992).

40 Genauso wichtig und (leider) erfolgreicher war — mit Vorläufern im Kaiserreich — das *völkische* Gegenkonzept, dessen Diskurs ein anderes Arrangement von Antagonismen vornahm, indem der „Volk"/Machtblock-Antagonismus nicht verstärkend (wie bei der Linken), sondern mithilfe des Rassismus neutralisierend mit dem Klassenantagonismus verknüpft wurde. Bei beiden Konzepten existierten offensiv populistische Varianten, siehe Laclau (1977). Populismus − rechter wie linker − und Straßenpolitik der 20er Jahre waren nicht voneinander zu trennen, siehe a. Rosenhaft (1995).

daher das Kriterium des „Als-Klasse-Handelns", was keineswegs in erster Linie an sprachlichen Merkmalen (Verwendung von „Klasse" und „Klassenkampf"), sondern an seinem direkten oder indirekten Bezug auf die in Produktionsverhältnissen angelegten Antagonismen festzumachen ist. Thompson umreißt anhand der entstehenden englischen Arbeiterklasse im Begriff „Klassenbewußtsein" die zwei zentralen Aspekte dieser spezifischen Deutung sozialer Beziehungen: „Auf der einen Seite gab es ein Bewußtsein der Interessenidentität bei den arbeitenden Menschen der verschiedensten Berufe und Qualifikationen. [...] Auf der anderen Seite gab es ein Bewußtsein der Identität der Interessen der Arbeiterklasse oder der 'produktiven' Klassen im Gegensatz zu denen anderer Klassen; und darin reifte die Forderung nach einem alternativen *System* heran"; und Thompson fügt hinzu: „Aber die endgültige Bestimmung dieses Klassenbewußtseins resultierte zum größten Teil aus der bürgerlichen Reaktion auf die Arbeiterklasse."[41] Ob Handlungen von Arbeitern bei Konflikten auf der Straße aus dieser Deutung sozialer Beziehungen hervorgingen oder nicht, gilt es anhand konkreter Interaktionen zu untersuchen. Bei weitem nicht alle diese Handlungen sind *Klassenhandeln* im hier definierten Sinne, auch nicht alle straßenpolitischen Aktionen. Diese können auch „lediglich" Teil des klassenunspezifischen, traditionellen „Volk"/Machtblock-Antagonismus sein.

„Klasse" als Ereignis aufzufassen, bedeutet zugleich, nicht einen einmaligen, sozioökonomisch definierten Entstehungsprozeß, aus dem die „fertige" Arbeiterklasse hervorginge, zu unterstellen. Im Anschluß an Thompsons doppelsinnige Redeweise vom „Making" der Arbeiterklasse als einem zugleich aktiven und passiven Prozeß wurden in der Literatur Begriffe wie das „re-making" oder gar „un-making" der Arbeiterklasse verwendet, um die grundsätzliche Unabgeschlossenheit und Offenheit der Klassenbildung zu betonen.[42] „Klasse" muß sich also immer wieder aufs Neue „ereignen" − oder auch nicht, wie die jüngeren Diskussionen über das „Ende der Arbeiterbewegung" in den modernen westlichen Industriegesellschaften zeigen.[43] „Klassenkonstitution" bezeichnet daher in verschiedenen sozialen Zusammenhängen und historischen Konstellationen den Moment des *Übergangs* zum „Als-Klasse-Handeln". Gerade weil sich entsprechende Erfahrungen nicht naturwüchsig und bruchlos von den ersten Generationen des Handwerks- und Fabrikproletariats an nachfolgende Arbeitergenerationen „vererben"[44], sondern immer wieder die enorme Dynamik des kapitalistischen Strukturwandels die Erfahrungsbedingungen z. T. abrupt und unvermittelt umwälzt − und dies macht nach Laclau den wesentlichen Unterschied des Klassenantagonismus gegenüber dem kontinuierlicheren, auf die lange Tradition der europäischen Staatenbildung aufbauenden „Volk"/Machtblock-Antagonismus aus −, bleibt die Klassenkonstitution im Sinne eines „class happens" ein an historische Konjunkturen gebundener offener Prozeß.

---

41 Thompson (1987), S. 912; H. i. O.
42 Siehe Stedman Jones (1974), Nolan (1981), Hobsbawm (1984), zuletzt den Forschungsüberblick von Breuilly (1989).
43 Siehe z. B. die Beiträge in Ebbinghausen/Tiemann (1984).
44 Eine Vorstellung, die der biologistischen Metapher vom „geborenen" als dem gereiften und endlich konstituierten Proletariat zugrunde liegt, vgl. Zwahr (1981), S. 129-155.

Die Frage nach der *Funktion von Straßenpolitik in den politisch-sozialen Konflikten des späten Kaiserreichs* läßt sich nun folgendermaßen formulieren: Trat die Straßenpolitik neben oder gar an die Stelle von Aktionen in den überlieferten Politikarenen der Arbeiterbewegung? Artikulierten direkte Aktionen von Angehörigen der Arbeiterschaft und deren Eigen-Sinn relativ autonom von den legalen Geleisen der Organisationspolitik Klassenbewußtsein? Wurden sie möglicherweise zugleich von der sozialdemokratischen Parteiführung als „Ventil" für aufgestaute Frustrationen instrumentalisiert? Kann in dem Maße, wie die Straße über den schon seit Jahrzehnten geläufigen Kleinkrieg zwischen Polizei und unterschichtigem Publikum hinaus zu einer Politik-Arena wurde, und nachdem in anderen Bereichen Klassenhandeln zunehmend prekär geworden war, von einer „Verschiebung" der Klassenkonstitution auf dieses neue Handlungsfeld gesprochen werden?[45] Und wurde von oben her auf vermeintliche oder tatsächliche Bedrohung der politischen und sozialen Herrschaftsverhältnisse mit einer betont gewaltsamen Offensive geantwortet, die sich — ex post betrachtet — als ein Vorgriff auf die Bürgerkriegs-Szenarios der 20er Jahre lesen läßt?[46]

1.3 „Protest", „crowds" und „Öffentliche Ordnung": Zum Forschungsstand[47]

Ausgangspunkt der historischen Protestforschung war das Verständnis von „Protest" als einem Indikator gesellschaftlicher Spannungen.[48] Zwei Forschungsrichtungen verfolgten zunächst als voneinander unabhängige Ansätze diese Fragestellung. Das im deutschsprachigen Kontext zuerst rezipierte US-amerikanische Paradigma arbeitete mit einem funktionalistischen Konfliktmodell: Im gesellschaftlichen „Normalzustand" findet demnach ein systemimmanenter und protestfreier Interessenausgleich statt, dessen Störungen zu tendentiell systemsprengenden Protestaktionen führen, die im Umkehrschluß als Indikatoren von über das Normalmaß hinausgehenden

---

45 In diesem Sinne beansprucht diese Untersuchung, einen Beitrag zu der von Geoff Eley (1991), S. 292, folgendermaßen skizzierten Forschungslücke zu leisten: „Sollen die soziale und politische Geschichte der Arbeiterklasse nicht zu getrennten Unternehmen gemacht oder das Ziel einer 'kulturalistischen' Verankerung der Geschichte der Arbeiterbewegung ganz aufgegeben werden, so brauchen wir eine Forschungsstrategie, die sich auf den konkreten Charakter dieser Verhältnisse bezieht."

46 Evans' (1979) Studie über den „Roten Mittwoch" in Hamburg am 21. Januar 1906 — einer in heftige Straßenkämpfe übergehenden Wahlrechtsdemonstration der Sozialdemokratie — ist m. W. die einzige detaillierte Untersuchung eines spektakulären Falls öffentlicher Un-Ordnung vor 1914, in der das dabei zutagetretende distanzierte Verhältnis der organisierten Arbeiterbewegung zum „Lumpenproletariat" wie zur Kultur der Arbeiterschaft auch als Vorgeschichte der Novemberrevolution diskutiert wird; ähnlich ließe sich auch hinsichtlich ihrer Niederwerfung argumentieren.

47 Der Forschungsüberblick erhebt keineswegs Anspruch auf Vollständigkeit, sondern bezieht sich auf eine an der spezifischen Fragestellung meiner Arbeit orientierte Auswahl. Vgl. zur Protestforschung zuletzt a. Eley (1991) und Gailus/Volkmann (1994). — Die vereinzelten kulturwissenschaftlichen und sozialisationshistorischen Studien zur Geschichte der Straße — siehe o. Anm. 3 — bilden noch keinen zusammenhängenden Forschungsstand auf. Auf sie wird daher im Zusammenhang mit den entsprechenden Untersuchungsgegenständen hingewiesen, ebenso wie auf einschlägige Ergebnisse der umfangreichen Forschungen zur Geschichte von Arbeiterschaft und Arbeiterbewegung.

48 Siehe Tilly, R. (1980), S. 144, Tilly/Hohorst (1976), S. 237.

gesellschaftlichen Spannungen interpretiert werden können. Das Hauptinteresse dieser Protestforscher konzentrierte sich dabei zunächst auf Gesellschaften im Modernisierungsprozeß, da dieser als Quelle von Spannungen unterstellt wurde. Diese notwendigerweise von den konkrethistorischen Kontexten oftmals abstrahierende Betrachtungsweise wurde in zweifacher Weise kritisiert bzw. revidiert: Rainer Wirtz hat ihr, vor allem auf Thompsons bahnbrechenden Aufsatz über die „moralische Ökonomie" der englischen Unterschichten[49] rekurrierend, ökonomischen Reduktionismus vorgehalten und gegen die „Indikatorfunktion von sozialem Protest" auf dessen Umfeld verwiesen: „'Sozialer Protest' steht im Zusammenhang einer spezifischen 'sozialen Logik' (Thompson) des Handelns, die ihre Begründung aus der jeweiligen politischen Kultur ableitet."[50] Als Konsequenz aus der Kritik an den beliebigen Kombinationen von „Protest" mit Attributen wie „social", „popular", „collective" usw.[51] schlagen Volkmann und Bergmann zudem vor, „sozialen Protest" als analytischen Begriff vorerst aufzugeben und ihn als „vorwissenschaftliche Sammelbezeichnung eines in variierenden Ausdrucksformen Gestalt annehmenden Archetyps sozialen Verhaltens [zu] verwenden, das sozialstrukturelle Ursachen hat, gesellschaftliche und/oder gesetzliche Normen verletzt und − innovatorisch oder restaurativ − zielgerichtet ist."[52] Die Anstrengung des Begriffs solle sich auf die „Bestimmung spezifischer Protestformen" konzentrieren; „die eigentliche wissenschaftliche Definition bezöge sich dann auf Maschinensturm, Brotrevolten, [...]." Zwar steht auch für Volkmann und Bergmann der „Verweis"-Charakter von Protest im Vordergrund des Forschungsinteresses, allerdings weiten sie das Spektrum dessen, worauf Protest verweisen kann, erheblich aus: Es reicht vom „makroskopischen Spannungsdiagramm einer Gesellschaft bis zur mikroskopischen Lebensweltanalyse des Alltags."[53] Einem bloß indikatorentheoretischen Ansatz soll darüberhinaus durch eine gezielte Thematisierung der „Manifestationsbedingungen" von sozialem Protest entgegengearbeitet werden: Es fehle bislang eine „Klärung jener Prozesse, die bei Umsetzung der kontroversen Interessenlagen (objektive Ebene) in Spannung (subjektive Ebene) und von Spannung in Verhalten oder Handlung (Aktionsebene) durchlaufen werden [...]. Ohne die genaue Kenntnis des komplexen Übergangs vom latenten zum manifesten Konflikt bleibt jeder Rückschluß von Protest auf Spannung spekulativ." Geboten sei die verstärkte Hinwendung zu kontextanalytischen Fallanalysen anstelle von globalgesellschaftlichen Langzeitreihen.[54] In *diesem* Sinne stellt der Gegenstand der vorliegenden Untersuchung durchaus auch eine Fortsetzung dieser Forschungstradition dar: Die „Straße" als öffentlicher Raum ist zweifellos eine der zentralen „Manifestationsbedingungen" sozialen Protests, und mit der Untersuchung der „Straßenpolitik" soll die „Bestimmung einer spezifischen Protestform" geleistet werden.

---

49 Siehe Thompson (1980b), siehe a. den Reprint in Thompson (1992). Zur internationalen Rezeption und Wirkungsgeschichte des Moral-economy-Aufsatzes siehe Gailus/Lindenberger (1994).
50 Wirtz (1981), S. 16.
51 Siehe die Kritik von Hausen (1977), S. 257.
52 Volkmann/Bergmann (1984), S. 14.
53 Ebd., S. 15.
54 Ebd., S. 16.

In der Forschungspraxis führte der indikatorentheoretische Ansatz zu Operationalisierungen, die zwar die Erstellung von Langzeitreihen auf gesamtgesellschaftlicher Ebene durchaus gestatteten, dabei aber erhebliche Verluste an Gehalt und Spezifität der Befunde in Kauf nehmen mußten.[55] Die im Gegenzug zu diesen modernisierungstheoretisch aufgeladenen Globalkonzepten von Protest vorgenommenen Präzisierungen haben — teils implizit, teils explizit — zu einer Beschränkung des durch Protestforschung zu erfassenden Zeitraums geführt. Lag den Tillys in ihren Pionierstudien durchaus noch an einer den gesamten Modernisierungsprozeß bis ins 20. Jahrhundert hinein erfassenden Betrachtungsweise, so wurde danach Protest zunehmend zu einer Kategorie des politischen Verhaltens von Unterschichten in vor- oder frühindustriellen Gesellschaften, eine Tendenz, die in den Pionierstudien der hier zu nennenden zweiten Forschungsrichtung, der crowd-historians, ebenfalls angelegt war. Der dabei erzielte Gewinn an Gehalt in der empirischen Anwendung von Protestkategorien wie zum Beispiel in den Arbeiten von Volkmann[56] und Wirtz[57] wurde erkauft durch den „Rückzug" dieses Forschungsinteresses in die Vor-Moderne, womit implizit die Inkompatibilität von (so verstandenem) Protest und moderner Gesellschaft reproduziert wurde. Der verbleibende Rest wurde umstandslos mit der organisierten Arbeiterbewegung, insbesondere mit dem Streik identifiziert, so daß die Versuchung nahe liegt, die historische Streikforschung für die Protestforschung der bereits industrialisierten Gesellschaften zu nehmen, wie es Dick Geary in einer Forschungsübersicht andeutet: „Increasingly labour did organize; and the strike came to replace the riot as the most common form of protest."[58] Das wäre — abgesehen von der Ausblendung des nicht mit Arbeitskämpfen in Beziehung stehenden Protestverhaltens — nicht weiter tragisch, wenn die historische Streikforschung nicht ihrerseits von einer zunehmenden Rationalisierung und Moderniserung des Streikverhaltens im Gegensatz zum vorindustriellen Protest ausgegangen wäre — eine Entgegensetzung, die der tatsächlichen Gleichzeitigkeit rationaler und irrationaler, organisierter und spontaner Verhaltensweisen auch noch bei Streiks im 20. Jahrhundert nicht gerecht wird.[59]

Auch wenn die undifferenzierte Breite, mit der „Protest" ursprünglich auf ein äußerst heterogenes Spektrum von Handlungsweisen angewandt wurde, die Abgrenzung von Gegenständen wie „Streiks" und „Boykotts" sinnvoll erscheinen läßt, heißt das nicht, daß einige der ursprünglichen Fragestellungen obsolet geworden sind. Insbesondere die nach dem Verschwinden oder Nicht-Verschwinden von Gewalt in sozialen Konflikten gilt es nach wie vor ernstzunehmen. Die prinzipielle Kritik an dem die Brüche und den Bedeutungswandel von Protest und Gewalt nivellierenden Ansatz insbesondere der Tillys muß einhergehen mit der empirischen Kritik der Befunde zum Beispiel der Untersuchungen von Richard Tilly. Seine lange Protest-Reihe 1815-1930 bzw. 1913 fordert allein schon aufgrund ihrer schmalen Quellenbasis (*eine* überregionale Tageszeitung für den Protest in *ganz* Deutschland!) zu Wider-

---

55 Als klassische Studie in diesem Sinne siehe Tilly C. u. a. (1975) und als Kritik daran Haupt (1977).
56 Siehe Volkmann (1977).
57 Siehe Wirtz (1981).
58 Geary (1986), S. 369.
59 Siehe ebd., u. Eley (1991), S. 258-260.

legungen durch Studien auf lokal und zeitlich eingeschränkter Ebene heraus. Manfred Gailus hat statt der „fast tausend" Tillyschen für 1815 bis 1913[60] allein für den Zeitraum von 30 Monaten (1847-49) 1.486 Fälle gefunden.[61] Den Ausgangspunkt für Evans' Studie über den „Roten Mittwoch" in Hamburg 1906[62] bildeten eine sozialdemokratische Wahlrechtsdemonstration und sich daran anschließende Krawalle, die Richard Tilly trotz zehntausender Teilnehmer und gewaltsamen Straßenkämpfen bei seiner Erhebung entgangen waren — wie immer das auch angesichts des überregionalen Echos in den nationalen Tageszeitungen möglich war. Eine ähnliche Diskrepanz ergibt auch der von mir erarbeitete Befund für Berlin und Umgebung.

Eine der von Volkmann/Bergmann erwähnten „Manifestationsbedingungen" von Protest wurde in der Forschungstradition der crowd history (Rudé, Thompson, Hobsbawm) paradoxerweise als selbstverständlich vorausgesetzt: die Tatsache von *Menschenmengen*. Unter welchen konkreten Umständen kann es überhaupt in der Öffentlichkeit zu kollektiven Aktionen kommen, die die wie auch immer definierte Bezeichnung „riot" oder „Protest" verdienen? Holton hat schon 1976 darauf hingewiesen, daß sich die crowd history dieses Problem gar nicht erst stellte, da sie kurzerhand "crowds" mit „sozialem Protest" bzw. „riots" gleichsetzte und auf die Differenzierung zwischen friedfertigen, nicht aufrührerischen Menschenmengen und den bevorzugt untersuchten aufständischen Menschenmengen keinen Gedanken verschwendete. Ihre Konzentration auf aufständisches Verhalten zeitigte dann ähnlich wie bei den „verwandten" Protestforschern das Ergebnis einer impliziten Gegenstandsbegrenzung auf die vorindustriellen Gesellschaften, bei Rudé einhergehend mit einer simplifizierenden Gegenüberstellung traditioneller zu modernen crowds. Eine genauere Analyse gerade der Veränderung und Kontinuität des Verhaltens von Menschenmengen würde aber, so Holton, die Fragwürdigkeit derartiger Unterscheidungen offenlegen.[63]

In einer dichten Lokalstudie hat sich Mark Harrison dieses Problems angenommen. Obwohl sein Untersuchungsgegenstand — Bristol 1790-1835 — dem meinen recht fern liegt, überschneiden sich seine Fragestellungen und Methoden in einem zentralen Punkt mit der Problematik der Straßenpolitik. Es geht um einen für die empirische Untersuchung des kollektiven Verhaltens im Straßenraum unverzichtbaren Begriff von *Öffentlichkeit*, der nicht an den theoretischen Überfrachtungen gesellschaftstheoretischer oder geschichtsphilosophischer Entwürfe krankt. Der denkbare Ausweg, stattdessen in der Sprache des Untersuchungsgegenstandes vom „(Straßen)Publikum" zu reden, trägt zwar der Tatsache, daß es in dieser Untersuchung vor allem um das Verhalten von Menschen und nicht um eine „Kategorie der bürgerlichen Gesellschaft"[64], geschweige denn um die Öffnung der „analytischen Begriffe der politischen Ökonomie nach unten, zu den wirklichen Menschen hin"

---

60 Ebd., S. 235.
61 Gailus (1990), S. 114 f.
62 Siehe Evans (1979); diese Lokalstudie ist in ihrem generalisierenden Teil vor allem der grundsätzlichen Kritik an der quantifizierenden Protestforschung gewidmet.
63 Holton (1978).
64 Vgl. Habermas (1962).

geht[65], eher Rechnung, bleibt aber wegen der darin angelegten Reduktion auf kontemplative, passive Verhaltensweisen unzureichend.[66] Im Anschluß an Harrisons Untersuchung soll hier mit einem *systematischen Begriff der Menschenmenge* eine spezifische Form von Öffentlichkeit zum empirischen Gegenstand einer politischen Sozialgeschichte des öffentlichen Raumes gemacht werden. Dieser Ansatz bedarf einiger Erläuterungen.

Zunächst gilt es — nach Harrison —, zu unterscheiden zwischen der ständigen Präsenz einer potentiellen Menschenmenge, wie sie — durch die städtische Lebenswelt bedingt — von der Obrigkeit fortwährend *antizipiert* wird, und den *tatsächlich sich ereignenden* Menschenmengen an konkreten Plätzen zu konkreten Zeitpunkten. Die erste Definition reflektiert vor allem die grundsätzlich ambivalente Sichtweise der kommentierenden Zeitgenossen: Einerseits fürchtete die Obrigkeit die schier unendlichen Arbeitermassen, die gerade in der Öffentlichkeit tagein, tagaus auf dem Weg zwischen Fabrik und Wohnung als Menschenmengen in Erscheinung traten, als ständiges Risiko der öffentlichen und damit auch politischen Ordnung, auf das es präventiv einzuwirken galt. Andererseits wurde die Beteiligung von Menschenmengen bei Staatsfeierlichkeiten oder Sportereignissen als konsensstiftendes Element interpretiert und gewünscht und daher bei der Organisation derartiger Veranstaltungen auf die tageszeitlichen Rahmenbedingungen im Alltag dieser Menschen Rücksicht genommen. In der Sicht dieser Außenstehenden wurde die tatsächliche nie eindeutig von der potentiellen Menschenmenge getrennt, sondern vielmehr wie die Arbeiterschaft im allgemeinen als Disziplinierungs-Objekt konstituiert. In diesem Sinne sind crowds aus dem kommunalen politisch-sozialen Kräftefeld entspringende *symbolische* Ereignisse:[67] Sie repräsentieren das dem popularen Antagonismus entspringende Spektrum kollektiven Verhaltens von Unterwürfigkeit bis hin zur Auflehnung.

Die zweite Definition lautet: „A crowd is: a large group of people assembled outdoors in sufficient proximity to be able to influence each other's behaviour and to be

---

65 Negt/Kluge (1972), S. 16. – Die Einschränkung der den Gegenstand dieser Untersuchung bildenden Öffentlichkeit auf einen architektonisch-juristisch definierten Raum, dessen Öffentlich-Sein in erster Linie in der gleichzeitigen, prinzipiell nicht an Vorrechte oder Leistungen gebundenen physischen Anwesenheit ihrer Teilnehmer besteht (und erst in zweiter Linie in deren diskursiven Verdoppelungen in sprachlichen und bildlichen Medien), soll die Berechtigung derartiger historisch-theoretischer Entwürfe nicht grundsätzlich in Frage stellen. Eigentümlicherweise sind beide Ansätze zur empirischen Annäherung an meinen Untersuchungsgegenstand unbrauchbar: Die bürgerliche Öffentlichkeit bei Habermas (1962) definiert sich über die Öffentlichkeit vor allem des verbalen Austauschs, von der physischen Öffentlichkeit ist bei ihm kaum die Rede. „Proletarische Öffentlichkeit" bei Negt/ Kluge (1972) hingegen wird als utopisch-emanzipatorischer Gegenentwurf zur „bürgerlichen Öffentlichkeit" *konzipiert*, weniger beschrieben. Die daraus resultierende Dichotomie setzt sich über die historische Wirklichkeit von alltäglichen Interaktionen zwischen „Bürgern", „Proletariern", „Bürgerinnen" und „Proletarierinnen" sowie zahlreichen anderen Menschen in öffentlichen Räumen hinweg. Eine kritisch produktive Verwendung des Habermas'schen Öffentlichkeits-Begriffes in einer empirisch gehaltvollen Studie zum sozialen Protest in Berlin während des 1. Weltkriegs siehe zuletzt aber bei Davis (1995).
66 „Publikum" wird daher in den empirischen Teilen dieser Untersuchung lediglich in seiner in den Quellen vorgefundenen häufigsten Bedeutung als Bezeichnung für die bei einem Ereignis anwesenden Menschen verwendet, unabhängig davon, ob es dabei zu kollektiven Handlungen kam oder nicht. Eine spezifischere Bedeutung hatte „Publikum" im Diskurs über die Polizei, indem es das Gegenüber polizeilicher Handlungen in seiner Gesamtheit bezeichnete, siehe u. S. 75 f.
67 Harrison (1984), S. 13-15.

identifiable as an assembly by contemporaries"; „a crowd is seen to exist at that moment when people are brought, or bring themselves, together into a grouping which possesses the capability to act, or to be acted upon, as a collective and coherent entity."[68] Diese Definition der Menschenmenge als eine spezifische, durch konkrete Merkmale gekennzeichnete Interaktionsform ermöglicht eine von den Phantasmen der zeitgenössischen Kommentatoren weitgehend unabhängige Interpretation von „crowd events", da ihre Beobachtung sich auf eindeutige Kontextmerkmale wie Ort, Tageszeit, Wochentag stützen muß, um Sinn zu ergeben. Damit kann zum einen auf Informationen abgehoben werden, die als bloße „Randbedingungen" gegen Verzerrungen durch Berichterstatter relativ immun sind. Zum anderen ist davon auszugehen, daß die genauen sozialen Bedeutungen des Verhaltens von Menschenmengen sich dem Verständnis des Außenstehenden verschließen, solange nicht gerade diese auf den ersten Blick trivial anmutenden Randbedingungen systematisch erhoben und analysiert werden. Warum die eine Menschenmenge dem König zujubelt, während kurz darauf die andere zum Tumult gegen die Obrigkeit übergeht, wobei sich die jeweiligen Teilnehmer doch häufig aus derselben Bevölkerungsschicht rekrutieren – die soziale Logik dieser Spannweite kollektiven Verhaltens muß durch eine vergleichende „Lektüre" der konkreten Kontextbedingungen einer Vielzahl unterschiedlicher Menschenmengen erschlossen werden. Die äußerst differenzierte Analyse der Entstehungsbedingungen von Menschenmengen nach Örtlichkeiten, Tages-, Wochen- und Jahreszeiten ermöglicht Harrison im Fall der Provinzstadt Bristol genaue, z. T. beträchtlich über die oberflächlichen Informationen der meisten Quellen hinausgehende Rückschlüsse auf deren Teilnehmer und ihre Absichten.[69] Diese können dann mit den bürgerlichen Wahrnehmungs- und Behandlungsweisen gegenüber Menschenmengen (erste Definition) konfrontiert werden, da sie Ergebnis relativ autonomer Entscheidungen und Handlungen darstellten. So gesehen können Menschenmengen die auch von Historikern immer wieder behauptete Sprachlosigkeit der Unterschichten durchbrechen: „The 'voice' of the crowd was, in fact, its actions."[70]

Die empirisch innovativsten Teile von Harrisons Studie beschäftigen sich mit dem spezifisch urbanen „timing" von Massenereignissen (crowd occurences). Die der spezifisch städtischen Lebensweise geschuldete Zeitdisziplin sei dem Einfluß des Zeitregimes durch die Fabrikarbeit zeitlich vorausgegangen, und die Möglichkeiten zur Bildung von Menschenansammlungen sei in erster Linie vom spezifischen lokalen Zeitregime abhängig gewesen.[71] Das Problem einer spezifisch urbanen Zeit-Ordnung als Teil des allgemeinen Systems der öffentlichen (Un-)Ordnung gilt es mutatis mutandis auch auf die Untersuchung der Straßenpolitik in der Millionenstadt Berlin zu übertragen. Damit soll zweierlei ermöglicht werden: 1. Die Methode der Dechiffrierung der Orts- und Zeitangaben, die ein „Gegenden-Strichlesen" der zeitgenössischen Wahrnehmungen von Menschenmengen ermöglicht, durchbricht ansatzweise deren „Sprachlosigkeit". 2. Menschenmengen können so trotz ihrer jeweiligen Eigen-

---

68 Ebd., S. 15, 17.
69 Ebd., S. 17.
70 Ebd., S. 447.
71 Siehe Harrison (1984), Kap. 9, Harrison (1986).

art und Kontingenz als Gesamtheit betrachtet werden: Die verschiedenen Massenereignisse, von den Tumulten über Sportereignisse und Begräbnisse bis hin zu kommunalen und staatlichen Feierlichkeiten sind durch eine Reihe von Konstitutions-
bedingungen miteinander verbunden. Dazu gehören neben der lokalspezifischen
Soziotopographie, also der Verteilung der sozialen Gruppen in der Stadtgeographie
und der daraus resultierenden territorialen Symbolik der öffentlichen Schauplätze,
insbesondere das lokalspezifische Zeitregime einer Großstadt.

Weitere systematische und methodische Hinweise zur Erforschung von Straßenpolitik lassen sich vor allem einer Reihe angelsächsischer Studien über die öffentliche
Ordnung in Großstädten während der Industrialisierung entnehmen. Von der Pro-
blemstellung her liegt der Berührungspunkt in der Einführung und ebenso langwierigen wie konfliktreichen Durchsetzung von modernen, der städtischen Umwelt angepaßten Polizeiapparaten. Ohne damit sogleich in die umfangreiche Spezialdisziplin
der allgemeinen Polizeigeschichte[72] einsteigen zu wollen, seien einige der mir für
mein Thema am nützlichsten erscheinenden Fragestellungen und Ergebnisse vorgestellt.

Die Funktionalität moderner Polizei für den kapitalistischen Industrialisierungsprozeß lag nicht nur im Angriff auf die „unstetigen" und „unproduktiven" Gewohn-
heiten der Unterschichten, sondern vor allem auch in der Ent-Privatisierung der Ordnungs-Konflikte durch die Übertragung der Polizeigewalt auf professionelle Polizisten und in der Objektivierung der Verhaltens-Gebote als soziale Normen von
moralischer Qualität.[73] Etliche Studien[74] kommen zu dem Schluß, daß der bezeichnete Übergangsprozeß „erfolgreich" in dem Sinne durchlaufen werden kann, daß
danach eine höhere Akzeptanz der Polizei mit niedrigerem Konfliktpotential im
Bereich der öffentlichen Ordnung einhergeht, kurzum daß die „behandelten" Unterschichten „zähmbar" sind. Resultat ist in England zumindest die friedfertige spät-
viktorianische Arbeiterklasse, ein Bild, das die von Stedman Jones beschriebenen
Londoner Outcasts nur modifizieren.[75] Auf die der Urbanisierung geschuldeten klassenübergreifenden Notwendigkeiten dieses Wandels machen vor allem die empirisch
gehaltvollen Studien von Miller und Monkkonen[76] aufmerksam:[77] Sie widmen sich

---

72 Zum aktuellen Forschungsstand in Deutschland siehe zuletzt die Beiträge in Emsley/Weinberger
    (1991), Lüdtke (1992) − insbes. Lüdtkes Einleitung, S. 22-29, und Reinke (1993).
73 Siehe Silver (1967), S. 8-11.
74 Stellvertretend seien hier auf die bahnbrechenden Studien von Storch (1975a), Storch (1975b) hin-
    gewiesen.
75 Siehe Stedman Jones (1971).
76 Siehe Miller (1977), Monkkonen (1981).
77 Bis zur innovativen sozialgeschichtlichen Regionalstudie von Jessen (1991), deren Ergebnisse im
    dritten Kapitel ausführlicher herangezogen werden, waren die Studien zur Durchsetzung der moder-
    nen Polizei in Deutschland − insbesondere Funk (1986) − noch immer sehr rechtsgeschichtlich und
    institutionenorientiert. Sie konzentrierten sich v. a. auf das spannungsreiche Verhältnis zwischen
    Absicherung der Herrschaftsstellung der Eliten des Ancien Régime und gleichzeitigem Ausbau des
    bürgerlichen Rechtsstaates. Damit standen die rechtshistorischen und verwaltungsgeschichtlichen
    Grundlagen des Polizeiapparats eher im Mittelpunkt des Interesses als die alltägliche Praxis der Poli-
    zei selbst. Die Grenze von Lüdtkes (1982a) Untersuchung des Zusammenhangs beider Dimensionen
    liegt in der Konzentration auf die „vormoderne" Polizei in der ersten Hälfte des 19. Jahrhunderts,
    deren Praktiken und Selbstverständnis allerdings als mentale „Grundausstattung" der Polizei der
    Wilhelminischen Gesellschaft auch in meinem Untersuchungszeitraum virulent blieben.

insbesondere den alltäglichen Dienstleistungen von Polizeiapparaten in sich modernisierenden Großstädten, die den klassenübergreifenden Charakter dieses Disziplinierungsprogramms ermöglichen und Akzeptanz auf dem Wege der alltäglichen Unentbehrlichkeit erzeugen. Diese Fälle des „Gelingens" moderner Polizei und damit einhergehend der relativen „Harmlosigkeit" öffentlicher Un-Ordnung in der angelsächsischen Tradition stehen in scharfem Kontrast zum preußisch-deutschen Fall, wo die Aufrechterhaltung der öffentlichen Ordnung in einer sich rasant urbanisierenden Gesellschaft unter dem Ancien Régime als Überlebensfrage der Staatsmacht wahrgenommen und behandelt wurde. Ein Mangel auch dieser Studien bleibt jedoch die fehlende *Verknüpfung zwischen unterschiedlichen Kategorien öffentlicher Un-Ordnung.* Der innere Zusammenhang von seltenen, aber spektakulären Unruhen mit sozio-ökonomischem und politischem Hintergrund einerseits, mit alltäglicher Widersetzlichkeit gegen das polizeiliche Disziplinierungsprogramm andererseits, und dies im Kontext einer infolge der Urbanisierung zunehmenden „technischen" Unentbehrlichkeit polizeilicher Dienstleistungen (wie z.B. Fundbüro, Vermißten-Suchdienst, Baupolizei etc. pp.) wird selten thematisiert.[78]

Die vergleichende Perspektive auf den Prozeß der Durchsetzung von Standards öffentlicher Ordnung in anderen sich urbanisierenden Gesellschaften weist zugleich eindrücklich auf folgende, für die angewandten Untersuchungsmethoden wichtige Problematik hin: Bei der Beobachtung und Analyse von Konflikten um die öffentliche Ordnung muß das Verhalten der Ordnungsmacht selbst als konstitutiv in Rechnung gestellt werden, worauf Charles Tilly in seinen Untersuchungen bereits hingewiesen hatte.[79] Die Häufigkeit und Intensität von öffentlichen Un-Ordnungen hängen keineswegs nur von den Neigungen und Artikulationsbedürfnissen der meist unterschichtigen „Störer", sondern ebenso sehr von den allgemeinen wie konkreten Definitionen der „Störung" durch die Ordnungshüter sowie deren Strafverfolgungspraxis ab.[80] Die Anwendung dieser Definitionsmacht stellte sich, wie Ralph Jessen in seiner Studie über die Polizei im Ruhrgebiet herausgearbeitet hat, im Fall der preußi-

---

78 Harrison (1984) beschreibt die Verhältnisse vor Einführung der professionellen Polizei, d.h. unter Bedingungen einer noch wenig anonymisierten Polizei-Exekutive, in denen soziale Konflikte auf kommunaler Ebene noch „face to face" ausgetragen wurden. Diesen Unterschied berücksichtigt er in seinem ansonsten sehr instruktiven Bericht (Kap. 10) zu neuerer Forschung über Gewalt und öffentliche Ordnung im heutigen Großbritannien zu wenig.– Soweit mir bekannt, verfolgt einzig Philips in einer Regionalstudie über einen Zeitraum von 25 Jahren die parallele Entwicklung von politisch-ökonomisch motivierten Unruhen und Störungen der öffentlichen Ordnung von untergeordneter Bedeutung in der kritischen Übergangszeit der Einführung des neuen Polizeisystems. Er konstatiert einen indirekten Zusammenhang in der allgemeinen Abnahme gewalttätigen Verhaltens bei der englisch-gebürtigen Arbeiterschaft im deutlichen Kontrast zu den irischen Einwanderern, verbunden mit der wachsenden Kompetenz der Polizei, auch die zunächst noch als bedrohlich empfundenen politisch-ökonomisch motivierten Unruhen (Chartismus, Wahlrecht) durch flexible nicht-militärische Taktiken in den Griff zu bekommen. Siehe Philips (1974), vgl. a. Storch (1975b).
79 Tilly C. (1979), S. 109ff.
80 In der Kriminologie und Kriminalitätsgeschichte wurde aus dieser Beobachtung der sogenannte „labelling approach" entwickelt, der gesetzeswidrige Handlungen ausschließlich als Produkt der juridischen Definitionen und deren Anwendung operationalisiert, also das Problem einer „eigentlichen", von juristischen Zuschreibungen unabhängigen Substanz dieser Handlungen als gewaltsam, kriminell, unmoralisch oder resistent von vornherein ausklammert; vgl. Jessen (1991), S. 229-232. Ähnlich verfährt auch Philips (1974), indem er die rechtlichen riot-Kriterien zur Grundlage seiner Erhebung macht.

schen Polizei als das Problem des Übergangs vom strikten Legalitäts- zum flexibleren Opportunitätsprinzip bei der Strafverfolgung dar: Nur die Orientierung auf das Gesamtergebnis polizeilichen Handelns, was in konkreten Einzelfällen die Möglichkeit des Verzichts auf Strafverfolgung einschloß, ermöglichte eine den gestiegenen Anforderungen vor allem moderner Großstädte entsprechende Polizeipraxis, die damit zugleich zunehmend der gezielten disziplinierenden Anwendung von Polizeiverordnungen gegen Angehörige der Unterschicht entraten mußte.[81]

1.4 Zur Quellengrundlage

Als Konsequenz aus den dargestellten Fragestellungen lassen sich für die Analyse der Straßenpolitik folgende methodische Prämissen ableiten:

Trotz der erwiesenen Schwierigkeiten, um nicht zu sagen Fragwürdigkeiten kategorialer Standardisierungen von „Protest" oder „riot", wie sie einem Teil der Protestforschung eigen waren, kann auf eine systematische, d. h. durch explizierte Kriterien gesteuerte, den ganzen Zeitraum der Untersuchung umfassende Erhebung von zu untersuchenden Ereignissen, wie sie eben durch diese Forschungstradition eingeführt wurde, nicht verzichtet werden. Erst sie liefert die erforderliche Materialgrundlage, um den Blick über besonders spektakuläre und daher durch die Überlieferung bereits bekannte Ereignisse hinaus auf die Ebene *alltäglicher* öffentlicher Un-Ordnung zu richten. Die angewandten Erhebungs-Kriterien sind allerdings so zu wählen, daß die Erfassung der „Grauzone" des Übergangs von öffentlicher Ordnung zur Un-Ordnung nicht von vornherein ausgeschlossen wird. Mangels der Möglichkeit, die Stichprobeneigenschaften zu kontrollieren, darf die dadurch gewonnene Reihe aber nicht über die reine Deskription hinaus zur Quantifizierung (hier im Sinne von schließender Statistik, Modellen) mißbraucht werden.

Die zentrale Quellengrundlage für die systematische Erhebung von Straßenereignissen ging aus einer *Tag-für-Tag-Durchsicht der Vossischen Zeitung vom 1. Januar 1900 bis zum 31. Juli 1914* hervor. Die je spezifische Aussagekraft und die Verwendungsmöglichkeiten der sich daraus ergebenden drei Fallsammlungen werden zu Beginn der betreffenden Kapitel im einzelnen diskutiert.[82] An dieser Stelle seien die wichtigsten Argumente für diese Quellengrundlage im allgemeinen sowie die Wahl der Vossischen Zeitung im besonderen genannt:

Tageszeitungen als Hauptquellengrundlage haben sich in der Protestforschung bislang im großen und ganzen bewährt — zum Beispiel bei Wirtz, Harrison, Gailus —, sofern sie sich nicht ausschließlich auf die Berichterstattung einer überregionalen Tageszeitung für ein so großes Untersuchungsgebiet wie ganz Deutschland stützt (Beispiel Tilly/Hohorst). Ihr Vorteil im Vergleich zu Behördenmaterial liegt in der konstanteren Aufmerksamkeit gegenüber den hier interessierenden Vorfällen. Routineangelegenheiten der Polizeipraxis werden in behördlichen Quellen selten

---

81 Siehe Jessen (1991); S. 217-219, 278-280.
82 Siehe u. S. 107-110, 176-178, 307.

überliefert; die „Vorgänge", die dort anläßlich von spektakulären Einzelfällen gebildet wurden, sind für letztere zwar häufig informativer als die Zeitungsberichte, spiegeln in ihrer Gesamtheit aber in erster Linie politische Entscheidungen für die herausgehobene Behandlung bestimmter Ereignisse wider (etwa im Fall der Vorbereitung eines Ministers auf eine Parlamentsdebatte). Gerade über den Lokalteil einer Zeitung ist aber die Ebene alltäglicher und auch in den Augen einer Polizeibehörde banaler Störungen der öffentlichen Ordnung erfaßbar: Die entsprechenden Meldungen im Lokalteil folgten in der Regel dem täglichen an die Presse verteilten Polizeibericht, je nach Bedeutung des Ereignisses ergänzt durch zusätzliche Recherchen der Redaktion. Quellen aus einzelnen Polizeirevieren oder vergleichbaren untergeordneten Instanzen sind hingegen in Berlin für diese Zeit nicht überliefert.

Für die Vossische Zeitung als der *durchgängig auszuwertenden* Zeitung — andere wurden von Fall zu Fall zusätzlich herangezogen! — sprachen zwei Gründe: Zum einen war sie hinsichtlich Störungen der öffentlichen Ordnung trotz ihrer eindeutig freisinnigen Orientierung eine verhältnismäßig „seriöse" Zeitung im Sinne objektiver und gründlicher Berichterstattung, die — wie ein Vergleich mit anderen Zeitungen zeigt — weder ein besonderes Interesse am Aufbauschen (wie die konservativen Blätter) noch am Verharmlosen (wie die Sozialdemokraten) noch am Sensationellen (wie die entstehende Boulevardpresse) hatte. Gegen die Alternative, nur den Vorwärts, der in der Schilderung einzelner hervorgehobener Konflikte zwischen Polizei und Arbeiterpublikum häufig ausführlicher war, durchgängig auszuwerten, spricht dessen aus strukturellen Gründen geringere Informationsdichte: Bürgerliche Tageszeitungen wie die Vossische erschienen zweimal täglich bzw. einmal am Sonntag und Montag, also zwölfmal in der Woche, der Vorwärts hingegen nur einmal täglich und am Montag überhaupt nicht, also sechsmal in der Woche. Im zweimal täglich erscheinenden Lokalteil der Vossischen Zeitung war wesentlich mehr Platz für die hier interessierenden „kleinen" Ereignisse, als im Verlautbarungsorgan der Sozialdemokratie, das auch im Lokalteil den bewegungsinternen Nachrichten erheblichen Platz einräumte. Als einzige liberale Alternative zur Vossischen Zeitung mit vergleichbarem Umfang wäre noch das Berliner Tageblatt in Frage gekommen. Für die Vossische Zeitung sprach aber der praktische Umstand, daß sie eine gesonderte Rubrik „Arbeiterbewegung" enthielt, was das Auffinden der mit Arbeitskämpfen zusammenhängenden Ereignisse erleichterte. Beim konservativen Berliner Lokalanzeiger fehlte das für eine seriöse Berichterstattung erforderliche Minimum an Bereitschaft zur Polizeikritik.[83]

Dennoch ist es natürlich nicht ausgeschlossen, sondern vielmehr ziemlich wahrscheinlich, daß es auch auf dieser Quellengrundlage zumindest zu einer quantitativen Verzerrung gegenüber dem „tatsächlichen" Umfang an für die öffentliche Ord-

---

83 Schließlich bot sich die Vossische Zeitung auch an, weil ihre vollständige Auswertung vergleichbaren, ebenfalls am Institut für Politische Wissenschaft der FU Berlin durchgeführten Untersuchungen zum sozialen Protest in der Weimarer Zeit zugrundelag, siehe Lefèvre (1994), S. 346. — Ein Vergleich einzelner Monate mit dem Berliner Tageblatt und dem Berliner Lokalanzeiger ergab außerdem nur seltene Abweichungen in der Berichterstattung, die zudem keine bestimmte Tendenz erkennen ließen und nur Ereignisse von untergeordneter Bedeutung betrafen. Vereinzelte Lücken in der für die Durchsicht der Vossischen Zeitung verwandten Mikro-Verfilmung (siehe Quellen- und Literaturverzeichnis 3.2.) wurden durch Heranziehung des Berliner Tageblatts gefüllt.

nung relevanten Ereignissen kam. Die Berichterstattung einer Tageszeitung unterliegt neben ihrem Objektivitätsverständnis und Vollständigkeitsanspruch auch noch platzökonomisch bedingten Kriterien der Priorität, denen Meldungen über vergleichsweise nebensächliche Ereignisse wie zum Beispiel der Auflauf anläßlich einer Schlägerei zum Opfer fallen können. Dafür, daß derartige Einflüsse systematisch in eine bestimmte Richtung verzerrend wirkten, fanden sich allerdings im Vergleich mit anderen bürgerlichen Tageszeitungen keine Anzeichen.

Die zweite Quellengrundlage bilden in Archiven zugängliche Akten der mit der öffentlichen Ordnung befaßten Behörden. In erster Linie handelt es sich dabei um den *Polizeipräsidenten zu Berlin* (Brandenburgisches Landeshauptarchiv, Potsdam), der zwar formal dem Oberpräsidenten der Provinz Brandenburg unterstand und eine Art Regierungspräsident für Berlin darstellte, aber aufgrund der enormen sicherheitspolitischen Sensibilität, die der preußische Staatsapparat für die Verhältnissse in Berlin entwickelt hatte, de facto unmittelbar dem *preußischen Ministerium des Innern* (Geheimes Staatsarchiv, Preußischer Kulturbesitz, früher Deutsches Zentralarchiv Arbeitsstelle Merseburg) unterstand, dessen diesbezügliche Akten ebenfalls ausgewertet wurden. Darüber hinaus wurden anläßlich eventueller Gesetzgebungsverfahren und aus politischen Anlässen im Reichsamt des Innern (Bundesarchiv, Abteilungen Potsdam) Vorgänge zu Berliner Ereignissen angelegt. Auch aus der Berichterstattung des preußischen Innenministeriums an das *Geheime Zivilkabinett Wilhelms II.* (Geheimes Staatsarchiv) sind Akten zu einzelnen spektakulären Fällen überliefert.[84]

Bis auf die Akten des Berliner Polizeipräsidenten handelt es sich bei diesen Quellen hauptsächlich um Berichte an die vorgesetzte Behörde oder Abteilung sowie vor allem um Abschriften von Gerichtsurteilen. Unter den Materialien des Polizeipräsidiums bilden die von der *Abteilung VII, Politische Polizei,* gesammelten Revier- und Spitzelberichte über die Berliner Sozialdemokratie einen besonderen Quellenbestand, der nicht nur auf der Ebene der überregionalen und Berliner Leitungsgremien über Hintergründe und Verlauf politischer Aktionen der Sozialdemokratie informiert[85], sondern auch Einblicke in die alltägliche Stimmungslage in den acht Groß-Berliner Wahlkreisvereinen und deren Unterorganisationen etwa anläßlich tagespolitisch brisanter Konflikte um die öffentliche Ordnung gewährt.[86]

---

84 Da die Polizeiverwaltung in Berlin und seinen größeren Vororten während des Kaiserreichs unmittelbar dem Staat, vertreten durch das Berliner Polizeipräsidium, unterstellt war, boten die Archive kommunaler Körperschaften kaum einschlägiges Material.

85 Hinsichtlich der Massenstreikdebatte wurde dieses Material bereits von Groh (1973), hinsichtlich sozialdemokratischer Straßendemonstrationen zuletzt in Ludwig-Uhland-Institut (1986) ausgewertet.

86 Die Quellenedition „Dokumente aus geheimen Archiven" von Fricke/Knaack (1983 ff.) enthält nur die jährlichen „Übersichten der Berliner politischen Polizei über die allgemeine Lage der sozialdemokratischen und anarchistischen Bewegung" sowohl in ganz Deutschland wie im Ausland, die für den mikrohistorischen Informationsbedarf einer Regionalstudie wenig bieten.

2 Alltägliche Straßennutzungen und Menschenmengen

„Straßenpolitik" war eingebettet in eine sich Tag für Tag, Woche für Woche und Jahr für Jahr wiederholende gesellschaftliche Nutzung von öffentlichem Raum unter freiem Himmel in der Stadt − und nichts anderes ist „Straße".[1] Deren Sozialgeschichte, und das hieße im umfassenden Sinne: ihre materiellen Funktionen, ihre Aneignung und Meidung durch die verschiedensten Individuen und sozialen Gruppen, ist bisher kaum erforscht − eine Lücke, die hier nicht geschlossen werden kann. Wohl aber können einige *Elemente* der Straßennutzung, die für unsere Frage nach der Straßenpolitik in Berlin von Interesse sind, skizziert werden: Zum einen geht es um die Bedeutung der Straße als Raum und Medium des sozialen Verkehrs, der Begegnung von Schichten, Geschlechtern, Gewerben, Generationen usw., ihrer unterschiedlichen Nutzungen in den Sozialräumen der Stadt. Zum anderen waren die Straße und ihre angrenzenden Räume Orte, an denen es häufig zu *Menschenansammlungen* kam. Das Berlin des Kaiserreichs erlebte in der Zeit der Hochindustrialisierung eine Verknappung des gemeinsam zu nutzenden öffentlichen Raumes. Menschenmengen wurden mehr denn je zum selbstverständlichen Bestandteil des Straßenlebens. Sie waren nicht mehr relativ seltene Momente von körperlich konstituierter Öffentlichkeit aus Anlaß von monarchischen Schauspielen, kollektiven Protesten oder Volksbelustigungen. Andere, neuartige Menschenmengen wurden − ohne diese überlieferten Formen zu verdrängen − zum festen Bestandteil sozialer Beziehungen. Die damit verbundenen Praxen des Großstadtlebens bildeten den Erfahrungshintergrund der Akteure der in den Fallsammlungen zusammengetragenen straßenpolitischen Ereignisse. Diese sind natürlich selbst Bestandteil der epochalen Veränderung in der kollektiven Straßennutzung; es handelt sich also um eine durch den Untersuchungsgegenstand bedingte *analytische* Unterscheidung. Ebenso verhält es sich mit einem weiteren Aspekt dieses Prozesses, der gleichzeitigen Durchdringung dieses Raumes durch die *Polizei*: Als Garant der öffentlichen Ordnung war sie auf die Durchsetzung bürgerlich-utilitaristischer Verhaltensnormen verpflichtet und setzte damit zugleich diejenigen Standards und Rahmenbedingungen, die „Straße" als sozialen Raum unter den Bedingungen der Urbanisierung und Industrialisierung überhaupt erst ermöglichten. Die Schwierigkeiten der Polizei, sich an die umwälzenden Veränderungen der Straßennutzung anzupassen, verkehrs- und „publikumsgerecht" auf neue materielle wie subjektive Anforderungen zu reagieren, ohne die Herrschaftssicherung aus den Augen zu verlieren, brachten ein den Großstadtmenschen geläufiges Repertoire an Wahrnehmungs- und Verhaltensweisen seitens der Polizisten hervor, deren Kenntnis in den zu untersuchenden Interaktionen *vorauszusetzen* ist und denen darum ein eigenes Kapitel gewidmet ist.[2]

---

1 Vgl. Bedarida/Sutcliffe (1980).
2 Siehe u. Kapitel 3.

Die Grenze zwischen mehr oder weniger routinierten, *im damaligen Sinne* „unpolitischen" Straßennutzungen und der Nutzung der Straße für *explizit* politische Zwecke
verschwimmt vor allem gegen Ende des Untersuchungszeitraums, als auch der Staat
begann, sich an der „Politisierung" des Straßenraumes durch immer umfangreichere
und „bürgerlichere" Massenspektakel zu beteiligen. Obwohl diese ersten Ansätze zu
einer „Nationalisierung der Massen" (Mosse) von oben durch patriotische Umzüge,
Paraden und Huldigungen der Form nach an der konventionellen, dem Selbstverständnis nach „unpolitischen" monarchischen Repräsentation anknüpften, werden
sie wegen ihres Bruchs mit der statischen Kontinuität dieser Konvention und ihrer
Schwellenfunktion für die Kriegsbegeisterung in den Straßen Berlins Ende Juli 1914
im Kapitel über Straßendemonstrationen behandelt.[3] Zunächst geht es hingegen um
die massenhaften alltäglichen Nutzungen der Straße in einer Millionenstadt *vor* bzw.
in der Anfangsphase der Automobilisierung des Verkehrs, also um die angesichts der
ökonomischen und sozialen Wachstumsdynamik des Wilhelminischen Berlins
eigentlich paradoxe Momentaufnahme eines „Normalzustandes".

2.1 Urbanisierung und Verkehrsentwicklung

2.1.1 Industrialisierung, Bevölkerungswachstum
und stadträumliche Differenzierung[4]

Berlin − in der Mitte des 19. Jahrhunderts noch eine Residenzstadt in der Take-off-
Phase der Industrialisierung Deutschlands mit ca. 400.000 Einwohnern − entwickelte
sich vor allem nach der Reichsgründung zum Mittelpunkt eines über seine kommunalen Grenzen weit hinausreichenden Ballungsgebiets, das zentraler Standort sowohl moderner Industrie als auch des Dienstleistungssektors wurde. In der Zeit von
1871 bis 1912 wuchs es von 0,8 auf gut zwei Millionen Einwohner, ein Zuwachs um
152%. Wesentlich rasanter verlief das Bevölkerungswachstum der umliegenden, in
den Berliner Urbanisierungsprozeß hineingezogenen Vororte: Sie wuchsen in der
Zeit von 1870 bis 1919 von 89.000 auf 1,75 Mio. Einwohner an, ein Zuwachs um
1.862%, der sich vor allem auf das letzte Jahrzehnt des 19. Jahrhunderts konzentrierte
und von den zu Großstädten heranwachsenden Vororten getragen wurde.[5]
   Diese Ungleichmäßigkeit des Wachstums ist auch im Innern Berlins zu beobachten: Die Bevölkerung im historischen Stadtkern mit den Stadtteilen Berlin, Cölln,
Friedrichswerder und Neu-Kölln[6] schrumpfte im Zeitraum 1871-1913 um bis zu 70%,

---

3 Siehe u. Kapitel 7.
4 Die Ausführungen in diesem Unterabschnitt stellen eine Art „Faustskizze" dar, die den ansehnlichen
   Forschungsstand zu diesem Thema nicht angemessen wiedergeben kann. Vgl. auch Heiligenthal
   (1926), Thienel (1973), Zimm (1959), Schwarz (1981).
5 Die folgenden Angaben konzentrieren sich dem Schwerpunkt der Untersuchung entsprechend auf
   die Stadt Berlin. Eine sich auf die die gesamte Region, also „Groß-Berlin", erstreckende Betrachtungsweise wäre zwar wünschenswert, ist aber von den statistischen Quellen her schwer zu realisieren.
   Bei der Erhebung der straßenpolitischen Ereignisse hingegen wurden die Vorortgemeinden mit-
   berücksichtigt.
6 Nicht zu verwechseln mit dem nicht zu Berlin gehörenden und 1912 in Neukölln umbenannten Vorort
   Rixdorf.

während die angrenzenden Stadtteile[7] Steigerungsraten zwischen 38 und 300 % aufwiesen. Dieses Bevölkerungswachstum verdankte die Region in erster Linie der Zuwanderung von Arbeitskräften und nur in zweiter Linie dem eigenen Geburtenüberschuß. Ab den 70er Jahren des 19. Jahrhundert stellten die „Eingeborenen" nur noch eine starke Minderheit von ca. 40 % der Einwohner Berlins dar. Der größte Teil der Zuwanderer, zwischen einem Drittel und einem Viertel, kam aus der näheren Umgebung Berlins, der Provinz Brandenburg, ferner aus den östlich gelegenen preußischen Provinzen.[8] Die Zuwanderer waren naturgemäß in den erwerbsfähigen Altersgruppen besonders stark vertreten: Sie stellten bei der Volkszählung 1900 knapp drei Viertel der mehr als fünfzehn Jahre Alten; dies dürfte ein Grund dafür sein, daß die Berliner Bevölkerung den für alle Großstädte des Deutschen Reichs in dieser Zeit typischen Altersaufbau aufwies: Die Sechzehn- bis Fünfzigjährigen, die im Reich nur die knappe Hälfte der Bevölkerung ausmachten, stellten hier 58 % der Einwohnerschaft.[9]

Die Ursachen dieser Entwicklung sind oft beschrieben worden.[10] Sie liegen in der Entwicklung der Residenzstadt Berlin zum Industrie- und Dienstleistungsstandort, der mit seiner Mischung verschiedener Branchen und Erwerbsgruppen ein ausgesprochen differenziertes Städte- und Bevölkerungswachstum hervorbrachte. Obwohl Berlin vor allem dank seiner modernen metallverarbeitenden Industrie, seiner Maschinenbau- und Elektroindustrie, die 12 % aller Erwerbstätigen (bzw. 26 % der in der Industrie Erwerbstätigen) beschäftigte[11], in dieser Zeit zu einer der größten Industrieregionen Deutschlands heranwuchs[12], darf nicht übersehen werden, daß auch noch um die Jahrhundertwende das Handwerk und der durch die Hauptstadtfunktionen expandierende Dienstleistungssektor im Vergleich mit anderen Großstädten stark vertreten waren. Besonders die weitgehend von der Heimarbeit getragene Bekleidungsindustrie (12 % der Erwerbstätigen), das Baugewerbe (5 %) und die holzverarbeitende Industrie (4 %) sowie das Handels- (13 %) und Gaststättengewerbe (4 %)[13] sorgten mit ihren vielen Kleinst- und Kleinunternehmen dafür, daß die durchschnittliche Betriebsgröße 1907 mit 4,7 Erwerstätigen pro Betrieb etwas

---

7 Zur Bezeichnung der geographischen Einheiten: Die Stadt Berlin bestand 1910 aus 31 *Stadtteilen* (für diese liegen die meisten sozialstatistischen Daten vor). Einige der nicht zum historischen Stadtkern gehörenden Stadtteile wurden *Viertel* oder *Vorstädte* genannt („Spandauer Viertel", „Rosenthaler Vorstadt"); pauschal wurde auch von den Vorstädten oder *Außenbezirken* gesprochen. Die Stadtteile waren unterteilt in *Stadtbezirke,* deren Anzahl durch Neu-Einteilungen kontinuierlich wuchs. 1910 gab es laut Adreßbuch 1910 427 dieser kleinsten, aber nur für wenige Indikatoren in den Quellen ausgewiesenen Erhebungseinheiten der Statistik. Die Städte und Gemeinden in der Umgebung Berlins wurden *Vororte* genannt. – Die nach 1920 gebildeten und bis heute weitgehend unveränderten Groß-Berliner *Verwaltungsbezirke* wurden auf dem Gebiet der ehemaligen Stadt Berlin durch Zusammenschlüsse von Stadtteilen gebildet, die z. T. neugeschöpfte Gebietsnamen (Kreuzberg, Friedrichshain), z. T. den Namen eines der zusammengelegten Stadtteile (Tiergarten, Wedding) trugen, mit diesen daher nicht identisch sind.
8 Siehe Erbe (1987), S. 692-696.
9 Berechnet nach StDR, Bd. 151, S. 22, 31, 381, 391.
10 Vgl. die bei Schwippe (1981), (1983), (1987) angeführte Literatur.
11 Berechnet nach Grundstückaufnahme 1910, 3. H., S. 49.
12 Vgl. Erbe (1987), S. 720-730.
13 Berechnet nach Grundstückaufnahme 1910, 3. H., S. 49 ff.

unter dem Durchschnitt aller deutschen Großstädte (5,2) lag.[14] Moderne Unternehmensformen wie Kaufhäuser und Großkonzerne sowie die zahlreichen Beamten ließen zugleich den Anteil der Angestellten und Beamten an den Erwerbspersonen bereits 1907 mit 11,7 % deutlich über den Reichsdurchschnitt von 5,2 % steigen. Wie in anderen Großstädten auch[15] sank dadurch nicht nur der Anteil der Selbständigen (19,9 %), sondern auch der der Arbeiter (68,7 %) leicht unter den Reichsdurchschnitt (22,3 bzw. 72,5 %).[16] Dennoch wuchs die Berliner Region durch ihren schieren Umfang zur größten städtischen Agglomeration von Industrie und Arbeiterbevölkerung in Deutschland heran.[17]

Die mögliche Bedeutung dieser Bevölkerungs- und Beschäftigungsstruktur für die Straßenpolitik von unten sei kurz angedeutet: Junge alleinstehende Arbeiter waren überdurchschnittlich vertreten; sie waren die häufigsten Kontrahenten der Polizei bei Konflikten auf der Ebene des alltäglichen Kleinkriegs. Zu „Streikexzessen" kam es vorzugsweise bei Arbeitskämpfen in kleinen und mittleren Unternehmen, da dort die Ordnungskompetenzen der Gewerkschaftsorganisationen mit ihren hauptamtlichen Funktionären im Gegensatz zu den Großbetrieben weniger zum Zuge kamen. Schließlich stellte die Konzentration der Arbeiterbevölkerung selbst eine Voraussetzung für die Wirkungsmöglichkeiten der Sozialdemokratie als Initiatorin von Straßendemonstrationen dar.

Für die Frage nach den Kontextbedingungen von Straßenpolitik ist die *räumliche Verteilung* der verschiedenen Bevölkerungsgruppen und ihrer Tätigkeiten von besonderem Interesse: Sie erlaubt erste Rückschlüsse auf die sozialstrukturellen und damit *indirekt* auch auf die sozialkulturellen Eigenschaften des Stadtteils, in dem ein Straßenereignis stattfand. Dieser Prozeß der räumlichen Differenzierung wird in der historischen Urbanisierungsforschung in den Begriffen *Spezialisierung* der Stadträume auf Produktions- und Reproduktionsfunktionen (Gewerbe, Handel, Dienstleistungen, Verwaltung, Wohnen, Erholung) und *Segregation* von ethnischen, religiösen und sozialen Wohnbevölkerungsgruppen zusammengefaßt. Die damit erfaßbare Herausbildung von „Arbeiter-" und „bürgerlichen" Wohngegenden, zentral gelegenen Geschäftsvierteln („City") sowie den verschiedenen Vierteln gemischten Charakters ist für Berlin zuletzt und am gründlichsten von Heinrich Schwippe untersucht worden. Zwar fordert sein methodologisches Anliegen — den Nachweis zu führen, daß der sozialökologische Ansatz der US-amerikanischen Urbanistik mit ihrer Betonung der Segregation aufgrund ethnischer Unterschiede auf europäische Urbanisierungsprozesse anwendbar ist — eher zu wachsamer Skepsis gegenüber seiner Begrifflichkeit[18] heraus. Dennoch sind seine für die Jahre 1875, 1895 und 1910 ermittelten *Sozialraumtypen* aufgrund der breiten Datenbasis der von ihm verwendeten statisti-

---

14 StDR, Bd. 220/221, S. 265*-270*.
15 Vgl. StDR, Bd. 207, S. 4.
16 Hohorst u. a. (1978), S. 71.
17 Vgl. StDR, Bd. 207, Bd. 217.
18 Üblicherweise wird in der deutschsprachigen Forschung mit „Segregation" die räumliche Trennung der Sozialstatusgruppen auf verschiedene Wohnviertel bezeichnet, vgl. z. B. Thienel (1977), S. 59-66, Fritzsche (1985), zuletzt Reif (1990), S. 163 – 166, der in diesem Sinne von „residentieller Segregation" spricht.

schen Verfahren[19] für meine Zwecke aussagekräftig genug, um als im übrigen auch durch die „impressionistischeren" Aussagen bisheriger Forschungen gedeckte Ergebnisse berücksichtigt zu werden. Sie bilden in dieser Untersuchung *eine* Grundlage für die Kontextanalyse von Straßenereignissen (s. Abb. 1).[20]

Im alten historischen Stadtkern ist die „City" angesiedelt (Typ I). Sie verbindet einen hohen Spezialisierungsgrad (Geschäfts- und Regierungsviertel) mit niedrigem Sozialstatus der wenigen verbliebenen Einwohner, eine Folge der spekulativen Verslumung der Altstadt. Die Eigenschaften dieses Sozialraumtyps treffen bei der Analyse für 1910 auch auf einige City-Randbezirke zu; er bildet also keine geographisch geschlossene Einheit. Um den alten Stadtkern legen sich ein durch hohen Sozialstatus (Wohnviertel für Beamte des öffentlichen Dienstes, Freiberufler) und starke Spezialisierungsfunktionen (Standort von Bürokratien, City-Funktionen) gekennzeichneter Typus westlich davon (Typ II) und ein spezialisierungsarmes, *nur als Wohnort* dienendes Reiche-Leute-Viertel südwestlich der Stadtmitte, das sprichwörtliche „Berlin-W" (Typ IV). Für die Analyse der Straßenpolitik als besonders bedeutsam hat sich die Differenzierung der restlichen Stadtteile, in denen vor allem die Unterschichten[21] wohnten, erwiesen. Schwippe faßt eine Gruppe „sozialstatusniedriger Stadtteile, die entweder bereits in die City einbezogen sind oder die sich im Einflußbereich der sich erweiternden City befinden" (Typ III)[22], zusammen. Charakteristisch für diese Stadtteile ist ihre Umbruchsituation zwischen unterschichtigem Wohnviertel und Geschäftsviertel. (Lediglich die Friedrichstadt, die zugleich Wohnviertel relativ wohlhabender Schichten ist, bildet in dieser Gruppe eine Ausnahme). Zu diesen von Verslumung geprägten Stadtteilen gehört eines der unruhigsten Viertel der Berliner Sozialgeschichte, das Spandauer Viertel einschließlich des Scheunenviertels, in dem sich soziale Randgruppen (Prostitutions- und kriminelles Milieu) und ethnische Minderheiten (ostjüdische Einwanderer) konzentrieren.[23] Ferner sind sie durch einen hohen Anteil von Einpersonenhaushalten und alten Menschen bzw. durch einen niedrigen Kinderanteil geprägt. Bei Typ V und VI, den durch einen durchweg niedrigen Sozialstatus geprägten Wohnvierteln ohne Spezialisierungsfunktion, handelt es sich um den Dreiviertel-Ring der die Innenstadt umlagernden „klassischen" Arbeiterviertel.[24]

---

19 Schwippes (1983) Ergebnisse basieren im Vergleich mit vorhergehenden Darstellungen auf einer systematischeren Auswertung des verfügbaren statistischen Materials. Auf Grundlage der Ergebnisse der Volks- sowie Wohnung- und Gebäudezählungen auf der Ebene der 21 (1875, 1890) bzw. 31 (1910) Berliner Stadtteile operiert er mit 28 Variablen, die die Merkmale Alter und Familienstand, Haushaltsstruktur, ökonomische Aktivitäten, sozialökonomischer Status, Segregation und Wohnen abbilden, und die er auf die vier Faktoren Sozialstatus, Spezialisierung, ethnische Segregation und Mietwohnraumangebot reduziert. Auf Grundlage dieser Faktorenbildung bildet er unter den Berliner Stadtteilen mithilfe eines Clusterverfahrens sechs Sozialraumtypen.

20 Vgl. ebd., S. 301-307.

21 „Unterschicht" wird in dieser Untersuchung im Sinne von „lower classes" deskriptiv als Sammelbezeichnung für die ärmeren, von politischer und ökonomischer Herrschaft weitgehend ausgeschlossenen, aber nicht durchweg besitzlosen Bevölkerungsgruppen, also neben der Arbeiterschaft auch die auf einem vergleichbaren materiellen Niveau lebenden unteren Angestellten, Selbständigen und „Randgruppen", verwendet.

22 Ebd., S. 305.

23 Zur Geschichte des Scheunenviertels siehe Geisel (1981), zu den ersten Sanierungsmaßnahmen noch vor 1914 Bodenschatz (1987), S. 25-35.

24 „Arbeiterviertel" wird hier wie in der gesamten Untersuchung im Sinne von „durch Arbeiterfamilien

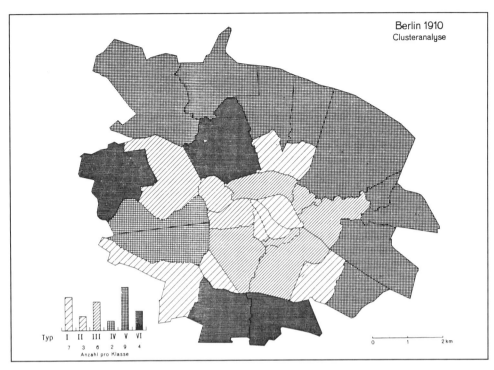

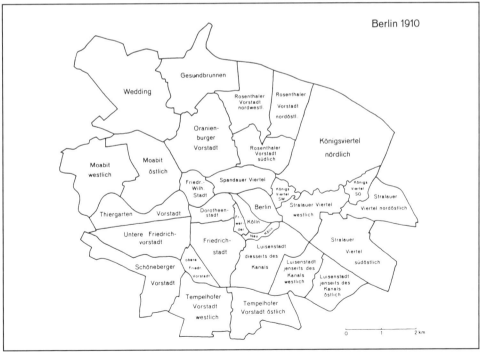

Abb. 1: *Stadtteile und Sozialraumtypen in Berlin 1910, nach Schwippe (1983)*

Natürlich darf auch diese Einteilung in Sozialraumtypen nicht darüber hinwegtäuschen, daß ihr immer noch vergleichsweise hoch aggregierte Daten zugrunde liegen. Innerhalb der Stadtteile, deren größte weit über 100.000 Einwohner hatten, gab es weitere räumliche Differenzierungen, die sich aber nicht mehr in ausreichendem Maße statistisch, sondern nur mithilfe mikrohistorischer Beschreibungen erfassen lassen.[25]

Das Berliner Umland wurde in diese stadträumlichen Differenzierungen vor allem durch die zentrifugalen Standortverlagerungen der Berliner Industrie einbezogen. Während die erste und zweite industrielle Randwanderung in den 40er und 70er Jahren des 19. Jahrhunderts sich noch weitgehend innerhalb der Berliner Stadtgrenzen bzw. in deren unmittelbarer Nachbarschaft abspielte, wurden ab den 90er Jahren und insbesondere nach der Jahrhundertwende die neuen Produktionsstätten für Großbetriebe in den *Vororten* angesiedelt: Spandau und Charlottenburg im Westen, Tegel im Norden, Oberschöneweide und Adlershof im Süden, um nur die bekannteren zu nennen.[26] Zugleich entstanden die ersten „Wohnstädte" vor den Toren Berlins, aus denen täglich Zigtausende nach Berlin ein- und auspendelten.[27] Startschuß für diese Entwicklung war die Inbetriebnahme der Ring- und Stadtbahnen ab 1871 bzw. 1882.

2.1.2 Der Verkehr

„Die Schilderung des modernen großstädtischen Verkehrs ist mit nicht unerheblichen Schwierigkeiten verbunden, weil es sich darum handelt, das anscheinend regellose und planlose Durcheinander großer Menschenmengen zu entwirren."[28] Prägnanter läßt sich das Dilemma einer rein quantitativen Verkehrsgeschichte kaum zusammenfassen. Angebots- und Nachfrageindikatoren für die nichtstraßengebundenen Verkehrsmittel Hoch- und Untergrund-, Stadt-, Ring- und Vorortbahnen sowie die straßengebundenen Verkehrsmittel Straßenbahn und Bus sind zwar vorhanden, aber über die Fußgänger und damit die Hauptbeteiligten jeder Menschenansammlung ist nur wenig zu erfahren. Dennoch lohnt sich zu Beginn ein Blick auf die Verkehrsstatistiken, da ja damals wie heute gilt, daß jeder Benutzer öffentlicher Verkehrsmittel zugleich auch als Fußgänger in Aktion tritt.

Die Summe der von Stadt-, Ring- und Vorortbahnen (Teil der staatlichen Eisenbahnen), von den seit 1902 betriebenen Hoch- und Untergrundbahnen sowie von Straßenbahnen und Bussen beförderten Personen pro Jahr weist für den Untersuchungszeitraum einen fast ununterbrochenen steilen Anstieg auf, der das Bevölkerungswachstum deutlich übertrifft (s. Abb. 2): Von 234 Mio. beförderten Personen

---

und ihr sozialkulturelles Milieu geprägte Viertel" verwendet. „Reine" Arbeiterviertel im Sinne eines nahezu hundertprozentigen Arbeiterfamilienanteils an der Wohnbevölkerung sind aufgrund der ein Minimum an sozialer Durchmischung bewirkenden Dienstleistungsfunktionen für die Wohnbevölkerung und speziell in Berlin aufgrund des differenzierten Wohnungsangebots in Mietskasernen (Vorderhaus-Hinterhaus-Gefälle) Ausnahmen, auch wenn man räumliche Einheiten unterhalb der Stadtteilebene betrachten würde.

25 Siehe u. S. 252-256 anhand zweier Beispiele aus den Stadtteilen westliches Moabit und Wedding.
26 Vgl. Erbe (1987), S. 727-730.
27 Siehe das Beispiel Rixdorf bei Thienel (1973), 3. Teil.
28 Kollmann (1905), S. 5.

*   bezogen auf die Einwohnerzahlen der Stadt Berlin;
**   bezogen auf die Einwohnerzahlen des Schnellverkehrsgebietes;
*** bezogen auf die Einwohnerzahlen des Verbandsgebietes.

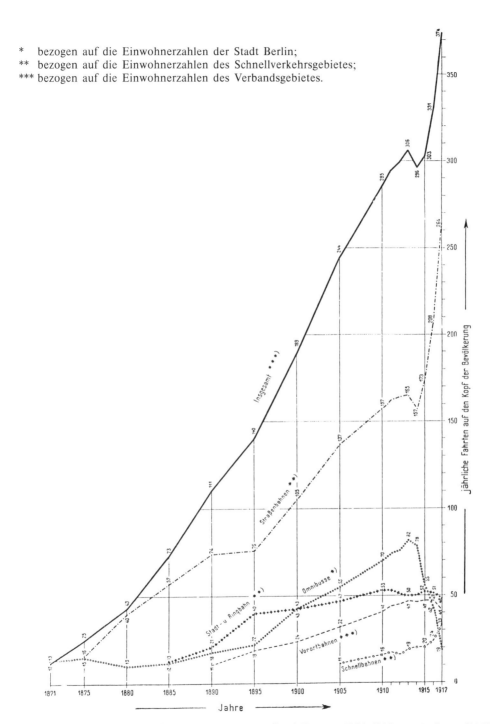

Abb. 2: *Entwicklung des Personenverkehrs in Groß-Berlin, 1871-1917, nach Giese (1919)*

1890 über 546 Mio. 1900 und 1.115 Mio. 1910 erreicht diese Kennziffer 1913 mit 1.290 Mio. ihren vorläufigen Höhepunkt. Die Zahl der jährlichen Beförderungen pro Kopf der Bevölkerung kletterte von 111 (1890) über 189 (1900) und 285 (1910) auf 306 (1913)[29], ein Wert, der von Zeitgenossen im Vergleich mit anderen „Metropolen" als zu niedrig kritisiert wurde.[30] Der Löwenanteil, nämlich etwa die Hälfte, entfiel dabei auf die um die Jahrhundertwende elektrifizierte Straßenbahn, während der Bau der besonders leistungsfähigen innerstädtischen Hoch- und Untergrundbahn wegen deren hohen Preise vor dem 1. Weltkrieg noch keine einschneidende Entlastung des Straßenverkehrs brachte.[31] Das gilt auch für die von den staatlichen Eisenbahnen betriebenen Stadt-, Ring- und Vorortbahnen, da diese in erster Linie zum Ein- und Auspendeln für den Berufs- bzw. Ausflugsverkehr dienten (s. Abb. 2).

Was für Schlußfolgerungen für das Straßenleben lassen diese Zahlen zu? Die steigende Einwohnerzahl Berlins und Umgebung machte sich nicht zuletzt als rasante, um ein mehrfaches größere Steigerung der Nutzung des öffentlichen Raumes einschließlich der öffentlichen Verkehrsmittel bemerkbar. Das Ausmaß des damit einhergehenden unablässigen Gewühls von Menschen an den zentralen Orten der Innenstadt hingegen ist kaum zu quantifizieren. Ein Experte schätzte es vage auf noch einmal so hoch wie den gesamten Fahrrad-, Wagen- und Bahnverkehr und kam somit auf 1.260 Millionen Verkehrsteilnehmer im Jahre 1912.[32]

Eine konkretere Abschätzung der Folgen der sprunghaften Verkehrsentwicklung bringt uns die Betrachtung der zeitlich-räumlichen Verteilung dieser Verkehrsströme. Auch hier gilt wiederum, daß wir – bis auf zwei Ausnahmen – nur über Informationen zum Fahrgastaufkommen der verschiedenen öffentlichen Verkehrsmittel verfügen, wonach die Spitze des Verkehrsaufkommens morgens zwischen 6 und 8 Uhr lag, während sich die zweite Spitze, der Feierabendverkehr, nachmittags über über mehrere Stunden verteilte.[33] Der *Fußgängerverkehr* hingegen bietet ein anderes Bild.[34] Vom Dezember 1907 bis Juni 1908 wurden an 37 Punkten der Stadt, differenziert nach Verkehrsrichtungen und Fußgängern, Straßenbahnen, Bussen und sonstigen Fahrzeugen, *Verkehrszählungen* durchgeführt, die stündliche Frequenzen zwischen 6 und 22 Uhr verzeichneten. Es wurden ausschließlich Verkehrspunkte im City-Bereich mit Schwerpunkt in der Friedrich- und Dorotheenstadt berücksichtigt. Während es bei den öffentlichen Verkehrsmitteln morgens *und* abends zu Spitzen-

---

29 Giese (1919), S. 38, Abb. 19.
30 Siehe Kollmann (1905), passim, ein Argument für den beschleunigten Ausbau eines innerstädtischen nichtstraßengebundenen Schnellbahnsystems. Siehe dazu auch Vossische Zeitung v. 13. 1. 1910, Nr. 20, 1. Beil. Zum groben Vergleich die entsprechenden Werte in späteren Jahrzehnten: Das Maximum wurde 1929 mit 1.928 Mio. beförderten Personen bzw. 449 Beförderungen pro Kopf der Bevölkerung erreicht, StJbBln N. F. 11 (1936), S. 11, 120. Die Westberliner BVG führte 1988, dem letzten Jahr vor der Maueröffnung, 699 Mio. Personenbeförderungen durch, was 342 Beförderungen pro Kopf der Bevölkerung entsprach, StJbBln 1989, S. 15, 312. Aufgrund des starken Ausbaus des Schnellbahnnetzes und des damit einhergehenden Bedeutungsverlustes der kürzeren und daher häufiger zu benutzenden Straßenbahn- und Buslinien ist dieser Rückgang gegenüber den Zwanziger Jahren aber nicht nur auf den individuellen Autoverkehr zurückzuführen.
31 Vgl. Tab. 4 in Giese (1919), S. 234-237.
32 Borght (1913), S. 173, 176.
33 Siehe Biedermann (1917), passim; ausführlicher zu dieser Studie siehe u. S. 48.
34 StJbBln 32 (1913), S. 979-993.

werten kam, konzentrierten sich die Fußgänger hingegen auf die Zeit nach Arbeitsschluß, wie in diesen Geschäfts- und Vergnügungsvierteln, in denen sich die Zählorte befanden, nicht anders zu erwarten war. Beim Vergleich der absoluten Zahlenwerte liegen der Potsdamer Platz und die Leipziger Straße an der Spitze. Am 29. April 1908 wurden bei veränderlichem Wetter an sieben Punkten nicht weniger als 173.248 Fußgänger auf dem Weg zum Potsdamer Platz gezählt; in umgekehrter Richtung waren es 174.665. Auch hier lagen die Spitzen in beiden Richtung am frühen Abend, nämlich zwischen 19 und 20 Uhr.[35]

Neben den alltäglichen Verkehrsschwankungen sind für das Straßenleben aber auch die innerhalb der Wochen und die über das Jahr verteilten Unterschiede von Interesse. Die Zahlen der Großen Berliner Straßenbahn weisen dabei Spitzen für das Wochenende (Sonnabend, Sonntag) sowie eine absteigende Linie von Montag nach Freitag unterhalb des Tagesdurchschnitts aus, wobei die Abweichungen vom Mittelwert von 14,3 Prozent (=100%:7) aber nicht über 1,3 Prozentpunkte hinausgehen, die Schwankungen also viel geringer sind als beim Vergleich der Tageszeiten.[36]

Aussagekräftiger sind die Zahlen zu den Verkehrsschwankungen im monatlichen Vergleich: Je stärker die Verkehrsmittel durch mittelständische und Oberschichten benutzt wurden, desto deutlicher der Benutzerrückgang in den Urlaubsmonaten Juni, Juli und August. Im Vergleich zur modernen Hoch- und Untergrundbahn schwankte die Benutzung der Stadtbahn nur minimal, ebenso wie die der ebenfalls für den breiten Berufsverkehr relevanten Busse und Straßenbahnen. Dort, wo der Ausflugsverkehr eine Rolle spielte, ist natürlich eine deutliche Zunahme im Sommer festzustellen, die den Monatsdurchschnitt von 8,3 Prozent (=100%:12) um mehr als 1,9 Prozentpunkte übersteigt.[37]

Die für unsere Fragestellung nach dem Straßenleben bedeutsamste Verkehrsschwankung bestand also in der enormen Konzentration des *Berufsverkehrs* auf die frühen Morgen- und die Abendstunden. Hinzu kamen Spitzen im Ausflugsverkehr an den Wochenenden im Sommer, die aber nur ganz bestimmte Linien der verschiedenen Verkehrsmittel betrafen.

Für den nichtstraßengebundenen Verkehr läßt sich die räumliche Verteilung des Verkehrs ohne weiteres der Karte „Verkehr auf den Stationen der innerstädtischen Schnellbahnen, Stadt-, Ring- und Vorortbahnen von Groß Berlin im Jahre 1912/13" (s. Abb. 3) aus der Schnellbahn-Studie von Erich Giese[38] entnehmen. Sie verzeichnet nämlich „die Anzahl der von den Stationen jährlich abgefahrenen Personen in Millionen" und liefert uns damit ein Verzeichnis der „Nadelöhre", durch die sich immerhin 469 Millionen Fahrgäste im Jahre 1913[39] hindurchzwängen mußten, um

---

35 Der Vergleich mit den Ergebnissen der Verkehrszählungen des Berliner Polizeipräsidiums im Jahr 1891 und 1900, die allerdings keine Differenzierung nach Tageszeiten enthalten, zeigt, daß sich das allgemeine Verkehrsaufkommen nicht nur erheblich erhöhte, sondern darüberhinaus in der Innenstadt seinen Schwerpunkt von Unter den Linden zur Leipziger Straße/ Potsdamer Platz verlagerte; vgl. Dritter Verwaltungsbericht (1902), S. 128-133.
36 Giese (1919), S. 73.
37 Ebd., S. 71 f.
38 Ebd., Tafel 6. Die Angaben für einige U- und Hochbahnhöfe, die erst im Laufe des Jahres 1913 eröffnet wurden, sind von Giese auf das Gesamtjahr 1913 hochgerechnet worden.
39 Errechnet n. ebd., S. 236 f.

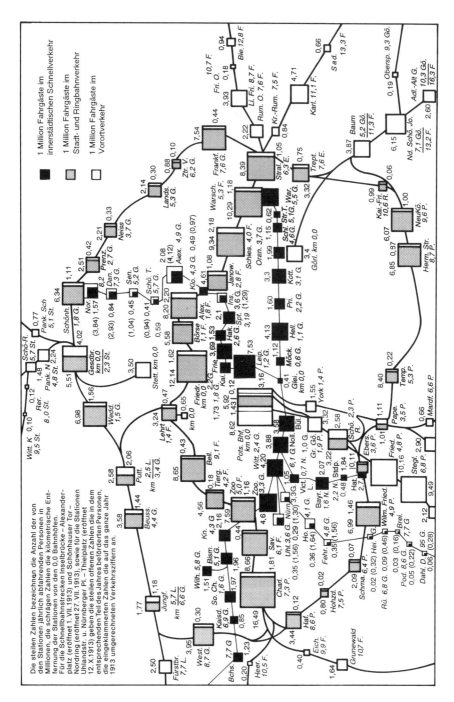

Abb. 3: *Verkehr auf den Stationen der innerstädtischen Schnellbahnen, Stadt-, Ring- und Vorortbahnen von Groß-Berlin im Jahre 1912/13, nach Tafel 6 in Giese (1919)* (Ausschnitt)

44

ihren Zug zu besteigen. An der Spitze liegt der Potsdamer Bahnhof mit 19,25 Mio. Dann folgen die Stationen der Stadtbahn mit Charlottenburg (18,3 Mio.), Friedrichstraße (13,76 Mio.), Schlesischer Bahnhof (11,52 Mio.), Alexanderplatz (10,4 Mio.) und Warschauer Brücke (11,47 Mio.) an der Spitze. Eine zusätzliche Konzentration von Menschenmengen weisen außerdem diejenigen Stationen der Stadtbahn auf, an denen sich zugleich U- bzw. Hochbahnhöfe befinden. Bei den übrigen Bahnhöfen der Stadtbahn bewegen sich die Zahlen zwischen fünf und neun Mio., während unter den U- und Hochbahnhöfen nur der Bahnhof Leipziger Straße mit 7,53 Mio. Fahrgästen herausragt. Um diese innerstädtischen Bahnhöfe gruppieren sich diejenigen der Ring- und Vorortbahnen, wobei charakteristische Schwerpunkte auszumachen sind: Bei den Vorortbahnen liegt die Wannseebahn mit Friedenau (10,16 Mio.) und Steglitz (9,49 Mio.) deutlich an der Spitze. Die anderen Vorortbahnhöfe in unmittelbarer Ring- oder Stadtbahnnähe fallen nicht ins Gewicht, ganz zu schweigen von den weiter entfernt liegenden „auf dem platten Lande". Interessanter sind hingegen die Schwerpunkte auf der Ringbahn: An der Spitze liegt der Bahnhof Gesundbrunnen mit 9,53 Mio., wovon 4,02 auf den Vorortverkehr Richtung Norden entfallen. Auf dem Nordring befindet sich noch eine Kombination mit der Hochbahn, nämlich Schönhauser Allee/Nordring mit 11,29 Mio. (davon 3,84 Hochbahn). Einen weiteren nördlichen Schwerpunkt bildet der Bahnhof Wedding mit 7,54 Mio., einen östlichen der Bahnhof Frankfurter Allee mit 7,98 Mio. Auch Richtung Süden gibt es zwei derartige „Arbeiterbahnhöfe", nämlich Neukölln und Hermannstraße mit 7,07 bzw. 7,72 Mio. Fahrgästen. Wilmersdorf-Friedenau im Südwesten mit seinen 8,45 Mio. dürfte hingegen stärker von mittelständischem und bürgerlichem Publikum benutzt worden sein. Die übrigen Bahnhöfe der Ringbahn bewegen sich in einer Größenordnung zwischen 1 und 5 Mio. Fahrgästen, wobei die Nordringbahn insgesamt das größere Verkehrsaufkommen aufweist.

Diese Verkehrsmittel erbrachten 1912 aber nur 36 % des Verkehrsleistung, während die Hauptlast auf den straßengebundenen Verkehrsmitteln, vor allem den Straßenbahnen mit 51 % der Leistung[40], ruhte. Leider enthält Gieses Studie für Straßenbahnen und Busse keine vergleichbare Darstellung des tatsächlichen Verkehrs. Aber auch die Karte „Stündliches Platzangebot auf den verschiedenen Verkehrsmitteln in Groß Berlin nach dem Fahrplan von Juni 1914 (Friedensfahrplan)"[41] ist aufschlußreich, da davon auszugehen ist, daß die profitorientierten privaten Verkehrsunternehmen in erster Linie dort Leistungen anboten, wo sie auch zu verkaufen waren (s. Abb. 4). Das Netz der straßengebundenen Verkehrsmittel verdichtete sich auf dem vom Potsdamer Platz durch das historische Stadtzentrum zum Alexanderplatz führenden Straßenzug (Potsdamer, Leipziger, Gertraudenstraße, Mühlendamm, Spandauer, Königstraße) mit maximalen Angeboten von ca. 33.000 Plätzen pro Stunde am Alexanderplatz und ca. 21.000 Plätzen pro Stunde auf der Potsdamer Straße. Vom Alexanderplatz aus führten sternförmig Verkehrslinien mittlerer Größe in die nördlichen und östlichen Stadtviertel, die die Lücken zwischen Ring- und Stadtbahn bedienten: Chaussee-, Brunnen-, Schönhauser Straße, Prenzlauer Allee, Greifswalder

---

40 Berechnet n. den Angaben in Abb. 2.
41 Ebd., Tafel 5.

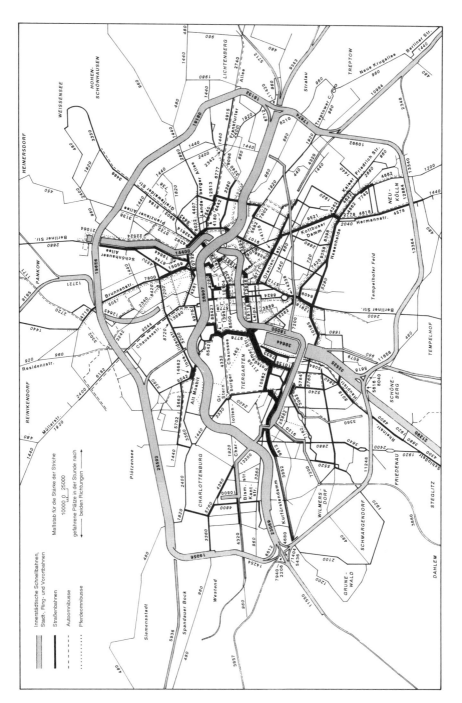

Abb. 4: *Stündliches Platzangebot auf den verschiedenen Verkehrsmitteln in Groß-Berlin nach dem Fahrplan vom Juni 1914 (Friedensfahrplan), nach Tafel 5 in Giese (1919)* (Ausschnitt)

46

Straße, Landsberger Allee und Frankfurter Straße. Ebenso wie die verkehrsreichen Straßenzüge in Richtung Neukölln (Kottbusser Damm), die über den Belle-Alliance-Platz führenden Straßen der Friedrichstadt sowie die nach Moabit führende Invalidenstraße und die Straße Alt Moabit waren dies die verkehrsreichen Ausfallstraßen in die Arbeiterwohnviertel.

Der öffentliche Personennahverkehr konzentrierte sich demnach bei Betrachtung aller öffentlichen Verkehrsmittel auf drei Komplexe: 1. auf den Innenstadtbereich zwischen dem Potsdamer Platz und dem Alexanderplatz mit dessen Verbindungen zum Norden und Osten Berlins, begleitet vom Verlauf der U- und Hochbahn. 2. Als Zubringer zur Innenstadt fungierte die Stadtbahn in Verbindung mit der nördlichen Ringbahn, wodurch für einen relevanten Teil der Arbeiter aus den nördlichen und östlichen Wohngebieten ein schneller Berufsverkehr gewährleistet war. 3. Am Potsdamer Bahnhof mündete mit der Wannseebahn ein Zubringer aus Richtung Südwesten ein, der die Anbindung der mittelständisch-bürgerlich geprägten Vororte im Westen und Südwesten des Stadtzentrums gewährleistete.

Die Konzentration großer Menschenmassen zu ganz bestimmten Tages- bzw. Wochenzeiten führte vor allem bei den Eisenbahnen zu immer wieder in der Vossischen Zeitung angeprangerten Mißständen. Derartige kurze Reportagen vermitteln anschaulicher als dürre Zahlen, wie es beim werktäglichen Gedränge an den Verkehrsknotenpunkten zuging. Abgesehen von den Jahr für Jahr wiederkehrenden Berichten über das Gewühle auf den Fernbahnhöfen bei Ferienbeginn und -ende und auf den Vorortbahnhöfen zu traditionellen Anlässen wie dem Baumblütenfest in Werder, Oster- und Pfingstausflügen[42] konzentrierte sich das Interesse zum einen auf den Potsdamer Bahnhof, zum anderen auf die „Arbeiter-Bahnhöfe" des Nordrings. Während der Ballung der Fußgängerströme am Potsdamer Bahnhof durch breitere Bürgersteige zwischen den verschiedenen Teilbahnhöfen abgeholfen werden sollte (zwei Vorortlinien, die Fernbahn und die Ringbahn trafen hier zusammen)[43], mußten die „Arbeiterbahnhöfe" des Norden baulich erweitert werden: „Viel geklagt wird über die Zustände auf dem *Bahnhof Gesundbrunnen*. Der Ringbahnsteig, der nur einen einzigen Zugang besitzt, wird zur Zeit einer Ausbesserung unterzogen. 15.000 Personen müssen täglich diesen schmalen Zugang benutzen. Infolge des großen Andranges in den Abendstunden wurden gestern, Mittwoch, um 6½ Uhr verschiedene Scheiben der Glaswand eingedrückt, glücklicherweise ist niemand zu Schaden gekommen. Der zweite Zugang, der an der Swinemünder Brücke geplant und auch in kurzem begonnen werden soll, wird hoffentlich die ersehnte Abhilfe und eine Entlastung des Verkehrs an dem Zugange Badstraße bringen."[44]

---

42 Siehe dazu unten Kap. 2.3.1
43 Vgl. den Leserbrief in der Vossischen Zeitung v. 9.6.1900, Nr. 265, 2. Beil.
44 Vossische Zeitung v. 14.3.1907, Nr. 124. S. auch den Bericht über einen neueröffneten Ausgang des „größten Arbeiter-Bahnhof[s] Berlins, de[m] Bahnhof Wedding", Vossische Zeitung v. 11.11.1911, Nr. 566. – Zur Zitierweise bei Tageszeitungen und anderen Quellen aus dem Untersuchungszeitraum in dieser Untersuchung: Die verschiedenen Hervorhebungen im Original (Gesperrt- und/oder Fettdruck, Typenwechsel) werden sämtlich als Kursivdruck wiedergegeben, ohne daß dies besonders vermerkt wird. Offenkundige Druckfehler wurden ohne Kennzeichnung korrigiert.

1913 versuchte die königliche Eisenbahn-Direktion Berlin das Problem auf andere Weise anzugehen. Sie führte unter den Berliner Großunternehmen eine Erhebung über deren Arbeiteranzahl, die von diesen benutzten Verkehrsmittel und deren Arbeitsbeginn und -ende durch, um auf dieser Grundlage ein System der gestaffelten Arbeitsaufnahme zu entwickeln. Im Rundschreiben an die Unternehmen, die um ihre Mitarbeit gebeten wurden, hieß es zur Begründung: „Bei der fortschreitenden Entwicklung aller Gewerbebetriebe hat der Arbeitermassenverkehr auf den Stadt- und Ringbahnen in den Morgenstunden einen solchen Umfang erreicht, daß er gerade noch bewältigt werden kann. Die Züge folgen von 6 bis 7 Uhr morgens einander in einem Abstande von je 2 ½ Minuten, das ist die dichteste Zugfolge, die zurzeit überhaupt möglich ist, ohne die Betriebssicherheit zu gefährden, und dennoch sind die Züge auf fast allen Strecken sehr stark überfüllt. Die Ursache liegt nicht in den gegenwärtig bestehenden Verkehrseinrichtungen, es gibt kein Verkehrsmittel, das einen derartigen anstürmenden Massenverkehr in so kurzer Zeit ordnungsmäßig bewältigen kann.[45] Der Grund des 1/2 bis 3/4 Stunde anhaltenden Menschenstromes, der sich nur mit unendlicher Schwierigkeit für die Verwaltung und der größten Unbequemlichkeit für die Reisenden bewältigen läßt, liegt darin, daß die Arbeitszeit bei fast allen Werken bei annähernd gleicher Weglänge zwischen Bahnhof und Arbeitsstätte zugleich um 7 Uhr morgens beginnt. Es steigen z. B. auf Bahnhof Beusselstraße in 1/4 Stunde (1/2 bis 3/4 7 Uhr morgens) 3900 Fahrgäste aus; eine Stunde später (von 1/2 bis 3/4 8 Uhr) nur 184 Personen."[46]

Die Ergebnisse dieser Erhebung reichte einige Jahre später der „königl. Eisenbahn-Bau- und Betriebsinspektor a. D." Ernst Biedermann bei der Technischen Hochschule zu Braunschweig als Dissertation ein. Seine Zählungen bestätigen das berichtete Gesamtbild des morgendlichen Berufsverkehrs: Auf der Stadtbahn konzentrierte sich der westliche bzw. östliche Einpendelverkehr in die Stadtmitte auf die Schwerpunkte Friedrichstraße und Alexanderplatz. Die Südbahn diente einerseits als Zubringer aus den „bürgerlichen" Vororten in die Geschäftsviertel Friedrichstadt und Luisenstadt, zugleich zum Einpendeln aus den östlichen Arbeitervierteln und Neukölln. Beim Nordring sticht die Pendelbeziehung der schon erwähnten Bahnhöfe Gesundbrunnen und Wedding sowie Schönhauser Allee mit den Moabiter Bahnhöfen Putlitzbrücke und Beusselstraße zwischen 6²⁰ und 6⁵⁰ ins Auge — eine tagtägliche Verbindung zwischen dem Berliner Norden und dem Industriestandort westliches Moabit, der 1910 *zugleich* der bevölkerungsreichste Stadtteil Berlins war.[47] Auf der östlichen Hälfte des Nordrings kam es zwischen den Stationen Landsberger Allee und Rummelsburg zwischen 6²⁰ und 7⁵⁰ in zwei Wellen zu vergleichbaren Überfüllungen.[48]

---

45 Anm. T. L.: Eine Schutzbehauptung, der Experten, die sich schon seit Jahren für eine Elektrifizierung der Stadt- und Ringbahn einsetzten, widersprachen, und die in der konservativen Investitions- und Preispolitik der Preußischen Staatsbahnen begründet war. Vgl. Eberstadt u. a. (1910), S. 16.
46 Zit. n. Vossische Zeitung v. 20.7.1913, Nr. 363, 1. Beil.
47 Siehe Thienel (1973), 2. Teil u. u. S. 339 ff. .
48 Biedermann (1917), Tafel II.

2.1.3 Architektur und Straßennutzung

Ob und wie die Straße massenhaft aufgesucht wurde, war aber nicht nur das Ergebnis des Straßenverkehrs. François Bedarida und Anthony Suttcliffe haben anhand des Vergleichs zweier Millionenstädte mit extrem hohem Verkehrsaufkommen auf die vorherrschende Bebauungsweise als weitere sozialgeschichtlich gegebene Determinante der Straßennutzung hingewiesen.[49] Demnach führte die dichte, konzentrierte Mietshaus-Bebauung in der Pariser Innenstadt zu einer wesentlich straßenbezogeneren Lebensweise als die Privaträume im unmittelbaren Umfeld der Wohnung bzw. des Ein- oder Zweifamilienhauses einschließende Bebauung in London. In dieser Hinsicht ist das Berliner Mietshaus zweifellos dem Pariser Beispiel an die Seite zu stellen.[50] Unbeschadet der unterschiedlichen Standards, in denen es ausgeführt werden konnte, bedeutete es für die meisten seiner Bewohner, daß ihnen nach Verlassen der Wohnung nur ein enger Hof und eine Toreinfahrt als halböffentliche Räume blieben, bevor sie sich unmittelbar auf der öffentlichen Straße befanden. Eindeutig private Zwischen- oder Blockinnenräume gab es nur in vornehmen Villengegenden; die Reform-Architektur mit Gartenstädten und Abstandsgrün kam in Berlin erst ab 1914 und nur vereinzelt zum Zuge.[51]

2.2 „Straßenbilder": Straßenleben und Menschenmengen im Alltag der Großstadt

Zahlengaben über öffentliche Verkehrsmittel und Verkehrszählungen ersetzen natürlich nicht die konkrete Anschauung dessen, was sich massenhaft auf den Straßen ereignete. Während die Stadtplaner und Ingenieure ihr spezifisches „exaktes" Wissen über die Bewegung von Menschenströmen zusammentrugen, hielten andere Zeitgenossen − Journalisten, Schriftsteller, Künstler − ihre Beobachtungen und Erfahrungen als „Straßenbilder" fest.[52] „Straße" war weit mehr als der öffentliche Raum zwischen Gebäuden und Anlagen, sie wurde zu einem „mythischen Zeichen" (Barthes) für die schwindelerregende Dynamik der modernen Gesellschaft.[53] Dieses

---

49 Siehe Bedarida/Sutcliffe (1980).
50 Siehe allgemein zur Geschichte des Berliner Mietshauses die Forschungen von Geist/Kürvers (1980), (1984), (1989).
51 Vgl. Boberg u. a. (1984), S. 224 ff., Novy (1986).
52 So der gängige Begriff in der Berichterstattung. − Straße und Straßenleben waren bevorzugte Gegenstände einiger Expressionisten (z. B. Corinth, Meidner, Beckmann). Zu den kenntnisreichsten und in optischer Hinsicht auch heute noch informativsten „Straßenbeobachtern" Berlins gehörten zweifellos Heinrich Zille (1975), ob als Zeichner oder als Fotograph − siehe zuletzt Murmann (1994) − und der Maler Hans Baluschek, siehe Glatzer (1986) I, S. 530-538, Staatliche Kunsthalle Berlin (1991). Eine ästhetische Abhandlung über die Straße als Gegenstand der Malerei aus impressionistischer Sicht siehe Endell (1908), dagegen als Expressionisten Ludwig Meidners „Anleitung zum Malen von Großstadtbildern", zit. in Glatzer (1986) II, S. 333-336. − Darüber hinaus sind „Straßenbilder" auch in den zeitgenössischen Bildreportagen, z. B. der führenden (Leipziger) Illustrirten Zeitschrift, Verlag J. J. Weber, immer wieder anzutreffen; einige Beispiele siehe u. Abb. 5, 6, 8, 9.
53 Reichhaltiges Material dazu enthalten Strohmeyer (1987) und Schutte/Sprengel (1987). − Zur Zeichentheorie moderner Alltagsmythen siehe Barthes (1957), insbes. S. 195-202.

Kaleidoskop der an Wahrnehmungen der Straße und Wahrnehmungen auf der Straße geknüpften Deutungen, Allegorien und Metaphern erschöpfend zu behandeln, wäre Aufgabe einer historischen Diskursanalyse, die im Rahmen dieser Arbeit nicht zu leisten ist.[54] Ohne Vollständigkeit anstreben zu wollen, konzentriere ich mich daher im folgenden auf einige in Reportagen, Essays und Stadtbeschreibungen verarbeitete Straßenerfahrungen von Berliner Großstadtmenschen, die für die Untersuchung der Straßenpolitik von Bedeutung sind.

2.2.1 Im Zentrum: „eine einzige große Geschäftsmaschine"

Kurz vor dem Ersten Weltkrieg schilderte ein Feuilletonist voller Skepsis das Berliner Straßenleben: „Wie seine Wohnung, so liebt der Berliner auch seine Straße. Aber mit der Zeit hat der Verkehr derartige Dimensionen angenommen, daß die Straße kaum noch die Menschen fassen kann, die hinüber eilen. Zwar hat der Berliner keine Zeit, spazieren zu gehen und deshalb gelingt es ihm nicht, einen Korso einzurichten, wie in Paris, London oder Rom. [...] Der Berliner ist auf der Straße, wenn er geschäftliche Besuche macht, wenn er in sein Bureau geht oder wenn er nach Hause fährt. Und selbst unsere Frauen laufen nur herum, um einzukaufen."[55]

Ein „ausgeprägtes Volksleben auf Straßen und Plätzen" vermißt auch ein anderer Beobachter. Vielmehr seien die Deutschen von jeher Stubenhocker gewesen. Abgesehen von den gelegentlichen Paraden und höfischen Ereignissen „stellt sich das Berliner Straßenleben als ein geschäftliches Kommen und Gehen dar, als eintönige Verkehrshast [...]."[56] Auf der Leipziger Straße finden sich zwar zwischen den verschiedenen Kategorien der ihren „Geschäften" nachgehenden Fußgänger wie „Laufburschen", „Stadtreisenden" und anderen „Berufsmenschen" da und dort noch einige gewohnheitmäßige Flaneure sowie Prostituierte und Fremde. Ansonsten beherrscht das Durcheinander der unterschiedlichsten Fortbewegungsmittel – elektrische Straßenbahn, Pferdeomnibusse, Droschken, Automobile – die Szene, für das ein anderer Zeitgenosse von der schreibenden Zunft folgende Metapher fand: „Und es wogt und es hastet, es klappert und dröhnt und arbeit und schafft! Eine einzige große Geschäftsmaschine, in dem das sich stets jüngende Leben das Perpendikel ist."[57]

Wie kritische Berlin-Beschreiber immer wieder festellen mußten, boten sich unter derartigen Voraussetzungen den Berlinern und Berlinerinnen wenig Gelegenheiten und Anreiz, einen gelassenen und selbstverständlichen Habitus als Teilnehmer von Menschenmengen zu entwickeln. Von „romanischer" Fußgängerkultur konnte hier keine Rede sein. Die geraden Straßen des modernen Berlins, so Arthur Eloesser, „einer der ersten Berliner Flaneure am Anfang dieses Jahrhunderts"[58], halten uns

---

54 Als literaturwissenschaftliche Untersuchung zum Typ des Berliner Straßen-„Flaneurs" siehe Köhn (1989), insbes. zum hier behandelten Zeitraum und zu einigen der im folgenden zitierten Autoren, S. 113-133.
55 Edel (o.J.), S. 14.
56 Rapsilber (1914), S. 101-103.
57 Edel (o.J.), S. 16-18.
58 Eloesser (1987), Klappentext. Seine Beschreibungen zeichnen sich im Kontrast zu denen seiner Zeitgenossen durch präzisere Beobachtungen und Verzicht auf mythisierende Ausdrucksmetaphern aus.

„mit ihrer Gradlinigkeit, mit ihrer strengen Richtung, mit ihrem glatten Lauf zu einem Ziele [...] nicht zu gemächlichem Verweilen auf, sondern [...] scheinen uns zu einem beschleunigten Tempo einzuladen, und was auch in einer Millionenstadt an Füßen durcheinandertrappelt, das eigentliche Flußbett des Verkehrs liegt zwischen den Schienen. Es ist viel natürlicher, durch eine Berliner Straße zu fahren, oben durch oder drunter weg, als an ihren Ufern mit bedächtiger Schnelle zu wandeln. [...] Sie [die Straße - T.L.] bedeutet für uns immer mehr die Verpflichtung zur Bewegung, zum Weitergehen auch ohne Schutzmannsgebot als die Gelegenheit zum neugierigen Aufenthalt, zur Zerstreuung, zur kostenlosen Unterhaltung."[59]

Unter dem ständigen Gebot der Eile minimalen Höflichkeitsanforderungen zu genügen, fiel den Berliner Fußgängern mangels historischer Großstadterfahrung schwer.[60] Einem französischem Beobachter stach dies beim Vergleich mit der älteren Metropole Paris schon 1892 ins Auge: „Zuerst ist der Verkehr weniger stark und langsamer in seinen Strömungen. Selbst auf den Bürgersteigen der Großstadt verlieren die Deutschen ihre Allüren als Provinziale nicht, die sich unbehaglich fühlen. Sie bewegen sich ungeschickt, verstehen es nicht, sich durchzuschlängeln und brauchen weit mehr Platz, als sie nöthig hätten. Wenn sie miteinander zu sprechen haben, bleiben sie kurzer Hand stehen, ohne bei Seite zu treten und zwingen so die hinter ihnen Herkommenden, um sie herumzugehen; sie streifen uns nicht, sie geben uns einen Stoß: drei Berliner genügen, um einen ganzen, breiten Bürgersteig abzusperren [...]."[61]

Entweder machten sie also zuviele Umstände und blockierten damit den Verkehr oder sie waren rücksichtslose Drängler.[62] Ein toleranter und souveräner Verhaltensstil, der im Alltag ein einigermaßen reibungsloses Nebeneinander auf den Bürgersteigen der zentralen Plätze der Stadt ermöglicht, hatte sich zu Beginn des 20. Jahrhunderts nicht herausgebildet.[63]

Geboren 1870 im Norden Berlins, war er „als Theaterkritiker und Feuilletonredakteur der 'Vossischen Zeitung' seit 1899 wie als 'Meister der kleinen Form' [...] Nachfolger Theodor Fontanes und Paul Schlenthers. Sein umfangreiches essayistisches, feuilletonistisches und literaturwissenschaftliches Werk ist heute völlig vergessen. Der Freund Siegfried Jacobsohns und spätere Mitarbeiter der 'Weltbühne' verkörperte den Weg einer ganzen Generation deutscher Juden 'vom Ghetto nach Europa' (wie der programmatische Titel seines letzten, 1936 in Berlin erschienen Werks lautete.) Arthur Eloesser wurde nach 1933 einer der Initiatoren des Jüdischen Kulturbundes und Mitarbeiter der 'Jüdischen Rundschau'. Er starb 1938 in Berlin"; ebd.

59 Eloesser (1919), S. 33 f.
60 Die Fähigkeit, ohne Störungen am dichten Fußgängerverkehr in der Innenstadt teilzunehmen, beruht, wie Goffmann in „Das Individuum im öffentlichen Austausch" überzeugend beschrieben hat, auf der Beherrschung einer Reihe von durchaus nicht trivialen Operationen, wie der „leibgebundenen Kundgabe" der eigenen Bewegungs-Absichten, der visuellen „Abtastung" des zu durchquerenden Raumes und weiterer Routinepraktiken, die der Vermeidung von Kollisionen dienen. Sie bilden ein implizites „Verkehrssystem für Fußgänger" und damit einen Teil öffentlicher Ordnung, deren Verhaltensstandards nur teilweise auf instinktive Reaktionsweisen zurückzuführen sind. Vgl. Goffmann (1982), „1. Das Individuum als Einheit"; zur Geschichte dieser öffentlichen Ordnung in Städten von Goffmanns Schülerin Lofland (1973), Teil 1: „Urban Public Order: The Historical Transformation".
61 Gersal (1892), S. 190
62 Siehe Eloesser (1919), S. 37 f.
63 Siehe ebd., S. 40 f.

2.2.2 „Straßentypen"

Wer waren die Teilnehmer und Teilnehmerinnen dieses innerstädtischen Straßenverkehrs? Tagsüber schienen die Kerntruppen der geschäftigen, stets eilenden Fußgänger jene Angestellten und Freiberufler beiderlei Geschlechts zu sein, die – sofern die südliche Friedrichstadt beschrieben wird – in den Büros, Kaufhäusern, Geschäften oder Konfektionshäusern arbeiteten.[64] Außerdem waren noch zahlreiche andere Gruppen auszumachen, nicht nur die verschiedenen Kategorien des Transportgewerbes oder die Polizisten, von denen später die Rede sein wird. Zur „eintönige[n] Verkehrshast" „gesellen sich im Zeichen von Handel und Wandel und bürgerlicher Ordnung einige stehende Erscheinungen, die wir täglich zur nämlichen Stunde wiederfinden, die Straßentypen des modernen Berlin."[65] Sie stellten ganz offensichtlich ein Element der Kontinuität dar oder wurden zumindest als solches beschworen. Bereits seit Mitte des 19. Jahrhunderts sind sie fester Bestandteil von Stadtbeschreibungen.[66] Lindenberg läßt in seinen zu Beginn der 90er Jahre beschriebenen „Vierundzwanzig Stunden von Berlin" eine bunte Mischung sozialer Gruppen und „Typen" an uns vorüberziehen:

In der Morgendämmerung, bevor der eigentliche Berufsverkehr beginnt, sind nur Milchwagenkutscher aus dem Berliner Umland, Briefkastenleerer und vor allem die „bereits ewig thätigen Reinigungsmannschaften" im Einsatz. Dazu kommen Zettelankleber, später die Zeitungsfrauen und Bäckerjungen sowie die Grünkramhändlerinnen auf dem Weg zur Zentralmarkthalle. Ab fünf Uhr beginnt der Zustrom Richtung Westen, zu den Baustellen. „Ganze Arbeiter-Kolonnen strömen nach den Stadtbahnhöfen, um die ersten Arbeiterzüge zu benutzen, die kleinen Kaffeelokale und bereits einzelne Destillationen, die auf Arbeiterkundschaft rechnen, öffnen ihre Thüren", die ersten Pferdebahnen tauchen auf, „und mit klingendem Spiel ziehen einige Garde-Bataillone zum Tempelhofer Felde hinaus." Nacheinander bevölkern dann Schüler und Schülerinnen, die Konfektionsarbeiterinnen, die Angestellten der Warenhäuser und Geschäfte sowie „zahllose Bureaubeamte und Kaufleute, Industrielle und Handwerker" die Straße. „Bolle's Adjutanten[67] lassen ihre Klingeln erschallen und vereinen die dienstbaren Geister zu den von ihnen stets sehnsüchtig erwarteten Morgen-Konferenzen, wo in eifrigstem Redefluß binnen weniger Minuten alle Untugenden der Herrschaften – denn Tugenden haben diese bekanntlich bei den Küchenfeen und Zimmer-Trabanten nie! – durchgehechelt werden." Derweil kommen zu den Droschken, Bussen und Straßenbahnen noch andere Gefährte hinzu: „Wagen mit Sand, mit Obst, mit Grünzeug, selbst mit Fischen, deren Führer ihre Vorräte nach Gewicht verkaufen, bilden einen wandernden Markt, durch dessen Gewirr die schwerfälligen Omnibusse und Lastwagen sich nur langsam ihren Weg bahnen können…"[68]

---

64 Siehe a. Ostwald (1924), S. 559 ff.
65 Rapsilber (1914), Siehe 102 f.
66 Vgl. Dronke (1846).
67 Anm. T. L.: Das sind die jugendlichen Mitfahrer auf den Milchwagen der Meierei Bolle, siehe Engel u. a. (1987), S. 174-186; zu ihren gelegentlichen Arbeitskämpfen siehe u. S. 221 f.
68 Lindenberg (1895), S. 112-114.

Der „wandernde Markt" erstreckt sich nicht nur auf die Innenstadt, sondern auch auf alle Wohnviertel. Er ernährt Hausierer, Scherenschleifer, Wurst-, Getränke- oder Blumenverkäufer, slowakische Blechwarenhändler, italienische Gipsfigurenhändler und Händler mit Haushaltswaren ebenso wie die verschiedensten Gelegenheitsarbeiter. Die Vielfalt der „Straßenindustrien" ist kaum überschaubar.[69] Rapsilbers „Straßentypen des modernen Berlins" zwanzig Jahr später unterscheiden sich davon nur in einem Punkt: „Wenn wir nun Vergleiche anstellen zwischen einst und jetzt, so werden wir die größte Veränderung im Straßenbild darin zu finden haben, daß das neue Berlin vom Kleinkram zum Großbetrieb übergegangen ist. Vom Schöneberger Milchmädchen mit der Hundekutsche zum Klingel-Bolle, welch ein Riesenschritt!"[70]

Diese den ganzen Tag anhaltende Geschäftigkeit wird gelegentlich unterbrochen von durchziehenden Truppen[71] oder Straßenabsperrungen für Angehörige des Hofes. Seinen Höhepunkt erreicht der Verkehr abends: „Berlin erwacht nun gewissermaßen zum zweitenmal: am Morgen zur Arbeit, am Abend zum Vergnügen! – Immer neue Menschenwellen ergießen sich aus den Nebenstraßen in die Hauptadern des Verkehrs". Das Vergnügen beginnt mit den Theatern und zieht sich mit den anschließenden Café- und Ballhausbesuchen bis weit nach Mitternacht hin.[72] In der City wie in bestimmten Straßen der umliegenden Stadtviertel befinden sich zugleich die wichtigsten Standorte der Prostitution, die etwas vornehmere im südlichen Teil der Friedrichstadt, die für die gewöhnlichen Herrschaften an deren nördlichem Ende rund um das Oranienburger Tor. Darüber hinaus haben auch die meisten Außenbezirke ihre „dunklen Winkel" mit nächtlichem Straßenleben.[73]

2.2.3 An der Peripherie: Der Lebensraum der kleinen Leute

„In den Arbeitervierteln sind es lediglich die Sperlinge und Kinder, die Damm und Bürgersteige lärmend bevölkern, und in den Quartieren der feinen Leute wird allerdings zu bestimmten Stunden die liebe Eitelkeit spazieren geführt oder gefahren", berichtete Rapsilber kurz vor dem Ersten Weltkrieg.[74] Das scheint eine Generation zuvor genauso gewesen zu sein. Der sozialkonservative Journalist Otto Leixner schilderte zu Beginn der 90er Jahre die im Neubauviertel Moabit gelegene Stephanstraße: „Um die Mittagszeit, etwa 12 bis 1, ist die Straße von Kindern freier, dann aber tauchen tausend Blond- und Braunköpfe von 2 bis 13 Jahren aller Enden hervor. Wie schon bemerkt, ist der Verkehr kein großer; hier und da zeigen sich Lastwagen, zumeist aber nur solche Gefährte, die Nahrungsmittel bringen, Wägelchen der Gemüse- und Milchhändler, die Hundewagen der kleinen Kohlenverkäufer u.s.w. Droschken sind ziemlich spärlich, noch seltener fahren Privatwagen durch die

69 Lindenberg (1895), S. 157-171, hier S. 157 f.
70 Rapsilber (1914), S. 103, 110.
71 Zur Bedeutung des Militärs in der Straßenöffentlichkeit siehe u. Kap. 2.3.2, die damit verbundenen straßenpolizeilichen Probleme u. S. 78, als Ausgangspunkt von jugendlichem „grobem Unfug" Kap. 4.3.3.
72 Lindenberg (1895), S. 115-120.
73 Ostwald (1904), passim.
74 Rapsilber (1914), S. 101.

Straße. So bildet sie einen einzigen großen Spielplatz. Die Menge der Kinder ist eine ungeheure. Eines Tages habe ich um 5 Uhr nachmittags auf einer Strecke, die von je 15 Häusern auf jeder Seite begrenzt wird, 218 gezählt."[75]

Nach Feierabend kommen die Erwachsenen hinzu. „Die Hitze des Tages ist allmählich gewichen, Fenster und Ladenthüren öffnen sich, die zumeist mit Efeu oder wildem Wein bezogenen Balkone sind von luftgierigen Menschen besetzt. Vor den Hausthüren stehen plaudernde Männer und Frauen, manche sitzen auf Stühlen in den Thürnischen oder selbst auf den Bürgersteigen und stricken oder flicken. Das sind vor allem Bewohner der Hinterhäuser. Gegen 9 verschwinden die Kinder, um etwa 10 haben sich auch fast alle Erwachsenen zurückgezogen."[76]

Alle (bürgerlichen) Beobachter hoben die Funktion der Straße als Lebensraum von (in der Regel proletarischen) Kindern hervor — z.T. mit positivem, z.T. mit negativem Vorzeichen. Die Straße als alltäglicher Aufenthaltsort erschien den einen als Auswuchs von Wohnungsmisere und der elterlichen Erwerbsarbeit geschuldeter Vernachlässigung, von anderen hingegen wurde sie als großstädtischer Lernort gepriesen, an dem verhaltenssichere, konfliktfähige und selbstbewußte Großstadtmenschen heranwuchsen.[77]

In den meisten wissenschaftlichen Darstellungen der Lebensweise des übergroßen Teils der Großstadtbevölkerung, der Arbeiterschaft, fehlt es nicht an Hinweisen auf die halb-öffentliche Struktur der proletarischen Familie, deren Mitglieder wegen der häuslichen Enge im Extremfall nur zum Schlafen die eigenen vier Wände aufsuchten.[78] Der alltägliche Aufenthalt *auf der Straße* kommt dabei im Gegensatz zur Kneipe und den diversen Vergnügungsstätten aber kaum zur Sprache, obwohl diese neben den Hausfluren und Höfen zweifellos der nächstgelegene Ausweichort war. Die schon beschriebene Tätigkeit der Straßenhändler auch und gerade in den verkehrsärmeren Straßen der Wohnviertel läßt den Schluß zu, daß außer den Kindern vor allem die hausarbeitenden Frauen sich tagsüber immer wieder zeitweise auf der Straße aufhielten, die ja zugleich Ort der nachbarschaftlichen Kommunikation war. „Sie [die Frauen — T. L.] beherrschten am Tage das Treppenhaus, den Hof, die Straße, Geschäfte und Märkte."[79]

So „impressionistisch" die hier angeführten Beispiele für zeitgenössische Straßenbeobachtungen auch wirken mögen — sie genügen, um zwei für die Ziele dieser

75 Leixner (1891), S. 81 f.
76 Ebd., S. 84 f.- Ein anderer, wohl kaum freiwillig wahrgenommener Anlaß, die Familie auf der Straße zu vereinigen, war das gemeinsame Mittagsmahl auf der Parkbank nahe der Fabrik, wenn die Frauen, von den Kindern begleitet, den Männern das Essen brachten. Siehe Beschreibungen ebd., S. 84 und Göhre (1891), S. 35 f.
77 Vgl. in klassenübergreifender Perspektive Velys (1914) Lobgesang auf „kühle Beobachtung, scharfes Augenblickserfassen, Witzsprudeln, Altklugheit, Sicherheit" der Berliner Kinder, sofern sie nicht den wohlbehüteten oberen Zehntausend angehören, ähnlich Mühlberg (1986), S. 85, nostalgisch die Straße seiner Jugend erinnernd Eloesser (1919), S. 1-14; pessimistisch-anklagend hingegen Ostwald (1924), S. 464-466. Hervorragende Photographien zu diesem Thema enthält Römer (1983), vor allem Zilles Schaffen widmete sich den „Kinder[n] der Straße" (so der Titel eines seiner populärsten Bücher).
78 Siehe Mooser (1984a), S. 146 f., vgl. a. Mühlberg (1983), Mühlberg (1986), Ritter/Tenfelde (1992), S. 582 ff.
79 Mühlberg (1986), S. 74.

Untersuchung wichtige Aspekte der Straßennutzung zu belegen: 1. Die Straßennutzung war äußerst heterogen, sowohl hinsichtlich ihrer Mittel als auch ihrer Zwecke. Im Jahrzehnt vor dem Ersten Weltkrieg vereinte die Straße – aus der Rückschau von heute betrachtet – ein Maximum an vielfältigen Nutzungen, von denen die Mehrzahl erst durch die Anpassung an die Erfordernisse des massenhaften Automobilverkehrs in andere Räume verdrängt wurde. 2. Ebenso wichtig ist die Tatsache der sozial differenzierten Wahrnehmbarkeit der Straßennutzung. Alle Beobachter glauben ohne weiteres Attribute wie Arbeiter, Dienstmädchen, Beamter, etc. zuschreiben zu können. Soziale und berufliche Stellung schienen auf der Straße „im Vorübergehen" erkennbar zu sein. Diese Transparenz der sozialen Stellung im Alltag unterstreicht zugleich die Bedeutsamkeit des äußeren Eindrucks; eine Wahrnehmungsweise, die von allen geteilt wurde und in der Straßenpolitik eine wichtige Rolle spielte, wenn die Polizei das „bessere" vom „schlechteren" Publikum zu unterscheiden hatte.

2.3 Menschenansammlungen im Straßenalltag

Um zu wissen, welche Erfahrungen der Teilnahme an Menschenansammlungen die Großstädter in straßenpolitische Ereignisse einbrachten, genügt es nicht, sich die alltäglichen Straßennutzungen mit ihren überfüllten Bürgersteigen und Verkehrsmitteln zu vergegenwärtigen. Hinzu kamen fest in die großstädtische Lebensweise eingebettete und regelmäßig wiederkehrende *Massenereignisse,* die den Werktag der „Geschäftsmaschine", des „wandernden Markts" und auch des Straßenlebens in den Arbeitervierteln unterbrachen. Tendenziell alle – ob Alt oder Jung, Mann oder Frau, ob Arbeiter oder Bürgerlicher – konnten daran teilnehmen. Bei diesen Anlässen kam es zu Menschenansammlungen, die die bestehende öffentliche Ordnung grundsätzlich nicht infragestellten, sondern von den Zeitgenossen *nur* als ein Problem der schieren Zahl wahrgenommen wurden. Dies unterscheidet sie von den außerordentlichen Menschenansammlungen, die die Fallsammlung bilden. Es handelte sich zum einen um Menschenmengen, zu denen es während der knapp bemessenen Feiertags- und Wochenend-Freizeit kam und die zunächst als Zuspitzung des alltäglichen Verkehrsproblems wahrgenommen wurden. Ihr sozialer Inhalt waren Erholung und Vergnügen sowie Geschäft. Zum anderen gab es Veranstaltungen, die in erster Linie symbolische Wirkungen anstrebten: die Tradition der residenzstädtischen Rituale monarchischer Repräsentation mit Volkskulisse (was die Befriedigung von „reinen" Unterhaltungsbedürfnissen seitens des Publikums nicht ausschloß). Eine Reihe weiterer Straßenereignisse ähnlicher Natur ergänzte dieses vom Kalender festgelegte Programm: Vergnügen und Sensationen der unterschiedlichsten Art, Festumzüge von Vereinen, aber auch Begräbnisse, der Einzug auswärtiger gekrönter Häupter anläßlich eines Staatsbesuchs oder einer Familienfeier bei Hofe.[80]

---

80 Ein Element der jahrszyklischen Menschenmengen klammere ich in diesem Abschnitt aus: Traditionen des „groben Unfugs" und der Straßenunordnung, wie sie z. B. mit ritueller Zwangsläufigkeit Jahr für Jahr am Silvesterabend die Friedrichstadt heimsuchten und die natürlich nicht zu den polizeilicherseits akzeptierten Volksbelustigungen gehörten; siehe Kap. 3.3.2.

2.3.1 Feste, Freizeit und Vergnügen

„Alle Jahre wieder", in der Adventszeit, kam es zum Verkehrskollaps in der City, insbesondere zwischen den Linden und der Leipziger Straße. Nach altem Brauch waren der 3. und 4. Advent als „silberner" und „goldener Sonntag" verkaufsoffen[81] und lösten wahre „Völkerwanderungen" aus. Am silbernen Sonntag 1907 beispielsweise, der „den Erwartungen der Geschäftsleute nur teilweise entsprochen hat", herrschte in den Hauptverkehrsstraßen ein gewaltiger Verkehr, „doch bestand das Gros der Massen nur aus Schaulustigen". Zwischenzeitlich mußten gar die Warenhäuser geschlossen werden. „Die Polizei hatte zur Bewältigung des Verkehrs auf den Straßen umfangreiche Maßnahmen getroffen."[82] In der darauffolgenden Woche wurde es dann meist noch enger, jetzt mußten die letzten Geschenke gekauft werden. Der Polizei gelang nur mit Mühe eine Verkehrsregelung, zwischen 18 und 19 Uhr „war das Gedränge stellenweise geradezu lebensgefährlich".[83] Zu den Einheimischen kamen noch Einkaufende aus den Vororten und vom Lande. Mitten im Gewühl boten Straßenhändler die „Errungenschaften der neuesten Weihnachtsindustrie" an und behinderten dadurch zusätzlich den Verkehr.[84]

Die übrigen durch die Freizeit an Feiertagen oder Wochenenden ermöglichten Massenwanderungen spielten sich hingegen hauptsächlich vor den Toren der Stadt ab. „Bolle reiste jüngst zu Pfingsten" – in diesem weit über Berlin hinaus bekannten Volkslied wird das eigenartige Vergnügen, im „Gewühl" die Natur zu genießen, als Berliner Eigenart persifliert.[85] Ob Baumblütenfest im Werderschen Obstanbaugebiet bei Potsdam oder Karfreitag, Ostern, Himmelfahrt („Vatertag") und schließlich Pfingsten – Jahr für Jahr berichteten die Lokalreporter aller Zeitungen zunächst vom Wetter und vom Massenexodus in den Frühling, dann aber – Sonnenschein vorausgesetzt – vom dicken Ende: „Ganz Berlin, das nicht zu Hause war, suchte abends den Heimweg. Es konnte ihn nur erreichen in der gewohnten Weise der Massenansammlungen an Eisen- und Straßenbahnwagen. Und das war an vielen Stellen fürchterlich."[86] An den Ostertagen des Jahres 1911 hatte die Vorort- und Ringbahn 1,8 Mio. Fahrkarten verkauft, und es kam „infolge des außergewöhnlichen Andrangs zu wüsten Szenen". Das Gedränge war so groß, „daß zahlreiche Fahrgäste, besonders Frauen und Kinder, aus den Wagenabteilungen außerhalb des Bahnhofs auf den Bahnkörper fielen. [...] Während der Fahrt kam es in mehreren Abteilungen zu Schlägereien."[87]

---

81 Vgl. Polizei-Präsidium (1910), Bd. II, S. 271.
82 Vossische Zeitung v. 16.12.1907, Nr. 588.
83 Vossische Zeitung v. 24.12.1906, Nr. 601, 2. Beil.
84 Vossische Zeitung v. 20.12.1909, Nr. 595, 2. Beil. – Ähnlich lautende Berichte über die Einkaufssonntage siehe im Berliner Lokal-Anzeiger v. 15.12.1902, Nr. 586, v. 22.12.1902, Nr. 598, v. 16.12.1907, Nr. 637. Der Vorwärts berichtete nicht darüber.
85 „Bolle reiste jüngst zu Pfingsten/ nach Pankow war sein Ziel/ da verlor er seinen Jüngsten/ janz plötzlich im Jewühl/ ne volle halbe Stunde hat er nach ihm jespürt/ aber dennoch hat sich Bolle janz köstlich amüsiert." Dieser Bolle hat im übrigen nichts mit der o. e. Meierei gleichen Namens zu tun.
86 Vossische Zeitung v. 2.4.1907, Nr. 152, 2. Beil.
87 Vossische Zeitung v. 19.4.1911, Nr. 186, 1. Beil.

Ähnliche Berichte finden wir für Himmelfahrt[88], ganz zu schweigen von Pfingsten: „Auf den großen Bahnhöfen wibbelte und kribbelte es, und an den beiden Haupt-feiertagen ergoß sich ein gewaltiger Strom von Lufthungrigen nach den Naturpara-diesen der Berliner Umgebung. Der Berliner Pfingstverkehr ist ja seit Jahren eine Sehenswürdigkeit für sich. Da merkt man erst, was vier Millionen Groß-Berliner bedeuten wollen. Und bei der Heimkehr spielen sich Szenen ab, die nur mit waschechtem Berliner Humor erträglich werden."[89] Aber dennoch hat sich Bolle ganz köstlich amüsiert...

Neben diese traditionellen Ausflüge ins Grüne traten mit der Urbanisierung neue Formen der massenhaften Freizeitgestaltung, von denen hier stellvertretend nur einige Beispiele angeführt seien. Seit dem Sommer 1907 versammelte das neuerrich-tete Freibad am Wannsee Zigtausende zum „Familienbaden", was zum Erstaunen bürgerlicher Beobachter zunächst, von der Heimreise in der überfüllten Stadtbahn abgesehen, ohne „Ausschreitungen" vonstatten ging.[90] Der von Arbeitervereinen organisierte Breitensport gipfelte ebenfalls im Hochsommer in den „Arbeiter-Sport-festen" am Müggelsee, an denen sich „viele Zehntausende" beteiligten.[91] Aber auch das von der staatserhaltenden „deutschen Turnerschaft" und dem Militär im neuen Berliner Stadion im Grunewald durchgeführte Sportfest zog 1914 25.000 Zuschauer an.[92] Im Winter fanden sich über 10.000 Menschen zum Eisfest auf dem Müggelsee ein, um, unterstützt durch eine Musikkapelle, Schlittschuh zu laufen, Segelschlitten zu fahren oder dem „Preis-Ballon- und Drachensteigen" zuzuschauen.[93] Der Profi-Sport mit seinen großen kommerziellen Veranstaltungen hatte wiederum seinen eigenen Kalender von Großereignissen mit entsprechender Massenbeteiligung: An der Spitze standen zweifellos die Radrennen, aber auch Trabrennen versammelten regelmäßig Tausende von Zuschauern.[94]

Boxen und Ringen[95], in Schaukämpfen einem großen zahlenden Publikum dar-geboten, entstammten im Gegensatz zu diesen modernen „sports" der Volksfest-Tra-dition mit ihrer Mischung aus sensationellen Darbietungen, kleinen Genüssen und anderen Lustbarkeiten. Auch hier fand in der Zeit vor dem Ersten Weltkrieg der schon auf der Straße beobachtete Übergang „vom Kleinkram zum Großbetrieb" statt. Neben den traditionellen „Rummel" im Arbeiterviertel traten die kommerziellen Unternehmungen im großen Stil wie der Lunapark in Wilmersdorf oder völkerkund-liche Schaustellungen wie die „Sudanesen-Karawane" oder das „Wild-West-Lager" beim Schloß Weißensee.[96] Selbst der Stralauer Fischzug am 24. August, das tradi-

---

88 Z. B. Vossische Zeitung v. 11.5.1907, Nr. 218; Vorwärts v. 27.5.1911, Nr. 122, 4. Beil.
89 Vorwärts v. 13.5.1913, Nr. 115, Beil. Vgl. a. Berliner Lokal-Anzeiger v. 2.6.1903, Nr. 252, v. 9.6.1908. Nr. 288; Vorwärts v. 7.6.1911, Nr. 130, 1. Beil., v. 2.6.1914, Nr. 147.
90 Vossische Zeitung v. 12.8.1907, Nr. 374, 2. Beil.; v. 19.8.1907, Nr. 386.
91 Vossische Zeitung v. 25.7.1904, Nr. 344, 2. Beil.; Vorwärts v. 26.7.1904, Nr. 173, 1. Beil.; für 1902 vgl. Glatzer (1986) I, S. 707-709.
92 Vossische Zeitung v. 11.6.1914, Beil. Zeitbilder Nr. 68; Berliner Lokal-Anzeiger v. 8.6.1914.
93 Vossische Zeitung v. 27.1.1908, Nr. 44.
94 Siehe Lange (1967), S. 557-563; Glatzer (1986) I, S. 704-707.
95 Siehe Lange (1967), S. 559 f.; Glatzer (1986) I, S. 703 f.
96 Siehe Mühlberg (1983), S. 160 f.; Vossische Zeitung v. 10.6.1909, Nr. 265, 1. Beil. und v. 2.9.1909, Nr. 410, 1. Beil.

tionsreichste Innungsfest des alten Berlin, blieb davon nicht verschont. Es war zwar nach Auskunft der Vossischen Zeitung in seinem 536. Jahr „zu einer Volksbelustigung niederer Art herabgesunken"[97], zog aber mit seinen „modernen Gastwirthschaften", seinen „Schau- und Glücksbuden" immer noch „gewaltige Menschenmengen" an.[98]

In völlig neue Dimensionen des massenhaften Konsums kommerzieller Unterhaltung stießen hingegen die Veranstalter von Motorsportrennen und Flugschauen vor. Herkömmliche Sportveranstaltungen und Volksvergnügen boten verschiedene Formen der aktiven Publikumsbeteiligung (Wetten, Vereinspatriotismus, sozialer Verkehr etc.), die von Zeitungskonzernen veranstalteten Autorennen und Flugwettbewerbe hingegen verdankten ihren Zustrom in erster Linie der *Sensation* des Zuvornie-Dagewesenen, der immer aufs Neue gebrochenen Rekorde und nicht zuletzt dem Nervenkitzel von Unfällen.

Schon mit der Entwicklung des Automobils hatte die Technikbegeisterung Tausende vor die Tore der Stadt gelockt. Die Teilnehmer und Teilnehmerinnen der „Automobilfahrt Paris – Berlin" wurden im Jahre 1901 in Westend von einer „ungeheuren Menschenmenge" empfangen; in den Tagen zuvor „glich die Reise durch Deutschland einem Triumphzuge. Von der deutschen Grenze bis Hannover war der Weg förmlich von einer Menschenmasse eingefaßt."[99] Ungleich größere Anziehungskraft entfalteten aber seit den neunziger Jahren die verschiedenen Arten, sich in der Luft fortzubewegen.[100] Zunächst schienen der Ballon und dann seine steuerbare Weiterentwicklung, das Luftschiff, die Entwicklung zu bestimmen. Besonders beliebt war das Schauspiel des Starts einer Ballonwettfahrt. Der Andrang war schon in der Innenstadt so groß, daß beim Kampf ums Mitfahren in Bussen und Straßenbahnen die Situation zu entgleisen drohte: „Bei den offenen Wagen schwangen sich die Leute von außen über das Geländer in den Wagen und fielen den Insassen auf den Schoß. Die Schaffner waren machtlos und Schutzleute begleiteten die Wagen eine ganze Strecke weit, um Eindringlinge fernzuhalten. Die Müllerstraße entlang wogte es von Fußgängern, Droschken und Automobilen."[101]

Über den „Zeppelinrummel" anläßlich der Berlin-Überfliegung des Zeppelin im August 1909 werden wir wegen dessen politischer Tragweite als nationalistisch-populistischer Volksbegeisterung im Kapitel über die Straßendemonstrationen berichten.[102] Eine „Klasse für sich" unter den Berliner Massenspektakeln stellten hingegen die rein kommerziellen Flugschauen der konkurrierenden – und schließlich erfolgreicheren – Luftfahrttechnik, der Propellerflugzeuge, dar. Hier herrschte das Prinzip der internationalen Konkurrenz unter den vielen Flugzeugkonstrukteuren und Piloten und nicht die Konzentration aller Kräfte auf ein nationales Projekt wie beim Zeppelin vor. Flugveranstaltungen wurden von der noch jungen Massenpresse als

---

97 Vossische Zeitung v. 24.8.1900, Nr. 395.
98 Vossische Zeitung v. 25.8.1902, Nr. 396; allgemein dazu Kügler (1928).
99 Vossische Zeitung v. 29.6.1901, Nr. 300. Siehe a. Glatzer (1986) II, S. 208-210.
100 Speziell für Berlin siehe dazu Schwipps (1984).
101 Vossische Zeitung v. 15.10.1906, Nr. 483. – Siehe auch über das Gordon-Benett-Rennen im Oktober 1908, das von der Gasanstalt Schmargendorf startete, Vossische Zeitung v. 10.-13.10.1908, Nr. 478-481.
102 Siehe u. S. 365-370.

Wettkämpfe mit hohen Preisgeldern in großem Stil aufgezogen. In Johannisthal baute eine 1909 gegründete Deutsche Flugplatz-G.m.b.H. ein „Flugfeld" mit einer regelrechten durch vier hohe Pfeiler markierten „Rundflugbahn". In den folgenden Monaten und Jahren zogen die sichtbaren Fortschritte der neuen Technologie immer wieder Zehntausende hinaus nach Johannisthal. Die Flugwettbewerbe wurden zu einem der beliebtesten Wochenendvergnügungen der Berliner Bevölkerung. Der Start zum „deutschen Rundflug" um den „B.Z.-Preis der Lüfte" am 11. Juni 1911 und die Kunstflugschauen des Franzosen Pégoud im Oktober 1913 zogen jeweils bis zu einer halben Million Zuschauer an. Chaotische, um nicht zu sagen anarchische Zustände auf der völlig überlasteten Vorortbahn sowie schwere Flurschäden in der Umgebung des Flugfeldes waren die Folgen dieser Massen-Bewegung. Anordnungen von Bahnpersonal und Polzisten wurden weitgehend ignoriert, Umzäunungen des Flugfeldes niedergerissen und die Kasse ohne weiteres „gestürmt".[103]

Dieses chaotische Verhalten „entfesselter", sich über Recht und Ordnung hinwegsetzender Menschenmengen bei einer rein kommerziellen Sensationsschau stand im grellen Kontrast zur konzentrierten Ruhe und Disziplin, mit der sich bereits in den Jahren davor ähnlich große Menschenmengen aus politischen Beweggründen versammelt hatten. Aufgrund des schieren Umfangs der Straßendemonstrationen, des „Zeppelinrummels", aber auch der Anteilnahme an den monarchischen Jubelfeiern des Jahres 1913[104] muß davon ausgegangen werden, daß es sich bei diesen Hunderttausenden zumindest teilweise um dieselben Menschen handelte. Im Gegensatz dazu entbehrten die Flugschauen vollkommen jeglicher „höheren Weihen" und legten daher um so schonungsloser die „massenpsychologischen" Risiken großer Menschenansammlungen bloß. Die neuen ideologischen Mächte, die hier verselbständigt ihren Siegeszug antraten, waren nicht Instanzen wie „Nation", „Volk" oder „Klasse"; was die Massen in Johannisthal zusammenbrachte, war der wochenlange Reklame-„Rummel" in den Boulevard-Zeitungen mit ihrer Sensationsberichterstattung, waren die *Massenmedien*.[105]

Welche sozialen Gruppen und Schichten sich bevorzugt an diesen vielfältigen, hier mit „Feste, Freizeit und Vergnügen" überschriebenen Massenereignissen beteiligten, läßt sich mit einigen Ausnahmen nicht exakt bestimmen. Allein aufgrund der Beteiligung in der Größenordnung von mehreren Hunderttausend ist aber auf einen hohen Anteil der Unterschicht zu schließen, abgesehen davon, daß angesichts deren Wohnsituation allein schon der Ausflug ins Grüne unentbehrlicher Teil der Reproduktion der Arbeitskraft war. Die regelmäßige und positive Berichterstattung in sozialdemokratischen wie nicht-sozialdemokratischen Tageszeitungen läßt den Schluß zu, daß bei diesen Gelegenheiten alle Bevölkerungsschichten auf den Beinen waren − unabhängig von sozialem Status und politischen Vorlieben.[106]

---

103 Siehe Lange (1967), S. 573, über die verschiedenen Flugwochen im einzelnen siehe a. Schwipps (1984), S. 97-105, und allgemein zur Geschichte von Johannisthal als Flugplatz Schmitt (1983).
104 Siehe u. Kap. 7.5.2.
105 Zum Begriff der „ideologischen Macht" siehe Haug (1979).
106 Allgemein zur Herausbildung einer kommerziellen Massenfreizeitkultur zwischen 1900 und 1920 siehe Abrams (1990), die anhand ihrer Regionalstudie im Ruhrgebiet den klassenübergreifenden Charakter der neuen Massenkultur (v. a. des Kinos) bereits vor 1914 hervorhebt, während ältere,

2.3.2 Staatlich-höfische Repräsentation

Einen weiteren Kalender regelmäßiger Ansammlungen Tausender von Menschen bildete „die obrigkeitliche Tradition politischer Öffentlichkeit" mit ihrer „spätabsolutistischen Repräsentations- und Festkultur". Der Kulturwissenschaftler Wolfgang Kaschuba umreißt ihre historisch-politische Funktion folgendermaßen: „[...] Festumzüge aus Anlaß von Regierungsjubiläen und Königsgeburtstagen, von Bürgervereidigungen und Verfassungsfeiern, die nach 1803 in den deutschen Einzelstaaten immer häufiger werden, sind zeremonielle Entwürfe staatlicher Macht und Ordnung. Sie haben zum Ziel, 'staatsgesellschaftliche' Loyalität und 'nationalstaatliche' Identität zu schaffen nach der politisch-territorialen Neuordnung Deutschlands durch Napoleon. In einem festhaften, auf populistische Effekte abzielenden Staatskult sollen den Untertanen neue Sinnangebote vermittelt werden, neue Identitätszuschreibungen als 'Staatsvolk' wie als loyale Bürger."[107]

Die wichtigste Herrschaftsstütze der preußischen Monarchie, das Militär, stand speziell in Preußen im Mittelpunkt dieser Repräsentationskultur.[108] Die Gegend um das Schloß und Unter den Linden bildeten das „Hurrahviertel" oder „Festklimbimrevier".[109] Dort und auf dem Tempelhofer Feld hatte das „Volk" seinen Platz im hegemonialen Diskurs von Herrscherhaus und Vaterland, von Staat und Untertan, und es bezeugte das Funktionieren dieser An-Ordnung durch seine physische Anwesenheit als spalierbildendes jubelndes Publikum *am Rande* der verschiedenen höfisch-staatlichen Feierlichkeiten. Diese Massen stellten − im Gegensatz zu den von der Sozialdemokratie veranstalteten Demonstrationen und Kundgebungen − nur in verkehrstechnischer Hinsicht ein Polizeiproblem dar, wobei Grenzfälle natürlich nicht auszuschließen sind, da im Sinne der polizeistaatlichen Präventionshaltung jede größere Menschenansammlung Gefahren für die öffentliche Ordnung in sich barg.[110]

„Man kann wohl sagen, daß, wenn die Jahre, die einander folgen, sich nicht gleichen, doch ein Neujahrstag in Berlin dem andern zum Verwechseln ähnlich ist", konstatierte die Vossische Zeitung anläßlich ihres *Neujahrsfest*-Berichtes 1906.[111] Die staatlichen Feierlichkeiten begannen mit einem „großen Wecken" um 8 Uhr morgens: Nach einem Posaunenchor von der Schloßkuppel zogen zwei Musikkorps vom Schloß zum Brandenburger Tor und zurück. Bei gutem Wetter erfreuten sie sich der regen Anteilnahme eines gemischten Publikums: Die „ausdauerndsten Sylvesterschwärmer trafen 'Unter den Linden' mit den Frühaufstehern zusammen, was ein übernächtigtes Bild ergab, dem es nicht an heiteren Szenen fehlte."[112] Die nach Tausenden zählende Menschenmenge begleitete die Musikkorps den ganzen Weg über,

klassenspezifisch genutzte Einrichtungen im Umfeld der Arbeiterorgansationen aber fortbestanden.

107 Kaschuba (1991), S. 69.
108 Den prägenden Einfluß des Militärs auf das Zeremoniell bei höfischen und staatlichen Festlichkeiten in Preußen hebt Hartmann (1988), S. 96 hervor. Zur Sozialgeschichte des preußischen und kaiserlichen Hofes siehe Werner (1985), Röhl (1987).
109 Vorwärts v. 12.3.1913, Nr. 60, 3. Beil.
110 Zum „Großen Aufsichtsdienst und polizeilichen Absperrungen" aus diesen Anlässen siehe u. S. 77f.
111 Vossische Zeitung v. 2.1.1906, Nr. 1, 2. Beil.
112 Vossische Zeitung v. 3.1.1910, Nr. 2, 1. Beil.

„die schrillen Töne der Pfeifer wechselten mit dem von Hoboisten geblasenen Lied 'Freut Euch des Lebens', das von der begleitenden Volksmenge wiederholt mitgesungen wurde."[113]

„Die mächtigen schmetternden Töne lockten noch sehr viel [!] Menschen an, als die sich schon vorher versammelt hatten, und mit den blasenden, pfeifenden, schlagenden und trommelnden Männern in Uniform wälzte sich die große Woge rhythmisch über die Schloßbrücke durch die Linden bis zum Brandenburger Tor und zurück. Dann kam alles zum Stehen. Man bekam dann weniger zu hören als zu sehen. Die Auffahrt zu dem Hoffest begann [...]."[114] Nun ging es darum, Blicke auf die prunkvollen Karossen mit livrierten Dienern oder auch die modernen Automobile zu erhaschen, in denen die Hofgesellschaft, die Spitzen von Militär und Politik und die Diplomaten vorfuhren. Das Eintreffen des Kaisers, der von der Menge stets „herzlich begrüßt" wurde, beendete diesen Teil des Zeremoniells.

Für das Publikum trat nun zunächst eine Pause ein, denn dem Gottesdienst folgte ebenfalls im Schloß die offizielle Gratulationscour, wovon die Außenstehenden durch einige Salutschüsse erfuhren. Die Aufmerksamkeit richtete sich jetzt auf das „Pièce de résistance der Berliner offiziellen Neujahrsfeier, das Erscheinen des Kaisers zur Paroleausgabe im Zeughause".[115] Man versuchte möglichst in der Nähe einen guten Beobachtungsplatz zu ergattern, sofern die Polizei dies gestattete. Truppenteile in Paradeuniformen bauten sich im Lustgarten und in der Nähe des Zeughauses auf, hohe Offiziere trafen ein und als Höhepunkt des Schauspiels begaben sich „Seine Majestät in Begleitung Ihrer Söhne" und einiger Generäle zu Fuß vom Schloß über die Schloßbrücke zum Zeughaus, begleitet von den Hurrarufen ihrer Untertanen, um dort — wiederum den Blicken der Öffentlichkeit entzogen — die Paroleausgabe vorzunehmen. Schlußpunkt des Vormittagsprogramms bildete dann eine vom Kaiser abgenommene Parade der Ehrenkompanie vor dem Zeughaus.

Dem offiziellen Charakter entsprechend war das jeweilige Ereignis ebenso gleichförmig wie seine Schilderungen in den Tageszeitungen. Das galt für den hier zitierten „Straßenteil" wie für die langatmige Hofberichterstattung über die teilnehmenden Fürstlichkeiten, deren Garderobe, die Dekoration etc. Die einzige Variable war das Wetter: War es kalt und regnerisch, dann blieben vor allem morgens, beim „großen Wecken", die Zuschauer weitgehend aus. Zugleich stellte die Neujahrsfeier auch eine Touristenattraktion dar. Ansonsten zeichneten die Lokalreporter der Vossischen wie der anderen Zeitungen das Bild eines festgefügten Zeremoniells, das in der Anordnung und dem Gewicht seiner Elemente die offiziellen Hierarchien eines monarchischen Gemeinwesens widerspiegeln sollte. Im militärischen Schauspiel stellte sich der Staat dar als eine exklusive, nicht-öffentliche Sphäre des Hofes und der Diplomatie. In der Aufteilung des Straßenraumes wurde diese Exklusivität durch eine von Schutzmannsketten markierte zentrale Machtsphäre und die Rand-Ständigkeit des Publikums reproduziert. Dieses beglaubigte diese Anordnung durch die ostentative Begeisterung für ihre ästhetischen Effekte: Militär und Monarchie waren einfach

---

113 Vossische Zeitung v. 2.1.1902, Nr. 2, 2. Beil.
114 Vossische Zeitung v. 2.1.1908, Nr. 2, 2. Beil.
115 Vossische Zeitung v. 3.1.1910, Nr. 2, 1. Beil.

schön. Der einzige potentielle Störfaktor blieb die Polizei mit ihren drakonischen Absperrungen.[116]

Knappe drei Wochen später wurde das „demokratischste aller Hoffeste", das *Krönungs- und Ordensfest*, abgehalten. Dieses schmeichelhafte Prädikat verdiente es nach Ansicht der Vossischen Zeitung wegen der vergleichsweise „gewöhnlichen" Bevölkerungskreise, die an ihm teilnehmen durften. Es handelte sich um eine jährliche Ordensvergabe en masse[117], die am Jahrestag der Krönung des ersten preußischen Königs 1701 begangen wurde.[118] Das Straßenpublikum konzentrierte sich dabei auf die Auffahrt der Karossen und Equipagen der ca. 1.000 Teilnehmer. Den Höhepunkt des Spektakels bildete das von Hochrufen begleitete Eintreffen der kaiserlichen Familie und des Kaisers selbst.[119] Besonders aufwendig wurde natürlich am 17. Janur 1901 der 200. Jahrestag der Königsberger Krönung begangen.[120] Zum militärischen und höfischen Gepränge kam in diesem Jahr eine weitere Straßenattraktion, nämlich der Festschmuck der öffentlichen Gebäude und insbesondere der in der City gelegenen Geschäfte und Kaufhäuser. Eine ganze Seite widmete die Vossische Zeitung der detaillierten Beschreibung dieser „Illumination", die sich bis in die Schaufenster der Vorstädte erstreckte. „Der Verkehr auf den Straßen war ganz gewaltig. Jung und Alt war hingeeilt in die Hauptstraßen der Festbeleuchtung, um alle die schönen Lichtwunder zu schauen, die sich hier darboten."[121]

Damit haben wir die wesentlichen Elemente der auf den Hof und das Schloß zentrierten repräsentativen Straßenereignisse bereits kennengelernt: „Großes Wecken", die „große Auffahrt", Paroleausgabe im Zeughaus mit anschließender Parade der Ehrenkompanie sowie mit Einbruch der Dämmerung die Illumination der Schaufenster. Letzteres war fester und von der Massenbeteiligung her gesehen wichtigster Bestandteil von *Kaisers Geburtstag* am 27., dem Höhepunkt des monarchischen Januar.[122] Das Zeremoniell am Vormittag glich ansonsten exakt dem des Neujahrsfestes.

---

116 Siehe z. B. Vossische Zeitung v. 3.1.1910, Nr. 2, 1. Beil. – Vgl. auch die Berichterstattung im Berliner Lokal-Anzeiger, z. B. v. 2.1.1903, Nr. 2, v. 2.1.1904, Nr. 2, v. 2.1.1909, Nr. 2. Der Vorwärts würdigte dieses Hoffest in der Regel nicht einmal eines sarkastischen Kommentars über die „Hurrahschreier"; eine Ausnahme siehe 1.1.1913, Nr. 1. Eine Schilderung konkreter Einzelheiten hingegen brachte er nie, ebensowenig wie bei den anderen in diesem Abschnitt dargestellten Zeremoniellen, da er die Kenntnis ihres Ablauf als bekannt voraussetzte. Zur jahrelangen Routine bei der Polizei vgl. BLHA, Rep. 30, Tit. 90, Nr. 7615.

117 Um die 2.500 Personen wurden ausgezeichnet, Tendenz steigend, siehe Vossische Zeitung v. 22.1. 1906, Nr. 35.

118 Es wurden zwei Feste verknüpft, das Krönungsfest am 18. Januar, 1810 gestiftet von Friedrich Wilhelm III., und das Ordensfest am 17. Januar, zurückgehend auf die Stiftung des höchsten Ordens Preußens, dem Schwarzen Adler-Orden, am 17. Januar 1701. Das Krönungsfest, während der französischen Besatzung gestiftet, sollte die Verbundenheit von Volk und Krone zum Ausdruck bringen, indem auch Angehörige niederer Bevölkerungskreise, z. B. gewöhnliche Beamte, bei Hofe ihren Orden in Empfang nehmen durften. Siehe Stillfried (1877), 7. Kapitel; Hartmann (1988), S. 196.

119 Vossische Zeitung v. 21.7.1907, Nr. 34, 4. Beil.

120 Vossische Zeitung v. 17.1.1901, Nr. 28.

121 Vossische Zeitung v. 19.1.1901, Nr. 31, 1. Beil. Die Berichte im Berliner Lokal-Anzeiger schilderten den Ablauf in derselben Weise, reden allerdings vom seinem „demokratischen Charakter", siehe z. B. v. 19.1.1903, Nr. 30, v. 18.1.1909, Nr. 30. Der Vorwärts brachte bisweilen ironisch-kritische Randbemerkungen, berichtet aber nicht die Einzelheiten, sondern allenfalls über das Verhalten der Polizei oder kleine Ereignisse am Rande, so v. 19.1.1904, Nr. 15.

122 Wie anderere traditionelle Staatsfeierlichkeiten wurde auch diese unter Wilhelm II. zunehmend aufwendiger und protziger begangen, siehe Schellack (1988), S. 288-292 und Witt (1988), S. 312 f.

Die Jahr für Jahr Ende Mai/Anfang Juni und Ende August/Anfang September statt-findende *Frühjahrs- und Herbstparade* erstreckte sich – als Straßenspektakel betrachtet – vom Schloß ausgehend die ganze Friedrichstraße hinunter über die Belle-Alliance-Straße bis zum Tempelhofer Feld, wo der Kaiser an der einsamen Pappel die eigentliche Parade der in Berlin und Umgegend stationierten Truppen abnahm. Da sich auch in diesem Falle die einschlägigen Beschreibungen wie ein Ei dem andern gleichen, sei für jedes Stadium des Gesamtablaufs ein Beispiel herangezogen: „Schon um 7 Uhr zogen die Truppentheile mit klingendem Spiel aus den verschiedensten Stadttheilen aus den umliegenden Ortschaften dem Paradefelde zu, von einer zahllosen Menschenmenge umringt, die nach dem Takt der Musik mit marschirte. In allen Straßen, welche die Regimenter passirten, lockten die Klänge des Pariser Einzugsmarsches, des Hohenfriedberger und Radetzky-Marsches, der Wacht am Rhein dichte Menschengruppen an die Fenster und auf die Straße [...], auf den Bürgersteigen gruppirten sich in immer dichter werdenden Reihen die vielen Tausende von Neugierigen, die auch ihr Theil abhaben wollten.“[123]

Nachdem sich die gewöhnlichen Einheiten auf dem Paradeplatz und das Publikum am Rande der Straße und des Tempelhofer Feldes aufgebaut hatten, wurden nacheinander die eintreffenden Zelebritäten bestaunt und bejubelt. Als erstes die kaiserlichen Prinzen an der Spitze von Eliteeinheiten, die die Fahnen und Standarten aus dem Schloß brachten, dann die in Berlin weilenden fürstlichen Damen und Herren, Botschafter, ausländische Militärattachés oder auch gerade anwesende Staatsgäste, zumeist in Luxuskarossen, schließlich die Kutsche der Kaiserin, sofern sie nicht an der Seite des Kaisers hoch zu Roß vom nahegelegenen Schöneberger Militärbahnhof oder vom „Zollgebäude“ am Nordrand des Tempelhofer Feldes kam. Nun kannte der Jubel keine Grenzen, und die ein- bis zweistündige Parade nahm ihren Lauf.

Wer seinen Kaiser hingegen aus allernächster Nähe bewundern wollte, mußte noch warten. „Als die Parade vorüber war, erfolgte, wie immer, bei der Pappel die Kritik. Danach führte der Kaiser die Fahnen und Standarten nach dem königl. Schloß an der Spitze der Fahnenkompagnie zurück. Viele Tausende erwarteten den Kaiser und jubelten ihm zu.“[124]

Die Tätigkeit der Polizei beschränkte sich bei diesen Anlässen auf die Absperrung des Paradeplatzes selbst sowie der kaiserlichen Umgebung, sei es beim Schloß oder dort, wo der Kaiser von der Eisenbahn oder vom Kraftwagen aufs Pferd wechselte, um zum Tempelhofer Feld zu reiten. Das machte sich, da die Paradetage ja nur in Ausnahmefällen auf einen arbeitsfreien Sonn- oder Feiertag fielen, in den Geschäftsstraßen der Friedrich- und Luisenstadt meist recht störend bemerkbar, wie der Vorwärts nicht müde wurde zu kritisieren.[125]

---

123 Vossische Zeitung v. 1.9.1900, Nr. 409. Siehe a. Abb. 5
124 Vossische Zeitung v. 2.6.1913, Nr. 274. Siehe a. Abb. 6.
125 Z. B. Vorwärts v. 2.6.1911, Nr. 127: „Die Frühjahrsparade ging gestern in dem bisherigen Stile vor sich. Wer's nicht wußte, aber die innere Stadt zu passieren hatte, wurde es gewahr durch die weite Kreise schädigenden Absperrungsmaßnahmen.“ Ansonsten beschwerte er sich regelmäßig über die staatlicherseits durch Unterrichtsausfall geförderte Teilnahme von Kindern an der „Hurrahschreierei“, siehe z. B. v. 30.5.1911, Nr. 124, 4. Beil.-

Abb. 5: *Paradebummler (1906)*

Abb. 6: *Herbstparade auf dem Tempelhofer Felde am 2. September: Kaiser Wilhelm an der Spitze der Fahnenkompagnie bei der Rückkehr ins Königliche Schloß (1913)*

Wer, d. h. welche Bevölkerungskreise, diesem Zeremoniell bevorzugt beiwohnten, ist den Berichten der bürgerlichen Zeitungen ebensowenig zu entnehmen wie den Glossen des Vorwärts. Er subsumierte die Teilnehmer regelmäßig unter die Kategorie der notorischen „Hurrahschreier" und „Hurrahgaffer".[126] Das schließt die Teilnahme von Arbeitern und vor allem auch Arbeiterfrauen, deren Tagesablauf werktags solche Unterbrechungen eher zuließ, nicht aus. Neugierde und Schaulust sind keine Klassenprivilegien. Ohne weiter über die soziale Zusammensetzung der Zuschauer spekulieren zu wollen, ist es wichtig festzuhalten, daß zum einen in der Millionenstadt Berlin sich immer einige Tausend für derartige Spektakel begeistern ließen und zum anderen den meisten Berlinern und Berlinerinnen derartige durch staatliche Repräsentation bedingte Menschenansammlungen geläufig waren. Diese Art von Straßenöffentlichkeit war integraler Bestandteil des Lebens in der Hauptstadt. Denn außer den jährlich wiederkehrenden Anlässen im Januar und den beiden großen Paraden gaben Staatsbesuche sowie fürstliche Verlobungen und Hochzeiten zahlreiche zusätzliche Gelegenheiten, das immergleiche Schauspiel militärisch-monarchischer Repräsentation mit Volkskulisse aufzuführen.[127] Daneben boten weitere öffentliche Festakte, wie die im Herbst fälligen Rekrutenvereidigungen[128], die unter Wilhelm II. besonders beliebten Denkmalsenthüllungen[129] und diverse Jubelfeiern immer wieder Gelegenheiten, den Kaiser und seinen Hofstaat Tausenden von Schaulustigen zu präsentieren.

Zugleich teilten diese Zeremonien den Stadtraum in zwei Zonen: Das „Hurrahviertel" zwischen dem Schloß und Unter den Linden als symbolisches Herrschaftszentrum bildete eine Art exterritoriales Gelände innerhalb der den Rest des Stadtraumes ausfüllenden Zivilgesellschaft. Hier herrschten besondere Gesetze, nicht erst, wenn es galt, Demonstranten aus den Außenbezirken fernzuhalten[130], sondern auch was die Straßennutzung anbelangte: Solange Wilhelm II. im Schloß residierte, durfte keine Straßenbahn die Straße Unter den Linden befahren oder oberirdisch kreuzen – sie mußte in den Untergrund.[131]

Aus der Perspektive der automobilen Gesellschaft Ende des 20. Jahrhunderts erscheint das Straßenleben zu Beginn des Jahrhunderts als ein paradoxes Ineinander zweier Epochen: Wenn auch die *Fußgänger* mit ihren im Vergleich zum heutigen PKW-Fahrer *vielfältigeren* Verhaltensmöglichkeiten den Nahverkehr dominierten, so war doch die Funktionalisierung des Straßenraums für die effiziente und zweckgerichtete Fortbewegung schon weit vorangeschritten. Die Straße diente *tatsächlich* zunehmend, aber noch nicht (so gut wie) ausschließlich dem Verkehr, wie der Polizeipräsident sich das wünschte. Sie war immer noch Produktionsstätte einer Unzahl kleiner Gewerbe, die nicht restlos in Kaufhäusern, Markthallen, Werkstätten und

---

126 Z. B. Vorwärts v. 21.1.1908, Nr. 17, 2. Beil.
127 Z. B. der Einzug des schwedischen Königspaares am 18.6.1908, in Berliner Lokal-Anzeiger v. 19.8. 1908, Nr. 275 oder der Besuch auswärtiger Fürstlichkeiten anläßlich einer kaiserlichen Hochzeit 1913, siehe u. S. 373-376. – Den Ausnahmefall eines Arbeitslosenkrawalls am Rande eines Staatsbesuches siehe u. S. 324 f.
128 Z. B. Vossische Zeitung v. 7.11.1900, Nr. 523, 2. Beil.
129 Z. B. Vossische Zeitung v. 18.10.1904, Nr. 490 (Kaiser-Friedrich-Denkmal).
130 Siehe u. S. 330.
131 Siehe Glatzer (1986) I, S. 124 f.

Wohnungen „seßhaft" gemacht werden konnten – oder sollten, wenn wir etwa an Bettler und Prostituierte denken. Zwar gewann der Verkehrszweck gebieterisch an Bedeutung, ohne allerdings die anderen Straßennutzungen zu verdrängen. Und vor allem in den Wohnvierteln der Unterschichten war die Straße alltäglicher Aufenthaltsort derjenigen, denen der Broterwerb noch nicht Tag für Tag große Entfernungen von der viel zu kleinen Wohnung auferlegte, also vor allem der Frauen, Kinder und Alten. Auch in der Umgebung von Fabriken wurde die Straße in den Arbeitspausen und zum eventuellen Verweilen nach Arbeitsschluß aufgesucht. Dank dieser vielfältigen Nutzungen bot die Straße Raum für soziale Funktionen und Beziehungen, deren Trennung in spezialisierten Räumen aus technischen und materiellen Gründen nicht möglich war. Damit konnte potentiell jeder Straßenbenutzer und jede Straßenbenutzerin körperlich und sinnlich an den verschiedensten „Mikroprozessen" sozialer Realität teilhaben: Sei es der Arbeit oder der Freizeit, des sozialen Gegen- oder Miteinanders von oben und unten, von Männern und Frauen, von Generationen, Einheimischen und Fremden, Käufern und Verkäufern ...

Die konkrete Mischung dieser verschiedenen Personengruppen hing natürlich von der dominierenden Nutzung einer Straße ab: In der Innenstadt war sie in erster Linie „Geschäftsmaschine" und „wandernder Markt", in den Außenbezirken auch *der* Sozialisationsort der Kinder, sofern sie sich nicht in der Schule aufhielten, sowie Bestandteil von Nachbarschafts-Öffentlichkeit und Ergänzungsraum der engen Wohnungen. Darüber hinaus benutzten immer mehr Menschen *gleichzeitig* den öffentlichen Raum, wodurch in den Jahrzehnten vor dem Ersten Weltkrieg im Alltag ebenso wie bei monarchischen und kommerziellen Spektakeln die Beteiligung an Massenereignissen in den Erfahrungsschatz der Großstädter und Großstädterinnen einging. Ob im werktäglichen Berufsverkehr oder bei den Ausflügen am Wochenende, beim Einkaufen oder bei Sportveranstaltungen, bei aviatischen oder militärischen Schauspielen, stets bewegten sie sich in großen Menschenmengen. Die Anpassung an deren Bewegungsgesetze mochte nicht immer reibungslos vonstatten gehen: das Drängeln, Einander-im-Wege-Stehen und das Nebeneinander der verschiedenen Straßennutzungen barg Risiken der Konfrontation, aber auch Chancen eines breitgefächerten direkten sozialen Austauschs von Angesicht zu Angesicht und von Körper zu Körper, in dem soziale Eigenschaften und Funktionen differenziert wahrnehmbar und transparent waren. In einer Zeit, in der lediglich die konventionellen Printmedien eine auf zeitlichräumlicher Trennung von Ereignis und Information beruhende Wahrnehmung gesellschaftlicher Realität produzierten, fungierte die Straße als ein archaisches, auf *körperlicher Anwesenheit* gegründetes Massen-Medium, als eine „Maschine" sozialer Wirklichkeiten und Bedeutungen.

3 Straßen-Polizei und öffentliche Un-Ordnung

Standen bislang die alltäglichen und festlichen Straßennutzungen durch das zivile „Publikum" im Mittelpunkt, so geht es in diesem Kapitel um die Straße als Ort von *Machtverhältnissen* und *Herrschaftsausübung.* Welche Rolle spielte die Benutzung des Straßenraumes und deren polizeiliche Kontrolle in den Macht- und Herrschaftsbeziehungen der Wilhelminischen Gesellschaft? Konkret: Wer durfte die Straße wie benutzen und wann? Mit welchen rechtlichen Instrumenten und gehorsamerzwingenden Mitteln setzte die Polizei ihre Normen von Straßenordnung gegenüber dem Publikum durch? Wie reagierte sie auf die durch den massenhaften Straßenverkehr neu entstandenen Aufgaben?

Innerhalb der sich im Laufe des 19. Jahrhunderts verrechtlichenden und in den modernen Verfassungsstaat auf widersprüchlichste Weise hineinwachsenden Polizeipraxis nahm die *Straßenpolizei* von Anfang an eine hervorragende Stellung ein. Während im Laufe des Übergangs von der allumfassenden „Polizey" der absolutistischen Verwaltung zur modernen Polizeibürokratie in einem kontinuierlichen Prozeß der „Abschichtung traditioneller Wohlfahrtsaufgaben"[1] Kompetenzbereiche an andere Instanzen abgegeben wurden, blieb die Aufrechterhaltung von Ruhe, Ordnung und Sicherheit auf der Straße eine exklusiv polizeiliche Angelegenheit. Unter den Bedingungen der Urbanisierung und Gewerbefreiheit, damit dem Ende ständischer Einschränkungen der Bewegungsfreiheit und der Herausbildung anonymer, auf Gleichberechtigung der Teilnahme beruhender Straßenöffentlichkeit verkomplizierte sich diese Aufgabe: Nach wie vor galt es, das staatliche Gewaltmonopol zum Schutze der gegebenen Herrschaftsordnung einschließlich ihrer Eigentumsverhältnisse aufrechtzuerhalten und dazu das Verhalten speziell der Unterschichten zu beaufsichtigen und zu disziplinieren. Zugleich sollten entsprechend dem allgemeinen Wohlfahrtsauftrag der Polizei Handel und Wandel der „Polizierten" durch Sicherheits- und Ordnungsmaßnahmen *befördert* werden.[2] Das war nicht ohne weiteres miteinander in Einklang zu bringen. Die mit der Herrschaftssicherung einhergehende Disziplinierung der Untertanen konnte mit der für die Entfaltung bürgerlicher Verhältnisse erforderlichen Freizügigkeit und Selbstbestimmung von Marktsubjekten kollidieren. Dieser die *Straßenpolitik von oben* prägende Widerspruch läßt sich anhand der drei im folgenden behandelten Gegenstände nachvollziehen: Anhand der Machtverhältnisses zwischen den Geschlechtern, der Berliner Polizeigeschichte und der obrigkeitlichen Reaktionen auf öffentliche Un-Ordnung.

---

1 Jessen (1991), S. 283.
2 Vgl. Lüdtke (1981).

3.1 Der patriarchale Vorrang in der Straßenöffentlichkeit

„Die Obrigkeit ist männlich, ein Satz der sich eigentlich von selbst versteht", konstatierte der Historiker Treitschke gegen Ende des 19. Jahrhunderts.[3] Diese „Selbstverständlichkeit" gründete in der Herrschaft der Männer über die Frauen in allen gesellschaftlichen Bereichen. Auch die Ausbildung von auf Rationalität beruhender bürokratischer Herrschaft ging von dieser Voraussetzung aus. Die Logik der sich seit Ende des 18. Jahrhunderts als bürgerliche *Norm* durchsetzende „Polarisierung der Geschlechtscharaktere" machte aus dieser sozialen Funktion eine reine Männersache. Die soziale Kompetenz der Frauen bestand komplementär dazu in der in die Familie investierten Emotionalität.[4] Dem entsprach die programmatische Vorstellung von der *Öffentlichkeit* und damit auch der Straße als gesellschaftlicher Sphäre der Männer und von der Nicht-Öffentlichkeit oder dem *Privaten* als der der Frauen; unbeschadet der *tatsächlichen* Funktionen, die vor allem unterschichtige erwerbstätige Frauen in der Öffentlichkeit ausübten. Über diese Rollenverteilung hinausgehend hatte die Entwicklung eines spezifischen bürgerlichen Familienrechts seit den 1840er Jahren zu einer Benachteiligung der Frauen auf allen Rechtsgebieten geführt, in der die „teilweise frauenfreundlichen Ansätze" des *Allgemeinen Landrechts* in Preußen verloren gingen.[5] Wie in der bürgerlichen Gesellschaft allgemein so geriet auch auf der Straße diese Institutionalisierung und Kodifizierung des „patriarchalen Vorrangs" (Gerhard) jedoch zunehmend in Widerspruch zu der allgemeine Bewegungsfreiheit erfordernden Marktökonomie der modernen Großstadt.

„Selbstverständlich" war auch die Polizei als Exekutive bürokratischer Herrschaft männlich.[6] Ihre Praxis auf der Straße folgte u. a. den Regeln einer dort gültigen informellen Geschlechter-Ordnung. Danach konnten sich die Männer zu allen Tageszeiten auf der Straße frei bewegen, da sie nur so ihren Verpflichtungen und Bedürfnissen als Ernährer, Männer und Bürger nachkommen konnten. Die gesellschaftliche Unterordnung der Frauen wurde auch durch den nur bedingten Zugang zur öffentlichen Ressource „Straße" hergestellt. *Alleine* konnten sie sich legitimerweise nur tagsüber im Rahmen frauenspezifischer „anständiger" Arbeiten, sei es als Marktfrau, Hausfrau, Wäscherin, Dienstbotin oder auf dem Weg von und zur Arbeit, auf der Straße aufhalten. Zu „Unzeiten" und an den „falschen" Orten riskierten sie die – vor allem sexuellen – Belästigungen durch Männer, Verdächtigungen als Prostituierte und damit eine Gefährdung ihrer „Geschlechtsehre", der in der Regel einzigen *in ihrer Person* gründenden Quelle gesellschaftlicher Anerkennung. Da sie an der in Beruf oder Geburt gründenden Ehre allenfalls indirekt über „ihre" Männer teilhaben konnten, wirkte „jeder Angriff auf das Geschlecht vernichtend auf die persönliche Ehre", wie eine Frauenrechtlerin kurz vor der Jahrhundertwende formulierte.[7] Zum

---

3 Politik. Vorlesungen gehalten an der Universität zu Berlin, Leipzig 1897, zit. n. Gerhard (1990), S. 101.
4 Siehe Hausen (1976).
5 Siehe Gerhard (1978), S. 188.
6 Weibliche Polizeibeamte stellten vor 1914 äußerst seltene Ausnahmen dar; ihr Aufgabenfeld war zudem strikt auf die Sittenpolizei und Fürsorgearbeit beschränkt. Vgl. Nienhaus (1992).
7 Maria Raschke, Die weibliche Ehre, in: Die Frauenbewegung 3 (1987), Nr. 24 v. 15.2.1897, S. 250 f., zit. n. Meyer-Renschhausen (1986), S. 102 f.

Schutz dieser „Ehre" waren Frauen, wollten sie die Straße dennoch aufsuchen, auf männliche Begleitung angewiesen.

Das bürokratische Instrument zur Durchsetzung und Aufrechterhaltung dieser als Garantin eines sittlichen Staatswesens geltenden Norm der polarisierten Geschlechtscharaktere und der damit gegebenen informellen Übermacht der Männer auf der Straße war die *sittenpolizeiliche* Aufsicht. *Jede* Frau, die von der Polizei zu bestimmten Zeiten an bestimmten Orten angetroffen wurde, konnte der „gewerbsmäßigen Unzucht" nach StGB § 361,1 verdächtigt und unter polizeiliche Aufsicht gestellt werden.[8] „Jedes weibliche Wesen, das sich nach 10 Uhr abends ohne Herrenbegleitung auf der Straße blicken läßt, wird arretiert!", lautete noch in den 1870er Jahren eine kategorische Verordnung des Polizeipräsidenten, die allerdings unter dem Sturm einer entrüsteten Öffentlichkeit schleunigst zurückgezogen wurde.[9] Denn schon damals waren die Prämissen der bürgerlichen Geschlechterideologie nur noch schwer mit den Anforderungen einer expandierenden Großstadt zu vereinbaren, in der nicht nur Fabrikarbeiterinnen und Händlerinnen, sondern auch berufstätige alleinstehende Frauen aus dem Bürgertum lebten und auf der Straße zu tun hatten. Folglich galt es, von Fall zu Fall und je nach Umständen zu entscheiden, was wegen der Nivellierung im Erscheinungsbild nicht immer ganz einfach war: Während in der ständisch-traditionalen Gesellschaft Prostituierte noch an ihrem Äußeren eindeutig zu erkennen waren, paßten sie sich in der bürgerlichen Gesellschaft dem Habitus „respektabler" Frauen an, um ihr verbotenes Gewerbe auf der Straße anbahnen zu können.[10] Der soziale „Sinn" der Sittenpolizei lag keineswegs in der Beseitigung der Prostitution als solcher, auch nicht in erster Linie in der Kontrolle aus gesundheitlichen Gründen zum Schutz der Freier, sondern gerade in der im Ermessensspielraum des Schutz*mannes* angelegten obrigkeitlichen Sanktionierung des patriarchalen Vorrangs auf der Straße. Daß es den Behörden keineswegs darum ging, die Prostitution abzuschaffen, sondern ihre Ausübung auf der Straße zu reglementieren, geht aus Schätzungen zur Gesamtzahl der Berliner Prostituierten hervor: Auf eine Registrierte kamen mehr als zehn Nichtregistrierte.[11]

Die Machtverteilung zwischen Männern und Frauen stellt eine historisch gegebene Grundvoraussetzung auch von Straßenpolitik dar. Bei straßenpolitischen Konflikten handelte es sich überwiegend — keinesfalls ausschließlich! — um Auseinandersetzungen unter Männern.[12] Gerade zu den Tageszeiten und bei den Anlässen, auf die sich straßenpolitische Ereignisse konzentrierten — abendliche Freizeit, Streiks und Politik — war die Präsenz und Teilnahme von Frauen nämlich *von vornherein* unterdurchschnittlich. Darüberhinaus wurden viele dieser Konfrontationen mithilfe körperlicher Gewalt bestritten, die Frauen weitgehend ausschloß.

---

8 Siehe zu diesem Themenkomplex Schulte (1984), passim.
9 Vorwärts v. 3.3.1910, Nr. 52, 3. Beil.
10 Siehe Schulte (1984), S. 25-27.
11 Siehe ebd., S. 22.
12 Eine Anmerkung zum Sprachgebrauch: Die Verwendung nur der männlichen Form bei konkreten Beschreibungen erfolgt also *nicht* in erster Linie der sprachlichen Konvention halber, sondern weil in diesen Fällen *tatsächlich* nur oder fast nur Männer beteiligt waren. Mit der Verwendung *beider* Formen hingegen wird die Beteiligung von Frauen an einem Ereignis gezielt hervorgehoben.

Das heißt keineswegs, daß nicht auch Frauen regelmäßig in Konflikte mit der Obrigkeit verwickelt waren. Als direkte Kontrahentinnen der Polizei tauchten sie kontinuierlich vor allem im Tätigkeitsbereich der Sittenpolizei auf: Etwa zehn bis dreißig Frauen wurden in Berlin Nacht für Nacht ins Polizeigewahrsam eingeliefert und dann meist der regelmäßigen Gesundheitskontrolle durch den Polizeiarzt unterstellt.[13] Dieses eingespielte Verhältnis zwischen der Polizei und den der Prostitution verdächtigten Frauen war aber nicht „Straßenpolitik" im Sinne unserer Definition: Es handelte sich nicht um die kollektive Artikulation und Wahrung von Interessen gegenüber der rechtlich sanktionierten Herrschaft, die als direkte Aktion, außerhalb eines vorgesehenen Instanzenwegs, und mit körperlichen statt verbalbürokratischen Mitteln durchgeführt wurde. Dennoch war das soziale Geschlechterverhältnis auch in der Straßenpolitik auf vielfache Weise präsent, nicht nur weil Konflikte um sexuelle Belästigungen in einigen Fällen Anlässe für Menschenansammlungen und polizeiliches Einschreiten bildeten. Das Verhalten der Schutz*männer* gegenüber Frauen stellte einen der vielen neuralgischen Punkte im angespannten Verhältnis Polizei-Publikum dar und trug damit zum geringen Ansehen der Polizei bei – eine zentrale Voraussetzung für die straßenpolitischen Ereignisse.

Gegen Ende des 19. Jahrhunderts bezog die radikale Frauenbewegung Konflikte zwischen unbegleiteten Frauen und Polizisten in ihre Kampagne zur Abschaffung der staatlichen Reglementierung der Prostitution ein. Daß Frauen, die von Freiern erfolglos als Prostituierte angesprochen worden waren, von diesen als Prostituierte denunziert und daraufhin der entwürdigenden Untersuchung durch den Polizeiarzt unterzogen werden konnten[14], brachte die sittenpolizeiliche Straßen-Aufsicht in allgemeinen Mißkredit. Dem Aufenthaltsrecht „anständiger" Frauen wurde laut einer Meldung der Vossischen Zeitung schließlich sogar ausdrücklich staatlicher Schutz zuteil: „Den *ehrbaren Frauen und Mädchen* soll das Polizeipräsidium größeren Schutz angedeihen lassen, wenn sie sich auf der Straße befinden, so verlangt es der Minister des Innern. Die Belästigung von anständigen Mädchen und Frauen hat in manchen Teilen der Friedrichstadt einen bedenklichen Umfang angenommen. [...] Der Minister des Innern rät nun an, das Einschreiten gegen den erwähnten Unfug nicht den auf der Straße Dienst tuenden uniformierten Schutzmännern zu überlassen, damit vielmehr nichtuniformierte Kriminalbeamte zu betrauen und diese anzuweisen, durch aufmerksame Überwachung des Straßenverkehrs und zweckentsprechendes Vorgehen bei gegebenem Anlaß den Angehörigen weiblichen Geschlechts den mit Recht beanspruchten polizeilichen Schutz zuteil werden zu lassen und die Angreifer unnachsichtig zur Verantwortung zu ziehen."[15]

Die positiven Erfahrungen mit dieser Neuerung führten mit Beginn des darauffolgenden Jahres zu einer entsprechenden „Beamtenvermehrung", „die die Durchführung eines ständigen *Damenschutzdienstes*" ermöglichen sollte. „Schutzmänner in

---

13 Siehe dazu u. S. 85.
14 Siehe Meyer-Renschhausen (1986), 99-103, allgemein zur Sittenpolzei in Berlin siehe Przewislik (1987). Unter Prostitutionsverdacht festgenommenen Frauenrechtlerinnen gelang es, derartige „Mißgriffe" zu öffentlichen Skandalen zu machen, so z.B. die Hamburger Juristin Anita Augspurg im Herbst 1902, siehe Gerhard (1990), S. 261.
15 Vossische Zeitung v. 5.9.1903, Nr. 415, 1. Beil.

Zivilkleidung überwachen nicht nur die Hauptverkehrsstraßen der inneren Stadt, sondern auch die entlegeneren Stadtteile, um insbesondere auch den Frauen und *Mädchen des Arbeiterstandes auf ihren Wegen den wünschenswerten* Schutz zu verleihen."[16] Damit war das Machtverhältnis der Geschlechter auf der Straße in seiner Ungleichheit nicht berührt; nur seine Verstärkung durch die Polizei wurde theoretisch relativiert. Der Polizeibeamte hatte nun ausdrücklich bei alleingehenden Frauen zwischen „Gut" und „Böse" zu unterscheiden. Das änderte aber nichts an der diskriminierenden Funktion polizeilicher Straßenkontrolle. Sie bestätigte nach wie vor die Extreme der patriarchalen Wertvorstellungen: „Oben" die männliche, auf Erhaltung einer „sittlichen" Ordnung verpflichtete Staatsgewalt, ganz „unten" am anderen Ende der Skala die unkontrollierte weibliche Sexualität, ein Deutungsmuster, das die Schutz-Männer mit ihren zivilen Geschlechtsgenossen weitgehend teilten.[17] Und daher gehörten auch nach der Einführung des „Damenschutzdienstes" „Mißgriffe" gegenüber „anständigen" Frauen zum Polizeialltag. Insbesondere in zugespitzten Situationen waren Frauen sexistischen Beleidigungen seitens der Polizisten ausgesetzt.[18] Alltäglicher hingegen dürfte das weniger Aufsehen erregende, dafür aber um so wirksamere Zusammenhalten ziviler wie Schutz-Männer gewesen sein: „Folgendes Geschichtchen ereignete sich vor einiger Zeit in der Leipziger Straße: Ein hübsches junges Mädchen, das von einem Herrn verfolgt wurde, wandte sich an einen Schutzmann und beklagte sich darüber. Dieser, ein älterer, gemütlicher Herr, meinte, indem er der jungen Dame ins Gesicht sah, schmunzelnd: 'Des kann ich den Herrn ja nich vadenken.'" „Die Geschichte ist tatsächlich wahr", fügte die Redaktion der Vossischen Zeitung dieser Zuschrift einer Leserin hinzu.[19]

Die öffentliche Meinung war durchaus für diese Problematik sensibilisiert. Das änderte aber (noch) nichts an der faktischen Vormachtstellung aller Männer auf der Straße. Das „Recht auf die Straße" durch direkte und notfalls auch gewaltsame Aktionen zu erobern, wie es zum Beispiel die englischen Sufragetten versuchten, gehörte nicht zu den Strategien der deutschen Frauenbewegung.[20] Sofern sie sich der Wahlrechtsbewegung anschloß, demonstrierte sie in der Regel „friedlich" an der Seite der Männerorganisationen.[21]

Von der Beteiligung her gesehen, war Straßenpolitik also im wesentlichen „Männersache", in der zwar immer wieder die Legitimität des staatlichen Gewaltmonopols und seiner bürokratisch-militärischen Ausübung, nie aber dessen Funktion für die Aufrechterhaltung der gesellschaftlichen Vormachtstellung der Männer in Frage gestellt wurde. Die wenigen Punkte, an denen sich die Teilnahme von Frauen in typischer Weise konzentrierte, seien kurz genannt:

---

16 Vossische Zeitung v. 17.1.1904, Nr. 27, 1. Beil. − 1904 schritt die *„Kriminalpatrouille zum Schutz anständiger Frauen* gegen Belästigungen" 158 mal ein. „Die bei den Damen anfänglich vorhandene Scheu, den angebotenen Schutz anzunehmen, ist schnell geschwunden." Vossische Zeitung v. 5.3. 1905, Nr. 109, 1. Beil.

17 Siehe dazu auch u. S. 93 f. und 102 f.

18 Siehe u. S. 280.

19 Vossische Zeitung v. 21.9.1911, Nr. 470, 1. Beil.

20 Zur Abgrenzung der deutschen Frauenbewegung von den straßenpolitischen Taktiken der Sufragetten siehe Ludwig-Uhland-Institut (1986), S. 123 f., Zwaka (1987), S. 108 f.

21 Siehe u. S. 354-357.

- Protestaktionen im nachbarschaftlichen Kontext, sei es aus Anlaß von Exmittierungen oder in Folge von „Streikexzessen", die sich inmitten eines Arbeiterviertels abspielten,
- die Fleischrevolte am Wedding im September 1912, die von Frauen in ihrer Eigenschaft als Hausfrauen und Konsumentinnen initiiert wurde,
- die Frauendemonstrationen der Sozialdemokratie ab 1911.

Auf der anderen Seite ist bei denjenigen Konflikten, die an das Freizeitverhalten von Arbeitern gebunden waren, also nach Feierabend und am Wochenende im Umfeld der Kneipen stattfanden, von einer weitgehenden Abwesenheit von Frauen auszugehen. An den sich tagsüber im Straßenalltag ereignenden Aufläufen und Menschenansammlungen waren bestimmt auch immer Frauen als passive Zuschauerinnen, selten hingegen als in der Berichterstattung hervorgehobene Protagonistinnen beteiligt.

Doch auch die Konflikte unter den Männern waren von der Geschlechter-Ordnung durchzogen: Die obrigkeitliche und bürgerliche Wahrnehmung junger Unterschichtsmänner nicht nur als „Rowdys" und „Strolche", sondern im gleichen Atemzug immer auch als „Zuhälter" rückte diese in die unmittelbare Nähe zu den Frauen auf der niedrigsten Stufe der gesellschaftlichen Hierarchie. „Pöbel", „Gesindel", „Janhagel" — unter diesen Schlagworten versammelten sich in den Phantasmen soldatischer Männer die Schreckgespenster unkontrollierter Sexualität und Sittenlosigkeit der sozial am tiefsten Stehenden.[22] Diese Geschlechtsspezifik des staatlichen Gewaltmonopols[23] war eine Grundvoraussetzung seiner konkrethistorischen Durchsetzung in der Wilhelminischen Gesellschaft. Sie wurde durch die Straßenpolitik in unterschiedlicher Weise verstärkt *und* relativiert, und zwar in dem Maße, wie einerseits in eskalierenden Konflikten die Bedeutung körperlicher Gewalt zunahm und andererseits Frauen auf der Straße ebenso wie in anderen Politikarenen, etwa der Versammlungs-, Vereins- und Presse-Öffentlichkeit, ihre Teilnahme durchsetzten.

3.2 Zur Geschichte der Berliner (Straßen-)Polizei

Die Straßenaufsicht bildete keineswegs von Anfang an den Schwerpunkt innerhalb der Polizeipraxis, wie er uns heute in Gestalt der Verkehrspolizei als selbstverständlich erscheint. Dies zeigt zunächst ein Blick auf die Organisationsgeschichte des Berliner Polizeipräsidiums. Diese 1809 gebildete Behörde war in ihrem inneren Aufbau während der ersten Jahrzehnte weniger nach den verschiedenen sachlichen Aufgabenbereichen, als in erster Linie nach den juristisch definierten Zuständigkeiten

---

22 Zur psychischen Qualität und historisch-politischen Funktion dieser Phantasmen vgl. die Pionierstudie von Theweleit (1977) über die „Männerphantasien" in der Freikorpsliteratur in den zwanziger Jahren.

23 Eine Tatsache, die in der traditionellen wie modernen Literatur zu Polizeigeschichte so gut wie nie zur Sprache kommt. Lüdtke (1982) bildet mit seiner Konzentration auf den patriarchalisch-militärischen Habitus staatlicher Gewaltausübung eine Ausnahme; siehe a. den Hinweis in seiner Einleitung zu Lüdtke (1992b), S. 13.

von Landes- und Ortspolizei gegliedert, die ihr beide als einer staatlichen Behörde unterstanden. 1830 schritt man erstmals zur Bildung von sachbezogenen Abteilungen, darunter die Gewerbe- und Baupolizei (Abt. II), die auch für den Verkehr und das Gewerbe auf den Straßen zuständig war. Es dauerte ganze 70 Jahre, bis unter dem Ansturm des Großstadtverkehrs aus der überlasteten II. Abteilung eine Abteilung II b mit einem Geschäftsbereich „Straßenpolizei und Verkehrswesen" ausgegliedert wurde.[24] Erst kurz vor dem Ersten Weltkrieg bildete dieser eine eigene Abteilung X. (unter Einbeziehung der Wasserbauverwaltung) mit einem neugeschaffenen „Verkehrskommissariat".[25] — Die Zuständigkeit für einen weiteren Zweig der Polizeitätigkeit, der für diese Untersuchung von zentraler Bedeutung ist, für die *Politische Polizei*, lag bis 1892 direkt beim Büro des Chefs der Behörde. Erst danach wurde sie als eine eigene Abteilung VII reorganisiert. 1901 standen ihren fünf leitenden Beamten als „Exekutivpersonal" ein Polizeirat, zehn Kriminalkommissare sowie zehn von der Schutzmannschaft abkommandierte Wachtmeister und 123 Schutzmänner zur Verfügung.[26]

Ausführendes Organ des Berliner Polizeipräsidiums war die im Revolutionsjahr 1848 als provisorische und verhältnismäßig bürgernahe Straßenaufsicht gegründete *Königliche Schutzmannschaft zu Berlin.* Nachdem drei Jahre später konkurrierende Einrichtungen wie die Gendarmerie und die alten Polizeireviere in ihr aufgegangen waren[27], erhielt sie eine militärische Befehlsstruktur und wurde zur im gesamten Stadtgebiet präsenten, alle polizeilichen Belange betreffenden Exekutive vor Ort. Ihre unterste organisatorische Einheit waren die *Polizeireviere,* auf die um 1900 durchschnittlich ca. 50 Unterbeamte *(Wachtmeister, Schutzmänner)* entfielen und denen *Polizeileutnants* vorstanden. Ihre Anzahl wuchs von 36 im Jahre 1851 auf 113 im Jahre 1908 an. Die nächsthöhere Befehlsebene bildeten die *Hauptmannschaften,* deren Zahl in derselben Zeit von fünf auf dreizehn anwuchs, und die von einem *Polizeihauptmann* befehligt wurden. Als Kommandeur der Schutzmannschaft fungierte ein *Polizei-Oberst*; ein Teil seines Geschäftsbereichs wurde 1901 auf drei von *Polizeimajoren* befehligte *Polizei-Brigaden* als neuer Befehlsebene zwischen Kommando und Hauptmannschaften übertragen.[28]

Mit 305 Beamten pro 100.000 Einwohner im Jahr ihrer Gründung lag die Polizeidichte in Berlin von Anfang an mindestens doppelt so hoch wie in anderen Städten mit Schutzmannschaften. Nur während des Sozialistengesetzes sank dieser Wert vorübergehend. 1892 lag er wieder über 300[29] und stieg im Lauf der nächsten Jahrzehnte kontinuierlich auf 346 im Jahre 1913 an, wenn man die Sollstärke zur Berechnungsgrundlage nimmt. Diese betrug in diesem Jahr 6.374 Mann, hinzu kamen 808 zum Dienst in der Kriminal-Abteilung im Polizeipräsidium stationierte Schutzmän-

---

24 Feigell (1909), S. 10 f, 25 f. Siehe a. Dritter Verwaltungsbericht (1902), Abschnitt VII, Teil I. Geschichte der Organisation des Polizei-Präsidiums, S. 813-853.
25 Siehe Polizeipräsidium (1914), S. 39-42.
26 Siehe Dritter Verwaltungsbericht (1902), S. 827, 835 f., 852 f. Zur Geschichte der politischen Polizei in Preußen siehe a. Funk (1986), S. 48-51, 67-69, 255-274.
27 Siehe Schmidt (1898), S. 17-44; siehe a. Thomason (1978).
28 Siehe Schmidt (1898), S. 192, Schmidt (1908), S. 79, Dritter Verwaltungsbericht (1902), S. 847.
29 Siehe Jessen (1991), S. 104 f.

ner. Legt man allerdings die Iststärke zugrunde, so kamen 1913 nur 316 Schutzmänner auf 100.000 Berliner Einwohner, da die Schutzmannschaft vor allem nach der Jahrhundertwende erheblich unter Personalmangel litt.[30]

Für ihren Straßendienst waren die Mannschaftsgrade — Schutzmann und Wachtmeister — im Normalfall mit einem Säbel bewaffnet; lediglich die Berittenen und die Offiziere waren mit Schußwaffen ausgerüstet.[31] Erst 1891 trugen die Nachtpatrouillen regulär Revolver.[32] Eine grundlegende Erweiterung der Bewaffnung stellten die ab 1902 angeschafften ca. 1.000 „Browning"-Repetierpistolen dar[33], die in besonderen Situationen wie z. B. bei Straßendemonstrationen und Unruhen umgeschnallt wurden. Die im §8 der „Allgemeinen Dienstvorschrift für die Schutzmannschaft" vom 30. Mai 1902 enthaltenen Bestimmungen über den „Waffengebrauch" waren im Aufbau und ihren Grundsätzen dem entsprechenden Paragraphen der bereits 1820 verfügten „Dienst-Instruktion für die Gendarmerie"[34] nachgebildet. Danach durften die Beamten die Waffe einsetzen zur Abwehr von gegen sie selbst gerichteter Gewalt, bei Nichtbefolgung der Aufforderung, ihnen zu folgen, bei Widerstand gegen Verhaftung und Beschlagnahmungen und „wenn sie auf andere Art den ihnen angewiesenen Posten nicht behaupten oder die ihnen anvertrauten Personen nicht beschützen können". In jedem Fall war die Waffe mit „möglichster Schonung, namentlich des Lebens, und nur dann zu gebrauchen, wenn alle anderen Mittel fruchtlos angewendet sind, und der Widerstand nicht anders als mit bewaffneter Hand überwunden werden kann". Über das Vorbild der Gendarmerie-Instruktion hinausgehend wurde noch ausdrücklich hervorgehoben, daß „der Beamte absichtlich keine schwereren Verletzungen verursachen [darf], als es für den zu erreichenden Zweck unumgänglich ist. Er darf sich der gefährlicheren Schußwaffe nur dann bedienen, wenn nach seiner pflichtgemäßen Überzeugung die von ihm geführte mindergefährliche Hiebwaffe nicht genügt." Und schließlich wurde klargestellt: „Der Gebrauch der Waffe als Züchtigungsmittel ist nicht statthaft."[35]

Mit der Gendarmerie auf dem platten Lande und der kommunalen Polizei in anderen preußischen Städten hatte diese *staatliche* Polizei-Exekutive die Aufgabe der Disziplinierung der Unterschichten gemein. Die zunehmende Auflösung ständischer Kontrolle in allen Bereichen der Gesellschaft führte zu einer Vermehrung derjenigen Bevölkerungsgruppen, deren Verhalten durch eine einheitliche öffentliche Gewalt überwacht und sanktioniert werden sollte.[36] Diese Frontstellung zu einem immer größer werdenden Teil vor allem der städtischen Bevölkerung hatte bereits einen

---

30 Siehe die Monatsrapporte über den Personalstand bei der Schutzmannschaft 1879-1914, GStA, Rep. 77, Tit. 1177, Nr. 55, Bd. 1 u. 2. Durch Einbeziehung des bis zu 10% betragenden Personalmangels wird das von Funk (1986), S. 211-215 aufgrund der in den Haushaltsplänen vorgesehenen Sollstärken gezeichnete Bild einer kontinuierlich ansteigenden Polizeidichte deutlich korrigiert.
31 Siehe Schmidt (1898), passim.
32 Ebd., S. 116.
33 Siehe Schmidt (1908), S. 50 f.
34 Vgl. Gesetzsammlung für die königlichen preußischen Staaten, 1821, S. 19. — Siehe u. S. 277 einen Polizeioffizier, der sich als Zeuge in einem Prozeß anläßlich der Moabiter Unruhen auf diese Gendarmerie-Dienstinstruktion berief.
35 Polizei-Präsidium (1902), S. 154.
36 Siehe Jessen (1991), S. 36 f.

ständig schwelenden Konfliktherd der Vormärzzeit dargestellt.[37] Die Neustrukturierung der Schutzmannschaft in der Reaktionsperiode ab 1851 diente darüber hinaus der konsequenten „Verstaatlichung" und bürokratisch-rechtsstaatlichen Festigung der Herrschaftsstellung der alten Machteliten.[38] Da der Polizeipräsident von der Fülle seiner Zuständigkeiten her und durch seine direkte Unterstellung unter das preußische Innenministerium praktisch so etwas wie Regierungspräsident, Polizeichef und Oberbürgermeister in einem war, gab es kaum einen Lebensbereich, in den die ihm unterstellten Exekutivbeamten nicht irgendwie einzugreifen hatten.[39]

Herrschaftssicherung hieß im Falle der preußischen Polizei konkret: Nicht nur Konzentration einer enormen Fülle von Materien und Zuständigkeiten in einer Behörde, sondern vor allem auch exklusive Rekrutierung der Exekutive aus dem Militär. Speziell der Berliner Schutzmann war so gut wie immer ein ehemaliger Unteroffizier mit Zivilberechtigungsschein.[40] Unabhängig von Einzelvorschriften zu einzelnen Tätigkeitsbereichen des Schutzmanns muß dieser militärische Habitus als die *subjektive Basis* der polizeilichen Zwangsmittel in Rechnung gestellt werden: Der Schutzmann führte Befehle aus, indem er befahl und nicht diskutierte, das militärische Gehorsamsprinzip stand über situationsbezogenem Ermessen; nicht den faktischen Erfolg einer Maßnahme, sondern ihre Übereinstimmung mit Dienstvorschriften und Befehlen galt es anzustreben.[41]

Der militärische „Polizeiton" war ständiger Topos der endemischen „Polizei-und-Publikum"-Debatten, in denen Kommentatoren aller politischen Richtungen, oft auf das leuchtende englische Beispiel verweisend, den zivilen Umgang des Staates mit seinen Bürgern einklagten.[42] Seine Spuren hat er ex negativo auch in den Dienstvorschriften für die Schutzmannschaft hinterlassen. Zwar stand unter den „Bestimmungen über das Allgemeinverhalten der Beamten" charakteristischerweise der Paragraph „Militärische Disziplin, Ehrenbezeugungen" an erster Stelle. §7, „Verhalten gegen das Publikum", enthielt jedoch einen Sechs-Punkte-Katalog von Handlungsanweisungen, die ganz auf Höflichkeit und gegen Kleinlichkeit ausgerichtet waren. Der Beamte *sollte* seinen Ermessensspielraum nutzen, um nicht bei jeder sich bietenden Gelegenheit Anzeigen zu erstatten, und körperlichen Zwang „nur im Falle dringender Notwendigkeit und auch dann nur schonend und mit Mäßigung" anwenden, insbesondere gegenüber Betrunkenen und Frauen. Derartige Bemühungen um einen „zivilen" Habitus der Unterbeamten zeugen von der langen Geschichte der „Miß-

---

37 Vgl. Gailus (1984), (1988).
38 Vgl. Funk (1986), S. 55-93.
39 Verhandlungen zwischen Magistrat und Innenministerium, Zweige der Polizeiverwaltung wie die Baupolizei, die Feuerwehr, das Meldewesen etc. der Stadt zu übertragen, scheiterten immer wieder. 1875 wurde lediglich die Straßenbaupolizei und das Straßenreinigungswesen dem Oberbürgermeister überwiesen; nach 1900 kamen noch die Schulpolizei und die polizeiliche Beaufsichtigung der Ent- und Bewässerungsanlagen der Grundstücke hinzu; Feigell (1909), S. 15 f.
40 Zur Geschichte der Rekrutierung der Polizei in Preußen siehe Jessen (1991), S. 157-212: Während in den kommunalen Polizeiverwaltungen des Rheinlands in den letzten beiden Jahrzehnten des 19. Jahrhunderts mangels Bewerber eine „Demilitarisierung" des Personals Platz griff, zeichneten sich die staatlichen („königlichen") Polizeiverwaltungen, insbesondere die Berlins, durch ein konsequenteres Festhalten am Zivilberechtigungsschein als Eingangsvorrausetzung aus.
41 Vgl. Funk (1986). S. 287-296, Reinke (1991).
42 Siehe Jessen (1991), S. 159.

griffe" und Amtsüberschreitungen zu Lasten unbescholtener Bürger und Bürgerinnen, die den ursprünglichen Polizeizweck, nämlich die Disziplinierung unterbürgerlicher Schichten, in dem Maße gefährdeten, wie die Polizei in *allen* Bevölkerungskreisen auf Ablehnung stieß.

Im letzten Punkt des § 7 der Dienstvorschrift erweisen sich diese ganz auf Mäßigung ausgerichteten Regeln folgerichtig als Mittel zum Zweck der Image-Pflege. Der Beamte hatte freigiebig Auskünfte zu erteilen und sich allen Bedürftigen gegenüber als stets hilfsbereit zu erweisen, um so „den guten Ruf seines Korps auch weit über die Grenzen der Stadt hinaus zu befestigen und zu fördern. Hierdurch [...] wird sich die Schutzmannschaft das Entgegenkommen der Bevölkerung in ihren besseren und verständigen Elementen für solche Lagen sichern, in denen eine solche Unterstützung nur willkommen sein kann." Also auch im normalen Umgang mit dem Publikum durfte das übergeordnete Ziel, die Beherrschung jener „Lagen", nicht aus den Augen verloren werden. Es galt, das Publikum in Gute und Böse einzuteilen und sich der Unterstützung durch die Guten zu versichern.[43]

Die wichtigste rechtsverbindliche und durch das Publikum nachvollziehbare Grundlage der polizeilichen Maßnahmen für den Straßendienst war die *Straßenordnung*. Sie stellte nur eine unter den vielen *Polizeiverordnungen*[44] dar, deren Einhaltung durchzusetzen war. Sie stattete den Schutzmann in § 132 mit einer Generalvollmacht aus („Den zur Erhaltung der Sicherheit, Bequemlichkeit, Reinlichkeit und Ruhe auf der öffentlichen Straße ergehenden Anordnungen der Aufsichtsbeamten ist unbedingte Folge zu leisten"[45]), deren Anwendung den verschiedensten Konflikten mit der Polizei zugrundelag, und enthielt darüber hinaus jede Menge Detailvorschriften über das, was auf der Straße ge- oder verboten war. Das betraf den Fuhrwerksverkehr und das Reiten, das Anbringen von Straßenschildern an Häusern, das Verbot von Kleinholzmachen und Wäscheaufhängen, die Reinigung der Bürgersteige und nicht zuletzt in § 101 den Aufenthalt auf den Bürgersteigen: „Das Antreten und Marschiren geschlossener Abtheilungen, Züge etc. auf den Bürgersteigen sowie das Stehen von Personen auf den Granitbahnen ist untersagt."[46]

Neben dem allgemeinen „Straßendienst" war in jedem Revier ein in § 29 der Dienstvorschrift definierter „Sektionsdienst" zu verrrichten. Hierbei handelte es sich um die Kontrolle im Nahbereich einzelner Unterabschnitte eines Reviers durch dafür auf Dauer eingeteilte „Sektions-Schutzmänner". Jeder Sektions-Schutzmann hatte „besonderes Augenmerk [...] darauf zu richten, daß in seiner Sektion diejenigen gesetzlichen und polizeilichen Bestimmungen beachtet werden, die zur Sicherheit

---

43 Polizei-Präsidium (1902), S. 149-151, 153 f.
44 Das Recht der Ortspolizeiverwaltungen zum Erlaß allgemeingültiger Bestimmungen, die den Verkehr, Marktordnung, Bausicherheit, Feld- und Forstschutz und weitere sicherheitsrelevante Materien regelten, beruhte auf § 6 des preußischen Polizeigesetzes vom 11.3.1850. Zuwiderhandlungen waren den „Übertretungen" im 29. Abschnitt des StGB (§§ 360 - 370) gleichgestellt, deren vorläufige, durch ein Gericht überprüfbare Bestrafung ebenfalls den Polizeibehörden oblag. Dieses Recht örtlicher Behörden zur eigenständigen Legislative brachte eine Unmenge von Ort zu Ort varriierender und die verschiedensten Materien regelnden Polizeiverordnungen hervor; siehe Jessen (1991), S. 215-220.
45 Polizei-Präsidium (1900) I, S. 164.
46 Ebd., S. 160.

des Publikums, Bequemlichkeit des Verkehrs, Reinlichkeit, Ruhe und Ordnung auf der Straße und in den Häusern dienen. [...] Über die Bewohner seiner Sektion muß er genau unterrichtet sein. Zu diesem Zwecke hat er mit dem Hauseigentümer, Verwalter oder mit anderen vertrauenswürdigen Personen in geeigneter Weise Fühlung aufzunehmen."[47]

Die diesem breiten Aufgabenspektrum entsprechende Überwachungspraxis brachte im Alltag ein zwiespältiges Bild des Berliner Schutzmanns hervor, in dem mal der militärisch-repressive, mal der patriarchalisch-fürsorgliche Aspekt seiner Tätigkeit dominierte. In „guten" Momenten gehörte er als joviale, streng-aber-gerechte Vaterfigur zum Repertoire der idyllisierenden „Straßentypen"-Beschreibungen, konnte auch mal „ein Auge zudrücken" und machte sich allenthalben unentbehrlich. In seinen „schlechten" Momenten galt er als brutal, geistig beschränkt, schikanös, vor allem aber als unhöflich — er schien den Anforderungen der großstädtischen Lebensweise nicht gewachsen zu sein.[48]

Neben den alltäglichen Revier- und Sektionsdienst trat bei höfisch-staatlichen Zeremoniellen vor allem im Schloßviertel der „große Aufsichtsdienst", dessen Prinzipien der Berliner Polizeileutnant Herschenz 1904 in einer Polizei-Fachzeitschrift darstellte.[49] Sein Katalog von Maßnahmen zur Vorbereitung, Durchführung und Nachbereitung eines derartigen mehrere hundert Beamte umfassenden Einsatzes kreist um zwei Hauptmotive: die Verhinderung von Attentaten und die Vermeidung von „größeren Störungen der öffentlichen Ordnung" durch Auseinandersetzungen zwischen Polizei und Menschenmengen. Ähnlich wie in der Dienstvorschrift über den Straßendienst wird die Einteilung der zu Beaufsichtigenden in „Gute" und „Böse" vorausgesetzt. Die „freudig erregten Massen", die einer einziehenden Fürstlichkeit zu nahe kommen und sich „häufig aus den besseren Kreisen der Bevölkerung zusammensetzen", soll der Schutzmann nicht durch zu schroffes Auftreten verletzen und damit zu Widersetzlichkeiten reizen. Dennoch gilt es, bei aller Höflichkeit dem Publikum gegenüber Distanz zu wahren und alle das Ansehen des Schutzmanns beeinträchtigenden Aktionen zu unterlassen, auch wenn Einzelne sich dadurch einer Strafverfolgung aus geringfügigem Anlaß entziehen können. Einer aufzulösenden Menschenmenge soll möglichst durch gemeinsames, massiertes Auftreten der Schutzmänner entgegengetreten werden, um einen imponierenden Eindruck zu machen.

Während hier das Verhältnis zum Publikum vergleichsweise „modern" nach dem Opportunitätsprizip beschrieben und damit dem Schutzmann — entgegen seiner militärischen Sozialisation — Ermessenspielräume und eigenständiges Handeln zugebilligt werden, ist die Organisation des Einsatzes — Kommando- und Kommunikationsstrukturen — ausdrücklich militärischen Vorbildern nachgebildet. Die konkrete Praxis dieser Leitlinien, die der Polizeihistoriker Zaika als einen der ganz wenigen auf-

---

47 Polizei-Präsidium (1902), S. 179-182. Zu den Bestimmungen der Dienstvorschrift betr. das Verhalten gegenüber Menschenmengen siehe u. S. 162.

48 Siehe eine positive Schutzmanns-Typisierung in Lindenberg (1893), S. 98 f. Vor allem die zeitgenössischen Karikaturisten (z. B. Heinrich Zille oder die Zeitschrift „Der Simplicissimus") überliefern die Ambivalenz des Schutzmanns-Typs, ausführlicher dazu siehe Lange (1967), S. 328-333.

49 Siehe Herschenz (1904).

findbaren „Ansätze für ein spezielles polizeitaktisches Denken" vor der Weimarer Republik charakterisiert[50], läßt sich mühelos in den zahlreichen einschlägigen Akten des Polizeipräsidiums nachvollziehen. Angefangen von der Mannschaftseinteilung über die Absprachen mit den Verkehrseinrichtungen, den Militärbehörden, dem Magistrat und nicht zuletzt dem Hof bis hin zu Lageplänen und Passierkarten sind hier alle Details des „großen Aufsichtsdienstes" überliefert.[51] Selten fehlte es dabei an Aufforderungen des Polizeipräsidenten an die Schutzmannschaft, dem Publikum gegenüber Höflichkeit an den Tag zu legen, ein Hinweis darauf, daß es diesbezüglich immer wieder zu Unzuträglichkeiten kam.[52]

Im Alltag konnte und mußte die Polizeiverwaltung pragmatischer und vor allem „verkehrsgerechter" mit zeremoniellen Nutzungen des Straßenraums verfahren. Nur die Kriegervereine erfreuten sich des Rechts auf den „Rückmarsch mit Musik", jenes Privilegs, auch auf dem Rückweg von der Beerdigung eines Kameraden Verkehrsteilnehmer und Anwohner mit musikalischen Darbietungen durch die Vereinskapelle zu beglücken. Die Beschwerden von mehreren Beamtenvereinen, denen diese Erlaubnis versagt blieb, scheiterten hingegen an Bedenken aus „verkehrs- und ordnungspolizeilichem Interesse".[53] Ähnlich gelagert war das Problem der ebenfalls tagtäglich auf dem Weg zu ihren Übungsplätzen oder als Schloßwache auf- und abziehenden, durch die Straßen marschierenden Truppenteile. Sie bildeten nicht nur wegen der sie begleitenden „jungen Burschen" eine alltägliche Quelle öffentlicher Un-Ordnung[54], sondern behinderten auch zunehmend den Verkehr. Schließlich gebot § 33 der Straßenordnung von 1899, daß den „geschlossen marschirenden Militärabteilungen, Leichen- und anderen öffentlichen Aufzügen" wie einer Reihe anderer Verkehrsteilnehmer auch (Feuerwehr, königliche und prinzliche Equipagen) sowohl von den „vorfahrenden, als von den entgegenkommenden Fuhrwerken überall vollständig Raum zu geben" sei. Um die dadurch verursachten Staus zu beseitigen, bedurfte es komplizierter Absprachen mit den Militärbehörden.[55]

Diesen „besonderen Lagen" auf der Straße vermochte sich die Berliner Polizei, jahrzehntelang geübt im Umgang mit großen Menschenmengen, auch unter den sich verändernden Verkehrsverhältnissen immer wieder anzupassen. In Polizeileutnant Paul Schmidts Geschichte der Berliner Schutzmannschaft stellen Einzugsfeierlichkeiten, kaiserliche Hochzeiten und Begräbnisse neben der Bekämpfung von Tumul-

---

50 Zaika (1979), S. 47.

51 Siehe BLHA, Rep. 30, Tit. 94, Nr. 8826, 9767, 9768, 9770, 9771, 9781, 9782, 9791, 10551, 11316, 11317.

52 Siehe z. B. die Absperrungsmaßnahmen wegen eines Zapfenstreiches vor dem Schloß, Vossische Zeitung v. 5.5.1900, Nr. 208, 1. Beil., oder die gewaltsame Räumung des Lustgartens am Sedanstag 1912, Berichte der HMen v. 2.9.1912, BLHA, Rep. 30, Tit. 94, Nr. 11718, Bl. 184-186.

53 Siehe PP an MdI v. 25.7.1906, GStA, MdI, Rep. 77, Nr. 499, Nr. 27, Bd. 1, Bl. 155-157, die übrigen Vorgänge (Beschwerden der Vereine beim MdI, dessen Antworten, weitere Stellungnahmen des PP) ebd., Bl. 159-185, 202-211.

54 Siehe u. Kap. 4.3.3.

55 Siehe BLHA, Rep. 30, Tit. 133, Nr. 18688. In die „Garnisons-Bestimmungen von Berlin" wurden daraufhin genaue Vorschriften zur Vermeidung verkehrsreicher Straßen und Einhaltung einer mit dem übrigen Straßenverkehr vereinbaren Marschordnung aufgenommen, siehe Verfügung vom 13. November 1901, zit. in Polizei-Präsidium (1902), S. 58; diese Bestimmungen hatten jedoch „keine Giltigkeit, sobald seine Majestät der Kaiser und König mit Truppenabteilungen marschieren", also beim Rückmarsch der Frühjahrs- und Herbstparade, siehe o. S. 63.

ten diejenige Klasse der besonderen Ereignisse dar, die der Schutzmannschaft regelmäßig ein Lob von höchster Stelle und gelegentlich sogar Auszeichnungen eintrugen.[56] Vernachlässigt wurde im Vergleich dazu die Regelung des alltäglichen Straßenverkehrs. Wir stoßen in dieser Materie auf ein Modernisierungs- und Professionalisierungsdefizit, das die ohnehin traditionell schlechten Beziehungen der Berliner Bevölkerung zu „ihrer" Polizei zusätzlich belastete.

Die bereits im Verwaltungsaufbau des Polizeipräsidiums ersichtliche späte Anpassung an die veränderten Proportionen zwischen den verschiedenen polizeilichen Aufgabenbereichen spiegelt sich auch in der Entwicklung der Schutzmannschaft wider. Ihr Generalistentum erfuhr im Laufe der Jahrzehnte — sofern man von Kriminalschutzmännern, der Sittenpolizei und den speziell für die politische Polizei abgestellten Schutzmännern absieht — kaum nennenswerte Veränderungen. Insbesondere für den Bereich des fahrenden Verkehrs waren bis zur Jahrhundertwende nur wenige spezifische Regelungen entwickelt worden. 1873 wurde zur Klarstellung bekanntgegeben, daß auch die lediglich durch Zeichen (und nicht mündlich) ergangenen Anordnungen der den Verkehr regelnden Aufsichtsbeamten Anordnungen im Sinne von §132 der Straßenordnung seien.[57] Die *Regeln*, nach denen auf diese Weise an Kreuzungen der Fahrverkehr anzuhalten und ggf. in Zweierreihen zu ordnen sowie den Fußgängern das Überqueren der Straßenkreuzung zu ermöglichen war, standen hingegen *nicht* in einer der für die Allgemeinheit bestimmten Polizeiverordnungen, sondern in der *internen* Dienstvorschrift der Schutzmannschaft.[58] Sie betrafen also nur als jeweils konkrete Anordnung eines Ausichtsbeamten, nicht als Anwendung einer allgemeinen Verkehrsregel wie etwa das Rechtsfahren in §26 der Straßenordnung, die Verkehrsteilnehmer. Die Verhaltens-Erwartungen des Polizisten an die Verkehrsteilnehmer standen deren konkreten Verkehrsabsichten also *äußerlich* gegenüber; er konnte keine „Einsicht" in die Notwendigkeit verkehrsgerechten Verhaltens aufgrund einer zum Allgemeingut gehörenden Rechts- oder Regelkenntnis voraussetzen. Der von der Polizei immer wieder beklagte Widerstand gegen ihre Anordnungen gründete also nicht zuletzt in der pauschalen, in ihren rechtlichen Grundlagen undurchschaubaren Regelungs-Allmacht der Schutzmänner.[59]

Die anhaltende Straßenverkehrs-Un-Ordnung führte 1901, 1902 und 1906 mehrere Berliner Polizeioffiziere zu Studienzwecken nach Paris und London.[60] Deren Verkehrspolizei zu kopieren, erlaubten die preußischen Verhältnisse aber nicht, da dort „der *Straßen*exekutivdienst von dem übrigen geschieden" war: „Während in Paris und London der Straßenpolizeibeamte als derjenige gilt, der über die Schwierigkeiten des Straßenverkehrs hinweghilft, hat der Schutzmann in Berlin daneben noch die unangenehmsten Aufträge wie z.B. Behändigungen von Strafverfügungen und ähnliches

---

56 Schmidt (1898), (1908), passim.
57 „Anordnungen der Aufsichtsbeamten zur Beseitigung von Stockungen des Verkehrs auf den Straßen", Bekanntmachung vom 23. Dezember 1873, in: Polizei-Präsidium (1900) I, S. 165 f.
58 Siehe z.B. die Fassung von 1902, „Allgemeine Dienstvorschrift für die Schutzmannschaft", §26. Straßendienst, in: Polizei-Präsidium (1902), S. 169-171.
59 Zu denken ist z.B. an einige durch die Verkehrsregelung entstandene Konflikte.
60 Siehe Schmidt (1908), S. 60 f.

auszuführen, infolgedessen er bei einem großen Teil des Publikums nicht gerade gern gesehen ist. In Berlin wird somit der Schutzmann aus einem Helfer zu einem Gegner, und dieses Gefühl wird ihm auch im Straßendienst entgegengetragen."[61]

Eine Fragmentierung der polizeilichen Kontrollbefugnisse durch eine „Gewaltenteilung" wie in London und Paris kam nicht in Frage.[62] Man verlegte sich stattdessen auf Bekanntmachungen an das Publikum, um für ein besseres Einvernehmen zwischen den Schutzleuten und den Verkehrsteilnehmern zu werben. Deren Entgegenkommen „soll in dem widerspruchslosen Eingehen auf die Anordnungen meiner Beamten bestehen", wobei der Polizeipräsident auf Freiwilligkeit setzte und von gesetzlichen Mitteln absehen wollte. Ab 1906 wurden dann für verkehrsreiche Stellen — zunächst am Potsdamer Platz — besondere Abteilungen mit einem Wachtmeister und elf Schutzmännern gebildet, die als reine Verkehrspolizisten arbeiteten.[63] Derweil ergingen immer wieder Aufforderungen an das Publikum, sich doch ja bitte verkehrsgerecht zu verhalten: Die Fußgänger sollten einander rechts ausweichen, die Fahrbahn nur zum Überqueren und zwar auf dem kürzesten Wege, d. h. im rechten Winkel zur Straße, betreten, während die Kutscher immer wieder auf § 26 der Straßenordnung hingewiesen wurden, der u. a. das Rechtsfahren und das Linksabbiegen im weiten Bogen vorschrieb.[64] In diesem Zusammenhang war oft von einem notwendigen Erziehungsprozeß der Verkehrsteilnehmer die Rede — man ging die Sache anders als bei den bisherigen Ordnungsproblemen ausgesprochen „pädagogisch" an.

Krönung dieser Bemühungen sollte eine vollständige Neubearbeitung der Straßenordnung entsprechend den modernen Verkehrsverhältnissen sein — ein Vorhaben, das der Polizeipräsident v. Jagow und der Dirigent der Abteilung X., Haaselau, vorantrieben.[65] Neben Neuerungen zur Einschränkung des Be- und Entladens von Fuhrwerken, der Genehmigungspflicht von Reklameanschlägen und andere vor allem das Geschäftsleben berührenden Regelungen wurde erstmals der Versuch unternommen, eine Fußgängerverkehrsordnung festzuschreiben. § 101 sollte lauten: „§ 1. Die Fußgänger haben sich auf den Bürgersteigen und Fußgängerwegen im allgemeinen rechts zu halten und einander nach rechts auszuweichen. § 2. Wer auf den Bürgersteigen und Fußgängerwegen stehen bleiben will, hat seinen Platz so zu wählen, daß er die Vorübergehenden nicht hindert. § 3. Alles unnötige Verweilen auf den für den Fahr-, Reit- und Rollschuhverkehr[66] bestimmten Straßenteilen ist unzulässig.

61 Ebd., S. 63 f.
62 Zur Tradition der „außerhalb und vor dem Recht stehende[n]" „Einheitlichkeit der Staatsgewalt", die diese Differenzierung auch der Polizeiaufgaben vom Ansatz her ausschloß, siehe Funk (1986), S. 195 u. passim.
63 Schmidt (1908), S. 62-64. — Vgl. auch in der Weimarer Republik Paetsch (1926), S. 178.
64 Z. B. Amtliche Nachrichten des Königlichen Polizei-Präsidiums zu Berlin v. 30.6.1908, Nr. 151; Vossische Zeitung v. 22.4.1909, Nr. 185, 1. Beil.
65 Einen ersten Vorschlag von Haaselau für eine „Gehordnung" im April 1907 siehe in Die Polizei v. 11.4.1907, Nr. 1 (4. Jg.), S. 18. Leider ist es mir nicht gelungen, im Archivbestand des Polizei-Präsidiums zu Berlin (BLHA, Rep. 30) Materialien über die Arbeiten an dieser neuen Straßenordnung zu finden. Ich muß mich im folgenden daher auf die diese Arbeiten begleitende Berichterstattung und Diskussionen in den Zeitungen beschränken.
66 Anm. T. L.: Angesichts der rasanten Entwicklungen in der Verkehrstechnik rechnete man beim Polizeipräsidenten mit allem, unter anderem auch mit einer sprunghaften Ausbreitung des Rollschuhlaufens. BLHA, Rep. 30, Tit. 133, Nr. 18758, Acta betr. die Benutzung von Rollschuhen auf öffentlichen Straßen 1909-1917.

Das gilt auch für das Ueberschreiten dieser Straßenteile bei dem Uebergang auf die andere Seite der Straße. Der Uebergang soll daher tunlichst auf dem kürzesten Wege, also rechtwinkelig zum Bürgersteige geschehen. § 4. An Straßenkreuzungen, deren Verkehr durch unmittelbare Weisungen von Polizeibeamten geregelt wird, ist für das Ueberschreiten des Fahrdammes der Zeitpunkt abzuwarten, zu welchem der Fahrverkehr dort zum Stehen gebracht ist."

Allerdings beeilte sich das Polizei-Präsidium zu versichern, daß damit lediglich Regeln formuliert seien, deren Nichtbeachtung an sich nicht automatisch Strafe nach sich ziehen werde, im Gegensatz zur Nichtbeachtung trotz polizeilicher Aufforderung.[67] Dennoch überwog in der öffentlichen Debatte gerade im Hinblick auf diese Neuerung der Straßenordnung das Mißtrauen.[68] Zur ihrer Inkraftsetzung war die Zustimmung des Magistrats und die Abstimmung mit dem Oberbürgermeister als der städtischen Polizeibehörde für das Straßenbauwesen erforderlich, was langwierige Verhandlungen in den Jahren 1912 und 1913 zur Folge hatte. Dabei ging es hauptsächlich um Gewerbetreibende berührende Streitfragen, aber der Magistrat lehnte auch „Jagows Gehordnung"[69] rundweg als „überflüssig" ab. Bis zu 60 Mark Strafe für eine Übertretung derartiger Vorschriften, das war mit dem kommunalen Freisinn nicht zu machen.[70] Und so blieb dieser erste Anlauf einer „modernen" Straßen- und Verkehrsordnung im polizeilich-kommunalen Kompetenzgerangel der Residenzstadt stecken. Erst dem republikanischen Berlin gelang 1929 mit einer selbst verwalteten Polizei der Wurf einer Straßenverkehrsordnung „aus einem Guß", in der auch der Fußgängerverkehr in der von Haaselau und Jagow vorgezeichneten Weise geregelt wurde.[71]

Die unspezifische Allgewalt des durch seine Dienstvorschriften für die verschiedensten Situationen präparierten Schutzmanns blieb letztlich also das einzige Instrument, mit dem die Polizei ihrem Auftrag nachkommen konnte. Der enormen Bandbreite ihrer Aufgaben standen ausgesprochen grobschlächtige Mittel zu ihrer praktischen Lösung gegenüber, wobei die Rückständigkeit im Verkehrswesen besonders ins Auge sticht. Kombiniert mit dem militärischen Habitus verhinderte diese unspezifische Machtfülle in der Zeit vor der Weimarer Republik eine nennenswerte Professionalisierung der normalen Schutzmannstätigkeit und steigerte das alltägliche Konfliktpotential bei der Begegnung von Straßenbenutzern und Polizisten. Die von Funk erwähnten „Ansatzpunkte einer Rationalisierung der Staatsgewalt" bei der Berliner Schutzmannschaft lassen sich denn auch in erster Linie beim erfolgreichen Ausbau der Kriminalpolizei ausmachen[72], den Beamten auf der Straße erreichten sie nicht. Die „Kunst der Polizeiverwendung"[73] kam um die Jahrhundertwende nach wie vor mit den §§ 101 und 132 der Straßenordnung aus:

---

67 Vossische Zeitung v. 9.1.1913, Nr. 14, 1. Beil.
68 Siehe Zeitungsausschnitte in BArchP, RLB-PA Nr. 7344, Polizei, 14.4.1912 - 15.3.1914.
69 So die Überschrift eines Artikels in der B. Z. am Mittag v. 9. 1. 1913.
70 Vossische Zeitung v. 30.8.1913, Nr. 439, 1. Beil.
71 Ausführlicher siehe Gailus (1988b), S. 13-16. Zur späten Anpassung der Polizei-Organisation an großstädtische Erfordernisse siehe a. für das Rheinland in den ersten beiden Jahrzehnten des 20. Jahrhunderts Reinke (1992).
72 Funk (1986), S. 296 ff. Vgl. auch das Handbuch zur „Großstadtpolizei" des Hamburger Polizeipräsidenten Roscher (1912), in dem u. a. 25 Seiten der Verkehrs-, hingegen knapp 100 Seiten der Kriminalpolizei gewidmet sind.
73 Bergh (1926), S. 124. – Die „Polizeiverwendunglehre" „sollte das Wissen und Können vermitteln, das

„Ick heeße Milla un bin Schutzmann
un bin mit neunzig Mark bezahlt
un stehe jeden Tach zehn Stunden
hier in Ballin uff den Asphalt.
Vor den Verkehr bin ick sehr wichtig
un bin ooch sonst nich etwa dumm,
un scheint ma irjend wat nich richtich,
so sag ick zu det Publikum:
    Jehn Se ausendanda! Blei'm Se hier nich stehn!
    Sonst muß ick mit Ihnen nach de Wache jehn!

[...]

So bin ick denn der Ordnung Hieter
und schnauze ooch mal dann un wann
als Vorjesetzter und Jebieta
den sojenannten Birja an.
Un wird da Tod mir ooch mal nehmen
von diese Welt, denn kommt geschwind
an't Jrab!... Da kennt Ihr es vernehmen,
wie durch die Gräser seifzt der Wind:
    Jehn Se ausendanda! Blei'm Se hier nich stehn!
    Sonst muß ick mit Ihnen nach de Wache jehn!"[74]

3.3 Obrigkeitliche Verfolgung und Interpretation öffentlicher Un-Ordnung

Trotz der soeben geschilderten zunehmenden Bedeutung der verkehrspolizeilichen Aufgaben blieb die Berliner Polizei im Kaiserreich vor allem eine Ordnungspolizei. Die in den folgenden Kapiteln analysierten straßenpolitischen Ereignisse des Untersuchungszeitraums 1900 bis 1914 waren eingebettet in eine jahrzehntelange Tradition von Konflikten zwischen Polizei und Straßenpublikum um die öffentliche Ordnung. Ich fasse im folgenden diejenigen Ereignisse und Situationen, die Polizeimaßnahmen zur Aufrechterhaltung der öffentlichen Ordnung herausforderten, unter dem Sammelbegriff der *öffentlichen Un-Ordnung* zusammen − vom geringfügigen Konflikt um eine Übertretung bis hin zum Landfriedensbruch.[75] Diese alltäglichen wie spekta-

---

in die Lage versetzte, sachgerechte Beschlüsse zu fassen, diese effektiv in die Tat umzusetzen und dabei Beamte richtig zu führen und zu verwenden"; Zaika (1979), S. 33. Grundlagen zu einer derartigen systematischen Polizeitaktik und -psychologie wurden erst in der Weimarer Republik entwickelt; siehe Bergh (1926), S. 124-129.

74 Aus einem 1902 entstandenen Couplet des von der Polizei drangsalierten Kabarettisten Hans Hyan, zit. n. Kühn (1984), S. 80 f.

75 *Straßenpolitik* war öffentliche Un-Ordnung entsprechend meiner Definition nur dann, wenn über den konkreten Ordnungskonflikt hinausgehend von einer durch körperliche Interaktion gegebenen Öffentlichkeit (Menschenmenge) durch direkte Aktionen die Legitimität herschaftlichen Handelns infragegestellt wurde.

kulären Konflikte bildeten den Erfahrungshintergrund für das Handeln beider Seiten – Polizei wie Publikum – in den straßenpolitischen Ereignissen zwischen 1900 und 1914. Obwohl es wegen des äußerst disparaten Materials und mangels detaillierter Forschungen[76] schwierig ist, die Entwicklung der öffentlichen Ordnung in Berlin im 19. Jahrhundert nachzuzeichnen, soll im folgenden der Versuch unternommen werden, anhand der verfügbaren Informationen zwei Aspekte herauszuarbeiten: 1. Die anhand von Deliktstatistiken nachvollziehbare *Kontinuität* der Verfolgung straßenbezogener Straftaten durch Polizei und Gerichte, 2. die *Wahrnehmung* von Dauerproblemen öffentlicher Un-Ordnung durch die Exekutivbeamten vor Ort anhand zweier in Polizeiakten ausführlich dokumentierter Problemfelder.

3.3.1 Straßenbezogene Delikte und ihre Verfolgung

Fälle öffentlicher Un-Ordnung sind – wenn auch nur lückenhaft – anonymisiert und summarisch in den Statistiken der Strafjustiz und Polizeiverwaltungen überliefert. Diese weisen Delikte, die in der Regel auf der Straße verübt wurden und eine mehr oder weniger konfliktreiche Begegnung zwischen einem Schutzmann und einem Angehörigen der Unterschicht[77] einschlossen, gesondert aus. Dazu gehören sowohl „Trunkenheit", „Ruhestörung", „Bettelei", „Obdachlosigkeit", „Unsittlichkeit", „Straßenauflauf", „Landfriedensbruch" und im Zweifelsfall „grober Unfug" als auch die aus deren Ahndung sich gelegentlich ergebenden Delikte wie „Beamtenbeleidigung" und „Widerstand gegen die Staatsgewalt". Daneben erzeugte das zunehmende Verkehrsaufkommen und die Verdichtung der Gewerbe im Urbanisierungsprozeß eine eigene Gruppe von Straffälligkeiten, die z. T. klassenunspezifische, z. T. berufsspezifische Hintergründe aufwiesen: Verstöße gegen die Straßenordnung, die von lohnabhängigen ebenso wie von selbständigen Fahrzeugführern begangen werden konnten, oder gegen Vorschriften der Gewerbeordnung, bei denen der quasi-proletarische Schankwirt ebenso erwischt werden konnte wie der wohlhabende Inhaber eines Restaurants.

Die Analyse von Deliktstatistiken birgt einige Risiken, die hier kurz angedeutet werden sollen, ohne sie erschöpfend zu behandeln.[78] Sie können nicht als direkte Widerspiegelung der tatsächlichen Anzahl der durch die jeweiligen Gesetzestexte beschriebenen Handlungen gelesen werden, sondern zunächst und in erster Linie als Information über den Eifer der jeweiligen Polizeibehörden und Gerichte bei der

---

76 Studien zur Polizeigeschichte wie Thomason (1978) oder Funk (1976) blieben auf die Institutions- und Rechtsgeschichte beschränkt, während sich die Protestforschung und die Regionalgeschichte – z. B. Gailus (1990), Lindenberger (1984), Fröba/Nitsche (1983), Nitsche (1981) – auf spektakuläre Ereignisse konzentrierten. Die Vergleichsstudie über Berlin und Wien von McHale/Berger (1981) bleibt oberflächlich.

77 Daß bestimmte Gesetzesübertretungen auf der Straße in erster Linie bei Angehörigen der Unterschichten geahndet (und wahrscheinlich auch von diesen begangen) wurden, belegt Jessen (1991), S. 232-250 für Recklinghausen; ein Ergebnis, das zusammen mit dem durch die straßenbezogene Lebensweise erhöhten Risiko, Ordnungswidrigkeiten zu begehen, dem obrigkeitlichen Mißtrauen gegen die unterbürgerlichen Schichten und meinen Detailergebnissen für die Zeit 1900 bis 1914 nahelegt, für Berlin denselben Zusammenhang von Schichtzugehörigkeit und Strafverfolgung bei Ordnungswidrigkeiten anzunehmen.

78 Vgl. zuletzt Jessen (1991), S. 227-232, dem ich in der Argumentation folge.

Strafverfolgung. Gerade die soziale Existenz von den hier besonders interessierenden Deliktgruppen „Widerstand gegen die Staatsgewalt etc." und (straßenbezogene) „Übertretungen" wird erst durch die Interaktion mit dem Schutzmann konstituiert. Die verfügbaren Daten dazu sind also zunächst als Indikatoren der Verfolgungstätigkeit durch Polizei und Gerichte zu lesen, die allenfalls *indirekte* Rückschlüsse auf das Vorhandensein eines für diese Konflikte erforderlichen Minimums an tatsächlichem gesetzwidrigem Verhalten erlauben. Ob ihre zahlenmäßigen Schwankungen den Veränderungen der realen Delinquenz und deren Relation zur Bevölkerungsentwicklung, oder veränderten Verhaltensweisen und Rechtsnormen, oder der steigenden Polizeidichte, Reformen des Polizeiapparats und Schwerpunktverlagerungen innerhalb der polizeilichen Strafverfolgungspraxis, oder – am wahrscheinlichsten – mehreren dieser Faktoren geschuldet sind, kann hier nicht ergründet werden. Dazu müßte der Fall Berlin mit anderen Städten und Regionen systematisch verglichen werden.

In jedem Fall repräsentieren die im folgenden diskutierten Daten das aktenkundige Konfliktfeld „Polizei und Publikum auf der Straße". Sie dokumentieren *in groben Umrissen* die Permanenz des staatlichen Ordnungs- und Disziplinierungswillens und damit das *Vorhandensein von Anlässen,* um diesen in die Tat umzusetzen. Ich konzentriere mich einerseits auf die im StGB definierten, die öffentliche Ordnung betreffenden *Vergehen* und *Verbrechen*: „Widerstand", „Aufruhr", „Auflauf", „Gefangenenbefreiung" und „Landfriedensbruch" sowie die strafbare Aufforderung dazu (§ 49a StGB). Die Strafbarkeit dieser Handlungen diente unmittelbar dem Schutz der inneren Ordnung, insbesondere der Sicherung des staatlichen Gewaltmonopols.[79] Für die alltägliche Disziplinierung der Unterschichten auf der Straße spielte andererseits jedoch die geringfügigere und häufigere Bestrafung von Übertretungen, darunter der *„grobe Unfug"* nach § 360,11 StGB, eine weitaus größere Rolle.[80] Der sogenannte „Unfug-Paragraph" war das Passepartout polizeilicher Aufsicht: Wie alle anderen Übertretungen konnte „Unfug" zunächst ohne Einschaltung eines Gerichts durch die Polizei geahndet werden. Die so erfaßten Handlungen waren – soweit es sich aus Einzelfällen rekonstruieren läßt – zumeist Teil einer Lebensweise, in der der öffentliche Raum nicht „lediglich" dem Verkehr (im Sinne von zielgerichteter Fortbewegung) diente, sondern zugleich Ort der sozialen Kommunikation und Partizipation war, der um seiner selbst willen aufgesucht wurde. Der Unfug-Paragraph erfaßte per definitionem diejenigen anderweitig nicht definierbaren Handlungen, die aus bürgerlicher Perspektive als „sinnlos" zu gelten hatten, für die es also kein anderes rechtliches „Verständnis" (wie etwa „Auflauf", „Widerstand", aber auch „Trunkenheit"

---

79 Siehe folgende §§ StGB: § 113 (Widerstand gegen Beamte), § 115 StGB (Aufruhr), § 120 (Befreiung Gefangener), § 125 (Landfriedensbruch), in: StGB (1912), S. 103-124. – Im § 1 StGB wurden „Verbrechen", „Vergehen" und „Übertretung" durch die Höhe und Qualität der Haft- und Geldstrafen voneinander abgegrenzt, siehe a. Jessen (1991), S. 222.

80 „Mit Geldstrafe bis zu einhundertfünfzig Mark oder mit Haft wird bestraft: [...] 11) wer ungebührlicherweise ruhestörenden Lärm erregt oder wer groben Unfug verübt;" StGB (1912), S. 423. Erläuternd merken die Herausgeber an: *„grober Unfug* [...] ist jede vorsätzl. Hdlg, welche e. unbestimmte Personenzahl ungebührlich zu belästigen und, auf diese Weise gegen die Allgemeinheit (das Publikum) sich richtend, den äußern Bestand der öff. Ordnung zu stören geeignet ist"; S. 426. – Zur Geschichte des Unfug-Papragraphen, siehe Jessen (1991), S. 223-227.

oder „Betteln") gab – und die möglicherweise auch als solche gemeint waren.[81] Der Spielraum des Schutzmanns, zu entscheiden, welche Handlungen *geeignet* waren, die öffentliche Ordnung zu stören, konstituierte das Feld der tagtäglichen Grenzziehungen zwischen sittlichem und unsittlichem, harmlosem und gefährlichem, noch geduldetem und schon zu unterbindendem Verhalten. *Zugleich* wurden der Unfug-Paragraph und die sich auf ihn stützenden Polizeiverordnungen gezielt und unverhüllt zur Bekämpfung von Streiks und Demonstrationen eingesetzt.[82] Traditionen des „groben Unfugs" und seiner Ahndung müssen daher als eine Voraussetzung von Straßenpolitik in deren Untersuchung einbezogen werden.

Für die Gruppe der *Übertretungen* einschließlich des groben Unfugs ist es möglich, auf der untersten Ebene des Instanzenzuges eine Datenreihe „In Polizeigewahrsam genommene Personen" seit 1875 zu rekonstruieren.[83] Sie dokumentiert nicht die Gesamtzahl aller Polizeimaßnahmen gegen Übertretungen, sondern nur diejenigen, in deren Verlauf der Delinquent oder die Delinquentin nach der Sistierung[84] vorübergehend in das Polizeipräsidium eingeliefert wurde. In wie vielen Fällen sich der Schutzmann mit der Sistierung zur Wache oder gar mit dem bloßen „Aufschreiben" der betreffenden Person begnügte, darüber liegen keine Zahlen vor. Die Angaben über die ins Polizeigewahrsam eingelieferten Personen wurde nach Geschlechtern getrennt und mit dem Grund dieser kurzfristigen Einlieferung mitgeteilt: Neben „Betteln" (der größte Anteil mit ca. einem Drittel der Fälle), „Unerlaubtem Gewerbebetrieb", „Obdachlosigkeit" oder „Trunkenheit" finden wir bei den *Männern* „Straßenauflauf und Unfug" mit einem Anteil von 10-15 % der Fälle. Bei den *Frauen* hingegen spielen „Straßenauflauf und Unfug" eine verschwindend geringe Rolle (selten mehr als 5 %), sie werden zum allergrößten Teil (80-90 %) wegen „sittenpolizeilicher Kontravention" vorübergehend festgenommen.[85] Die Gesamtzahl der Betroffenen weist keinen eindeutigen Veränderungstrend auf und bewegt sich unregelmäßig schwankend zwischen dem niedrigsten Wert von 23.588 Personen für 1875 und dem höchsten von 42.392 für 1882, bzw. 65 und 116 Personen pro Tag. Diese Zahlen belegen in erster Linie die *Kontinuität* des obrigkeitlichen Disziplinierungswillens gegenüber den Unterschichten. Betrachtet man den „groben Unfug" als das klassische Delikt der Sozialdisziplinierung in seiner zeitlichen Entwicklung genauer, so ergeben sich be-

---

81 Siehe a. die Basler Lokalstudie von Leuenberger (1992), ferner u. einzelne Unfug-Fälle in der Analyse der „Kleinkrieg"-Fallsammlung, Kap. 4.3.3.

82 Siehe z. B. u. S. 174, 320.

83 „Die auf Grund des § 6 des Gesetzes [zum Schutze der persönlichen Freiheit vom 12. Februar 1850 – T. L.] zu ihrem eigenen Schutze oder zur Aufrechterhaltung der öffentlichen Sittlichkeit, Sicherheit und Ruhe festgenommenen Personen werden im *Polizei-Gewahrsam* untergebracht, in welchem die festgenommenen Personen bis zu ihrer Entlassung, Vorführung vor den Richter oder sonstigen Bestimmung regelmäßig ohne Einzelhaft in gemeinschaftlichen Sälen untergebracht werden." Verhaftete und Polizeisträflinge hingegen kamen ins *Polizeigefängnis*. Dritter Verwaltungsbericht (1902), S. 600. – Die Daten wurden sämtlich dem Abschnitt „IX. Polizei, Rechtspflege, Gefängnisse" von StJbBln 5 (1879) – 33 (1916) entnommen.

84 Zeitgenössische Bezeichnung für die vorübergehende Festnahme zur Feststellung der Person, die – sofern das Opfer sich nicht anderweitig ausweisen konnte – in der Regel auf der Polizeiwache erfolgte; auch „Zwangsgestellung" genannt.

85 Siehe allgemein zum Verhältnis Polizei-Prostituierte o. Kap. 3.1, zum Verfahren der sittenpolizeilichen Kontrolle Przewislik (1987), S. 75.

zogen auf die Bevölkerungsentwicklung folgende Trends: Die Jahre 1877 bis 1909 weisen ein zwischen 103 und 179 Fällen pro 100.000 Einwohner schwankendes kontinuierliches Niveau mit Hochphasen in den Jahren 1882-1886, 1894-1897 und 1902-1904 auf, denen ein deutliches Absinken in den Jahren vor dem Ersten Weltkrieg folgt. (Siehe Tab. 1)

Tab. 1: **Strafverfolgung von straßenbezogenen Delikten, Berlin 1875/1882-1914**

| Jahr | Ins Polizeigewahrsam eingelieferte Personen: | | | Verurteilungen wegen | |
| | Alle | davon wegen groben Unfugs | | Verbrechen u. Vergehen* | |
	absolut	absolut	relativ**	absolut	relativ**
1875	23588	532	56	.	.
1876	28669	708	72	.	.
1877	39435	1232	122	.	.
1878	32840	1309	126	.	.
1879	31960	1153	108	.	.
1880	35423	1139	103	.	.
1881	40805	1327	117	.	.
1882	42392	1825	155	857	73
1883	32115	1771	146	843	70
1884	26434	1826	146	835	67
1885	29901	1964	152	826	64
1886	33396	2224	166	886	66
1887	31491	1927	139	986	71
1888	32759	1704	118	695	48
1889	32961	1869	125	724	48
1890	31370	1830	118	671	43
1891	34943	1753	110	718	45
1892	37573	1802	112	652	40
1893	35708	1856	114	655	40
1894	38870	2248	137	723	44
1895	37126	2621	158	776	47
1896	40138	3056	180	754	44
1897	37028	2762	159	767	44
1898	29681	2010	113	624	35
1899	26726	2150	118	607	33
1900	30863	2299	123	527	28
1901	36009	2566	136	568	30
1902	33691	2824	149	613	32
1903	33294	3033	158	667	35
1904	29388	3044	155	753	38
1905	29496	2569	128	771	38
1906	30186	2735	133	744	36
1907	.	.	.	787	38
1908	33982	2237	108	773	38
1909	34162	2316	112	678	33
1910	34486	1770	85	573	28
1911	35427	1949	94	634	31
1912	31954	2015	96	629	30
1913	31400	2016	96	672	32
1914	32215	1292	63	506	25

Quelle: StJbBln 1879-1914.

Erläuterungen:
* „Vergehen und Verbrechen": Rechtskräftige Urteile wegen Widerstands gegen die Staatsgewalt, Landfriedensbruch, Auflauf, Aufruhr und der strafbaren Aufforderung dazu, Zahl der verurteilten Handlungen.
** „relativ": Delikte pro 100.000 Einwohner
. keine Angabe

86

Auch im Bereich der Justizstatistik, die die Zahl *abgeurteilter* Straftaten bzw. Straftäter erfaßt, ist die Überlieferung lückenhaft, insbesondere im Fall der durch ein Gericht abgeurteilten Übertretungen, die nur für die Jahre 1902 bis 1905 nachgewiesen sind und daher kaum Rückschlüsse auf die langfristige Entwicklung erlauben.[86]

Die Entwicklung der Werte für Verurteilungen wegen straßenrelevanter *Vergehen und Verbrechen* (s. Tab. 1) läßt sich in drei Phasen einteilen: ein zwischen 64 und 73 verurteilten Handlungen pro 100.000 Einwohner liegendes Ausgangsniveau für die Jahre 1882 bis 1887, ein zwischen 40 und 48 liegendes mittleres Niveau für die Jahre 1888 bis 1897 sowie ein etwas niedrigeres, um 35 schwankendes Niveau in der Phase bis zum Ersten Weltkrieg.

Für die hier interessierende Frage nach der *Kontinuität* der Ahndung straßenbezogener Gesetzeswidrigkeiten in den Jahrzehnten vor dem Ersten Weltkrieg ist es nicht erforderlich (und wohl auch kaum möglich), die Ursachen der Schwankungen im Einzelnen zu klären. Als wichtiges Ergebnis ist festzuhalten: *Erst in den Jahren unmittelbar vor dem Ersten Weltkrieg* (um 1910) läßt sich ein mehr oder weniger deutlicher Rückgang beobachten.[87] *Bis dahin* liegen die Werte für den Untersuchungszeitraum zur Straßenpolitik, d. h. 1900 bis 1914, z. T. leicht unter denen der vorhergehenden Jahrzehnte, z. T. auf demselben Niveau, *bewegen sich zumindest in denselben Größenordnungen.* Diese Kontinuität bezieht das rasante Wachstum der Bevölkerung mit ein und vollzog sich als *Ansteigen der absoluten Zahlen.* Alltägliche Konflikte zwischen Polizei und Publikum um die Ordnung auf der Straße standen also zu Beginn des 20. Jahrhunderts noch voll und ganz in der Tradition des ausgehenden 19. Jahrhunderts.

Schwieriger zu beantworten ist die naheliegende Frage nach der Bedeutung dieser polizeilichen und gerichtlichen Straftätigkeit im Vergleich zum restlichen Deutschland, insbesondere zu anderen deutschen Großstädten. Waren Polizei und Gerichte in Berlin strenger oder milder als anderswo? Sind ca. 300 gerichtliche Verurteilungen wegen groben Unfugs auf 100.000 Einwohner in den Jahren 1902 bis 1905 „viel" oder „wenig"? Für die Übertretungen läßt sich das überhaupt nicht sinnvoll ermessen, da über die Zahl der ohne Gerichtsverfahren verhängten und durchgeführten Strafen nur spekuliert werden kann. Den von Ralph Jessen für Hagen, Bochum und Dortmund präsentierten wesentlich höheren Werten liegen Zahlen über *alle* „Polizeistrafen und Verhaftungen" zugrunde.[88] Die Berliner Zahlen für die Verurteilungen wegen der einschlägigen Verbrechen und Vergehen gegen die öffentliche Ordnung pro 100.000 Einwohner hingegen liegen — zieht man die Angaben der Kriminalitätsstatistiken für 1885, 1900 und 1910 heran — deutlich unter den Werten für ganz Deutschland von 71, 35 und 33. Dieser Abstand vergrößert sich, wenn die nächst-

---

86 Es läßt sich lediglich für diese Jahre ein sprunghafter relativer und absoluter Anstieg der Verurteilungen wegen Verkehrsdelikten von 7 auf über 20 % festellen. StJbBln 23 (1898) − 30 (1907). Rückschlüsse auf die soziale Zusammensetzung von wegen Übertretungen Verurteilten wie sie Jessen (1991), S. 232-250, für Recklinghausen analysiert hat, sind nicht möglich.

87 Auch Jessen (1991), S. 292, stellt aufgrund einer ungleich zuverlässigeren Quellenbasis im Ruhrgebiet für die Jahre vor 1914 „Entspannungstendenzen auf dem Feld alltäglicher Sozialdisziplinierung" fest.

88 Siehe Jessen (1991), Tab. 17, S. 370-376.

größte deutsche Stadt Hamburg zum Vergleich herangezogen wird: Dort kamen auf 100.000 Einwohner 1885 141, 1900 93 und 1910 88 Verurteilungen.[89] Nimmt man das relative Ausmaß der Strafverfolgung bei Verbrechen gegen die öffentliche Ordnung zum Maßstab, so ging es in den Straßen der Reichshauptstadt also vergleichsweise „friedlich" zu. Diesen Befund auf seine verschiedenen möglichen Ursachen hin zu interpretieren, überschreitet die Möglichkeiten dieser Untersuchung; allgemein kann festgehaltem werden: Der Untersuchungszeitraum war Teil einer zwar durch zunehmende innere soziale und politische Spannungen geprägten, *nie* aber von ernsthaften Auflösungserscheinungen der öffentlichen Ordnung begleiteten Epoche der deutschen Gesellschaftsgeschichte. Im Sinne der von Gailus beobachteten „säkularen Protestzyklen im 19. Jahrhundert" gehörte er zu einer Tiefphase, die möglicherweise bereits den Wendepunkt zur Hochphase der zwanziger Jahre durchlief.[90] Das sollte jedoch nicht den Blick auf die kontinuierliche Virulenz des Konfliktfeldes „Straße" auch in Berlin verstellen.

3.3.2 Lizenzierter Unfug: Die Polizei und der Silvestertrubel

Neben diesen abstrakten und für eine erschöpfende Bewertung im übrigen völlig unzureichenden Zahlen bieten Jahr für Jahr wiederkehrende Anlässe öffentlicher Un-Ordnung die Möglichkeit, etwas über die konkreten Umstände, unter denen „grober Unfug" verübt und geahndet wurde, zu erfahren. Insbesondere anhand des Berliner Silvestertrubels lassen sich obrigkeitliche Wahrnehmungsmuster öffentlicher Un-Ordnung und deren Urheber rekonstruieren.

Auch andere Festtage waren von öffentlicher Ausgelassenheit, die neben ungestraftem und geduldetem „Ulk" und „Radau" Sistierungen, Strafmandate und Gerichtsurteile mit sich brachten, begleitet. Dazu gehörte zum Beispiel der „Karfreitagstrubel auf dem Spandauer Bock", der im 20. Jahrhundert an Bedeutung verlor[91], oder der Sedanstag, an dem die Schuljugend Feuerwerksörper abbrannte und Litfaßsäulen anzündete.[92] Um die Jahrhundertwende galt derartiges nur noch als Relikt von auf dem Rückzug befindlichen Traditionen, die im Grunde genommen harmlos, jedenfalls gerinfügiger als „in früheren Jahren" waren.[93] Mit diesem „Alles nur noch halb so schlimm" wurde das Außer-Ordentliche durch den Bezug auf vergangene „wildere" Jahre in den Fortschritt öffentlicher Ordnung integriert.

---

89 Berechnet nach StDR Bd. 23, S. 152, 161, Bd. 32, S. 18, Bd. 139, S. 177, 185, Bd. 150, S. 4, Bd. 240, S. 2 f, Bd. 247, S. 294, 302.

90 Siehe Gailus (1990), S. 75 f.

91 Am Karfreitag begann nach altem Herkommen die Zeit der Landpartien, siehe Vossische Zeitung v. 5.4.1912, Nr. 176, 1. Beil. V. a. in den 60er und 70er Jahren des 19. Jahrhunderts war die Spandauer Bergbrauerei mit ihren zwei großen Gartenlokalen am Spandauer Berg (heute am Spandauer Damm E. Reichsstraße) eines der beliebtesten Ausflugsziele der Berliner Bevölkerung. Das Angebot reichte von Tanz, Gesang, Kegelschieberei über Karusselfahren und Kaffeekochen bis hin zur exzessiven „Kneiperei". Die Verkehrsanbindung durch die Ringbahn 1877 und die Straßenbahn 1879 steigerte den Zulauf erheblich; siehe Bark (1937), S. 18. Am Karfreitag konzentrierte sich nach Auskunft der Kreuz-Zeitung v. 24.3.1894, Nr. 139 hier das Ausflugsvergnügen, da dies per definitionem der einzige arbeitsfreie Tag der Berliner Unterhaltungskünstler gewesen sei, den sie wegen der in der Berlin strenger gehandhabten Feiertagsruhe vor den Toren der Stadt verbrachten.

92 Z. B. Vossische Zeitung v. 1.9.1902, Nr. 408.

93 Z. B. Vossische Zeitung v. 3.9.1904, Nr. 414, 2. Beil.

Besonders ausgeprägt war dieser Jahreszyklus-Diskurs in den Berichten über *das Unfug-Ereignis des Jahres*, die *Silvesternacht*. Ein Standardbericht sah folgendermaßen aus: „Die *Silvesternacht* ist in Berlin, begünstigt vom besten Wetter, im großen und ganzen recht lebhaft, aber ohne besonderen Radau verlaufen. Verhaftungen sind weniger als sonst vorgekommen, und auch die Zahl der Sistierten war geringer als in früheren Jahren. Auf den Straßen wurde es um Mitternacht lebhafter, besonders wie immer in der Friedrichstraße, Ecke Behren- und Französischen Straße, wo schließlich mehrere Tausend Personen sich eingefunden hatten, die zum Ulken aufgelegt waren, aber von der zahlreich versammelten Schutzmannschaft fortwährend zum Weitergehen veranlaßt wurden, wodurch Ausschreitungen vermieden wurden. Harmloser Unfug, wie das Werfen von Konfetti, das Benutzen von allerhand Dingen zum Radaumachen und Singen wurde nur bei Übertreibungen verboten. Über solch scherzhaften Ulk amüsierten sich selbst die Wachleute und duldeten ihn selbst dann, wenn er einmal auf ihre Kosten getrieben wurde. Der Verkehr in den Straßen und Lokalen war in der ganzen Nacht lebhaft; erst gegen Morgen wurde es ruhiger, so daß die Schutzmannschaft zurückgezogen werden konnte. Die Unsitte des Einschlagens der Zylinderhüte scheint abgenommen zu haben. – Ein amtlicher Bericht lautete: Die Sylvesternacht ist in gewohnter Weise verlaufen. Größere Exzesse haben nicht stattgefunden. Im ganzen wurden 278 Personen wegen Unfugs festgenommen, davon 180 in der Gegend der Friedrichstraße und Unter den Linden; in den äußeren Stadtbezirken ging es verhältnismäßig ruhig zu.“[94]

Folgende Elemente dieses Beispiels einer Silvester-Reportage waren alljährliche Routine:

1. Die Bezugnahme auf das *Wetter*: Bei gutem Wetter lebhafte, bei schlechtem mäßige Silvesterbeteiligung, 2. der *beschwichtigende Vergleich mit früher*, 3. die räumliche Eingrenzung von Silvester auf die Friedrichstraße und Unter den Linden, gestützt durch die polizeiliche *Absperrung* ab 23³⁰ Uhr, zunächst für Fahrzeuge, nach Mitternacht auch für die Fußgänger,[95] 4. die *Unterscheidung zwischen harmlosem und übertriebenem Ulk oder Unfug,* 5. das *Lob der Schutzmannschaft,* die mitspielt, nur bei „ernsthaften" Exzessen einschreitet, aber erst „gegen Morgen" zurückgezogen werden kann, 6. Bemerkungen zur Tradition des „*Zylinder-Antreibens*", d.i. Schlagen auf den Zylinder dergestalt, daß er zerdrückt bzw. dem Träger bis auf die Ohren heruntergeschoben wird[96], 7. die Mitteilung des amtlichen Polizeiberichts über die *Zahl der Sistierten*.

Teilweise wurden die Reportagen ausgeschmückt mit Stimmungsberichten über das Treiben in den Lokalen und Theatern, mit Beschwörungen des guten alten Berliner Brauchs, in dieser Nacht Unmengen von Pfannkuchen zu verspeisen etc. pp. – der Sinn dieser Texte lag in der Affirmation eines übergreifenden, die Obrigkeit mit allen Bürgern, ob arm oder reich, verbindenden Konsenses darüber, was als „normal"

---

94 Vossische Zeitung v. 2.1.1906, Nr. 1, 2. Beil.
95 Siehe Abb. 8.
96 Diesem ausgesprochen antibürgerlichen Brauch fiel auch die ursprüngliche Kopfbedeckung der Berliner Schutzmänner – ein hoher Zylinder mit Kokarde und Dienstnummer – in den Jahren 1848-1850 zum Opfer, „während der Helm [...] sich bei den Straßenkrawallen ganz außerordentlich bewährt und den Träger geschützt hatte." Schmidt (1898), S. 39. – In den Berichten wird von „Zylinder-*An*treiben" oder „*Ein*treiben" geredet, ein Unterschied ohne Bedeutung.

auch bei außergewöhnlichen Anlässen gelten konnte. Mit ihrer berechenbaren Regelmäßigkeit fügten sie sich in die jahreszyklischen Berichterstattungen über andere Feste nahtlos ein. Andere Tageszeitungen, wie die konservative Kreuz-Zeitung oder der Vorwärts verfuhren im Prinzip nicht anders, mit dem Unterschied, daß ihre Berichte weniger von jener augenzwinkernden Jovialität gegenüber Ulk und Radau geprägt waren.[97]

Ebenso regelmäßig wie die Silvesterreportagen in den ersten Januartagen wurden einige Tage zuvor Meldungen folgenden Typs gebracht: „Zur *Steuerung des Unfugs in der Sylvesternacht* werden seit längerer Zeit die vorkommenden *Ausschreitungen* nicht durch polizeiliche Strafverfügung erledigt, sondern *der Staatsanwaltschaft zur gerichtlichen Ahndung* überwiesen. Im Jahre 1908 sind aus diesem Anlasse 83 Personen gerichtlich bestraft worden, davon einzelne mit Freiheitsstrafen bis zu sechs Wochen; 60 Personen erhielten Geldstrafen bis zu 50 Mk. und zehn jugendliche Unfugstifter gerichtliche Verweise. Auch in diesem Jahr ist die *Schutzmannschaft angewiesen, energisch gegen Unfugstifter vorzugehen.*"[98]

Was spielte sich beim Silvestertrubel jenseits dieser Verlautbarungs- und Berichtsroutine „wirklich" ab? Ging er tatsächlich zurück? Wer beteiligte sich daran? Wie ging die Polizei mit dieser öffentlichen Un-Ordnung um? Welche sozialen Bedeutungen verbanden sich mit dem „Sylvestertrubel"?

Den Ursprung des großstädtischen Silvesterbrauchs zu ergründen, ist diese Untersuchung nicht der geeignete Ort.[99] Über seine unmittelbare Vorgeschichte in der zweiten Hälfte des 19. Jahrhundert lassen sich jedoch einige Informationen zusammenstellen, die die fortwährende Rede von seinem Rückgang zumindest im ersten Jahrzehnt des 20. Jahrhunderts als Wunschvorstellung erscheinen lassen. Die seit 1890 von der Schutzmannschaft geführten Nachweisungen über die Anzahl der Sistierungen während der Silvesternacht[100] zeigen, daß 1904 der Höhepunkt des polizeilichen Einschreitens mit 331 erreicht wurde.

Bis 1909 ist ein regelmäßiges Auf und Ab zu konstatieren (Abb. 7). Das Leitmotiv „Ruhiger als in früheren Jahren" finden wir hingegen bei der Vossischen Zeitung bereits im Januar 1883[101], obwohl Schmidts Chronik gerade für die achtziger Jahre vom Überhandnehmen des Unfugs berichtet, so „daß im sicherheitspolizeilichen Interesse zum Schutze der Personen und des Eigenthums nachdrücklich dagegen eingeschritten werden mußte". Fortan wurde die Schutzmannschaft bis in die frühen Morgenstunden auf fliegenden Wachen auf den Straßen und in öffentlichen Gebäuden (Schauspielhaus, Universität, Akademie) in Bereitschaft gehalten. Im 50. Jahr der Schutzmannschaft hieß es dann dem allgemeinen Tenor entsprechend: „Infolge die-

97 Z. B. Kreuz-Zeitung v. 2.1.1913, Nr. 1; Vorwärts v. 3.1.1905, Nr. 2. – Liberale Zeitungen verteidigten gelegentlich sogar die Harmlosigkeit des Silvestertrubels gegen ihrer Ansicht nach übertreibende Schreckensberichte anderer Zeitungen, so die Vossische Zeitung v. 8.1.1901, Nr. 12, 2. Beil., oder forderten generell straffreien Unfug für die Silvesternacht, so das Berliner Tageblatt v. 1.1.1902, Nr. 1, 1. Beibl.

98 Vossische Zeitung v. 28.12 1908, Nr. 606, 1. Beil.

99 Soweit bibliographisch in Erfahrung zu bringen war, beschäftigt sich die Volkskunde vorzugsweise mit Silvesterbräuchen auf dem Lande, keinesfalls aber mit denen in Großstädten.

100 BLHA, Rep. 30, Tit. 133A, Nr. 18849, Tit. 90, Nr. 7611, 7612.

101 Vossische Zeitung v. 2.1.1883, Nr. 2.

Abb. 7: *Sistierungen in der Silvesternacht, Berlin 1890-1914*

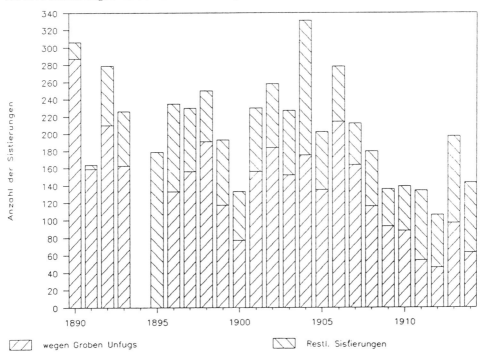

Quelle: BLHA, Rep. 30, Tit. 133A, Nr. 18849, Tit. 90, Nr. 7611, 7612

Erläuterungen: 1894: Keine Werte vorhanden. – 1895: Alle Werte in „Restl. Sistierungen", da keine Werte für groben Unfug vorhanden.

ser streng durchgeführten Maßregel hat mit den Jahren der früher mit Recht so ge-
fürchtete Berliner Sylvesterunfug jede Bedeutung verloren."[102] Stichproben für die
Berichterstattung zu früheren Zeitpunkten brachten keine qualitativen Unterschiede
des Silvertrubels etwa der sechziger und siebziger Jahre im Vergleich mit den hier
behandelten Jahren.[103]

Auch der Ort der Handlung blieb, folgt man den Sistierungs-Nachweisungen der
Schutzmannschaft, der gleiche: Friedrichstraße und Unter den Linden, im Bereich
des 2. und 38. Reviers, die beide zur zentral gelegenen I. Hauptmannschaft gehörten.
Bei diesen Indizien für die qualitativ wie quantitativ gleichbleibende Bedeutung des
Silvesterunfugs liegt die Vermutung nahe, daß sich in erster Linie die Einstellung der
Polizei zu diesem Phänomen änderte, weniger das Phänomen als solches. Möglicherweise stellte es in den beschaulichen Zeiten des alten Berlin mit weniger als einer
Million Einwohnern auch eine geringere Gefahr für Leib und Leben der Beteiligten
dar als in den Jahrzehnten der unablässigen relativen Verknappung des Stadtraumes
infolge der sprunghaften Bevölkerungszunahme. Daß die Schutzmannschaft auch
nach der Jahrhundertwende den Silvestertrubel keineswegs im Griff hatte, verdeut-

---

102 Schmidt (1898), S. 102.
103 Z. B. Kreuz-Zeitung v. 4.1.1863, Nr. 3, v. 3.1.1873, Nr. 2.

licht die Jahreswende 1902/1903, deren Nachbereitung in den Polizeiakten sowohl Informationen über die Herkunft der Akteure liefert als auch Einblicke in die ordnungspolizeiliche Vorstellungswelt der beteiligten Schutzmänner ermöglicht.

Aufgrund von Zuschriften berichtete die Volkszeitung am 3. Januar 1903, daß mit dem Rückzug der Schutzmannschaft ab ca. 2 Uhr morgens der Silvestertrubel keineswegs beendet gewesen sei — wie die übrigen Zeitungen routinegemäß gemeldet hatten —, sondern der Radau vielmehr unbehelligt bis sechs Uhr morgens fortgesetzt werden konnte. Es sei zu einigen Messerstechereien gekommen, „Damen" seien „schamlos entkleidet" und ein Bäckerladen gestürmt worden.[104] Die daraufhin vom Kommandeur der Schutzmannschaft zum Bericht aufgeforderten verantwortlichen Polizeioffiziere versuchten zwar, die Sache dem Umfang nach herunterzuspielen, kamen aber dennoch nicht umhin, eine Panne im Aufsichtsdienst zuzugeben. Polizei-Leutnant Höpfner vom 3. Revier, das den westlich der Friedrichstraße gelegenen Teil der Dorotheenstadt einschließlich des Brandenburger Tors umfaßte, betonte zunächst die normalen Verhältnisse — bis 4 Uhr morgens, und fährt fort: „Ernste Störungen schienen ausgeschlossen zu sein", aber: „Daß es in den frühen Morgenstunden, etwa von 5 Uhr ab, plötzlich wieder lebendiger wurde, und sich vereinzelt Haufen radaulustiger Elemente zeigten, wird zugegeben. Es ist auch richtig, daß die üblichen und bekannten Neujahrs-Ulkereien, die mehr oder weniger harmlosen Belästigungen von 'späten' Passanten, besonders von Frauenspersonen, die törichterweise in auffälliger Kleidung belebte Straßen zu Fuß passieren und hierdurch die Radaulust geradezu herausfordern, gegen 5 Uhr morgens wieder mehr in Erscheinung traten, aber dabei ist es auch geblieben [...]." Im übrigen seien in besagtem Zeitungsartikel Vorkommnisse, die sich in jeder Neujahrsnacht in allen Stadtteilen ereigneten, wie „das Umringen beschützter und unbeschützter 'Damen', das Aufhalten von Pferden, das Eintreiben von Hüten etc., zum Mindesten stark aufgebauscht" worden. Die im Artikel genannten konkreten Einzelfälle seien nicht vorgekommen, da sie „von den Beamten nicht wahrgenommen worden" sind, und „solche Szenen den Beamten nicht verborgen bleiben konnten." Sie mußten zwar oft „Miene zum Einschreiten machen und [hatten] keine leichte Aufgabe", dennoch mußte Unter den Linden in den frühen Morgenstunden keine Sistierung vorgenommen werden.

Im übrigen sei entgegen dem Zeitungsartikel die Zahl der Mannschaften am Morgen nicht vermindert worden. Nur der Sturm auf den Bäckerladen in der Dorotheenstraße sei wahrheitsgemäß wiedergegeben; er sei dem zuständigen patrouillierenden Schutzmann, da dieser zu gleicher Zeit woanders eine Sistierung vornahm, entgangen. Zu guter Letzt machte der Polizei-Leutnant zu seiner Verteidigung neben der milden Witterung einen weiteren Hauptschuldigen für das bis in den Morgen verlängerte Treiben aus: Die Reveille, d. i. das „große Wecken", sei es, was das „Gesindel" bis zum Morgen auf den Straßen der Innenstadt hält. „Wohl bei keiner anderen Gelegenheit und an keinem anderen Punkt wird man wohl in Berlin soviel gemeines Volk zu einem Haufen vereinigt sehen, als wie zur Reveille am Neujahrsmorgen."[105]

---

104 So die indirekte Wiedergabe der Vossischen Zeitung v. 3.1.1902, Nr. 4, die sich mit den Angaben in BLHA, Rep. 30, Tit. 90, Nr. 7611, Bl. 28 ff. deckt.
105 3. PR, Bericht v. 3.1.1903, BLHA, Rep. 30, Tit. 90, Nr. 7611, Bl. 34-37.

Der dem Kommando der Schutzmannschaft berichtende und die Vorberichte aus den ihm unterstellten Revieren und Hauptmannschaften zusammenfassende Kommandeur der II. Brigade, Polizeimajor Klein, schloß sich dieser Interpretation an und schrieb vom „Janhagel beiderlei Geschlechts, besonders der aus den Vororten", der in von Jahr zu Jahr steigendem Umfang als „Nachtschwärmer" in der Friedrichstraße gruppenweise umherziehe, um sich dann morgens der Reveille anzuschließen.[106] Lediglich die V. Hauptmannschaft (südliche Friedrichstadt) habe es versäumt, auf die Nebenstraßen der Friedrichstraße zu achten.[107] Den Abschluß des Vorgangs bildete eine Verfügung des Polizeipräsidenten vom 11. Februar, in der einerseits diese Lageeinschätzung bestätigt, aber andererseits die I. und die II. Brigade wegen ihrer Aufsichts-Panne in den Morgenstunden kritisiert wurden. Zukünftig sollte in den Morgenstunden der Silvesternacht die Friedrichstraße stärker besetzt werden.[108] Ein neuer Rekord der Sistierungen beim nächsten Jahreswechsel war die Folge.

Die Reaktion der zum Bericht aufgeforderten Schutzmänner liefert zunächst ein weiteres Beispiel der durch geschlechtsspezifische Machtverhältnisse im Straßenraum geprägten Wahrnehmungsmuster: Die von der Volks-Zeitung angeprangerten Attacken gegen einzelne Frauen wurden zunächst den Opfern selbst − insbesondere ihrer „auffälligen Kleidung" − angelastet. Auch die übrigen Kennzeichnungen von Tätern und Opfern sind von Anspielungen auf deren „Unsittlichkeit" durchzogen: Bei „Janhagel", „Gesindel" und „Hefe des Volkes" verstand sich das von selbst, und im Umfeld der Friedrichstraße als dem Ort der gehobenen Prostitution[109] war „auffällig gekleidete Dame" eine zumindest zweideutige Bezeichnung, die auf eine Frau der Oberschicht in Abendtoilette ebenso wie auf eine Unterhaltungskünstlerin oder eine teure Prostituierte zutreffen konnte. Zugleich verweisen diese Zuschreibungen auf den sozialen Inhalt der Begegnungen in der Silvesternacht: Ganz offensichtlich kam die Masse der Feiernden von außerhalb der Friedrichstadt. Im Berliner Tageblatt, dessen Silvester-Reportagen eher zur volkstümelnden Gattung gehörten, wurde des öfteren von der Stille im Scheunenviertel berichtet, dessen Einwohner schon vor Mitternacht Richtung Westen aufgebrochen seien.[110] Diese Behauptung deckt sich mit der Zuschreibung „lichtscheues Gesindel" aus den Polizeiberichten, war doch dieser Stadtteil nicht nur das Viertel der ostjüdischen Zuwanderer, sondern galt zugleich als Sitz des Berliner Gaunertums und niederen Prostitutionsmilieus.[111]

Auf der anderen Seite standen die Opfer: Zylinderträger, deren gehobene soziale Stellung ohne weiteres vorausgesetzt werden kann[112], und ihre „Damen".[113] Auch Ver-

106 XI. HM, Bericht v. 3.1.1903, ebd., Bl. 42-44.
107 Bericht der I. PB an KS v. 21.1.1903, ebd., Bl. 66, 66v.
108 Verfügung d. PP v. 11.2.1903, ebd., Bl. 99-101.
109 Vgl. Ostwald (1924), S. 638-640.
110 Z. B. Berliner Tageblatt v. 1.1.1903, Nr. 1; v. 1.1.1904, Nr. 1.
111 Vgl. Ostwald (1904), passim.
112 Siehe den Leserbrief eines Opfers einer deratigen Attacke im Berliner Lokal-Anzeiger v. 18.1.1903, Nr. 29, 4. Beibl.
113 Folgerichtig stempeln die auffallend sauertöpfischen Silvester-Meldungen des Vorwärts bzw. seines Vorläufers, des linksliberalen Berliner Volksblatts, den Silverstrubel als bedauerlichen Radau in „vornehmen Stadtvierteln", begangen von „Repräsentanten der 'gebildeten'Stände", Berliner Volksblatt v. 3.1.1890, Nr. 2, Beibl., ab. Vgl. auch Vorwärts v. 3.1.1905, Nr. 2, 2. Beil. Erst 1913 stimmte auch er in den Chor der volkstümelnden Berichterstattungen ein, siehe v. 3. 1. 1913, Nr. 2, 2. Beil.

suche, vorbeifahrende Droschken zu besteigen[114], belästigten wohl in der Regel gesellschaftlich höher gestellte Personen.

Selbst wenn in Rechnung zu stellen ist, daß sich Zuordnungen zum Prostitutionsmilieu durch die Zeitungsreporter wie durch die Polizisten nicht unbedingt mit der Wirklichkeit deckten, sondern auch die für gehobene Kreise charakteristischen Vorurteile gegenüber allen Unterschichtsangehörigen reflektierten, dürften – grosso modo – die sozialen Vorzeichen stimmen: In der Silvesternacht der Millionenstadt Berlin suchten Angehörige der unteren Volksschichten – aber nicht nur diese – die Straßen der gehobenen kulturellen, gastronomischen und sexuellen Dienstleistungen auf und ließen ihren Spaß an Regelverletzungen bevorzugt an deutlich erkennbaren Repräsentanten der „gebildeten Stände" sowie deren „Damen" aus. Die dem Silvestertrubel auf dem Fuße folgende „Reveille" als kostenloses Feiertagsvergnügen ermunterte zum möglichst langen nächtlichen Aufenthalt zwischen Friedrichstraße und Unter den Linden. Damit soll weder ausgeschlossen sein, daß sich auch Angehörige der Mittel- und Oberschicht – etwa Studenten oder das nicht weniger ausgelassene Publikum der teuren Cafés – am Silvesterulk beteiligten, noch daß tatsächlich Angehörige des Halb- und Unterwelt-Milieus besonders aktiv dabei waren.[115] Auf der anderen Seite wäre der Eindruck falsch, ganz Berlin hätte sich auf der Friedrichstraße getroffen (was auch rein physisch zu diesem Zeitpunkt nicht mehr möglich war). In den Zeitungen wird immer wieder auf den Silvestertrubel auch in den Außenbezirken und Vororten hingewiesen, der aber natürlich nicht an den in der Friedrichstraße heranreichte.

Obwohl massive Polizei-Präsenz einschließlich Hunderter von Sistierungen fester Bestandteil der Silvesternacht war, kam es selten zu direkten Konflikten mit der Staatsgewalt.[116] Die Gesamtzahl der entsprechenden Delikte in den Sistierungs-Nachweisungen (Widerstand, Beamtenbeleidigung, Nichtbefolgung, Gefangenenbefreiung) lag zwischen 0 und 16 pro Silvesternacht und erreichte maximal einen Anteil von 6,8 % aller Sistierungen. Das Gros der Sistierten hatte „groben Unfug" verübt, einige hatten sich an Schlägereien beteiligt oder jemanden beleidigt; gegen Ende des Betrachtungszeitraums ging die Polizei offensichtlich verstärkt gegen illegalen Straßenhandel vor, vermutlich eine Folge der kommerziellen Karnevalisierung der Ausgelassenheit (s. u.). Ferner wurden Übertretungen wie „Verunreinigungen der Straße", „Betteln", aber auch „Damenbelästigung" und „Mädchen unter den Rock gefaßt" gemeldet.

Das Ritual „Silvestertrubel" beruhte auf einem bis in die Polizei verbreiteten Konsens über die Zulässigkeit „harmlosen Ulks", in dessen Umkreis „Ausschreitungen" gegen bestimmte Personengruppen mehr oder weniger unvermeidbar waren. „Auffällig gekleidete Frauenspersonen" und Zylinderträger trugen demnach zu ihrem Schaden selbst bei, indem sie unvorsichtigerweise Anlässe zu Handgreiflichkeiten

---

114 Bericht der I. HM an die I. PB vom 4.1.1903, BLHA, Rep. 30, Tit. 90, Nr. 7611, Bl. 46, 46v.
115 Angaben über die soziale Stellung der sistierten Personen waren in den Polizeiakten nicht zu finden.
116 Auch die von in der Vossische Zeitung berichteten „gerichtlichen Nachspiele" zur Silvesternacht, also Prozesse, in denen es etwa um Körperverletzung und Totschlag ging, sind sehr selten (insgesamt vier für 1900 bis 1914).

boten. Derartige Vorstellungen deuten ein Eindringen des Opportunitätsprinzips in die Niederungen der Polizeipraxis an, lange bevor dieses auch zur theoretischen und rechtlich abgesicherten Handlungsgrundlage der Exekutive wurde. Nachdem in der letzten Stunde des Jahres die Hauptverkehrsstraßen der Dorotheenstadt gegen Fahrzeuge abgesperrt worden waren, gehörten sie dem lärmenden Publikum — damit stellte Silvester in der damaligen Straßenordnung die große Ausnahme unter den nicht-verkehrsmäßigen Nutzungen des Straßenraums im Berliner „Hurrah"-Viertel dar.[117] Sie mündete in rituell gebundener Weise Jahr für Jahr in das obrigkeitliche Zeremoniell des Neujahrsweckens, das im Umzug der Militärkapellen in Begleitung von Nachtschwärmern und Neujahrsspaziergängern mit einer Mischung von Ordnung und Un-Ordnung begann und mit der Entmischung von Straßenvolk und Macht endete. Während das Publikum durch Polizeiketten auf Distanz gehalten wurde, zeigten die Repräsentanten des preußischen Staates in der Weite des Raumes zwischen Schloß und Zeughaus, wem auch im neuen Jahr das Recht auf dessen symbolische Nutzung allein zustand: Dem Hof und dem Militär.

In den letzten Jahren vor dem Ersten Weltkrieg trat dann tatsächlich jene „Verharmlosung" des Silvestertrubels ein, die die Zeitungs-Reporter schon seit Jahren herbeizuschreiben versuchten. Das schlug sich nicht nur in sinkenden Sistierungs-Nachweisen nieder, sondern auch in einer Kommerzialisierung der Ulk-Bedürfnisse durch für Berliner Verhältnisse verschwenderische Anleihen bei der rheinländischen Karnevals-Kultur. Verkleidungen, Papierhüte, Luftschlangen, Konfetti usw., begleitet von jährlich wechselnden „Rennern" der Scherzartikel-Industrie, prägten zunehmend die Ausgelassenheit in der Friedrichstraße.[118] Die soziale Heterogenität der Beteiligten nahm zu.[119] Zugleich änderte die Polizei ihre Eindämmungs-Strategie: Zum einen wurden ab 1908 die (offenen) Oberdecks der doppelstöckigen Omnibusse für den Bereich Unter den Linden gesperrt, da von dort aus das Straßenpublikum durch Bewerfen mit Konfetti und Papierschlangen zum Unfug angereizt würde — eine Maßnahme, die offensichtlich keinen nennenswerten Erfolg hatte[120], im Ansatz aber insofern neu war, als sie sich weniger gegen den Unfug selbst als die Gelegenheit, diesen zu verüben, richtete.

Einschneidendere Wirkung hatte hingegen ein Erlebnis des Polizeipräsidenten v. Jagow in der Silvesternacht 1911/1912. In der Friedrichstadt wurde er Augenzeuge eines Einsatzes zweier berittener Schutzmänner gegen eine in harmloser Weise johlende Gruppe von Männern und Frauen, den er gerade angesichts der zweischneidigen Erfahrungen mit harten Polizeieinsätzen gegen sozialdemokratische Straßendemonstrationen, die das öffentliche Ansehen der Polizei stark in Mitleidenschaft gezogen hatten, für vollkommen überzogen hielt. Für die zukünftige Silvesternächte ordnete er daher an: „Verminderung der Aufsichtsbeamten, insbesondere der be-

---

117 Derartiges war in der zeitgenössischen juristischen „Lehre vom groben Unfug" auch durchaus vorgesehen, siehe Rotering (1909), S. 147.
118 Vgl. z. B. Vossische Zeitung v. 3.1.1911, Nr. 3, 1. Beil.; v. 1.1.1914, Nr. 1, 1. Beil.; Vorwärts v. 3.1.1913, 2. Beil.; Berliner Lokal-Anzeiger v. 1.1.1912, Nr. 1.
119 Siehe Berliner Lokal-Anzeiger v. 1.1.1911, Nr. 1.
120 BLHA, Rep. 30, Tit. 90, Nr. 7612, Bl. 16-19v, 134, 134v, 185.

rittenen, Freigabe der Mittelpromenade der Linden zwischen Friedrichstr. u. Charlottenstr., Verlegung der dort eingerichteten Wache."[121]

Und so geschah es. Die Aufsichtsbefehle für die kommenden Silvesternächte wiesen deutlich verminderte Bereitschaftstärken an.[122] Die Gegenwart der Schutzmannschaft als *einen* Anlaß unliebsamen Silvesterulks zu reduzieren, entsprach genau dem Trend der karnevalistischen Pazifizierung dieses Rituals öffentlicher Un-Ordnung. Der Anteil der Sistierungen wegen groben Unfugs – also jener ausschließlich im sittlichen Ermessen der Schutzmänner stehenden Disziplinierungsmaßnahmen – sank ab 1911 deutlich unter die 50%-Marke, während er in den Jahrzehnten davor in der Regel drei bis vier Fünftel ausgemacht hatte (s. Abb. 7). Was als Jahr für Jahr eintretende Verkehrung der Welten und durchaus auch konfrontative Begegnung zwischen Oben und Unten, Straßen-Volk und Polizei-Staat einst Teil traditioneller Straßenordnung war, wurde zum verkehrstechnisch und polizeitaktisch kanalisierten, alle „Stände" vereinigenden Straßenfest.

Es läßt sich nicht mit Sicherheit sagen, ob dieser veränderten Polizeitaktik davon unabhängige Veränderungen im Verhalten des Silvester-feiernden Publikums entgegenkamen. Die Kommerzialisierung der Silvesterbräuche wirkte wahrscheinlich insofern pazifizierend, als sie im Vergleich zu früheren Jahren ungefährlichere und sozialverträglichere Utensilien zum Ausleben der festlichen Bedürfnisse anbot. An die Stelle von Pistolen und Stöcken traten Knallkörper und Papierschlangen, der elitäre Zylinder wurde durch den Papphut ersetzt. Der volkstümelnd-humorvolle Konsens, der sich unmittelbar vor 1914 durch alle Tageszeitungen von der konservativen Kreuz-Zeitung bis hin zum sozialdemokratischen Vorwärts in den Silvester-Reportagen breit machte, deutet zudem veränderte Einstellungen zur Nutzung des Straßenraumes in der breiten Öffentlichkeit an. Vom „Recht auf die Straße" trotz Jagowscher Warnungen auch in der Silvesternacht sprach die Vossische Zeitung 1913 und stellte damit eine ironische Querverbindung zu den modernen Straßendemonstrationen her, an denen zu diesem Zeitpunkt bereits einige Hunderttausend Berliner und Berlinerinnen teilgenommen hatten.[123] Sich bei großen Ereignissen der Freizeitindustrie in einer sozial heterogenen, aber weitgehend friedlichen Menschenmenge zu amüsieren, gehörte in Berlin, wie bereits beschrieben, schon seit einigen Jahren zum Erfahrungshorizont Hunderttausender. Zugleich stoßen wir in den Zeitungsberichten des öfteren auf die positive Konnotation des Silvestertrubel mit „großstädtisch" und „Metropole". Diese Wandlung des Silvester-Unfugs zu einer Verhaltensweise, die weniger als schichten- denn als großstadtspezifisch angesehen wurde, in der also weniger die Armen die Reichen heimsuchten als vielmehr mit ihnen gemeinsam feierten, trug möglicherweise zu seiner tatsächlichen Harmlosigkeit in den letzten Jahren vor dem Ersten Weltkrieg bei.

---

121 PP, Verfügung v. 3.1.1912, ebd., Bl. 226.
122 PP, Verfügung v. 24.12.1912, ebd., Bl. 234-236.
123 Vossische Zeitung v. 1.1.1913, Nr. 1, 1. Beil.

Abb. 8: *Sylvesternacht in Berlin —
Die Absperrung Unter den Linden durch die Schutzleute (1899)*

Abb. 9: *Stellensuchende Arbeitsburschen vor einem Inseratencontor (1892)*

3.3.3 „Arbeitsmärkte": Ein Element der Topographie öffentlicher Un-Ordnung im Straßenalltag

Der Silvestertrubel als regelmäßig wiederkehrendes und festliches Ritual öffentlicher Un-Ordung konzentrierte sich auf das symbolische wie reale Macht-Zentrum der Residenzstadt und das umliegende Kultur- und Vergnügungsviertel. Gerade die unmittelbare Nähe zu den Kultstätten der Nation erhöhte seinen Ausnahmecharakter. Im Kontrast dazu bietet eine andere Akte der Verkehrsabteilung im Berliner Polizei-Präsidium die Möglichkeit, ein Strukturelement *werktäglicher* öffentlicher Un-Ordnung auch in den „schlechteren" Gegenden Berlins zu untersuchen und damit zugleich erste Anhaltspunkte für deren räumliche Verteilung zu gewinnen. Darüber hinaus ermöglicht sie auch Rückschlüsse auf die Wahrnehmung und Handhabung von lokalen Unruheherden an der Basis der Exekutive, durch den Schutzmann vor Ort.

Schon 1893 wurde der „Arbeitsmarkt auf Berliner Straßen" als eine feststehende Einrichtung an bestimmten Plätzen beschrieben.[124] Zu einer den Interessierten bekannten Nachmittagsstunde wurde der Stellenanzeigenteil des Intelligenzblatts und des Berliner Lokalanzeigers verkauft. (Später kam die Berliner Morgenpost hinzu.) Die damit verbundenen Menschenansammlungen in der Stunde vor und während des Verkaufs schienen aber noch keine regelmäßige Gefährdung der öffentlichen Ordnung darzustellen.

Fünfzehn Jahre später, also im Rezessionsjahr 1908, waren „Unregelmäßigkeiten beim [mittlerweile kostenlosen − T. L.] Verteilen des Arbeitsmarktes des Berliner Lokalanzeigers"[125] hingegen an der Tagesordnung. Wie die Aufsichtsbeamten im Normalfall mit dieser Straßensituation umgingen, erhellt ein Bericht der XIII. Hauptmannschaft, der anläßlich einer Anfrage der Hamburger Polizeibehörde[126] entstand. „Die Arbeitssuchenden, die sich oft schon stundenlang vorher einfinden, werden unter Aufsicht der Reviermannschaft, wenn irgend angängig, auf dem Fahrdamm, aber auch auf den Bürgersteigen in mehreren Gliedern geordnet, so aufgestellt, daß der Verkehr und die Bewohner möglichst vor Belästigungen geschützt werden."[127]

Die beigefügte Abschrift der Instruktion „Aufsichtsdienst bei der Verteilung des Arbeitsmarkts der Morgenpost vor der Filiale Grüner Weg Nr. 101" veranschaulicht diese Straßen-„Ordnung": Die Wartenden wurden in Dreier-Reihen am Rande des Bürgersteigs aufgestellt. Drei Schutzmänner wurden postiert; der erste an der Ausgabestelle „verhindert Stoßen Drängen und Vorlaufen der Ankommenden und schützt evtl. den Ausgebenden". Der zweite Posten am Ende der Reihe „sorgt für das Aufschließen und verhindert das Stoßen Drängen und Vortreten der Ankommenden. Vor allem hält derselbe den an der Häuserfront verbleibenden Teil des Bürgersteigs frei und verhindert jede Belästigung der Passanten." Der dritte Posten schließlich steht auf dem Straßendamm und „verhindert das Ansammeln von Gesindel und das Aufstellen in den Hausfluren". Hinzu kam noch ein den Dienst einteilender Wacht-

---

124 Siehe Dahms (1893). Siehe a. Abb. 9.
125 Bericht des 15. PR. an Abt. IIa des Polizei-Präsidiums v. 10.1.1908, BLHA, Rep. 30, Tit. 133, Nr. 18714, Bl. 1.
126 Polizeibehörde der Freien und Hansestadt Hamburg an PP v. 8.2.1908, ebd., Bl. 4.
127 Bericht der XIII. HM an die III. PB v. 7.3.1908, ebd., Bl. 5-6v.

meister, der für die Aufrechterhaltung von Ruhe und Ordnung zu sorgen hatte, und ein die „Gesamtaufsicht" innehabender „ambulanter Offizier", der zusammen mit dem Reviervorsteher „für die ordnungsgemäße Handhabung des Dienstes verantwortlich" war.[128]

Die Arbeitssuchenden in Reih und Glied antreten zu lassen, entsprach dem allen Polizisten aus ihrer Unteroffizierszeit geläufigen Umgang mit Untergebenen. Ein selbstorganisiertes „ordentliches" Schlangestehen war zu dieser Zeit in Berliner Straßen noch unbekannt. Dennoch sollte sich diese dem Militär entlehnte Ordnungs-Technik als unzureichend herausstellen.

Das Beispiel „Grüner Weg 101" war nicht ohne Bedacht gewählt, handelte es sich doch unter allen als problematisch berichteten Verteilungsstellen des „Arbeitsmarkts" um diejenige mit den meisten Beschwerden. Sowohl aufgrund solcher Beschwerden als auch infolge der Eigeninitiative der Polizeireviere, die diese Unruheherde loswerden wollten und daher die Verlegung von Arbeitsmärkten vorschlugen, liegen ausführlichere Beschreibungen vor.

Hauptproblem aus der Sicht der Anwohner war der Aufenthalt der Wartenden in den Hauseingängen und in den Hausfluren und Treppenhäusern in unmittelbarer Umgebung der Verteilungsstelle. Er hatte Konflikte mit Hausbewohnern und -bewohnerinnen zur Folge, die sich über „Belästigungen" und „Beleidigungen" beschwerten. Im Frühjahr 1908 klagten zum Beispiel Anwohner des Weidenwegs, daß die an der Ecke zur Eckertstraße täglich auf den Arbeitsmarkt Wartenden die Hausflure verunreinigten, Teppichläuferstangen stehlen würden, Hauswände beschmierten und den Putz abstoßen würden.[129] Vor allem aber beschwerten sich Ladeninhaber darüber, daß der Zugang zu ihren Geschäften behindert würde.[130] Die zur Stellungnahme aufgeforderten Polizeireviere bestätigten fast immer die Beschreibungen der Beschwerdeführer. Sie nahmen die Beschwerden immer wieder zum Anlaß, um bei übergeordneten Stellen der Schutzmannschaft eine Verlegung oder ein Verbot der Verteilung durchzusetzen, in den meisten Fällen allerdings ohne Erfolg. Die Polizeireviere waren bei ihren Berichten vom Interesse geleitet, den Unruheherd im eigenen Tätigkeitsbereich irgendwie loszuwerden, und schilderten die Mißstände daher teilweise in drastischer und dramatisierender Weise unter Einbeziehung aller zu Gebote stehenden sozialpolitischen und ordnungspolizeilichen Argumente. Die drei im folgenden vorgestellten Berichte über den Weidenweg, den Georgkirchplatz und den Grünen Weg sind daher nicht nur als Hinweise auf tatsächliche Konflikte im öffentlichen Straßenraum, sondern zugleich als Beispiele eines polizeiinternen Diskurses,

---

128 Ebd., Bl. 8-9. Siehe auch die diese Beschreibung aus der Sicht eines Arbeitssuchenden bestätigende Beschreibung des Arbeitsmarktes in der Weddinger Voltastraße in den Lebenserinnerungen des späteren KPD-Funktionärs Karl Retzlaw (1971), S. 19.

129 Hauseigentümer Karl Drews an 52. PR am 22.5.1908, ebd., Bl. 13 f.- Schreiben mehrerer Anwohner und Hauseigentümer an PP v. 29.4.1908, ebd., Bl. 15 f.

130 Kaiserliches Postamt 4 (Stettiner Bahnhof) an 7. PR am 1.5.1908, ebd. Bl. 10; Beschwerde eines Teppichhändlers wegen der Verteilungsstelle Kalkscheunen- E. Johannisstraße im Februar 1910, ebd. Bl. 112-117; Beschwerde eines Anliegers des Georgkirchplatzes v. 6.2.1909 wegen Diebstählen, Belästigungen und Verunreinigungen durch Papier, ebd., Bl. 56, 56v; Beschwerde von Ladeninhabern am Grünen Weg 101 im Oktober 1909, ebd. Bl. 85-94; Beschwerde eines Friseurs wegen derselben Verteilungsstelle im Juni 1910, ebd., Bl. 118-120.

der die Wahrnehmung und Interpretation dieser Konflikte vor Ort artikulierte, zu lesen.

In einem ausführlichen Kommentar bestätigte das 52. Polizeirevier im Mai 1908 die Klagen der Anwohner des Weidenwegs.[131] Dabei wurden zur Charakterisierung der örtlichen Situation folgende auch in den Stellungnahmen anderer Polizeireviere auftauchende Argumente und Motive verwandt:

- Die Einteilung der Wartenden in wenige „wirklich" Arbeitssuchende und die Mehrheit derjenigen, die nur zum Zeitvertreib oder aus anderen Gründen kämen,
- das Problem der Verunreinigung und Benutzung der Hauseingänge, Treppen und Flure, in denen als nicht-öffentlichen Räumen die Zuständigkeit der Polizei eingeschränkt sei,
- der Personalmangel in den Polizeirevieren,
- die Abwägung des Vorteils der Arbeitsmarktverteilung für die Arbeitssuchenden gegen dessen Nachteile für die öffentliche Ordnung,
- die Denunzierung des privatwirtschaftlichen Interesses der Tageszeitungen, für die kostenlos die Polizei eingesetzt werde, nebst dem Vorschlag, sie sollten auf eigene Kosten eine sicherheitsverträgliche Verteilung organisieren.

Andere Polizei-Leutnants bezogen in ihre Argumentationen außerdem politische Dimensionen ein, um das besondere Sicherheitsrisiko in ihrem Revier hervorzuheben. In einem „Antrag auf Verbot der Verteilung des Arbeitsmarktes" berichtete der Vorsteher des 19. Polizeireviers im Januar 1909 von einer „täglich versammelte[n] Menge von Arbeitsburschen und Mädchen, von denen ein großer Teil gar keine Neigung zu ehrlicher Arbeit hat", die „eine sich täglich erneuernde Gefahr für die öffentliche Ruhe und Ordnung der Residenz" bildeten, der „kleinste Anstoß" genüge, „diese an verschiedenen Orten der Stadt liegenden Schwerpunkte zur Explosion zu bringen". Die Verteilungsstellen seien „Konzentrationspunkte zum Ausgange von Tumulten".[132] Der den Antrag unterstützende und ihn an die Brigade weiterreichende Polizei-Hauptmann verstärkte das sicherheitspolizeiliche Argument: „In der Ansammlung Arbeitsloser und von Gesindel aller Art wie sie jetzt auf Grund mannigfacher socialer Einrichtungen an vielen Orten des Zentrums überhaupt und speziell im Bereich der II. Hauptmannschaft wochentäglich zu gleicher Zeit stattfindet liegt allein schon eine ganz außerordentliche Gefahr für die öffentliche Ordnung Ruhe und Sicherheit."

Es folgte eine Liste der im Bereich der Hauptmannschaft, zu dem u. a. das Scheunenviertel gehörte, liegenden vier Verteilungsstellen und der „socialen Einrichtungen", darunter eine Wärmehalle, vier Arbeits-Nachweise und zwei Herbergen, die zusammen Tag für Tag mehr als 9.000 Menschen auf der Straße versammelten. Dazu komme noch das „Gesindel" an der Zentralmarkthalle. Aufgrund des Mannschaftsmangels würde unter diesen Umständen die „Widerstandsfähigkeit und Dienstfreu-

---

131 Bericht des 52. PR v. 22.5.1908, ebd., Bl. 16v-18v.
132 19. PR, „Antrag auf Verbot der Verteilung des Arbeitsmarkt" v. 19.1.1909, ebd.: Bl. 51-52. – Zu den tatsächlichen Straßendemonstrationen Arbeitsloser im Januar 1908 und Februar 1909 siehe u. S. 324 f.

digkeit des einzelnen Mannes auf ein ganz geringes Maß herabgedrückt", und das zugunsten der privaten Zeitungsunternehmen.[133]

Auch die nächsthöhere Instanz, die Brigade, teilte in ihrem Bericht an das Kommando der Schutzmannschaft die Bedenken wegen der Straßendemonstrationen, die möglicherweise von den Verteilungsstellen ausgehen könnten, nahm aber ansonsten den regierungsamtlichen Standpunkt ein, der da lautete: Diese vom Ministerium des Innern gutgeheißene und den Arbeitssuchenden zweifellos Arbeit verschaffende Einrichtung könne gerade in der arbeitslosen Zeit nicht aufgehoben werden, ohne Empörung von Arbeitern und Arbeiterinnen auszulösen.[134]

„Die behördliche Genehmigung dieses Antrages würde völlige Anarchie in hiesiger Gegend herbeiführen." Mit diesem kaum zu überbietenden Einwand reagierte im November 1910 Leutnant Schild vom 24. Polizeirevier auf die Bitte der Heilsarmee beim Polizei-Präsidium, an den Verteilungsstellen aus Straßenspeisewagen heiße Getränke, Suppe und Brötchen an Arbeitslose und arme Leute verteilen zu dürfen.[135] „Sein" Arbeitsmarkt, der bereits vorgestellte Grüne Weg 101, zeichnete sich durch eine besondere Problematik aus: „Die hier fast täglich eingehenden Beschwerden und Strafanträge von Hauswirten und Mietern wegen Beleidigung, Körperverletzung, Hausfriedensbruchs, wegen Beischlafvollziehung, Urinierens und Exkrementierens in den Fluren und auf den Treppen der Häuser, vor denen der sogenannte Arbeitsmarkt stattfindet, füllen bereits jetzt ganze Bände. [...] Jeder Kenner und ständige Beobachter der Verhältnisse weiß nämlich, daß die Besucher des Arbeitsmarktes mit geringen Ausnahmen Ludewigs sind, die zwar pro forma eines der verteilten Blätter ergreifen, um von den Schutzleuten nicht entfernt werden zu können, in Wirklichkeit aber diese willkommene Gelegenheit benutzen, um in Ruhe ahnungslose, Arbeit suchende junge Mädchen auf den Weg des Lasters zu führen, was ihnen denn auch bei der augenblicklichen Geldnot der Arbeitslosen in fast allen Fällen gelingt, oder aber um Komplicen für Diebstähle etc. zu suchen, wie der Fall 'Tippe' zur Genüge beweisen dürfte. Die vulgäre Bezeichnung 'Hurenmarkt', die hier gang und gäbe ist, entbehrt der Berechtigung durchaus nicht."[136]

Die Unzufriedenheit der schon seit langem die Entfernung der Verteilungsstelle fordernden Anwohner würde durch die zusätzliche Belastung in Folge der Armenspeisung „den höchsten Grad erreichen". „Da ferner gerade die letzten Wochen, in Moabit und am Wedding, zur Genüge bewiesen haben, wie leicht dieses Gesindel in Aufruhr versetzt werden kann und zu welchen Mitteln es hierbei greift", würde er

---

133 II. HM an die III. PB v. 20.1.1909, ebd., Bl. 52-53v.
134 III. PB an KS v. 25.1.1909, ebd., Bl. 54, 54v.
135 Leiter der Berliner Division der Heilsarmee an PP v. 4.11.1910, ebd., Bl. 143. – Die Heilsarmee war außerhalb der Arbeiterbewegung – soweit mir bekannt – die einzige religiöse oder weltanschauliche Organisation, die im Untersuchungszeitraum ihre Agitation systematisch auf die Straße ausdehnte. Ihr Singen und Musizieren auf der Straße zum „Anreißen" des Publikums für den Gottesdienst führte in Moabit zu „Ansammlungen der rüden halbwüchsigen Elemente, die hierin einen willkommenen Anlaß erblickten, ihr Mütchen zu kühlen und Unfug zu treiben", Bericht des 64. PR v. 13.2.1909, ebd., Bl. 49-50.
136 „Ludewigs": Berliner Bezeichnung für „Zuhälter". – „Tippe" war ein Anfang November 1910 festgenommener Einbrecher und Mörder, der auf einem „Arbeitsmarkt" nach einem Komplizen gesucht hatte, siehe Berliner Lokal-Anzeiger v. 8.11.1910, Nr. 568.

sich außer Stande sehen, die Suppenverteilung zu beaufsichtigen. „Ebenso ist die Heilsarmee, wenn sie das Bedürfnis fühlt, die Berliner Zuhälter mit Suppe zu versehen, wohl in der Lage, dieses in ihren Räumen zu tun [...].“ Der Antrag der Heilsarmee sei unbedingt und ein für alle mal abzulehnen.[137] Auch in den folgenden Monaten ließen Revier und Anwohner des Grünen Wegs 101 nicht locker. Nach einer Reihe weiterer Beschwerden wurde die Verteilungsstelle im April 1911 an den Ostbahnhof verlegt.[138]

Natürlich war die dramatisierende Beschreibung der Mißstände durch den Polizeileutnant Schild auch vom Interesse geleitet, endlich diese Verteilungsstelle loszuwerden. In den Wochen unmittelbar nach den Moabiter Unruhen und den Weddinger Krawallen[139] bot es sich geradezu an, das sittenlose Treiben am Grünen Weg 101 mit „Streikexzessen“ zu verknüpfen. Zwar stellten die leitenden Polizeibehörden nach Lokalinspektionen fest, daß die Polizeireviere in ihren Berichten übertrieben hätten.[140] Auch taucht bei keinem der 405 Fälle meiner „Kleinkrieg“-Fallsammlung eine der Verteilungsstellen als unmittelbarer Anlaß oder Kontext von Konflikten zwischen Polizei und Straßenpublikum auf, allein schon wegen der Tageszeit – sie ereigneten sich vorzugsweise abends und nachts. Dennoch sind sowohl die Gegend um den Grünen Weg wie das Scheunenviertel Konzentrationspunkte straßenpolitischer Konflikte auf dieser alltäglichen Ebene. Welche Gemeinsamkeiten das „Gesindel“ dieser subproletarischen Milieus mit Teilnehmern von „Streikexzessen“ aufwies, ist aber eine andere Frage. Aus der Perspektive der *Straßenpolitik von oben* veranschaulichen diese Beschreibungen die sozial entdifferenzierende Wahrnehmungsweise der Polizeiexekutive vor Ort: „Gesindel“ und „Janhagel“ waren Sammelbegriffe, die ein breites Spektrum unterschichtiger Existenzen und Handlungsweisen, vom vorübergehend stellungslosen Arbeiter über die Obdachlosen und „jungen Burschen“ bis hin zum Ganoven und Zuhälter abdeckten, die zu *einem* Objekt der Straßenaufsicht zusammengefügt wurden.

Begründete Annahmen darüber, welche Menschen tatsächlich die Verteilungsstellen frequentierten, lassen sich allein aufgrund der Berichte der Polizeireviere kaum treffen. Dennoch schließen Projektionen, wie sie in den Polizeiberichten enthalten sind, keineswegs deren partiellen Realitätsgehalt aus: Natürlich gab es viele Zuhälter, Gauner, Prostituierte, „junge Burschen“ und Gelegenheitsarbeiter in Berlin, von denen sich die „anderen“ zweifellos belästigt fühlten. Wie für andere Angehörige der Unterschichten galt auch für sie: Straße und Straßenöffentlichkeit waren Bestandteil ihrer Lebensweise, z. T. ihres Berufs, waren ein unentbehrlicher sozialer Raum, in dem sie möglicherweise das Bedürfnis sozialer Distinktion kleinbürgerlicher und bürgerlicher Vorderhausbewohner und -bewohnerinnen in besonderem Maße herausforderten, in dem aber auch die diesen Schichten eigenen „schamlosen“ Verhaltensweisen etwa bei sexistischen Angriffen auf Frauen und

137 24. PR an XII. HM v. 9.11.1910, BLHA, Rep. 30, Tit. 133, Nr. 18714, Bl. 144-147. Das ebenfalls zur Äußerung aufgeforderte Nachbarrevier 52 teilte diese Bedenken uneingeschränkt, ebd., Bl. 147-148v; der Antrag der Heilsarmee wurde abgelehnt, ebd., Bl. 148v.
138 Vgl. ebd., Bl.150-153, 162-177.
139 Siehe u. Kap. 6.
140 Vermerk der X. Abt. PP v. 22.3.1911, ebd., Bl. 159, 159v.

Mädchen am stärksten mit der äußerlichen Anständigkeit in bürgerlichen Kreisen kontrastierte.[141] Eine von der Verkehrsabteilung angefertigte Übersicht über sämtliche 35 Verteilungstellen in Berlin zeigt, daß offensichtlich nicht quantitative, sondern qualitative Unterschiede im Andrang für das Ausmaß der Gefährdung von Verkehr und öffentlicher Ordnung ausschlagebend waren. Während einige sehr große Verteilungsstellen in Arbeitervierteln ohne Klagen blieben (Skalitzer Straße mit bis zu 2.000 Personen, Voltastraße mit bis zu 800 Personen), wurden auch über sehr kleine Verteilungsstellen (Oranienstraße E. Alexandrinenstraße mit 60-80 Personen) die üblichen Mißstände berichtet.[142] Die Übersicht bestätigt im übrigen die vom Vorsteher des 19. Polizeireviers angestellte Vermutung, daß die Verteilung des Arbeitsmarkts in den Arbeiterwohnquartieren reibungsloser durchzuführen gewesen wäre. Auch sein Hinweis auf die Unruhe befördernden „socialen Einrichtungen" im Stadtzentrum ist weiterzuverfolgen. Sieben von elf der problematischen Verteilungstellen lagen in Stadtteilen, die laut Schwippes sozialökologischer Analyse niedrigen, z. T. durch Verslumung bedingt, extrem niedrigen Sozialstatus mit den von der Stadtmitte her sich ausbreitenden City-Funktionen (Typ III) verbanden.[143] Es handelte sich also *nicht* um die damals jüngeren, verhältnismäßig homogenen Arbeiterwohnviertel des äußeren Dreiviertelrings vom Nordwesten bis Südosten, in denen diese Einrichtung zu ständigen Reibereien zwischen Anwohnern und Straßenvolk führte, sondern um die zum Zentrum hin orientierten, verkehrsreichen und zugleich älteren Stadtviertel, in denen auch großstadttypische Dienstleistungen einschließlich jener „socialen Einrichtungen" angesiedelt waren.

Interesse verdienen zum Schluß dieses Abschnitts noch die Alternativen zur öffentlichen Verteilung des Arbeitsmarkts, die die Polizei-Offiziere immer wieder forderten. Anhand einer ähnlich gelagerten Problematik, nämlich der Mißstände in der Umgebung von *Arbeitsnachweisen,* lassen sich Umrisse einer von den Exekutiv-Beamten befürworteten Privatisierung des Ordnungs-Problems erkennen, die auch Anleihen beim innenpolitischen Gegner nicht scheute.

Insbesondere der Arbeitsnachweis des „Verbandes der Berliner Metallindustriellen" fiel den Sachbearbeitern im Polizeipräsidium immer wieder unangenehm auf, während bei anderen Arbeitsnachweisen deren Betreiber in der Lage waren, in Eigenregie für die Aufrechterhaltung der Ordnung in und um ihr Büro zu sorgen.[144] Dieser Arbeitsnachweis in der Gartenstraße erforderte die ständige Anwesenheit eines Postens. Die Ordnungs-Probleme glichen denen der Verteilungstellen des Arbeitsmarkts. Das hierzu berichtende 11. Polizeirevier bestätigte Beschwerden eines benachbarten Hauseigentümers. Bis zu 1.300 Personen pro Tag würden sich in die Bewerberliste eintragen lassen, so daß gelegentlich 400 Personen gleichzeitig un-

---

141 Ich habe keine Hinweise darauf gefunden, daß sich die Männer verschiedener Bevölkerungsgruppen in puncto sexistischer Verhaltensweisen gegenüber Frauen wesentlich voneinander unterschieden; den öffentlichen „Belästigungen" der erwähnten Vorderhausbewohnerinnen durch Angehörige der Unterschichten ließe sich die sexuelle Ausbeutung materiell Abhängiger, wie sie in bürgerlichen Haushalten gang und gäbe war, gegenüberstellen, vgl. Stillich (1902).
142 Aktenvermerk zur „Zusammenstellung der Reviereingänge betrffd. Arbeitsmarkt", BLHA, Rep. 30, Tit. 133, Nr. 18714, Bl. 156-158.
143 Siehe o. Kap. 2.1.1.
144 Siehe BLHA, Rep. 30, Tit. 133, Nr. 18714, Bl. 12, 12v, 102-103.

mittelbar an der Tür zum Arbeitsnachweis warten müßten, da dessen Wartesaal viel zu klein sei. Die Wartenden auf den zum Grundstück dazugehörenden Hof aufzu-stellen, sei dem Arbeitsnachweis vom Vermieter untersagt worden. „Der Privatunter-nehmer wälzt mit anderen Worten so den schwierigsten Teil der Arbeit, das Be-wachen der ungezügelten Menge auf die öffentliche Straße, die Polizei p. p. ab." Es müßten ständig ein Schutzmann, meist aber mehrere bis hin zur ganzen Wache Auf-sicht führen. Der Leiter des Arbeitsnachweises müsse „im Interesse der öffentlichen Ruhe, Bequemlichkeit und Ordnung" verpflichtet werden, den ganzen Betrieb in seine Räume zu verlegen.[145] Der zur Äußerung aufgeforderte Leiter der XII. Haupt-mannschaft unterstützte das ihm unterstellte Revier ohne Einschränkung und hob insbesondere die Insultierungen „ehrbarer Frauen" durch das „Gesindel" hervor. Von der Problematik der Verteilungsstellen des Arbeitsmarkts unterscheide sich die des Arbeitsnachweises vor allem durch die Dauer: Während die Verteilung nur kurze Zeit in Anspruch nähme, hielte der Andrang beim Arbeitsnachweis den ganzen Tag über an. Auch er folgte dem Argumentationsmuster entlang des Verursacher-Prin-zips und gab einen Hinweis auf alternative Lösungsmöglichkeiten: Der Arbeitsnach-weis des Metallarbeiterverbandes hätte entsprechende Vorkehrungen getroffen, die Mißstände durch Ansammlungen Arbeitssuchender verhindern würden.[146]

Neugierig geworden erkundigte sich der Bearbeiter im Polizei-Präsidium beim 5. Polizeirevier, in dessen Bereich sich der gewerkschaftliche Arbeitsnachweis be-fand, „welche Vorkehrungen [...] der Metallarbeiterverband getroffen" habe. Dieser sozialdemokratische Verband benutze den Hof und die Durchgänge des eigenen Grundstückes in der Charitéstraße zur Unterbringung derer, die nicht drinnen war-ten könnten, lautete die Antwort. „Die Ordnung innerhalb des Hauses als auch vor demselben wird durch Ordner des Verbandes aufrecht erhalten, so daß das Revier mit einer dort von 10 Uhr vormittags bis gegen 12 Uhr vorm. stehenden Patrouille aus-kommt. Durch Anschlag in den Räumen ist den Mitgliedern ausdrücklich das Stehen auf der Straße verboten. Derartige Unzuträglichkeiten wie vor dem Nachweis in der Gartenstraße können hier nicht entstehen, da der Verband streng auf Aufrechterhal-tung der Ordnung hält, um ein polizeiliches Einschreiten zu vermeiden. Hinzu kommt noch, daß im Gewerkschaftshause sowohl als auch in der Nähe desselben grö-ßere sozialdemokratische Kneipen sich befinden, die eine große Anzahl Stellung suchender Genossen aufzunehmen imstande sind."[147]

Daraufhin schrieb das Polizei-Präsidium einen ziemlich energischen Brief „an den Vorsitzenden des Verbandes der Berliner Metallindustriellen, Herrn Kommerzienrat von Borsig": dieser wurde unter Bezug „auf den vom hiesigen Metall-Arbeiter-Verbande im Hause Charitéstraße eingerichteten Arbeitsnachweis, dessen Geschäfte ohne Inanspruchnahme der öffentlichen Straße und unter Verwendung von Perso-nen, die zur Aufrechterhaltung der Ordnung tätig sind, abgewickelt werden", zur Beseitigung der Mißstände aufgefordert. Es dauerte noch ein ganzes Jahr, bis der

---

145 11. PR an die Abt. IIb PP v. 28.8.1909, ebd., Bl. 125-127.
146 XII. HM an Abt. IIb PP v. 16.9.1909, ebd., Bl. 127v-129.
147 Bericht des 5. PR an Abt. IIb PP v. 24.9.1909, ebd., Bl. 129, 129v.

Arbeitsnachweis der Metallindustriellen in ein Fabrikgebäude in der Wusterhause-nerstraße (Luisenstadt diesseits des Kanals) zog, das 1.800 Personen Platz bot.[148]

Der von sozialdemokratischen Gewerkschaftern organisierte Arbeitsnachweis als *Vorbild* für die nichtpolizeiliche Aufrechterhaltung von Ruhe und Ordnung entsprach durchaus dem Trend zur Verlagerung disziplinierender Funktionen der Polizei in die Gesellschaft.[149] Der selbstbeherrschte und disziplinierte Habitus, den die Sozial-demokratie ihren Anhängern abverlangte, trug – sofern er der Vermeidung polizei-licher Eingriffsmöglichkeiten diente – gleichzeitig zum *indirekten* Erfolg der Straßen-politik von oben bei.[150] Das Beispiel des Arbeitsnachweises zeigt, daß dieser Prozeß nicht nur bei der Übernahme sozialdisziplinierender Funktionen durch Organisatio-nen der sozialen Fürsorge, bei Arbeitskämpfen und der Durchführung politischer Massenkundgebungen, also entweder am Rande der Gesellschaft oder in außer-gewöhnlichen Situationen, einsetzte. Konterkariert wurde diese aus der Not einer überforderten Exekutive geborene *Tendenz* zur Reduktion öffentlicher Disziplinie-rung durch die nach wie vor sozial selektive und zugleich entdifferenzierende Wahr-nehmung der Unterschichten als „schlechteres" Publikum, die ihrerseits dessen Renitenz herausforderte. In diesem Teufelskreis blieb die Legitimitätskrise des staat-lichen Gewaltmonopols in weiten Kreisen der Bevölkerung, konkret: das permanent gereizte Verhältnis zwischen Polizei und Publikum als eine der wichtigsten *Ursachen* straßenpolitischer Konflikte bestehen.

3.4 Straßen-Polizei und straßenpolitische Konflikte vor 1900

Die spärlichen Zahlenangaben zur Strafverfolgung straßenbezogener Delikte ebenso wie die durch Polizeiakten überlieferte Behandlung von hartnäckigen Problembe-reichen öffentlicher Un-Ordnung belegen die zwei grundlegenden Topoi polizeilicher Straßen-Aufsicht: „Sittlichkeit" und „Verkehr". Mit der an patriarchalischen Normen orientierten Bekämpfung von „Unsittlichkeit" wurde das gesellschaftliche Machtver-hältnis zwischen den Geschlechtern auch auf der Straße reproduziert: Ob gegenüber unbegleiteten Frauen im besonderen oder gegenüber dem „Pöbel" im allgemeinen – stets galt es, als „zügellos" und undiszipliniert wahrgenommenes Verhalten Herr-schaftsunterworfener der direkten Kontrolle von oben zu unterstellen. Daneben hatte die Polizei den Vorrang des Straßenverkehrs gegenüber anderen Straßennut-zungen zu sichern. Sowohl die Gebote der Sittlichkeit wie des Verkehrs sollten zur Disziplinierung des Straßen-Volks angewandt werden und zugleich zur Absicherung staatlicher Herrschaft beitragen. In der Praxis, die eine Anpassung an die Verände-rungen der Straßennutzung, insbesondere den steigenden Straßenverkehr und den damit einhergehenden größeren Menschenansammlungen erforderte, mußten an diesem Programm der sozialen Kontrolle Abstriche gemacht werden: In bestimmten

---

148 11. PR v. 23.10.1910 u. 55. PR v. 31.10.1910, ebd., Bl. 141v.
149 Vgl. Jessen (1991), S. 281.
150 Vgl. ebd., S. 288 f.

Situationen wurde sie entweder an andere, nicht-polizeiliche Instanzen abgegeben oder nach Gesichtspunkten der Opportunität ausgeübt. Derartigem Pragmatismus waren jedoch durch den sozialen Gehalt polizeilicher Straßen-Aufsicht von vornherein enge Grenzen gesetzt: Das Prinzip der Einteilung des Publikums in einen zu schützenden „besseren" und einen zu disziplinierenden „schlechteren" Teil und damit die unterschiedslose Diskriminierung aller der Unterschicht angehörenden Straßenbenutzer als *einem* breiten „Pöbel" wurde nicht infragegestellt, konnte im Interesse des Machterhalts von Adel, Militär und Bürokratie in Preußen nicht infragegestellt werden.

In diesem Prinzip des „divide et impera" waren die traumatischen Erfahrungen der preußischen Elite im Revolutionsjahr 1848/49[151] aufgehoben: „Straße" war seitdem potentiell der soziale Ort des Aufruhrs und – wenn nicht rechtzeitig vorgebeugt wurde – des politischen und sozialen Umsturzes. Die Aufgabe der Polizeiexekutive orientierte sich an diesem Extremfall öffentlicher Un-Ordnung, Straßen-Aufsicht blieb also auch im Alltag Aufstands-Prävention. In diesem Sinne war die Schutzmannschaft allen „Mißgriffen" ihrer Beamten und Anfeindungen durch das Publikum zum Trotz seit ihren Gründungstagen erfolgreich: Durchaus zu Recht konnte ihr erster Chronist, Polizeihauptmann Schmidt, aus Anlaß ihres fünfzigjährigen Jubiläums stolz hervorheben, daß kritische Situationen durchweg ohne Requirierung des Militärs gemeistert worden waren. Zwar sind die Forschungen zu den straßenpolitischen Ereignissen in diesen Jahrzehnten sehr lückenhaft, dennoch kann davon ausgegangen werden, daß wesentlich mehr als die von Schmidt berichteten vierzehn größeren Krawalle für die Jahre 1859 bis 1892[152] nicht aufzufinden sind. Zugleich belegen diese Fälle die wenn auch im Vergleich zur ersten Hälfte des 19. Jahrhunderts[153] weitaus geringere so doch kontinuierliche Präsenz eines Potentials straßenpolitischer Konflikte in Berlin. Wie die wenigen Einzeluntersuchungen zu den in der Schutzmannschafts-Chronik erwähnten Fällen zeigen, war unabhängig vom jeweiligen Anlaß die Feindschaft zwischen Polizei und Publikum die Hauptursache der Eskalation.[154] Erst das massive, brutale und sozial selektive Eingreifen der Ordnungshüter führte zum gewaltsamen „Exceß". Charles Tillys These vom Verhalten der Staatsgewalt als einer häufigen *Ursache* „sozialen Protests" in der Epoche des Ausbaus des Nationalstaats findet – wenn auch nur anhand von Einzelfällen – hier eine regionale Bestätigung.[155]

---

151 Vgl. Gailus (1990), 5. Kap.
152 Schmidt (1898), passim.
153 Siehe Gailus (1984), (1988), (1990).
154 Vgl. Lindenberger (1984), S. 44-57 für drei Fälle aus den 60er Jahren, Nitsche (1981), S. 42-83 für die Mieter-Krawalle 1872, Fröba/Nitsche (1983) für die Arbeitslosen-Unruhen Februar 1892/93.
155 Siehe Tilly, C. u. a. (1975), S. 252; siehe a. Jessen (1991), S. 279 f.

4 Der alltägliche Kleinkrieg zwischen Polizei und Publikum

4.1 Zur Repräsentativität der Kleinkrieg-Fallsammlung

In den fünfzehn Jahrgängen der Vossischen Zeitung zwischen 1. Januar 1900 und 31. Juli 1914 habe ich, von „Streikexzessen" und Straßendemonstrationen abgesehen, 405 Ereignisse[1] gefunden, die folgende Eigenschaften aufwiesen: Sie fanden auf *öffentlichen Straßen und Plätzen* statt, es bildete sich dabei eine *Menschenmenge,* und die *Polizei* war in irgendeiner Weise beteiligt. Diese Kriterien wurden sowohl aus systematischen als auch aus pragmatischen Gründen gewählt:

1. Das Kriterium „auf öffentlichen Straßen und Plätzen" spezifiziert das mögliche breitere Kriterium „Öffentlichkeit", das auch sämtliche öffentlichen Versammlungen etwa in Sälen und Lokalen einschließen würde. Diese unterlagen jedoch anderen Ordnungen, sei es der des Vereins- und Versammlungsrechts oder der Gewerbeordnung, die zu den allgemeinen Bestimmungen über die Aufrechterhaltung von Ruhe, Sicherheit und Ordnung hinzutraten und auch das Handeln der Exekutive banden. Nur im öffentlichen Raum unter freiem Himmel — unter Einbeziehung des Grenzfalls überdachter Bahnhöfe — kam es zu jenen Begegnungen zwischen Menschenmengen und der Staatsgewalt, die für die Entwicklung der *Straßenpolitik* von Bedeutung waren.

2. Das Kriterium „Menschenmenge" im Sinne der Definition von Harrison[2] ermöglicht die Konzentration auf Interaktionen, die nicht nur formal, sondern auch real „öffentlich" waren, das heißt sich zumindest vor den Augen eines — häufig passiv — anteilnehmenden Publikums abspielten. Damit werden zahlreiche in der Vossischen Zeitung erwähnte Interaktionen zwischen Polizei und Individuen ausgeschlossen, bei denen die Anteilnahme einer Menschenmenge lediglich *vermutet* werden kann, weil sie nicht explizit berichtet wird. Da es in meiner Untersuchung aber um diejenigen *kollektiven* Erfahrungen und Handlungsweisen geht, die die drei Untersuchungsbereiche „Kleinkrieg", „Streikexzesse" und „Straßendemonstrationen" miteinander verknüpfen, kann von diesen Grenzfällen abgesehen werden.

3. Die Erwähnung der Polizei im Zeitungsbericht wurde als Hinweis auf die Außergewöhnlichkeit der Situation interpretiert, denn bekanntermaßen war die Schutzmannschaft gerade bei routinemäßigen Menschenansammlungen zugegen, ohne daß dies jedesmal erwähnt worden wäre, etwa bei Wochenmärkten, Sportveranstaltungen

---

1 Aus stilistischen Gründen werde ich im Folgenden diese Ereignisse auch wechselnd als „Fälle", „Straßenereignisse" oder „öffentliche Un-Ordnungen" bezeichnen.
2 Siehe o. S. 27 f.

oder an belebten Kreuzungen etc. Vor allem trägt das Kriterium „Polizei" der Tatsache Rechnung, daß ihre Situationsdefinitionen und Handlungsweisen Straßenpolitik als einer Interaktion von oben *und* unten mitkonstituierten. Erst durch die Polizei wurde ein Ereignis zu einem Fall für die „öffentliche Ordnung". Grenzfälle sind hier Konflikte — in der Regel größere Schlägereien unter Zivilpersonen —, bei deren Darstellung die Polizei nicht erwähnt wurde. Handelte es sich dabei allerdings — wie in vielen Fällen — um einen von der Polizei selbst der Presse mitgeteilten Fall aus dem täglichen Polizeibericht, dann wurde er in die Fallsammlung aufgenommen.

Diese 405 Fälle sollen nun hinsichtlich ihrer *zeitlichen* und *räumlichen* Kontextbedingungen, ihrer *Teilnehmer und Teilnehmerinnen* und deren *Art der Beteiligung* verglichen werden, um einen ersten Überblick über die *formalen* Eigenschaften dieser Konflikte zu gewinnen. In einem zweiten Untersuchungsschritt werden die wichtigsten *Anlässe* nach ihrem *sozialen Gehalt* zu Gruppen zusammengefaßt, um so eine *Typologie* der Interaktionen des Kleinkriegs zwischen Polizei und Publikum zu entwickeln und deren wichtigste *Handlungselemente* zu bestimmen. Zunächst muß aber die Repräsentativität der Fallsammlung quellenkritisch diskutiert werden.

Worin besteht die spezifische Aussagekraft der Meldung von Straßenereignissen im Lokalteil einer Tageszeitung? Es ist von vornherein davon auszugehen, daß Tageszeitungen nur einen *Teil* der „tatsächlichen" öffentlichen Un-Ordnung auf Berlins Straßen meldeten und melden konnten. Nur diejenigen Ereignisse, die von der Polizei als außergewöhnlich eingestuft wurden oder unabhängig davon auffielen, bilden also den Rohstoff der Analyse. Über Ausmaß und vor allem Qualität der anderen, nichtgemeldeten Ereignisse, die allenfalls teilweise und indirekt als statistische Fakten überliefert sind, kann nur spekuliert werden, sofern nicht eine Behördenquelle systematischere Beobachtungen erlaubt. Beispiele wie die Akten über die Verteilungsstellen des „Arbeitsmarkts" oder den Unfug in der Silvesternacht sind aber Ausnahmen. Gerade die alltägliche öffentliche Un-Ordnung taucht so gut wie nie in Form konkreter Einzelfallschilderungen in der archivalischen Überlieferung auf. Zum anderen zeigt die *Tatsache der Nachricht* eine „alltägliche" Außergewöhnlichkeit gegenüber zahllosen anderen Straßenereignissen mit Polizeibeteiligung an, die durch die Nachricht selbst belegt werden mußte. Daß ein Vorfall zur Nachricht wurde, rechtfertigte sich durch die Schilderung dieser Außergewöhnlichkeit. Meldungen wie die folgende waren hingegen selten: *„Schwere Ausschreitungen,* die — wie gewöhnlich — aus den nichtigsten Ursachen begangen wurden, haben gestern wiederum mehrfach die Polizei beschäftigt. Es kam zu verschiedenen *Zusammenstößen zwischen Schutzleuten und Unfugstiftern,* wobei die Beamten von ihren Waffen Gebrauch machen mußten."[3] Erst durch die konkrete Schilderung der Umstände und des Verlaufs eines Ereignisses entstand eine Nachricht, die wegen Außergewöhnlichkeit — und sei es auch auf dem untersten Niveau alltäglicher Vorkommnisse — als Einzelereignis zu melden war. Gerade der Selektionsprozeß der Nachrichtenproduzenten zwang diese zu einer qualitativen „Anreicherung" der Meldungen, und dies gilt es in der Analyse der Fall-

---

3 Vossische Zeitung v. 23.9.1912, Nr. 486.

sammlung zu nutzen. Nur anhand der daraus resultierenden konkreten „Geschichten" lassen sich verschiedene Typen der Interaktion auf der Straße, ihre Handlungselemente und ihre Bedeutung für straßenpolitische Ereignisse herausarbeiten. Darin unterscheiden sie sich von der Deliktstatistik, deren quantitative Aussagen zwar dem „wirklichen" Umfang des Straßengeschehens etwas näher sein dürften, jeglichen Informationsgehalt über deren Verlauf und Kontext aber durch das sie erzeugende standardisierte Verfahren verloren haben. Und nur anhand individueller „Geschichten" − und eine solche stellt fast jede Meldung eines Straßenereignisses dar − lassen sich soziale Bedeutungen von Straßenereignissen differenzierend herausarbeiten. Die Fallsammlung kann daher als *qualitativ* repräsentativer Ausschnitt des Berliner Straßengeschehens interpretiert werden: Sie ermöglicht die differenzierte Beschreibung typischer Situationen öffentlicher Un-Ordnung, die in der Wahrnehmung der Zeitgenossen vertrauter Bestandteil des Großstadtlebens waren.[4]

Das quantitative Gewicht der dabei bestimmten Gruppen und Interaktionstypen innerhalb der Fallsammlung ist jeweils differenziert zu interpretieren: Zum Beispiel kann generell davon ausgegangen werden, daß bei banalen und „harmlosen" Störungen der öffentlichen Ordnung der „Eisberg-Effekt", also der Umfang der nicht an der „Oberfläche" der Tageszeitung „auftauchenden" gleichartigen Ereignisse, wesentlich größer ist als bei den gravierenden, mit körperlicher Gewalt und kollektiven Aktionen gegen die Polizei verbundenen Ereignissen. Aus demselben Grund gilt es die zunächst vorgestellten quantitativen Ergebnisse der formalen Analyse äußerst vorsichtig zu interpretieren: Sie sollten *cum grano salis*, als grobe Trendaussagen gelesen werden, als Anhaltspunkte für nicht-zufällige Verteilungen, die mit aus anderen Quellen gewonnenen Befunden zu verbinden sind.

Dasselbe gilt für die Frage nach dem Gesamtumfang öffentlicher Un-Ordnung im Untersuchungszeitraum: Sind 405 Ereignisse im Sinne der vorgestellten Kriterien innerhalb von vierzehneinhalb Jahren „viel" oder „wenig"? Gemessen an den drei Millionen Bewohnern im Einzugsgebiet der Vossischen Zeitung mag es wenig erscheinen. Die niedrige Gesamtzahl ist allerdings auch ein Effekt der erwähnten Kriterien für die Aufnahme eines Ereignisses in die Fallsammlung: Insbesondere für den Interaktionstyp „Aktionen gegen die Polizei" gilt, daß durch die Nichterwähnung der Beteiligung einer Menschenmenge die Aufnahme in die Fallsammlung unterblieb, obwohl der geschilderte Kontext eine solche vermuten ließ.[5] Wäre jede gemeldete

---

4 Systematische Untersuchungen zur Ergiebigkeit des *Lokalteils* von Tageszeitungen stehen noch aus und wären gerade für die Alltags- und Mikrogeschichte von größtem Interesse. Es handelt sich um eine Quellengattung, deren theoriegeleitete Auswertung in der Sozialgeschichte immer noch sträflich vernachlässigt wird. Ihr Informationsgehalt wächst in dem Maße, wie das sprachliche Rohmaterial der zahllosen kleinen Meldungen, Notizen und Beobachtungen durch *standardisierte* Verfahren − und das heißt v. a.: Tag für Tag, Ausgabe für Ausgabe − erschlossen, also nicht nur punktuell auf vorab bekannte Ereignisse und Personen hin durchsucht wird. Gerade im Zeitalter ihres beinahe absoluten Monopols auf dem alltäglichen Nachrichtenmarkt repräsentierte der Lokalteil der Tageszeitungen die alltägliche veröffentlichte und rezipierte Wahrnehmung des gesellschaftlichen Kosmos in all seinen filigranen Verästelungen bis sichtbaren wie latenten Unordnung.

5 Zum Beispiel wurden für das Jahr 1905 12 Fälle von 'Aktionen gegen die Polizei' (siehe u. Kap. 4.3.8) allein aus diesem Grund nicht berücksichtigt, die sonst zur Gruppe der in die Fallsammlung aufgenommenen acht Fälle für dieses Jahr hinzugekommen wären. Bei der Auswertung in Kap. 4.3 werden vereinzelt auch derartige nicht in die Fallsammlung aufgenommene Ereignisse herangezogen.

Wirtshausschlägerei, jeder berichtete Konflikt mit einem Schutzmann in die Fallsammlung aufgenommen worden, hätte sie mindestens den doppelten Umfang angenommen, ohne entscheidende Informationen für das auf das Verhältnis zwischen Menschenmengen und Polizei gerichtete Erkentnisinteresse hinzuzugewinnen.

4.2 Übersicht über Kontextbedingungen, Teilnehmer bzw. Teilnehmerinnen und deren Beteiligung

Die erhobenen Fälle wurden zu zwei Dateien verarbeitet: Zu einer die 405 Fälle umfassenden *Datei der Ereignisse,* deren zeitliche, räumliche, teilnehmerbezogene, verlaufsbezogene und strafrechtliche Eigenschaften mithilfe von 49 Variablen erhoben wurden. Des weiteren zu einer *Personendatei,* in die alle individuell erwähnten Zivilpersonen aufgenommen wurden, über die mindestens eine der folgenden Eigenschaften angegeben war: Alter, Beruf bzw. Schichtzugehörigkeit, Wohnort bzw. -gegend. Auch hier wurden verlaufsbezogene Merkmale und die strafrechtliche Bearbeitung des Falles erhoben. Auf diese Weise entstand eine Datei, die Informationen über 763 Personen, die an 307 der 405 Ereignisse der Fallsammlung beteiligt waren, enthält, wobei allerdings nur in wenigen Fällen Daten zu mehreren oder gar allen Eigenschaften vorliegen. Diejenigen Merkmale, deren Erhebung zu aussagekräftigen Ergebnissen führte[6], werden nun in einem ersten Überblick vorgestellt und auf der aggregierten Ebene ausgewertet.

4.2.1 Zeit und Raum

Wann kam es besonders häufig zu un-ordentlichen Straßenereignissen? Beruht die Verteilung der Fälle auf zeitlichen *Zyklen*? Als Plausibilitätsannahmen sind folgende Schwerpunktbildungen denkbar: vorzugsweise in der warmen Jahreszeit, außerhalb der Arbeitszeit, also abends, nachts und am Wochenende. Jede diese Erwartungen wird durch die Ereignisdatei bestätigt. (S. Randverteilungen der Tabellen 2 und 3.)

In den ersten sechs *Jahren* (1900-1905) lag die Zahl der Fälle deutlich unter dem Durchschnitt von knapp 28 Fällen im Jahr. Es folgen drei Jahre überdurchschnittlicher Fallzahlen mit den Höhepunkten der Reihe 1906 (41 Fälle) und 1907 (53 Fälle), während die Ereignisse in den nächsten vier Jahren dicht um den Durchschnitt

---

6 Als nicht aussagekräftig erwiesen sich die im folgenden nicht analysierten Merkmale: „Feiertag", „Beteiligung von Militärs und anderer uniformierter Nichtpolizisten", „Beleidigung" und „Alkoholkonsum" als Bestandteil des Ereignisses in der Ereignisdatei; Merkmale zum Wohnort und zu den eventuellen Strafverfahren in der Personendatei. Insbesondere die mangelnde Aussagekraft des Merkmals „Alkoholkonsum" (nur in 14 % der Fälle bei geringer und nicht schlüssig zu interpretierender Streuung innerhalb der Interaktionstypen) mag überraschen, ereignete sich doch die Mehrzahl der Fälle während der Arbeiterfreizeit und stand mit dieser direkt oder indirekt in Verbindung. Auch wenn gerade in den Fällen, die sich im Umfeld der Kneipen ereigneten, vom vorherigen Alkoholkonsum der Teilnehmer auszugehen ist, läßt sich keine spezifische Funktion des Alkoholkonsums für einen der Interaktionstypen aus den Quellen herauslesen. Vgl. im übrigen zur „modernen", die Tradition des „exzessiven Wochenendtrinkens" ablösenden geselligkeitsorientierten proletarischen Trinkkultur am Hamburger Beispiel Wyrwa (1991).

schwankten. 1912 bildet den dritten Höhepunkt mit 38 Fällen, gefolgt vom Jahr 1913 mit immer noch überdurchschnittlicher Aktivität. Auffallend ist das plötzliche Absacken in den sieben Friedensmonaten des Jahres 1914. Der Anstieg 1906 bis 1908 legt Vermutungen über einen Zusammenhang mit der konjunkturellen Entwicklung nahe, da in diesen Jahren eine Rezession einsetzte, deren soziale Folgen sich auch auf der Straße bemerkbar machen konnten. Demgegenüber erscheint der noch in eine wirtschaftliche Boomphase fallende Höhepunkt 1912 zunächst als kontra-intuitiv.[7] Den übrigen Schwankungen sollte zunächst nicht zuviel Gewicht beigemessen werden, da die bereits besprochenen längerfristigen Trends öffentlicher Un-Ordnung insgesamt die Annahme einer kontinuierlich schwankenden, aber nicht sich dramatisch verändernden Präsenz derartiger Ereignisse nahelegen. Das insgesamt höhere Niveau ab 1905 könnte mit der oftmals konstatierten Zunahme des gesamtgesellschaftlichen Spannungspotentials als Echo der russischen Revolution in Verbindung gebracht werden.[8]

Tab. 2: Verteilung der Kleinkrieg-Fälle auf Jahre und Jahreszeiten, Berlin 1900-1914

Jahr	Winter	Frühjahr	Sommer	Herbst	insgesamt
1900	1	6	3	3	13
1901	2	3	3	5	13
1902	5	6	9	4	24
1903	9	3	8	3	23
1904	1	3	6	5	15
1905	4	5	11	4	24
1906	5	2	20	14	41
1907	9	10	19	15	53
1908	8	11	11	5	35
1909	4	3	11	6	24
1910	6	10	13	6	35
1911	7	7	7	6	27
1912	8	4	13	12	37
1913	6	6	10	8	30
1914	4	2	2	0	8
Summe	79	81	146	96	402*

Winter: Dezember, Januar, Februar; *Frühjahr:* März, April, Mai; *Sommer:* Juni, Juli, August; *Herbst:* September, Oktober, November.   Quelle: Kleinkrieg-Fallsammlung

Die Verteilungen innerhalb der Zeitzyklen bestätigen weitgehend die angeführten Plausibilitätsannahmen (s. Tab. 3). Bei den *Monaten* stehen Juli und August mit 51 und 62 Fällen deutlich an der Spitze, gefolgt von September und Oktober mit 38 und 40 Fällen. Ganz am Ende der Skala liegen November und Dezember, während die Häufigkeiten für die ersten sechs Monate des Jahres um den Durchschnitt schwanken. Einer Intensivphase in der Zeit des Hochsommers bis hin zum Herbstbeginn folgte ein Einbruch in der kalten Jahreszeit ab November, während sich die Zahl der Ereignisse im Frühling auf einem mittleren Niveau bewegte (s. Tab. 2). Bei den

7 Vgl. Spree (1978), S. 103. Zu den möglichen Wechselwirkungen mit gleichzeitigen Streikwellen siehe u. Kap. 8.1.1.
8 Siehe u. S. 336 f.

Wochentagen liegen ebenfalls nicht unerwartet Sonnabend und Sonntag mit deutlichem Abstand an der Spitze, und auch der erste Wochentag scheint in der Tradition des „blauen Montags" noch unter den Auswirkungen des Wochenendes zu stehen. Vom Dienstag als Tiefpunkt des Wochenzyklus ausgehend beginnt dann wieder ein sich über die Werktage hinziehender Anstieg.

Tab. 3: **Verteilung der Kleinkrieg-Fälle auf Tageszeiten und Wochentage, Berlin 1900-1914**

Wochentag:		mo	di	mi	do	fr	sa	so	Sa.
Tageszeit									
Morgens,	6-8 Uhr	1	1	4	1	0	2	3	12
Vormittags,	8-12 Uhr	2	3	2	6	1	2	2	18
Mittags,	12-14 Uhr	0	1	2	3	2	1	2	11
Nachmittags,	14-18 Uhr	8	4	7	7	8	5	15	54
Tagsüber,	6-18 Uhr								
(ohne genauc Angabe)		9	7	5	7	3	7	3	41
Abends,	18-22 Uhr	17	11	13	17	19	7	12	96
Nachts,	22-6 Uhr	16	14	13	18	15	45	32	153
Tagsüber, insgesamt		20	16	20	24	14	17	25	136
Abends + nachts		33	25	26	35	34	52	44	249
Summe		53	41	46	59	48	69	69	385*

Quelle: Kleinkrieg-Fallsammlung   * Bei drei bzw. 20 Fällen fehlen die Angaben für eines der Merkmale.

Fast doppelt soviele Fälle wie *tagsüber* (6-18 Uhr) fanden *abends* und *nachts* (18-6 Uhr) statt. Zur weiteren Differenzierung konnten für 350 Fälle verschiedene Tagesabschnitte erhoben werden. Daraus ergab sich folgender charakteristischer Tagesverlauf: Bis zum Mittag ist mit 5 Fällen pro Stunde wenig „los", der Nachmittag bringt einen deutlichen Anstieg auf 10,8, gefolgt vom Abend mit 24,0 und der Nacht mit 19,1 Fällen pro Stunde. Wochenende und die Abend- und Nachtstunden auch der Werktage bilden zugleich die Zeiträume der Arbeiterfreizeit, ein Befund, dem auch die bivariaten Verteilungen in den Tabellen 2 und 3 weitgehend entsprechen.[9]

Wo fanden diese Ereignisse statt? Verteilten sie sich gleichmäßig oder nach einem bestimmten Muster der Konzentration auf das Stadtgebiet? Anhand der Einteilung des Untersuchungsgebietes in die *Vororte* und die 31 Berliner *Stadtteile* im Jahre 1910, die auch Schwippes Bildung von Berliner Sozialraumtypen[10] zugrundeliegen, wurde jeder Fall geographisch zugeordnet.[11] In einer ersten Annäherung entspricht die Verteilung der naheliegenden Annahme, daß es vor allem in verkehrs- und/oder bevöl-

---

9 Angesichts der schon bei diesen bivariaten Verteilungen vielfach niedrigen (< 10) und daher mit aller gebotenen Vorsicht nur als Trends zu interpretierenden Fallzahlen bei den verschiedenen Merkmalskombinationen muß auch der Zufall als Erklärung in Betracht gezogen werden. Analysen anhand der Kombination von mehr als zwei Merkmalsausprägungen wurden daher nicht durchgeführt. Die Weddinger Fleischrevolte im September 1912 trug zum relativ starken Gewicht des Donnerstags bei, da an diesem Wochentag der große Sturm auf die Markthalle und die Fleischereien stattfand, siehe Lindenberger (1994).
10 Siehe o. Kap. 2.1.1.
11 Eine feinere Bestimmung ausgesuchter geographischer Schwerpunkte unterhalb dieser Ebene wird im Anschluß an die Typenbildung am Ende des Kapitels vorgenommen.

kerungsreiche Gegenden zu mehr Menschenansammlungen mit Polizeibeteiligung auf der Straße kam und daß dabei die Wohnviertel der Unterschichten stark und ausgesprochen bürgerliche Viertel schwach vertreten sind. Der Anteil der Vororte ist zudem mit 17% erwartungsgemäß niedrig, da sich die Aufmerksamkeit der Vossischen Zeitung in erster Linie auf Berlin konzentrierte, wobei unter den erwähnten Vororten die Großstädte Charlottenburg, Neukölln und Schöneberg deutlich vor den anderen Orten liegen. In der Verteilung innerhalb des Berliner Stadtgebiets lassen sich anhand einer Rangliste folgende Schwerpunktbildungen beobachten (s. Tab. 4 und Abb. 10): An der Spitze liegt mit großem Abstand das zum Typus der verslumten Unterschichtenviertel im Einzugsbereich der City gehörende Spandauer Viertel, von dessen 40 Fällen allein 31 auf dessen östliche Hälfte, das Scheunenviertel, entfallen. Innerhalb des von Nordwesten nach Südwesten das Zentrum umschließenden „Dreiviertelrings" der jüngeren Arbeiterquartiere sind zwei Schwerpunkte auszumachen: Die drei aneinander grenzenden Stadtteile Gesundbrunnen (26 Fälle), Wedding und Oranienburger Vorstadt (je 23 Fälle) bilden nördlich des historischen Stadtkerns eine größere Verdichtungszone. Richtung Südosten grenzt östlich der Spree mit den drei Stralauer Vierteln (zusammen 48 Fälle) ein weiterer Schwerpunkt an das Zentrum. In den übrigen Arbeitervierteln ist eine mittlere Häufigkeit zu beobachten, wobei sich südlich der Spree (Luisenstadt, Tempelhofer Vorstadt) insgesamt weniger ereignete als nördlich davon. Westlich des Stadtzentrums bilden die Regierungs-, Geschäfts- und Vergnügungsviertel Friedrich- und Dorotheenstadt mit 32 Fällen einen eigenen Schwerpunkt.

Diesen räumlichen Konzentrationen stehen Gegenden mit unterdurchschnittlicher Ereignisdichte gegenüber: Zum einen die vier Stadtteile des historischen Kerns: Berlin, Kölln, Neu-Kölln und Friedrichswerder mit zusammen nur 17 Fällen, zum anderen die vornehmen Gegenden in „Berlin W": die Tiergarten- und die Friedrich-Vorstadt sowie die Friedrich-Wilhelmstadt (zusammen 6 Fälle).

Ein weiteres, nicht rein geographisches Verteilungsmuster erbrachte die Anwendung der sechs von Schwippe bestimmten Berliner Sozialraumtypen. Auch sie weisen in ihren Anteilen an den gesammelten Fällen charakteristische Unterschiede auf (s. Tab. 5).

Auffallend ist das gemessen am Anteil an allen Stadtteilen deutlich überproportionale Gewicht des Typs III, also „sozialstatusniedrige[r] Stadtteile, die entweder bereits in die City einbezogen sind, oder die sich im Einflußbereich der sich erweiternden City befinden".[12] Hauptverantwortlich für dieses Ergebnis sind der Spitzenreiter Spandauer Viertel, das westliche Stralauer Viertel und die Friedrichstadt, die allerdings durch ihren höheren Sozialstatus eine Ausnahme innerhalb dieses Typs bildet. Charakteristisch für diese Stadtregionen ist das unmittelbare Nebeneinander von expandierenden Dienstleistungen, wie Verkehr, Geschäftsstraßen und Verwaltungen, und von diesen Umstrukturierungen noch nicht erfaßten, aber bereits der spekulativen Verslumung preisgegebenen Wohnquartieren, in denen alte und junge Erwachsene über-, Familien mit Kindern hingegen unterrepräsentiert sind.

---

12 Schwippe (1983), S. 305.

Tab. 4: Verteilung der Kleinkrieg-Fälle auf Berliner Stadtteile, 1900-1914

Rang*	Stadtteil	Sozialraumtyp	Fälle
1.	Spandauer Viertel	III	40
2.	Gesundbrunnen	V	26
3.	Wedding	V	23
3.	Oranienburger Vorstadt	VI	23
5.	Friedrichstadt	III	20
5.	Königsviertel, nördlich	V	20
7.	Stralauer Viertel, westlich	III	19
8.	Stralauer Viertel, südöstlich	V	17
9.	Dorotheenstadt	II	12
9.	Moabit, westlich	VI	12
9.	Rosenthaler Vorstadt, südlich	I	12
9.	Stralauer Viertel, nordöstlich	V	12
13.	Luisenstadt diesseits des Kanals	III	11
13.	Rosenthaler Vorstadt, nordöstlich	V	11
13.	Königsviertel, südwestlich	III	11
16.	Berlin	I	10
17.	Rosenthaler Vorstadt, nordwestlich	V	9
18.	Luisenstadt jenseits des Kanals, östlich	V	8
19.	Schöneberger Vorstadt	I	6
20.	Tempelhofer Vorstadt, westlich	VI	5
20.	Luisenstadt jenseits des Kanals, westlich	I	5
20.	Tempelhofer Vorstadt, östlich	VI	5
23.	Kölln	I	4
23.	Moabit, östlich	II	4
23.	Tiergarten-Vorstadt	IV	4
26.	Königsviertel, südöstlich	V	3
27.	Friedrich-Wilhelm-Stadt	II	2
27.	Friedrichswerder	I	2
29.	Neu-Kölln	III	1
30.	Obere Friedrichvorstadtstadt	I	0
30.	Untere Friedrichvorstadt	IV	0
	Summe		337

Quelle: Kleinkrieg-Fallsammlung.
* Bei gleicher Fallzahl wurde der höchste Rang mehrmals vergeben.

Tab. 5: Verteilung der Kleinkrieg-Fälle auf Berliner Sozialraumtypen, 1900-1914

Sozialraumtyp		Fälle
I	(7 Stadtteile)	39
II	(3 Stadtteile)	18
III	(6 Stadtteile)	102
IV	(2 Stadtteile)	4
V/VI	(13 Stadtteile)	174
Alle 31 Stadtteile		337

Quelle: „Kleinkrieg"-Fallsammlung.

Abb. 10: *Geographische Verteilung der Kleinkrieg-Fälle auf Berliner Stadtteile und größere Vororte, 1900-1914*

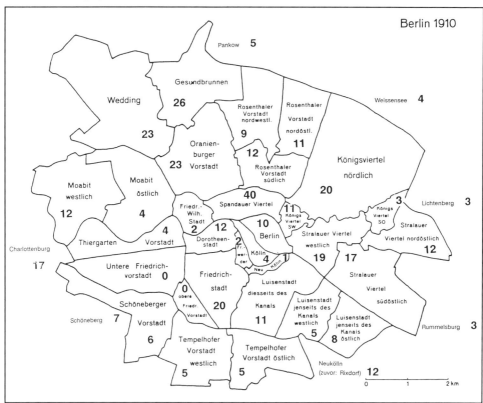

Wenig überraschend ist die Verteilung der restlichen Fälle. Ähnlich wie bei der rein geographischen Verteilung sind die Viertel mit hohem Sozialstatus, ob nun reine Wohnviertel (Typ IV) oder nicht (Typ II), unterrepräsentiert. Schwieriger zu interpretieren ist der relativ niedrige Anteil des Typs I, der durch das gegenüber anderen Sozialraumtypen hohe Gewicht der Spezialisierung und ethnischen Segregation gebildet wurde und die klassischen City-Gebiete umfaßt, also Ähnlichkeiten mit dem Typ III aufweist.[13] Hinsichtlich ihres niedrigen Anteils an den hier untersuchten Straßenereignissen sind sie sich jedenfalls ziemlich ähnlich. In den Wohnquartieren mit niedrigem Sozialstatus und geringer Spezialisierung oder ethnischer Segregation der Typen V und VI, den Arbeitervierteln, ereignete sich mehr als die Hälfte der Berliner Fälle, obwohl sie nur gut zwei Fünftel aller Stadtteile umfassen.[14]

---

13 Ebd.

14 Eine Auswertung, die die Bevölkerungszahl der Stadtteile bzw. Sozialraumtypen einbezieht, bestätigt zum einen die besondere Bedeutung des Sozialraumtyps III, ist im übrigen aber nicht schlüssig interpretierbar, da Umfang der Wohnbevölkerung und Häufigkeit von Straßenereignissen nicht in linearer Beziehung zueinander stehen. Die Intensität der Straßennutzung eines Viertels wird nicht nur durch die Menge der Anwohner, sondern auch durch die regelmäßige Anwesenheit Auswärtiger

Eine weitere Differenzierung des räumlichen Verteilungsmusters ist – ohne auf die Teilnehmer- und Verlaufsstrukturen überzugehen – außerdem noch durch die Einbeziehung der Zeitvariablen möglich. Ich habe dazu Auszählungen des oberen Drittels der Rangliste aller Stadtteile, die knapp zwei Drittel aller Fälle auf sich vereinigten, geordnet nach Jahren vorgenommen. Die niedrigen Fallzahlen 1900 bis 1904 sind unter anderem auf die äußeren Arbeiterviertel zurückzuführen, deren Bebauung erst in dieser Zeit abgeschlossen wurde.[15] So tauchen z. B. die ersten Weddinger Fälle im Jahre 1906 auf; dasselbe gilt für das nördliche Königsviertel. Zentraler gelegene Stadtteile (Spandauer Viertel, Friedrichstadt) weisen hingegen bereits zu Beginn des Untersuchungszeitraums durchschnittliche Werte auf. Allen Stadtteilen ist die Verdichtungsphase 1906 bis 1908 gemeinsam, während der in der gesamten Fallsammlung festzustellende kleinere Höhepunkt 1912 nur im Spandauer Viertel und im Gesundbrunnen ausgeprägt ist. Die Verteilung der anderen Zeitvariablen bleibt hingegen weitgehend stabil; jedenfalls sind die Abweichungen angesichts der niedrigen Fallzahlen kaum zu interpretieren.[16]

4.2.2 Teilnehmer und Teilnehmerinnen

Die Informationen über Anzahl und Eigenschaften der an einem der Straßenereignisse Beteiligten sind im Vergleich zu anderen Angaben wie etwa Zeit, Raum und Ursache am ungenauesten. Der Anteil der Fälle ohne spezifizierende Angabe war hier am höchsten, so daß zu groben Schätzungen Zuflucht genommen werden muß:

Als „Menschenmenge" im Sinne der oben erwähnten Definition wurden einer weitverbreiteten Praxis der Prostestforschung folgend[17] alle Gruppen ab ca. 20 Zivil-Personen erfaßt. Da nur in 134 Fällen die Anzahl der Teilnehmer beziffert und nicht lediglich durch Angaben wie „einige" bzw. „mehrere Hundert" oder „Tausende", wenn nicht gar einfach durch die Bezeichnung „Auflauf" charakterisiert wurden, wurden diesen ungenauen Größenangaben entsprechend fünf Größenklassen gebildet. Dabei stellten auf der untersten Stufe Gruppen um 20 Personen einen qualitativen Sonderfall dar: In vielen Fällen handelte es sich um „Rotten" „halbwüchsiger Burschen", „Rowdies" oder „Zuhälter", die bei der Variablen „Teilnehmergrössenklasse" zu einer eigenen Gruppe zusammengefaßt wurden. In die nächsthöhere Größenklasse wurden alle Fälle eingestuft, an denen laut Zeitungsbericht deutlich mehr als 20, aber weniger als „einige" oder „mehrere" Hundert Personen beteiligt waren, was als „bis zu 199 Teilnehmern" interpretiert wurde. Im Sinne einer vorsichtigen Schätzung wurden in diese Gruppe auch die lediglich als „Auflauf" oder „Menschen-

---

bestimmt, aus dem Produkt beider ergeben sich die Gelegenheiten zu Straßenereignissen. Bevölkerungsarme Geschäftsviertel können daher einen extrem hohen Pro-Kopf-Wert aufweisen, bevölkerungsreiche und zugleich ereignisreiche reine Wohnquartiere wie der Wedding hingegen einen vergleichsweise niedrigen.

15 Siehe Baualterskarte der geschlossenen Mietshausbebauung in Berlin zwischen 1862 und 1925, Bauphase 4: 1896-1908, Geist/Kürvers (1984), gegenüber S. 368.

16 Eine weitere Teil-Auszählung zur differenzierten zeitlichen Verteilung nach Sozialraumtypen im Vergleich mit der Entwicklung von Arbeitskämpfen siehe u. Kap. 8.1.2.

17 Vgl. z. B. Tilly/Hohorst (1976), S. 234, Volkmann (1977), S. 168 f., Gailus (1990), S. 36.

menge" bezeichneten Fälle einbezogen, obwohl diese in etlichen Fällen größer gewesen sein dürften. Die Angabe „einige" oder „mehrere" Hundert wurde als 200-499 Personen, „viele Hundert" oder „Hunderte" wurde als 500-999 geschätzt, während nur die Angaben wie „ungeheure Menschenmengen" und „Tausende" die fünfte Größenklasse füllten.

Entsprechend der unvermeidlichen Grobschlächtgkeit dieser Angaben konzentriert sich mehr als die Hälfte der Fälle, nämlich 227, auf die zweite Größenklasse, ein unvermeidbarer Effekt ihrer *negativen* Definition als Restkategorie derjenigen Fälle, in denen außer der Information über die Tatsache einer Menschenmenge keinerlei Anhaltspunkte für deren ungefähre Größe vorhanden sind. Die erwähnten „Rotten" stellen mit 56 Fällen 14 %, die dritte Größenklasse mit 62 Fällen 15 %, während die beiden restlichen Größenklassen mit 26 (500-999 Personen) und 33 Fällen (über 1.000 Personen) nur 6 bzw. 8 % der Fallsammlung ausmachen.

Für die Quantifizierung der an den erhobenen Ereignissen beteiligten Polizisten lagen nur in 376 Fällen Zahlenangaben bzw. ausreichend ausführliche Schilderungen vor; in den restlichen 29 Fällen waren die Informationen so spärlich, daß nicht einmal eine Schätzung vorgenommen werden konnte. Die Fälle wurden daher bei vorliegenden Informationen in drei Gruppen: niedrige, mittlere und hohe Polizeibeteiligung eingestuft, deren Grenzen als bis zu 3, 4-9 und 10 und mehr beteiligte Polizeiangehörige definiert wurden. Den Löwenanteil stellt hier die 1. Größenklasse mit 235 Fällen, die sich leicht überproportional auf 144 Fälle der Teilnehmer-Größenklasse 2 (über 20-199) konzentrieren. Es handelt sich dabei also um die Standardsituation, die ein Drittel der Fallsammlung ausmacht. Etwa halb so häufig (117) war die mittlere Größenklasse (4-9 Polizisten) vertreten, zehn oder mehr Polizisten wurden hingegen nur in 24 Fällen (6 %) gemeldet.

Am spärlichsten fielen Informationen über Alter, Geschlecht und sozialen Status der an den Menschenmengen beteiligten, aber in den Schilderungen anonym bleibenden Personen aus. In 81 resp. 74 und 79 % der Fälle fand sich dazu keine Angabe. Ob die Teilnehmerschaft in diesen Fällen eher gemischt oder durch eine soziale Gruppe dominiert war, läßt sich in vielen Fällen allenfalls aufgrund des jeweiligen Kontextes (Stadtviertel, Tageszeit, Konfliktgegenstand, Art und Ausmaß von Gewalt) vermuten.

Die Ergebnisse der Auszählungen der Personendatei können zwar nicht direkt auf die Masse der anonymen Teilnehmer übertragen werden, da es sich in der Regel um die als Täter oder Opfer besonders aktiv Beteiligten bzw. besonders Geschädigten eines Straßenereignisses handelte. Dennoch geben sie in groben Zügen Aufschluß über die unterschiedlichen Wahrscheinlichkeiten, mit der verschiedene soziale Gruppen unter den Protagonisten derartiger Ereignisse vertreten sind. Mit großem Abstand bilden unter den 763 Zivilpersonen, auf die sich die folgenden Prozentangaben beziehen, *Arbeiter* und *Arbeiterinnen* mit 53 % die am häufigsten erwähnte Statusgruppe. Zusammen mit den proletarischen Jugendlichen (8 %) und den als „Janhagel" oder „Gesindel" Bezeichneten (7 %) bildeten sie mit 68 % den eindeutig der Unterschicht zuzurechnenden Anteil der erfaßten Zivilpersonen. Damit ähnelt diese Personendatei in ihrer statusmäßigen Zusammensetzung von den Größenordnungen her bei aller gebotenen Vorsicht gegenüber den Berufsbezeichnungen in der Zeitung der Zusammensetzung der Berliner erwerbstätigen Bevölkerung.[18] Mit 11 % bildet der gewerbliche Mittelstand nach den Unterschichten die zweitgrößte Gruppe. Es handelte sich hierbei vor allem um Personen wie Ladenbesitzer, Schankwirte und Hauswirte, die ihr Gewerbe nahe der Straßenöffentlichkeit ausübten. Die Angestellten sind ebenso wie das Bürgertum (Unternehmer, Beamte, Lehrer) mit je 6 % in dieser Fallsammlung schwach vertreten, ganz zu schweigen vom Adel, der nur einen Teilnehmer stellte. Junge Menschen sind überproportional vertreten: 148 20- bis 29-Jährige und 88 unter 20 Jahre alte Personen machen mehr als Dreiviertel der 303 mit Altersangabe erfaßten Personen aus. Nur 36 Frauen (= 5 %) wurden als als Einzelpersonen Beteiligte genannt; gerade dies einer der Werte, von denen nicht ohne weiteres auf die geringe oder gar bedeutungslose Beteiligung von Frauen an den Menschenmengen zurückgeschlossen werden darf. Innerhalb dieser kleinen Gruppe bildete der gewerbliche Mittelstand mit 9 von 28 Fällen, in denen die Statuszugehörigkeit erwähnt wurde, die größte Gruppe, während nur sechs Frauen mit Sicherheit der Unterschicht zuzuordnen sind.

4.2.3 Art der Beteiligung, Konfliktintensität und sozialer Status

Aufgrund der Definition der zu erhebenden Fälle liegt es nahe, die Beteiligten in drei *„Partizipationseinheiten"*[19] einzuteilen: *Polizisten* (P), *Einzelne* (E) und *Angehörige einer Menschenmenge* (M). Da das Erkenntnisinteresse dieser Untersuchung sich auf *Konflikte* (86 % aller Fälle) konzentriert, habe ich mit „Art der Beteiligung" ein Merkmal dieser Partizipationseinheiten definiert und erhoben, das Auskunft über das „Wer-gegen-wen?"-Verhältnis und die Gewaltintensität der Interaktionen gibt. In Konflikten sind die Beteiligten *Täter* oder *Opfer* oder − am häufigsten − *Täter und Opfer*. Von jeder Person wurde ihre Kategorie der Beteiligung (Einzelner, Angehöriger einer Menge, Polizist) erhoben, des weiteren, ob und von welcher Partizipationseinheit sie Opfer war und ob und gegen welche sie als Täter vorging. Außerdem wurde erhoben, ob die beteiligten Personen Gewalt anwendeten oder nicht. Richtete sich die Aktion innerhalb eines Ereignisses gegen verschiedene Partizipationseinheiten, dann wurde die das Ereignis dominierende Interaktion festgehalten. Im Vergleich zur sozialen Zusammensetzung der Gesamtgruppe der 763 Zivilpersonen lassen sich bei bestimmten zu Untergruppen zusammengefaßten Partizipationseinheiten folgende auffällige

---

18 Der Anteil der Arbeiter und Arbeiterinnen an allen Erwerbstätigen in Berlin betrug 1907 68,7 %, siehe o. S. 37. − Die erfaßten Statuszugehörigkeiten spiegeln zunächst die in der Zeitungsberichterstattung vorgefundenen Zuschreibungen wider, die natürlich nur zum Teil mit den systematischen Kategorien einer wissenschaftlichen Schichtenanalyse übereinstimmen. Im Fall des Bürgertums und der Oberschicht stellt dies wegen deren geringer Beteiligung kein Problem dar. Schwieriger ist die Rubrik „Gesindel", „Janhagel", „Zuhälter und Prostituierte", „Rowdies", „Obdachlose" etc. pp. − ein Personenkreis, der im etablierten Diskurs für gewöhnlich unter den (ggf. „anständigen") Arbeitern rangierte. In Schilderungen extremer öffentlicher Un-Ordnung hingegen wurden *alle* sich daran Beteiligenden als „Janhagel" bezeichnet.

19 „Partizipationseinheiten, und nicht Individuen, sind [...] die Basis für die Organisation sozialer Schauplätze und Ereignisse." Goffman (1982), S. 46. Goffmans an den öffentlichen Umgangsformen der US-amerikanischen Mittelstandsgesellschaft entwickelte Analyse von Interaktionen von Angesicht zu Angesicht *(face to face interactions)* geht von zwei Partizipationseinheiten, dem „Einzelnen" und dem „Miteinander" (ab zwei Personen) aus. Siehe ebd., S. 43-52.

Abweichungen konstatieren (s. Tab. 6, die Buchstaben bezeichnen die Spalten in den Untertabellen 6a bis 6d):

Arbeiter, die 53 % der Gesamtgruppe stellen, sind bei den gewaltlosen Einzelnen (e in Tab. 6a) nur mit 34 % vertreten, hingegen bei den gewaltsamen Einzelnen (E in Tab. 6a) mit 65 %. Insbesondere bei Auseinandersetzungen mit gewaltsamen Polizisten sind sie überrepräsentiert (71 %, EPP in Tab. 6d). Analoges gilt auch für die Personen, die sich als Angehörige einer Menschenmenge an gewaltsamen Auseinandersetzungen mit gewaltsamen Polizisten beteiligten (Arbeiteranteil = 62 %, MPP in Tab. 6d), nicht hingegen für die Angehörigen der übrigen gewaltsamen Menschenmengen (Arbeiteranteil = 34 %, nicht in der Tabelle aufgeführt). In dieser Gruppe von Interaktionen — es handelte sich dabei zum einen um Massenschlägereien und zum anderen um Aktionen gegen Hausbesitzer und Dienstherren[20] — sind das als „Gesindel" oder „Janhagel" bezeichnete subproletarische Milieu und Jugendliche überproportional vertreten. — Auf der anderen Seite fällt der überproportionale Anteil der bürgerlichen und kleinbürgerlichen Schichten an den *gewaltlosen* Einzelnen auf (e in Tab. 6a). Bei der Beantwortung der Frage „Wer wird bevorzugt ein Opfer von (gewaltsamen) Polizisten, (gewaltsamen) Einzelnen oder (gewaltsamen) Menschenmengen?" lassen sich folgende Abweichungen von der Gleichverteilung feststellen: Bei den *Opfern* von gewaltsamen Polizisten (P in Tab. 6b) liegt der Anteil der Unterschicht mit 80 % deutlich über ihrem Anteil an allen erfaßten Personen von 69 %; der Anteil des gewerblichen Kleinbürgertums an den Opfern einer gewalttätigen Menschenmenge beträgt das Zweieinhalbfache seines Anteils an allen in der Datei erfaßten Personen (29 % zu 11 %, M in Tab. 6b). Dem entspricht auch ihr fast ebenso hoher Anteil an den *Tätern* gegen eine gewaltsame Menschenmenge (23 %, M in Tab. 6c), wohingegen sie sich an Aktionen gegen gewalttätige Polizisten unterdurchschnittlich beteiligt haben (6 %, P in 6c).

Zusammengefaßt: Die Unterschichten stellten nicht nur absolut gesehen ca. zwei Drittel der erfaßten Zivilpersonen, die in Straßenereignisse verwickelt waren, sie waren in den gewaltsamen Auseinandersetzungen vor allem mit Polizisten deutlich überrepräsentiert, an den gewaltlosen Interaktionen hingegen unterrepräsentiert. Das gewerbliche Kleinbürgertum wurde in überdurchschnittlichem Ausmaß Opfer gewalttätiger Menschenmengen. Die Anteile für die Kategorien „kleine Angestellte und Beamte" sowie „Oberschicht" lassen aufgrund der niedrigen Fallzahlen eine sinnvolle Interpretation nicht zu.

---

20 Siehe u. S. 139-142.

Tab. 6: Sozialer Status und Beteiligung bei Kleinkrieg-Fällen, Berlin 1900-1914 (763 Zivilpersonen, in Prozent)

	Tab. 6a Für alle 763 N Beteiligt als				Tab. 6b Für 725 N* Opfer von						Tab. 6c Für 697 N* Täter gegen				Tab. 6d Für 311 N* Kombinationen			
		E	e	M	m	0	E	M	P	p	0	E	M	P	e	EEP	EEE	MPP
N=	763	358	145	238	22	156	141	94	247	87	89	217	53	262	81	150	88	73
Status																		
o. A.	8	6	5	16	0	22	7	3	5	1	8	19	4	5	0	6	10	4
Subpr.	7	3	4	14	0	2	2	2	15	6	4	4	15	12	0	3	3	33
Arb.	53	65	34	45	77	36	54	46	64	61	48	48	42	69	32	71	63	62
Jug.	8	1	3	23	9	34	2	3	1	2	4	12	6	1	32	2	0	0
Zwischensumme Unters.	68	69	41	81	86	72	58	51	80	69	56	64	63	82	64	76	66	95
Ang.	6	5	14	1	9	2	11	11	4	5	10	4	6	3	9	4	8	1
Gew.	11	14	21	0	5	0	13	29	7	13	10	10	23	6	15	9	11	0
Obers.	6	6	17	1	0	3	10	7	5	9	15	3	6	3	11	5	5	0
Rest	1	1	1	1	0	1	2	0	0	2	0	0	0	1	1	0	0	0
Summe	100	100	100	100	100	100	100	100	100	100	100	100	100	100	100	100	100	100

(in Prozent)

Quelle: Kleinkrieg-Fallsammlung

Erläuterungen:

Status:
- o. A. ohne Angabe
- Subpr. Subproletarische Gruppen („Gesindel", „Janhagel", Zuhälter„, Prostituierte, „Rowdies", „Penner")
- Arb. Arbeiter
- Jug. Jugendliche
- Unters. Unterschicht
- Ang. kleine Angestellte, Beamte, Dienstmädchen
- Gew. gewerblicher Mittelstand (Hauswirte, Kneipenwirte, Ladeninhaber, Handwerkermeister, Straßenhändler)
- Obers. Oberschicht (Bürgertum, Unternehmer, höhere Beamte, Adel, Offiziere)
- Rest Einfache Soldaten (4), Witwe (1). (Enthält Rundungsfehler)

Beteiligt als/ Opfer von/ Täter gegen:

E = gewaltsamer, e = gewaltloser Einzelner
M = gewaltsamer, m = gewaltloser Teilnehmer einer Menschenmenge
P = gewaltsamer, p = gewaltloser Polizist
0 = Nicht als Opfer bzw. Täter an der Interaktion beteiligt

Kombinationen:

EPP: Gewaltsamer Einzelner ist Opfer eines gewaltsamen Polizisten und Täter gegen einen gewaltsamen Polizisten.

EEE: Gewaltsamer Einzelner ist Opfer eines gewaltsamen Einzelnen und Täter gegen einen gewaltsamen Einzelnen.

MPP: Gewaltsamer Teilnehmer einer Menschenmenge ist Opfer eines gewaltsamen Polizisten und Täter gegen einen gewaltsamen Polizisten.

* Die restlichen N verteilen sich auf m, e und p bzw. andere Kombinationen, jedoch in Gruppen, die so klein sind, daß die Anteile nicht mehr interpretierbar sind.

4.3 Interaktionen und öffentliche Un-Ordnung: Eine Typologie

4.3.1 Vorbemerkung zur Methode

Der Versuch, den sozialen Gehalt kollektiver Handlungen in kurzen, oft nur einige Minuten andauernden Ereignissen zu erfassen, begegnet der Schwierigkeit, daß sich in deren knappen Beschreibungen die Relevanz der jeweiligen Situation für die übergeordnete Fragestellung immer wieder zu verflüchtigen droht. Die 405 Fälle ermüden als ein Wust aus Schlägereien, Neugierde, Sistierungen, Trunkenheit und „grobem Unfug" das analytische Auge. Dieses Problem des monotonen Verlaufs und der wiederkehrenden Schemata öffentlicher Un-Ordnung behandeln Arlette Farge und Jacques Revel am Beispiel der Analyse eines Aufruhrs gegen die Pariser Polizei im Jahre 1750. Zur Erklärung des Handlungsverlaufs schlagen sie vor, von „Regeln des Aufruhrs" (i. O. „règles de la foule") auszugehen, ein Ansatz, der mir auch für die Analyse von Berliner Straßenereignissen vor dem Ersten Weltkrieg als sinnvoll erscheint: Der Aufruhr sei demnach nicht etwa der erfolgreichen Manipulation einzelner Unruhestifter zuzuschreiben; er ziehe seine Teilnehmer vielmehr an, weil er „über die monotone Wiederholung der Aktionen, Gesten und Rufe der Menge denjenigen, die er zusammenführt, etwas gemeinsames vorstellt: ein Ziel zweifellos, aber mehr noch eine Sprache, die sich im Herzen des Geschehens entwickelt und jedem die Gründe für sein Handeln an die Hand gibt. Man kann also versuchen, den Aufruhr als einen Text zu lesen, den die Akteure improvisieren, sich dabei aber an den überkommenen Schemata orientieren. Das ist keineswegs eine rein willkürliche, eher schon eine ganz konventionelle Übung. Indem sie die Orte, die Situationen wählen, die Formen der Konfliktregelung festlegen, erfinden die Aufrührer von Episode zu Episode die Bedeutung ihrer Revolte."[21]

Nur durch exemplarische und „dichte" *Beschreibungen von Einzelfällen* können die *Elemente* dieser Sprache, also jene sich zu verschiedenen Anlässen und an verschiedenen Orten wiederholenden „Aktionen, Gesten und Rufe" sowie die orientierenden „überkommenen Schemata" herausgearbeitet werden. Um diese „Lektüre" von immer wieder aufs neue improvisierten „Handlungs-Texten" zu ordnen, wurden die 405 Straßenereignisse nach ihren *Gegenständen* in folgende sieben *Gruppen* eingeteilt:

1. *'Sensationen'* und *'Andrang'*	62
2. *'Unfug'* und *'Truppenbegleitung'*	20
3. *'Schlägereien'*	60
4. *'Verfolgungsjagden'* zur Unterstützung der Polizei und *'Lynchaktionen'*	54
5. *'Aktionen gegen Eigentümer und Dienstherren'* bzw. deren Funktionäre	40
6. Konflikte auf und um Verkehrsmittel	9
7. *'Aktionen gegen die Polizei'* und andere Hoheitsträger	160
Summe	405

---

21 Farge/Revel (1989), S. 55. Zur Notwendigkeit, derartige kollektive Aktionen „als ein besondere Form von 'Text' zu entziffern und zu lesen", siehe Gailus (1990), S. 25 f.

Das Kriterium für diese Gruppenbildung sind *nicht* die Anlässe. *Ähnliche oder gleiche Anlässe* können zu unterschiedlichen Reaktionen von Menschenmengen führen, die den Charakter des jeweiligen Ereignisses entscheidend prägen und seinen eigentlichen sozialen Gehalt ausmachen. In der gruppenweise Beschreibung der Fallsammlung folge ich dem Prinzip der *Eskalation*: Zunächst werden die konfliktlosen bzw. -ärmeren Interaktionen beschrieben, bei denen eine diffuse Vielzahl von Anlässen vergleichsweise folgenlos bzw. die Folgen auf einen engen Teilnehmerkreis beschränkt blieben. Die ersten drei Gruppen stellen also gegenüber den folgenden Gruppen *Residualkategorien* dar. Solange z. B. eine Schlägerei nicht in eine kollektive Aktion gegen die einschreitende Polizei „ausartete", wurde sie der Gruppe 'Schlägereien' zugeordnet, andernfalls der letzten Gruppe.

Eine weitere zu beachtende Dimension ist der *Verhaltensmodus* der beteiligten Menschenmenge. Von besonderem Interesse sind dabei die Momente des Übergangs: Unter welchen Bedingungen wurde z. B. eine Sistierung zum Ausgangspunkt einer kollektiven Gefangenenbefreiung? Das angesammelte Publikum konnte sich auf neugieriges Zuschauen beschränken, in einem Konflikt Partei ergreifen oder selbst ein Ereignis etwa durch einen kollektiven Angriff auf die Polizei überhaupt erst schaffen. Die Verhaltensweise der Menschenmenge wird innerhalb jeder der Gruppen als ein Kriterium für die Bildung von *Interaktionstypen* eingesetzt. Darunter verstehe ich Handlungsverläufe, in denen sich die Beteiligten (Polizei — Einzelne — Menschenmenge) in einem kommunikativen Prozeß gegenseitiger Bestätigung und Verstärkung aufgrund des gleichen situativen und sozialen Kontextes so ähnlich verhalten, daß darin ein gegenüber anderen Handlungsverläufen abgrenzbares *Muster* erkennbar ist. Derartige Interaktionstypen lassen sich innerhalb der sieben Fall-Gruppen sinnvoll herausarbeiten und beschreiben.[22]

Fluchtpunkt dieses Untersuchungsschrittes sind die *Ansatzpunkte zur Straßenpolitik von unten* im Straßenalltag Berlins, die auch in den beiden anderen Bereichen „Streikexzesse" und „Straßendemonstrationen" zum Tragen kamen: Wann kam es zur *direkten Aktion* als Modus der Interessenwahrung? In welchen Situationen wirkten dabei „eigensinnige", dem obrigkeitlichen bzw. bürgerlichen Ordnungsverständnis entgegengesetzte Interessen, Bedürfnisse und Normen mit? Welche Bedeutungen gaben die Akteure ihren Handlungen? Und aus der Perspektive einer Straßenpolitik *von oben* gefragt: Wie nahm die staatliche Exekutive vor Ort die zahlreichen und verschiedenartigen Un-Ordnungen wahr, insbesondere wenn Menschenmengen beteiligt waren? Welchen Handlungsmustern folgte sie, um „ihre" öffentliche Ordnung wiederherzustellen?

---

22 „Typenbildung" ist hier also das Ergebnis einer induktiv am empirischen Material gewonnen Systematik und *nicht* der modelltheoretischen Anwendung eines „Idealtypus" etwa im Weberschen Sinne. — Zum Begriff der „Interaktion" siehe Goffman (1982). Seine enorm differenzierten Beschreibungen und Analysen alltäglicher, „normal" funktionierender Austauschhandlungen beschränken sich zwar auf Inviduen als „Partizipationseinheiten" (S. 43) und blenden damit kollektive Konfliktkonstellationen als Gehalt alltäglicher Face-to-face-Beziehungen weitgehend aus. Für die vorliegende Untersuchung war vielmehr seine Forderung, Interaktionen *nicht* lediglich als *Illustrationen* für allgemeinere soziale Tatsachen zu verwenden, sondern zu einem *eigenständigen Untersuchungsgegenstand* zu machen, der definitionsbedürftig und -würdig ist (S. 9), sowie deren durch die Dichte der Beschreibung und Genauigkeit der Beobachtung gelungene Umsetzung eine wichtige Anregung.

4.3.2 'Sensationen' und 'Andrang'

Anlässe zu Menschenansammlungen gab es in einer Stadt wie Berlin zu Tausenden, und nur ein Bruchteil davon wurde in der Tageszeitung erwähnt. Daß die in dieser Gruppe zusammengefaßten Fälle nur ein gutes Achtel aller erhobenen Fälle darstellen, im Vergleich zur „Wirklichkeit" also extrem unterrepräsentiert sind, war der im zweiten Kapitel bereits geschilderten Routine kollektiver Nutzung des Straßenraumes geschuldet. Während in anderen Fällen die gleichen Anlässe zu intensiveren Interaktionen insbesondere mit der Polizei führen *konnten* und damit potentielle Herde öffentlicher Un-Ordnung darstellten, blieb es bei den in dieser Gruppe zusammengefaßten Ereignissen bei einer *neugierigen* Zuschauermenge, die sich nach Beseitigung des Anlasses zerstreute oder von der Polizei ohne großen Aufwand zerstreut werden konnte. Diese *'Sensationen'* zeichnen sich daher in erster Linie durch das weitgehende Fehlen von „kritischen" Randbedingungen aus, die in anderen Fällen das Potential öffentlicher Un-Ordnung in sich bargen bzw. deren Tatbestand bereits erfüllten. Ansonsten ist dieser Interaktionstyp in sich so inkohärent und zufällig zusammengesetzt, wie es beim Straßenleben einer Millionenstadt nicht anders zu erwarten ist.

Charakteristisch für derartige Ereignisse waren *Unfälle,* vor allem große Verkehrsunfälle, wie – um eines von mehreren Beispielen herauszugreifen – das achtzehn Menschenleben fordernde Unglück auf der Hochbahn im September 1908: „Große Karawanen bewegten sich nach der Unfallstätte, an der Luckenwalder Straße, die freilich polizeilich mit ausreichenden Kräften gegen den allzu großen Menschenstrom geschützt war."[23] Ebenso konnte eine Explosion aus unbekanntem Anlaß oder eine defekte Alarmanlage zu größeren Ansammlungen führen, deren Ursache dann tags darauf in einer Zeitungsnotiz aufgeklärt wurde. Auf die durch Brände und ihre Löschung verursachten Menschenansammlungen werde ich am Ende dieses Teils im Zusammenhang mit den Feuerkrawallen eingehen.[24] Aus der Fülle der diversen Anlässe seien noch zwei Gruppen besonders herausgegriffen: Zum einen auf der Straße ausgetragene persönliche *Konflikte,* z. B. zwischen Eheleuten, die sich nicht – im Unterschied zu zahlreichen anderen Konflikten dieser Art – zu einer regelrechten Schlägerei weiterentwickelten, aber dennoch eine Ansammlung Neugieriger verursachten. Zum anderen verhaltensauffällige *Individuen:* Als geisteskrank Eingestufte, die sich auf offener Straße auszogen, irre redeten, Tobsuchtsanfälle bekamen, im Wahn ihre Wohnungseinrichtung auf die Straße warfen, einen Selbstmordversuch unternahmen oder anderweitig „skandalierten" und sich z. T. erbittert gegen ihre Festnahme wehrten; oder die zeitgenössische Variante des Bürgerschrecks wie z. B. landesweit bekannte „Naturmenschen" in wallenden Gewändern und mit langen Haaren, die „angestaunt wurden wie ein Wesen aus einer anderen Welt" und von Schutzleuten vor den Zudringlichkeiten Neugieriger bewahrt werden mußten.[25]

---

23 Vossische Zeitung v. 28.9.1908, Nr. 456.
24 Siehe u. S. 158-161.
25 Vossische Zeitung v. 31.10.1901, Nr. 512. Ähnliches über den „Naturmenschen Kurzrock" siehe Berliner Lokal-Anzeiger v. 13.6.1903, Nr. 271. Vgl. a. die Photographie „Naturmensch Kurzrock auf einem Spaziergang in Berlin 1907", Repr. als Photo-Postkarte, hg. v. Berliner Festspiele GmbH 1987

Wegen ihrer niedrigen Konfliktintensität handelte es sich bei diesen „Sensationen" also *nicht* um straßenpolitische Ereignisse.

Ähnliches gilt für eine weiteren Interaktionstyp, der sich allerdings durch die *zielgerichtete Aktivität* der Menschenmenge und die *Nicht-Zufälligkeit des Zustandekommens* auszeichnet: Der *'Andrang'* einer Menschenmenge. Auch für diese zehn berichteten Fälle gilt, daß sie natürlich nur einen verschwindend geringen Teil jener Drängeleien darstellten, die — sei es bei Sportveranstaltungen, vor Kaufhäusern oder Fahrkahrtenschaltern etc. — tagtäglich vorkamen. Die Außergewöhnlichkeit des jeweiligen Anlasses und durch die Sensationslust mitbedingte Regelverletzungen machten sie erwähnenswert.

In drei Fällen handelt es sich um *Bestattungen* von Privat-Personen, an deren spektakulärem Tod die Öffentlichkeit regen Anteil genommen hatte.[26] Zu Drängeleien kam es ferner bei Gerichtsterminen in *Sensationsprozessen*[27] oder bei Anlässen wie dem *„Zwölfertag auf Postamt 12"* am 12.12.1912, das um 12 Uhr mittags von Stempel-Sammlern umlagert war.[28] Auch die übrigen drei Fälle von 'Andrang' — ein Bankensturm[29], eine überfüllte Veranstaltung[30] sowie der Massenandrang auf die Zahlstelle der Allgemeinen Ortskrankenkasse bei Einführung der Versicherungspflicht für Dienstboten im Januar 1914[31] — stellen zwar in der Fallsammlung Einzelfälle dar, können aber als stellvertretend für zahlreiche ähnliche Situationen interpretiert werden.[32]

4.3.3 'Unfug' und 'Truppenbegleitung'

In vielen Zeitungsnotizen wurde „grober Unfug", begangen von Einzelnen oder einer Gruppe, als ursprünglicher Anlaß einer eskalierenden Interaktion etwa vom Typ 'Massenschlägerei' oder 'Aktionen gegen die Polizei' angegeben, ohne daß zu entnehmen ist, worin dieser „Unfug" genau bestand.[33] „Grober Unfug" steht in diesen Fällen ganz im Sinne des entsprechenden Paragraphen des Strafgesetzbuches für irgendeine Störung der öffentlichen Ordnung, deren jeweiliger Inhalt für sich genommen unbedeutend war. Im Zentrum dieser Ereignisse standen die dadurch veranlaßten konfliktintensiveren Interaktionen, während in den hier unter dem Typ 'Unfug' versammelten Fällen die beteiligte Menschenmenge sich mit dem passiven Zuschauen bzw. dem „Unfug" begnügte. Daß sie dennoch in der Zeitungsberichterstattung auftauchten, liegt bei diesen wenigen Fällen teilweise auch an deren „Originalität".

---

anläßlich der Ausstellung „Berlin — Berlin". „Ein Nachfolger des Naturmenschen Nagel" wird in der Vossischen Zeitung v. 17.7.1910, Nr. 331, 1. Beil. beschrieben.
26 Siehe z. B. Vossische Zeitung v. 8.3.1913, Nr. 122, 1. Beil.; v. 2.3.1914, Nr. 110, 1. Beil.
27 Z. B. beim Moltke-Harden-Prozeß im Oktober 1910, siehe Vossische Zeitung v. 29.10.1907, Nr. 508.
28 Vossische Zeitung v. 12.12.1912, Nr. 633; ähnliche Szenen ereigneten sich 11.12.1913 vor dem Postamt 14, siehe Vossische Zeitung v. 11.12.1913, Nr. 629.
29 Vossische Zeitung v. 27.8.1908, Nr. 401, 1. Beil.
30 Vossische Zeitung v. 25.4.1908, Nr. 193, 1. Beil.
31 Vossische Zeitung v. 8.1.1914, Nr. 13, 1. Beil.
32 Zum Andrang beim Verkauf billigen Seefischs und Fleischs siehe Lindenberger (1994).
33 Siehe u. S. 153.

Wir stoßen bei aller kritischer Distanz zum Unfug-Paragraphen in einigen Fällen auf „Unfug" als Anlaß zu Menschenansammlungen, der von seinen Urhebern als solcher gemeint war und in den daher auch nichts anderes hineininterpretiert werden sollte. Im Oktober 1910 berichtete die Vossische Zeitung folgenden Vorfall: „Der Bauarbeiter Karl Dünow sprang von der nordwestlichen Seite der Weidendammer Brücke *in die Spree*, schwamm bis an die vor dem Hause Schiffbauerdamm 1 gelegene Untertreppe und stieg dort wieder an Land. Der Vorgang verursachte einen größeren Auflauf. [...] D. ist nicht in selbstmörderischer Absicht in die Spree gesprungen, sondern nur, um Unfug anzugeben. Er antwortete auf die Frage, weshalb er ins Wasser gesprungen sein, in recht unbescheidenem Tone, er sei früher Schwimmlehrer gewesen und hätte nur mal sehen wollen, ob er noch schwimmen könne."[34]

Anscheinend eignete sich die Weidendammer Brücke besonders gut für derartige Auftritte, denn im Jahr zuvor hatten Ende November zwei Studenten an dieser Stelle ebenfalls auf diese Weise „einen größeren Auflauf" erregt.[35] Aber „wenn zwei das gleiche tun, ist es nicht dasselbe": *Studenten* genossen traditionsgemäß eine Art „Unfug-Privileg", das zu ihrer gruppenspezifischen Lebensweise ebenso dazugehörte wie Mensur und Trinkrituale. Der *Studentenulk* wird jedoch nur vereinzelt als Anlaß für Menschenansammlungen erwähnt, straßenpolitisch gesehen war er bedeutungslos, im Gegensatz zum kollektiven Unfug des „Janhagels".[36] Ansammlungen lärmender Jugendlicher und junger Männer — denn um solche handelte es sich in den meisten Fällen, wenn von „Janhagel" gesprochen wurde — stellten eine der vielen Anlässe für konfliktintensivere Straßenereignisse dar und werden daher bei der Beschreibung von Massenschlägereien und 'Aktionen gegen die Polizei' wieder auftauchen. Über Fälle von konflikt*freien* kollektiven Unfug-Aktionen wurde ansonsten selten berichtet, was aber ähnlich wie bei anderen „harmlosen" Straßenereignissen nicht gegen ihre Verbreitung spricht — eher im Gegenteil. „Zusammenrottungen" Jugendlicher waren als solche nichts Ungewöhnliches, wie aus der *Beiläufigkeit,* mit der sie vereinzelt berichtet wurden, hervorging.

Dies gilt in hervorragender Weise für ein alltägliches Straßenvergnügen „junger Burschen", das in Krisenzeiten die besorgte Aufmerksamkeit der Polizei auf sich lenkte: die Begleitung der mit klingendem Spiel von oder zur Kaserne durch die Friedrichstadt marschierenden Schloßwache. Anders als das „große Wecken" am Neujahrsmorgen waren diese Truppenbewegungen in das werktägliche Straßenleben integriert. In Lindenbergs Beschreibung eines Berliner Tagesablaufs hat dieses Ereignis seinen festen Platz: Um die Mittagszeit eilt alles zu den „Linden", „um die Wachen strammen Schrittes an sich vorbeimarschieren zu sehen, vor dem Musikcorps herziehend eine dicht gedrängte Rotte halbwüchsiger Burschen, die Arme ineinander verschlungen, die Füße taktmäßig bewegend, die Köpfe herausfordernd erhoben, als ob ihnen die Aufmerksamkeit der herbeigeströmten Passanten gälte, die

---

34 Vossische Zeitung v. 24.10.1902, Nr. 500.
35 Vossische Zeitung v. 7.11.1901, Nr. 524.
36 Siehe a. u. S. 376 anläßlich der Feiern zum 25jährigen Regierungsjubiläum Wilhelms II. im Juni 1913 und Rotering (1909), S. 147. — Zum Ulk als festem Bestandteil studentischer Lebensweise siehe Mechow (1975).

mit freudigen, dabei noch musternden Blicken die strammen Garden an sich vorüberziehen lassen..."[37]

Was hier als Residenz-Folklore erscheint, fand nur im Falle lästiger Begleiterscheinungen insgesamt sechsmal in die Vossische Zeitung (und damit in die Fallsammlung) Eingang. Problematisch war dabei weniger die Begleitung der Militärmusik
vom Lustgarten zur Kaserne, als der sich daran anschließende Rückmarsch der
Jugendlichen in ihre heimatlichen Gefilde im Norden der Stadt: „Wohl an die 400 bis
500 Burschen pflegen sich so zu vereinigen und, geführt von den Aeltesten, unter
Johlen, Singen, Pfeifen und Hurrahrufen in geschlossener Masse die Straße entlang
zu marschieren. Nicht selten geschieht es, daß dabei das Publikum, namentlich an
den Geschäftsläden angerempelt wird. Auch gröhlen und brüllen die Strolche in die
Läden hinein. [...] Die Revierpolizei greift überall ein, um den Zug zu zerstreuen,
aber kaum ist er gesprengt, so sammelt er sich von neuem."[38]

Dem durch das gemeinsame Musik- und Marscherlebnis aufgebauten Handlungs-
drang fielen nicht nur das − wahrscheinlich sozial höherstehende − einkaufende
Publikum, sondern mitunter auch die Auslagen der Geschäfte zum Opfer: Im Vorbei-
gehen wurden mal eben ein paar Apfelsinen geklaut oder einige Obstkisten umgesto-
ßen, hieß es in einem Zeitungsbericht im Februar 1910.[39]

Die soziale Logik dieses Interaktionstyps bestand im Zusammenwirken mehrerer
heterogener Faktoren. Grundvoraussetzung war die Nutzung des Straßenraumes für
die Selbst-Darstellung der preußischen Militärmonarchie nicht nur an Festtagen,
sondern auch an Werktagen, die durch ihre herausragenden ästhetischen Reize − die
bunten Uniformen und die Musik − zur positiven Anteilnahme einlud: eine gewohnte und willkommene Unterbrechung des „grauen" und keineswegs von Wohl-
klängen erfüllten Alltags, die offensichtlich von allen Generationen genossen wurde.
Hinzu kam das generationsspezifische Distinktionsverhalten männlicher Jugendlicher: Als Lehrlinge oder Gelegenheitsarbeiter der elterlichen Obhut entwachsend,
demonstrierte ihre zwischen naiver Begeisterung und ironischer Imitation oszillie-
rende, lautstarke und Aufmerksamkeit erheischende Teilnahme den Anspruch auf
einen Platz in der Erwachsenenwelt, in die sie mit dem Militärdienst eintreten sollten. Die spielerische Imitation des Drills war somit eine durchaus „erhebende" Ein-
übung in den Habitus des gesellschaftlich vollwertigen *Mannes*. Die mit dieser kollektiven Körperlichkeit sich aufbauende „gehobene" Stimmung verflüchtigte sich
keineswegs, nachdem sich die Kasernentore hinter der Musikkapelle geschlossen hatten, sondern trug weitere Anschlußaktionen, die ebenfalls eine Auseinandersetzung
mit der Erwachsenenwelt zum Inhalt hatten: Die in den Auslagen „handgreiflich"
vergegenständlichten Regeln des Privateigentums, deren kollektive Überschreitung
so gefahrlos wie verlockend war, zugleich körperliche Gewandtheit und den Mut zur
Unverschämtheit herausforderte und somit das generationsspezifische Selbstwert-
gefühl steigern konnte − unabhängig davon, ob aus Hunger oder „Radaulust" geklaut
wurde. Aufgrund der pauschalen Identifizierung „halbwüchsiger Burschen" mit „Jan-

---

37 Lindenberg (1895), S. 115. Vgl. auch Zobeltitz (1893), S. 343.
38 Vossische Zeitung v. 12.3.1901, Nr. 120. Siehe a. Berliner Lokal-Anzeiger v. 6.3.1908, Nr. 121.
39 Vossische Zeitung v. 2.2.1910, Nr. 55; vgl. a. v. 6.2.1914, Nr. 67, 1. Beil.

hagel" und ihrer Herkunft aus dem Norden Berlins kann geschlossen werden, daß es sich bei den Jugendlichen in erster Linie um Angehörige der Unterschichten handelte. Daher können diese Truppenbegleitungen als ein Handlungsmuster bestimmt werden, das vor allem vom kollektiven Eigen-Sinn unterschichtiger Jugendlicher getragen wurde. Ihre straßenpolitische Bedeutung lag darin, daß sie Erfahrungswissen im kollektiven Verhalten auf der Straße und im Umgang mit den dort anzutreffenden Repräsentanten der Erwachsenenwelt (Polizei, Ladeninhaber, bürgerliches bzw. „anständiges" Publikum) produzierten, das in andere Straßenereignisse, die wesentlich durch die lustbetonte Aktionsbereitschaft Jugendlicher und junger Männer mitgestaltet wurden, einfließen konnte.[40]

Die in der Vossischen Zeitung gemeldeten sechs Fälle fielen alle in die Zeit des Februars bzw. Anfang März, obwohl es sich bei Truppenbegleitungen um ein zu allen Jahreszeiten zu beobachtendes Phänomen handelte. Mit dieser saisonalen Komponente stoßen wir auf einen weiteren Faktor dieses Interaktionstyps, der ihn zum Gegenstand der Straßenpolitik *von oben* werden ließ.

Aufgrund von Zeitungsmeldungen und Berichten aus der Schutzmannschaft ging man in der VII. Abteilung des Polizei-Präsidiums (Politische Polizei) im Oktober 1901 der beunruhigenden Frage nach, ob Truppenbegleitungen von Arbeitslosen zum Ausgangspunkt für „Straßendemonstrationen" genutzt würden. Der Leiter der I. Polizei-Brigade, Polizeimajor Hoefft, hatte gar angeregt, „an zuständiger Stelle dahin zu wirken", auf Militärkonzerte im Lustgarten und die Musikbegleitung beim Rückmarsch der Wachen zu den Kasernen bis auf Weiteres zu verzichten, um so die potentiellen Anlässe für „ernste Störungen der öffentlichen Ruhe und Ordnung" aus der Welt zu schaffen.[41] Die Experten der Politischen Polizei stützten die allgemeine Beobachtung, daß neben den „gewöhnlich sich ansammelnden Neugierigen und dem üblichen jugendlichen Janhagel, auch Arbeitslose sich einfinden, die, weil sie nichts anderes vorhaben, sich unentgeltlich Musik anhören." Auf die Musikbegleitung angesichts der „jetzigen außergewöhnlichen Verhältnisse" zu verzichten, könne als angezeigt erachtet werden, aber die Konzerte im Lustgarten abzuschaffen, sei nicht notwendig, denn zu „ernstere[n] Unzuträglichkeiten" sei es trotz des Publikums aus den „unteren Klassen" nicht gekommen.

Bis in den April hinein wurde nun von den der Politischen Polizei zugeordneten Kriminal-Schutzmännern jedes noch so geringfügige Ereignis am Rande der Lustgarten-Konzerte und der Heimkehr von Wachregimentern gemeldet, ohne daß eine Demonstration Arbeitsloser zu verzeichnen gewesen wäre. Allenfalls ein Hurrahschreiender Arbeiter aus dem Wedding, der am 11. April an der Spitze eines größeren Trupps vor der Musik herlief und vor der Brust ein Plakat mit der Aufschrift „Die Radfahrerstation ist besetzt" trug, könnte in diese Kategorie fallen. Was dieser „grobe Unfug" zu bedeuten hatte, blieb und bleibt allerdings sein Geheimnis. Ab Juni 1902 verzichtete die Politische Polizei daher auf die Beobachtung der Militärkonzerte.[42]

---

40 Siehe z. B. u. die Fleischrevolte am Wedding. – Diese Interpretation des jugendlichen „Spaß[es] am Widerstand" lehnt sich an Willis' (1977) gleichnamige Untersuchung über englische Arbeiterjugendliche der 1970er Jahre an.
41 I. PB an KS v. 5.12.1901, BLHA, Rep. 30, Tit. 94, Nr. 9675, Bl. 74-75.
42 Siehe Berichte VII. Abt. PP, ebd., Bl. 80-90.

Ein im Januar 1907 Argwohn erregender Fall von drei kurz nacheinander enstehenden Aufläufen in der Klosterstraße in der Alt-Berliner Innenstadt konnte nach Begutachtung durch den Vorsteher der Exekutive der VII. Abteilung, Dr. Henninger, mit dem Kommentar „Eine politische Ursache hatten diese Zusammenrottungen nicht. Politische Rufe, Lieder, Embleme, pp. wurden nirgends bemerkt" zu den Akten gelegt werden.[43] Und auch über einen siebzehnjährigen Arbeiter, der im Januar 1909 bei der Auflösung eines Trupps von Obstläden heimsuchenden „Paradebummlern" festgenommen worden war und nun einer Strafanzeige „wegen Sachbeschädigung, Mundraub und Groben Unfug" entgegensah, hieß es im Revierbericht: „p. Aust ist hier als Sozialdemokrat nicht bekannt."[44]

Zunächst bestätigen diese polizeiinternen Berichte den auch aus den Meldungen in der Vossischen Zeitung bereits ersichtlichen, im konventionellen Sinne „unpolitischen", ja in ihrem patriotischen Überschwang eher „staatserhaltenden" Charakter dieser Umzüge. „Politik" im konventionellen Sinne lag den „Paradebummlern" offensichtlich fern und die spielerische Identifikation mit den Soldaten jedenfalls bedeutend näher. *Wirkliche* Arbeitslosendemonstrationen fanden – wenn auch äußerst selten – in der Tat gegen Ende des Winters statt, entstanden allerdings nicht aus Truppenbegleitungen, sondern aus sozialdemokratischen oder anarchistischen Arbeitslosenversammlungen.[45] Die dramatisierende Interpretation der Zunahme des Publikums der Militärkapellen in Zeiten wachsender Arbeitslosigkeit ging vom Kommando der Schutzmannschaft aus (und tauchte daher in der entsprechenden Jahreszeit öfters in den polizeilichen Pressemeldungen auf), während die Analytiker der Politischen Polizei aus ihrer Sicht etwas Bedrohliches daran nicht finden konnten. Charakteristischerweise stammte die „differenzierteste" aller Teilnehmer-Beschreibungen – die Einteilung in „Neugierige", „jugendlicher Janhagel" und saisonale Arbeitslose – von ihnen. Sie kannten ihre „Kundschaft" zu gut, um ein „Heil Dir im Siegerkranz" mit der Arbeitermarseillaise zu verwechseln. So liegt der Schluß nahe, daß die Exekutive *vor Ort* die Fehlinterpretationen der Tageszeitungen zum willkommenen Anlaß nahm, um möglichst schwerwiegende Argumente gegen die ihr zur alltäglichen Last gewordenen Straßenkonzerte vorzubringen. Für die Praxis der Straßenpolitik von oben bedeutsam ist die damit einhergehende *nivellierende Wahrnehmung*: In den Augen der Schutzmannschaft gefährdeten alle „Paradebummler" die öffentliche Ordnung.

4.3.4 'Schlägereien' und 'Schülerschlachten'

„An der Ecke der Alexandrinen- und Ritterstraße, bzw. vor dem Hause Alexandrinenstraße 104 fand eine *Schlägerei* zwischen den Arbeitern Remus und Zimmer statt, bei der Remus, der anscheinend die Schuld an dem Streit trug, einen Messerstich in das Gesicht und in die linke Hand erhielt. Die Verletzungen sind nur leicht, so daß Remus sich nach Anlegung eines Verbandes auf der Unfallstation allein in seine

---

43 Bericht 14. PR an Abt. IV v. 17.1.1907 (Abschrift), ebd., Bl. 91-92.
44 Bericht der Abt. VII v. 23.1.1909, ebd., Bl. 97, 97v.
45 So im Januar bzw. Februar der Jahre 1892 – vgl. Fröba/Nitsche (1983) –, 1908 und 1909, siehe u. S. 324 f.

Wohnung begeben konnte. Die Schlägerei hatte einen Auflauf von mehr als 80 Personen zur Folge, die nach Befriedigung ihrer Neugier von selbst wieder auseinander gingen."[46]

Derartige Meldungen über auf offener Straße gewaltsam ausgetragene Konflikte zwischen Einzelpersonen fanden sich nahezu täglich im „Polizeibericht" der Vossischen Zeitung. Auch die Verwendung gefährlicher Waffen – vor allem Messer und Revolver[47] – gehörte dabei zur Routine. Unter 'Schlägereien' sind diejenigen Fälle zusammengefaßt, in denen explizit von einer sich dabei passiv oder aktiv beteiligenden Menschenmenge berichtet wurde, ohne daß die Interaktion in Richtung auf ein kollektives Einschreiten gegen einen einzelnen Beteiligten (s. Interaktionstyp 'Lynchaktion') oder in Richtung auf die kollektive Abwehr des polizeilichen Einschreitens (s. Interaktionstyp 'Aktionen gegen die Polizei') eskalierte.

In den meisten Meldungen wurde der Gegenstand dieser Auseinandersetzungen nicht genannt. Ob Trunkenheit, Glücksspiel, Eifersucht, ein nicht näher gekennzeichneter „Wortwechsel" oder auch materielle Interessengegensätze etwa unter Zuhältern – Anlässe fanden sich oft. Daneben wurde über kollektive Agressionen berichtet, die „ohne weiteres" zu Schlägereien führten, in denen also die nicht näher beschriebene Rauflust meist junger, in „Rotten" auftretender Männer als Motiv fungierten.

Das Verhalten der durch derartige Vorfälle verursachten Menschenmengen war zwischen zwei Extremen angesiedelt: passive Neugierde angesichts der Prügeleien unter Wenigen bis hin zu den Attacken einer ganzen Gruppe gegen einen Einzelnen oder eine andere Gruppe. Von den anderen gewaltsamen Konflikten unterschieden sich 'Schlägereien' durch den häufigeren Einsatz von Waffen: Der Anteil der nur auf die natürlichen Körperkräfte gestützten Gewaltanwendung an allen Gewaltanwendungen lag in dieser Gruppe unter den entsprechenden Werten der gesamten Fallsammlung.[48]

Eine differenzierte Klassifikation dieser Gruppe von Ereignissen ist aufgrund der vielfältigen bzw. unklar bleibenden Motive nicht sinnvoll. Nach Art ihrer Entstehung lassen sie sich in zwei Untergruppen einteilen: Der Streit brach in 20 von 48 Fällen *innerhalb* einer bereits bestehenden Gruppe aus, etwa unter den Angehörigen einer Hochzeitsgesellschaft, unter „halbwüchsigen Burschen" oder glücksspielenden Kneipengästen oder als Familienzwist, und wurde dann auf die Straße verlagert. Das galt vor allem für die 32 Konflikte unter Einzelpersonen vor einem passiven Publikum, von denen die Hälfte auf diese Weise entstand. Die übrigen Fälle sind aus straßenpolitischer Sicht interessanter, da der Konflikt meist auf der Straße durch die Be-

---

46 Vossische Zeitung v. 3.7.1907, Nr. 305, 1. Beil.

47 Die weite Verbreitung von Schußwaffen in Privatbesitz, die offensichtlich auch oft geladen mitgeführt wurden, geht nicht nur aus den Meldungen über Konflikte zwischen Zivilpersonen bzw. der Polizei und Zivilpersonen hervor, sondern auch aus ihrer häufigen Verwendung beim Selbstmord. Der Besitz von Schußwaffen war prinzipiell nicht eingeschränkt, siehe eine Meldung des *Vorwärts* v. 28.9.1910, Nr. 227 über die bevorstehende Einführung einer Polizeiverordnung zur Einschränkung des *Tragens* „von Revolvern und Pistolen an öffentlichen Orten".

48 Bei den Einzelnen in der gesamten Fallsammlung 40 %, beim Interaktionstyp 'Schlägereien' 30 %, bei Menschenmengen in der gesamten Fallsammlung 36 %, beim Interaktionstyp 'Schlägereien' 17 %.

gegnung von einander unbekannten bzw. von vornherein gegeneinander eingestellten Personen entstand. Dabei konnte es durchaus um materielle Dinge gehen: ein Diebstahlversuch, Auseinandersetzungen zwischen Lieferant und Kunden, oder der Kampf zwischen Gläubigern und Schuldnern. In einigen Fällen spielten dabei auch Unterschiede der Schicht-, Berufs- oder auch „Milieu"-Zugehörigkeit eine Rolle: Ein Friseurgehilfe schlug sich mit einem Studenten der Tiermedizin[49], vor allem grobe Kutscher provozierten gelegentlich Streit mit anderen Verkehrsteilnehmern[50], Nachtschwärmer legten sich mit Bauarbeitern der U-Bahn-Baustelle am Alexanderplatz an[51], oder vier gewalttätige „Athleten" suchten am Sonnabend-Abend auf der Straße mit „anständigen" Leuten Streit.[52]

Auch Klassengegensätze konnten auf diese Weise artikuliert werden. Eine Gruppe von zwei Rentnern und einem Rechtsanwalt stieß auf dem Nachhauseweg morgens um halb fünf in der Potsdamer Straße auf zwei Arbeiter, „die ebenso wie sie selbst, angetrunken waren". Laut Zeitungsbericht begann einer der beiden, der 30jährige Maurer Duske, „gleich zu schimpfen, er nannte die drei Herren Blutsauger, rief dem G. zu, daß er ihm mit seiner Schmarre auf der Backe nicht imponieren könne. Gesterding und seine Begleiter kümmerten sich darum nicht, gingen vielmehr nach der anderen Straßenseite, um einer Rempelei auszuweichen. Duske aber und sein Freund folgten ihnen, und es gesellten sich nun noch drei Männer dazu." Daraus entwickelte sich eine Schlägerei, in deren Verlauf einer der drei „Herren" dem Duske „in der Notwehr" in den Unterkiefer schoß. „Kaum war der Schuß gefallen, als auch drei Schutzmänner erschienen" und sich des Duske, nicht aber des Schützen annahmen.[53]

Die bereits erwähnten Aktionen von „Rotten" „junger Burschen" konnten sich sowohl gegen Angehörige sozial höher stehender Schichten, als auch gegen in der Regel ältere einzelne Arbeiter oder aber gegen konkurrierende „Rotten" richten. Dank der pauschalisierenden Bezeichnung der Polizei- bzw. Zeitungsberichterstattung ist es gerade bei diesen Akteuren in den meisten Fällen unmöglich, ein genaueres Motiv für diese Verhaltensweise in Erfahrung zu bringen. „Wüste Schlägereien" wurden eben von „Rotten" „halbwüchsiger Burschen" angezettelt – das war ihr Erkennungszeichen, das einer weiteren Erklärung nicht bedurfte.

In einigen wenigen spektakulären Fällen von Massenschlägereien wurde genauer über die Hintergründe berichtet, bezeichnenderweise dann, wenn es sich um handfest ausgetragene Rivalitäten zwischen organisierten oder ethnisch definierten Männergruppen handelte und nicht nur um „halbwüchsige Burschen". Das konnten Abrechnungen zwischen rivalisierenden „Athletenklubs"[54], aber auch zwischen ethnisch definierten Gruppen (italienische, polnische und deutsche Arbeiter), wobei

---

49 Vossische Zeitung v. 30.7.1906, Nr. 351.
50 Vossische Zeitung v. 3.6.1907, Nr. 254.
51 Vossische Zeitung v. 14.10.1912, Nr. 524.
52 Vossische Zeitung v. 13.3.1907, Nr. 121, Beil.
53 Vossische Zeitung v. 25.3.1912, Nr. 155.
54 Für derartige „competitive riots" – vgl. Tilly C. u. a. (1975), S. 49 – schien das der Unterwelt nahestehende Kraftsportmilieu besonders anfällig zu sein. Siehe zwei Fälle in Charlottenburg Vossische Zeitung v. 14.1.1901, Nr. 22., v. 23.9.1903, Nr. 445, 1. Beil.

allerdings nur die Konflikte zwischen verschiedenen „Zigeunersippen" zum Stereo-
typ der „Zigeunerschlacht"[55] geronnen.

Schläge nicht nur einzustecken, sondern auch auszuteilen, will gelernt sein. Was
das Erstere anbelangt, boten die um die Jahrhundertwende üblichen Erziehungsstile
allen Kindern und Jugendlichen reichlich Gelegenheit, ob sie nun von Eltern, Leh-
rern, Lehr- und Dienstherren oder schließlich Unteroffizieren gezüchtigt wurden.
Den eigenen Körper im Strafritual vorsätzlich der Gewalt eines Anderen auszuset-
zen, „Schläge als Strafe"[56] in Empfang zu nehmen, war für fast alle jungen Menschen
eine selbstverständliche Erfahrung. Schläge auszuteilen mußte und konnte hingegen
außerhalb der Erziehungsanstalten in einem anderen, die öffentliche Ordnung berührenden Kontext eingeübt werden: unter Gleichaltrigen bzw. -rangigen. Im September 1900 löste ein der Vossischen Zeitung zugesandter Bericht über die an der
Berlin-Schöneberger Stadtgrenze tobenden „Schülerschlachten" eine Leserbrief-
debatte über Nutzen und Schaden dieser Un-Sitte aus. Der Einsender schilderte
einen regelrechten Kriegsschauplatz mit 6-800 Beteiligten im Alter von 6-18 Jahren,
die regelmäßig nach der Schule in zwei großen Parteien aufmarschierten und mit
Stöcken aufeinander losgingen, um einander von einem westlich vom Kreuzberg
gelegenen Brachgelände zu vertreiben. Zwar sei „schon öfter Blut geflossen", auch
„an Hornisten, Pfeifern fehlt es nicht". Ganz so ernst wie bei den „Großen" ging es
aber doch nicht zu: „[...] das große Maul ersetzt bei den meisten Bengeln den Muth.
Es wird mehr retirirt als avancirt, sobald sich nur der größere Trupp zeigt. Dieses Hin-
und Herrennen der Massen dauert den ganzen Nachmittag bis zum Sonnenunter-
gang und bietet ein recht unerfreuliches Bild von der Roheit der Jugend in jener kin-
derreichen Gegend. Man fragt sich: Kann die Volksschule hier nicht eingreifen,
wenn die Lehrer sich einmal ihre Zöglinge dort ansehen? Bei der Fixigkeit der meist
barfüßigen Jungen kann Polizei nichts thun, wenn sie nicht in Massen auftritt und
das Terrain absperrt."[57]

Wesentlich kürzere Meldungen über derartige „Schülerschlachten" finden wir bis
in das Jahr 1906 hinein. Auf die ausführliche Beschreibung im September 1900 antwortete unter anderem ein Gemeindeschuldirektor, der das Ganze etwas herunterzuspielen versuchte: „Die Kriegsführung sieht schlimmer aus als sie ist, immer aber
ist sie ein Unfug, der sich hier an der Weichbildgrenze wie eine Krankheit forterbt —
trotz energischer Maßnahmen der Schule wie der Polizei — und fast regelmäßig im
Herbst zum Ausbruch kommt. Von den Eltern geschieht leider sehr wenig, dem ent-
gegenzuarbeiten, und viele Erwachsene haben ihre helle Freude daran, hetzen wohl
auch noch." Im übrigen seien auch Schüler „höherer" Schulen beteiligt, keineswegs

---

55 Zum Phänomen „Zigeunerschlacht" als regelmäßiger Bestandteil der Zeitungsberichterstattung über
   „Zigeuner" während des Kaiserreichs und der Weimarer Republik siehe Hehemann (1987), S. 163-
   165. Beispiele siehe Vossische Zeitung v. 21.6.1909, Nr. 284, v. 22.2.1911, Nr. 90, 2. Beil.
56 So der Titel einer volkskundlichen Studie von Hävernick (1964), die reichhaltiges empirisches Material aus einer prügel-freundlichen Perspektive interpretiert. Aufgrund von Hävernicks Erhebungen
   wurde vor dem Zweiten Weltkrieg in über 90 % der befragten Familien zur Strafe geprügelt, der entsprechende Wert für die Zeit nach dem Zweiten Weltkrieg liegt bei 80 %, siehe S. 49. Eine Textsamm-
   lung zur „schwarzen Pädagogik" siehe Rutschky (1977), VIII: „Erziehung als Rationalisierung des
   Sadismus".
57 Vossische Zeitung v. 19.9.1900, Nr. 438, 1. Beil.

nur Volksschüler.[58] Auch die anderen in die Fallsammlung aufgenommenen Schüler-schlachten wurden am Rande der Stadt Berlin zwischen Angehörigen verschiedener Städte bzw. Gemeinden, im Unterschied zu früheren Generationen aber in erster Linie nicht zwischen Gymnasiasten, sondern unter Gemeindeschülern und in einem Fall zwischen Gemeinde- und Realschülern geschlagen. Es handelte sich um ein den Zeitgenossen vertrautes Phänomen, das offensichtlich seinen festen Platz in der Sozialisation von Großstadtjugendlichen hatte.[59]

Gemeinsames Kennzeichen all dieser 'Schlägereien' war die *Nebenrolle* der Polizei. Wohl wurde der einschreitende Schutzmann gelegentlich von einem der Teil-nehmer bei dessen Festnahme angegriffen, in anderen Fällen hingegen hatte er das Nachsehen, weil man unter sich bleiben wollte. Im Mittelpunkt des Interesses — ob nun einer lediglich neugierigen oder einer sich prügelnden Menschenmenge — stand die Schlägerei, nicht eine etwaige Auseinandersetzung mit der Staatsgewalt.

Für die Untersuchung von Straßenpolitik ist diese Form des Konfliktes daher in erster Linie wegen ihrer diffusen *Selbstverständlichkeit* bedeutsam. Kollisionen von Meinungen, Interessen und Haltungen an Ort und Stelle mittels Gewalt auszutragen, ist nicht nur als Abwesenheit von Toleranz oder verbalen Konfliktlösungsstrategien zu deuten, wie es eine retrospektive Beurteilung vom gesicherten Standpunkt „ziviler" Umgangsformen nahelegt. Diese Interaktionstyp signalisiert zugleich eine spezifische Einstellung zum eigenen *Körper* wie zu dem des Anderen. Die Menschen brachten in diesen alltäglichen Auseinandersetzungen nicht nur die Bereitschaft ein, andere zu verletzen, sie riskierten ebenso bedenkenlos ihre eigene körperliche Unversehrtheit. Das gilt für Messerstechereien unter „jungen Burschen" ebenso wie für kollektive Überfälle auf einen Einzelnen, der ja immerhin einen Revolver mit sich führen konnte. Diesem risikobereiten und oftmals bewaffneten Körpereinsatz, Mann gegen Mann oder Gruppe gegen Gruppe, begegnen wir in den 'Aktionen gegen die Polizei' ebenso wie bei den „Streikexzessen". Die weitverbreitete Bereitschaft dazu ist eine Grundvoraussetzung der Straßenpolitik dieser Zeit: Sich auf der Straße kör-perlich zu artikulieren hieß sozial präsent zu sein, sei es durch Lärmen und ähnlichen „Unfug", sei es durch Drängeln und Teilsein einer kompakten Menge, sei es durch eine stete Aggressionsbereitschaft. Der Körper war selbst *Medium öffentlicher Kom-munikation* und hatte noch wenig Kommunikationsfunktionen an auf das Gehör und den Gesichtssinn spezialisierte Medien abgegeben.

---

58 Vossische Zeitung v. 19.9.1900, Nr. 439. Einer derjenigen Leser, die offensichtlich ihre „helle Freude" daran hatte, schilderte daraufhin in einem Leserbrief die Schülerschlachten seiner Jugendzeit als harmloses Vergnügen. Seinem Appel, „doch nicht allzu ängstlich bei jeder Schlägerei gleich nach 'besserer' Aufsicht und nach 'Polizei' [zu] schreien", schloß sich die Redaktion im Prinzip an, Vos-sische Zeitung v. 22.9.1900, Nr. 445, 2. Beil.

59 Auch Eloesser (1919) berichtet von jugendlichen Bandenkriegen in seiner Straße. Vgl. ferner Zinn-ecker (1979), Lindner (1983).

4.3.5 'Verfolgungsjagden' und 'Lynchaktionen'[60]

Das angespannte Verhältnis zwischen der Polizei und weiten Kreisen der Bevölkerung in Berlin schloß die Unterstützung des Schutzmanns durch das Straßenpublikum in bestimmten Situationen keineswegs aus. Nicht daran, *ob* Ordnung wünschenswert und zu gewährleisten sei, entzündeten sich Konflikte, sondern *welche* Ordnung und *wie* diese herzustellen sei. Öffentliche Un-Ordnung im Sinne der Infragestellung der von der Polizei aufrechtzuerhaltenden „öffentlichen Ordnung" war nie diffuses Chaos, sondern funktionierte nach Regeln und Vorstellungen, die ihre Akteure in der jeweiligen Situation anwandten. *Störer* des sozialen Friedens zur Rechenschaft zu ziehen, ihnen Einhalt zu gebieten und sie zu bestrafen, um auf diese Weise Ordnung *wiederherzustellen* – daß so etwas notwendig sein konnte, war nicht strittig. In den meisten der in dieser Arbeit untersuchten Fälle führten dabei einander entgegengesetzte Vorstellungen von „ordentlichem" und angemessenem Verhalten, die sich auf Eingriffe von Polizisten oder die Ausübung des Eigentumsrechts zum Beispiel gegenüber schutzlosen Mietern bezogen, zu Konflikten. Nicht weniger bedeutsam sind aber 54 in der Fallsammlung enthaltene Ereignisse, in denen die Menschenmenge und die Polizei aufgrund einer gleichgerichteten Situationsinterpretation handelten: Sie identifizierten *dieselben* Handlungen als ordnungsgefährdend und kooperierten zur Ergreifung eines Störenfrieds bzw. konkurrierten um den einzuschlagenden Weg der Bestrafung. Von der einfachen Hilfe bei der Festnahme über die Selbsthilfe mangels sofortigen polizeilichen Einschreitens bis hin zur direkten Aktion der körperlichen Selbstjustiz, zeitgenössisch auch „Lynchjustiz" genannt, reichten die in dieser Gruppe anzutreffenden Interaktionen.

Besonders *„Verbrecher"*, deren Untaten in den Sensationsberichten der Tageszeitungen geschildert wurden, stimulierten die Handlungsbereitschaft des Straßenpublikums. Im Jahre 1906 wurde ein von der Polizei fieberhaft gesuchter „Raubmörder" gleich mehrmals von aufgebrachten Menschenmengen „erkannt", verfolgt, ergriffen, aufs Polizeirevier gebracht und wieder freigelassen.[61] Diejenigen, die im Oktober desselben Jahres das Pech hatten, der Beschreibung des ebenfalls fieberhaft gesuchten „Hauptmanns von Köpenick" auch nur entfernt zu ähneln, konnten leicht Opfer dieses Verfolgungseifers werden.[62]

Doch auch ohne die durch die Sensationspresse erhöhte Aufmerksamkeit unterstützten Menschen auf der Straße die Polizei, wenn es galt, *auf frischer Tat ertappte* Einbrecher, Räuber und Diebe festzunehmen. Das konnte einen fliehenden Ladenräuber treffen, der von „Hunderten" gejagt, festgenommen und der Polizei übergeben wurde.[63] In drei Fällen, denen ein Schußwechsel bzw. Messerstechereien vorangegangen waren, ging die Menge weiter, indem sie die Täter lynchte bzw. zu lynchen versuchte.[64]

---

60 Eine ausführlichere Darstellung dieses Interaktionstyps siehe in Lindenberger (1995b).
61 Siehe Vossische Zeitung v. 23.2.1906, Nr. 91.
62 Siehe z. B. Vossische Zeitung v. 25.10.1906, Nr. 501. Zur Geschichte des Hauptmann von Köpenick siehe Lange (1967), S. 366-369.
63 Vossische Zeitung v. 6.8.1907, Nr. 364, einen ähnlichen Fall siehe Vossische Zeitung v. 15.11.1907, Nr. 538.
64 Vossische Zeitung v. 24.1.1907, Nr. 40; v. 10.9.1913, Nr. 460; v. 5.12.1913, Nr. 617, 1. Beil.

Vermeintliche oder wirkliche *Sexualstraftäter* bekamen diese Bereitschaft zur Adhoc-Aktion ebenfalls zu spüren, wobei hier ähnlich wie bei der Jagd nach „prominenten" Raubmördern aufsehenerregende Verbrechen und deren ausstehende Aufklärung mitwirken konnten.[65] Unterhalb des Verbrechens angesiedelte sexuelle Belästigungen, wie sie tagtäglich vorkamen, konnten auch spontane Strafaktionen in Form einer „Tracht Prügel" heraufbeschwören.[66] Anders als bei den Aktionen gegen Kapitalverbrecher ging es in solchen Fällen nicht um das Ausagieren der durch Panik und Sensationslust aufgestauten Aggressionen, sondern um die möglichst eindrückliche Ahndung von Normverletzungen. Das betraf nicht nur das Verhalten zwischen den Geschlechtern auf der Straße, sondern gelegentlich auch *Ehe- und Familienstreitigkeiten*.[67]

Eine Berufsgruppe, deren Verhalten immer wieder moralische Entrüstung bis hin zur direkten Vergeltung provozierte, waren die *Kutscher*, die – häufig in angetrunkenem Zustand – ihre Pferde quälten und daraufhin vom Kutschbock heruntergeholt und gelyncht wurden.[68] In jedem der insgesamt fünf in der Fallsammlung enthaltenen Fälle, die durch Tierquälerei veranlaßt wurden und von denen zwei der hier behandelten Gruppe zuzuordnen sind, stand der Kutscher gegen die Polizei und ein sich empörendes Publikum, das z. T. bei der Sistierung behilflich war.[69] Derartige Strafaktionen dienten nicht nur der Aufrechterhaltung und Durchsetzung moralischer Normen, sondern zugleich der unmittelbaren Gefahrenabwehr: Die Pferde wurden ausgespannt und zum Tierarzt gebracht. Das galt auch für akute Gefährdungen des Straßenpublikums selbst, wenn ein rücksichtsloser Fahrer zum Stehen gebracht und auf der Stelle verprügelt wurde.[70] Aus der *Selbsthilfe* zur Gefahrenabwehr ging in solchen Fällen unmittelbar die *Selbstjustiz* hervor.

Der weitaus größte Teil der Lynch-Aktionen hingegen (25 von 36 Fällen) wurde ausschließlich durch *Gewalt-Exzesse* von Einzelpersonen in einer Auseinandersetzung unter Einzelpersonen veranlaßt. 'Schlägereien' fanden zwar tagtäglich in aller Öffentlichkeit statt und waren insofern etwas „Normales"; wie sich das Publikum dazu verhielt, variierte allerdings mit den dabei verwandten Mitteln. Nur selten wurde berichtet, daß *„vor den Augen zahlreicher müßiger Zuschauer Personen halb totgeschlagen* werden, ohne daß es auch nur einer wage, einzuschreiten", wie ein Polizist in einem Gerichtsverfahren behauptete.[71] Häufiger finden wir in unserer Fallsammlung Beispiele für das kollektive Einschreiten gegen Gewalt-Exzesse. Daß bei den alltäglichen Auseinandersetzungen auf der Straße und in Kneipen gewisse Grenzen des Gewalt-Einsatzes einzuhalten waren, gegen deren gefährliche Übertretung Unbeteiligte einschritten, zeigt folgende Meldung: *„Lynchjustiz an einem Messerstecher!* In der Lothringer Straße, am Rosenthaler Tor, versetzte nach einem geringfügigen Streit ein

---

65 Siehe z. B. Vossische Zeitung v. 20.3.1906, Nr. 133, 2. Beil., v. 28.7.1907, Nr. 349, 1. Beil., v. 27.7.1907, Nr. 347, 1. Beil.
66 Siehe z. B. Vossische Zeitung v. 27.2.1909, Nr. 98; v. 13.7.1911, Nr. 341.
67 Siehe z. B. Vossische Zeitung v. 4.4.1913, Nr. 169; v. 21.9.1909, Nr. 443.
68 Siehe z. B. Vossische Zeitung v. 22.8.1906, Nr. 391.
69 Zur Problematik von Kutschern als Tierquälern aus der Sicht ihrer Gewerkschaft siehe u. S. 217.
70 Siehe z. B. Vossische Zeitung v. 4.5.1902, Nr. 207, 2. Beil.
71 Vossische Zeitung v. 11.4.1913, Nr. 181.

junger Bursche seinem Gegner einen Messerstich in die rechte Hüfte, so daß der Gestochene in schwerverletztem Zustande nach der Unfallstation gebracht werden mußte. Der Messerstecher flüchtete, wurde jedoch an der Gormannstraße gestellt und von der empörten Menge derartig zugerichtet, daß er wie leblos liegen blieb und später von dem hinzugerufenen Schutzmann stark blutend nach der Wache gebracht wurde."[72] Neben dem Gebrauch des *Messers* löste vor allem der Gebrauch einer *Schußwaffe* Lynch-Aktionen aus: Der Schütze wurde ergriffen, verprügelt und danach der Polizei übergeben.[73]

In den meisten Fällen von Lynchjustiz gerieten polizeilich-bürokratisches und volkstümlich-direktes Strafverfahren in Konflikt. Die Vossische Zeitung berichtete über einen Kutscher, der auf der Straßenbahn mit dem Kontrolleur in Streit geraten war, diesen mit einer Weichenstellstange geschlagen hatte und dann von der Weiterbeförderung ausgeschlossen worden war. „Straßenpassanten, die für den mißhandelten Kontrolleur eintraten, machten sich über den Kutscher her, um ihn zu lynchen. Der Bedrohte floh und flüchtete nach einem Neubau. Er wurde von einem Polizeibeamten wieder hervorgeholt. Kaum hatte er die Straße betreten, so stürzte sich die Menge aufs neue über ihn her. Nur schwer gelang es dem Beamten, den Verhafteten der Menge zu entreißen."[74]

In der Befreiung des Opfers aus den Händen der mißhandelnden Menge und der Abwehr weiterer Attacken auf dem Weg zur Wache — bisweilen unter Einsatz blanker Säbel — manifestierte sich der Widerspruch zwischen dem staatlichen Anspruch auf Durchführung eines rechtsförmigen Verfahrens mit seiner *indirekten,* die Strafe hinauszögernden Wirkungsweise und dem Prinzip der sofortigen Vergeltung durch eine *direkte Aktion.*[75] Strafrechtliche Konsequenzen für die Lynchenden wurden in keinem der Fälle berichtet. Die Form der Bestrafung hielt sich fast immer in den Grenzen derjenigen Verhältnismäßigkeit der Mittel, die die Bestraften überschritten hatten. In der Regel blieb es bei der „Tracht Prügel", die der Übeltäter — gelegentlich auch nach Ansicht der bürgerlichen Berichterstatter[76] — „verdient" hatte. Eine *kritische* Bewertung vom Lynchaktionen ist in den Tageszeitungen nirgends zu finden.

Wer versuchte auf diese direkte Weise den Bruch von allgemein anerkannten Verhaltensregeln zu korrigieren? Da sie sich in den Augen der Obrigkeit nicht strafbar machten, also auch nicht als Sistierte oder Angeklagte in Zeitungsberichten auftauchten (obwohl einige der Gelynchten durchaus erhebliche Verletzungen davontrugen), sind „Gesichter" in der lynchenden *Menge* schwer auszumachen. Allenfalls die sozialräumliche Verteilung erlaubt vorsichtige Rückschlüsse. Von den 29 Berliner Fällen

---

72 Vossische Zeitung v. 2.8.1910, Nr. 358.
73 Siehe z. B. Berliner Lokal-Anzeiger v. 18.6.1903, Nr. 279.
74 Vossische Zeitung v. 13.8.1909, Nr. 376, 2. Beil.
75 In rechtsgeschichtlichen und rechtssoziologischen Handbüchern habe ich keine Hinweise auf diese Aktualität des Lynchens auch in „normalen", politisch stabilen Zeiten im modernen Europa gefunden. Näheres siehe a. Lindenberger (1995b), Anm. 25.
76 „Das Publikum sprang den Beamten bei und verabreichte den sauberen Brüdern [die zuvor Frauen und Mädchen belästigt hatten] eine Tracht Prügel"; Vossische Zeitung v. 13.7.1911, Nr. 341. – Nachdem ein Mann ohne besondere Veranlassung auf offener Straße auf das Publikum geschossen hatte, erhielt er „von den Verfolgern den verdienten Lohn. Zwei Schutzmänner mußten ihn mit blanker Waffe aus der Volksmenge befreien." Vossische Zeitung v. 30.7.1907, Nr. 351.

entfallen je 13 auf den Sozialraumtypus „Unterschichten-Wohnquartier" (Typ V/VI) und „Quartier mit Cityfunktionen bei niedrigstem Wohnstandard (Verslumung)" (Typ III), während nur drei auf die Innenstadtviertel entfallen und keiner in den beiden von Mittel- und Oberschichten geprägten Sozialraumtypen vorkam. Auffallend ist vor allem der überproportionale Anteil des Typs III, der zur guten Hälfte vom Spandauer Viertel mit 7 Fällen getragen wird, während andere Stadtteile maximal 3 Fälle auf sich vereinigen. Bei den von den Anlässen her verwandten 53 'Schlägereien' hingegen liegt eine gleichmäßigere Verteilung vor; das Spandauer Viertel liegt hier mit 6 Fällen hinter der benachbarten Oranienburger Vorstadt mit sieben Fällen. Damit zeichnet sich wie schon anhand anderer Problematiken[77] die besondere Stellung dieses Stadtviertels, insbesondere des darin gelegenen Scheunenviertels als Schauplatz öffentlicher Un-Ordnung ab. In den „reinen" Arbeiterwohnquartieren (Typ V/VI) waren „normale" 'Schlägereien' hingegen eindeutig häufiger als 'Lynchaktionen' (21:13). Ob dies durch den Mangel an Anlässen zur Selbsthilfe bzw. Lynchjustiz oder geringerer Neigung dazu in diesen Vierteln bedingt war oder ob soziale Spannungen zwischen einer „anständigen" Mehrheit und subproletarischen, halbkriminellen Minderheiten auf den Straßen der Slums wie dem Scheunenviertel für diesen markanten Unterschied verantwortlich waren, ist aufgrund des vorliegenden Materials nicht bestimmbar.

Als gesichert kann festgehalten werden, daß Lynchaktionen, ob gegen „Sittenstrolche" und Tierquäler oder vor allem gegen Messerstecher und Revolverhelden, eine „unbürgerliche", wenn auch offensichtlich nicht von der bürgerlichen Gesellschaft gezielt bekämpfte Form der öffentlichen Un-Ordnung darstellten. *Direkte Aktionen* zur Beseitigung eines als ungerecht oder unmoralisch empfundenen Zustandes galten also keineswegs nur Angehörigen auf der anderen Seite der sozialen Wasserscheide, wie wir sie im nächsten Abschnitt etwa aus Anlaß von Exmittierungen kennenlernen werden. Sie konnten ebenso den objektiven Gesetzesbrecher aus der eigenen Schicht treffen, wenn seine Straftat zugleich einen Verstoß gegen den Kodex „anständigen" und verhältnismäßigen Benehmens darstellte. Vor allem bei schwerwiegenden Körperverletzungen wurden die im Strafprozeß – der ja auf der Straße mit dem Einschreiten des Polizisten beginnt – vorgesehenen Rechte des Beschuldigten zugunsten der sofortigen Vergeltung *am Körper* des Störenfrieds ausgesetzt. Unabhängig von den komplizierten und abstrakten Prozeduren des Strafprozesses, die räumlich und zeitlich *fern* der zu ahndenden Handlung stattfanden, sollte *an Ort und Stelle* in der Straßen- und Quartiers-Öffentlichkeit der gestörte Friede wieder hergestellt werden. Auch wenn daraus keineswegs eine generelle Indifferenz der Unterschichten gegenüber dem Rechtssystem geschlußfolgert werden darf, muß die Selbstverständlichkeit dieser Handlungsweise, wie sie sich auch in der gelassenen Berichterstattung andeutete, hervorgehoben werden. *Unmittelbare Körperlichkeit* in der öffentlichen Kommunikation (und nicht nur im privaten und halböffentlichen Bereich etwa von Erziehungsinstitutionen und Familie) erweist sich auch im Fall der Lynchjustiz als Merkmal der Lebensweise der Unterschichten.

---

77 Siehe o. Kap. 3.3.3 in Zusammenhang mit den Verteilungsstellen des Arbeitsmarkts.

4.3.6 Kneipe, Nachbarschaft und Geschäfte: 'Aktionen gegen Eigentümer' und deren Funktionsträger

Im breiten Spektrum der alltäglichen Konflikte, die zum Anlaß öffentlicher Un-Ordnung werden konnten, läßt sich eine Gruppe bilden, in der – im Unterschied zu allen anderen Fällen – sozioökonomische Interessengegensätze und Funktionen eine zentrale Rolle spielten.[78] In diesen Fällen wurden Einzelne aufgrund der Macht, durch die sie als private Unternehmer und Eigentümer das Leben anderer beeinflussen konnten, angegriffen.

Das *Lokal* als *der* Ort des sozialen Verkehrs der männlichen Arbeiterbevölkerung[79] war nicht nur häufig Ausgangspunkt für andere Interaktionen, etwa 'Schlägereien' (17 von 49 Fällen) oder kollektive 'Aktionen gegen die Polizei' (21 von 99 Fällen), sondern in 18 Fällen auch selbst *Gegenstand* des Konflikts. Im Mai 1902 meldete die Vossiche Zeitung: „Wegen *Aufreizung zum Landfriedensbruch* ist ein *Kutscher Julius Peise* verhaftet worden. In der Gastwirthschaft von Meier in der Prenzlauer Allee 164 kam Peise am Dienstag mit einem Freund zu einer Zeit, als der Wirth schon Feierabend geboten hatte. Er verlangte trotzdem noch Getränke und machte großen Lärm, als Meier mit Hinweis auf die Polizeistunde ihm nichts mehr verabreichte. Noch schlimmer machte er es draußen, nachdem der Wirth ihn schließlich vor die Thür gesetzt hatte. Peise hetzte auch andere Leute, die dazu kamen, auf, und bald ging eine Menge von hundert Personen, die schimpften, daß die Gastwirthe den Leuten das Geld abnehmen, um sie dann hinauszuwerfen, auf Meier los. Diesem kamen seine Gäste zu Hilfe. Aber auch sie mußten der Uebermacht weichen und sich mit dem Wirth einschließen. Nun übernahm draußen der Janhagel die Führung. Eine Anzahl Strolche zerbrachen im Vorgarten die Tische und Stühle und schlugen mit den Trümmern die Fensterscheiben ein, um so in die Wirthschaft einzudringen. Als sie merkte, daß eine Schutzmannspatrouille, die allein nichts ausrichten konnte, Verstärkung holte, lief die Bande auseinander."[80]

Dieser Fall kann als typisch für die Aktionen gegen Schankwirte angesehen werden. In weiteren neun Fällen wurde die Aktion ebenfalls durch einen Konflikt um den Aufenthalt im Lokal veranlaßt. Grund für die Weigerung, einen oder mehrere Gäste zu bedienen, konnte nicht nur die Polizeistunde, sondern auch deren schlechte Kleidung und ungebührliches Benehmen sein. In einigen Fällen versuchten die Abgewiesenen wie der Kutscher Peise dann auf der Straße die Unterstützung des Straßenpublikums zu gewinnen, in anderen gingen sie aus benachbarten Lokalen Verstärkung holen. Typisch ist außerdem die gezielte *Sachbeschädigung*: das Zerstören der Einrichtung, der Fassade, des Gartenzauns, zu der es bei diesem Interaktionstyp in 14 von 18 Fällen kam (im Gegensatz zu nur 18% in der gesamten Fallsammlung). Die angegriffenen Wirte setzten sich nicht minder rabiat zur Wehr und erwiesen sich oft als gut gerüstet: In sechs Fällen griffen sie zum Revolver, in anderen

---

78 Dies gilt natürlich nur für die Fälle innerhalb der Kleinkrieg-Fallsammlung, während die anläßlich von Streiks entstandenen Konflikte im nächsten Kapitel gesondert behandelt werden.
79 Vgl. z. B. Mühlberg (1983), S. 127-141, Mühlberg (1986), S. 197-209 sowie die Vigilantenberichte der Hamburger Polizeibehörde aus Arbeiterkneipen in Evans (1989).
80 Vossische Zeitung v. 22.5.1902, Nr. 233, 2. Beil.

Fällen zu abgeschnittenen Gummischläuchen, in einem Fall „führte" der Hausdiener gar einen Säbel.[81] Dem Wirt standen dabei neben seinem Personal häufig noch einige Gäste zur Seite. Hartnäckige „Schlachten" bzw. Schußwechsel zwischen den Angreifern und den Verteidigern der Kneipe konnten zu überdurchschnittlich hohen Verletztenzahlen führen. Die Polizei hingegen wurde nur in zwei Fällen direkt in den Konflikt hineingezogen. Sonst verschwanden die Angreifer bei ihrem Erscheinen oder ließen sich widerstandslos sistieren.

Den Berichten nach bildete die explizite Legitimierung des gemeinsamen Angriffs, wie sie aus der den Kutscher Peise unterstützenden Menge vorgebracht wurde, eher eine Ausnahme. In einigen Fällen führten Konflikte unter den Gästen zu Schlägereien, die sich in Aktionen gegen den Wirt verwandelten, nachdem dieser zu schlichten versucht hatte. Die Leichtigkeit, mit der jede Art von Streitigkeit in einen Konflikt Publikum/Gastwirt umkippen konnte, verweist darauf, daß — lange bevor es zu den geradezu legendären Straßenschlachten um Parteilokale in der Weimarer Republik kam[82] — das Lokal als zentraler Kommunikationsort der Unterschichts-Männer an sich ein Konfliktpotential darstellte: Wie „öffentlich" war die Kneipe, wer regulierte diese Öffentlichkeit bzw. wessen „Territorium" stellte sie dar? Auch wenn dies nicht in jedem Fall explizit erwähnt wurde, dürfte es sich bei den Beteiligten fast ausschließlich um Männer gehandelt haben. Es war *ihre* soziale Sphäre, die es zu verteidigen bzw. zu erobern galt.

Vor allem „Rotten" „junger Burschen" kämpften auf diese Weise um das Zutrittsrecht zu Kneipen oder übten Vergeltung für gegen sie verhängte Lokalverbote. Hinter ihren Aktionen sind kaum Interessenkonflikte im strikt materiellen Sinne zu vermuten. Vielmehr dürfte das *von der Straße* her konstituierte Bedürfnis, als nachwachsende Männergeneration soziale Geltung und — im Rahmen der räumlich naheliegenden sozialen Beziehungen - auch territoriale Machtansprüche durch gezielte Grenzverletzungen zu erproben und zu demonstrieren, handlungsleitend gewesen sein. Waren es tagsüber eher die auf dem Bürgersteig aufgebauten Auslagen der Ladenbesitzer, an denen sich derartige Machtspiele entfalten konnten, verlagerte sich abends und nächtens der Aktionismus auf die Kneipen. Tagsüber dominierten dabei die „halbwüchsigen", d. h. weniger als 20 Jahre alten, nachts die „jungen", also etwa bis 30 Jahre alten „Burschen".[83]

Derartige Aktionen können ebenso wie die bereits beschriebenen Unfug-Aktionen, das Ritual der Truppenbegleitung mit anschließender Heimsuchung von Geschäften und die Schlägereien zwischen Jugendlichengruppen als Teil der straßenbezogenen Sozialisation der Unterschichten interpretiert werden[84], die mit dem gemischtgeschlechtlichen Kinderspiel auf der Straße begann und nach der Trennung von Jungen und Mädchen für erstere vor allem in Machtspielen mit der Erwachsenenwelt bestand. „Die Straße als Erzieherin"[85] lehrte Verhaltensweisen und Wahr-

---

81 Vossische Zeitung v. 12.8.1905, Nr. 375, 1. Beil.
82 Siehe z. B. für Berlin Rosenhaft (1983).
83 Anders als für die Zeit der Weimarer Republik mit ihren „Wilden Cliquen" ist über Jugend-„Banden" in dieser Zeit in der Forschung nichts zu finden.
84 Siehe Zinnecker (1979). Zur pädagogischen Figur des „Straßenjungen" siehe a. Lindner (1983).
85 Tews (1911), S. 104.

nehmungsmuster, die der Straßenpolitik von unten zugrundelagen: Das Prinzip der *direkten Aktion* und damit immer wieder die Überschreitung der formalen Grenzen des Privateigentums und der aus ihm abgeleiteten Verfügungsrechte, sowie *unmittelbare Körperlichkeit* als Quelle sozialer Geltung zumindest im sozialen Nahbereich des Wohnquartiers, und damit deren schichtenspezifische Wertschätzung als Selbstzweck.

Machtkämpfe um Lokale fanden fast ausschließlich in der Männer-*Freizeit*, also abends, nachts und an Wochenenden statt. Aktionen gegen *Hauswirte* und deren Angestellte bzw. gegen *Dienstherren* verteilten sich hingegen gleichmäßiger über den Tag und wurden von hinsichtlich *Geschlecht* und *Generationen* gemischten Menschenmengen, die sich in erster Linie aus der unmittelbaren *Nachbarschaft* rekrutierten, durchgeführt. Die typischen Handlungselemente eines *Exmittierungs-Krawalls* treten in folgender Gerichts-Reportage aus dem Jahre 1902 deutlich hervor: „In dem Hause des Eigenthümers und Molkereibesitzers Franz Reichart in Neu-Weissensee, Sedanstraße 29, wohnte der Arbeiter Peche mit seiner Frau und sechs Kindern. Am 1. Juli sollte die Familie ziehen, die Wohnung war rechtzeitig gekündigt und die Kündigung auch angenommen worden, aber die Leute weigerten sich, die Wohnung zu räumen und machten auch noch am 2. Juli keine Anstalten dazu, als die neue Miethspartei einziehen wollte. Nun ging der Hauswirth gewaltsam vor. Als Frau Peche, die im Bette lag, erklärte, sie könne nicht ziehen, da sie nervös und ihr Ehemann auf Arbeit sei, holte er drei junge Leute herbei, mit deren Hilfe er die Wohnung auszuräumen begann. Die Frau sah sich nun genöthigt, aufzustehen. Die Straße wurde zur Zeit gerade gepflastert, und die jammernde Frau erzählte den Steinsetzern ihr Leid. Diese stießen Drohungen gegen den Hauswirth aus und im Handumdrehen hatte sich eine Menschenmenge angesammelt, die von Minute zu Minute wuchs, so daß mehr als tausend Menschen am Platze waren. Bald fiel ein Steinhagel auf das Haus. Die Wurfschützen recrutirten sich fast sämmtlich aus den Kreisen der Schuljugend. Im Hause blieb keine Glasscheibe ganz, auch im Innern wurden Möbelstücke durch Steinwürfe beschädigt. Schließlich erschien ein Gendarm auf dem Platze, der aber allein der Menge gegenüber nichts auszurichten vermochte. Inzwischen hatte eine Sammlung stattgefunden, die 9 Mark ergab, welche der Frau eingehändigt wurden. Ein Herr schaffte einen Berg belegter Stullen heran zur Sättigung der Kinder, während ein gegenüber wohnender Molkereibesitzer warme Milch spendete. Gegen neun Uhr kam der Ehemann von der Arbeit heim und drang sofort mit einigen Tumultuanten in die Wohnung des Reichart und verlangte sofortige Wiederaufnahme in die Wohnung. Der Arbeiter Nowacinski, der in demselben Hause wohnte, verlangte vom Hauswirth die für den Juli bereits im voraus gezahlte Miethe von 18 Mark heraus, weil er sofort ausziehen wolle, denn bei einem solchen Manne, der arme Leute auf die Straße setze, möge er keine Stunde mehr wohnen. Wohl oder übel mußte der Hauswirth die Miethe herauszahlen, wofür N. eine Anklage wegen Nöthigung erhielt. Auf Requisition des Hauswirths erschien nach 10 Uhr Abends die Feuerwehr, welche die Pechesche Familie fortschaffte, die dann an anderer Stelle ein Unterkommen fand. Am nächsten Morgen wiederholte sich das Bombardement auf das Haus, wobei sich eine Frau Czinczatowski besonders hervorthat. Sie reichte den Jungen die Steine zu, die sie zum Werfen brauchten, und als sie auf dem Hofe der

Frau Reichart und ihrer Tochter angesichtig wurde, mißhandelte sie diese und riß ihnen die Kleider vom Leibe. Ein starkes Aufgebot von Gendarmen machte den wüsten Scenen am nächsten Tage ein Ende. Der Hauswirth Reichart, der übrigens wegen Verleitung zum Meineide gegenwärtig in Untersuchungshaft sitzt, hat für die Renovation seines Hauses 500 Mark bezahlen müssen."[86]

Obwohl in der Fallsammlung nur drei Aktionen dieser Art enthalten sind, erlauben einige strukturelle Gemeinsamkeiten ihre Zusammenfassung zu einem Interaktionstyp 'Exmittierungskrawall'.[87] Sie fanden immer zu Beginn eines Monats, dem üblichen Termin für den Wohnungwechsel, statt. Ein Handkarren, auf dem der gesamte spärliche Hausstand einer Arbeiterfamilie aufgetürmt war, gezogen und geschoben von den Eltern und den Kindern, eventuell unterstützt von Freunden und Nachbarn − diese Zeichen einer ärmlichen Lebensweise prägten aufgrund der enormen Fluktuation der Berliner Mieter an den Umzugstagen das Straßenbild.[88] Dabei griff die Polizei in einer Weise ordnend ein, die die Kontraste der Lebensführung von Arm und Reich zusätzlich sichtbar machte: Die Inhaber kleiner Wohnungen mußten bis zum 1., die mittlerer bis zum 2. und die großer Wohnungen bis zum 3. Quartalstag mittags 12 Uhr umgezogen sein.[89] In den meisten Fällen „zogen" die Mieter freiwillig oder zumindest mit ihrer Einwilligung, weil sie eine bessere Wohnung gefunden hatten oder sich nur noch eine billigere leisten konnten. Dennoch setzten die Ziehtage immer wieder hunderte von Familien der vorübergehenden Obdachlosigkeit aus; genau für diese kritischen Tage gab es daher neben den Einrichtungen für alleinstehende und längerfristig Obdachlose eigens ein Familienobdach, das in den ersten Jahren des Jahrhunderts um 2.000 Familien pro Jahr aufnehmen mußte.[90] Dieses Bild der akuten Gefährdung eines wenn auch dürftigen Lebensstandards boten die exmittierten Familien ihrer Nachbarschaft dar und lösten dadurch die bereits beschriebenen Unterstützungs-Handlungen aus: Zum einen Geldsammlungen, Hilfe bei der Suche nach einer Wohnung in der näheren Umgebung[91], Gesten der moralischen wie körperlichen Stärkung. Zum anderen galt es, den Urheber dieser Notlage öffentlich zu ächten. Zerstörerische Angriffe auf die weithin sichtbare Vorderfront des Hauses zielten daher nicht nur auf den Geldbeutel des Eigentümers, sondern artikulierten zugleich den „Unwillen" der versammelten Nachbarn, stellten also eine über den verbalen Protest hinausgehende physisch-symbolische Kommunikation her, die zum Teil durch Angriffe auf die Personen des Hausbesitzers und seiner Familie ergänzt wurde. In derartigen Konflikten boten sich darüber hinaus Gelegenheiten, das in der

---

86 Berliner Lokal-Anzeiger v. 3.12.1902, Nr. 565, 1. Beil.
87 Zu Exmittierungskrawallen während der Weltwirtschaftskrise in Berlin siehe Stahr (1992).
88 Vgl. die Fotographien und Zeichnungen von Heinrich Zille (1975), Abb. 77-79.
89 Siehe Polizei-Präsidium (1910), I, S. 133 f.
90 Vgl. StJbBln 27 (1903) bis 33 (1916), „Städtisches Obdach, a) Städtisches Obdach für obdachlose Familien". Gegen Ende des Untersuchungszeitraums sank die jährliche Aufnahme auf unter 1.000 Familien.
91 Siehe a. einen Exmittierungs-Krawall im nordöstlichen Stralauer Viertel in Vossische Zeitung v. 3.9. 1912, Nr. 449. − Die meisten innerstädtischen Umzüge fanden innerhalb des Quartiers statt; siehe dazu Soltau (1913), S. 15, dessen geradezu mikroskopische Studie über „Wohnungswechsel und Wohnungsmarkt" in Charlottenburg zeigt, „wie sehr der Großstädter und v. a. der Proletarier an der einmal gewählten Gegend hängt."

sozialen Ungleichheit des Mietskasernensystems angelegte Spannungspotential gezielt auszunutzen, um alte „Rechnungen" zu begleichen.[92]

In keinem anderen Interaktionstyp mit Ausnahme der Aktionen gegen die Fleischer am Wedding waren Frauen so aktiv am Geschehen beteiligt wie bei den Exmittierungskrawallen, z. T. im Rahmen einer feststehenden Rollenverteilung mit Jugendlichen und jungen Männern. Auf der anderen Seite fällt – wie schon bei den Kneipenwirten – die Selbstverständlichkeit von Schußwaffen[93] als Verteidigungsmittel sowie die Nebenrolle der Polizei auf.[94]

Die den Alltag durchziehenden Machtbeziehungen der Mietskaserne konnten jedoch nicht nur wegen drohender Obdachlosigkeit, sondern auch im Streit um weniger existentielle Interessen Ausgangspunkt kollektiver Aktionen sein. Dabei standen die im Auftrag des Hauseigentümers arbeitenden *Hausverwalter* und *Portiers* an der konfliktträchtigen Nahtstelle zwischen den vom Eigentümer und der Obrigkeit eingeforderten Verhaltensstandards – die sie durchzusetzen hatten – und dem Eigen-Sinn der Mieter.[95] Bei in den Augen der Nachbarschaft offenkundigem Fehlverhalten dieser die Interessen des Hauseigentümers exekutierenden Angestellten konnte die latente Spannung zu „*lebhaften Tumulten*" eskalieren.[96]

Die Bereitschaft der Nachbarschaft, direkt und handgreiflich auf den eklatanten Machtmißbrauch gegenüber Abhängigen zu reagieren, läßt sich auch an drei Aktionen gegen *Dienstherren* ablesen. Ein Dienstmädchen hatte wegen ständiger Mißhandlungen seine Stellung aufgegeben und wollt sich den noch ausstehenden Lohn abholen. „Anstatt ihr das Geld auszuzahlen, *fiel der Wirt wiederum über das Mädchen her, schlug es zu Boden* und bearbeitete die Wehrlose mit einem *Totschläger*, bis sie das Bewußtsein verlor. In der Nachbarschaft, die bereits über die früheren Vorgänge entrüstet war, hatte sich bald die Nachricht von der neuen Gewalttat des Gastwirts verbreitet, und es kam nun zu *förmlichen Tumulten*. Man wollte die Gastwirtschaft stürmen und den Wirt samt seinen Angehörigen *lynchen*. Ein Polizeiaufgebot mußte die Bedrohten vor dem Schlimmsten bewahren."[97]

Ähnlich wie bei den bereits beschriebenen 'Lynchaktionen' bildete hier die drastische und sofortige Ächtung des Gewaltexzesses das Hauptmotiv. An die Stelle der spontanen Parteinahme für den Unterlegenen trat jedoch die durch das kollektive Wissen um die Vorgeschichte des Konflikts bereits vorstrukturierte Parteinahme der Nachbarschaftsöffentlichkeit. In den beiden anderen Fällen handelte es sich bei den Dienstherren um Ladenbesitzer, deren gewaltsamer Umgang mit dem Dienstmädchen dank ihrer öffentlichen Funktion im Quartier ähnlich wie bei einem Gastwirt

---

92 Siehe den Bericht über einen Landfriedensbruchprozeß in der Vossischen Zeitung v. 7.3.1902, Nr. 111, 2. Beil.

93 So auch im Fall des Hauseigentümers und Lehrer Liebig, der im Verlauf eines „erregten Auftritts" wegen einer Kündigung „hart bedrängt" wurde und mehrere Personen durch Schüsse verletzte; im übrigen der einzige Exmittierungs-Krawall, bei dem nicht von Frauen und Jugendlichen als Teilnehmern bzw. Teilnehmerinnen berichtet wird, Vossische Zeitung v. 4.10.1907, Nr. 465, 1. Beil.

94 In zwei Fällen in den Vororten Weissensee und Lichtenberg hängt dies eventuell mit der geringen Polizeistärke (keine Schutzmannschaften, sondern einfache Gendarmerien) zusammen.

95 Siehe Soltau (1913), S. 26.

96 Siehe z. B. Vorwärts v. 31.12.1903, Nr. 304, 2. Beil, Vossische Zeitung v. 4.1.1912, Nr. 6.

97 Vossische Zeitung v. 2.8.1911, Nr. 378, 2. Beil.

leicht zu beobachten war.[98] Derartige Dienstherren boten mit ihren an der Straße gelegenen Betrieben eine ideale Angriffsfläche für öffentlich sichtbare und materiell empfindliche Strafaktionen.

In den wenigen Fällen, in denen über die soziale Stellung der Akteure von derartigen Nachbarschaftsaktionen gegen Hauswirte und Dienstherren Angaben gemacht wurden, handelte es sich überwiegend um Arbeiter, Arbeiterehefrauen und deren Kinder. Daraus auf ihren „rein" oder „spezifisch" proletarischen Charakter zu schließen, wäre voreilig, da dies – wie am Beispiel aus Neu-Weißensee zu sehen war – die Unterstützung durch benachbarte „Herren" bzw. Unternehmer nicht ausschloß. Aussagekräftiger ist daher die Tatsache, daß sich diese Aktionen in den vor allem von der Arbeiterschaft geprägten Wohnvierteln (Sozialraumtyp V/VI) (7 von 10 Berliner Fällen) und Vororten (Neu-Weißensee, Lichtenberg) konzentrierten. Vorsichtiger formuliert, kann also davon ausgegangen werden, daß die direkte und militante Nachbarschaftshilfe gegenüber Vermietern und Dienstherren von Nachbarschaften getragen wurden, in denen die Arbeiterschaft – und damit auch ihre Vorstellungen über den „angemessenen" Umgang mit Eigentums- bzw. Dienstherrenrechten – dominierten.[99] Dieselbe Feststellung gilt auch für die ausschließlich von Männer- bzw. Jungengruppen getragenen Aktionen gegen Ladeninhaber und Gastwirte (13 von 20 Berliner Fällen). Zugleich waren sie im Vergleich mit anderen nicht weniger militanten Interaktionen und angesichts des sozialen Spannungspotentials, durch das sie bedingt waren, relativ *selten*.

Als einer der wenigen Fälle dieses Typs von Straßenaktionen sei die Fleischrevolte am Wedding im Oktober 1912 genauer betrachtet:

Im Oktober 1912 verband sich dieser Interaktionstyp der gegen Privateigentümer gerichteten öffentlichen Rüge-Aktion schlagartig mit einer sozialpolitischen Problematik von regionaler, ja nationaler Bedeutung, als es um den *Preis des Fleischs* und das *Verhalten der Fleischer* ging. Ausgelöst durch die Weigerung der Weddinger Fleischermeister, von der Stadt Berlin importiertes russisches Fleisch zu Niedrigpreisen anzubieten, kam es zwei Tage lang in den Straßen um die Markthalle an der Reinickendorfer Straße zur Erstürmung von Fleischerläden, Plünderungen und gewaltsamen Angriffen auf Fleischer. Schließlich mußten diese ihre unnachgiebige Haltung aufgeben. Vorangegangen war diesen Unruhen eine sich über mehrere Monate hin-

---

98 Vgl. Vossische Zeitung v. 24.10.1907, Nr. 499, 1. Beil. und v. 16.11.1907, Nr. 540. – Allgemein zur Situation Berliner Dienstmädchen vor 1914 siehe Stillich (1902).

99 „Nachbarschaft" wird als Faktor von Klassenkonstitution und Klassenbewußtsein häufig überschätzt, ihr Potential der Abfederung und Individualisierung sozialer Gegensätze durch Mechanismen der informellen sozialen Kontrolle hingegen eher unterschätzt; siehe Fritzsche (1977), Fritzsche (1981); siehe zuletzt Ritter/Tenfelde (1992), S. 814-817. Behutsamkeit bei Rückschlüssen auf einen eventuellen „Klassencharakter" von Nachbarschaften ist angebracht, da diese sich *immer* aus sozial heterogenen, ja antagonistischen Elementen zusammensetzten, die nolens volens im alltäglichen Leben miteinander auskommen *mußten* und materiell aufeinander angewiesen waren. Der Kampf gegen aus der Rolle fallende Vermieter und Dienstherren war kein „Klassenkampf", sondern die Wiederherstellung eines verletzten Konsenses über das korrekte Verhalten in im Rahmen der gegebenen Verhältnisse unverzichtbaren sozialen Beziehungen. Siehe auch die Untersuchungen zu Berliner Arbeiter-Nachbarschaften im 20. Jahrhundert von Eva Brücker (1993), (1995), (1996), sowie Rosenhaft (1995).

ziehende Kampagne der Sozialdemokratie gegen die Teuerung und das Schutzzoll-system[100] und die Herstellung eines parteiübergreifenden Konsenses innerhalb der Berliner Stadtverordnetenversammlung über die Notwendigkeit städtischer Subventionen zur Erzwingung niedriger Fleischpreise.[101]

In der Reihe der hier betrachteten Fälle der Kleinkrieg-Fallsammlung stellt die Fleischrevolte am Wedding eine krasse Ausnahme dar: nur sehr selten kam es vor 1914 zu einer derart expliziten Verknüpfung zwischen lokaler öffentlicher Un-Ordnung und „großer Politik" — in diesem Fall Versorgungspolitik —, wenn man von den durch Streiks veranlaßten Ereignissen einmal absieht. Zugleich beleuchtet dieser Konflikt jedoch schlaglichtartig, daß die zum vordergründig unpolitischen Alltag des Kleinkriegs zwischen Polizei und Publikum gehörenden Handlungsmuster relativ leicht zu „politisieren" waren. Gestützt auf einen übergreifenden gesellschaftlichen Konsens — in diesem Fall hinsichtlich der Verwerflichkeit der Haltung der Fleischermeister — waren direkte Aktionen zur effektiven Wahrung materieller Interessen möglich, die auf breites Verständnis in der politischen Öffentlichkeit rechnen konnten, und dies, ohne daß es zu längeren direkten Konfrontationen mit der Polizei kam.

4.3.7 Ordnungskonflikte und öffentliche Verkehrsmittel

Eine kleine, nur neun Fälle umfassende Gruppe von Straßenereignissen steht — systematisch betrachtet — zwischen den 'Aktionen gegen Eigentümer' und den 'Aktionen gegen die Polizei'. Auf den *öffentlichen Verkehrsmitteln* standen den Kunden Angestellte als Vertreter eines Unternehmens gegenüber, die zugleich als *Eisenbahnpolizeibeamte* für Ordnung und Sicherheit zu sorgen hatten.[102] Die Anlässe zu diesen Konflikten sind unterschiedlicher Natur; bei fünf von ihnen ging es — ähnlich einigen Konflikten in Lokalen — um den vom Personal angeordneten Ausschluß von der weiteren Beförderung wegen groben Unfugs, anderen Formen „ungebührlichen" Benehmens oder schlicht wegen Überfüllung. In diesen Fällen entstanden Menschenansammlungen in Folge eines Streits um die Anordnungs-Befugnisse des Bahnpersonals. In anderen ging dem ein Konflikt unter Fahrgästen voraus.[103] Wie bei den Aktionen gegen Gastwirte und Hauseigentümer zog die eingreifende Polizei keine Aggressionen auf sich. Letztere konzentrierten sich ausschließlich auf das Bahnpersonal, dessen Befugnisse offen herausgefordert wurden, nicht nur von Fahrgästen, sondern auch von zu „Unfug" aufgelegten „jungen Burschen", die etwa einer Straßenbahn den Weg versperrten.[104] Bei „letzten" Straßenbahnwagen zu später Nachstunde bilde-

---

100 Siehe u. S. 327.
101 Der genaue Hergang und gesellschaftspolitische Hintergrund dieser „Fleischrevolte" wird an anderer Stelle behandelt, siehe Lindenberger (1994).
102 Siehe Brockhaus (1908), Bd. 2, S. 275.
103 Siehe z. B. Vossische Zeitung v. 6.8.1902, Nr. 363, 1. Beil., v. 1.10.1904, Nr. 462. — Tätlichkeiten gegen das Personal wurden als „Widerstand gegen die Staatsgewalt" (§ 113 StGB) verfolgt; siehe z. B. Vossische Zeitung v. 9.2.1906, Nr. 66, 5. Beil.
104 Siehe z. B. Vossische Zeitung v. 8.5.1911, Nr. 222, 2. Beil., v. 21.8.1911, Nr. 413, Berliner Tageblatt v. 27.6.1903, Nr. 321.

te hingegen der Ärger von Fahrgästen über die Aussicht, zu Fuß nach Hause gehen zu müssen, den Auslöser für *„tumultuöse*[.] *Szenen".*[105]

Als „Polizeibeamte", die sie auf den Verkehrsanlagen *de jure* waren, wurden die Angestellten der Bahnen offenbar nicht immer für voll genommen. Zugleich erfreuten sich insbesondere die Groß-Berliner Straßenbahnen beim Publikum keines guten Rufes, woraus aber nicht auf eine generell ablehnende Haltung gegenüber ihren Angestellten geschlossen werden kann. Die zahlreichen spontanen Solidaritätsbekundungen während eines Streiks sprechen für das Gegenteil.[106] Im Unterschied zu den auf Kontrolle und Disziplinierung im Straßenalltag spezialisierten Schutzmännern wurden Schaffner und Stationsvorsteher nicht zu Haßobjekten stereotypisiert. Beschimpfungen wie „Haut die Blauen!" oder „Bluthunde!" bekamen sie nicht zu hören. Obwohl der öffentliche Personennahverkehr zu den meisten Tageszeiten mit großen Menschenansammlungen verbunden war und sicherlich zahllose Reibereien zwischen Personal und Publikum mit sich brachte, blieben größere Konflikte eine Randerscheinung.

4.3.8 'Aktionen gegen die Polizei'

Mit 160 Fällen stellt diese Gruppe die relativ meisten Fälle öffentlicher Un-Ordnung in der Fallsammlung, was gerade im Vergleich mit den weniger gewaltsamen Gruppen wie 'Sensationen', 'Andrang' und 'Unfug' in erster Linie daran liegen dürfte, daß polizeiliches Handeln im Mittelpunkt der Aufmerksamkeit der Menschenmenge stand, sei es als Anlaß zur Bildung einer Menschenmenge, sei es in Folge des Eingreifens der Polizei in die Aktionen einer bereits bestehenden Menschenmenge. Im Hinblick auf die Frage nach dem straßenpolitischen Potential dieser Aktionen gilt es innerhalb dieser Gruppe zu unterscheiden zwischen Menschenmengen, die – vor allem angesichts des Widerstands Einzelner gegen polizeiliche Maßnahmen – *passiv* blieben (47 Fälle), und solchen, die *aktiv* gegen die Polizei Partei ergriffen (113 Fälle). Diese Parteinahme galt in zwei von drei Fällen der *Unterstützung von Sistierten.*

Hinsichtlich der Verteilung auf Jahre und Monate ergaben sich bei den Aktionen gegen die Polizei keine Abweichungen vom Gesamtbild, dafür um so mehr bei den Tageszeiten und Wochentagen. Der Anteil der nächtlichen Aktionen (18-6 Uhr) liegt in der Fallsammlung bei 49 bzw. 70% für passive bzw. aktive Menschenmengen. In der Gruppe wird dieser Unterschied verstärkt: Während dieses Merkmal nur auf 46% der Fälle mit passiven Menschenmengen zutrifft, steigt es bei denen mit aktiven Menschenmengen auf 85%. Der Anteil der auf das Wochenende fallenden Aktionen (Samstag ab 18 Uhr bis Montag 6 Uhr) liegt in der Fallsammlung gleichverteilt bei 31%, in der Gruppe hingegen bei 24 bzw. 44%.

Bei der Verteilung auf Berliner Sozialraumtypen verstärkt sich das Gewicht der von den Unterschichten geprägten reinen Wohnquartiere (Typ V/VI) in dieser Gruppe mit 48 bzw. 62% gegenüber ihrem Anteil an der gesamten Fallsammlung (43 bzw. 57%). Bei im Strukturwandel begriffenen Stadtteilen mit unterschichtiger

---

105 Siehe z. B. Vossische Zeitung v. 1.3.1907, Nr. 102.
106 Siehe u. Kap. 5.3.1

Wohnbevölkerung (Typ III) verstärkt sich der Abstand zwischen passiven und aktiven Menschenmengen: Sie sind in der gesamten Fallsammlung mit 36 bzw. 27 %, bei den 'Aktionen gegen die Polizei' hingegen mit 40 bzw. 23 % der Fälle vertreten.[107]

Als Ergebnis dieses Vergleichs zwischen den 'Aktionen gegen die Polizei' und der gesamten Fallsammlung kann festgehalten werden:

1. Die im Vergleich zur gesamten Fallsammlung überdurchschnittliche Konzentration der aktiven Beteiligung von Menschenmengen bei 'Aktionen gegen die Polizei' auf die Zeit zwischen 18 und 6 Uhr bzw. auf das Wochenende, also auf die Freizeit;
2. die Konzentration von 'Aktionen gegen die Polizei' auf die durch Unterschichten geprägten reinen Wohnquartiere (Typ V/VI) wird gegenüber der gesamten Fallsammlung verstärkt. Dies gilt auch für die im Strukturwandel begriffenen Stadtteile (Typ III), sofern sich die beteiligte Menschenmenge passiv verhielt, anders als bei denjenigen Fällen, in denen die Menschenmenge aktiv gegen die Polizei vorging.

Um die straßenpolitische Bedeutung dieser Konflikte herauszuarbeiten, wird nun in zwei Untersuchungsschritten vorgegangen: In einem ersten Durchgang wird von den *Anlässen* her nach ihrem sozialen Gehalt gefragt. In einem zweiten, das ausgebreitete Material ergänzenden Schritt werden die entscheidenden *Handlungselemente*, aus denen sich quer zu den verschiedenen Anlässen die Interaktionen Polizei/Straßenpublikum zusammensetzten, und die zusammengenommen die den Akteuren geläufigen „Regeln des Aufruhrs" (Farge/Revel) bilden, analysiert.

Unabhängig vom Anlaß einer Aktion gegen die Polizei ließe sich zu ihrem sozialen Gehalt sagen: Es ging immer in der einen oder anderen Weise um die (Nicht-)Anerkennung des staatlichen Gewaltmonopols im öffentlichen Straßenraum bzw. an dessen Grenzen, etwa im Lokal. Handlungen von Polizisten wurde die für ihre Wirksamkeit und damit für das Funktionieren „öffentlicher Ordnung" notwendige Anerkennung verweigert. Ob diesem Widerstand ein konkretes, mit dem Anlaß des Auflaufs verbundenes *Interesse* zugrundelag oder lediglich die prinzipielle Abwehrhaltung gegen polizeiliches Einschreiten, bleibt in einigen wenigen Fällen unklar. Meistens jedoch enthielten die Zeitungsmeldungen Informationen über Ursachen des Konfliktes und Motive der Handelnden. Ihre differenzierte Beschreibung soll nun den *Eigen-Sinn* dieser habituellen Polizeigegnerschaft rekonstruieren. Nach Anlässen geordnet, zerfallen die 'Aktionen gegen die Polizei' bei erster Annäherung in zwei Gruppen: Konflikte unter Nicht-Polizisten, die polizeiliche Maßnahmen nach sich zogen (49 Fälle), und Konflikte zwischen Polizisten und Nicht-Polizisten (111 Fälle).

---

107 Auch wenn der Sonderfall „Spandauer Viertel" bei der Auszählung nicht berücksichtigt wird, bleiben diese Trends wenn auch abgeschwächt erhalten, mit Ausnahme des Anteils dieses Sozialraumtyps an den Fällen mit passiven Menschenmengen, der bei 'Aktionen gegen die Polizei' von 28 auf 22 % sinkt. – Bei den anderen Sozialraumtypen liegen die Fallzahlen für eine Interpretation zu niedrig. Weitere Aufschlüsse über lokale Zentren derartiger 'Aktionen gegen die Polizei' siehe u. S. 169.

4.3.8.1 Anlässe I: Konflikte unter Nicht-Polizisten

Die meisten dieser Konfliktkonstellationen wurden schon anhand anderer Interaktionstypen vorgestellt. Wenn jedoch eine oder beide Konfliktparteien sich gegen die eingreifende Polizei wandten und daraus „unliebsame Szenen" resultierten, so lockte dies oft „mehrere hundert Menschen" an, die neugierig zuschauten. Sofern derartigem „Widerstand gegen die Staatsgewalt" Konflikte unter Nicht-Polizisten vorausgegangen waren, ergriff das Publikum seltener Partei für die Polizeigegner. Das gilt vor allem auch für die wenigen privaten Konflikte (darunter zwei Ehestreite), in die Polizisten mit Sistierungen eingriffen. Zu anderen Reaktionen hingegen kam es, wenn eine Sistierung infolge eines typischen Kneipenkonflikts vorgenommen werden sollte. Einer Gerichtsreportage im Mai 1911 läßt sich folgender Handlungsablauf entnehmen: Nachdem sie wegen unanständigen Benehmens bereits einige Wochen zuvor aus dem Lokal des Restaurateurs Quappe in der Charlottenburger Huttenstraße verwiesen worden waren, verübten einige „junge Burschen" im August 1910 dort „einen Mordsskandal", griffen den Wirt an, flüchteten jedoch bald darauf in ein anderes Lokal, wo sie von zwei herbeigerufenen Polizisten unter großem Tumult „aufgeschrieben" wurden. „Nach der Feststellung der Personalien verließen die Schutzleute, gefolgt von den Gästen und einer größeren Menschenmenge, die sich inzwischen angesammelt hatte, das Lokal. Die Menge rief 'Haut die Blauen, haut die Bluthunde!' und ging schließlich gegen die Beamten gewalttätig vor. Die beiden Beamten mußten, um von hinten nicht angegriffen zu werden, sich in einen Hausflur begegeben, wo sie sich mit ihren Browningpistolen verteidigten. Erst durch das Hinzukommen der berittenen Schutzleute Schulz und Schenk wurden die beiden aus ihrer gefährlichen Lage befreit."[108] Aus der „johlenden und zum Widerstande auffordernden Menge" seien gar die Rufe „Schlagt doch die Bluthunde tot" erschollen.[109]

Bei insgesamt sechs derartigen Fällen folgte das Engagement zugunsten der Sistierten direkt aus der Parteinahme im Konflikt zwischen Gast und Wirt, der nach ergangenem Lokalverbot zur Durchsetzung seiner Interessen die Schutzmänner gerufen hatte, und mündete in den meisten Fällen in Befreiungsversuchen.[110]

Andere Konflikte zwischen Zivilpersonen entsprangen der polemischen, distinktionsbewußten Konfrontation von Angehörigen unterschiedlicher Schichten, in denen sexistische Beleidigungen gegen Frauen häufig eine wichtige Rolle spielten. „Beleidigte" und „belästigte" „Damen" und „Herren", aber auch „einfachere" Frauen erbaten in sieben Fällen Schutz vom Schutzmann, der dann zur Sistierung schritt. Im Scheunenviertel entstand in einem später vor Gericht verhandelten Fall daraus ein regelrechter *„Straßenkrawall"*. Nach einem von reichlichem Alkoholgenuß begleiteten Umzugstag wollten die drei Angeklagten, ein Kutscher Putzke und seine beiden Schwäger, zur Mittagszeit in der Münzstraße in ein Schanklokal einkehren. „In der Nähe des Lokals stand auf der Straße ein Automobil, das schadhaft geworden war, so daß dessen Führerin, eine Dame, hatte absteigen müssen. Sie wurde von Vorüber-

108 Vossische Zeitung v. 20.5.1911, Nr. 244, 5. Beil.
109 Vossische Zeitung v. 14.8.1910, Nr. 379, 1. Beil.
110 Siehe z. B. Vossische Zeitung v. 1.5.1905, Nr. 202, 17.5.1905, Nr., 230, 2. Beil., v. 4.4.1910, Nr. 156.

gehenden mit Spott und Hohn überschüttet. Die Angeklagten betheiligten sich daran mit so unfläthigen Witzen, daß die Dame schließlich einen Schutzmann holte. Dieser [...] forderte die Menge, die sich angesammelt hatte, zum Auseinandergehen auf. Der Angeklagte Karstädt erwiderte mit Schimpfworten, worauf der Schutzmann ihn zur Wache bringen wollte."

Bei der nun folgenden Rangelei wurde Karstädt mit dem Säbel im Gesicht schwer verletzt und flüchtete stark blutend in den Flur eines Hauses. Die inzwischen angesammelte Menschenmenge nahm, von seinen Schwägern „aufgereizt", Partei gegen die Polizei. „Die Lage für die Beamten wurde kritisch [...]", konnte aber nach Eintreffen weiterer Schutzleute durch die endgültige Festnahme der drei Schwäger und Zerstreuen der Menge bereinigt werden.[111] In Situationen wie dieser trat die Polizei in unterbürgerlicher Umgebung zum Schutz des „bürgerlichen" bzw. weiblichen Anstands- und Ehrgefühls von Einzelpersonen auf.

Den weitaus häufigsten Anlaß bei den Konflikten unter Nicht-Polizisten bildete eine bereits beschriebene und meistens ausgesprochen egalitäre, sich also unter „Standesgenossen" abspielende Interaktion, die *Schlägerei*.[112] In einigen Fällen wurde der in die Auseinandersetzung eingreifende Schutzmann von einer der Parteien zu Hilfe gerufen, woraus sich dann eine längere Prügelei zwischen diesem und dem Arrestanten entwickeln konnte.[113] In den meisten Fällen jedoch schritt der Schutzmann wie in der folgenden Meldung beschrieben auf eigene Initiative ein, um „Sicherheit und Ordnung" wieder herzustellen. „Ein *Kampf zwischen zwei Pferdehändlern* und ein *Angriff auf einen Schutzmann* hatte gestern nachmittag an der Ecke der Linien- und Bartelstraße einen großen Auflauf zur Folge. Die Pferdehändler *Pohl* aus der Prenzlauer und *Schwandt* aus der Bartelstraße, Männer von 34 und 35 Jahren, waren über eine Abrechnung in Streit geraten. Jeder glaubte, daß er von dem anderen noch Geld zu bekommen habe. Endlich gingen sie dazu über, sich mit den Fäusten auseinanderzusetzen. Jetzt kam der Schutzmann *Wenzel* vom 16. Revier dazu. Als dieser die Kampfhähne aufforderte, diese Art Abrechnung anderswo zuende zu führen, machte sich Schwandt aus dem Staube. Pohl dagegen *zog sein Messer*, um dem Beamten zu Leibe zu gehen." Nachdem er ihn durch einen Säbelhieb „kampfunfähig" gemacht hatte, konnte der Schutzmann den wütenden Wenzel festnehmen.[114]

Selten wurde in der Zeitungsnotiz der genauere Hintergrund des veranlassenden Konflikts und die Argumentationsweise des einschreitenden Beamten so präzise beschrieben wie in diesem Falle. Nicht nur „diese Art von Abrechnung", sondern

---

111 Vossische Zeitung v. 10.9.1902, Nr. 423, 2. Beil.
112 Mit drei Fällen in der Fallsammlung äußerst schwach vertreten sind – stellt man die Konzentration von Garnisonen und Militärverwaltungen in und um Berlin in Rechnung – Konflikte zwischen Zivilisten und *Militärs*, bei denen das Publikum regelmäßig gegen die Militärs Partei ergriff, siehe z. B. Vossische Zeitung v. 5.8.1908, Nr. 363, 1. Beil. (Konflikt zwischen einem Offizier und einem Journalisten beim Gedränge in der Straßenbahn); v. 4.7.1901, Nr. 307, 1. Beil. (Konflikt zwischen einem Hauptmann und einem Kutscher um das Hineinfahren in eine marschierende Kolonne); v. 7.9.1913, Nr. 454, 10. Beil. (Streit zwischen einem Sergeanten und einem Schuhmachermeister, in dessen Verlauf sich ersterer zum „Mißbrauch seiner Dienstwaffe" hinreißen ließ). Allgemeiner zu derartigen Konflikten in preußischen Garnisonsstädten und ihrer Bedeutung für den Prozeß der Durchsetzung des staatlichen Gewaltmonopols in Preußen im 19. Jahrhundert siehe Lüdtke (1982a), S. 238-282.
113 Siehe z. B. Vossische Zeitung v. 10.2.1912, Nr. 75, v. 26.8.1912, Nr. 433.
114 Vossische Zeitung v. 20.8.1907, Nr. 388.

Schlägereien aus welchem Anlaß auch immer gehörten nach obrigkeitlichem Verständnis nicht auf die Straße. Meist wurden die genauen Ursachen der Schlägerei nicht erwähnt, der Handlungsablauf — eine der beteiligten Parteien wendet sich gegen den Schutzmann — ist jedoch derselbe.[115] Erweitert wurde das Szenario bisweilen durch das Verhalten der anteilnehmenden Menschenmenge. Als zwei Polizisten im Januar 1903 nachts zwei sich Prügelnde festnehmen wollten, widersetzte sich einer von ihnen „und fand bei dem bald zusammengeströmten Publikum Unterstützung. Schließlich war die Menge auf etwa *300 Personen* angewachsen, *die die Schutzleute mit Mauer- und Straßensteinen zu bewerfen anfingen, so daß die Beamten von der Waffe Gebrauch* machten." Es bedurfte einiger Festnahmen, um „die Ruhe wieder herzustellen."[116]

Besonders eklatant wurde der Gegensatz zwischen obrigkeitlichen und unterschichtigen Vorstellungen über „angemessene" Formen der Konfliktaustragung, wenn die Streitenden, kaum daß der Beamte eingegriffen hatte, gemeinsame Sache machten. Im Oktober 1910 waren in Neukölln zwei „Rotten junger Burschen", insgesamt etwa 40-50 Personen, aneinandergeraten und nach einem „kurzen und heftigen Wortwechsel" zum Kampf mit Messern und Schlagringen übergegangen. „Ein Schutzmann, der die Tobenden auseinander bringen wollte, kam mit seinem Schlichtungsversuch übel an. Beide Parteien wandten sich gegen ihn und bedrohten ihn so schwer, daß er blankziehen und sich mit dem Säbel die Angreifer vom Leibe halten mußte. Mehrere Burschen haben dabei ohne Zweifel empfindliche Hiebe abbekommen. Bevor der Beamte aber dazu kommen konnte, den einen oder den anderen der Uebeltäter beim Kragen zu nehmen, war plötzlich die ganze Gesellschaft von der Bildfläche verschwunden."[117]

Der Versuch, die Polizei aus „internen" Konflikten herauszuhalten und die „Schlichtung" durch einen gemeinsamen Gegenangriff abzuwehren, konnte eventuell im Interesse an der „Verdunkelung" des Konfliktgegenstandes liegen. Allerdings finden sich in den Berichten über die dazugehörigen Strafprozesse nirgendwo substantielle Hinweise auf einen kriminellen Hintergrund der Beteiligten bzw. der jeweiligen Schlägerei. Die meisten in den Tagesmeldungen als „Rowdies" oder „Zuhälter" bezeichneten Polizeigegner treten in den Prozessen ohne einschränkende Bemerkung mit ihrem Arbeiterberuf („Maurer", „Möbelpolier", „Kutscher" etc.) auf. Die generelle Abwehr polizeilicher Kontrolle der internen sozialen Beziehungen muß daher als ebenso triftiger Grund für diese Handlungsweise in Betracht gezogen werden.

Besonderen Haß zogen sich dabei die *in Zivil* arbeitenden *Kriminalschutzmänner* zu, deren gefährliche Einsätze gegen „Rotten" von „Rowdies" immer wieder ausführlich im Lokalteil und in Gerichtsreportagen der Vossischen Zeitung beschrieben wurden. Einer von ihnen, der im März 1905 nachts auf dem Nachhauseweg schlichtend in eine Schlägerei eingreifen wollte, wurde Opfer eines gemeinschaftlichen Gegenangriffs: „Auf ein paar Pfiffe hatte sich [...] eine Rotte Rowdies angesammelt, die

---

115 Siehe z. B. Vossische Zeitung v. 31.12.1906, Nr. 609, v. 20.5.1908, Nr. 235, 1. Beil.
116 Vossische Zeitung v. 12.1.1903, Nr. 18.
117 Vossische Zeitung v. 14.10.1913, Nr. 522.

nun gemeinschaftlich mit dem Rufe 'Haut den Greifer', auf den Kriminalschutzmann eindrangen." Er wußte sich daraufhin nur durch einen Schuß aus dem Dienstrevolver der Angriffe durch Fußtritte, Faustschläge und Messerstiche zu erwehren. Erst das Eintreffen der durch Notsignal herbeigerufenen Kollegen befreite ihn aus seiner gefährlichen Lage.[118] "'Kriminalschutzmann! Haut ihn! Stecht ihn!'" lautete der Schlachtruf bei einer ähnlichen Aktion gegen einen Kriminalbeamten, der auf dem Nachhauseweg in eine Schlägerei eingriff und sich ebenfalls nur mit − in diesem Falle tödlichen − Schüssen zu helfen wußte.[119] Die konventionelle Polizeiwaffe, der Säbel, stand den Kriminalbeamten wegen ihrer Zivilkleidung nicht zu Verfügung. Nur in einem der erhobenen Fälle handelte es sich bei der Schlägerei, in die die Polizei eingriff und die dann zur Aktion gegen diese eskalierte, um eine *Massen*schlägerei[120], ansonsten herrschte die „Rotte" als gewaltausübende Gruppe, umgeben von einer zuschauenden Menschenmenge, vor.

4.3.8.2 Anlässe II: Polizeiliche Maßnahmen

Nur in vier Fällen begann ein Konflikt mit der Polizei mit einem unvermittelten Angriff von Zivilisten auf Polizeibeamte, gefolgt von deren wildem Um-sich-Schlagen bei der Festnahme und während des Transports zur Wache.[121] Verhöhnen und Beleidigen durch „unflätige Redensarten"[122], Hinter-dem-Schutzmann-Herlaufen und Skandalieren „ohne jede Veranlassung"[123], aber auch ein gewaltsamer Angriff mit dem Messer von hinten[124] − durch die pure Gegenwart der blauen Uniform ließen sich in diesen Fällen Polizeigegner zu Attacken hinreißen.

Den meisten 'Aktionen gegen die Polizei' ging jedoch eine *polizeiliche Maßnahme* als Anlaß voraus. Entsprechend der Vielfalt polizeilicher Ordnungsfunktionen im Straßenraum verteilen sie sich auf eine Reihe charakteristischer Problemfelder, die aber ohne weiteres auf einen gemeinsamen Nenner zu bringen sind: Die Konflikte waren eine Folge des allgemeinen Disziplinierungsdrucks, den das flächendeckende und quasimilitärisch exekutierte Polizeisystem allen Straßenbenutzern auferlegte. Davon waren die Unterschichten wegen ihrer straßenbezogenen Lebensweise und der kulturellen Distanz zu den in den Polizeiverordnungen kodifizierten bürgerlichen Normen „anständigen" Verhaltens mit Abstand am meisten betroffen. Spielte bei den durch Konflikte unter Nicht-Polizisten veranlaßten 'Aktionen gegen die Polizei' deren *Einmischung* in den bereits bestehenden Konflikt die zentrale Rolle, so wurde in den folgenden Fällen der Konflikt erst durch die Intervention der Polizei geschaffen, trat in den Augen der Beaufsichtigten die Polizei als Störer einer gegebenen, eigen-sinnigen Ordnung auf.

---

118 Vossische Zeitung v. 30.7.1905, 1. Beil.
119 Vossische Zeitung v. 31.7.1908, Nr. 355, 2. Beil.
120 Eine Schlägerei am vom Prostitutionsmilieu geprägten Ostbahnhof in der Nähe des Grünen Wegs (siehe o. S. 98-101), siehe Vossische Zeitung v. 21.11.1905, Nr. 547, 1. Beil..
121 Vossische Zeitung v. 4. 9. 1912, Nr. 451.
122 Vossische Zeitung v. 28. 12. 1911, Nr. 647.
123 Vossische Zeitung v. 12. 8. 1909, Nr. 374.
124 Vossische Zeitung v. 19.6.1911, Nr. 296 (aus formalen Gründen − keine Menschenansammlung − nicht in die Fallsammlung aufgenommen).

Zumeist passiv verhielt sich die dabei entstehende Menschenmenge angesichts von Maßnahmen, die im weitesten Sinne als „verkehrspolizeiliche" charakterisiert werden können, und insofern dem „technischen" Schutz des Publikums dienen. Sie betrafen vor allem zwei Gruppen von auf der Straße Erwerbstätigen: die *Straßenhändler* und die *Kutscher.*

Den Hauptgegenstand des endemischen Kleinkriegs zwischen Polizei und Straßenhändlern bildeten die Standplätze, von denen die letzteren immer wieder fortgewiesen wurden, wogegen sie sich auch gewaltsam zur Wehr setzten.[125] Immer wieder wurden Polizeiverordnungen zur Einschränkung dieses Gewerbes erlassen, die zu bestimmten Tageszeiten und für bestimmte Straßenzüge – vor allem in der City – den Straßenhandel untersagten.[126] Hinter dem verkehrspolizeilichen Motiv ist bei einigen der in der Fallsammlung enthaltenen Konflikte jedoch auch das der Sozialdisziplinierung zu erkennen. Straßenhändler traf dieselbe, bereits in anderen Zusammenhängen beobachtete nivellierende Wahrnehmung aller unterbürgerlichen Schichten durch die Obrigkeit, die für die polizeiliche Exekutive vor Ort handlungsleitend war; sie seien doch, wie sich ein Staatsanwalt in einem Plädoyer gegen einen wegen Widerstands gegen die Staatsgewalt angeklagten Straßenhändler ausdrückte, *„unsichere Kantonisten,* die zumeist keine feste Wohnung haben und alle Augenblicke mit anderen Wagen den Straßenhandel betreiben."[127]

In einem anderen Fall eskalierte eine Polizeimaßnahme gegen einen Straßenhändler zu einer kollektiven, aus der Nachbarschaft getragenen Aktion gegen die Polizei. Einem Revierbericht zufolge verkaufte im August 1913 im Stadtteil Wedding ein Straßenhändler trotz Sonntags-Verbots in der Amrumer Straße vor dem Rudolf-Virchow-Krankenhaus von seinem Wagen herab Obst. Als er nach einer Aufforderung durch einen berittenen Schutzmann damit nicht aufhörte und sistiert werden sollte, „hieb [der Händler] auf sein Pferd ein und jagte im Galopp durch Trift- und Gerichtstraße bis zur Adolfstraße, wo der berittene Schutzmann, der in derselben Gangart folgte, ihn einholte und das Pferd des Händlers am Zügel faßte. Dieser hieb nunmehr mit der Peitsche auf sein Pferd und das des Schutzmanns ein, so daß dieser zeitweise das Wagenpferd loslassen mußte. Verfolgt von einem großen Menschenauflauf fuhr der Händler im Galopp durch die Adolf-, Scherer- und Wiesenstraße nach der Kösliner Str.; Schutzm. Gade ritt in derselben Gangart nebenher, ohne daß es ihm gelang, das Fuhrwerk zum Halten zu bringen. Nach seinen Bekundungen ist in der Scherer- und Wiesenstraße aus dem Auflauf heraus mit Steinen nach seinem Pferde geworfen worden." Da in der Kösliner Straße zwei Kollegen aus dem benachbarten Revier hinzukamen, denen der in dieser Straße wohnende Straßenhändler namentlich bekannt war, wurde auf eine Sistierung verzichtet, um den Auflauf von 500 Personen, „der, während [der Straßenhändler – T. L.] nach seinem Stall fuhr, in lauter Weise gegen die Polizeibeamten Partei nahm", ohne Anwendung von Gewalt zu zerstreuen.[128]

---

125 Siehe z. B. Vossische Zeitung v. 11.11.1906, Nr. 530, 1. Beil.
126 Siehe Polizei-Präsidium (1910), Bd. 1, S. 540-545. – Zur Geschichte des Straßenhandels in Berlin siehe a. Kriele (1899).
127 Vossische Zeitung v. 15.8.1907, Nr. 379, 2. Beil.
128 Abschrift aus dem Tagesrapport des 69. PR v. 31.8.1910, BLHA, Rep. 30, Tit. 94, Nr. 11656, Bl. 270v;

Der Straßenhändler wird nicht zufällig den Umweg über die Seitenstraßen Adolf-und Scherer- an Stelle der parallel verlaufenden und bequemeren Reinickendorfer Straße, der Hauptstraße dieses Quartiers (siehe Abb. 15), gewählt haben. Die polizeikritische Einstellung der Bewohner dieser Straßen dürfte ihm ebenso geläufig gewesen sein wie sie sich aus historischer Perspektive durch die einzigartige Häufung von kleineren und größeren Krawallen um die Straßenecke Adolf- , Max- und Schererstraße als sichere Tatsache aufdrängt.[129]

Eine Dauerfeindschaft verband ferner die Kutscher — die berufsmäßigen wie die anderen — mit der Polizei. Daß sie als *Tierquäler* nicht mit den Sympathien des Publikums rechnen konnten, wurde bereits beschrieben.[130] Dabei blieb es, auch wenn sie sich vehement und z. T. durch einzelne Kollegen unterstützt gegen ihre Sistierung zur Wehr setzten, ohne daß es gleich zu Lynchaktionen kam.[131] Bei Konflikten infolge von Verkehrsdelikten wurde hingegen auch über die Parteinahme gegen die Polizei berichtet.[132] Der sicherheitspolizeiliche Auftrag der Schutzmänner wurde gerade dort, wo zugleich kollektive Interessen und Bedürfnisse auf dem Spiel standen, nicht immer akzeptiert. Konflikte ergaben sich daher auch aus der polizeilichen Überwachung des Gaststättengewerbes. „Revisionen" wegen Einhaltung der Polizeistunde oder aus anderen Motiven stießen gelegentlich auf den Widerstand des Wirts oder einzelner Gäste.[133] Einem nach seiner Ansicht zu früh Feierabend gebietenden Schutzmann trat der Wirt mit den Worten „'Das mache ich wie ich will; es ist noch nicht 11 Uhr und bis 11 Uhr habe ich Polizeistunde!'" und „'Gehen Sie erst in die Schule und lernen Sie Instruktion!'" entgegen.[134] Ein anderer Schutzmann wurde, als er in einer Kneipe im Scheunenviertel 5 vor 12 Feierabend gebot, von einem Gast angeschrien: „'Du Hallunke, Du blauer Hund, Du brauchst nicht so früh Feierabend zu gebieten!'"[135] Auf besonders heftige Gegenwehr stießen Versuche, den unter dem Deckmantel der „geschlossenen Gesellschaft" nach der Polizeistunde fortgesetzten Schankbetrieb zu unterbinden. Als ein Schutzmann in der Bellermannstraße nachts um 1⁴⁵ Uhr einer privaten Geburtstagsfeier unter den in dieser Gegend wohnenden „Zigeunern" auf den Grund gehen wollte, indem er den ihm vom Wirt bezeichneten Jubilar nach Namen und Geburtstag fragte, „anwortete ihm dieser in herausfordernder Weise, 'das ginge ihn gar nichts an'." Auf dem Weg zur Wache gelang der Geburtstagsgesellschaft dann eine der seltenen erfolgreichen Gefangenenbefreiungen.[136]

---

vgl. Vossische Zeitung v. 1.9.1913, Nr. 443 — einer von zwei seltenen Fällen, in denen sich in den Polizeiakten unter dem Titel „Amtliche Miszellen" eine Beschreibung eines Falls aus der Kleinkrieg-Fallsammlung finden ließ. Den anderen Fall siehe u. S. 166.

129 Siehe die Krawalle gegen Weddinger Fleischereien, o. S. 142 f., u. S. 228-233, ferner S. 202 f. Eine ähnliche lokale Konzentration ist sonst nur im Scheunenviertel und im im Stralauer Viertel feststellbar.

130 Siehe o. S. 134.

131 Siehe z. B. Berliner Lokal-Anzeiger v. 30.6.1903, Nr. 299, Berliner Tageblatt v. 29.12.1903, Nr. 658, Vossische Zeitung v. 23.7.1907, Nr. 339, 2. Beil.

132 Siehe z. B. Vossische Zeitung v. 16.11.1909, Nr. 359, v. 15.8.1910, Nr. 380, v. 24.9.1911, Nr. 46, 1. Beil., v. 9.8.1913, Nr. 400, 1. Beil.

133 Siehe z. B. Vossische Zeitung v. 29.4.1907, Nr. 198, v. 2.8.1911, Nr. 388, 2. Beil.

134 Vossische Zeitung v. 23.12.1902, Nr. 599, 1. Beil.

135 Vossische Zeitung v. 8.5.1907, Nr. 214.

136 Vossische Zeitung v. 16.10.1907, Nr. 486, siehe a. einen ähnlichen Fall Vossische Zeitung v. 12.3.1902, Nr. 119, 2. Beil.

Wie bei Konflikten auf der Straße wurde in diesen Fällen die Legitimität des bürokratischen Eingriffs als Schikane empfunden. Das Lokal galt es, als nicht obrigkeitlich reglementierten sozialen Raum notfalls durch *direkte* Abwehrmaßnahmen zu verteidigen, genauso wie dies in anderen (und häufigeren) Fällen auch gegen den Widerstand seines Eigentümers versucht wurde.

Bei Straßenhändlern, Kutschern und Gastwirten bildeten die Kontrollen von Gewerbetreibenden indirekte Anlässe für polizeiliche Eingriffe in die soziale Sphäre der Unterschicht. Ähnliche sicherheitspolizeiliche Erfordernisse lagen z. B. auch den Maßnahmen der mit Hoheitsrechten ausgestatteten *Hundefangbeamten* zugrunde, deren Tätigkeit bisweilen kollektive Gegenaktionen nach sich zog.[137] Das grundlegende Mißtrauen gegen bürokratische Eingriffe in die unmittelbarste Privatsphäre führte auch in der in der folgenden Meldung beschriebenen Extremsituation zur kollektiven Gegenwehr: „Am Dienstag, gegen 5 Uhr *starb die 48jährige Ehefrau des Formers Skoraszewski* auf der *Unfallstation in der Badstr.*, wohin sie durch Angehörige gebracht worden war. Der Arzt vermochte die Todesursache nicht festzustellen, deshalb ordnete die Polizeibehörde die Überführung der Leiche nach dem Schauhause an. Als der Leichentransportwagen vorgefahren war, *versuchte die Menge*, die sich vor der Unfallstation angesammelt hatte, das *Herausbringen der Leiche mit Gewalt zu verhindern*. Insbesondere waren es die fünf erwachsenen Söhne, die sich an den Ausschreitungen beteiligten. Sie waren der Meinung, daß die Leiche ihrer Mutter auf der Unfallstation nicht mit Schonung behandelt worden sei. Der Transportführer erhielt von einer noch nicht ermittelten Person einen Faustschlag ins Gesicht, auch der Kutscher wurde gemißhandelt und mußte flüchten. Endlich wurde durch mehrere herbeigerufene Schutzleute die Ruhe wiederhergestellt, so daß der Transport der Leiche ungehindert stattfinden konnte."[138]

Mit Abstand die *größte Gruppe von Anlässen* bildeten jedoch polizeiliche Maßnahmen gegen Verhaltensweisen, deren Unterbindung nicht durch einen speziellen Zweig des polizeilichen Verordnungswesens (Gesundheits-, Gewerbe-, Sicherheits- oder Verkehrspolizei) vorgeschrieben war, sondern durch die obrigkeitlichen Vorstellungen von einem die öffentliche Ordnung und Ruhe gewährleistenden „anständigen" Benehmen.[139] 41 Ereignissen in der Fallsammlung liegt ein derartiges Einschreiten gegen *„Ruhestörung"* und *„groben Unfug"* zugrunde. Bei diesen Konflikten

---

137 Siehe Vossische Zeitung v. 7.2.1903, Nr. 64, 2. Beil., v. 15.11.1913, Nr. 583, v. 19.10.1907, Nr. 492 (aus formalen Gründen – keine Menschenmenge – nicht in die Fallsammlung aufgenommen), ein Konflikt mit einem Schutzmann wegen fehlender Leinen und Maulkörbe siehe Vossische Zeitung v. 31.3.1908, Nr. 153, 1. Beil. – Zur Beamtenqualität der Hundefänger und ihren Aufgaben siehe Polizei-Präsidium (1910), Bd. I., Siehe 52-61. Ihre Unbeliebtheit beim Publikum („Wo sie sich nur blicken lassen, werden sie verhöhnt und verspottet, oft sogar tätlich angegriffen") lag laut Vorwärts v. 3.10.1908, Nr. 465, 1. Beil. daran, daß sie „oft und in roher Weise ihre Befugnisse" überschritten.

138 Vossische Zeitung v. 12.4.1905, Nr. 174; vgl. a. den Bericht des Vorwärts v. 13.4.1905, Nr. 88, 2. Beil.

139 Erstaunlicherweise führten Maßnahmen gegen *Straßenprostituierte,* die es ja ausweislich der Statistiken über Einlieferung in das Polizeigewahrsam Nacht für Nacht gegeben haben muß (siehe o. S. 85), nur in einem Fall zu einem *kollektiven* Angriff auf Polizeibeamte, siehe Vossische Zeitung v. 4.10. 1909, Nr. 465. Die anderen Aktionen, an denen laut Zeitungsberichten „Dirnen und Zuhälter" beteiligt waren, wurden nicht durch direkte Maßnahmen gegen die Ausübung der Prostitution, sondern Einschreiten gegen andere Delikte wie Ruhestörung, Grober Unfug, Schlägereien etc. veranlaßt.

trat der Schutzmann unverhüllt als strafender Agent zur Versittlichung der Unterschichten auf, denn es ging um nicht geringeres als um die Regulierbarkeit des Straßenraumes selbst: Nicht dieses oder jenes konkrete regelwidrige Verhalten galt es zu unterbinden, sondern eine bestimmte Verhaltens*weise* sollte bekämpft und reglementiert werden.

Der Versuch, über die konkrete Form von Ruhestörungen und grobem Unfug anhand dieser Fälle etwas Genaueres in Erfahrung zu bringen, ist nur in Grenzen erfolgreich. Zwölfmal gehen die Angaben nicht über „grober Unfug" oder „allerhand Unfug" bzw. einmal „allerhand Allotria", was dasselbe bedeutet, hinaus. Die restlichen Meldungen bezeichnen fast nur Geräuschgebungen: „heftiges" oder „lautes" „Lärmen", „Johlen", „Toben", gelegentlich auch „Singen" und „Skandalieren", „Brüllen" und „Schimpfen", einmal aber auch „gegen die Haustür Trommeln" und „Fensterscheiben Zertrümmern". Einmal bestand der „grobe Unfug" darin, daß sich drei Bauarbeiter „in angetrunkenem Zustande auf dem Bürgersteige hin und her [stießen] und [...] das Publikum [belästigten]".[140] Ursachen und Anlässe wie eine soeben beendete Zechtour oder ein Lokalverbot werden nur selten genannt, können aber in vielen Fällen aufgrund der Nachtzeit vermutet werden. In einigen Fällen gingen diese Lebensäußerungen in Verhöhnungen des Schutzmanns, kaum daß dieser auf der Bildfläche erschienen war, über oder wurden in provozierender Absicht noch gesteigert. Der in einem Aufruhr-Prozeß angeklagte Möbelpolier Rochus Viezens und seine Mitangeklagten „verließen das Lokal in der Nacht zum 30. Oktober [1906 — T. L.], nachdem [der Inhaber — T. L.] Bobrowski Feierabend geboten hatte und zwar zu einer Zeit, als die Schutzleute Ballerstädt und Hennig auf ihrem Patrouillengang in der Nähe waren. Viezens ging mit einigen anderen Angeklagten nach dem gegenüberliegenden Schanklokal von Busch und rief in lärmender Weise den übrigen Bobrowskischen Gästen zu: 'Kannenluden hierher!' Dieser Ruf hat darauf Bezug, daß eine Kanne das Wahrzeichen des Bobrowskischen Lokals ist. Als der Schutzmann Ballerstädt dem Viezens das Lärmen verbot, machte dieser ihm eine lange Nase und ging in das Busch'sche Lokal hinein. Ballerstädt folgte dorthin, um ihn festzustellen."[141]

Aus dieser Konfrontation von polizeilichem Disziplinierungsanspruch und herausforderndem Eigen-Sinn, der zugleich die Artikulation eines lokalen Konsenses verteidigte, entwickelte sich dann ein Krawall, der wegen seiner ausführlichen Beschreibung in den Gerichtsreportagen zu den aufschlußreichsten 'Aktionen gegen die Polizei' in dieser Untersuchung zählt.[142] In anderen Fällen reagierten die zur Ruhe Aufgeforderten unverzüglich mit einem Angriff auf die Schutzleute. Ansonsten sistierten die Schutzmänner den „Unfugstifter" oder „Ruhestörer" ohne weitere Aufforderung. Während lediglich in sieben Fällen die beteiligte Menschenmenge passiv blieb, ergriff sie sonst in allerdings sehr unterschiedlichen Formen immer die Partei der (durchweg männlichen) Arrestanten.

Unter diesen Menschenmengen verdient einmal mehr die Formation der *Rotte*

---

140 Vossische Zeitung v. 22.5.1907, Nr. 233, 1. Beil.
141 Vossische Zeitung v. 5.1.1907, Nr. 8.
142 Siehe u. S. 164, 166 f.

besondere Aufmerksamkeit. Größere Menschenmengen als „Unfugstifter" hingegen waren selten. Ähnlich wie bei den bereits beschriebenen Kämpfen gegen Kriminalschutzmänner bildete sie den kleinsten „taktischen" Verband, von dem Aktionen zugunsten eines Sistierten (etwa als Versuch der Gefangenenbefreiung) bzw. gegen Ruhe gebietende Schutzleute ausgingen. Im Unterschied zu den Teilnehmern eines „Auflaufs", der sich auch aus Neugierigen und mit dem veranlassenden Konflikt in keinerlei Verbindung stehenden, zufälligen Zeugen zusammensetzte, traten sie wie in folgender Zeitungsmeldung geschildert von vornherein als Kollektivsubjekt in die Interaktion ein, um einen der Ihren zu verteidigen bzw. den Gegner Polizei zu attackieren:

Zwei Schutzmänner hatten in der Charlottenburger Danckelmannstraße nachts um 3 Uhr einen Ruhestörer nach vergeblicher Aufforderung, das Singen zu unterlassen, sistiert. „Auf dem Wege zur Wache tauchten plötzlich Leute auf, die sich den Schutzleuten in drohender Weise näherten. Einer dieser Leute, der Angeklagte Bolislaus B. forderte die Beamten auf, ihren Arrestanten laufen zu lassen, 'sonst könnte ihnen etwas passieren'. Wie auf ein verabredetes Zeichen hatten sich plötzlich 20 Burschen angesammelt, die fast sämtlich die rechte Hand in der Hosentasche hielten, als ob sie darin etwas zu verbergen suchten. Als die Beamten sich weigerten, den L. laufen zu lassen, fielen die Strolche wie auf ein Kommando über sie her." In dem sich anschließenden Kampf erhielt einer der Beamten nicht weniger als dreißig Messerstiche, sein Kollege „war währenddes von der zweiten Hälfte der Rotte umzingelt worden und [...] hatte große Mühe, sich der Angreifer mit seiner Waffe zu erwehren."[143]

Die Angriffe der „Rotten" zeichneten sich im Gegensatz zu den Aktionen größerer Menschenmengen, die sich oftmals mit dem „Einnehmen einer drohenden Haltung" oder einigen Steinwürfen begnügten, durch größere Brutalität und Koordination im Vorgehen gegen die Polizisten aus. Zahlenmäßige Überlegenheit (etwa 10 zu 1) wurde schonungslos genutzt; tauchte polizeiliche Verstärkung auf, wurde so schnell wie möglich der Rückzug angetreten. Zu einer Sistierung nach der vergeblichen Ermahnung zur Ruhe ließen es lärmende „Rotten" in einigen Fällen gar nicht erst kommen, sondern gingen unmittelbar, „wie auf Verabredung"[144], zum Angriff über.[145] In anderen Fällen war spätestens die Sistierung eines „Rädelsführers" „für die lärmende Rotte das Zeichen zum allgemeinen Angriff auf die Beamten".[146] Die jungen Männer brachten also bei ihren zumeist nächtlichen Lärmereien die grundsätzliche Bereitschaft zum gewaltsamen Konflikt mit und provozierten ihn in einigen Fällen ganz offensichtlich.

Zwei typische, einander ähnelnde Anlässe von 'Aktionen gegen die Polizei' sind noch gesondert zu beschreiben: Konflikte um die *Verhaftung polizeilich gesuchter Straftäter* und die *Kritik an der Sistierung eines Dritten*. Sie sind zwar vergleichsweise selten in der Fallsammlung vertreten; dennoch kommt ihnen wegen der in ihnen

---

143 Vossische Zeitung v. 3.2.1908, Nr. 56, v. 18.8.1908, Nr. 385, 1. Beil.
144 Vossische Zeitung v. 8.2.1902, Nr. 66.
145 Siehe Vossische Zeitung v. 21.7.1902, Nr. 336.
146 Vossische Zeitung v. 10.10.1900, Nr. 474, 2. Beil. Siehe einen ähnlichen Fall Vossische Zeitung v. 24.10.1910, Nr. 500.

angelegten Infragestellung der Polizeifunktion durch Außenstehende eine besondere straßenpolitische Bedeutung zu.

Die Verhaftung eines „Verbrechers" konnte in derselben Weise Aufsehen erregen und (in fünf von insgesamt sieben Fällen) kollektive 'Aktionen gegen die Polizei' veranlassen wie eine Sistierung wegen einer geringfügigen Übertretung. In der Reinikkendorfer Straße auf dem Wedding sollte Kriminalschutzmann Drößler einen aus der Fürsorgeerziehungsanstalt entwichenen „'Arbeiter'" festnehmen, was unter reger Anteilnahme des Straßenpublikums zu folgender, in einer Gerichtsreportage geschilderten „an Landfriedensbruch grenzende[n] Szene" führte: „Auf dem Transport rief der Verhaftete dem in der Nähe stehenden Angeklagten Kühne zu: 'Ich bin alle geworden (verhaftet)'. Kühne drängte sich sofort zwischen den Beamten und den Arrestanten und äußerte: 'Hier wird nicht arretiert, hier gibt's bloß was aufs Auge.' Inzwischen hatte sich eine aus recht zweifelhaften Elementen bestehende Volksmenge angesammelt, die in drohender Weise gegen den Beamten Partei nahm und forderte, daß er den Verhafteten freigebe." Da der Kriminalschutzmann dieser Aufforderung nicht nachkam, wurde der Arrestant gewaltsam befreit, dann wieder eingefangen, und es kam zu einem typischen „Rotte-gegen-Kriminalschutzmann"-Kampf mit Schußwaffeneinsatz.[147]

Während bei den Sistierungen wegen geringfügiger Übertretungen die Gegenwehr der zu Sistierenden meist wesentlich zur Eskalation des Konfliktes beitrug, ging in einigen dieser Fälle die Initiative früh an Dritte über. In drei Fällen intervenierten die Sistierungs-Kritiker zugunsten „aufgeschriebener" Kutscher. Verkehrspolizeiliche Maßnahmen konnten also auch bei Unbeteiligten gelegentlich jene massive Reaktionen auslösen, die schon anhand der Konflikte mit Kutschern beschrieben wurden.[148]

Zwar kam es nur selten anläßlich der Kritik an Sistierungen durch Außenstehende zu Konflikten einer Menschenmenge mit der Polizei. Sie verdienen aber besondere Beachtung, da in ihnen explizit die Trennlinien zwischen von oben oktroyierter und „eigensinniger" öffentlicher Ordnung artikuliert wurden. Es wurde Regel gegen Regel gestellt: Der durch Uniform oder Erkennungsmarke ausgewiesene Gehorsamsanspruch der Staatsgewalt stieß auf Konsensformeln wie „Hier wird nicht arretiert". Derartiges Argumentieren und Insistieren war, wie aus der folgenden Meldung hervorgeht, in den Augen der Staatsgewalt ordnungsbedrohend: „In der Nacht zum Sonntag gegen 3¼ Uhr belästigte der Arbeiter Albert Zühlsdorf gelegentlich einer Verhaftung den Schutzmann Dräbing, indem er fortwährend Fragen an die festgenommene Person richtete und sich über das Verhalten des Beamten aufhielt. Der mehrmaligen Aufforderung, sich zu entfernen, kam Z. nicht nach [...]", worauf er sich nun *seiner* Sistierung „wie ein Rasender" zur Wehr setzte, und die angesammelte Menge die bekannte „drohende Haltung" gegen die Polizisten einnahm.[149]

Der Bericht über einen spektakulären Fall im Sommer 1906 zeigt, wie das Argumentieren zugleich die Einbeziehung politischer Dimensionen ermöglichte: „Einen

---

147 Vossische Zeitung v. 17.3.1910, Nr. 129.
148 Siehe o. S. 151 f.
149 Vossische Zeitung v. 22.8.1905, Nr. 391, 1. Beil.

größeren *Straßenauflauf* gab es in der Nacht zum Sonntag in der Reichenberger Straße. Als der Schutzmann Reichenbach die Menge zum Auseinandergehen aufforderte, wurde er von dem Arbeiter Karl Schade aus der Reichenberger Straße 149 beschimpft, so daß dieser auf der Wache festgestellt werden sollte. Auf dem Wege dorthin bemühten sich der Arbeiter Wilhelm Rau aus Köpenick und der Arbeiter Paul Haase aus Niederschöneweide, ihren Genossen mit Gewalt zu befreien. Als das nicht glückte, hetzte Haase am Kottbusser Damm die Menge auf den Schutzmann mit den Worten: 'Wir sind doch nicht in Breslau mit der abgehauenen Hand' und fügte hinzu: 'Der 'Blaue' müsse den Schade freigeben.' Das war das Zeichen für die Menge, den Beamten mit Steinen zu bewerfen."[150]

Hier kam „große Politik" ins Spiel: In Breslau war drei Monate zuvor im Rahmen eines brutalen Polizeieinsatzes gegen ausgesperrte Arbeiter dem unbeteiligten Arbeiter Franz Biewald mit dem Säbel eine Hand abgehackt worden.[151] Zwei Wochen zuvor hatte mit entsprechendem Echo in der sozialdemokratischen Presse der Schadensersatzprozeß des Biewald gegen die Stadt Breslau begonnen[152] – die „Geschichte mit der abgehackten Hand von Breslau" war daher im Sommer 1906 eine in sozialdemokratischen Kreisen brandaktuelle Metapher für das preußische Polizeiregime in seiner blutrünstigsten Zuspitzung[153] und ging in den folgenden Jahren regelrecht in die Folklore der Bewegungskultur ein.[154] Wir werden interessanterweise in derselben Nacht des 14. Juli 1906 noch einmal auf den Namen dieses Polizeiopfers stoßen.[155]

Die Kritik am übermäßigen polizeilichen Gewalteinsatz konzentrierte sich ab 1909 in Berlin vor allem auf den Polizeipräsidenten v. Jagow. Von seinen zahlreichen Erlassen war besonders der „Schießerlaß" umstritten[156], der Anlaß zu einer Debatte gab, die nicht nur von Journalisten und Politikern, sondern wie im folgenden Fall auch von den Leuten auf der Straße geführt wurde. Angesichts des brutalen Schußwaffeneinsatzes bei der Festnahme eines entlaufenen Fürsorgezöglings im August 1908 durch einen uniformierten Schutzmann bemächtigte sich „des Publikums [...] eine ungeheure Wut. Als man den Schwerverletzten nach dem Krankenhaus Am

---

150 Vossische Zeitung v. 16.7.1906, Nr. 327, 2. Beil.
151 Vgl. Vorwärts v. 22. und 25.4.1906.
152 Siehe dazu u. S. 165.
153 Siehe Vorwärts v. 1.7.1908, Nr. 150, 1. Beil.
154 Man zeigte beispielsweise Nachbildungen der abgehackten Hand auf sozialdemokratischen Sommerfesten in kleinen Polizei-Gruselkabinetten neben diversen Polizei-Utensilien, Spitzelbericht v. 13.7.1908, BLHA, Rep. 30, Tit. 94, Nr. 14147, Bl. 229. Auch wurden Foto-Postkarten des betroffenen Franz Biewald – ohne Hand – in Parteikreisen vertrieben, ein Exemplar siehe BLHA, Rep. 30, Tit. 94, Nr. 13217, Bl. 145. – „Spitzelberichte" steht im folgenden für Berichte von Kriminalbeamten der Abt. VII PP (Politische Polizei) aufgrund von ihnen vertraulich zugetragenen oder von ihnen selbst verdeckt ermittelten Informationen.
155 Siehe u. S. 159.
156 Siehe die Akte „betr. den verstärkten Waffengebrauch bei der Berliner Schutzmannschaft, 1911-1918", GStA, MdI, Tit. 1177, Nr. 3, fasc. – Jagow hatte im Juni in einer Erläuterung zur „Allgemeinen Dienstvorschrift" (siehe o. S. 85) die Schutzmannschaft darauf hingewiesen, daß tätlich angegriffene Beamte in geeigneten Fällen ohne vorherige Anwendung der Hiebwaffe sofort von der Schußwaffe Gebrauch machen sollten, ebd. Bl. 21. Kurz nachdem im August desselben Jahres wieder ein Schutzmann im Verlauf einer Festnahme schwer verletzt worden war, kündigte er in einem weiteren Befehl an: „Ich werde jeden Schutzmann, der zu spät von der Schußwaffe Gebrauch macht, bestrafen", ebd., Bl. 22.

Urban überführen wollte, mußte von einem benachbarten Polizeirevier ein größeres Schutzmannsaufgebot herbeigerufen werden, um *Absperrungen* vorzunehmen. Trotz energischen Einschreitens der Polizei sammelten sich immer wieder größere Menschenmengen an der Oberbaumbrücke und den angrenzenden Straßen an, um den Vorfall zu besprechen. Daß hierbei der Jagowsche Schießerlaß eine scharfe Kritik erfuhr, ist wohl begreiflich."[157]

'Aktionen gegen die Polizei' reflektierten also in *Ausnahmefällen*, bei sich bietender Gelegenheit, auch *explizit* Einstellungen zu politischen Themen, die mit der gewalttätigen Polizeipraxis in Preußen in Verbindung standen — eine grundsätzlich polizeikritische Einstellung, die aufgrund der politischen Orientierung der Berliner Bevölkerung *und* der alltäglichen Konflikte mit der Polizei als die vorherrschende angenommen werden kann.

Ebenso singulär blieb die explizite Verknüpfung von Konflikten mit der Polizei mit sozialen Mißständen wie im folgenden im April 1902 gemeldeten Beispiel: „Ein *großer Krawall* ist in der Nacht zum Sonntag in *Spandau* vorgekommen. Er nahm nach 10 Uhr seinen Anfang auf dem außerhalb der Altstadt gelegenen Budenplatz, wo sich Hunderte von Menschen zusammenrotteten und die Buden zu stürmen drohten. Die wachehabenden Polizeibeamten, die verhöhnt und hart bedrängt wurden, waren bei der Uebermacht der tumultuierenden Menge nicht im Stande, die Ruhe wieder herzustellen, und ordneten deshalb vorzeitig die Schließung der Schaubuden und Schauzelte an. Nunmehr zog ein geschlossener Trupp von etwa 500 Menschen unter ungeheurem Lärm nach dem Marktplatz *vor das Rathaus* und die Polizeiwache. Hier versuchten die wenigen zur Stelle befindlichen Polizeibeamten und Nachtwachtbeamten vergebens, die Menge auseinanderzutreiben. Aus der Mitte der aufgeregten Menge ertönten Rufe: 'Haut die Blauen! Wir wollen Arbeit!' und andere Worte mehr. Ein Haufe versuchte in die Polizeiwache einzudringen und konnte nur mit Gewalt zurückgehalten werden. Darauf wurden *Steine gegen die Thür der Polizeiwache geschleudert*. Die Lage wurde schließlich sehr bedrohlich und die *Polizei sah sich genöthigt*, vom 5. *Garderegiment Hilfe zu erbitten*. Nun wurde die tumultuierende Menge nach verschiedenen Richtungen auseinandergetrieben. Aber erst nach 1 Uhr war die Ruhe wieder hergestellt. [...] Unter der tobenden Menge befanden sich viele arbeitslose, zum Theil auch wohnungslose Personen."[158]

---

157 Vossische Zeitung v. 18.8.1911, Nr. 407, 1. Beil. — In den Jahren nach dem Jagowschen Schießerlaß wurde jeder polizeiliche Schußwaffeneinsatz in der Presse ausführlich besprochen; ob der Schußwaffeneinsatz *tatsächlich* sprunghaft stieg, wie es die Fallsammlung anzunehmen nahelegt, kann nicht mit Sicherheit gesagt werden, da diese Fälle ja aufgrund ein jener Zeitungsberichte erhoben wurden und damit auch Effekte einer gesteigerten Berichtsaufmerksamkeit sein können. Für diese Annahme spricht aber, daß diese Jahre — 1910, -11 und -12 — bis auf das letztere keineswegs besonders unruhige Jahre waren, also insgesamt weniger Gelegenheit zum Umsetzen der Jagowschen Anweisung „sofort schießen" boten, als die Hochzeit öffentlicher Un-Ordnung 1906 und 1907.

158 Vossische Zeitung v. 7.4.1902, Nr. 160, 2. Beil. — Der Vorwärts brachte diese seiner Ansicht nach „erheblich eingefärbte Meldung" ungekürzt am 8.4.1902, Nr. 81, 1. Beil. Allerdings berichtete er selbst zwei Tage zuvor von an jenem Sonnabend vorgenommenen „Massenkündigungen" durch die in Spandau angesiedelten staatlichen Rüstungsbetriebe und die damit begründeten beschäftigungspolitischen Forderungen sozialdemokratischer Stadtverordneter, Vorwärts v. 6.4.1902, Nr. 80, 1.Beil., was die Objekte des Aufruhrs — der Staat als Verantwortlicher für die Entlassungen, das Rathaus als Sitz der kommunalen Sozialpolitik — und die Forderung nach Arbeit plausibel erscheinen läßt.

Soziales Elend scheint hier in einer verschwommenen Berichterstattung als Motiv der Revolte auf, ohne präzisere Konturen anzunehmen als bei den von der Polizei bevorzugt „Arbeitslosen" oder „Arbeitscheuen" angehängten Straßenaktionen. Individuelle *Obdachlose* wurden nur selten als Akteure gegen bzw. Opfer von polizeilichen Maßnahmen benannt, und als Kollektiv nur in einem Fall in unmittelbarer Nähe des städtischen Asyls in der Fröbelstraße, wo wegen Ruhestörung gegen sie eingeschritten wurde.[159] In den allermeisten Fällen hingegen blieben die Konflikte an der Oberfläche „unpolitisch" im Sinne von Partei- oder Staatspolitik und der Rhetorik nach frei von sozialen oder materiellen Forderungen. Die Gegnerschaft zur staatlichen Exekutive erschien als ein Antagonismus *sui generis*, der im Normalfall keiner zusätzlichen Erläuterungen bedurfte. Sein sozialer Sinn bestätigte sich für beide Seiten im stereotypen Verlauf immer wieder aufs neue und verstand sich von selbst: Das polizeilicherseits nur als „Gesindel" und „Janhagel" wahrnehmbare Publikum umzingelte den „Blauen" und nahm die „drohende Haltung" an.

Eine bizarre Produkt der Eigendynamik dieses Antagonismus stellten die gelegentlichen *Feuerkrawalle* dar. Weithin sichtbares Feuer übte eine „magische" Anziehungskraft auf das Straßenpublikum aus, dessen Ansammlung für sich genommen schon eine Behinderung der Löscharbeiten darstellte und umfangreiche Absperrungsmaßnahmen durch ein großes Schutzmannsaufgebot erforderlich machte. In vielem glich der sich daraus ergebende Handlungsverlauf den oben unter 'Sensationen' beschriebenen Interaktionen, mit dem Unterschied, daß sich die Ursache der Sensationslust nicht so schnell aus der Welt schaffen ließ, sondern vielmehr über mehrere Stunden hinweg den Hinzuströmenden Sehenswertes versprach. Die Hartnäckigkeit der „Menschenmassen" gegenüber der sie zurückdrängenden Polizei hatte bei derartigen Großbränden ein evidentes Motiv: Dabeisein war alles, und man wollte sich nicht um dieses seltene Schauspiel bringen lassen. Die eingeübten Reflexe gegenseitigen Mißtrauens funktionierten auch hier. Sie kamen vor allem bei Bränden in traditionell polizeifeindlicher Umgebung zum Tragen.

In der Großen Frankfurter Straße im westlichen Stralauer Viertel war im Februar 1902 ein harmloser Brand zu löschen. Der zuständige Reviervorsteher, ein Polizeileutnant von Keyserlingk, „fand die Brandstätte nicht genügend abgesperrt und forderte, als die Schutzleute ihm meldeten, daß sie nicht mehr Platz hätten schaffen können, das Publikum auf, weiter zurückzugehen. Man antwortete ihm mit Gejohle und Drohungen, weshalb der Offizier einen Mann aus der Menge herausgreifen und festnehmen wollte. Im Nu war er von der aufgeregten, schreienden Menge umringt und von seinen Beamten abgeschnitten. Man schlug auf ihn mit Stöcken und Schirmen ein und drängte ihn in der Richtung nach der Memeler Straße zu fort. Herr v. Keyserlingk zog blank und hieb in großer Erregung um sich, wobei zwei Leute erheblich an den inneren Handflächen verletzt wurden und auf der Unfallstation verbunden werden mußten." Bis ihn ein Wachtmeister schließlich aus der Menge befreien konnte, war er an den Händen verletzt und seines Säbels beraubt worden.[160]

---

159 Vossische Zeitung v. 11.7.1909, Nr. 319, 1. Beil.
160 Berliner Lokal-Anzeiger v. 9.2.1903, Nr. 66.

Nur einmal kam es bei einem derartigen 'Feuerkrawall' zum direkten „*Zusammen-stoß*" mit der Feuerwehr.[161] Behinderungen der Löscharbeiten kombiniert mit heftigen Straßenkämpfen mit der Polizei kulminierten hingegen im Juli 1906 im Quartier um den Grünen Weg im westlichen Stralauer Viertel zu einem mehrstündigen Aufruhr. Auch hier brannten Gewerberäume, nämlich einige Stockwerke und Seitenflügel eines großen Gewerbehofes mit zwanzig Fabriken in der Krautstraße. Als der Dachstuhl weithin sichtbar brannte, strömten Tausende Neugieriger an der bis dahin nur durch sechs Schutzmänner gesicherten Brandstelle zusammen und füllten sowohl den Gewerbehof selbst als auch die umliegenden Straßen. „Die Feuerwehr wurde mit einem wahrhaften Indianergeheul empfangen. [...] *Man entriß den Feuerwehrmännern die brennenden Fackeln und griff damit die Schutzmannschaft an*, trampelte auf den Schläuchen herum, und einzelnen Schutzmännern wurden die Uniformstücke vom Leibe gerissen."[162] Zugleich wurden die Pferde der berittenen Schutzmänner mit scharfen Gegenständen gereizt.[163]

Es folgte der polizeiliche Gegenangriff zu Pferd mit blankem Säbel und damit die Ausweitung des Krawalls: „Besonnene Elemente im Publikum, die zur Ruhe mahnten, wurden verhauen. Aus den Fenstern wurde mit Preßkohlen, Bier- und Selterwasserflaschen geworfen. Der Lärm in den Straßen wurde immer größer und pflanzte sich nach dem Strausberger Platz, den Frankfurter Linden, der Andreasstraße und dem Andreasplatz fort. Erst gegen 3 Uhr morgens trat Ruhe ein. Bis dahin hatte die Polizei fortwährend mit dem Janhagel zu tun, der vermutlich infolge des längeren Aufenthaltes in Destillationen, die in der Regel am Sonnabend Abend das beste Geschäft machen, Mut bekommen hatte."[164]

Auch bei diesem Krawall bildete der den Einsatz leitende Offizier, Polizeihauptmann Kubon, das Zentrum der Attacken auf die Polizei. Er und seine Beamten wurden bereits an der Brandstätte mit Steinen beworfen und von hinten angesprungen. Während der Räumung des Strausberger Platzes „erhielt er Steinwürfe, von denen einer seine Schulter traf und das Achselstück herunterriß. Gleichzeitig wurde er von einer Rotte von Burschen, die unmittelbar auf ihn zu kamen, angegriffen, so daß er den vordersten von ihnen, der als der Schlächter Schumann festgestellt wurde, im Augenblick, als er einen Pflasterstein auf ihn schleudern wollte, mit einem Säbelhieb kampfunfähig machen mußte. In diesem Augenblick wurde ihm eine Hand voll Sand oder Kies ins Gesicht geworfen, der ihn im Sehen behinderte."[165]

Die Kunde von diesem Zweikampf führte die explizite Politisierung des Krawalls herbei: „Sofort verbreitete sich das Gerücht, die Polizei habe einem Menschen den Arm abgeschlagen, und mehrere der Exzedenten brüllten sofort: 'Rache für Biewald!' Der verletzte S. wurde in einem Wagen zur Unfallstation geschafft. Unterwegs wurde der Schutzmann, der den Transport begleitete, tätlich angegriffen und mußte von seinem Säbel Gebrauch machen. Erst als mehrere Köpfe bluteten, ließen die Rowdys von dem Beamten ab. Der Krawall nahm indessen einen immer größeren Umfang an

---

161 Siehe Vossische Zeitung v. 27.12.1911, Nr. 644, 1. Beil.
162 Vossische Zeitung v. 16.7.1906, Nr. 327.
163 Vossische Zeitung v. 20.7.1906, Nr. 334, 1. Beil.
164 Vossische Zeitung v. 16.7.1906, Nr. 327.
165 Vossische Zeitung v. 20.7.1906, Nr. 334, 1. Beil.

und hätte zu den allerschlimmsten Folgen führen können, wenn nicht im Augenblicke der höchsten Gefahr die telephonisch herbeigerufene Verstärkung erschienen wäre." Mit deren Hilfe gelangen dann nicht weniger als ca. 50 Festnahmen; vierzehn Verhafteten wurde später wegen Aufruhr, Widerstand etc. der Prozeß gemacht.[166] Laut Bericht des Vorwärts waren dem Schumann, der sich nach seinem Hut gebückt habe, durch den Säbelhieb „das *Handgelenk, die Sehnen und Schlagadern vollständig durchgehauen*" worden, eine Amputation mußte jedoch nicht vorgenommen werden.[167]

In derselben Nacht – ob vorher, nachher oder gleichzeitig läßt sich den Quellen nicht entnehmen – war, wie bereits dargestellt, auf der anderen Seite der Spree in der Luisenstadt mit dem Ruf „Wir sind hier nicht in Breslau mit der abgehauenen Hand" eine Sistierung kritisiert worden. Eine direkte Verbindung zwischen den beiden Ereignissen geht auch nicht aus den Quellen hervor. Beide weisen jedoch die Möglichkeiten der spontanen „Politisierung" von 'Aktionen gegen die Polizei' auf. Diese bestand natürlich kaum in einer längerfristigen politischen Zielsetzung einzelner Tumulthandlungen, sondern in der sich aus der polizeilichen Gewaltanwendung ergebenden Verwendbarkeit des polizeikritischen Diskurses der Sozialdemokratie. Für sich genommen war der Tumult das Produkt traditioneller Gegnerschaft zur Polizei und des zufälligen Anlasses einer Menschenansammlung. Die Tatsache, daß Theodor Liebknecht, der ältere Bruder und Compagnon von Karl Liebknecht, zu den Strafverteidigern im Aufruhr-Prozeß um den Feuerkrawall in der Krautstraße gehörte, spricht zunächst für die Beliebtheit ihres Rechtsanwaltsbüros in Arbeiterkreisen, weniger für eine sozialdemokratische Urheberschaft des Krawalls.

Gemessen an der Häufigkeit von Feuerwehreinsätzen waren Feuerkrawalle selten. Die Feuerwehr selbst war keine strittige Institution wie die Schutzmannschaft, eher im Gegenteil.[168] Die Seltenheit der Attacken auf Feuerwehrleute spricht eher dafür, daß es keine *prinzipielle*, auf alltäglichen Konflikten beruhende Gegnerschaft des Straßenpublikums zu *diesem* ebenfalls der Polizei unterstellten Zweig der Obrigkeit gab, was von der Schutzmannschaft ja gerade nicht behauptet werden konnte. Allerdings boten Brände die *Gelegenheit*, die Rituale der öffentlichen Un-Ordnung in Gang zu setzen, und zwar in ihrer „reinsten" Form: Losgelöst von initialisierenden Konflikten oder materiellen Interessen, nur dem Dabeisein und dem Dagegenhalten verpflichtet.

Diese spektakulären Grenzfälle völlig verselbständigter Aktionen gegen den Gehorsamsanspruch der Polizei sollten den Blick für die Proportionen nicht verstellen. Sie blieben die krasse Ausnahme. In der alltäglichen Anti-Polizei-Politik der kleinen

---

166 Berliner Lokal-Anzeiger v. 24.4.1907, Nr. 205, v. 26.4.1907, Nr. 209, 2. Beibl. Der Vorwärts v. 26.4. 1907, Nr. 97, 3. Beil. brachte ebenfalls diese Gerichtsreportage, ließ allerdings den Satz mit der Forderung „Rache für Biewald" weg.
167 Vorwärts v. 17.7.1906, Nr. 163, 2. Beil.
168 Als auf Anregung besorgter Bürger der Polizeipräsident während des Wahlrechtssturms 1910 erwog, Wasserspritzen gegen Demonstranten einzusetzen, siehe BLHA, Rep. 30, Tit. 94, Nr. 11655, Bl. 58, 59, meldete der zur Stellungnahme aufgeforderte Leiter der Feuerwehr, Branddirektor Reichel, unter Hinweis auf die Beliebtheit der Feuerwehr beim Berliner Publikum, dessen Mithilfe bei der Brandbekämpfung oftmals unentbehrlich sei, energische Bedenken an, siehe Dirigent der Feuerwehr Reichel an PP v. 13.3.1910, ebd., Bl. 60-61.

Leute ging es *gelegentlich* um die Abwehr polizeilicher Eingriffe in unterschichtige Erwerbstätigkeiten (von Straßenhändlern, Kutschern, Prostitutierten), es ging *auch* um die Verteidigung von Machtbereichen im Quartier, etwa wenn Kneipen dem polizeilichem Zugriff soweit wie möglich entzogen werden sollten, und es ging *in erster Linie* um schichtenspezifische Verhaltensweisen, die vor allem in der *Freizeit*, also abends und nachts bzw. am Wochenende, unbehelligt bleiben sollten, und − wenn das schon nicht möglich war − bisweilen aggressiv verteidigt wurden. Die Kluft zwischen der Lebensweise der Unterschichten und den an Bürgerlichkeit orientierten Verhaltensanforderungen eines bürokratisch-militärischen Polizeiregimes manifestierte sich immer wieder in Konflikten um die Geselligkeit und ihre Äußerungsformen, für deren Un-Sinn und Lautstärke der Schutzmann kein Verständnis haben durfte.

4.3.8.3 Handlungselemente, Teilnehmer und lokale Schwerpunkte

Weitgehend unabhängig von den unterschiedlichen Anlässen bestanden 'Aktionen gegen die Polizei' aus spezifischen *Handlungselementen*, die sich nun anhand des ausgebreiteten Materials zusammenfassen lassen. Eine 'Aktion gegen die Polizei' spielte sich in folgenden fünf Phasen ab:

1. Die *Intervention der Polizei* als Anfang der Interaktion[169],
2. die *Reaktion* der betroffenen Zivilperson(en),
3. die *Kommunikation* Polizist - Einzelner - Menschenmenge,
4. der *Kampf* zwischen Polizei und Zivilpersonen,
5. die *Auflösung* der Interaktion.

Nicht jede Interaktion durchlief alle fünf Phasen vollständig. Besonders der Übergang von der dritten zur vierten Phase, also von der Aufsehen und Menschenansammlungen erregenden Interaktion Polizei/Zivilpersonen zum Kampf blieb aus, wenn sich eventuelle Arrestanten abführen ließen und das Publikum seinerseits nicht eingriff. Für jede dieser Phasen werden nun die wichtigsten (kursiv hervorgehobenen) Handlungselemente zusammengestellt und − sofern sie nicht bereits aus dem ausgebreiteten Material bekannt sind − exemplarisch beschrieben.

1. Die Intervention der Polizei

Polizisten griffen von sich aus in zwei Formen in das Straßengeschehen ein: Zum einen *forderten* sie einzelne oder Menschenmengen zur *Unterlassung* einer bestimmten Handlungsweise *auf*, ganz im Sinne des § 132 der Straßenordnung.[170] Diese Aufforderungen bezogen sich sowohl auf konkrete Handlungen Einzelner und kleiner Gruppen wie z. B. Lärmen, unerlaubter Straßenhandel, das Verhalten im Straßenverkehr, als auch auf das Verhalten von vielen in ihrer Gesamtheit, wenn es galt eine Menschenansammlung aufzulösen bzw. das Stehenbleiben zu unterbinden. Daß die

---

169 Von den seltenen, eindeutig von Zivilpersonen provozierten Konflikten wird hier abgesehen.
170 Siehe o. S. 76.

weitere Entwicklung einer Situation vor allem vom Auftreten des Schutzmanns in dieser ersten Phase abhing, schlug sich auch in §27 der „Allgemeinen Dienstvorschrift für die Schutzmannschaft", der sich insbesondere dem Verhalten gegenüber Menschenmengen widmete, nieder. Demnach hing der Erfolg der Polizeimaßnahmen wesentlich von der „richtigen Beurteilung" einer Menschenansammlung ab, „nach ihrer Gut- oder Bösartigkeit" mußten sich die Wahl der Mittel und die „Haltung des Beamten" richten. Um einen „Umschlag" durch „Mißgriffe nach der einen oder anderen Richtung" zu vermeiden, müsse der Beamte „zielbewußte Ruhe" bewahren, sonst könne er als fast immer zahlenmäßig Unterlegener nichts ausrichten. Er wird vor „kleinliche[n] Maßnahmen [...], die den Anschein der Schikane erwecken könnten" ebenso gewarnt wie vor der „verfrühte[n] Anwendung körperlichen Zwanges". Den Umständen entsprechend müßten geringfügige Übertretungen oder anzügliche Redensarten unbeachtet bleiben, „Sistierungen sind nur im äußersten Falle vorzunehmen".[171] Dem Appell an die „Geschicklichkeit in der Behandlung des Publikums" lag die Erfahrung mit dem Ungeschick des im Unteroffizierston Anordnungen erteilenden Schutzmanns zugrunde. Dieser sollte — allen militärischen Gehorsamsregeln zum Trotz — eigenverantwortlich Situationen einschätzen und nach dem Opportunitätsprinzip verfahren.

Die zweite Form der polizeilichen Intervention war die übergangslose Feststellung und eventuelle *Sistierung* eines einzelnen. Häufig war sie bereits in dieser ersten Phase mit einer *körperlichen Interaktion* verbunden: Der Schutzmann ergriff den Arrestanten am Arm oder hielt ihn an der Kleidung fest.

2. Die Reaktion der Zivilpersonen

Zur Unterlassung einer Handlung oder zum Mitgehen zur Wache Aufgeforderte hatten — sofern sie *nicht gehorchen* wollten — zwei Möglichkeiten: Entweder sie versuchten sich dem Zugriff des Polizisten durch die *Flucht* zu entziehen. Gelang ihnen dies, dann war die Interaktion vergleichsweise früh beendet. Oder sie blieben bzw. wurden ergriffen und widersetzten sich durch *Nichtbefolgung der polizeilichen Anordnung* bzw. *Widerstand gegen ihre Sistierung*. Die Nichtbefolgung zog meist die Sistierung einschließlich des Widerstandes nach sich. Spätestens in diesem Moment wurde aus der „face-to-face-" eine „body-to-body"-Interaktion: Der zu Sistierende wurde mit Gewalt am Arm oder an der Kleidung festgehalten, Gegenwehr mit dem Einsatz des Säbels oder mit dem Anlegen von Handfesseln beantwortet. Der Widerstand gegen die Staatsgewalt folgte vielfach einem Muster, das dem unberechenbar-militärischen Gehabe des Schutzmanns spiegelbildlich entgegengesetzt war. Er konnte auf *verbale Attacken* beschränkt bleiben, ging jedoch öfter mit *physischem* Widerstand einher, da der Schutzmann schließlich die körperliche Autonomie des Arrestanten verletzte. Wie unerträglich dieser Vorgang für viele war, offenbart die feststehende Redensart vom *„Blaukoller"* in einzelnen Zeitungsberichten.[172] Die gemeinsame Erfahrung

---

171 Polizei-Präsidium (1902), S. 172 f.
172 Siehe z. B. Gerichtsreportagen über *„Zwei Fälle von sog. 'Blaukoller"*, Vossische Zeitung v. 21.7.1911, Nr. 355, 1. Beil.

gegenseitigen Mißtrauens und Hasses führte zum plötzlichen Umschlag im Verhalten des Arrestanten: Im *Verlust der Selbstkontrolle* setzte er sich *„wie rasend"* zur Wehr oder verfiel in „Wutkrämpfe".[173]

3. Kommunikation Polizist – Einzelner – Menschenmenge

Die Weigerung des Einzelnen, sich einer polizeilichen Anordnungen sofort zu fügen, wurde gelegentlich mit Begründungen versehen, die deren *Legitimität anzweifelten:* „Gehen Sie erst in die Schule und lernen sie Instruktion", „Er ist ja kein Beamter", „So behandelt man keinen Menschen, nicht einmal Vieh", „Wir sind hier nicht in Breslau mit der abgehauenen Hand", „Du Halunke, du brauchst nicht so früh Feierabend zu gebieten!", „Sie sind wohl verrückt". Derartige Argumentationen konnten aber auch mit *Drohungen* verbunden werden: „Hier wird nicht arretiert, hier gibt's bloß was aufs Auge", „Ich habe schon mehr Schutzleute verhauen", „Dich Kerl boxe ich sofort zu Boden! Du wirst heute noch skalpiert!". Die Antworten der Schutzmänner in diesen Konflikten sind bis auf die seltenen Fälle, in denen von einem Gerichtsverfahren wegen Amtsvergehen berichtet wird, nicht überliefert. Daß sie in derartigen Situationen nicht minder rüde und beleidigend zu antworten wußten, zeigten die Zeitungsberichte über die „Moabiter Unruhen" im Oktober 1910.[174]

Erst derartige Auseinandersetzungen verbaler und physischer Art führten zur Erweiterung der Interaktion durch eine sich ansammelnde Menschenmenge. Ihre Haltung zum Konflikt stand nicht von vornherein fest – allenfalls „Rotten" suchten von sich aus die Gelegenheit zur Aktion gegen die Polizei –, sie war vielmehr Ergebnis eines Entscheidungsprozesses, der *Parteinahme.* Gelegentlich ließ sich eine anfangs gegen den Polizisten eingestellte Menschenmenge auch von diesem beruhigen.[175] In der Regel jedoch ergriff das Publikum vor allem bei Unfug-Delikten Partei für den Sistierten, eine Tatsache, die vor Gericht als selbstverständlich und allgemein bekannt vorausgesetzt wurde.[176] Bisweilen beschränkte sich die Parteinahme für einen sich seiner Festnahme widersetzenden auf verbale Ermutigungen.[177] In vielen Fällen lautete die Standardformulierung im Polizeibericht: „Eine zahlreiche Menschenmenge nahm eine drohende Haltung gegen den Beamten ein"[178], ohne daß es zur direkten Gewaltanwendung aus der Menge kam. Neben der *Haltung* signalisierten vor allem die zahlreich berichteten *Rufe* die erfolgte Parteinahme der Menschenmenge. Der Arrestant wurde zu weiterem Widerstand „aufgereizt". Am häufigsten waren *Aufforderungen zur Gewalt:* „Haut die Blauen!", „Bluthunde!", „Blauer Hund",

---

173 So eine 21jährige Schlosserfrau, die einen Schutzmann wegen seines Einschreitens gegen eine Straßenhändlerin zur Rede gestellt hatte und, nachdem sie der Beamte angesichts des sich ansammelnden Publikums zur Ruhe gemahnt hatte, von diesem am Arm gepackt wurde, Vossische Zeitung v. 4.9.1913, Nr. 449.

174 Siehe u. S. 280.

175 Ein Beispiel siehe Vossische Zeitung v. 12.10.1909, Nr. 478, 6. Beil.

176 Siehe Vossische Zeitung v. 16.12.1904, Nr. 589, 2. Beil. – Die Selbstverständlichkeit der Parteinahme gegen die Polizei wird nicht nur durch Formulierungen wie „die gegen [die Schutzleute ... T. L.] – wie üblich – *Partei nahmen"*, Vossische Zeitung v. 11.5.1911, Nr. 228, 2. Beil., sondern auch durch Hervorhebungen seltener Ausnahmen bestätigt.

177 Siehe z. B. Vossische Zeitung v. 21.7.1908, Nr. 337, 1. Beil.

178 Vossische Zeitung v. 17.10.1912, Nr. 531.

„Nieder mit den Blitzköpfen!", „Schlagt doch die Bluthunde tot!", „Schießt die Blauen, die verfluchten Bluthunde nieder", „Haut ihm! Haut ihm!" waren die allgemein bekannten Losungen zum kollektiven Angriff auf die Polizei, vor allem auf Kriminalschutzmänner („Kriminalschutzmann! Haut ihn! Stecht ihn!", „Haut den Greifer", „Haltet den Räuber auf! Der Hund will Kriminalbeamter sein!").

Zu dieser sich nach und nach aufbauenden und wechselseitig bestärkenden Kommunikation zwischen Menschenmenge und Arrestant bis hin zum direkten Angriff auf den Polizisten kam es vor allem beim *Transport zur Wache*. In 30 der 115 Fälle von 'Aktionen gegen die Polizei', in denen es um eine Sistierung ging, wurde durch den Transport zur Wache die Straßenöffentlichkeit unmittelbar passiv oder aktiv in das Geschehen hineingezogen. Er bot dem Arrestanten Gelegenheit, Aufmerksamkeit zu erregen, indem er zum Beispiel den Transport zu einer Stehgreifkomödie machte. Einer Gerichtsreportage über den Prozeß gegen einen Straßenhändler, der sich der Sistierung widersetzte, ist folgende Beschreibung zu entnehmen: „Der Angeklagte, der am Arme gepackt wurde, riß sich los und erklärte, daß er freiwillig mitgehe. Er soll dann allerlei Allotria getrieben haben: wenn der Schutzmann ihm sagte, daß er schneller gehen sollte, soll er einen rasenden Laufschritt angenommen haben und wenn er dann zur Mäßigung der Eile aufgefordert wurde, soll ein Schneckentempo die Folge gewesen sein. Das Ende vom Liede war, daß der Angeklagte *gefesselt* und vorwärts geschoben wurde. Es bildete sich infolgedessen auf der Straße ein Auflauf [...]."[179]

Im Mai 1903 wurde über einen 26jährigen Kaufmann, der in Charlottenburg zu Wache gebracht werden sollte, berichtet, daß er zunächst ruhig mitging, „bis er wahrnahm, daß er in der nach Hunderten zählenden Menschenmenge viele Anhänger hatte. Diese stachelten ihn durch Zurufe wie: 'Laß Dir das nicht gefallen,' 'Haut die Blauen!' u.s.w. so auf, daß er sich losriß und einem der Beamten an die Kehle sprang. Ein lautes Bravo! und Hurrah! aus der Menge zeigte die Stimmung an, in der sich diese zum großen Theil befand."[180]

Dieser Prozeß der wechselweitigen Bestärkung im Bewußtsein berechtigter Gegnerschaft zur Polizei ging auch der versuchten Befreiung des bereits vorgestellten Rochus Viezens, der dem ihm Ruhe gebietenden Schutzmann eine lange Nase gezeigt hatte, voraus. Er wurde nach heftigem Kampf in dem Lokal, in das er geflüchtet war, festgenommen und sollte nun zur Wache gebracht werden. „Als die Schutzleute Viezens glücklich auf die Straße gebracht hatten, hatte sich dort eine johlende, schreiende Menschenmenge angesammelt, die dem Transporte nach der Wache folgte. Nach und nach war die Menge auf hundert Personen angewachsen, die das wiederholte Gebot der Beamten, sich zu entfernen, mit Johlen beantworteten. Als Viezens den Leuten mit lauter Stimme zurief: 'Brüder helft mir doch! Ihr wollt Brüder sein und laßt mich abführen!' ertönten als Echo aus der Menge Drohrufe, wie 'Haut die Blauen! Schlagt die Plempen! Schießt mit Revolvern! Schmeißt mit Steinen!'"[181]

---

179 Vossische Zeitung v. 15.8.1907, Nr. 379, 2. Beil.
180 Vossische Zeitung v. 22.5.1903, Nr. 236.
181 Vossische Zeitung v. 5.1.1907, Nr. 8.

4. Der Kampf

Im Kampf zwischen Polizisten und Zivilisten waren die Mittel immer äußerst ungleich verteilt. Setzte sich ein Einzelner zur Wehr, wurde er — so die Standardformulierungen — *mithilfe des Säbels „kampfunfähig" gemacht*, sein *„Widerstand wurde gebrochen"*. Zur Veranschaulichung der *potentiellen* Gefährlichkeit dieser Waffe sei hier nochmals auf „Breslau mit der abgehauenen Hand" verwiesen: Je nach Zustand der Klinge variierte die Wirkung der Säbel erheblich. Ein im Schadensersatzprozeß des erwähnten Franz Biewald gegen die Stadt Breslau mit einem Gutachten beauftragter Chirurg beschrieb „Experimentelles über die Wirkung zweier Schutzmannssäbel" in einer Fachzeitschrift. Er mußte einen scharf geschliffenen Fuß-Schutzmannssäbel mit einer 52,5 cm kurzen Klinge und einen ungeschliffenen Berittenen-Säbel mit einer 84 cm langen Klinge am Handgelenk einer ihm zugewiesenen Leiche ausprobieren: „Zwei wuchtige Hiebe mit dem langen Säbel vermochten die Haut zwar zu verletzen, nicht aber zu durchtrennen. Auf einen Hieb des kurzen, scharfen Säbels dagegen fiel die Hand ab — ein selbst an der Leiche grauenvoller Anblick. Auch hier war, wie bei dem verletzten Arbeiter, die proximale Reihe der Karpalknochen getroffen und glatt durchschnitten. Man sieht also, dass der Ausgang dieser Versuche durchaus für die Richtigkeit der Angaben des B. [der behauptet hatte, von einem *Fuß*schutzmann verletzt worden zu sein — T. L.] spricht."[182]

Das Wissen um die Gefährlichkeit des Säbels — ob er nun gerade ausnahmsweise scharf geschliffen war wie in Breslau im April 1906 oder nicht, konnten Polizeigegner ja nicht wissen — muß als Allgemeingut vorausgesetzt werden, auch wenn im Normalfall Hiebe mit dem Säbel „nur" erhebliche, oft mehrere Zentimeter lange Platz- und Fleischwunden, meist am Kopf und an den Armen, hinterließen. Der anschließende *Gang zur Unfallstation* war fester Bestandteil der 'Aktionen gegen die Polizei'.

Genau umgekehrt waren die Gewaltpotentiale verteilt, wenn nach einem „Umschlag" der Situation einige wenige Schutzleute oder gar ein einzelner Schutzmann von einer Menschenmenge attackiert wurden. Unterhalb des riskanten Schußwaffengebrauchs war die Polizei taktisch unterlegen. Für diesen Fall erklärte die Dienstvorschrift neun Jahre bevor Jagows Schießerlaß den Vorrang des Schußwaffengebrauchs anordnete: „Wo Zusammenrottungen unerlaubten Zwecken dienen oder erkennbar bösartiger Natur sind, ersetzt die Festigkeit der Haltung des einzelnen Beamten oft die fehlende Unterstützung; sie kann bei rechtzeitiger Äußerung unerschütterlicher Willenskraft des Erfolges sicher sein."[183]

Im Satz zuvor war der *militärische Habitus* für den Umgang mit „gutartigen Ansammlungen" durch das Gebot der „Geschicklichkeit" zurückgedrängt worden. Unmittelbar im Anschluß daran wurde in einer völligen Kehrtwendung an die soldatischen Qualitäten der Beamten appelliert. Getreu §8 der Allgemeinen Dienstvorschrift über den Waffengebrauch galt es den „angewiesenen Posten" zu „behaupten" und dazu bevorzugt die Hiebwaffe einzusetzen. In vielen der geschilderten Situationen bewährten sich dementsprechend persönlicher Mut und Konsequenz in einer

---

182 Mertens (1907), S. 538 f.
183 Polizei-Präsidium (1902), S. 173.

durchaus Respekt verdienenden Weise. Die Schutzleute blieben hinsichtlich Härte und Risikobereitschaft ihren Gegnern nichts schuldig. Allein auf sich gestellt mußten sie sich die Angreifer aus einer Menschenmenge *mit blankem Säbel „vom Leib" halten*, indem sie *„um sich"* schlugen oder *„aufs Geradewohl" in die Menge „einhauten"*. In vielen Fällen respektierte die Menschenmenge den dadurch geschaffenen *Bewegungsraum* des Polizisten, auch wenn sie weiterhin ihre „drohende Haltung" beibehielt. Die aufgezwungene Distanz konnte jedoch durch das Gewaltmittel der Menschenmenge par excellence, nämlich *Wurfgeschosse*, vorzugsweise mit *Steinen*, überbrückt werden.

Auf dem Transport des Rochus Viezens zur Wache kam den „beiden Schutzleuten [...] der Schutzmann Heisig zu Hilfe, und während Ballerstädt seinen Säbel zog und die immer wieder andrängende Menge zurückzuhalten suchte, wurde Viezens langsam vorwärts geschoben. An der Ecke Thorner und Coteniusstraße mußte man ein Gelände passieren, auf welchem Steine lagerten. Der Schutzmann Heisig hatte eine Pistole bei sich, die er seinem Kollegen Ballerstädt reichte, damit dieser die lärmende Menschenmenge besser in Schach halten könnte. Plötzlich wurde ein Bombardement mit Steinen auf die Schutzleute eröffnet. Durch einen Stein wurde dem Ballerstädt der Helm vom Kopf gerissen und als er ihn aufhob, erhielt er einen zweiten Steinwurf gegen die Hüfte und einen dritten an die Stirn, sodaß er taumelte. Während er dann die Pistole an Heisig zurückgab, suchte einer der Tumultuanten den Viezens zu befreien, Heisig trat aber dazwischen und bekam in diesem Augenblick einen Steinwurf an den Kopf. Heisig rief zur Abwehr: 'Zurück, oder ich schieße!' und als die Warnung unbeachtet blieb, schoß er wirklich. Die Kugel ging einem Exzedenten durch die Hutkrempe. Der Schuß übte aber immerhin eine abschreckende Wirkung aus, einige Leute kamen den bedrängten Schutzleuten zur Hilfe, andere liefen zur Polizeiwache, und als auch von dort Hilfe erschien, ergriff die Menge die Flucht. Viezens konnte nun zur Wache gebracht werden."

Neben der Distanzwaffe des Werfens mit Steinen oder anderen Gegeständen kam es aber durchaus auch zum *Nahkampf* zwischen der Polizei und ihren Gegnern. Hierbei bildeten *Uniformteile* immer wieder Angriffsziele. Man riß dem Schutzmann den Helm vom Kopf, versuchte ihm den Säbel zu entwenden oder die Uniformjacke zu beschädigen. Vor allem eine *Gefangenenbefreiung* erforderte den Kampf von Mann zu Mann. Ein Neuköllner Schutzmann, der einen Messerstecher festgenommen hatte und ihn am Handknebel zur Wache führte, gab später zu Protokoll: „Es folgte uns eine grosse Menschenmenge, die eine drohende Haltung mir gegenüber annahm. Vor Berlinerstrasse 102 packte mich der Arbeiter Willi Müller [...] von hinten, warf mich zu Boden, schlug mittels eines scharfen Gegenstandes auf mich ein und brachte mir zwei Verwundungen am Hinterkopf bei. Der Tischler Karl Düsing [...] kniete auf mir, packte mich am Halse und schlug von vorn auf mich ein. Andere aus der Menge traten auf meine rechte Hand, an der ich noch den Sistierten festhielt, herum, sodass ich infolge der erlittenen Verletzungen den Knebel fahren lassen mußte."[184]

---

184 Abschrift des Zeugenaussage v. 18.11.1912, in 2. Neuköllner PR an PP Neukölln, BLHA, Rep. 30, Tit. 94, Nr. 11656, Bl. 146, 146v.

Auch in diesem Fall blieb dem ihn befreienden Beamten nur noch das *Vorhalten des Revolvers*, um *die Menge „in Schach" zu halten*. Im Extremfall, vor allem im Handgemenge zwischen mit Messern kämpfenden „Rotten" und Kriminalschutzmännern, wurde *aus nächster Nähe gezielt geschossen*.

Der Transport zur Wache bot das ideale Terrain für den Kampf der Menschenmenge gegen die Polizei. Er erfolgte grundsätzlich zu Fuß, bot also Dritten ohne weiteres Gelegenheit, Kritik an der Sistierung anzubringen bzw. aus der Menge heraus Befreiungsaktionen zu starten.[185] Die ausführliche Gerichtsreportage zum Fall des Rochus Viezens beschreibt die verschiedenen Möglichkeiten der Beteiligung folgendermaßen: „Die Angeklagten teilten sich in verschiedene Gruppen: die einen waren zu denjenigen zu zählen, die mit Steinen auf die Schutzleute geworfen hatten, andere gehörten zu der kompakten Masse, die den Schutzleuten das Leben schwer machte, wieder andere waren nur aus Neugier mitgegangen und hatten sich auf die Aufforderung der Beamten nicht entfernt. Die meisten Angeklagten bestritten ihre Schuld. Auch in diesem Fall zeigte es sich, wie schwierig es ist, die Tätigkeit der Einzelnen bei einem solchen Tumult festzustellen."

Wenn Viezens nicht selbst einige der Beteiligten angegeben und wenn nicht drei der Angeklagten in den Tagen nach dem Tumult in dem Schanklokal, von dem er seinen Ausgang genommen hatte, sich ihrer Steinwürfe gebrüstet hätten, so wäre ein Prozeß mit vierzehn Angeklagten gar nicht erst zustandegekommen. Doch auch so reichte es nur zur vier Verurteilungen (darunter Viezens'), während der Rest freigesprochen werden mußte.[186]

5. Die Auflösung

Nur selten endete ein Kampf mit einer regelrechten Niederlage der Polizei. Wurde die Lage „*kritisch*", griff der Schutzmann zur Pfeife und rief mit dem *Notsignal Verstärkung* herbei. Diese ermöglichte die *Zerlegung* der unruhigen Menschenmenge in die zu Sistierenden und eine Restmenge, die nunmehr leichter zu zerstreuen war und möglicherweise auch durch die *Flucht* von Hauptakteuren an Widerstandsbereitschaft eingebüßt hatte.

Gelang dies nicht, so endete die Auseinandersetzung spätestens mit dem *Angriff der Menschenmenge auf das gegnerische Territorium, die Wache*, wobei der Kampf von den Polizeigegnern in einigen Fällen bis in die Flure und Büroräume getragen werden konnte.[187] In der Regel begnügten sie sich aber mit dem Demolieren der Fenster und Türen durch Steinwürfe von außen oder belagerten bis „spät in die Nacht [...] die Polizeiwache", um die „Herausgabe" eines Arrestanten zu erreichen.[188] Dem Prinzip des bedingungslosen polizeilichen Gehorsamsanspruchs wurde öffentlich das auch verbal-argumentative Aushandeln des Konfliktes entgegengesetzt, wie in

---

185 Das Gefährdungspotential für die öffentliche Ordnung, das von diesen Transporten ausging, war auch Gegenstand von Diskussionen in der polizeiinternen Fachöffentlichkeit, siehe Jessen (1991), S. 280 f.
186 Vossische Zeitung v. 5.1.1907, Nr. 8, v. 6.1.1907, Nr. 9, 13. Beil.
187 Siehe z. B. Vossische Zeitung v. 2.6.1913, Nr. 273.
188 Vossische Zeitung v. 12.8.1912, Nr. 408.

der folgenden Gerichtsreportage ausführlicher geschildert wird. Der Arbeiter Dopieralsky, der sich über einen im Handgemenge um einen Sistierten erlittenen Fußtritt beschweren wollte, „ging deswegen mit nach der Wache, um sein Recht zu behaupten. Als man ihn nicht in die Wache hineinlassen wollte, rief er der tobenden Menschenmenge zu: 'Wir müssen unser Recht suchen.' Diese Äußerung wurde mit Hurrarufen und Gejohle aufgenommen. Nunmehr erst schritten die Beamten zu der Verhaftung des Dopieralsky, der sich heftig widersetzte. Die Situation wurde immer bedrohlicher, da die mehrhundertköpfige Menschenmenge Anstalten traf, die Wache zu stürmen."[189]

Die Bedeutung der Aktionen während des Transports zur Wache lag nicht zuletzt im Wissen um die Gefährdungen, denen die von der Menschenmenge isolierten Gefangenen dort ausgesetzt waren. Die Interaktion Polizist/Einzelner war durch die Abkopplung der Menschenmenge keineswegs beendet, sondern wurde im Polizeibüro fortgesetzt – oft auch gewaltsam. *Mißhandlungen auf der Wache* waren regelmäßig Gegenstand bürgerlicher wie sozialdemokratischer Polizeikritik.[190]

4.3.8.4 Soziale Zusammensetzung der Akteure gegen die Polizei

Die *soziale Zusammensetzung der Teilnehmer* an den 'Aktionen gegen die Polizei' ist noch stärker als der Rest des Samples durch die Unterschichten geprägt. Bei einer differenzierten Betrachtung treten folgende Unterschiede zwischen den als Einzelne und den als Angehörige einer Menschenmenge in der Personendatei enthaltenen Zivilpersonen auf: Die explizit als „Arbeiter" oder mit Arbeiterberufen Genannten machen 70 % der Einzelnen und 61 % der aus einer Menschenmenge heraus Handelnden aus. Bei den Einzelnen spielen dabei vor allem die *Transportarbeiter*, also vor allem Kutscher, mit 20 Fällen eine besondere Rolle, während sie bei den Angehörigen einer Menschenmenge fehlen. Ansonsten überwiegen in beiden Partizipationseinheiten die unqualifizierten die qualifizierten Arbeiter. Der geringere Anteil der „Arbeiter" unter den Angehörigen einer Menschenmenge wird durch die Kategorie der „Subproletarischen" mehr als wettgemacht (34 %), was aber *auch* ein Effekt der Berichterstattung ist. Die schwierigere Identifizierung der als Angehörige einer Menschenmenge an 'Aktionen gegen die Polizei' Beteiligten prädestinierte sie für Zuschreibungen wie „Janhagel", „Gesindel", „Zuhälter" und „junge Burschen". Auffallend ist aber darüber hinaus das fast völlige Fehlen nicht-proletarischer Schichten in dieser Gruppe. Vergleicht man die soziale Zusammensetzung der gewalttätigen Personen, die Opfer polizeilicher Gewalt und zugleich Täter gegen gewalttätige Polizisten waren, nach ihrer Beteiligung an den Aktionen mit passiver (N = 44) oder aktiver (N = 147) Menschenmenge, so der tritt der besondere soziale Charakter der *kollektiven* Aktionen deutlich hervor: Bei den Fällen mit aktiven Menschenmengen beträgt der Anteil der Unterschichten 89 %, bei denen mit passiver Menschenmenge hingegen nur 60 %.

---

189 Vossische Zeitung v. 16.12.1904, Nr. 589, 2. Beil. – Dopieralsky wurde in seinem Prozeß von einem der beiden Liebknechts vertreten, in Verbindung mit seiner Argumentationsweise ein Indiz für seine Nähe zur Sozialdemokratie, Charlottenburger Zeitung v. 16.12.1904. – Ein ähnlicher Fall aus Charlottenburg siehe Vossische Zeitung v. 6.5.1913, Nr. 226.

190 Siehe z. B. Vorwärts v. 11.10.1911, Nr. 238, 3. Beil.: „Aus Polizeiwachen".

Diese Auswertung der im Rahmen meiner Fallsammlung identifizierbaren Personenangaben bestätigen die Vermutung, daß 'Aktionen gegen die Polizei' in hohem Maße von jungen[191] Angehörigen der Unterschicht getragen wurden, *insbesondere wenn es sich um kollektive Aktionen handelte.* Die sozialräumliche Verteilung dieses Interaktionstyps verweist auf einen weiteren Zusammenhang zwischen Schichtzugehörigkeit und 'Aktionen gegen die Polizei'. Bereits zu Beginn dieses Abschnitts war auf den überproportionalen Anteil der Arbeiterwohnviertel (Sozialraumtyp V/VI) an 'Aktionen gegen die Polizei' verglichen mit dem Anteil an der gesamten Fallsammlung hingewiesen worden. Ihre räumliche Verteilung läßt sich noch weiter differenzieren: Da ist zum einen die östliche Hälfte des Spandauer Viertels, das Scheunenviertel, mit zwanzig Fällen. Ähnlich wie eine weitere Konzentration mit zwölf Fällen um den Grünen Weg und den ehemaligen Ostbahnhof im Südosten der Stadt war diese Gegend von subproletarischen Gruppen mitgeprägt: „Unterwelt", Prostitutionsmilieu, ethnische Minderheiten und Slums. In diesen von Schwippe dem Sozialraumtyp III zugeordneten Stadtteilen lag der Anteil von 'Aktionen gegen die Polizei' mit *aktiv* teilnehmenden Menschenmengen *unter* dem Anteil an der gesamten Fallsammlung. Der kollektive Aufruhr spielte hier also vergleichsweise seltener eine Rolle, im Gegensatz zum durchaus auch aufsehenerregenden und von *passiven* Menschenmengen begleiteten *individuellen* Widerstand gegen die Polizei. In einem anderen sozialen Umfeld lagen die im Dreiviertelring der „klassischen" Arbeiterviertel angesiedelten geographischen Schwerpunkte der 'Aktionen gegen die Polizei'. Hier sticht vor allem die Konzentration um die Reinickendorfer Straße „auf dem Wedding" und um die Badstraße, „am Gesundbrunnen", mit je neun Fällen ins Auge. Auch bei den anderen Ereignissen in den Arbeitervierteln fällt *nördlich der Spree* die Nähe zu den sternförmig zur Innenstadt führenden *Hauptverkehrsstraßen* auf. *Reinickendorfer* und *Müllerstraße* im Wedding, *Bad-* und *Brunnenstraße* am Gesundbrunnen, *Schönhauser Allee* in der Rosenthaler Vorstadt, die *Landsberger Allee* im nördlichen Königsviertel und die *Frankfurter Allee* im Stralauer Viertel und in Lichtenberg bilden, wenn auch in unterschiedlichem Ausmaß, Achsen der Verdichtung dieses Interaktionstyps. Diese vor allem durch den Straßenbahnverkehr zwischen äußeren Arbeiterwohnvierteln und Zentrum geprägten Straßenzüge waren mit ihren Geschäften, Parkanlagen und anderen öffentlichen Einrichtungen zugleich Zentren der lokalen Öffentlichkeiten; sie verbanden den abgeschiedenen „Kiez" mit dem Gesamtorganismus der Großstadt.

4.4 Zusammenfassung: Elemente der Straßenpolitik im Alltag

1. Als allgemeine Voraussetzungen von Straßenpolitik im Alltag einer Großstadt lassen sich anhand der Interaktionstypen der Gruppen 1-3 ('Sensationen' und 'Andrang', 'Unfug' und 'Truppenbegleitung', 'Schlägereien') festhalten:

---

191 Ähnlich wie bei allen 303 Zivilpersonen mit Altersangaben − siehe o. S. 119 − lag der Anteil der unter 30 Jahre Alten bei den 'Aktionen gegen die Polizei' bei mehr als einem Dreiviertel (77%), auch wenn es sich um die Kombination MPP und EPP (siehe Tab. 6d) handelte. Dies galt auch für die Teilmenge der Unterschichtsangehörigen (79% unter 30 Jahre alt).

– Die Straße war ein öffentlicher Raum, in der aufgrund einer ständig präsenten kollektiven *Aufmerksamkeitsbereitschaft* aus den verschiedensten Anlässen Menschenansammlungen gebildet wurden. Aus dem Nebeneinander der Straßenbenutzer und -benutzerinnen konnte in kürzester Zeit ein (passives oder aktives) *Miteinander* werden.

– Die Straße diente vor allem *jungen Männern* als Erfahrungsraum bei ihren kollektiven Auseinandersetzungen mit den Normen der Erwachsenenwelt.

– Die Straße war *ein* sozialer Raum (von mehreren), in dem *Körper* als Medium vor allem *unterschichtiger* Kommunikation eine zentrale Rolle spielten: Die Teilhabe an dieser Öffentlichkeit und ihren Konfliktformen war körperbetont, beruhte auf Interaktionen nicht nur „face to face", sondern auch „body to body".

2. Als straßenpolitische Ereignisse im Sinne dieser Untersuchung können die Interaktionstypen der Gruppen 4-7 ('Verfolgungsjagden', 'Lynchaktionen', 'Aktionen gegen Eigentümer', 'Aktionen gegen die Polizei') betrachtet werden. Ihr gemeinsamer Nenner war das kollektive Vorgehen gegen „Störenfriede" bzw. „Eindringlinge" mit dem Ziel der Abwehr und Korrektur der Handlungen Einzelner, die vom Kollektiv als grenzverletzend interpretiert wurden. Der Einzelne konnte die Grenzen des angemessenen, anständigen Verhaltens innerhalb des Kollektivs bzw. innerhalb der vorgegebenen sozialen Funktionen überschritten haben, er konnte aber auch die Grenzen der körperlichen und territorialen Selbstbestimmung, der Integrität des „Wir-hier" verletzt haben. Korrigiert wurde die Störung dieser eigen-sinnigen „Ordnung" durch direkte Aktionen und nicht auf bürokratischem oder nur-verbalem Verhandlungsweg. Dem Ablauf dieser Aktionen lagen allen Beteiligten vertraute Schemata zugrunde: Dazu gehörte die an Generations- und Geschlechtszugehörigkeit gebundene Rollenverteilung, die Verständigung über eine gemeinsame Interpretation des Konfliktes durch Rufe und Losungen, das Prinzip der öffentlich-kollektiven Kritik durch Schmähungen, Forderungen und Akte materieller oder symbolischer Korrketur und nicht zuletzt die Ausnutzung der taktischen Vorteile in der physischen Auseinandersetzung mit der Polizei. Dieses Repertoire an Verhaltensweisen bildete die den Angehörigen der Unterschichten im damaligen Berlin zu Gebote stehenden „Regeln des Aufruhrs", auf deren Anwendung wir auch in den anderen Bereichen der Straßenpolitik stoßen werden.

3. *'Aktionen gegen die Polizei' als solche* tauchten als die verbreitetste und konfliktintensivste Variante dieser Abwehr von „Störern" in den Zeitungsberichten auf. Daraus darf nicht auf ihre absolute Häufigkeit im Verhältnis zu anderen Aktionen gegen „Störer" geschlossen werden, wohl aber auf das besondere Gewicht, das ihnen sowohl seitens der Polizei wie der politischen Öffentlichkeit beigemessen wurde. Zugleich waren *nachbarschaftliche Aktionen zur Wahrung materieller Interessen* durchaus geläufig und deuten eine latente Aktionsbereitschaft an, auf die die Fleischrevolte am Wedding ein Schlaglicht warf. Dennoch kamen sie den Zeitungsberichten zufolge eindeutig seltener vor. Auf der Ebene des alltäglichen Kleinkriegs zwischen Polizei und Publikum entwickelte sich Straßenpolitik vor allem aus dem Widerstand gegen die Bevormundungen und Repressalien seitens der Polizei. Die alltäglichen Begegnungen mit ihr stellten als beständige Quelle sozialer Diskriminierung nicht

nur Konfliktanlässe, sondern zugleich Ansatzpunkte der Gegenwehr, des Gesicht-Wahrens an Ort und Stelle dar. Diese vor allem in den von Arbeitern bewohnten Stadtteilen ständig präsente Konfliktlinie bildete den alltäglichen Erfahrungshinter-grund der im Einzelfall wesentlich gewichtigeren, aber selteneren Auseinander-setzungen um Streiks und Straßendemonstrationen.

4. Die den 'Aktionen gegen die Polizei' zugrundeliegenden Konflikte reproduzierten *Körperlichkeit* als zentrales Medium der Machtausübung und damit auch der Herr-schaftssicherung im Alltag. Daß dies so blieb, dazu trug die Polizei selbst entschei-dend bei und manövrierte sich so zugleich in eine paradoxe Situation: Einerseits sollte sie rechtsförmig und bürokratisch Herrschaft ausüben und entsprechende Verhaltensweisen durchsetzen, und in dieser Zielsetzung war die Ersetzung direkt-physischer durch indirekt-verbale Prozeduren angelegt; andererseits blieb ihr auf-grund der engen Vorgaben des sozialen Gehalts dieser Herrschaft – die Konservie-rung ständestaatlicher Machtstrukturen durch die Diskriminierung der Unterschich-ten – zu oft nur die ultima ratio von Willkür und Gewalt. Die körperbetonte Kommu-nikation Unterschichtiger entprach dem aggressionsbereiten gewalttätigen Polizei-Stil, der die vom Phantasma der aufrührerisch-revolutionären Volksmenge geleitete obrigkeitliche „Festungspraxis" vor Ort und am Körper des Untertanen exekutierte. Von einem erfolgreich durchgesetzten Gewaltmonopol konnte nur begrenzt, im Zu-stand der latenten Legitimitätskrise, die Rede sein kann.

5. Ist es sinnvoll, die anhand der Kleinkrieg-Fallsammlung beobachteten Interaktio-nen als Klassenaktionen zu interpretieren? Daß sich die Polizeigegner überproportio-nal aus der Arbeiterschaft rekrutierten, darf nicht zur voreiligen und pauschalen Reduktion ihres Handelns auf Klassenbewußtsein führen. Nur in ganz vereinzelten Fällen wurde durch Anspielungen auf die Funktion der Polizei in Arbeitskämpfen der Zusammenhang von Staatsgewalt und Klassenantagonismus explizit benannt. Zugleich fällt die Konzentration der seltenen, von Nachbarschaften getragenen Aktionen gegen Privateigentümer (Schank- und Hauswirte, Dienstherren) auf die „klassischen" Arbeiterviertel und damit auf die von der Sozialdemokratie als der „Klassenpartei" mitgeprägten Sozialräume auf. Da auf diese Viertel im Gegensatz zu den City-nahen Slumvierteln auch ein überdurchschnittlicher Anteil der Aktionen von Menschenmengen gegen die Polizei entfällt, liegt der Rückschluß auf eine posi-tive Wechselwirkung zwischen derartigen kollektiven Widerstandsformen und Klas-senbewußtsein in anderen gesellschaftlichen Bereichen wie Arbeit und Politik nahe. Zur Warnung vor vorschnellen Schlußfolgerungen sei jedoch hervorgehoben, daß das bei „Streikexzessen" unruhigste Arbeiterviertel, das westliche Moabit, als Ort des alltäglichen Kleinkriegs zwischen Polizei und Publikum wenig in Erscheinung trat. Erst im Kontext der polizeilichen Bekämpfung von Streiks und Straßendemonstra-tionen läßt sich also der *implizite* Klassencharakter der alltäglichen Auseinander-setzungen zwischen Polizei und Publikum in einem typischen sozialdemokratisch geprägten Arbeiterviertel im Gegensatz etwa zum Scheunenviertel sinnvoll bestim-men. Im Sinne der dieser Untersuchung zugrundeliegenden restriktiven Verwen-dung des Klassenbegriffs kann als Zwischenbilanz hingegen festgehalten werden: Der alltägliche Kleinkrieg zwischen Polizei und Publikum war – politiktheoretisch

gesprochen – Teil des popularen Antagonismus zwischen „Volk" und Machtblock unter großstädtischen Bedingungen. „Oben" stand die quasi-militärische Exekutive einer Polizeibürokratie, die sozialen und politischen Konservatismus mit der Anpassung an die Erfordernisse der modernen Gesellschaft zu verbinden hatte, „unten" die breite Masse der Unterprivilegierten, in deren Lebensweise auch direkte Aktionen gegen die polizeiliche Sozialdisziplinierung einen festen Platz einnahmen.

5 „Streikexzesse"

5.1 Zur Streikgeschichte 1900-1914

5.1.1 Straße, Streik und Polizei

So pauschal und nivellierend die Polizeigewalt in alltäglichen Straßensituationen vor allem zur Disziplinierung von Angehörigen der Unterschicht eingesetzt wurde, so speziell und zielgerichtet wurde sie auf im Straßenraum manifeste gesellschaftspolitische Konfliktlagen angewandt. Hier galt es nicht lediglich zu beaufsichtigen und ggf. zu strafen, sondern eine als Gegner des Staates wahrgenommene soziale Bewegung zu bekämpfen und zurückzudrängen, letztlich zu besiegen. Dieser Gegner war die *organisierte* Opposition zur herrschenden sozialen und politischen Ordnung, die Sozialdemokratie. Sie wurde keineswegs nur auf der Straße bekämpft, sondern auch durch Gesetzgebung und Rechtsprechung, die vor allem die Versammlungs- und Pressefreiheiten beschnitten, durch die Ächtung im gesellschaftlichen Verkehr und die konsequente Fernhaltung aus allen staatlichen Einflußsphären.[1] Nachdem die Pauschallösung eines Ausnahme-Gesetzes nach 1890 nicht mehr angewandt werden konnte, gewann der Kampf gegen die Sozialdemokratie mittels systematischer Behinderung ihrer Organisationen durch die Exekutive an Bedeutung.[2]

Die neue Bewegungsfreiheit nach dem Fall des Sozialistengesetzes ermöglichte zugleich den sprunghaften Ausbau der sozialdemokratischen *Gewerkschaftsbewegung* und deren zunehmende Selbständigkeit von der Partei.[3] Dieses Wachstum konzentrierte sich vor allem auf die Großstädte, wobei Berlin unter den Städten mit über 200.000 Einwohnern im Jahr 1903 mit 14,9 %, 1906 mit 30,6 % und 1911 mit 43,0 % einen durchschnittlichen Organisationsgrad aufwies, der jedoch deutlich über dem Reichsdurchschnitt von 5,5 % (1903), 10,3 % (1906) und 16,3 % (1911) lag. Aber dank seiner absoluten Größe und seiner Funktion als Reichshauptstadt wurde Berlin in den anderthalb Jahrzehnten vor dem Ersten Weltkrieg an Stelle von Hamburg zum wichtigsten Zentrum der sozialdemokratischen Gewerkschaftsbewegung.[4] Ihre Ausbreitung begann die bestehenden Machtverhältnisse in doppelter Weise zu verändern: Zum einen allgemein durch die Stärkung des politischen Lagers der Sozialdemokra-

---

1 Siehe zusammenfassend Ritter (1980).
2 Siehe Parvus (1895); vgl. a. Saul (1972).
3 Allgemein zur Gewerkschaftsgeschichte im Kaiserreich siehe Schönhoven (1987), zur regional differenzierten Ausbreitung von Gewerkschaften Schönhoven (1990). Nicht-sozialdemokratische Gewerkschaften waren in Berlin weitgehend unbedeutend, siehe ebd. S. 356; bei den in der Fallsammlung „Streikexzesse" erfaßten Arbeitskämpfen war lediglich der Hirsch-Dunckersche Verband in einem Fall beteiligt.
4 Schönhoven (1990), S. 349, 368, 373.

tie, zum anderen speziell durch die Akkumulation von Macht im Bereich des Arbeitsmarkts und materieller Arbeiterinteressen durch versteckten oder offenen Organisa-
tionszwang, Arbeitsnachweise, Kassenwesen, Beteiligung an Gewerbegerichten und
nach der Jahrhundertwende durch erste Ansätze zur Ausbreitung des Tarifwesens.
Im Kern gründeten diese Erfolge außer auf der Selbsthilfe in Hilfskassen und diversen Unterstützungseinrichtungen[5] auf erfolgreichen *Lohnbewegungen*, die oftmals —
aber bei weitem nicht immer! — mithilfe von *Streiks* geführt wurden.[6] Wollte der Staat
die sozialdemokratischen Gewerkschaften treffen, ohne sie verbieten zu können, so
mußte er vor allem gegen die Möglichkeit, erfolgreich zu streiken, vorgehen.

Nachdem 1899 der direkte Weg zu diesem Ziel, die De-facto-Abschaffung der
Koalitionsfreiheit durch eine Verschärfung des § 153 der RGO („Zuchthausvorlage")
im Reichstag gescheitert war, wurde Streiken verstärkt im Rahmen der bestehenden
Gesetze durch Ausschöpfung aller exekutiven und judikativen Mittel systematisch
bekämpft.[7] Dieser Kampf fand fast immer auch auf der Straße als einen in jeden
Streik integrierten sozialen Raum statt. „Jeder Belästigung *nicht ausständiger* Arbeiter
durch *ausständige* ist [...] durch tunlichste Verhinderung des Streikpostenstehens
[...] nachdrücklichst entgegenzutreten", hieß es unzweideutig in einer Verfügung an
die Berliner Schutzmannschaft vom 16. Dezember 1901.[8] Ob dabei nach § 153 RGO —
Bestrafung des Koalitionszwangs — oder aufgrund von Straßenpolizeiverordnungen
(§§ 132 und 133 der Berliner Straßenpolizei-Ordnung) oder Strafrechtsbestimmungen
wie Beleidigung, Körperverletzung, grober Unfug, Widerstand etc. gegen Streikende
vorgegangen wurde, blieb im Prinzip dem Ermessen des Beamten überlassen —
Hauptsache, er hatte Erfolg damit.[9] In jedem Fall lag dem Verfahren eine Interaktion
zwischen Streikenden und Polizisten oder Arbeitswilligen zugrunde, die sich auf der
Straße ereignet hatte.[10] Dort lag auch der strategische Ansatzpunkt der Exekutive: Da
die Organisationen der Lohnabhängigen nicht zu verbieten und die Organisierung
von Streiks nicht zu verhindern war, blieb zu ihrer Bekämpfung nur die Unterstützung der Gegenseite, der Unternehmer. Diese konnten einen Streik am ehesten
gewinnen, wenn seine ökonomische Wirkung durch Streikbrecher und Arbeitswillige
soweit wie möglich zunichte gemacht wurde. In dem Maße, wie die Gewerkschaften
durch Streikposten den „Zuzug" Arbeitswilliger zu verhindern suchten, standen letztere unter dem besonderen „Schutz" der Polizei. Beides spielte sich auf der Straße ab:
Nur an der Grenze zum Privatraum des Unternehmens konnte ein Streikender einen
Arbeitswilligen ansprechen, ihn auf den Streik aufmerksam machen und im Sinne

---

5 Siehe Schönhoven (1980).
6 Boll (1990), S. 379, 393 f.
7 Saul (1974), S.193 u. passim.
8 Polizeipräsidium (1902), S. 872.
9 Vgl. z. B. den Aufsatz „Welche gesetzlichen Bestimmungen geben der exekutiven Polizei eine Hand-
habe bei ihrem Einschreiten bei Streikunruhen oder gegen Straßentumultuanten?" aus der Feder
eines Polizei-Inspektors in Die Polizei v. 4.5.1911, 8. Jg., Nr. 3, S. 49 f., ferner ähnliche Beiträge: Die
Polizei v. 26.12.1912, 9. Jg., Nr. 20, S. 429-432, v. 1.5.1913, 10. Jg., Nr. 3, S. 58 f.
10 Saul (1974), S. 188-282 hat die Anwendung der juristisch-exekutiven Zwangsmittel gegen Streikende
erschöpfend dargestellt. Außer den Streikposten wurden verschiedentlich Gewerkschaftsfunktionäre, die Streiks ankündigten und organisierten, wegen Erpressung und Drohung nach StGB verfolgt; siehe ebd., S. 237-247.

der Streikenden beeinflussen, und nur dort konnte ein Polizist kraft seiner Ordnungsbefugnisse gegen Handlungen von Streikposten und Streikenden einschreiten.

„Schutz der Arbeitswilligen" gegen den „Terrorismus" Streikender – darin bestand
der Dreh- und Angelpunkt der Polizeimaßnahmen gegen Streiks. Zugleich wurde
damit die organisatorische Gegenoffensive der Arbeitgeber geschützt. Ungefähr ab
1903 wendeten sie verstärkt das Mittel der kollektiven Aussperrung kombiniert mit
der Kooperation mit loyalen Werksvereinen und systematisch rekrutierten, zum Teil
professionellen Streikbrechern an und steigerten so die „Nachfrage" nach Polizeischutz.[11] Die Wirkung dieses Zusammenspiels geht aus dem steigenden Anteil von
Streiks, in die die Polizei bzw. die Staatsanwaltschaft eingriff, hervor: Zwischen 1904
und 1913 stieg ihr Prozent-Anteil von 21,6 bzw. 16,6 % weitgehend kontinuierlich auf
33,9 bzw. 21,8 % an.[12] Leider liegen derartige Angaben nicht für Regionen und Branchen vor. Sie können daher nur als Anhaltspunkte für einen Trend zur *allmählichen*
Kriminalisierung des Streikens in den Jahren vor dem Ersten Weltkrieg bewertet werden. Da zugleich die absolute Häufigkeit der Streiks stieg, stellten sie also eine kontinuierlich wachsende Quelle auch von Straßenkonflikten dar. Die obrigkeitlichen Interventionen zugunsten der Unternehmer waren bedingt erfolgreich: Zwar konnten
sie den organisatorischen Ausbau der Gewerkschaften nicht verhindern – der Organisationsgrad und in einigen Branchen auch das Tarifvertragswesen nahmen bis 1913
zu –, die Arbeitskämpfe jedoch wurden aus Sicht der Gewerkschaften kostspieliger,
langwieriger und weniger durchschlagend.[13] Saul kommt bei seinem „Versuch einer
Abschätzung" von „Umfang und Wirkung der Streikjustiz" zu dem Ergebnis: „Bis
zum August 1914 war jeder Arbeitskampf mit dem Risiko einer strafrechtlichen Verfolgung der Beteiligten verbunden."[14]

„Schutz der Arbeitswilligen" – dieser Imperativ stellte zugleich eine qualitative
Erweiterung der Straßenpolitik von oben wie von unten dar. Streiks wurden zunehmend zum Ausgangspunkt direkter kollektiver Aktionen, die nicht nur gegen die
Unternehmermacht, sondern vor allem auch gegen die Staatsgewalt gerichtet waren
und die Legitimität ihres parteilichen Eingreifens in Frage stellten. Streiks führten zu
öffentlichen Ansammlungen am Arbeitskampf Unbeteiligter und forderten deren
Stellungnahmen und Aktionen heraus. Aus einer privaten, „rein" wirtschaftlichen
wurde rasch eine öffentliche Angelegenheit, die keine sachliche Neutralität duldete,
sondern nach moralischen Kategorien zu bewerten war. Der Streikbruch galt unter
Arbeitern fast durchweg als ein Sakrileg. Sein staatlicher Schutz stellte daher eine
handgreifliche öffentliche Herausforderung kollektiver *Ehrbegriffe* dar, die sich ihrerseits durchaus im Rahmen konventioneller Inhalte – Treue, Ehrlichkeit, Aufopferungsbereitschaft, Tapferkeit, Männlichkeit, Gemeinschaftssinn, aber auch Unterordnung, Konformismus, Respekt vor Autoritäten etc. pp. – bewegten, deren konkrete

---

11 Saul (1974), passim, insbes. S. 98-115 zu den Arbeitskampforganisationen der Arbeitsgeber u. S. 133-
    187 zur Gründung von gelben und nationalen Arbeitervereinen, vgl. auch Schönhoven (1987),
    S. 220 f.; Boll (1990), S. 405 f. zur Aussperrung; zu den „Gelben" Mattheier (1973), zur Geschichte der
    Aussperrung Schneider (1980).
12 Bleiber (1955), S. 182.
13 Siehe Boll (1990), S. 412-414; Saul (1974), S. 265; Schönhoven (1987), S. 223-225.
14 Saul (1974), S. 262.

Mißachtung aufgrund der sozial-diskriminierenden Parteilichkeit durch eine dem Gemeinwohl verpflichtete Behörde daher als um so niederträchtiger empfunden wurde.[15] Diese moralische Dimension des Konflikts zwischen Streikenden und Arbeitswilligen wurde durch die willkürliche Rechtsprechung amtlich beglaubigt. Je nach Bedarf wußten sich die bürgerlichen Richter in unterschiedlicher Weise in die Vorstellungswelt der Arbeiter hineinzuversetzen. Während einerseits der durch den § 153 RGO geschützte Arbeitswillige in den Urteilen als „ruhiger, zufriedener und arbeitswilliger Arbeiter" hingestellt wurde, stand der öffentliche Hinweis auf dieses staatstragende Verhalten durch Streikende unter Strafe, da er *unter Arbeitern* zweifellos eine Beleidigung im Sinne des StGB darstellte.[16]

Das folgende Kapitel analysiert die *durch Streiks verursachten straßenpolitischen Ereignisse*. Nicht jeder Streik führte zu Konflikten mit der Polizei oder Arbeitswilligen, und bei weitem nicht jeder dieser Konflikte zu einem straßenpolitischen Ereignis. Auch hier gab es eine unspektakuläre Routine der Verwarnungen und Sistierungen oder der Zurufe und Beleidigungen, die keine weitere Aufmerksamkeit erregten.[17] Sie ging als kollektives Erfahrungswissen in „Streikexzesse", wie derartige Vorkommnisse im zeitgenössischen Jargon der Obrigkeit genannt wurden, ein.

5.1.2 Arbeitskämpfe in Berlin 1900-1914

Die Fallsammlung „Streikexzesse" enthält die in der Vossischen Zeitung von 1900 bis Juli 1914 gemeldeten Fälle, in denen es bei Streiks oder Aussperrungen auf der Straße zu Konflikten zwischen Streikenden, Arbeitswilligen und der Polizei kam, die durch *Gewaltanwendung* oder die *Ansammlung einer Menschenmenge* über die Routine einer Sistierung hinausgingen. Da die Vossische Zeitung bei weitem nicht so ausführlich und detailliert über den Verlauf von Arbeitskämpfen berichtete wie der Vorwärts, kann diese Sammlung, gerade was die minder spektakulären Fälle betrifft, natürlich nicht beanspruchen, alle Berliner Streiks, bei denen es zu Straßenkonflikten kam, zu enthalten.[18] Eher im Gegenteil: es muß betont werden, daß die hier näher untersuchten Arbeitskämpfe nur einen *winzigen Ausschnitt des gesamten Arbeitskampfgeschehens* in Berlin darstellen, wie aus Tab. 7 ohne weiteres ersichtlich ist. Allein die Tatsache jedoch, daß sie im Gegensatz zu etlichen anderen Streikereignissen in der bürgerlichen Tagespresse gemeldet wurden, kann als Hinweis auf ihre besondere straßenpolitische Qualität gewertet werden, während die Arbeiterpresse grundsätzlich das gesamte Arbeitskampfgeschehen unabhängig von mehr oder weniger spektakulären Verlaufsformen erfaßte. Wie bei der Kleinkrieg-Fallsammlung ermöglicht die *qualitative* Analyse dieser 74 Streiks aber die Herausarbeitung verschiedener Typen des

---

15 S. Ritter (1980), S. 67 f.
16 S. mit zahlreichen Beispielen Saul (1974), S. 215-222.
17 Klagen über Polizeimaßnahmen gegen Streikposten finden sich nahezu täglich im Gewerkschaftsteil des Vorwärts. Über den Rechtsschutz für Streikposten und Streikende wurde regelmäßig in den Jahrbüchern und Rechenschaftsberichten der Einzelgewerkschaften berichtet.
18 Eine komplette Durchsicht des Vorwärts war aus zeitlichen Gründen nicht möglich. Jedoch wurde jeder der erhobenen Fälle auch anhand des Vorwärts und der Gewerkschaftspublikationen nachrecherchiert.

„Streikexzesses" und die Bestimmung ihrer lokalen, gewerblichen und sozialen Schwerpunkte. Dabei ist zu berücksichtigen, daß die Aussagen in den Quellen, vor allem in den Tageszeitungen, wesentlich stärker durch Interesse und Parteilichkeit verzerrt sind als bei den Ereignissen der Kleinkrieg-Fallsammlung. Berichterstattung über „Streikexzesse" war immer zugleich auch Informationspolitik, sei es durch das Polizeipräsidium, dessen Meldungen in der Regel unwidersprochen von den bürgerlichen Blättern gebracht wurden, sei es durch die Gewerkschaften, die den amtlichen Berichten mit ihren Versionen z. B. im Vorwärts entgegentraten. In einigen Fällen bleibt so nur die Feststellung der *Tatsache* eines Konflikts zwischen Streikenden und der Polizei bzw. Arbeitswilligen, ohne daß die Urheberschaft im einzelnen geklärt werden kann.

Zunächst jedoch soll die Fallsammlung vor dem Hintergrund der Berliner bzw. deutschen Arbeitskampfgeschichte charakterisiert werden. (S. Tab. 7) Sowohl im Deutschen Reich wie in Berlin bildeten die Jahre um 1905-1906 und 1910-1912 Hochphasen der Arbeitskampfentwicklung. Beide stellten eine Ausnutzung der günstigen Konjunktur dar und folgten dem damals in Deutschland wie in anderen industriell entwickelten Ländern dominanten und in der streikhistorischen Forschung als „Anpassungsmodell" beschriebenen Muster des Streikverhaltens.[19] Wie beim Organisationsgrad ist beim Streikverhalten eine Konzentration auf die großen Städte feststellbar, die auch auf Berlin zutrifft.[20] Die zeitliche Verteilung in der Fallsammlung entspricht — wenn man von der Anzahl der Streikenden und Ausgesperrten ausgeht — in groben Zügen der aller Berliner Streiks. Die Phase 1910-1912 ist besonders stark ausgeprägt, sie fällt in eine Streikwelle der deutschen Arbeitskampfgeschichte, die laut Friedhelm Boll die sozialdemokratischen Gewerkschaften in zuvor nicht gekanntem Ausmaß an die Grenzen ihrer Möglichkeiten führte, indem sie wenige Erfolge bei gleichzeitigem Machtzuwachs der Gegenseite brachte. „Ohne eine erneute, äußerst harte und vielleicht auch turbulente Arbeitskampfwelle mit vermutlich politischem Einschlag waren" diese Grenzen gewerkschaftlicher Macht „wohl kaum zu überschreiten."[21]

Daß es in der Arbeitskampfwelle ab 1910 in Berlin bisweilen auch schon recht „turbulent" und „politisch" zuging, werden die folgenden Seiten zeigen. Allerdings nicht in allen Branchen: In dieser Hinsicht decken sich die Schwerpunkte der Fallsammlung nur teilweise mit denen aller Berliner Arbeitskämpfe. Nach den Organisationsbereichen der beteiligten Gewerkschaften betrachtet[22], schlägt sich die zentrale Stellung der größten Berliner Einzelgewerkschaft, des Deutschen Metallarbeiterverbandes (DMV), sowohl bei allen Berliner Streiks wie auch bei den „Streikexzessen" nie-

---

19 Siehe Boll (1990), S. 395-397, siehe allgemein a. Boll (1992).
20 Siehe Boll (1990), S. 403.
21 Ebd., S. 414.
22 Eine Betrachtung nach den in der amtlichen Streikstatistik ausgewiesenen Wirtschaftszweigen erschien wenig sinnvoll, da zum einen deren Angaben für Berlin unvollständig sind, zum anderen die Organisationsbereiche der Gewerkschaften, insbesondere im Falle des TAV, nicht immer identisch waren mit diesen Wirtschaftszweigen. Beim Vergleich der Fallsammlung mit der Berliner Streikentwicklung (siehe Tab. 7) halte ich mich an die vollständigeren, wenn auch für einzelne Jahre nicht unerheblich von der amtlichen Statistik abweichenden Angaben der örtlichen zentralorganisierten Gewerkschaften.

der. Der Anteil der DMV-Streiks und der daran Beteiligten an allen in Berlin geführten Streiks bzw. Streikenden betrug im Untersuchungszeitraum 15 % bzw. 29 %, der Anteil an der Mitgliederschaft der in der Berliner Gewerkschaftskommission zusammengeschlossenen Freien Gewerkschaften stieg von 21 % (1900) auf ca. 30 % ab 1910. Der DMV-Anteil an den „Streikexzessen" bzw. den dabei Streikenden lag bei 27 % bzw. 57 %; letzterer Wert ist das Ergebnis der Massenaussperrungen in dieser Branche. Der Anteil des Transportarbeiterverbandes (TAV)[23] an den „Streikexzessen" ging hingegen weit über seinen Anteil an allen Arbeitskämpfen hinaus: Er führte nur 8 % aller Streiks mit 6 % aller Streikenden, bei den „Streikexzessen" war er hingegen mit 27 % vertreten. Da TAV-Streiks aber nie zu Massenaussperrungen führten, blieb dennoch der Anteil der bei TAV-„Streikexzessen" Streikenden mit 6 % durchschnittlich. Zugleich wies dieser Verband eine enorme Entwicklungsdynamik auf: Er steigerte seinen Organisationsgrad zwischen 1902 und 1913 von 15 auf 54 %, seinen Anteil an den Berliner Gewerkschaftmitgliedern im gleichen Zeitraum von 7 auf 18 % und wurde damit zur zweiten Berliner Massengewerkschaft nach dem DMV. Bei den übrigen Branchen liegen in der Fallsammlung die Fallzahlen zu niedrig, um einen sinnvollen Vergleich zu ermöglichen; in jedem Fall sind die großen Branchen der Bekleidungsindustrie, der Bauindustrie und der Holzverarbeitung gemessen an den von den entsprechenden Gewerkschaften geführten Streiks unterrepräsentiert.

Die folgende Darstellung kann und soll eine noch ausstehende regionale Arbeitskampf- geschweige denn Gewerkschaftsgeschichte für diesen Zeitraum nicht ersetzen, sondern wird sich auf diejenigen Ereignisse konzentrieren, deren straßenpolitisches Gewicht die besondere Aufmerksamkeit der Zeitgenossen hervorrief. Ähnlich wie bei der Analyse der Kleinkrieg-Fallsammlung kann aber auch davon ausgegangen werden, daß sich an dieser Auswahl in der breiteren Öffentlichkeit diskutierter „Streikexzesse" *qualitativ repräsentative* Erkenntnisse über Verlaufsformen und Handlungselemente von Konflikten um die öffentliche Ordnung bei Arbeitskämpfen gewinnen lassen. Dies erscheint legitim, da das straßenpolitische und ökonomisch-soziale Gewicht eines Arbeitskampfes keineswegs identisch waren: Gerade Streiks von verhältnismäßig untergeordneter Bedeutung in mittleren und kleinen Unternehmen verursachten durch die Eskalation im Zusammenwirken von Polizei, Streikenden, Arbeitswilligen und parteiergreifendem Straßenpublikum die heftigsten „Streikexzesse". Einer von ihnen — die Moabiter Unruhen — hatte erhebliche innenpolitische Auswirkungen und wird daher in einem gesonderten Kapitel behandelt.

---

23 Der TAV — Vorläufer der heutigen ÖTV — organisierte ein breites Spektrum von überwiegend nicht oder wenig Qualifizierten, siehe u. S. 222. — Zur allgemeinen Entwicklung des TAV siehe a. Schönhoven (1980), S. 365-371.

Tab. 7: „Streikexzesse" und die Entwicklung der zentralorganisierten Gewerkschaften und ihrer Arbeitskämpfe in Berlin, 1900 bis 1914

Jahr	Gewerkschaften Mitglieder	Organisations-grad in %	Alle Arbeitskämpfe Streiks	Streikende	„Streikexzesse"-Fallsammlung „Streik-exzesse"	Streikende
Berliner Gewerkschafts-Kommission:						
1900	94758		180	27970	4	6500
1901	93562		91	4474	1	600
1902	108729		303	9527	1	13
1903	134897	15	267	21997	5	6963
1904	174194		258	16193	7	10533
1905	224277		336	43660	3	40040
1906	252069	31	469	48902	5	4040
1907	235980		234	54579	4	26315
1908	223806		272	12390	4	1626
1909	233060		305	17478	3	2024
1910	265089		539	18618	8	1656
1911	296795	43	353	111310	12	76059
1912	311923		272	31527	11	574
1913	302052		171	16547	6	576
davon:						
Deutscher Metallarbeiter-Verband (DMV)						
1900	20000		18	892	0	0
1901	22374		18	1011	0	0
1902	30664	44	41	5031	0	0
1903	35741	48	57	9892	4	6213
1904	44875		36	2653	3	5209
1905	57437	64	40	19399	1	40000
1906	61834	69	81	21552	2	2540
1907	63109		56	1628	0	0
1908	63140	63	47	3081	2	1548
1909	64081	58	66	4254	2	1997
1910	79854	53	163	6409	1	800
1911	88272	55		42075	3	43658
1912	91784	57	9	6792	2	358
1913	88729	63		4272	0	0
Deutscher Transportarbeiterverband (TAV)						
1900	9838		27	6725	1	5000
1901	7301		2	26	0	0
1902	7219	15	1	62	0	0
1903	11182	13	20	1781	0	750
1904	15768		22	769	2	609
1905	20937	22	19	678	0	0
1906	26737	27	38	2185	2	1500
1907	32100		25	2827	1	892
1908	29203	26	13	250	2	78
1909	32264	35	19	454	0	0
1910	39400	41	49	3540	5	846
1911	46905	48	55	4681	4	1775
1912	50942	52	47	2498	3	166
1913	52935	54	15	307	0	0

Mit folgender Ausnahme sind die Angaben den jährlichen Jahres- und Kassenberichten der Berliner Gewerkschafts-Kommission (BGK 1900-1913) entnommen:
Organisationsgrad (Mitglieder/Berufsangehörige x 100) für „Berliner Gewerkschaftskommission": Schönhoven (1990), S. 373.
Die Angaben für den TAV fassen für die Zeit vor 1907 die Angaben für die Verbände der Droschkenführer, Handels- und Transportarbeiter, Straßenbahner und Hausdiener zusammen.
Leere Felder bedeuten fehlende Angaben in den Quellen.
Diese Tabelle soll in erster Linie den *Trend* der Gesamtentwicklung der Berliner Gewerkschaftsbewegung und ihrer Arbeitskämpfe im Verhältnis zur zeitlichen und sektoralen Verteilung der in der Fallsammlung „Streikexzesse" erhobenen Fälle dokumentieren. Daher wurde darauf verzichtet, offensichtliche Unzulänglichkeiten der Quellen durch Vergleich mit der amtlichen Statistik und Veröffentlichungen der Einzelgewerkschaften Jahr für Jahr zu korrigieren. Der gravierendste Mangel der von der Berliner Gewerkschafts-Kommission veröffentlichten Angaben über die Anzahl der Streiks und der daran Beteiligten bestand darin, daß erst ab 1911 *Aussperrungen* in die Statistik der Arbeitskämpfe aufgenommen wurden. Daher schlägt sich der Arbeitskampf in der Elektroindustrie 1905 nur geringfügig in den Angaben für alle Berliner Branchen und für den DMV nieder, während er bei der Erhebung der Zahl der Beteiligten in der Fallsammlung „Streikexzesse" berücksichtigt wurde.

5.1.3 Zur Funktion von Straße und Straßenöffentlichkeit im Arbeitskampf

Die in der Fallsammlung „Streikexzesse" zusammengefaßten Arbeitskämpfe lassen sich in Hinblick auf die Straßenöffentlichkeit in drei Gruppen einteilen:

1. Reine *Werkstatt*streiks. Das Gewerbe der bestreikten bzw. aussperrenden Unternehmen findet so gut wie ausschließlich *unter Ausschluß der Öffentlichkeit* statt, in der Regel in einer Werkstatt, einem mehrere Werkstätten umfassenden Betrieb oder einem Großunternehmen mit mehreren Betrieben. Die Streikposten stehen auf der Straße — in der Regel auf dem Bürgersteig — am Eingang zum Unternehmen, um den Zugang zu kontrollieren. Dort nehmen auch Konflikte mit Arbeitswilligen und Polizisten ihren Ausgang.[24]

2. *Straßen*streiks. Der Ort der Produktion bzw. Dienstleistung des bestreikten oder aussperrenden Unternehmens ist zum großen Teil die öffentliche Straße. Produktion bzw. Dienstleistung können ohne weiteres durch das Straßenpublikum beobachtet werden. Die Einflußnahme der Streikenden auf Arbeitswillige und Arbeitende erfolgt inmitten des sonstigen Straßenlebens. Doch auch wenn die Streikposten nur am Eingang zum Depot des Unternehmens aufgestellt sind, macht der Polizeischutz nicht nur der Streikbrecher — wie bei anderen Streiks —, sondern auch der Streikbrecher*arbeit* etwa durch Eskortierung von Transportarbeiten das Straßenpublikum auf den Streik aufmerksam und fordert zur Stellungnahme heraus. Bei Streiks von Verkehrsunternehmen kommen die Merkmale des Ladenstreiks (s. u.) hinzu, da die polizeilich geschützte Streikbrecherarbeit in einer der allgemeinen Öffentlichkeit angebotenen Dienstleistung besteht, die während des Streiks boykottiert werden kann.

---

24 Einen Grenzfall stellen rein formal betrachtet Streiks im Baugewerbe dar, die aber wegen des in der Regel nicht öffentlich zugänglichen Arbeitsplatzes den Werkstatt-Streiks zugeordnet werden.

3. *Laden*streiks. Das Gewerbe des bestreikten oder aussperrenden Unternehmens besteht in für die Öffentlichkeit bestimmten Produkten und Dienstleistungen, die in allgemein zugänglichen Verkaufsstätten angeboten werden. Daher fordern die Streikenden die Kunden zum *Boykott* der Geschäfte auf, bis ihre Forderungen bewilligt sind. Die Streikposten kontrollieren also den Zuzug von Arbeitswilligen und versuchen zugleich auf potentielle Kunden einzuwirken. Dadurch sind Dritte von vornherein zur direkten Parteinahme im Streik aufgefordert.

Die folgende Darstellung von „Streikexzessen" folgt dieser Einteilung. Die 41 Werkstatt-Streiks bilden die größte Gruppe. Dazu gehörten neben 21 Arbeitskämpfen in der metallverarbeitenden Industrie und dem Maschinenbau noch acht in der holzverarbeitenden, sechs in der Bau- und zwei in der papierverarbeitenden Industrie, während sich die anderen als Einzelfälle auf das Tapeziererhandwerk, die Chemie-, die Nahrungsmittel- und die Bekleidungsindustrie verteilen. 21 Straßen-Streiks im Transport-, Handels- und Verkehrsgewerbe bilden die zweite Gruppe, deren Arbeitskämpfe nach Umfang und Intensität die schärfsten Konflikte zwischen Polizei und Straßenpublikum nach sich zogen. Die Laden-Streiks bilden mit zwölf Fällen die kleinste dieser drei Gruppen: Dabei handelt es sich um zwei flächendeckende Branchenstreiks (Barbiere 1901 und Bäcker 1904), einen Streik von Kaufhaus-Angestellten, einen Streik in einer Fleischerei und eine Welle von Gaststättenstreiks in den Jahren 1911 bis 1913.

5.2 Werkstattstreiks

Die hier behandelten Werkstatt-Streiks zerfallen in zwei grundverschiedene Arbeitskampftypen: Die aus einem branchenweiten Konflikt zwischen Arbeitgeber- und Arbeitnehmerorganisationen hervorgehende *Massenaussperrung* mit Zehntausenden von Ausständigen in der gesamten Region, und der Streik in einzelnen Unternehmen einer Branche. In Hinsicht auf das Problem der öffentlichen Ordnung weisen einige der Massenaussperrungen Besonderheiten auf, die gesondert darzustellen sind, bevor anhand der anderen Werkstatt-Streiks die für *alle*, also auch die Straßen- und Ladenstreiks typischen Straßenkonflikte behandelt werden.

5.2.1 Massenaussperrungen in der Elektro- und Metallindustrie

Die Bemühungen der Unternehmerseite um eine effektive Organisation in Arbeitskämpfen zeitigte — geht man vom Berliner Fall aus — vor allem in drei Industriebranchen spürbare Ergebnisse: In der holzverarbeitenden, der Bau- und der Metallindustrie. Unternehmensübergreifende Lohnbewegungen in diesen Branchen zogen den Ausstand von bis zu Zehntausenden von Arbeitern und Arbeiterinnen nach sich und erregten allein dadurch öffentliches Interesse. Bei den beiden großen Aussperrungsaktionen im Baugewerbe und in der holzverarbeitenden Industrie im Jahre 1907 kam es lediglich zu den auch für begrenzte Streiks charakteristischen Straßenereignissen.[25] Ansonsten zeichneten sich diese Industriezweige insgesamt betrachtet durch vergleichsweise friedliche Lohnbewegungen aus, wahrscheinlich eine Folge der seit der Jahrhundertwende eingerichteten paritätisch besetzten Schlichtungskommissionen, in denen Lohn- und Arbeitsbedingungen betreffende „Differenzen" verhandelt werden konnten.[26] Im führenden Berliner Industriezweig, der Elektro — und Metallindustrie, richteten die Arbeitgeber den Arbeitskampf weitaus zielstrebiger auf die Brechung der Macht der Gegenseite aus. Der *Verband der Berliner Metallindustriellen* faßte — anders als die Verbände der Bau- und Holzindustriellen — extrem heterogene Unternehmenstypen zusammen: Neben Großunternehmen und Konzernen wie Borsig, Siemens und der A.E.G. gehörten ihm Hunderte von kleinen und mittleren Metallverarbeitungs- und Maschinenbauunternehmen an. Auf der Arbeitnehmerseite dominierte seit 1897 der freigewerkschaftliche Deutsche Metallarbeiterverband (DMV), neben dem lokalistische und Fachverbände nur in wenigen Spezialbranchen von Bedeutung waren. Den Einfluß dieser mitgliederstärksten unter den Berliner Gewerkschaften systematisch zurückzudrängen, war das mehr oder weniger offene Ziel einer Reihe von Massenaussperrungen in den Jahren 1903 bis 1906.[27] Während es bei den Arbeitskämpfen in der von kleinen und mittleren Unternehmen dominierten Branche der Gelbmetall- und Messingwarenindustrie 1903 bzw. 1904/1905 zu den auch für auf einzelne Unternehmen begrenzten Streiks charakteristischen „Streikexzessen" kam[28], boten Lohnbewegungen in der Elektroindustrie im Herbst 1905 die Gelegenheit zur direkten Machtprobe zwischen DMV und den Großunternehmen auf der Ebene von *Großbetrieben*. Die daraus resultierende Aussperrung nicht von einigen Tausenden, sondern von Zigtausenden führte zu „Straßenbildern" und Ordnungsproblemen eigener Art.

Nachdem ca. 270 Lagerarbeiter des Kabelwerks Oberspree der A.E.G. und ca. 180 Schraubendreher des Werner-Werks von Siemens sich mit den ihnen zugestandenen Lohnerhöhungen nicht einverstanden erklärt hatten und am 18. bzw. 19. September in den Streik getreten waren, versuchten die beiden Konzerne, trotz des ökonomischen Risikos angesichts der günstigen Konjunktur ein Exempel gegen derartige „Partialstreiks" zu statuieren. Zunächst wurden ab 23. September 90 % der Belegschaften der beiden Werke, insgesamt 8.500 Personen, ausgesperrt.

Schon in der ersten Woche machte sich laut Bericht der Vossischen Zeitung die Arbeitseinstellung in Großbetrieben auf der Straße bemerkbar: „Auf dem Kriegsschauplatz in *Oberschöneweide* steht seit gestern das ganze öffentliche Leben im Zeichen des Lohnkampfes. Der ganze Ort lebt eigentlich von dem Kabelwerk und die meisten Einwohner haben unmittelbar oder mittelbar mit dem Werk Beziehungen.

---

25 Einige Beispiele siehe u. S. 189 ff.

26 DHVBln 1901/1902, S. 3. Siehe z. B. anläßlich von Streitigkeiten der Firma Mittag, bei der es zu Mißhandlungen von Arbeitswilligen gekommen sein soll, in ZVMBln 1906, S. 13 f. — Zur Entstehung dieser „Achtzehner-Kommissionen" nach einer Aussperrung der Maurer im Jahre 1899 siehe Müller (1985), S. 70-73. — Eine Ausnahme stellten zwei Streiks im März 1913 im Gesundbrunnen dar, bei denen der Einsatz professioneller Streikbrecher zu bewaffneten Auseinandersetzungen führte, siehe u. S. 271 f.

27 Das galt, wie die Untersuchung von Domansky-Davidsohn (1981) zeigt, nicht nur für Berlin, sondern für den Organisationsbereich des DMV in ganz Deutschland.

28 Siehe u. S. 189 ff.

Abb. 11: *Streikende Arbeiter auf dem Kaisersteg in Oberschöneweide 1905*
(im Hintergrund die Kabelwerke)

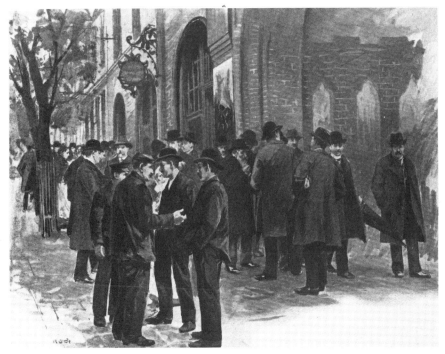

Abb. 12: *Streikende Arbeiter der Elektrizitätswerke vor einem Versammlungslokal 1905*
(Gewerkschaftshaus Engelufer 15)

Am Nachmittag, nachdem man von den Berliner Versammlungen zurückgekehrt war, war der ganze Ort in allen Straßen erfüllt von Gruppen eifrig diskutierender Arbeiter im Sonntagsstaat mit ihren Frauen. Das Thema war überall das gleiche: die Aussperrung und ihre Folgen. Nach Feierabend verstärkten sich die Gruppen durch die Arbeiter der anderen großen Metallfabriken in Oberschöneweide und man besprach eifrig die Möglichkeiten des Metallarbeiterriesenstreiks; die Stimmung ist überall sehr zuversichtlich. Irgendwelche Ruhestörungen oder Kundgebungen kamen nicht vor; auch nicht vor dem großen Gebäudekomplex des Kabelwerks, wenn auch die meisten Arbeiter sich versammelt hatten. Man will abwarten, was die Versammlungen am Sonntag beschließen werden; die kampflustigen jungen Arbeiter hoffen auf den Generalstreik der Metallarbeiter."[29] Seitens der Polizei befürchtete man Straßendemonstrationen. Der Schutzmannschaft wurde insbesondere in den Stunden nach den großen Streikversammlungen in Berlin „eine verschärfte Aufsicht auf den Strassen und ein energisches Einschreiten gegen Demonstrationen, insbesondere gegen das Bilden von geschlossenen Zügen zur Pflicht gemacht [...]. Zu einem polizeilichen Einschreiten fand sich jedoch kein Anlaß."[30]

Nachdem die Streikenden erneut die Angebote der Konzernleitungen als zu niedrig abgelehnt hatten, kündigten diese am 26. September die Aussperrung von 90 % der Belegschaften in sechs weiteren Werken an. In den am selben Tag abgehaltenen Versammlungen hielten die Ausgesperrten weiterhin zu den Streikenden und wurden von den Gewerkschaftsvertretern „zu Ruhe und Besonnenheit ermahnt".[31] Auch in den am 29. September in Berlin und den Vororten eingerichteten vierzehn Kontrollstellen bewahrten die Ausständigen laut Bericht der Vossischen Zeitung „eine musterhafte Ruhe und Ordnung".[32]

Da mit Beginn der nächsten Woche, ab 2. Oktober, noch ein Großteil des nicht-ausgesperrten Zehntels der sechs Belegschaften, die ca. 4.000 Arbeiterinnen zweier weiterer Glühlampenwerke und ein Teil der in den Elektrizitätswerken Beschäftigten in den Solidaritätstreik traten, stieg die Zahl der Ausständigen auf insgesamt ca. 40.000. Im Umgang mit den dadurch verursachten Menschenansammlungen auf der Straße bzw. beim Schutz von Streikbrechern bemühten sich Gewerkschaften wie Polizei darum, der Gegenseite möglichst wenig Reibungsflächen zu bieten. Auf der Arbeiterseite sollte die Neuerung der „*Arbeiterpolizei*" vorbeugend wirken, die zum Beispiel beim Verlassen der Arbeitsplätze nach Inkrafttreten der Aussperrung in Gegenwart der bereitstehenden Schutzleute und Gendarmen und „kenntlich durch weiße Binden [...] für Aufrechterhaltung der Ordnung" sorgte.[33] Sie blieb während des ganzen Arbeitskampfes in Aktion, indem sie versuchte, eine eigenständige Straßen-Aufsicht zu praktizieren, deren gelegentliche Erfolge voller Stolz im Vorwärts geschildert wurden: „Glänzend hatte sich die Selbsthülfe der Arbeiterschaft schon

29 Vossische Zeitung v. 23.9.1905, Nr. 448.
30 KS, Bericht über die während des Streiks in der Elektrizitätsindustrie getroffenen polizeilichen Maß-nahmen v. 16.10.1905 (Abschrift), Anlage zum Schreiben PP an MdI v. 18. Oktober 1905, GStA, MdI, Rep. 77, Tit. 2515, adh. 2, Bl. 66; siehe a. Vorwärts v. 26.9.1905, Nr. 225, 2. Beil.
31 Vossische Zeitung v. 27.9.1905, Nr. 453, 1. Beil.
32 Vossische Zeitung v. 29.9.1905, Nr. 457, 2. Beil. Siehe a. Abb. 11 u. 12.
33 Vossische Zeitung v. 1.10.1905, Nr. 461, 1. Beil.

am Montagabend bewährt. In der Turmstraße war an der Gotzkowsky- und Wald-straße aus geringfügiger Ursache ein gewaltiger *Auflauf* entstanden, dessen die her-beieilenden Schutzleute nicht Herr zu werden vermochten. Schulkinder und Lehr-jungen hatten gewartet, ob die Straßenbahn nun nicht bald stille stehen werde. Dabei trieben sie allerhand Unfug, dem eine rasch anschwellende Schar von Neugierigen zusah. Als den dortigen Vertrauensleuten der Streikenden der Auflauf gemeldet wurde, rüsteten sie sich schleunigst mit Armbinden aus, traten unter die Menge und bewogen sie, auseinander zu gehen. Die Polizei selbst erkannte ausdrücklich an, daß der Unfug, der da verübt worden war, nichts mit dem Streik zu tun hatte, und dankte den Arbeiterführern, die so erfolgreich eingegriffen hatten."[34]

Aus polizeilicher Sicht stellte sich diese Neuerung jedoch nicht als so unproblema-tisch dar. In einer „Volksversammlung" am 5. Oktober berichtete ein Redner von der Fortweisung eines „Arbeiterpolizisten" durch die Polizei in der Schlegelstraße und knüpfte daran Spekulationen über bevorstehende Provokationen seitens der Polizei. Daraufhin forderte der Kommandeur der Schutzmannschaft die untergebenen Ein-heiten zum Bericht über die „Arbeiterpolizei" auf. Sie meldeten gleichlautend, nach ihren Erkundungen dienten die weißen Armbinden, die teilweise mit der Aufschrift „Arb.polizei" versehen seien, als Deckmantel für gewöhnliches Streikpostenstehen, was einer der „Arbeiterpolizisten" einem Schutzmann in Zivil auch in aller Offenheit erklärt habe. Aus diesem Grund sei auch die Fortweisung in der Schlegelstraße erfolgt. Ansonsten könne man das Verhalten der ihm untergebenen Reviervorstände nicht mißbilligen, meinte der zuständige Brigadeführer, da „diese Leute mit Armbin-den" die Leute zur Ruhe und zum Weitergehen ermahnten. Mißbilligung der Revier-vorstände hatte ihm ferngelegen, aber „mich hat es jedenfalls befremdet, als ich las, daß in Moabit für die Hilfeleistung sogar gedankt worden sei", anwortete der Kom-mandeur der Schutzmannschaft.

Das grundsätzliche Problem der Selbstbezeichnung als „Polizei" sprach nur einer der untergebenen Offiziere in seinem Bericht ausführlicher an: „Ein solcher Unfug kann um so weniger geduldet werden, als *neben* der königl. Staatspolizei sich nie-mand polizeiliche Befugnisse eigenmächtig anzumaßen hat, ein Zusammenarbeiten jedoch ausgeschlossen ist. Diese sogen. 'Arbeiterpolizei' stellt sich somit als eine freche Herausforderung und Verhöhnung der Aufsichtsbehörde dar, deren dadurch dargestellte vermeintliche Ohnmacht gegenüber den Ausständigen geeignet er-scheint, eine politische Beunruhigung und Mißtrauen hervorzurufen."[35] Vor einem generellen Verbot der Arbeiterpolizei per Bekanntmachung, wie es von einem Reviervorsteher an der Brunnenstraße vorgeschlagen worden war[36], schreckte das Polizeipräsidium jedoch zurück. Stattdessen verfügte es ihre stillschweigende Dul-dung, „so lange sie nicht den Verkehr hindere, nicht lästig werde und sich nicht in ungesetzlicher Weise bemerkbar mache". Unmittelbare Verbindung mit den Arbei-terpolizisten hingegen seien zu vermeiden, „auch sei eine Anerkennung ihrer Tätig-keit [...] durchaus unangebracht."[37]

---

34 Vorwärts v. 4.10.1905, Nr. 232, Vorort-B.
35 Berichte des KS, der PR und der PB v. 6.-11.10. 1905, BLHA, Rep. 30, Tit. 95, Nr. 15802, Bl. 3-7v.
36 Ebd., Bl. 1-2v.

Daß es innerhalb dieser engesteckten Grenzen durchaus zu Absprachen zwischen staatlichen und gewerkschaftlichen Ordnungshütern kommten konnte, zeigt ein Vorfall aus dem Charlottenburg-Moabiter-Gewerbegebiet[38], dem einzigen Unruheherd während dieses Arbeitskampfes. In seinem Bericht an den Polizeipräsidenten charakterisierte der Kommandeur der Schutzmannschaft diesen Stadtteil, in dem es 1910 zu den Moabiter Unruhen kommen sollte, folgendermaßen: „Ueberhaupt bildet jener an Charlottenburg grenzende Teil von Moabit mit seiner überaus starken Arbeiterbevölkerung, den großen Versammlungslokalen, in denen die Streikkontrolle ausgeübt wurde, und den vielen Schankstätten niederen Ranges während der ganzen Dauer des Ausstandes eine stete Gefahr für die öffentliche Ruhe und Ordnung, und es erschien dort eine erhöhte Dienstbereitschaft auch dann noch geboten, als in anderen Stadtteilen der Eintritt ruhiger Verhältnisse eine Verringerung der Aufsichtsmannschaft gestattete. Auch der Schutz der Arbeitswilligen stiess dort auf größere Schwierigkeiten als anderswo. So versuchten die Streikenden, besonders Frauenspersonen, an verschiedenen Nachmittagen in der Sickingenstrasse vor der Nernstlampenfabrik die die Fabrik verlassenden arbeitswilligen Arbeiterinnen durch Schimpfen und Drohungen zu belästigen. Da Ansammlungen auf der Strasse von den Exekutivbeamten nicht geduldet wurden, setzten sich die Streikenden in den umliegenden Schankstätten und Hausfluren fest und erschienen erst dann, wenn die Arbeitswilligen die Fabrik verließen und von einer ausreichenden Zahl von Schutzleuten begleitet den kurzen Weg nach dem Bahnhof Beusselstrasse antraten. Die Menschenmenge folgte dann in der Regel schimpfend und johlend, und nur dem ruhigen und besonnenen Vorgehen der Beamten, die in jener Gegend beim Publikum keinerlei Unterstützung finden, ist es zu verdanken, daß erhebliche Ausschreitungen nicht vorkamen."[39]

Dieser „Besonnenheit" ist wohl auch das unbürokratische Vorgehen zuzuschreiben, mit dem ein Reviervorstand in diesem Viertel auf eine der wenigen „unerheblichen" Ausschreitungen reagierte. Die Ausweitung des Streiks (und nicht nur der Aussperrung) brachte völlig neue Größenordnungen des Streikpostenstehens und der Einflußnahme auf die Arbeitswilligen mit sich. Wie der Charlottenburger Polizeipräsident am 11. Oktober dem Ministerium des Innern berichtete, hielten sich täglich etwa 100-200 Streikposten vor den Siemens-Werken in der Helmholtz- und der Franklinstraße zur Beobachtung der Arbeitswilligen auf. Am Vortage hingegen seien etwa eintausend Ausgesperrte in „geschlossenem Zuge" von der auf der Berliner Spreeseite gelegenen Kronen-Brauerei her über die Gotzkowskybrücke vor den Ausgang des Werkes gezogen, wo gerade die Arbeitswilligen den Heimweg antraten. Es sei zu Belästigungen von Arbeitswilligen gekommen, auf polizeiliche Anordnungen wurde mit Johlen und Pfeifen reagiert, acht Sistierungen wurden vorgenommen. Erst nachdem die Arbeitswilligen unter Polizeischutz die Gegend verlassen hatten, blieben lediglich die üblichen ca. 100 Streikposten zurück.[40] Aus der Perspektive des

---

37 Ebd., Bl. 8. – Zur Beschäftigung mit der „Arbeiterpolizei" gab in den folgenden Jahren noch Singers Begräbnis (siehe u. S. 313-315) Anlaß.
38 D. i. das „Streikviertel" der Moabiter Unruhen im September 1910, siehe Abb. 16.
39 KS, Bericht v. 16.10.1905, ebd., Bl. 67, 67v.
40 PP Charlottenburg an MdI v. 11.10.1905, GStA, MdI, Rep. 77, Tit. 2515, Nr. 3, adh. 2, Bl. 74-75.

zuständigen Revierleutnants von der Berliner Seite stellte sich der Vorgang weitaus harmloser dar: In der Kronenbrauerei hielten sich täglich von 8 bis 18³⁰ Uhr mehrere hundert Personen zur Streikkontrolle auf. Am 10. Oktober habe der Leiter der Kontrollstelle um 17 Uhr eine halbstündige Pause eingelegt, weshalb die ca. 800 Anwesenden das Lokal verließen und „im vollständig losen Verbande, ohne jede Ruhestörung" über die 200 Schritt entfernte Gotzkowskybrücke nach Charlottenburg zogen. Daraufhin vereinbarte der Revierleutnant mit dem Leiter des Streiklokals, daß von nun an, um Begegnungen mit heimkehrenden Arbeitswilligen zu vermeiden, die „im Saale Anwesenden um 5 Uhr Nachmittags zurückbehalten" würden.⁴¹

Die Ordnungskräfte beider Seiten bemühten sich offenbar nach Kräften, das Eskalationspotential, das 40.000 Ausständige und ihre täglichen öffentlichen Versammlungen in sich trugen, zu begrenzen, und das mit Erfolg: „Anzeigen wegen Belästigung Arbeitswilliger durch Streiker oder Streikposten sind im Verhältnis zu der Zahl der Beteiligten nur in ganz geringer Zahl erstattet worden", endet der Bericht des Polizeipräsidenten v. Borries an den Minister des Innern.⁴² Besonders die Aufrechterhaltung des Betriebs in den „Kraftzentralen" der Berliner Elektrizitätswerke erforderte ein Höchstmaß an Diskretion und Umsicht. Den etwaigen Folgen eines Solidaritätsstreiks ihrer Heizer und Maschinisten wurden durch möglichst unauffälligen Polizeischutz für die Arbeitswilligen vorgebeugt.⁴³ Ohnmächtig mußten die Ausständigen zusehen, wie Verwaltungsangestellte, aber auch Feuerwehrleute und Eisenbahner in den Elektrizitätswerken den Betrieb aufrechterhielten. Da der DMV bei einer Finanzierung des Streiks aus überregionalen Mitteln mit einer Ausdehnung der Aussperrung rechnete, die seinen Streikfond bis auf Weiteres verbraucht hätte, setzte er bei den Lagerarbeitern und Schraubendrehern die Annahme der bereits zu Beginn des Arbeitskampfes gewährten Zugeständnisse durch.⁴⁴

Paradoxerweise verhinderte gerade die durch den schieren Umfang der einzelnen Belegschaften hergestellte Straßen-Öffentlichkeit die Instrumentalisierung der Straße im Arbeitskampf. Die aus anderen Streiks bekannte Eskalation nach dem Muster 'Polizeischutz für aggressive Streikbrecher mobilisiert das Eingreifen Dritter gegen die Polizei' trat nicht ein, da einerseits nur punktuell, keineswegs in allen Betrieben Arbeitswillige eingesetzt wurden, deren Polizeischutz zudem möglichst unauffällig, nicht demonstrativ durchgeführt wurde, und andererseits die Gewerkschaften in aller Form Ordnungsfunktionen beanspruchten und mehr oder weniger unangefochten ausüben konnten. Für spontane und „unüberlegte" Handlungen an der Basis blieb wenig Raum. Die mit dem Massencharakter des Konflikts verbundenen Risiken wurden von beiden Seiten gescheut und durch systematische Prävention herabgesetzt. Für die Gewerkschaftsführung war dies eine Frage des politischen Überlebens: Sie lehnte eine offensive Weiterentwicklung der sozialen Konflikte in Richtung auf „Massen-" oder „Generalstreiks" aus Angst vor staatlichen Repressalien ab.⁴⁵ An-

---

41 Ebd., Bl. 76, 76v.
42 PP an MdI v. 18. Oktober 1905, ebd., Bl. 64v.
43 Ebd., Bl. 66v.
44 Siehe Costas (1981), S. 98 f.
45 Allgemein zur Massenstreikdebatte siehe Grunenberg (1970), zum Verhältnis Partei – Gewerkschaften Schönhoven (1987), S. 236-242, u. u. S. 445 f., zuletzt Schneider (1994).

gesichts der durch ihre Monopolstellung gegebenen *ökonomischen* Überlegenheit der beiden Elektrokonzerne[46] war deren Erfolg — abgesehen von der Sicherstellung der Stromerzeugung — nicht vom massiven Einsatz Arbeitswilliger abhängig.

Auch die einzige weitere, dem Kampf in der Elektroindustrie 1905 vergleichbare Massenaussperrung in der Berliner Metallindustrie im Jahre 1911 war von der Disziplin der Arbeiter geprägt. Anlaß war der seit sechs Wochen ergebnislose Streik von 3.030 Formern. Ab Anfang Dezember waren insgesamt an die 40.000 Beschäftigte ausständig.[47] Die Zurückhaltung der Polizei begründete der Polizeipräsident gegenüber dem Minister des Innern mit einem Hinweis auf die bisherigen Erfahrungen mit Arbeitern dieser Branche: Es handle sich „um die best organisierten und geistig fortgeschrittensten Arbeiterklassen", es sei bisher noch nicht zu Ausschreitungen gekommen, außerdem würden die Arbeiter durch Ausschreitungen nicht die Aussichten der SPD bei den bevorstehenden Reichstagswahlen gefährden wollen.[48] Unerwähnt ließ er die Tatsache, daß die Berliner Schutzmannschaft im Jahre 1911 mittlerweile auch auf einige positive Erfahrungen im Umgang mit friedlichen, von der Sozialdemokratie angeleiteten Straßendemonstrationen zurückblicken konnte, und dabei den taktischen Wert von Gelassenheit und gezielter Deeskalation schätzen gelernt hatte.[49]

Nur ganz am Rande wurden nach wie vor bestehende Gegensätze zwischen Arbeitern und Polizisten artikuliert. Die Vossische Zeitung berichtete von der letzten Lohnauszahlung der ausgesperrten Arbeiter Anfang Dezember: „Besonderes Aufsehen erregte die unfreiwillige Massendemonstration der Arbeiter vor den Anlagen der A. E. G. an der Volta- und Brunnenstraße. Schutzleute unter der Führung von mehreren Polizeioffizieren suchten die Arbeitermassen in Reih und Glied zu ordnen, das erregte aber den *Widerspruch* der Ausgesperrten, die sich die militärische Behandlung nicht gefallen lassen wollten. Immerhin kam es zu keinen Störungen der Ordnung und die Wartenden halfen sich mit echtem Berliner Humor über die Situation hinweg."[50] Auch diese Massenaussperrung wurde nach nur einer Woche mit einem für die Arbeitgeber günstigen und von der Gewerkschaftsbasis heftig kritisierten Kompromiß beendet.[51]

Arbeitskämpfe wie die in der Elektroindustrie, in denen sich Arbeitnehmer und Arbeitgeber zentral organisiert gegenüberstanden, führten wohl zu „Straßenszenen", aber kaum zu „Streikexzessen". Zwar waren sie auch auf der Straße bemerkbar, und wenn — wie im Fall der Holz- und Bauindustrie — zahlreiche kleine und mittlere Unternehmen beteiligt waren, bildete das Streikpostenstehen und der polizeiliche Schutz der Arbeitswilligen auch hier eine ständige Quelle von individuellen Konflikten. Diese weiteten sich aber *nie* zur Konfrontation *Menschenmenge* — Polizei aus. Auch die Ansammlungen Streikender und Ausgesperrter in der Nähe von Großbe-

---

46 Dies betont besonders Costas (1981), S. 103.
47 Siehe DMVBln 1911, S. 34-51.
48 PP an MdI v. 1.12.1911, GStA, MdI, Rep. 77, Tit. 2515, Nr. 3, Bd. 1, Bl. 164v, 165.
49 Siehe u. Kap. 7.4.2.
50 Vossische Zeitung v. 3.12.1911, Nr. 604, 1. Beil. — Zum polizeilichen Ordnen Wartender nach militärischem Muster siehe a. o. S. 99.
51 Siehe Vossische Zeitung v. 1.12.1911, Nr. 601, v. 7.12.1911, Nr. 611, 1. Beil.

trieben entwickelten sich allenfalls „unfreiwillig" zu „Demonstrationen", zu deren Vermeidung Polizei und Gewerkschaftsfunktionäre gelegentlich sogar — zumindest indirekt — zusammenarbeiteten.

5.2.2 Vier Handlungselemente von „Streikexzessen"

Die Disziplin der Former und der Elektroindustrie-Arbeiter und die Zurückhaltung der Polizei bei deren Massenaussperrungen stellte bei den hier behandelten Arbeitskämpfen die Ausnahme dar. Der „Normalfall" eines Arbeitskampfes in einer Branche mit kleinen und mittleren Unternehmen war von Straßenkonflikten begleitet, die aus einem breiten Repertoire an möglichen Polizeimaßnahmen resultierten. Bei der Analyse dieser Konflikte lassen sich folgende Handlungselemente unterscheiden: 'Polizei gegen Streikposten', 'Polizeischutz für Arbeitswillige', 'Gewalt zwischen Streikenden und Arbeitswilligen' sowie 'Menschenmengen und Beteiligung Dritter'.

'Polizei gegen Streikposten': Der Einsatz der Polizei zugunsten eines bestreikten Unternehmens, ja die unverhüllte Zusamenarbeit mit dessen Chef, erwies sich in einigen Fällen als *die* Voraussetzung für den erfolgreichen Einsatz von Arbeitswilligen. Anhand des Streiks in der Telefonfabrik Bosse & Co. in der Luisenstadt im Jahre 1909 läßt sich die Systematik der Streikpostenbekämpfung beschreiben. Jeden Nachmittag, kurz vor Arbeitsschluß, wurde die Strecke zwischen dem Betrieb und dem nahegelegenen Görlitzer Bahnhof mit Schutzmannsposten gesäumt. Dadurch neugierig Gewordene wurden je nach vermuteter sozialer Stellung mehr oder weniger höflich zum Weitergehen aufgefordert und im Falle des Widerspruchs zur Wache gebracht. Auf diese Weise wurde jegliche Kontaktaufnahme zwischen den Arbeitswilligen und den Streikposten nach Arbeitsschluß verhindert. Der Vorwärts berichtete: „Jeder Streikende, der sich in der Nähe der Fabrik aufhält, läuft Gefahr, sistiert und längere Zeit der Freiheit beraubt zu werden. Es sind schon Streikende festgenommen worden, die nicht einmal erst zum Fortgehen aufgefordert wurden. Eines Tages stand der Firmeninhaber mit einem Polizeileutnant vor dem Haustore. Sobald einer der Streikenden die Straße entlang kam und der Firmeninhaber auf ihn zeigte, ließ ihn der Polizeileutnant nach der Wache bringen. [...] Die Sistierten sind nach der Feststellung der Personalien nicht wieder entlassen, sondern bis zum Abend in Gewahrsam gehalten worden. Die Polizei befolgt die Praxis: Jeder, der *im Laufe des Vormittags sistiert* wird, ob Streikender oder nicht, wird mit dem grünen Wagen nach dem Alexanderplatz gebracht, dort in eine Zelle gesperrt und *um 5 Uhr endlich in Freiheit gesetzt.* Wer am *Nachmittag* sistiert wird, muß *auf der Polizeiwache bis 5 Uhr verweilen,* eher wird er nicht freigelassen."

Derartige „Begleiterscheinungen" von Arbeitskämpfen arteten nach Ansicht des Vorwärts „nachgerade ins Lächerliche aus".[52] Von einer Aussperrung bei der Metall-

---

52 Vorwärts v. 12.3.1909, Nr. 60. — Vgl. a. einen Bericht über das polizeiliche Einschreiten gegen streikende Former im Oktober 1903: „Kaum 2 bis 3 Minuten konnte ein Streikposten in der Straße auf und abgehen, so wurde er sistiert. *Innerhalb 26 Minuten wurden mit der bekannten Geschicklichkeit, die die Polizei hierbei an den Tag legte, sechs Mann 'abgefangen'.*" Vorwärts v. 21.10.1903, Nr. 246, 2. Beil.

gießerei Schwidlinsky im selben Staddteil im Jahre 1904 berichtete er: „Tag für Tag werden die Streikposten verhaftet, mitunter bis zu einem Dutzend hintereinander. Kaum ist ein Posten aufgezogen, so kommt auch schon ein Schutzmann und zieht mit ihm zur Wache. Natürlich geht der Mann nach Feststellung seiner Personalien sofort wieder auf Posten, als wenn nichts geschehen wäre, und dann wiederholt sich das Schauspiel seiner Verhaftung aufs neue. Die Anwohner und Passanten der Manteuffelstraße sehen in diesen Vorgängen schon das reine Theaterspiel."[53]

Die Verbringung ins Polizeigewahrsam am Alexanderplatz kam darüber hinaus einer entehrenden Schikane gleich, da die Sistierten dort „mit allen möglichen Leuten zweifelhaften Charakters zusammen eingesperrt" waren.[54] Auch der Transport dorthin gefährdete in den Augen der Betroffenen ihren guten Ruf: „Es schert sie nicht, von unwissenden Passanten für festgenommene Verbrecher gehalten zu werden. Aber es ist schon vorgekommen, namentlich abends, daß *vorübergehende Arbeiter sie für Streikbrecher angesehen haben*, die mit polizeilicher Sicherheitswache nach Hause begleitet wurden." Im selben Bericht appellierte der Vorwärts an klassenübergreifende Ehrbegriffe: „Man sollte meinen, die Polizeibeamten mit ihren militärischen Ehrbegriffen müßten selbst mit Hochachtung auf die Streikenden blicken, die allen Gefahren trotzend, wie pflichttreue Soldaten auf ihrem Posten aushalten, mag's kommen wie's will."[55]

Die polizeiliche Kontrolle über den Zugang zum bestreikten Betrieb wurde bisweilen durch unverhohlene Drohungen und Einschüchterungsversuche ergänzt. Laut Bericht im Vorwärts über einen Streik in einer Metallbettstellen-Fabrik am Südufer in Moabit im Jahre 1904 bekamen die Streikposten dort folgendes zu hören: „*So leicht lassen sich die Preußen nicht unterkriegen. Wir haben immer noch einen Säbel und wenn das nicht zieht, so haben wir noch eine Pistole*. Dann geht's mit Dampf über'n Kanal. Da machen sie alle einen Schlußsprung"[56], oder: „*Man müßte jeden Streikposten tüchtig verhauen, dann kämen keine mehr her*." Die Streikposten waren in den Augen der Schutzmänner rechtlos: „*Na gehen Sie hier man nicht so brösig. Sie sind hier doch nur geduldete Leute*."[57] Als ein von einem Arbeitswilligen Mißhandelter sich an einen Schutzmann wandte, anwortete dieser: „*Ach was, lassen Sie uns in Ruhe; wir* [!] *stehen hier Streikposten; zu Ihrem Schutze sind wir überhaupt nicht da*."[58]

Daß zumindest in den Jahren um 1904 die als Verkehrshindernis fortgewiesenen Streikposten häufig vor Gericht von ihren Strafmandaten freigesprochen wurden[59], tat der Effektivität dieser Willkürmaßnahmen keinerlei Abbruch.[60] In jedem der drei

53 Vorwärts v. 29.7.1904, Nr. 176.
54 Vorwärts v. 3.3.1909, Nr. 52.
55 Vorwärts v. 22.10.1903, Nr. 247, 2. Beil. – Vgl. auch den rhetorischen Appell nach einem Bericht über Polizeischikanen während der Bauarbeiteraussperrung 1907: „Ob nicht solche Unerschrockenheit und Pflichttreue [der Streikposten – T. L.] doch eine gewisse Achtung bei den Beamten erweckt, die doch wohl früher einmal gelernt haben, die Tapferkeit als eine der vornehmsten Tugenden des Mannes anzusehen?" Vorwärts v. 20.7.1907, Nr. 167.
56 Vorwärts v. 2.10.1904, Nr. 232.
57 Vorwärts v. 8.10.1904, Nr. 237.
58 Vorwärts v. 27.10.1904, Nr. 253, 1. Beil.
59 Siehe z. B. acht Beispiele aus dem Streik der Gürtler 1904/1905, Vorwärts v. 18.2.1905, Nr. 42, 1. Beil.; ferner DMVBln 1903, S. 40 f., 62; DMVBln 1904, S. 62 f.
60 Siehe dazu ausführlich Saul (1974), S. 226-237.

hier beschriebenen Fälle verloren die Streikenden den Arbeitskampf wegen des erfolgreichen Einsatzes Arbeitswilliger.

'Polizeischutz für Arbeitswillige': Die Abschirmung der Arbeitswilligen von den Streikenden erfolgte nicht lediglich mit den konventionellen Mitteln polizeilicher Straßenaufsicht: „Die Streikbrecher werden in Möbelwagen transportiert, und wie berichtet wurde, werden sie abends an einer Abladestelle, die sich vor dem Hause Alt-Moabit 84 befindet, also ziemlich weit entfernt von der Fabrik am Wedding, von Schutzleuten empfangen, die offenbar streng darüber wachen, daß sie nicht etwa von einem der dem Wagen nachgefahrenen Streikposten angesprochen werden."[61]

Beim Streik bei Schwidlinsky wurde ein Arbeitswilliger von einem Kriminalschutzmann des Reviers vom Arbeitsnachweis zur Fabrik gebracht[62], und die Arbeitswilligen einer im Mai 1911 bestreikten Schinken- und Specksalzerei wurden morgens und abends zu Fuß oder mit dem Auto von und zur Arbeit gebracht.[63] Im Fall des Streiks einer Elektro-Firma in Weißensee wurden die Arbeitswilligen jeden Tag mit einem polizeilich eskortierten Sonderzug der Straßenbahn von und zur Berliner Stadtmitte gefahren. Sogar das „Streikbrecher-Bier" mußte unter Polizeischutz von auswärts bezogen werden, da die Wirte vor Ort den Boykott ihrer Arbeiterkundschaft fürchteten.[64]

Bei der branchenweiten Aussperrung im Baugewerbe im Sommer 1907 bildete die Konkurrenz um die Beeinflussung der Arbeitswilligen den Schwerpunkt der Straßen-Aktivitäten. Nach sechswöchiger Aussperrung wollten die Arbeitgeber ab 1. Juli wieder Arbeitswillige zu ihren Bedingungen einstellen und ließen dazu aus der Provinz Hunderte von Fachkräften anreisen. Infolgedessen befanden sich, so die Vossische Zeitung, die Berliner Bahnhöfe im *„kleinen Belagerungszustand"*. Die angeworbenen Arbeitswilligen wurden nicht nur von Arbeitgebern, sondern auch von Streikenden empfangen, die sie zur Umkehr zu bewegen versuchten und sie dafür mit Reisegeld und entsprechenden Entschädigungen ausstatteten.[65] Häufig kamen die Arbeitswilligen gar nicht erst bis nach Berlin, weil die Gewerkschaft den Kollegen in der Provinz noch rechtzeitig telegraphiert oder ihnen Streikende entgegengeschickt hatte. Waren sie einmal in Berlin, so wurden sie möglichst schnell zum Gewerkschaftshaus am Engelufer dirigiert, wo sie sich das Geld für die Rückreise holen konnten.[66]

Dieser Kampf um die arbeitswilligen Bauarbeiter erreichte seinen Höhepunkt Ende Juli, als Hunderte von ihnen — hauptsächlich Italiener — unweit vom Gewerkschaftshaus am Engelufer in einem Massenquartier untergebracht wurden. Als sie

---

61 Vorwärts v. 30.9.1904, Nr. 230, 1. Beil.
62 Vorwärts v. 29.7.1904, Nr. 176.
63 Vorwärts v. 11.5.1911, Nr. 109.
64 Vossische Zeitung v. 3.8.1912, Nr. 392, v. 6.8.1912, Nr. 397.
65 Vossische Zeitung v. 29.6.1907, Nr. 300. — Siehe auch die Bitte des Verbands der Baugeschäfte von Berlin und den Vororten an den preußischen Innenminister und dem für das Eisenbahnwesen zuständigen Minister der öffentlichen Arbeiten, „diesem Zustande auf den Berliner Bahnhöfen ein Ende [zu] bereiten"; Schreiben v. 29.7.1907, GStA, MdI, Rep. 77, Tit. 2515, Nr. 3, adh. 3, Bl. 26, 26v; sowie die „Denkschrift betr. die Bewegung im Berliner Baugewerbe, Teil II" des Verbandes, Berlin 1907, S. 25, BArchP, RMI, Nr. 7001, Bl. 42.
66 Siehe Vorwärts v. 2.1.1907, Nr. 151, v. 14.7.1907, Nr. 162.

von dort auf die verschiedenen Arbeitgeber verteilt werden sollten, entstand ein größerer Straßenauflauf. Trotz eines großen Polizeiaufgebots wuchs die „Streikbrecher" rufende Menge immer mehr an. „Sobald jedoch der erste Kremser im Torwege erschien, drängte alles vorwärts und durchbrach die Schutzmannskette und stürmte auf den Wagen zu. Einige fielen den Pferden in die Zügel und versuchten, den Kremser aufzuhalten. Hinter den Kremsern erschienen nun weitere Schutzleute und befreiten die Pferde erst durch energisches Vorgehen, indem einige 'blank' zogen. Alle fünf Kremser konnten endlich unter Begleitung einer johlenden Menge die verschiedenen Arbeitsplätze erreichen."[67]

In den folgenden Tagen war der Straßenzug in seiner ganzen Länge für die Öffentlichkeit mit Ausnahme der Anwohner polizeilich gesperrt.[68] Diese Schilderung der Vossischen Zeitung wurde auch durch den Vorwärts bestätigt, der im übrigen angesichts der Behinderungen durch die Polizei das Selbstvertrauen der Streikenden hervorhob, die wüßten, „daß sie durch die herbeigebrachten Italiener und Böhmen nicht ersetzt werden können, obgleich der Verband der Baugeschäfte es sich ein schweres Stück Geld kosten läßt, die minderwertigen Ersatzkräfte heranzuschaffen."[69] Dennoch mußte der Streik am 10. August weitgehend erfolglos abgebrochen werden.[70]

'Gewalt zwischen Streikenden und Arbeitswilligen': Während die detaillierten Berichte des Vorwärts über die nahtlose Zusammenarbeit der Polizei mit Unternehmern nie bestritten wurden − in den Augen bürgerlicher Beobachter waren sie rechtens, es gab also keinen Anlaß sie zu leugnen −, bieten die Berichte über Auseinandersetzungen zwischen Arbeitswilligen und Streikenden das Bild einer schwer durchdringbaren Grauzone von Halbwahrheiten, Dramatisierungen, Bagatellisierungen und − sofern es zu Prozessen kam − Falschaussagen. Die Fälle, in denen Rechtsbrüche der eigenen Seite zugegeben wurden, in denen also ein Arbeitswilliger wegen Körperverletzung verurteilt oder seitens der Arbeiterbewegung „Exzesse" von Streikenden eingeräumt wurden, waren sehr selten.

Anhand eines Vorfalls während der Bauarbeiter-Aussperrung im Sommer 1907 läßt sich demonstrieren, wie die interessengeleitete Berichterstattung über „Streikexzesse" die genaue Rekonstruktion deren tatsächlicher Urheberschaft nahezu unmöglich macht. Über einen Vorfall am 16. Juli im Wedding an der Ecke Müller- und Gerichtstraße wurden folgende einander ausschließenden Versionen verbreitet. Die Vossische Zeitung meldete: „Infolge *Belästigung Arbeitswilliger* durch ausgesperrte Maurer entstand gestern abend gegen 7 Uhr vor dem Neubau Müllerstr. 22a ein Auflauf von mehreren Hundert Personen, der zerstreut wurde, sich aber an der Gerichtstraße erneuerte, da Polizeibeamte die Arbeitswilligen nach dem Bahnhof Wedding begleiteten. Schutzleute aus den benachbarten Revieren und eine berittene Patrouille veranlaßten die Menge auseinanderzugehen." Zuvor war es am selben Tag

---

67 Vossische Zeitung v. 31.7.1907, Nr. 353, 1. Beil.
68 Vossische Zeitung v. 1.8.1907, Nr. 356.
69 Vorwärts v. 31.7.1907, Nr. 176. Die „Minderwertigkeit" Arbeitswilliger − egal ob Ausländer oder Einheimische − durchzog alle sozialdemokratischen Berichte über Arbeitskämpfe.
70 Siehe BGK 1907, S. 26-29; Verbandsvorstand des Zentralverbandes der Maurer Deutschlands (1909), S. 58-68; VbH 1907, S. 6-44.

schon einmal vor dem Neubau Gerichtstraße 23 zu einer Schlägerei zwischen Arbeitswilligen und Streikenden sowie einem Auflauf von 150 Personen gekommen, hieß es in diesem Bericht der Vossischen Zeitung.[71]

Aus der Perspektive des Vorwärts hingegen waren Streikposten nur am Rande beteiligt gewesen. Er trat derartigen „Terrorismusgeschichten" der bürgerlichen Presse durch Gegendarstellungen entgegen, in denen die Aggressionen regelmäßig von den Streikbrechern ausgingen. In der Müllerstraße sei der Auflauf entstanden, weil Arbeitswillige mit Steinen nach Streikposten geworfen hätten und die sich daraufhin ansammelnde Menschenmenge von einem Polier mit einem Revolver bedroht worden sei. „Streikende waren an dem Auflauf überhaupt nicht beteiligt, und die Streikposten nahmen ebensowenig daran teil. Sie haben besseres zu tun und sind genau darüber unterrichtet, wie sie sich im Rahmen der Gesetzgebung zu verhalten haben." Auch an der Schlägerei seien selbstverständlich keine Streikposten beteiligt gewesen; vielmehr hätten Streikbrecher unbeteiligte Passanten belästigt.[72]

Als einzige sichere Tatsache kann aus diesen und zahlreichen ähnlichen Berichten festgehalten werden, *daß* es anläßlich des Streiks zu Auseinandersetzungen zwischen Arbeitswilligen und Nichtarbeitenden kam, die einen Auflauf zur Folge hatten, und *daß* die Polizei zugunsten der Arbeitswilligen eingriff. Laut Berichten des Vorwärts waren Streikende oder gar von der Gewerkschaft aufgestellte Streikposten daran nie selbst beteiligt, und wenn, dann ging die Gewaltanwendung in jedem Fall von den häufig bewaffneten Arbeitswilligen aus; laut den von Polizeiberichten gespeisten Meldungen bürgerlicher Blätter hingegen wurden fast immer die Streikenden als Verursacher genannt. Nur in wenigen besonders gewaltsamen Fällen, die längere Strafprozesse nach sich zogen, lassen sich genauere Rückschlüsse auf die tatsächlichen Ereignisse ziehen. Im Normalfall lieferten die Berichterstattungen Spiegelbilder: Während der Vorwärts fast nur über die Behinderung der Streikposten durch die Polizei und den Polizeischutz für Arbeitswillige berichtete, widmeten sich die bürgerlichen Blätter angeblichen oder tatsächlichen Angriffen Streikender auf Arbeitswillige und dadurch erforderliche Polizeimaßnahmen.

Der Vorwärts nutzte solche Ereignisse vor allem zur Klarstellung der gewerkschaftlichen Position. Sofern den Berichten bürgerlicher Zeitungen nicht überhaupt jeglicher Wahrheitsgehalt abgestritten wurde, versuchte er zunächst den Anteil organisierter streikender Arbeiter und vor allem der Organisation selbst an einem nicht zu leugnenden Vorfall herunterzuspielen. Unbesonnenheit und andere subjektive Faktoren — vor allem Alkohol-Einfluß — wurden dabei der Rationalität des von der Gewerkschaft propagierten Streikverhaltens gegenübergestellt und die Brutalität von Schlägereien den Arbeitswilligen zugeschrieben.[73] Waren Gerichtsurteile zu kommentieren, so wurden die hohen Strafen durch den Vergleich mit den üblichen Strafen gegen bürgerliche Beleidiger, Körperverletzer etc. als Klassenjustiz angeprangert.

Die Rede von der Unbesonnenheit, vom Sich-Hinreißenlassen zu unbedachten Äußerungen etc. hatte zwei Funktionen: Zum einen bestätigte der Verweis auf den

---

71 Vossische Zeitung v. 17.7.1907, Nr. 330.
72 Vorwärts v. 19.7.1907, Nr. 166.
73 Ein Beispiel siehe Vorwärts v. 30.8.1904, Nr. 203.

unerhörten Frevel des Streikbruchs als Ursache der „Unbesonnenheit" die sozialen Normen des eigenen Lagers. Zum anderen wurde jeglicher Gedanke an mehr oder weniger zielgerichtete Aktionen gegen Arbeitswillige tabuisiert. Diese waren aber in der Logik des Konfliktes, wenn man ihn nicht nur als materiellen Interessenkonflikt, sondern auch als *Normen*-Konflikt betrachtet, von vornherein angelegt. Welche *moralische* Kluft zwischen Streikenden und Arbeitswilligen bzw. den sie abschirmenden Polizisten lag, ließ sich an den herabsetzenden Beschreibungen der Arbeitswilligen als „Gesindel", „minderwertiges Menschenmaterial" etc. erkennen. Auch die mitleidige Beschreibung als „armselige Gestalten", die „schuldbewußt" und der öffentlichen Schande preisgegeben zur Arbeit antraten, stellte sie auf die unterste Stufe der sozialen Hierarchie.[74]

Daß Norm- und Interessenkonflikte unter Angehörigen der Unterschicht in dieser Zeit nicht nur durch verbale Verständigung, sondern auch mittels körperlicher Gewalt ausgetragen wurden, haben einige Beispiele der Kleinkrieg-Fallsammlung gezeigt. Warum sollten Arbeiter gegenüber Streikbrechern ein völlig anderes Konfliktverhalten an den Tag legen? Die „Rationalität" der von der Gewerkschaftsbürokratie verlangten Streikdisziplin mochte für das materielle Gelingen eines Arbeitskampfes unentbehrlich sein (obwohl auch dies nicht als sichere Tatsache hingestellt werden darf[75]). Auch wenn bei den bürgerlichen Berichten durchweg ein hohes Maß an Voreingenommenheit gegenüber dem Tatbestand des Streiks an sich zu beobachten ist, das im Falle von „Streikexzessen" fast immer zu Schuldzuweisungen an die Streikenden führte, muß angesichts von ausführlichen Prozeßberichten davon ausgegangen werden, daß in vielen Fällen die Gewalt auch von den Streikenden ausgegangen war. Gewalt gegen Arbeitswillige kam demnach in folgenden an Beispielen geschilderten Standardsituationen vor:

Auf dem Heimweg von der Arbeit: Unter den Arbeitswilligen beim Streik in der Hartungschen Eisengießerei in der Prenzlauer Allee 1903 befand sich der Arbeiter Schendel, dem ein Streikender drohte, ‚'daß ihm die Knochen im Leibe zerschlagen werden würden', wenn er die Arbeit nicht niederlege". Er arbeitete trotzdem weiter. „Als er an einem Aprilabend die Fabrik verließ, wurde er in der Prenzlauer Allee von drei Männern aus dem Hinterhalte *überfallen*, zu Boden geworfen und durch Faustschläge und Fußtritte furchtbar zugerichtet."[76]

In und vor dem Lokal: Die Arbeitswilligen bei einem Streik in der Telegraphenbauanstalt Kaiser & Schmidt im Februar 1903 trafen sich in der Nähe des Betriebs in einem Lokal. Eine Woche zuvor war es bereits zu Gewalttätigkeiten gekommen, und einer der Arbeitswilligen hatte dabei mit einem Revolver geschossen. Einige der Streikenden hatten ebenfalls das Lokal aufgesucht. „Wenn einer der Arbeitswilligen einmal austreten mußte, dann sollen ihm von den Streikenden Drohworte zugerufen und ihm gedroht worden sein, daß er 'seine Reinigung bekommen' und daß ihm 'die Knochen im Leibe zerbrochen werden würden'. Nach Schluß des Lokals kam es

---

74 Wir begegnen diesem Ausgrenzungsdiskurs in besonders prägnanter Weise gerade bei den Streiks der wenig oder gar nicht qualifizierten Transportarbeiter und werden ihn in diesem Zusammenhang ausführlicher schildern, siehe u. Siehe Kap. 5.3.2.
75 Vgl. Geary (1986), S. 380-382.
76 Vossische Zeitung v. 21.8.1903, Nr. 389, 1. Beil.

vor diesem zu einem Handgemenge, man schlug auf die Arbeitswilligen ein und aus den Reihen der letzteren wurde zur Verteidigung wieder aus einem Revolver geschossen."[77]

Vor dem bestreikten Unternehmen: Der Schlosser Dietrich wollte im Juli 1906 in der Schwarzblechwerkstatt Schiffner & Co. Arbeit annehmen und wurde am Eingang zur Werkstatt auf den Streik in der Firma hingewiesen. „Er habe sich trotzdem zur Arbeit gemeldet und als er wieder auf die Straße getreten, sei ihm eine Gruppe von Personen in den Weg getreten und [der Angeklagte − T. L.] Kynast habe ihn gefragt, ob er Arbeit angenommen habe. Er habe dies zunächst verneint, da aber Kynast sein Arbeitsbuch sehen wollte, habe er die Frage bejaht. Sofort habe ihm Kynast mit den Worten 'Du Schweinehund, Du verdirbst uns unser Brot!' mit der geballten Faust einen Schlag gegen den Mund gegeben, so daß die Lippe angeschwollen sei und blutete. Als er sich darauf nach einem Schutzmann umgetan, habe ihm [der Angeklagte − T. L.] Kleinitzke gedroht: 'Wenn Du einen Schutzmann holst, dann hol' Dich der Teufel, dann bekommst Du noch mehr Prügel!'"[78]

Während aus Fällen wie diesen, auch wenn die einzelnen Beschuldigten in Gerichtsverfahren ihre Schuld abstritten, auf eine aktive, zumindest mitverursachende Rolle von Streikenden geschlossen werden kann, die über eine momentane „Unbesonnenheit" hinausgeht, so zeigt sich in anderen die nicht weniger aktive Rolle der Arbeitswilligen. Im Unterschied zu den Streikenden wurden sie in ihrer Konfliktbereitschaft und „Wehrhaftigkeit" von Polizei und Arbeitgebern unterstützt. Anläßlich eines Branchenstreiks der Feilenhauer im August 1903 traten bis auf die Gebrüder Piontek alle Arbeiter der Feilenhauer-Abteilung bei den Vereinigten Kammerichschen Werken in der Weddinger Müllerstraße in den Ausstand. Die Brüder ließen sich zu ihrem Schutz durch Polizeibeamte von und zur Arbeit begleiten. Laut einer Gerichtsreportage der Vossischen Zeitung hatte ihnen der Kriminalschutzmann Mierschetz geraten, „sich mit Verteidigungmitteln zu versehen und im Falle eines Angriffs ordentlich zuzuhauen", da sie durch den Notwehr-Paragraphen geschützt seien. Aus einem Wortgefecht zwischen dem Streikenden Zage und einem der Brüder entwickelte sich am 20. August vor dem Fabrikgebäude eine Schlägerei: „Beide Brüder fielen über Zage her. Friedrich Piontek versetzte ihm mehrere Schläge mit einem Gummischlauch über den Kopf. Als die angesammelten Arbeiter, die dem Streit bisher ruhig zugesehen hatten, sich nunmehr anschickten, August Piontek den Gummischlauch zu entreißen, zog Friedrich Piontek einen geladenen Revolver hervor und drohte jeden niederzuschießen, der seinen Bruder anrühren würde. Nun erschienen Schutzleute, welche die drei Streitenden zur Wache brachten."

Kriminalschutzmann Mierschetz hatte sich nicht geirrt. Nachdem die Brüder Piontek in der ersten Instanz noch zu einem Monat bzw. zwei Wochen Gefängnis verurteilt worden waren, erkannte die zweite Instanz auf 30 bzw. 20 Mk. Geldstrafe, da den Angeklagten wegen des „bewiesenen Terrorismus der Ausständigen [...] wohl die Galle überlaufen konnte und deshalb ihre Handlungen bedeutend milder zu beurteilen seien".[79]

---

77 Vossische Zeitung v. 24.1.1904, Nr. 39, 2. Beil.
78 Vossische Zeitung v. 22.12.1906, Nr. 598, 2. Beil.
79 Vossische Zeitung v. 29.7.1904, 2. Beil.

Als sich die Streikleitung eines Streiks der Geldschrankschlosser im August 1909 gezwungen sah, zu einem von bürgerlichen Zeitungen berichteten *„Blutige[n] Zusammenstoß zwischen Streikenden und Streikbrechern"* mit mehreren Schwerverletzten Stellung zu nehmen, verwies sie zunächst auf die Tatsache, daß Streikende immer wieder mit gewöhnlichen „Exzessen" in Verbindung gebracht würden.[80] Zugleich wurde ausdrücklich vor dem „provokatorisches Vorgehen der Streikbrecher" gewarnt und denjenigen, die keinen Streikpostendienst hatten, nahegelegt, sich von den Fabriken fernzuhalten, um dort Ansammlungen und Begegnungen mit Arbeitswilligen zu vermeiden. Daß die Funktionäre das Arbeitskampf-Verhalten ihrer Mitglieder keineswegs vollständig im Griff hatten, offenbarte während dieses Streiks ein Verfahren gegen einen Streikenden, der drei seiner arbeitswilligen Kollegen durch an die Wohnungstür geheftete Zettel mit der Aufschrift *„Hier wohnt der Streikbrecher [...]"* denunziert haben sollte.[81] Auch während des Streiks in einer Moabiter Gießerei 1908 wurden Flugblätter mit den Namen der Streikbrecher verbreitet.[82]

'Menschenmengen und Beteiligung Dritter': Die Heranziehung auswärtiger Arbeitswilliger, insbesondere von professionellen Streikbrechern, führte zu den schwersten durch Arbeitskämpfe veranlaßten Auseinandersetzungen auf der Straße. Ihr aufwendiger Polizeischutz konnte wie in den folgenden Fällen außer die unmittelbar Beteiligten auch das Straßenpublikum zum Eingreifen herausfordern. Nur selten bestanden die Menschenmengen, die daraufhin in den Konflikt eingriffen, überwiegend aus Streikenden.

Am 5. März 1908 sperrte die Betriebsleitung der in der Moabiter Wiclefstraße gelegenen Eisengießerei Hartung die gesamte Belegschaft von 142 Männern und sechs Frauen aus, weil sie sich mit 29 Gießerei-Hilfsarbeitern, die wegen einer Lohnkürzung streikten, solidarisierten. Über den Arbeitsnachweis des gelben Metallarbeiterverbandes wurde Ersatz bezogen.[83] Der Berliner Polizeipräsident berichtete dem Minister des Innern: „In den ersten Tagen des Streiks war es nichts seltenes, daß sich abends zur Feierabendstunde vor der Hartung'schen Fabrik grosse Menschenmassen versammelten, die die Arbeitswilligen höhnten. Es waren zeitweilig deshalb auch allabendlich besondere Massnahmen zum Schutze der Arbeitswilligen notwendig."[84]

Dieses Schauspiel wurde im Vorwärts ausführlicher beschrieben: „Aus dem Fabriktor des Stahl- und Eisenwerks von *Hugo Hartung* [...] drängt sich jetzt allabendlich ein Trupp von Arbeitswilligen, die ähnlich wie Sträflinge von der Polizei abgeführt werden, ihren Quartieren zu, von der zahlreichen Menge, die sich vor der

---

80 Vorwärts v. 28.7.1909, Nr. 173. In diesem Fall wurde die Behauptung des Vorwärts, daß es sich um einen *„infamen Lügebericht"* handelte, durch eine Polizeimeldung bestätigt. Auch beim Arbeitskampf in der Hartungschen Gießerei in Moabit im März 1908 protestierten die Streikenden nach Presseberichten über angebliche Überfälle auf Arbeitswillige in einer öffentlichen Versammlung dagegen, „daß sie für jede Raufszene der Arbeitswilligen von Hartung verantwortlich gemacht werden", Vorwärts v. 15.4.1908, Nr. 90. Die juristische Nachbereitung dieser Vorfälle gab ihnen recht, siehe Schreiben PP an MdI v. 21.5.1908, GStA, MdI, Rep. 77, Tit. 2515, Nr. 3, Bd. 1, Bl. 104v, 105; v. 25. 8.1908, ebd. Bl. 111, 111v; v. 9.3.1909, ebd., Bl. 135.
81 Vossische Zeitung v. 5.3.1910, Nr. 108, 1. Beil.
82 Vossische Zeitung v. 14.4.1908, Nr. 178.
83 Vorwärts v. 12.3.1908, Nr. 61.
84 PP an MdI v. 21. 5. 1908, GStA, MdI, Rep. 77, Tit. 2515, Nr. 3, Bd. 1, Bl. 104, 104v.

Fabrik angesammelt hat, mit Verachtung betrachtet. [...] Es waren etwa 30 Leute, darunter viele junge Burschen, die, scheue Blicke um sich werfend, im *Eilmarsch,* fast fluchtartig, vorwärts strebten, obgleich sie vorn und hinten Polizisten zu ihrem 'Schutze' bereit sahen. Ja, als die Menge zu sehr nachdrängte und ihrer Entrüstung über den Vorgang durch Zurufe Ausdruck gab, wurde sogar, gleich hinter der *Emdener Straße, die volle Breite der Wiclefstraße* abgesperrt und niemand durfte passieren, bis die teuren Arbeitswilligen in sicherer Ferne waren und nicht mehr erreicht werden konnten."[85]

Am Mittwoch, dem 18. März eskalierte die Situation. Die Sozialdemokratie hatte am Gedenktag für die Märzgefallenen zu 25 Saalversammlungen aufgerufen, bei denen der Kampf gegen das preußische Dreiklassenwahlrecht im Mittelpunkt stand.[86] Während der Landtagsdebatte zu diesem Thema im Januar war es bereits zu gewaltsamen Begegnungen zwischen Straßendemonstranten und der Polizei gekommen. Nach den Versammlungen wurde entgegen den Ermahnungen der Versammlungsredner an mehreren Stellen versucht, Demonstrationszüge in Richtung Innenstadt zu bilden.[87] Diese allgemeine Aktionsbereitschaft machte sich auch bei der allabendlichen Menschenansammlung vor der Hartungschen Fabrik bemerkbar. Von dort telegrafierte der den Polizeieinsatz leitende Offizier ins Polizeipräsidium: „ca 5000 vor Hartungscher Fabrik, Wiclefstraße 16 demonstrierende Personen durch mehrere Attacken mit blanker Waffe in der Zeit von $5\frac{1}{2}$ – $7\frac{1}{4}$ zerstreut. Demonstranten gegen uns Messer gezückt, 1 entkommener Demonstrant Revolver angeschlagen, aber nicht zum Schuß gekommen. Beamte nicht verletzt. Verletzte Demonstranten nicht festgestellt."[88]

Von Messern und Revolvern stand im Vorwärts natürlich nichts zu lesen. Seinem Bericht zufolge war es bereits am Dienstag zum Einsatz mit der blanken Waffe gegen die Menschenmenge gekommen. Am 18. März hatte man die Arbeitswilligen bereits um 16 Uhr nach Hause geschickt, so daß die zur gewohnten Zeit erschienen Schaulustigen nichts zu sehen bekamen. „Da erschienen Schutzleute unter Führung eines Polizeileutnants. Mit blankem Säbel gingen die Beamten gegen die wehrlose Menge vor, in der sich auch zahlreiche Frauen und Kinder befanden. Berittene Schutzleute trieben ihre Pferde in die Menge hinein. Mehrere Personen, darunter auch Frauen, wurden zu Boden gerissen. Ein Augenzeuge teilt uns mit, daß der Polizeileutnant am rücksichtslosesten von der Waffe Gebrauch machte und sogar eine Frau schlug. Zwei Männer erhielten bei der Polizeiattacke blutende Kopfwunden."[89]

Auch in den beiden folgenden Tagen kam es noch zu Polizeieinsätzen. Laut Polizeibericht handelte es sich bei den ca. 1.500 Personen am Donnerstag um „halbwüchsige Burschen", die durch Brüllen und Johlen die Schutzmannschaft gereizt, ihre Messer gezogen und mit blanker Waffe hätten vertrieben werden müssen.[90] Am Freitag mußte gegen 1.000 Personen keinerlei Gebrauch von der Waffe gemacht wer-

---

85 Vorwärts v. 14.3.1908, Nr. 63, 1. Beil. Siehe a. Abb. 16.
86 Siehe Vossische Zeitung v. 19.3.1908, Nr. 133, 1. Beil.
87 Siehe u. S. 310.
88 Bericht Kriminal-Komissar Groß v. 19.3.1908, BLHA, Rep. 30, Tit. 94, Nr. 9800, Bl. 134.
89 Vorwärts v. 19.3.1908, Nr. 67.
90 Vossische Zeitung v. 20.3.1908, Nr. 136.

den.[91] Der Vorwärts hob in seiner Berichterstattung hervor, daß die am Streik Beteiligten die Umgebung der Fabrik meiden würden. Hingegen würden „halbwüchsige Burschen" mit ihrem „Gejohle" die Polizei zu Attacken mit dem blanken Säbel verleiten; es sei „dringend zu empfehlen, die Kinder dem Schauplatz fernzuhalten." Unter den Anwohnern der Wiclefstraße herrsche „die Ansicht vor, daß *ohne* die Anwesenheit [der Polizei] Ruhe und Ordnung nicht gestört würden. Zum Beweis dafür mag dienen, daß sich am gestrigen Abend mit dem Abrücken der berittenen Schutzleute die Ansammlung bald von selbst verlief. Solange allerdings auf dem Bürgersteig entlang geritten wird, wird es auch an Zuschauern nicht fehlen."[92]

Ähnlich wie schon bei der Massenaussperrung in der Elektroindustrie 1905 und zwei Jahre später bei den Moabiter Unruhen kamen in diesem Konflikt die sozialstrukturellen Besonderheiten dieses Stadtteils als extrem homogenem Arbeiter- und Fabrikenviertel zum Tragen. Mit dem Hinweis auf die „halbwüchsige Burschen" versuchte die Sozialdemokratie eine Distanz zu den Teilnehmern dieser Menschenmengen zu fingieren, die von den sozialen und politischen Gegebenheiten eines derartigen Stadtviertels dementiert wurde – eine Paradoxon, das auch in anderen vergleichbaren Konstellationen zu beobachten ist.[93]

Wie der Vorwärts vorhersagte, führte ein diskreterer Polizeischutz in den folgenden Tagen dazu, daß der Heimweg der Arbeitswilligen zwar unter den kritischen Augen größerer Zuschauermengen, aber doch ohne Zwischenfälle vonstatten ging.[94] Mittlerweile war es der Firma gelungen, immerhin 83 Streikbrecher zu finden, und eine Niederlage der Ausgesperrten war abzusehen.[95] In dieser Phase des Arbeitskampfes häuften sich Berichte über Überfälle auf Arbeitswillige, mit denen aber – wie sich im Nachhinein herausstellen sollte – die Streikenden nichts zu tun hatten. Ob hinter diesen Schlägereien tatsächlich „Sympatisanten" der Streikenden, wie dies der Polizeipräsident in einem Fall vermutete, oder „gewöhnliche" Raufbolde steckten, muß hier offen bleiben. Die die von der Polizei abgesicherte Durchhaltestrategie der Firma Hartung, zu der auch die ostentative Bewaffnung der Arbeitswilligen gehörte, führte jedenfalls zum Erfolg: Am 9. Mai wurde der Streik nach zehn Wochen und nachdem nur ein Kollege streikbrüchig geworden war, wegen Aussichtslosigkeit aufgehoben. Hartung hatte mittlerweile wieder 124 der ca. 140 Stellen besetzen können.[96]

Im nächsten Jahr kam es in der Branche der Geldschrankschlosser zum bereits erwähnten Streik in zehn Firmen mit 576 Arbeitern, der sich nach 10 Tagen auf die gesamte Schlosserei-Branche ausweitete. Zu Straßenszenen kam es hierbei nicht, wie in Moabit, in einer kleinen Nebenstraße mit Fabriken und Mietskasernen, sondern in der Hauptverkehrsader des Gesundbrunnen, der Badstraße, wo sich vor einer bestreikten Geldschrankfabrik am Abend des 5. August 800 Ausständige versammelten, „die eine drohende Haltung gegen die Aufsichtsbeamten annahmen. Die Polizei

91 Vossische Zeitung v. 21.3.1908, Nr. 138.
92 Vorwärts v. 20.3.1908, Nr. 68.
93 Siehe ausführlich u. Kap. 6.6.1.
94 Vorwärts v. 24.3.1908, Nr. 71.
95 Vorwärts v. 27.3.1908, Nr. 74, 2. Beil.
96 Vorwärts v. 10.5.1908, Nr. 109.

trieb die Menge auseinander, ohne von der Waffe Gebrauch zu machen."[97] Ähnlich wie in der Badstraße bildete beim Streik in der Fabrik für chirurgische Instrumente Dewitt & Hertz in der Georgenkirchstraße im August 1912 der lebhafte Straßenverkehr in der unmittelbaren Nähe des Alexanderplatzes eine wichtige Voraussetzung für einen in einen Landfriedensbruch mündenden „Streikexzeß". Der Georgkirchplatz gehörte zu den aus polizeilicher Sicht problematischen Plätzen in der Liste der oben beschriebenen Verteilungsstellen des „Arbeitsmarktes".[98] Nach vierwöchigem Streik der dreihundertköpfigen Belegschaft um Verkürzung der Arbeitszeit begann die Unternehmensleitung am 26. August 1912 mit der Einstellung von 50 Arbeitswilligen, die der *„Streikbrechervermittler Koch"* im Auftrag des „Bundes der Arbeitgeber" brachte. Der allabendliche geschlossene Heimweg der Streikbrecher unter Anführung ihres Chefs wurde regelmäßig von einer Menschenmenge, darunter auch Streikende, begleitet.[99]

Laut Beweisaufnahme in zwei Landfriedensbruchprozessen im darauffolgenden Jahr gegen drei Streikposten wurde aus der Menge heraus unter anderem „Streikbrecher!", „Lumpen!", „Haut sie!" gerufen. Es kam zu ersten Tätlichkeiten, ein Arbeitswilliger zog ein Messer und mußte vor der „begreifliche[n] Wut der Menge" flüchten.[100] Das Ganze spielte sich in der kleinen Alexanderstraße ab, einer Nebenstraße zwischen dem Alexanderplatz und dem Scheunenviertel, da der Arbeitswilligentransport auf Umwegen vom Georgenkirchplatz zum Alexanderplatz geführt wurde. Laut Bericht der Vossischen Zeitung waren die Streikenden vorausgeeilt, um ihnen dort den Weg abzuschneiden.

Aus der Perspektive der Polizei lag dem Exzeß eine Aufsichtspanne zugrunde. Bereits zu Beginn des Transports hatte die Begleitmannschaft in der Georgenkirchstraße einige Sistierungen vornehmen müssen. Der Polizeipräsident berichtete dem Innenminister: „Infolge dieser Sistierungen waren die Arbeitswilligen eine Zeit lang ohne ausreichenden polizeilichen Schutz, und diese günstige Gelegenheit benutzten die Streikenden, ihre Angriffe zu wiederholen und zu verstärken. [...] Um solchen Vorkommnissen für die Zukunft vorzubeugen, ist die Anordnung getroffen worden, dass etwaige Sistierungen von nun an durch die in der Menge verteilten Kriminalschutzleute vorgenommen werden, so daß die Zahl der uniformierten Schutzleute nicht vermindert wird. Dieser Anordnung ist es zuzuschreiben, dass sich die Ausschreitungen trotz der Fortdauer des Streiks bei der Firma nicht wiederholt haben."[101]

Die drei in Folge dieses Ereignisses angestrengten Prozesse zeitigten trotz magerer Ergebnisse bei der Beweisaufnahme zum Teil harte Strafen: Da der Vorfall als Landfriedensbruch qualifiziert wurde, konnten drei Streikposten, denen lediglich die Teilnahme an der Menschenmenge nachgewiesen werden konnte, zu je sechs Monaten Gefängnis verurteilt werden.[102]

„Wir Arbeitswillige können einen totschlagen" — dieser Ausspruch eines Streik-

---

97 Vossische Zeitung v. 7.8.1909, Nr. 366.
98 Siehe o. S. 98 ff.
99 Vorwärts v. 19.1.1913, Nr. 16.
100 Vorwärts v. 19.1.1913, Nr. 16, vgl. a. Vossische Zeitung v. 19.1.1913, Nr. 33, 8. Beil.
101 PP an MdI v. 14.9.1912, GStA, MdI, Rep. 77, Tit. 2515, Nr. 3, Bd. 1, Bl. 188v, 189.
102 PP an MdI v. 13.8.1913, ebd., Bl. 199v, 200; v. 29.10.1913, ebd., Bl. 202v, 203.

brechers beim Crimmitschauer Weberstreik[103] wurde im Vorwärts zum geflügelten Wort, um das Verhältnis Polizei – Justiz – Arbeitswillige in zugespitzten Arbeitskampfsituationen zu kennzeichnen. Anhand eines Prozesses um eine Schießerei in der belebten Brunnenstraße während eines Streiks im Frühjahr des Jahres 1913 lassen sich die Reaktionen eines proletarischen Straßenpublikums auf das provokatorische Auftreten professioneller Streikbrecher herausarbeiten. Gestreikt wurde in der Tischlerei Raabe, Usedomer Ecke Brunnenstraße sowie – unabhängig davon – in der Tischlerei Brämer in Lichtenberg. In beiden Unternehmen wurden Streikbrecher eingesetzt, die der während der Moabiter Unruhen bekanntgewordene Agent Hintze[104] vermittelt hatte, darunter die „Profis" Ruppert und Meinel. Vor beiden Betrieben soll es zu Belästigungen, Beschimpfungen etc. gegen die Arbeitswilligen gekommen sein. Am 1. April hielten sich Ruppert und Meinel in unmittelbarer Nähe der Raabeschen Tischlerei in der Brunnenstraße auf und gerieten mit einem der dortigen Streikposten in Streit. Als dieser daraufhin festgenommen werden sollte, flüchtete er in einen Hauseingang. Der ihm mit dem Schutzmann folgende Ruppert fuchtelte mit einer Pistole in der Luft herum und provozierte so das Eingreifen der bis dahin passiven Menschenmenge: Mehrere Personen stürzten sich auf ihn, um ihm die Waffe zu entreißen, er gab acht Schüsse ab, mit denen er sich aber nur selbst leicht verletzte, der Schutzmann ließ den Sistierten fahren, um – seinerseits schießend und säbelschwingend – Ruppert zu Hilfe zu kommen und brachte dem Schlosser Trogisch, der Ruppert überwältigt hatte, eine schwere Hiebwunde am Kopf bei. Schließlich nahm ein zufällig des Weges kommender Schutzmann in Zivil Ruppert die Schußwaffe ab, der daraufhin mit einem langem Dolch die ihn Umgebenden bedrohte.[105] Daraus wurde eine Anklage wegen schweren Landfriedensbruchs gegen Trogisch und den Streikposten konstruiert[106], die jedoch mit glatten Freisprüchen endete.

Gegen die Bewaffnung von Arbeitswilligen wurde von Passanten immer wieder vergebens das Einschreiten der Polizei gefordert und in zugespitzten Situationen wie dieser selbst eingeschritten. Darin ist dasselbe Handlungsmuster der kollektiven direkten Aktion zur Gefahrenabwehr zu erkennen wie bei einigen der im letzten Kapitel dargestellten Lynch-Aktionen. Über derartige „Selbsthülfe" berichtete der Vorwärts im November 1904: „Die Firma *Zürn u. Glienicke* [. . .] hat aus ihren Arbeitswilligen eine regelrecht mit Knüppeln bewaffnete Sturmkolonne formiert, die unter persönlicher Leitung des Chefs Attacken auf Streikposten ausführt. Vor einigen Tagen kam es vor dem Gebäude dieser Firma auch bereits zu einem erregten Auftritt. Einer der Arbeitswilligen, dem die Würde, mit 'Waffen' einherstolzieren zu dürfen, wohl etwas zu Kopfe gestiegen war, bedrohte nämlich beim Verlassen der Fabrik Passanten, die mit dem Streik gar nichts zu tun haben, mit einem offenen Messer. Da

103 Siehe Vorwärts v. 21.8.1906 anläßlich eines bewaffneten Angriffs auf Streikende in Nürnberg.
104 Siehe u. S. 283 f.
105 Vorwärts v. 14.2.1914, Nr. 44.
106 Demnach soll die Menschenmenge Ruppert von dem Schutzmann abgedrängt haben und über ihn hergefallen sein. Siehe PP an MdI v. 25.4.1913, GStA, MdI, Rep. 77, Tit. 2515, Nr. 3, Bd. 1, Bl. 191-192. Demgegenüber bezeugte ein anderer Schutzmann, „daß Ruppert als ihm ein Angriff nicht drohte, er vielmehr ganz allein stand, mehrere Schüsse abgegeben hatte. Erst jetzt sei die Menschenmenge über ihn hergefallen." Vossische Zeitung v. 26.9.1913, Nr. 490.

die Polizei zum Schutz der Bedrohten nicht zur Stelle war, griffen diese zur Selbsthülfe und gerbten dem Messerhelden das Fell windelweich. Herr *Zürn*, der dem arg verbläuten Mitgliede seines Sturmkorps zur Hülfe eilen wollte, hat dabei im Gedränge ebenfalls einige unsanfte Knüffe erhalten. Jetzt ist die Gegend, in der die Firma ihren Betrieb hat, unbegreiflicherweise für Streikposten polizeilich gesperrt."[107]

Dieses Insistieren auf eigenen Ordnungsvorstellungen und der Versuch, sie handgreiflich durchzusetzen, bildete im Oktober 1910 in der Sickingenstraße den entscheidende Auslöser für die Moabiter Unruhen.[108]

5.2.3 Frauen und „Streikexzesse"

Frauen stellten insgesamt betrachtet eine Minderheit unter den an Arbeitskämpfen Beteiligten dar.[109] Dennoch nahmen sie *auf beiden Seiten* an den Arbeitskämpfen und deren Aktionen teil, nicht nur dann, wenn es sich um einen der seltenen „Frauenstreiks" handelte. Sie wurden als Streikposten sistiert, ihnen wurde das Betreten von Straßen auch für die Erledigung von Einkäufen verwehrt, damit sie nicht an „ihrem" Betrieb vorbeilaufen konnten[110], sie wurden auf der Wache festgehalten und eingeschüchtert.[111] Bei der überregionalen Buchbinder-Aussperrung im September 1900, bei der 660 Frauen in Berlin die Hälfte der Ausständigen stellten, wurden Arbeiterinnen aus den betreikten Betrieben nahegelegenen Restaurants heraus verhaftet, weil sie dort auf Arbeitswillige einzuwirken versucht hätten.[112] Als besondere Schikane wurde auf einer Streikversammlung vermerkt, „daß eine Arbeiterin, die aus Anlaß der Lohnbewegung verhaftet worden ist, sogar mit dem grünen Wagen von der Polizeiwache nach dem Präsidium transportiert worden ist."[113]

Wie folgender Bericht aus der Vossischen Zeitung im August 1900 zeigt, waren Frauen jedoch auch als Arbeitswillige den Risiken des Arbeitskampfes ausgesetzt: „Zwei junge *Buchbinderei-Arbeiterinnen*, die trotz des Ausstandes in einer großen, in der Wilhelmstraße belegenen Werkstatt die Arbeit fortgesetzt hatten, wurden auf dem Heimwege von einem Haufen ausständiger Genossen gestellt, die sich zu diesem Zweck auf dem Hofe des Hauses Wilhelmstraße 3b zusammengefunden und

---

107 Vorwärts v. 8.1.1904, Nr. 263, 1. Beil
108 Siehe u. S. 245.
109 Wie bei Streiks im Untersuchungszeitraum generell lag bei den in der Fallsammlung enthaltenen Streiks der Anteil von Frauen an den Ausständigen niedrig: Insgesamt bei 22 %, ein Wert, der vor allem durch den Streik von ca. 27.000 Heimarbeiterinnen der Damen- und Mäntelkonfektion im Herbst 1911 nach oben getrieben wurde. Ohne die lediglich auf einer Schätzung beruhenden Werte dieses Falls verringert sich der Anteil der Frauen auf 5 % und liegt damit nahe dem nach Boll (1990), S. 383 berechneten Reichsdurchschnitt von 8 %.
110 So geschehen im Gürtlerstreik 1903, siehe Vorwärts v. 24.10.1903, Nr. 249.
111 So geschehen in einem Streik der Luxuspapierprägerinnen und -präger im September 1904, siehe Vorwärts v. 27.9.1904, Nr. 227.
112 Vorwärts v. 13.9.1900, Nr. 213.
113 Vorwärts v. 14.9.1900, Nr. 214. – Siehe a. den ausführlichen Bericht einer bei diesem Streik verhafteten Arbeiterin über die mit der Einlieferung in das Untersuchungsgefängnis verbundenen Prozeduren (Leibesvisitation, Untersuchung auf Ungeziefer, Desinfektion, Konfiszierung der persönlichen Habe) in einer Streikversammlung, Vorwärts v. 16.9.1900, Nr. 216, 1. Beil.

vom Thorwege aus die 'Streikbrecherinnen' umzingelt hatten. Der Führer der Ausständigen war eben dabei, den beiden Mädchen in deutlichster Weise ihr unkollegiales Verhalten klar zu machen, als der Bräutigam des einen Mädchens, ein stämmiger Kohlenträger, erschien und den vorlauten Wortführer mit einem einzigen 'Handstreich' auf den Straßendamm schleuderte, so daß ihm weitere Vorhaltungen zunächst vergingen. Die inzwischen von den übrigen Ausständigen hart bedrängten Mädchen flüchteten in eine nahe belegene Destillation, wohin sich auch der Kohlenträger zurückzog. Die benachrichtigte Polizei brachte schließlich alle Betheiligten nach der 35. Polizeiwache."[114]

Nicht immer stand einer Arbeitswilligen in derartigen Situationen der „Bräutigam" zur Seite. Die moralische Dimension der Konflikte um das Verhalten in Arbeitskämpfen äußerte sich bei der Beteiligung von Frauen mitunter auch in sexistischen Attacken. „Verfl. S…! Geh lieber auf den Strich, dann wissen wir wenigstens, daß Du keine Streikbrecherin bist!" Mit diesen Worten schlug laut Prozeßbericht einer der Streikposten vor der Metallbettstellen-Fabrik am Moabiter Südufer einer Arbeitswilligen mehrmals mit der Faust ins Gesicht, so daß ein Auge blau anlief.[115] Welchen genauen Hintergrund die Aufforderung eines Polizisten an eine vor dem Glühlampenwerk von Bergmann im Wedding Streikposten stehende Arbeiterin, „sie solle lieber nach den Rehbergen [einer Freifläche vor den Toren der Stadt − T. L.] gehen"[116], konnte nicht ermittelt werden, in jedem Fall handelte es sich in den Augen der Zeitgenossen um eine moralisch „minderwertige" Gegend.

Dieser reine Frauenstreik führte darüber hinaus zu gewaltsamen Aktionen unter Frauen. Eine „arbeitswillige[..] Person" versuchte einen Streikposten mit einem Schlüsselbund zu schlagen, nachdem sie sich schon vorher durch „unanständige Redensarten bemerkbar gemacht" hatte.[117] Einige Tage später kam es laut Vossischer Zeitung zu „Ausschreitungen gegen Arbeitswillige": „Auf dem Heimwege von ihrer Arbeitsstätte [...] wurden gestern einige Arbeiterinnen, darunter die 22 Jahre alte Anna Wendland, von mehreren im Ausstand befindlichen Arbeiterinnen verfolgt und belästigt. Auf dem Wege bis zu der Wendlandschen Wohnung im Hause Maxstr. 10 hatten sich dem Trupp etwa 300 Personen, meist Frauen und Kinder, angeschlossen, die eine drohende Haltung gegen die Mädchen annahmen. Als die Wendland mit noch zwei Kolleginnen in ihre Wohnung flüchtete, drängte die Menge nach und drückte dabei den vor dem Hause befindlichen Holzzaun ein. Nach Angaben der Hauswirtin sind auch Steine auf den Hof geworfen, doch ist niemand verletzt worden. Herbeigerufene Beamte des 91. Polizeireviers zerstreuten die Menge. Aber noch einmal sammelte sich Publikum an, als die beiden Mädchen, die bei der Wendland Schutz gefunden hatten, von Schutzleuten nach der Haltestelle der Straßenbahn auf dem Nettelbeckplatz geleitet wurden. Nachdem sie abgefahren waren, zerstreute sich auch hier die Menge ohne Schwierigkeiten."[118]

---

114 Vossische Zeitung v. 22.9.1900, Nr. 445.
115 Vorwärts v. 18.2.1905, Nr. 42, 1. Beil.
116 Vorwärts v. 23.4.1911, Nr. 95.
117 Vorwärts v. 22.4.1911, Nr. 94.; man beachte die herabsetzende Bezeichnung als „Person".
118 Vossische Zeitung v. 26.4.1911, Nr. 200, 2. Beil.

Von den Beteiligten her — Frauen und Kinder — handelte es sich um eine für diese Gegend typische Nachbarschaftsaktion gegen einen „Störenfried"[119], und im übrigen um den einzigen Streik in der Fallsammlung, bei dem eine Auseinandersetzung um das Verhalten im Streik im Wohnquartier unter Beteiligung der Nachbarschaft fortgesetzt wurde, *ohne* daß die Polizei an der Eskalation der Situation beteiligt war, die also rein quartiersintern war. Es ist anzunehmen, daß zahlreiche der in der Bergmannschen Glühlampenfabrik Beschäftigten auch „auf dem Wedding" wohnten, daher der Streik dieser 870 Arbeiterinnnen besonders von der Frauenöffentlichkeit im Quartier verfolgt wurde.[120]

5.3 Straßenstreiks

Die anhand der Werkstattstreiks herausgearbeiteten Handlungselemente waren bei allen „Streikexzessen" zu beobachten. Wenn es im folgenden um die „Streikexzesse" aus Anlaß von Straßen- und Ladenstreiks geht, kann daher auf ihre erneute Darstellung verzichtet werden. Zu den vier beschriebenen Handlungselementen kamen jedoch weitere charakteristische Aktionsformen, die von der Besonderheit von Arbeitskämpfen auf der Straße bzw. nahe der Straßenöffentlichkeit herrührten, hinzu. Straßenstreiks stellten nicht nur an die Streikenden, sondern auch an das in der Regel mit diesen sympathisierende Straßenpublikum besondere Anforderungen der Selbstbeherrschung, da — wie der Vorstand der Berliner Ortsverwaltung des Transportarbeiter-Verbandes (TAV) 1910 in einer Broschüre über die Moabiter Unruhen hervorhob — „in den meisten Fällen die Arbeitswilligen die Streikarbeit auf offener Straße verrichten. [. . .] Es besitzt nicht jeder [Berufsangehörige — T. L.] das in solchen Fällen notwendige Fischblut, weshalb es auch menschlich begreiflich erscheinen mag, wenn hier oder da sich eine Erregung der Streikenden bemächtigt."[121]

Gegenüber der Gruppe der Werkstattstreiks kommt den Aktionen von Menschenmengen sowohl gegen Arbeitswillige wie gegen die Polizei bei Straßenstreiks größere Bedeutung zu; zugleich erlauben insbesondere die wenigen, aber um so heftigeren Auseinandersetzungen bei Verkehrsarbeiterstreiks genauere Einblicke in die parteiliche Wahrnehmung und Behandlung derartiger Situationen seitens beteiligter Polizeioffiziere.

---

119 Siehe o. S. 142 f. (Fleischrevolte am Wedding), S. 150 f. (Unterstützung eines Straßenhändlers gegen die Polizei), u. S. 212-214 (Streik der Omnibusangestellten 1903), u. S. 228-233. (Streik in der Fleischerei Morgenstern), siehe a. Abb. 15.
120 Vorwärts v. 28.4.1911, Nr. 99.
121 TAVBln 1910, S. 141.

5.3.1 Verkehrsarbeiterstreiks 1900 und 1903

Nach erfolglosen Forderungen an die Direktion der *Großen Berliner Straßenbahn-AG* vor allem wegen Lohnerhöhung, Arbeitszeitverkürzung und Einführung einer Pensionskasse legten am Morgen des 19. Mai 1900 ca. 5.000 Schaffner und Fahrzeugführer die Arbeit nieder — ein Streik, von dem anders als bei bisherigen Arbeitskämpfen die gesamte Berliner Öffentlichkeit betroffen war.[122] Mehr als die Hälfte des öffentlichen Nahverkehrs in Groß-Berlin entfiel auf dieses Verkehrsmittel, dessen wichtigste Betreiberin, die „Große Berliner", außerdem wegen der zahlreichen Pannen und hohen Preise bei niedrigen Löhnen und saftigen Dividenden beim Publikum unbeliebt war. *„Es dürfte wohl kein Streik dagewesen sein, der sich so weitgehender Sympathie in allen Kreisen des Volkes erfreut"*[123], kommentierte der Vorwärts.

In einer nachträglichen Analyse stellte das sozialdemokratische Theorieorgan „Die Neue Zeit" fest: „Der Entschluß [zu streiken — T.L.] mag diesen Männern schwer genug geworden sein; in ihrer Mehrzahl sind es ehemalige Militärs, die dem gewerkschaftlichen und politischen Kampfe des modernen Proletariats sehr ferne stehen."[124] Trotzdem hatte der TAV die Streikleitung übernommen. Der Versuch der Direktion, mithilfe von 400 verbleibenden Angestellten den Betrieb notdürftig aufrechtzuerhalten, stieß bei der Kundschaft sofort auf Ablehnung und offenen Widerstand. Der erste Wagen, der aus dem Depot in der Kreuzbergstraße abfuhr, wurde an der Belle-Alliancestraße „mit höhnischen Zurufen der Menge empfangen".[125] Ab sechs Uhr morgens mußte die Polizei die Arbeitswilligen schützen. Vor allem an den Verkehrsknotenpunkten in der Innenstadt sammelten sich Menschen an, die nur auf das Herannahen eines Straßenbahnwagens warteten — allerdings nicht um mitzufahren, sondern um gegen die Streikbrecherarbeit zu protestieren. Darüber hinaus versuchten sie gezielt den Straßenbahnbetrieb zu unterbinden: Blieb ein schwerer Lastwagen auf den Gleisen liegen, so half niemand ihn beiseite zu schieben, Transport-Kutscher behinderten durch ihre Fahrweise die Straßenbahnen, oder es wurde direkt eingegriffen, indem bei Pferdebahnwagen die Pferde ausgespannt wurden oder ein Anhängerwagen ausgehoben und quer über die Schienen gestellt wurde. Dabei kam es auch zu Tätlichkeiten.[126]

Die ausführliche Reportage in der Vorwärts-Ausgabe vom darauffolgenden Tag zeichnet das Bild eines breiten, von allen Alters- und Bevölkerungsgruppen getragenen Protests gegen die Straßenbahngesellschaft. Am Alexanderplatz kam es zu erregten Szenen, als die „Große Berliner" einen beschwichtigenden Aufruf an das Publikum plakatieren ließ, der sofort heruntergerissen wurde. Über das ganze Stadt-

---

122 Siehe a. Lindenberger (1984), S. 59-65. Siehe a. Abb. 13 u. 14.
123 Vorwärts v. 20.5.1900, Nr. 116. — Die Berechtigung der Forderungen unterstrich auch der Kgl. Gewerbe-Inspektor v. Gizyeki in Berichten an PP v. 10.6.1900, 8.7.1900, BLHA, Rep. 30, Tit. 44-47, Nr. 2045, Bl. 2-5. — Zur quantitativen Bedeutung des Straßenbahnverkehrs siehe o. S. 41.
124 Die Neue Zeit, Nr. 35, Jg. XVIII (1900), 2. Bd., S. 227. — Diese Einschätzung wurde offensichtlich auch von der Gegenseite geteilt. Der verhaßte Oberbetriebsinspektor Stavenov, dessen rüder Umgangston mit den Untergebenen Anlaß zur Unzufriedenheit gegeben hatte, wurde mit den Worten *„die Pollacken sind ja zu dumm zum Streiken"* zitiert, Courier v. 10.6.1900, Nr. 12, 2. Beil.
125 Vossische Zeitung v. 19.5.1900, Nr. 233.
126 Ebd., siehe a. Vossische Zeitung v. 20.5.1900, Nr. 234, 1. Beil.

gebiet verteilt kam es zu spontanen Unterstützungsaktionen für die Streikenden. „Besonders ist es die halberwachsene Jugend, die dem natürlichen Unwillen gegen die Elemente, welche ihren Kollegen in den Rücken fallen, in etwas lauter und nicht mißzuverstehender Weise kundgiebt. Weniger auffallend, aber nicht minder deutlich, drücken die *Arbeiter*, und, was besonders hervorgehoben werden muß, die *Arbeiterinnen*, an denen ein Wagen vorbeifährt, ihren Unmut gegen die Streikbrecher aus." Sogar von „Streikbrecher" skandierenden Schulkindern, die einen Straßenbahnwagen umringten, wurde berichtet.[127] Wer sich hingegen *nicht* an den „Ausschreitungen" beteiligte, das waren die streikenden Straßenbahnangestellten. Sie nutzten, begleitet von den Jubelrufen des Publikums, den unverhofft arbeitsfreien Tag zu gemeinsamen Kremserfahrten ins Grüne.[128] Da die Polizei, anders als in den Vororten, in Berlin an diesem Tag noch keinen Polizeischutz für alle Arbeitswilligen stellen konnte, wurde der Betrieb nach Mittag beendet, wodurch auch die Ausschreitungen „von selbst" aufhörten.[129] Der Tag brachte 226 Sistierungen.[130]

Waren am ersten Streiktag die Aktionen gegen die Streikbrecherarbeit über das ganze Stadtgebiet verteilt, so konnte die Polizei am nächsten Tag durch Besetzung der Verkehrsknotenpunkte und Mitfahren auf den Straßenbahnwagen eine Wiederholung dieser Vorgänge unterbinden. Allerdings hatte die „Große Berliner" den Betrieb auch noch weiter eingeschränkt und konzentrierte ihn auf die bürgerlichen Vororte im Westen. Einige der Arbeitswilligen hatten sich den Streikenden angeschlossen, außerdem mußten die neuangestellten Kräfte angelernt werden.[131] Eine weitere Ursache der Ruhe im Stadtgebiet war der Wochentag. Es handelte sich um einen *Sonntag*, und geradezu folgerichtig verlagerte sich das Geschehen in ein Wohngebiet. Vor dem Straßenbahn-Depot am Weinbergsweg nahe dem Platz Rosentaler Tor „sammelte sich schon in der fünften Morgenstunde eine Menschenmenge, um den Arbeitswilligen den Zugang zum Bahnhofe zu verwehren. [...] Meist waren es arbeitsscheue Burschen, die sich die Nacht in jener Gegend herumgetrieben hatten, Zuhälter und ähnliches lichtscheues Gesindel. Aber auch angetrunkene Arbeiter sammelten sich nach einer durchschwärmten Nacht und mischten sich ein." Auch wenn die Voreingenommenheit der konservativen Kreuz-Zeitung, der diese Beschreibung entnommen ist, in Rechnung gestellt wird, erscheinen die Angaben zur Zusammensetzung der Menschenmenge angesichts der unmittelbaren Nachbarschaft des Rosenthaler Tors zum Scheunenviertel nicht unwahrscheinlich.

Morgens um 7 Uhr kam es zum ersten Zusammenstoß mit der Schutzmannschaft. Die in regelmäßigen Abständen vom Linienverkehr eintreffenden Wagen wurden beworfen, die Führer und Schaffner angegriffen. So kam es alle halbe Stunde zu Zusammenstößen.[132] Gegen Mittag war die Menge auf einige Tausend, einzelnen Berichten zufolge auf 20.000 Menschen angewachsen. Von den Häusern herab wurde die Polizei beworfen und ihre Pferde scheugemacht. Arbeiter verteilten Zettel mit der

---

127 Vorwärts v. 20.5.1900, Nr. 116.
128 Ebd., Vossische Zeitung v. 20.5.1900, Nr. 234, 1. Beil.
129 Vorwärts v. 20.5.1900, Nr. 116.
130 Vossische Zeitung v.19.5.1900, Nr. 233.
131 Vorwärts v. 22.5.1900, Nr. 117.
132 Kreuz-Zeitung v. 21.5.1900, Nr. 235.

Abb. 13/14: *Postkarten zum Streik der Straßenbahnangestellten (1900)*

Aufschrift: „Arbeiter fahrt nicht mit den Streikbrecherwagen". Die Polizei bildete Ketten vor dem Straßenbahndepot, die wiederholt durchbrochen wurden, es kam zu Festnahmen und Versuchen der Gefangenenbefreiung. Als schließlich aus dem Haus Weinbergsweg 15c ein Schuß auf einen elektrischen Wagen abgegeben wurde, wurden die Mannschaften vor dem Depot verstärkt und die umliegenden Straßen und Kneipen systematisch geräumt.[133] Die bürgerlichen Zeitungen sprachen von „Straßenschlacht" und „Aufruhr", der Vorwärts von einem brutalen Polizeiangriff, der in vielen Fällen nur „unschuldige" Neugierige, vor allem auch Frauen und Kinder in Mitleidenschaft zog. Zahlreiche leicht und einige Schwerverletzte waren die Folge. Am späten Nachmittag beruhigte sich die Situation und die Menge zerstreute sich, nachdem die letzten Straßenbahnwagen ins Depot zurückgekehrt waren. Doch kaum waren die Schutzmannschaften in ihren Revieren, brach der Tumult von neuem los. Bis zehn Uhr nachts wurde noch am Weinbergsweg gekämpft, dann gelang es der Polizei, die Menschen in die umliegenden Straßen zu vertreiben, wo der Kampf im Kleinen fortgesetzt und weitere Festnahmen vorgenommen wurden. Der Sonntag brachte weitere 261 Festnahmen.[134]

Einer der Schwerverletzten war der junge Kaufmann Bruseberg, der vor einer Kneipe stand, in die er vor einem Polizeiangriff geflüchtet war, und zusah, wie ein Schutzmann einen fliehenden alten Mann von hinten mit dem Säbel traktierte. Er rief „Gemeinheit" und „Schweinerei", lief dem von seinem Einsatz zurückkehrenden Schutzmann nach, um ihn zur Rede zustellen und wurde dann seinerseits derart mit dem Säbel zugerichtet, daß er danach mit gespaltenem Schädel drei Monate in der Charité verbrachte. Der Vollständigkeit halber wurde er auch noch wegen Körperverletzung (er soll mit seinem Spazierstock geschlagen haben), Aufruhr, Auflauf und Beleidigung angeklagt, wofür der Staatsanwalt neun Monate Gefängnis forderte. Das Gericht stellte hingegen fest, daß Bruseberg sich zu Recht über die Polizeimaßnahmen empört, an den Aktionen der Menschenmenge im übrigen aber nicht beteiligt hatte, und erkannte lediglich auf fünf Mark Geldstrafe wegen Beleidigung.[135]

In den Berichten der Staatsanwaltschaft an das Justizministerium über die Bearbeitung der „Maikrawalle" befindet sich u. a. deren Schriftwechsel mit dem Polizeipräsidium wegen des Falls „Bruseberg". Sie erbat eine Stellungnahme, ob Disziplinarmaßnahmen oder ein strafrechtliches Vorgehen gegen die beteiligten Polizisten angebracht seien. Dies wurde in der Antwort natürlich verneint und stattdessen zur nachträglichen Legitimierung des Polizeieinsatzes am Rosenthaler Tor der Bericht des Einsatzleiters Polizeihauptmann Haccius beigefügt.[136] Sowohl seiner zahlreichen taktischen Details als auch des darin artikulierten Selbstverständnisses eines Exekutiv-Beamten wegen verdient er ausführlich zitiert zu werden. Zunächst bestätigte Haccius, daß am Nachmittag, als Bruseberg verletzt wurde, ein Aufruhr (im juristischen Sinne) nicht mehr stattfand: „Nachdem das Volk gesehen hatte, daß Ernst

---

133 Vossische Zeitung v. 21.5.1900, Nr. 235.
134 Ebd.; siehe a. Berliner Tageblatt v. 21.5.1900, Nr. 251, Vorwärts v. 22.5.1900, Nr. 117, Kreuz-Zeitung v. 21.5.1900, Nr. 235.
135 Vossische Zeitung v. 1.3.1901, Nr. 101, 2. Beil., eine Abschrift des Urteils siehe GStA, 2.5.1., Nr. 10125, Bl. 41-52.
136 Oberstaatsanwalt beim Landgericht I Berlin an PP v. 2.3.1901 (Abschrift), ebd., Bl. 53-55.

gemacht wurde, kam es hierzu gar nicht mehr. Der Pöbel zerstreute sich aber in die Flure, Höfe, Wohnungen und Schanklokale des Platzes am Rosenthaler-Thor und dessen Umgebung und wurde bei der allgemeinen Parteinahme der Häuserbewohner gegen die Polizei und gegen die Straßenbahn-Gesellschaft bereitwilligst aufgenommen und beschützt. Die wiederholt versuchte und auch durchgeführte Räumung der Höfe und Flure hatte auch nur geringen Erfolg, weil die befohlene Aufrechterhaltung des Straßenbahnverkehrs auch die Absperrung des Fußgängerverkehrs ausschloß. Höfe, Flure und Lokale füllten sich daher immer wieder mit Personen, welche unter der Marke harmloser Passanten sich versteckt und bereit hielten, im gegebenen Augenblicke zu Gewaltthätigkeiten überzugehen. Dieser Augenblick trat jedesmal ein, wenn ein Straßenbahnwagen in rascher Fahrt sich dem Platze näherte und vor der Weiche einige Zeit halten mußte. Dann kamen aus allen Häusern des Platzes und der 5 einmündenden Straßenzüge Hunderte von Personen im Laufschritt, die dünnen Postenketten durchbrechend, mit Steinen, Stöcken und Eiern werfend, auf die Stelle zu, wo der Straßenbahnwagen hielt."[137]

In dieser Schilderung tritt der zweifache Sinn straßenpolitischer Aktionen besonders deutlich hervor: Einerseits sollte durch direkte Aktionen der Betrieb des bestreikten Unternehmens verhindert werden. Dazu bot der Wendepunkt mit seinem Zwangsstop am Rosenthaler Tor die idealen Voraussetzungen. Andererseits bot nur der arbeitsfreie Sonntag die Möglichkeit, diese Aktion zu einem Katz-und-Maus-Spiel auszubauen, dessen besonderer Reiz in der wiederholten öffentlichen Düpierung der Schutzmannschaft lag. Der „Maikrawall" war nicht lediglich eine handgreifliche Solidaritätsaktion für die Straßenbahnangestellten, er bot der lokalen Öffentlichkeit zugleich ein *Schauspiel* mit vielen kleinen Auftritten und Abgängen zwischen der Bühne des Platzes und der Kulisse der Kneipen, Flure und Höfe vor einem Publikum in den Rängen der Balkons und Fenster, das den Straßenakteuren Beifall zollte, indem es die Polizei (wahrscheinlich mit Blumentöpfen und Flaschen) bewarf. Diese konnte im Prozeß gegen Bruseberg keinen einzigen „Schutzzeugen" aufbieten, weil laut Haccius „gutgesinntes Publikum sich den Vorgängen ferngehalten hat". Die anderen „waren von einer ausgesprochenen Animosität" gegen die Schutzmannschaft, „weil sie mehr oder weniger selbst an den Krawallen beteiligt gewesen sind."

Wie Haccius in seinem Bericht weiter erläuterte, ließ er zum Schutz der eintreffenden Straßenbahnwagen „jedesmal eine geschlossen gehaltene Mannschaft nach allen fünf Richtungen hin mit gezogenem Seitengewehr dem Pöbel sich entgegenwerfen". „Schonendes Zurückdrängen" hatte sich als wirkungslos erwiesen, daher befahl er den rücksichtslosen Gebrauch der Waffe, ohne vorherige Ankündigung.

Zum Schluß seines Berichts geht der Polizeihauptmann auf die Frage ein, ob Bruseberg möglicherweise tatsächlich zu Unrecht mißhandelt worden war. Da er selbst nicht Zeuge des Vorfalls war, bringt er um so ausführlicher eine pauschale Entlastung aller am Einsatz Beteiligten vor, deren Argumentation ein Musterbeispiel für die obrigkeitliche Wahrnehmung des „Pöbels" als Grundlage der Straßenpolitik von oben ist. „In der Presse und auch in den Gerichtsverhandlungen ist gegeißelt worden, daß Personen in den Rücken geschlagen seien [!] als sie davonliefen und dadurch

---

137 Bericht des Polizei-Hauptmanns Haccius v. 13.3.1901 (Abschrift), ebd., Bl. 59-61.

bewiesen hätten, daß ihnen jeder Widerstand fernlag. Ich vermag mit meinem Eide zu bekräftigen, daß der Pöbel nur dann und nur so lange lief, als er Prügel bekam, daß er aber sofort wieder Front machte und nachdrängte, wenn die Klinge in die Scheide gesteckt wurde. [...] Allgemein kann ich versichern, daß an dem Tage Niemand Prügel bekommen hat, der sie nicht verdient hätte. Für den ruhigen und rücksichtsvollen Passanten war die Situation am Rosenthaler Thor jederzeit klar, auch wenn er nicht die durch von mir besonders hierzu bestimmten Beamten unausgesetzt auf allen Theilen des Platzes laut ausgesprochenen Warnungen und Aufforderungen gehört hätte und Jedermann stand es frei, den Platz nach einer Richtung hin zu überschreiten, wie es ihm beliebte. Wer daher in einer der Zusammenrottungen verwickelt und innerhalb derselben betroffen wurde, war selbst daran Schuld, wenn er Schaden erlitt. Unter allen Umständen mußte aber ja der thätliche Angriff auf den einzelnen Beamten mit der Waffe abgewehrt werden und bei Lage der Verhältnisse konnte und durfte nur die beste Abwehr der Hieb sein."[138]

Aus der nivellierenden Wahrnehmung des Gegners – „der" Pöbel – folgt unmittelbar die summarische Berechtigung *jeder* einzelnen Polizeimaßnahme gegen *jeden* in einer Zusammenrottung „Betroffenen". Hatte ein Gericht das Recht auf den *Einzelfall* des Staatsbürgers Bruseberg und des ihn mißhandelnden Polizisten anzuwenden, so stellte die Verdichtung der Akteure zu kompakten Kollektivsubjekten – hie „Schutzmannschaft", dort „Pöbel" – in der Wahrnehmung und Handlungsweise der Polizei-Exekutive deren Maßnahmen *über* das Recht. Einen Einzelfall (der Mißhandlung, des unschuldig Geschädigten) konnte es dieser Logik zufolge nicht geben. Angesichts einer „besonderen Lage" eliminierte das Prinzip des exekutiven Sicherheitsvorbehalts in Preußen[139] die rechtsstaatlichen Prinzipien der Verhältnismäßigkeit und der Unschuldsvermutung. Diese nivellierende Wahrnehmung des Konfliktes durch die Staatsgewalt wirkte durch die ihr entsprechende Praxis auch auf die davon hautnah Betroffenen zurück: In Situationen wie der am Rosenthaler Tor standen Staat und Arbeiter miteinander auf Kriegsfuß.[140]

Nachdem das Polizeipräsidium noch am Sonntag abend um 7 Uhr die Einstellung des Straßenbahn-Betriebs verfügt hatte, wurde er am Montag in beschränktem Umfang wieder aufgenommen, wobei die am Rosenthaler Tor vorbeiführenden Linien sicherheitshalber schon vorher umkehrten. Zu Zwischenfällen kam es an diesem letzten Streiktag nicht mehr. Die Lohnkommission der Straßenbahnangestellten war durch das Ausscheren eines ihrer Verhandlungsführer gezwungen, bald zu einem Abschluß zu kommen und konnte einen Teilerfolg erzielen.[141] Am Dienstag wurde wieder fahrplanmäßig Straßenbahn gefahren.

Drei Jahre später, Ende September 1903, verteilten *Angestellte der Berliner Omnibus-Gesellschaften* Flugblätter folgenden Inhalts an die Passanten:

„Die Omnibuskutscher und Schaffner streiken!
Weshalb?

---

138 Ebd., Bl. 61-63.
139 Vgl. Funk (1986), 5. Kapitel u. passim.
140 Vgl. ausführlicher zu militärischen und Kriegsmetaphern bei Straßenkonflikten u. Kap. 6.4.2.
141 Siehe Courier v. 10.6.1900, Nr. 12, 2. Beil.

Sie wollen eine Verkürzung der 16-17stündigen Arbeitszeit.

Sie wollen im Interesse ihrer Familien eine Erhöhung ihres Lohnes, der jetzt 15-20 Pf. pro Stunde beträgt.

Bürger Berlins! Leute ohne Fähigkeit als Kutscher, fahren! Bürger seid auf Eurer Hut! Schützt Euch und Eure Gesundheit! Euere heilen Glieder sind in Gefahr!

Arbeiter Berlins!

Streikbrecher fahren die Wagen!

Die denkfähigen Arbeiter Berlins halten es unter ihrer Würde, die Wagen zu benutzen!

Bürger Berlins!

Unterstützt uns und unsere Bewegung, helft uns ein menschenwürdiges Dasein erkämpfen!

Helft uns, im Interesse unserer Familien!

Die Lohnkommission."[142]

Der Streik stand trotz dieser Agitation von Anfang an unter schlechten Vorzeichen: Bei geringem Organisationsgrad war er gegen den Rat des TAV von 866 der 1302 Omnibus-Angestellten in einer Versammlung am Moritzplatz beschlossen worden.[143] Laut Bericht der Berliner TAV-Ortsverwaltung beteiligten sich daher nur drei Viertel der Angestellten am Arbeitskampf, nach den genaueren Angaben aus dem Polizeipräsidium waren es sogar nie mehr als die knappe Hälfte. Die Kutscher und Stalleute − Motor-Busse gab es noch nicht − der Omnibus-Gesellschaften waren leichter durch Arbeitswillige zu ersetzen als die Führer der zum Teil bereits elektrifizierten Schienenfahrzeuge drei Jahre zuvor, zumal im Herbst mit den frisch entlassenen Reservisten vom Militärdienst reichlich Arbeitskräfte zur Verfügung standen[144] und das Polizeipräsidium „nicht auf die Durchführung der von ihm selbst geschaffenen Straßenpolizei-Verordnung [bestand], sondern [...] die ungeschicktesten Streikbrecher den Verkehr auf der Straße gefährden [ließ], ohne von ihnen die Vorzeigung des Fahrscheins zu verlangen". So brach der Streik innerhalb von fünf Tagen regelrecht zusammen und wurde nach zwei Wochen ergebnislos abgebrochen.[145]

In dieser Zeit führte er allerdings zu zahlreichen Zusammenstößen zwischen Polizei und Straßenpublikum. Neben der gelegentlichen „Verhöhnung" vorbeifahrender Omnibusse durch Streikende und Passanten kam es wieder zur direkten Behinderung durch Pferde-Ausspannen, Beschädigung der Omnibuswagen und Drohungen. Ähnlich wie beim Streik der Straßenbahnangestellten fiel den Zeitungsreportern das Engagement von Frauen, Jugendlichen und auch Kindern auf.[146] Im Unterschied zum Straßenbahner-Streik waren aber auch Streikende an den Aktionen beteiligt. Dafür sprechen die Anzeigen gegen 17 Personen wegen Vergehen gegen §153

142 BArchP, RMI, Nr. 7012, Bl. 33.
143 ZHTVBln 1903, S. 24; PP an MdI v. 24.9.1903, BArchP, RMI, Nr. 7012, Bl. 29, 29v.
144 Siehe Berliner Tageblatt v. 26.9.1903, Nr. 490.
145 PP an MdI v. 2.11.1903, BArchP, RMI, Nr. 7012, Bl. 53v, 54; siehe a. ZHTVBln 1903, S. 27.
146 Siehe Vossische Zeitung v. 29.9.1903, Nr. 456.

RGO[147], einer der Prozeßberichte[148], und die Orte der Handlungen. Ein Schwerpunkt der Aktionen war die Luisenstadt diesseits des Kanals. Im Lokal von Buggenhagen am in diesem Stadtteil gelegenen Moritzplatz fand täglich die Streikversammlung statt, die regelmäßig zu Aufläufen in den umliegenden Straßenzügen führte. Dort kam es dann auch zu vereinzelten Angriffen auf vorbeifahrende Omnibusse.[149]

Ein weiterer Schwerpunkt waren die verschiedenen Depots der Omnibusgesellschaft. In der Nähe des Depots in der Frobenstraße, am Verkehrsknotenpunkt Potsdamer Ecke Bülowstraße, führte dies — folgt man den Schilderungen des Polizeipräsidenten — zu einem für die Polizei ungewohnten Problem. Am Abend des 28. Septembers bildeten sich an dieser Kreuzung „kleinere Ansammlungen, in denen zunächst noch das bessere Publikum vorherrschte". Sie konnten zunächt noch ohne weiteres zerstreut werden. Eine Stunde später jedoch machte sich bei erneuten Ansammlungen auch der „Janhagel" bemerkbar, was drei Sistierungen wegen groben Unfugs und Nichtbefolgung nach sich zog.[150] Am nächsten Abend wiederholten sich das Schauspiel: Zunächst wurde den Aufforderungen zum Weitergehen bereitwillig Folge geleistet. „Gegen 9 Uhr vermehrten sich indes die radaulustigen Elemente unter dem sonst besseren Publikum. Die Omnibushaltestelle in der Bülowstrasse bildete den Anziehungspunkt für viele Neugierige, die sich unter der gegenüberliegenden Hochbahn festsetzten und denen insofern schwer beizukommen war, als jeder ankommende Hochbahnzug dem Kreuzungspunkte neue Menschenmassen zuführte. Bei einem Vorgehen mit blanker Waffe wären dann zweifellos viele unbeteiligte Personen aus den besseren Schichten betroffen worden. Der Bezirkshauptmann ordnete deshalb die Weiterfahrt der auf der Haltestelle ankommenden Wagen nach dem Depot in der Frobenstrasse an. Wenn auch langsam und scheinbar widerstrebend leistete die Menge, unter der sich namentlich viele Frauenspersonen befanden, der Aufforderung zum Weitergehen schließlich doch Folge und flutete auch allmählich ab, so daß gegen 11 1/2 Uhr die Verhältnisse an jenem Kreuzungspunkte wieder völlig normale waren."[151]

„Schutz der Arbeitswilligen" oder „Schutz des besseren Publikums" — dieses Dilemma offenbarte die Grenzen der traditionellen Straßenpolitik von oben: die Unterscheidung des „guten" vom „schlechten" Publikum, die Präventionshaltung gegen Ansammlungen Unterschichtiger, die per se als ordnungsgefährdend zu interpretieren war. Auch die Streikenden hatten in ihrem Flugblatt aus ihrer Sicht diesen Unterschied gemacht, indem sie die „Bürger Berlins" vor den von unqualifizierten Arbeitswilligen ausgehenden Gefahren warnten, während sie bei den „denkfähigen Arbeiter[n] Berlins" an das Ehrgefühl appellierten. Tatsächlich vermischten sich beide Gruppen in Situationen wie der an der Bülowstraße, und der bürgerliche Teil des Publikums schien jedenfalls nicht geneigt, von sich aus gegen die Aktionen der

---

147 PP an MdI v. 2.11.1900, S. 5, BArchP, RMI, Nr. 7012, Bl. 60
148 Siehe Vossische Zeitung v. 15.12.1903, Nr. 292 über eine Anklage gegen drei Stalleute, die vor einem Depot im Wedding einen Omnibuswagen mit Steinen beworfen hatten.
149 Siehe PP an MdI v. 26.9.1903, BArchP, RMI, Nr. 7012, Bl. 32v., u. PP an MdI v. 2.11.1900, S. 4, ebd., Bl. 54v.
150 Ebd., S. 4 f. bzw. Bl. 55, 55v.
151 Ebd., S. 8 f. bzw. Bl. 56v, 57.

Streikenden und ihrer Sympatisanten vorzugehen. Damit lag eine Situation vor, die vom Schutzmann genau jenes „Geschick" erforderte, von dem in der Dienstvorschrift die Rede war, wenn es um das Ansehen beim besseren Publikum ging.[152] Gegenüber dem Rest mußte „Entschlossenheit" demonstriert werden, wozu im Falle des Omnisbusangestellten-Streiks die Menschenansammlungen im proletarischen Norden der Stadt noch Gelegenheit bieten sollten.

Dort war es bereits am 29. September an der Haltestelle Chaussee- Ecke Liesenstraße zur Konfrontation mit „jungen Burschen", die Unfug verübten und bei einigen Omnibussen durch Steinwürfe die Scheiben zertrümmerten, gekommen.[153] Der Höhepunkt der Auseinandersetzungen fand dann am Abend des 1. Oktobers auf dem Weddinger Nettelbeckplatz und in den umliegenden Straßen statt.[154] Schon am Tag davor hatte es kleine Ansammlungen gegeben. Am 1. Oktober sollte wieder der vollständige Liniendienst aufgenommen werden, da sich mittlerweile genügend Arbeitswillige gefunden hatten. Ab 18 Uhr sammelten sich Frauen, Kinder und von der Arbeit heimkehrende Arbeiter an. Der Platz war von 70 Schutzmännern besetzt worden. Nachdem gegen 20^{30} Uhr „junge Burschen" vereinzelt Omnibusse mit Steinen beworfen und Feuerwerkskörper unter Pferde der die Omnibusse begleitenden berittenen Schutzmänner geworfen hatten, eskalierte die Situation. „Als Antwort" auf die Aufforderung zum Auseinandergehen „wurden von dem Gesindel Steine, Flaschen, Blumentöpfe und Geschirr gegen die Beamten geschleudert, die jetzt von dem zuständigen Bezirkshauptmann den Befehl erhielten, mit blanker Waffe auf den Janhagel einzuhauen. Die Beamten gingen mit anerkennenswerter Energie vor, und bald waren der Nettelbeckplatz und die in diesen mündenden Strassen von dem Gesindel gesäubert."[155]

Einem Zeitungsbericht zufolge soll es zu erfolgreichen Gefangenenbefreiungen gekommen sein.[156] Ähnlich wie bei den Ereignissen am Rosenthaler Tor im Mai 1900 versuchte das „Gesindel" immer wieder aus den einmündenden Straßen auf den Platz vorzudringen und wurde im Lauf des Abends noch weitere sechs Male mit scharfen Hieben vertrieben. Mittlerweile waren in der Reinickendorfer- und der Pankstraße auch noch zwei Anschlagsäulen angezündet worden. Nachdem um 23^{30} Uhr zunächst Ruhe eingekehrt war, mußten die Mannschaften gegen 1 Uhr nachts noch einmal ausrücken, da in der Plantagen-, Adolf- und Pasewalkerstraße Straßenlaternen zertrümmert wurden. Die Einsätze mit der blanken Waffe waren hart: 70 verletzten Zivilisten standen 10 verletzte Polizisten gegenüber.[157]

Am nächsten Abend wurde vorbeugend die Besetzung des Nettelbeckplatzes noch um zehn Schutzmänner, zwölf Berittene und zwanzig Kriminalbeamte erhöht. Der Polizei war von glaubwürdigen Personen mitgeteilt worden, „dass der Mob am Abend dieses Tages mit Schusswaffen den Beamten entgegenzutreten beabsichtige".[158] Laut

---

152 Siehe o. S. 76.
153 PP an MdI v. 2.11.1900, S. 7, BArchP, RMI, Nr. 7012, Bl. 56, 56v.
154 Siehe Abb. 15.
155 PP an MdI v. 2.11.1900, S. 7, BArchP, RMI, Nr. 7012, S. 10 f. bzw. Bl. 57v, 58.
156 Vossische Zeitung v. 2.10.1903, Nr. 462.
157 PP an MdI v. 2.11.1900, S. 12 f., BArchP, RMI, Nr. 7012, Bl. 58v, 59.
158 PP an MdI v. 2.11.1900, S. 13 f., ebd., Bl. 59, 59v.

Vossischer Zeitung hingegen war „unter der Volksmenge [...] das Gerücht verbreitet, daß eine Kompagnie vom Garde-Füsilierregiment mit scharf geladenem Gewehr marschbereit stehe. Das war zwar ganz erfunden, schüchterte aber doch augenscheinlich ein." Es kam nur in den umliegenden Nebenstraßen zu kleineren Zusammenstößen. Die Buslinien aus der Innenstadt verkehrten nur noch bis zur Chausseestraße und machten einen Kilometer vor dem Nettelbeckplatz kehrt. „Ein neunzehnjähriger Lümmel wurde festgenommen, als er einen Polizeileutnant 'Berliner Ludewig' schimpfte."[159]

Spekulationen über den Gebrauch von Schußwaffen und den Einsatz von Militär waren keineswegs abwegig. Einerseits kam es bei derartigen Straßenereignissen immer wieder zu vereinzelten Schüssen aus dem Publikum; so war am 26. September in der Kommandantenstraße auf einen vorüberfahrenden Bus geschossen worden, und am 4. Oktober gab ein Hausdiener in der Usedomstraße drei Schüsse in Richtung auf das dortige Omnibus-Depot ab. Auf der anderen Seite hielt der Polizeipräsident nach dem 1. Oktober den Gouverneur von Berlin täglich auf dem Laufenden, und dieser „avertierte" daraufhin drei Regimenter – darunter jenes „Garde-Füsilierregiment" –, „auf seinen direkten Befehl Abteilungen ausrücken lassen zu können". Diese Sondermaßnahme wurde allerdings nicht schon am 2., sondern erst am Sonnabend, dem 3. Oktober, ergriffen, parallel zu weiteren Verstärkungen der Polizeibereitschaften, da „erfahrungsgemäß an Sonnabenden das Gesindel mehr als an den übrigen Wochentagen zu Ausschreitungen geneigt ist".[160]

Die ungewöhnliche Ausführlichkeit, mit der der Polizeipräsident dem Innenminister über diese Ereignisse und die im Zusammenhang damit getroffenen Maßnahmen berichten mußte, hatte ihren Grund in der harschen Kritik der bürgerlichen, vor allem der konservativen Presse, die ihm mangelnde Energie gegen die Ausschreitungen, ja gar Kapitulation vorwarf. Am 30. September hatte er in einem Gespräch mit dem Omnibusinspektor Scholl „angeregt", an diesem Tag den Betrieb bereits um sieben Uhr einzustellen, da er aufgrund einer an diesem Tag beginnenden Aussperrung von einigen tausend Metallarbeitern und den damit zusammenhängenden zahlreichen Versammlungen des Metallarbeiterverbandes „Excesse schlimmerer Art" befürchtete.[161] Dieses pragmatische Vorgehen des Polizeipräsidenten machte aber auch nach Ansicht seines Chefs einen schlechten Eindruck: „Ich würde es [...] vorgezogen haben, wenn Ew. pp. der Omnibusgesellschaft jene Anregung nicht gegeben hätte."[162]

Unmittelbare Auswirkungen sowohl des vorzeitigen Betriebsschlusses am 30. September als auch der Aussperrung der Metallarbeiter auf die Ereignisse am Nettelbeckplatz lassen sich anhand der Quellen nicht nachweisen. Allenfalls kann man den proletarischen Zeitgenossen des Polizeipräsidenten dieselbe Erwartungshaltung unterstellen, wonach sich ein derartig umfangreicher Arbeitskampf notwendigerweise auch auf andere bereits in Gang befindliche Auseinandersetzungen auswirken

---

159 Vossische Zeitung v. 3.10.1903, Nr. 464. – Zur Bezeichnung „Ludewig" siehe o. S. 101.
160 PP an MdI v. 2.11.1900, S. 5, 14 f, 21, BArchP, RMI, Nr. 7012, Bl. 55, 59v, 63.
161 PP an MdI v. 2.11.1900, S. 27, BArchP, RMI, Nr. 7012, Bl. 66.
162 MdI an PP v. 30.11.1903 (Konzept), GStA, MdI, Rep. 77, Tit. 2515, Nr. 3, adh. 1, Bl. 4.

mußte, so daß der Eskalation am Nettelbeckplatz möglicherweise das Prinzip der 'self-fulfilling prophecy' zugrundelag. Die politisch-soziale Grundlage dieser Aktionen war in jedem Fall das Arbeitermilieu zu beiden Seiten der Reinickendorfer Straße, dessen polizeifeindliche Einstellung sich auch in kleineren Straßenkonflikten des Alltags wie bei anderen sozialen und ökonomischen Konflikten zeigte[163], *und* die den Polizeiaktionen zugrundeliegende Mentalität der „Festungspraxis", derzufolge die Koinzidenz von Massenaussperrung und Verkehrsarbeiterstreik als unmittelbare Bedrohung der öffentlichen Sicherheit und damit der staatlichen Ordnung empfunden wurde. „Straßenpolitik von oben" und „Straßenpolitik von unten" zeigten sich hier in ihrer gegenseitigen Bedingtheit.

5.3.2 Transportarbeiter-Streiks

Die beiden Verkehrsarbeiterstreiks zeigten im Unterschied zu den bisher behandelten Werkstatt-Streiks einige Besonderheiten von Straßen-Streiks, die auch bei den Streiks von Transportarbeitern zu beobachten sind:

— Die bestreikte Arbeit war eine Dienstleistung, deren Zurückhaltung sich direkt auf die Allgemeinheit auswirken konnte,
— die Streikbrecherarbeit fand unter den Augen der Öffentlichkeit statt und konnte daher ebenso wie die Arbeitswilligen selbst nach professionellen Maßstäben beurteilt werden,
— der Schutz der Polizei erstreckte sich nicht nur auf die Arbeitswilligen auf dem Weg von und zur Arbeit, sondern auch auf die Verrichtung der Streikbrecherarbeit selbst,
— die Streikenden waren verhältnismäßig leicht zu ersetzen, da es sich um wenig qualifizierte Tätigkeiten handelte.

Die Auswirkungen auf das allgemeine Publikum waren bei den Transportarbeiterstreiks allerdings nicht mit denen der Verkehrsarbeiterstreiks zu vergleichen und hatten daher auch nicht dieselbe mobilisierende Wirkung auf am Arbeitskampf Unbeteiligte. Insofern ist die straßenpolitische Bedeutung des Streiks der Müllkutscher 1904, der Angestellten der Paketfahrtgesellschaft 1906, der „Ziehleute" der Möbelspeditionen 1907 und der Angestellten der Transportfirma Richter 1911 geringer zu veranschlagen. Schon nach drei Tagen machte sich im November 1904 eine allgemeine „Müllnot" bemerkbar, nachdem aus einer Aussperrung in zwei einzelnen Unternehmen ein Streik in der gesamten Müllabfuhr-Branche geworden war.[164] Obwohl die Müllberge in den Wohnvierteln von Tag zu Tag wuchsen und Deputationen der Streikenden mehrfach beim Polizeipräsidium darauf drängten, gegen die Hauswirte mit Strafmandaten vorzugehen, lehnte dessen Geheimrat Brauer diesen Vorschlag ab.[165] Während dieser Streik angesichts der wenigen Müllabfuhrunternehmen in Berlin mit einem vollem Erfolg endete, hatten die ca. 400 Transportarbeiter der Paketfahrtgesell-

---

163 Siehe o. S. 203.
164 ZHTVBln 1904, S. 39-43.
165 Vorwärts v. 9.11.1904, Nr. 264, 1. Beil.

schaft, einer großen Spedition mit über 750 Angestellten, zwei Jahre später große Schwierigkeiten, die Übernahme der bestreikten Arbeit durch andere Unternehmen zu verhindern. Zwar wurden sie durch vereinzelte Solidaritätsstreiks unterstützt, dennoch konnte der Engpaß in der Paketbeförderung durch Vergabe der Aufträge an die zahlreichen anderen Speditionen überwunden werden, so daß der Streik erfolglos blieb.[166] Der Mitte März 1907 begonnene Streik der Ziehleute drohte den allgemeinen Umzugstermin am 1. April in Mitleidenschaft zu ziehen, konnte aber noch rechtzeitig mit Vertragsabschlüssen in einzelnen Unternehmen beendet werden.[167] Hier waren gar Feuerwehrleute als Streikbrecher tätig.[168]

Von besonderem Interesse sind diese Fälle vor allem wegen der mit der Berichterstattung in der sozialdemokratischen Presse verbundenen Aussagen über den sozialen Charakter der beteiligten Arbeiter – sowohl der eigenen wie der gegnerischen Seite. Sie geben Aufschluß über in der organisierten Arbeiterschaft verbreitete Diskurse, die die Wahrnehmung und Bewertung des eigenen Verhaltens wie desjenigen der Streikbrecher regelten und ausrichteten.

Die öffentlich verrichtete Arbeit der Arbeitswilligen wurde von den Streikkomitees im Vorwärts ausführlich beschrieben und regelmäßig einer vernichtenden Kritik unterzogen, um so die eigene Unentbehrlichkeit zu unterstreichen. Ungeübten Müllkutschern kippten die falsch beladenen Wagen um[169], arbeitswillige Kutscher erwiesen sich als ungeschickte Fahrer und langsame Arbeiter.[170] Die Kritik an der Streikbrecherarbeit wurde verstärkt durch die über die übliche Brandmarkung als Streikbrecher hinausgehende Verächtlichmachung der Arbeitswilligen. Beim Ersatz für die streikenden Ziehleute handelte es sich demnach um „unfähige, kraftlose Gestalten" aus dem Obdachlosenasyl, „an denen" die Unternehmer „kein Glück" hatten.[171]

Beim Müllkutscherstreik gelang es zunächst, einen Transport Arbeitswilliger abzufangen und zur Rückreise in die Provinz zu bewegen, bei einem zweiten Transport aus Russisch-Polen war die Mühe umsonst: „Diese Leute, die kein Wort deutsch verstehen und einen sehr schwächlichen Eindruck machen, waren den Sommer über in der Rheinprovinz tätig gewesen und nun, da sie wieder nach ihrer Heimat wollten, an der Grenze von einem Agenten aufgefangen und für Berlin als Müllkutscher engagiert worden. Auch ihnen fuhren die Streikenden entgegen und suchten sie über den moralischen Wert ihres Engagements aufzuklären. Doch die Leute waren einfach zu dumm für diese Welt; sie schienen in ihrer Stupidität nicht zu begreifen, daß sie mit Antritt der Arbeit eine unmoralische Handlung begehen. Da von dieser Sorte, selbst wenn davon 1000 Mann angeworben würden, irgendeine Gefährdung der Interessen der Streikenden nicht zu erwarten ist, so überließ man die armen Menschenkinder getrost den Nachtwächtern und Schutzleuten, die das Häuflein denn auch in guter Ordnung nach dem Streikbrecher-Asyl geleiteten."[172]

---

166 ZHTVBln 1906, S. 63-69.
167 Vossische Zeitung v. 27.3.1907, Nr. 145, 6. Beil.
168 Vorwärts v. 20.3.1907, Nr. 67, v. 23.3.1907, Nr. 70.
169 Vorwärts v. 3.11.1904, Nr. 259, v. 6.11.1904, Nr. 262.
170 Vorwärts v. 11.8.1906, Nr. 185; v. 14.8.1906, Nr. 187; v. 8.11.1911, Nr. 262, 2. Beil.
171 Vorwärts v. 22.3.1907, Nr. 69, 1. Beil.
172 Vorwärts v. 5.11.1904, Nr. 261.

Der „Berliner Witz" taufte die russischen Arbeitswilligen, zu deren Verköstigung am ersten Tag unter anderem angeblich 20 Liter Wuttki (Wodka) beschafft wurden, binnen kurzem „Müllkosaken".[173] Drei Tage später meldete der Vorwärts triumphierend: *„Die russischen 'Müllkosaken' sind desertiert!* Nur *einen* Tag haben es diese Leute bei der schweren Arbeit auszuhalten vermocht, da hatten sie 'die Nase voll'. Was alle Bekehrungsversuche der Streikenden nicht zu stande brachten, das brachte die ungewohnte Arbeit zu stande. Diese Arbeit war den Russen offenbar zu 'müllig'."[174]

Vergleichsweise milde urteilte der Vorwärts anläßlich eines Streiks der Kohlearbeiter zwei Jahre später: Die aus Galizien herbeigebrachten Arbeitswilligen wurden dargestellt als bemitleidenswerte, von ihren Arbeitgebern brutal mißhandelte Gestalten, die man mit falschen Versprechen ins Land gelockt hatte, und die nun mittellos in der Großstadt gestrandet waren, wo sich der Gewerkschaftsverband ihrer annehmen mußte.[175]

Es blieb nicht bei der verbalen Diskriminierung und Stigmatisierung der Streikbrecher als Fremde und Unzivilisierte. Die Streikenden gingen auch zielstrebig und ausdauernd zum körperlichen Angriff auf die Arbeitenden bzw. die Arbeitsgeräte über. In der Nähe des Depots der „Wirtschaftsgenossenschaft", des führenden Müllabfuhrunternehmens, wurden Arbeitswillige während der Arbeit überfallen und mit Steinen beworfen.[176] Streikende Ziehleute behinderten Umzüge, indem sie den Bürgersteig blockierten, Kutscher vom Bock rissen und bedrohten, oder Möbelwagen durch Entfernen der Achsmuttern blockierten.[177] Der Streik bei der Paketfahrtgesellschaft führte in den Straßen um deren Depot in der Ritterstraße zu gewaltsamen Angriffen auf arbeitswillige Kutscher.[178] Beim Streik bei der Transportfirma Richter 1911 blieb den Streikenden aufgrund der konsequenten Abschirmung der Streikbrecher durch die Polizei in Berlin nichts andere übrig, als auf Touren, die aus dem Berliner Stadtgebiet hinausführten, mit den Arbeitswilligen Kontakt aufzunehmen.[179] Dabei kam es auf der Spandauer Chaussee zwischen Spandau und Charlottenburg zu Prügeleien, die vier der Streikenden für mehrere Monate ins Gefängnis brachten.[180]

Im Gegensatz zu anderen Arbeitergruppen räumten die Vertreter der Transportarbeiter die Beteiligung von Streikenden an gewaltsamen Handlungen häufiger ein, allerdings kaum in der aktuellen Berichterstattung im Vorwärts, sondern vielmehr im Zusammenhang mit den sich anschließenden Gerichtsverfahren. Aus den Streikversammlungen wurden nur die üblichen Ermahnungen zu Disziplin und Besonnenheit gemeldet.[181] Der Verteidiger Rosenberg im Verfahren gegen die Streikenden der Transportfirma Richter hingegen verwies in seinem Plädoyer auf das „soziale Milieu,

173 Vorwärts v. 6.11.1904, Nr. 262.
174 Vorwärts v. 8.11.1904, Nr. 263, 1. Beil.
175 Vorwärts v. 6.9.1906, Nr. 207. Zum Streik der Kohlenarbeiter 1906 siehe u. S. 219-221.
176 Vossische Zeitung v. 2.11.1904, Nr. 516.
177 Vossische Zeitung v. 22.3.1907, Nr. 138, v. 23.3.1907, Nr. 139.
178 Vossische Zeitung v. 10.8.1906, Nr. 371.
179 Vorwärts v. 19.12.1911, Nr. 296.
180 Vossische Zeitung v. 4.5.1912, Nr. 226, 1. Beil.
181 Siehe Vorwärts v. 23.3.1907, Nr. 70, v. 12.11.1911, Nr. 266.

indem sich die Vorgänge abgespielt haben", und bat um milde Strafen.[182] Was damit genau gemeint war, ließ der Vorwärts unerwähnt. Hinweise darauf finden wir jedoch in den Jahrbüchern des TAV unter der Rubrik „Rechtsschutz". Diese Gewerkschaft gewährte ihren Mitgliedern nicht nur bei Anklagen wegen Streikvergehen, sondern auch in Strafverfahren, die sich aus ihrer Berufstätigkeit ergaben, juristische Unterstützung. Sie richtete eine fakultative Rechtsschutz- und Haftpflichtversicherung ein und forderte insbesondere die Verkehrsarbeiter auf, dieser beizutreten.[183] Um die Ausgaben dieser Einrichtung zu begrenzen, wurden jedoch zugleich die Ortsverwaltungen ermahnt, in aussichtslosen Fällen keine Unterstützung zu gewähren. Die Begründung dafür enthält Hinweise auf das von Rechtsanwalt Rosenberg angesprochene „soziale Milieu" bzw. dessen Umgangsformen. Es ging nämlich nicht nur um Vergehen wie Streikpostenstehen: „Ferner bitten wir bei *Roheitsdelikten* und Anklagen wegen *Tierquälerei* immer eine recht genaue Prüfung vorzunehmen. Gewiß, auf den feinsten Ton sind die Umgangsformen unserer Kollegen nicht abgestimmt, aber wir alle haben ein sehr großes Interesse daran, daß unser Ruf durch das Betragen Einzelner nicht herabgesetzt wird."[184] Im nächsten Jahr mußte die Ermahnung insbesondere in Hinsicht auf die Anzeigen wegen Tierquälerei erneuert werden. Zwar würde der Tierschutzverein seine Angestellten durch Weihnachtsprämien zum systematischen Anzeigen von Tierquälereien anhalten, dennoch „können und dürfen wir die Quälereien wehrloser Geschöpfe nicht beschönigen".[185]

Doch auch bei Streikvergehen sollte differenziert werden. Schon über das Jahr 1910 war berichtet worden: „In einzelnen Fällen musste allerdings von einer gerichtlichen Austragung abgesehen werden, da ein Teil unserer Kollegen in leicht begreiflicher Erregung beim Streikpostenstehen, oder bei Differenzen mit Arbeitswilligen nicht immer die nötige Ruhe und Selbstbeherrschung bewahrte und daher mit den Gesetzen sehr leicht in Konflikt kam."[186] Die wachsende Zahl von Streikvergehen im Jahre 1912 wurde ebenfalls mit derartigen Ermahnungen der Kollegen, sich bei Streiks besonnener zu verhalten und die Anordnungen der Verbandsfunktionäre besser zu befolgen, kommentiert.[187] Im nächsten Jahr richtete sich diese Mahnung auch an die Funktionäre selbst. Zugleich wurde ein Ursachenbündel für die nach wie vor hohe Kosten verursachenden Streikvergehen genannt: „Wir [der TAV-Vorstand – T. L.] verkennen keineswegs, dass die reaktionäre Gesetzgebung, das provozierende Verhalten, welches die Polizei bei Ausbruch von Streiks an den Tag legt, das provokatorische Auftreten der professionellen Streikbrecherbanden, das fortgesetzte Geschrei der Schrot- und Schlotbarone nach einer Ausnahmegesetzgebung gegen die gewerkschaftlich organisierten Arbeiter usw. sehr dazu beitragen, dass sich unserer Kollegen eine gewisse Nervosität bemächtigt."[188]

---

182 Vossische Zeitung v. 4.5.1912, Nr. 226, 1. Beil.
183 JbTAV 1912, S. 357.
184 JbTAV 1912, S. 358.
185 JbTAV 1913, S. 463.
186 JbTAV 1910, S. 292.
187 JbTAV 1912, S. 358.
188 JbTAV 1913, S. 463 f.

Derartig offene Worte nicht nur über Schwierigkeiten mit der Disziplin bei Streikaktionen, sondern zu allgemeinen Verhaltensweisen und Umgangsformen sind in den Veröffentlichungen anderer Gewerkschaften dieser Zeit nicht zu finden.[189] Neben den „üblichen" Streikvergehen also auch „Roheitsdelikte, Eigentumsvergehen und Tierquälerei" – die Klientel des TAV und ihr „soziales Milieu" belasteten den Rechtsschutzfonds offenbar auf eine ganz besondere Weise. Das legt die Frage nach den Besonderheiten der im TAV organisierten Arbeiter und Arbeiterinnen im Vergleich zu anderen Teilen der Arbeiterbewegung nahe.

Unter den Zentralverbänden der freien Gewerkschaften war der TAV ein Nachzügler. Bei der Berliner Erhebung des Organisationsgrades sozialdemokratischer Gewerkschaften im Jahre 1906 lag er mit 25,3 % der Organisierbaren deutlich unter dem Durchschnitt von 45,2 % und weit hinter den anderen großen Gewerkschaften wie den Holz- und Metallarbeitern. Auch der Anteil der Parteimitglieder unter den organisierten Transportarbeitern lag mit 11,3 % unter dem Berliner Durchschnitt von 16,4 %.[190] In den Jahren von 1905 bis 1913 stieg die Mitgliedschaft im Deutschen Reich von 87.259 auf 229.785 an[191], in Berlin in der Zeit von 1905 bis 1913 von 20.937 auf 52.935 Mitglieder[192] – eine mit den Zuwachsraten anderer Verbände kaum zu vergleichende Expansion. Im Gegensatz zu den hochorganisierten Berufsverbänden mit handwerklichen Traditionen – etwa den Buchdruckern, Tischlern oder Metallarbeitern – vertrat diese Gewerkschaft überwiegend nicht oder gering qualifizierte Arbeiter mit den verschiedensten Tätigkeiten. In etlichen dieser Berufe hing die Leistungsfähigkeit direkt von der Körperkraft des Einzelnen ab, die durch Geschicklichkeit und Übung bei bestimmten Spezialtätigkeiten ergänzt wurde. Die mehrfach anzutreffende Bezeichnung als „Pollacken" legt den Schluß nahe, daß Arbeitsimmigranten aus den östlichen Provinzen unter ihnen besonders stark vertreten waren. In diesem Sinne läßt sich der fremdenfeindliche Diskurs gegen die Arbeitswilligen als ein klassisches Beispiel von „Stigmabewältigung" stigmatisierter Unterschichtsangehöriger charakterisieren: Der ihnen zugewiesene Makel – „Pollacken", „Roheit", „Tierquäler" – wurde einer identifizierbaren Gruppe ähnlich oder identisch Stigmatisierter zugewiesen[193] und damit eine virtuelle „Unterschichtung"[194] der eigenen Gruppe ermöglicht.

Aus diesen Tatsachen und deren Verarbeitung in der Arbeiterpresse auf die Realität eines Charaktertyps des ungebildeten, gewaltbereiten und unbeherrschten Transportarbeiters zu schließen, wäre allerdings voreilig. Es genügt, die äußeren Umstände der Transportarbeit mit denen von Fabrik- und Werkstattarbeitern zu vergleichen, um ihr besonderes Gewicht in „Streikexzessen" zu erklären. Die Teilnahme am Straßenverkehr bzw. die Arbeit auf der Straße war immer von zahlreichen kleinen Kon-

---

189 In den Jahresberichten des Berliner DMV finden sich nur zwei knappe Hinweise dieser Art; DMVBln 1911, S. 136-141, DMVBln 1913, S. 83.
190 Fricke (1987), Bd. 2, S. 989, Tab. 130.
191 Ebd., S. 986, Tab. 128.
192 Siehe o. Tab. 7.
193 Siehe Goffman (1967), S. 133 f., sowie anhand von Autobiographien aus der Unterschicht im Anschluß daran Bergmann (1991), S. 154-161.
194 Der Begriff „Unterschichtung" ist Mooser (1984), S. 61, entnommen, der ihn auf den Prozeß der soziologischen Differenzierung der Arbeiterschaft bezieht.

frontationen mit anderen Verkehrsteilnehmern, dem Publikum und vor allem der Polizei begleitet, wie bereits bei der Analyse der Kleinkrieg-Fallsammlung sichtbar wurde. Transportarbeiter unterstanden nicht der permanenten Aufsicht von Vorgesetzten, umgeben von zahlreichen Kollegen und Kolleginnen, mit denen sie in einer Ordnung der Arbeitsteilung und Hierarchie ihr Auskommen zu finden hatten, sondern arbeiteten in kleinsten Kollektiven — ein Fahrer und ein Mitfahrer zum Beispiel — vom Unternehmer weitgehend unbeaufsichtigt an wechselnden Orten und waren bei der Durchführung ihrer Arbeit auf sich selbst gestellt. Ihre „Arbeits-Ordnung" brachte spezifische Risiken mit sich, darunter die „mit den Vorschriften der Straßenordnung sowie den Paragraphen des Strafgesetzbuches in Konflikt zu geraten". Nach Ansicht des TAV „kann [man] wohl mit Recht behaupten, daß sie ihren Lebensunterhalt unter den schwierigsten Verhältnissen verdienen müssen, weil sie sozusagen immer unter Polizeiaufsicht stehen".[195] Die disziplinierenden Wirkungen arbeitsteiliger Produktion mit ihrer ausdifferenzierten Kommunikation und der Einbettung in eine Fabrikordnung[196] kann bei der Arbeit der Transportarbeiter in viel geringerem Maße vorausgesetzt werden. Zugleich bot vor allem die Öffentlichkeit der Streikbrecherarbeit in diesen Berufen Ansatzpunkte zu direkten Aktionen, die bei Werkstatt-Streiks, die durch eine räumliche Entfernung von der Produktionsstätte vollzogen wurden, nicht gegeben waren. Abgesehen davon, daß sie möglicherweise in der Tat „nicht auf den feinsten Ton abgestimmt" waren, hatte sie also weitaus mehr *Gelegenheit* als ihre Genossen in den Fabriken und Werkstätten, ihrer Sache mit groben Mitteln nachzuhelfen.

Abhängigkeit des Leistungsvermögens von der schieren Körperkraft, keine formale Berufsausbildung und die Straße als Teil des Arbeitsplatzes — diese Eigenschaften trafen auch auf die Kohlenarbeiter, d.h. die Kutscher und Kohlenträger der Kohlenhandlungen, zu. Ein Streik in dieser Berufsgruppe bei der Firma Kupfer & Co. im September 1910 wurde zum Ausgangspunkt der schwersten sozialen Unruhen im Berlin des Kaiserreichs während der Friedenszeit. Ihr Schauplatz war das bereits beschriebene westliche Moabit. Der im folgenden beschriebene Arbeitskampf nimmt sich dank einiger Parallelen wie eine kleiner Probelauf zu den Moabiter Unruhen aus.

Den Kohlenarbeitern standen — gerade im Vergleich zu anderen Transportarbeitern — besonders gut organisierte Unternehmer gegenüber, eine indirekte Folge der konsequenten Kartellierung von Kohleproduktion und Kohlehandel.[197] Diese weigerten sich schon bei einem Streik 1900 beharrlich und erfolgreich, mit Vertretern des TAV zu verhandeln.[198] Der branchenweite Streik 1906 mußte nach vier Wochen hartnäckigen Kampfes mit geringen Erfolgen in einzelnen Unternehmen abgebrochen werden.[199] Es kam dabei zu den bekannten Aktionsformen: Fortweisen der Streikposten durch die Polizei, gewaltsame Auseinandersetzungen zwischen z.T. mit Revolvern bewaffneten Arbeitswilligen und Streikenden und die Anwerbung auswärtiger Arbeitskräfte. Die Aktionen der Streikenden konzentrierten sich vor allem

---

195 TAVBln 1912, S. 177.
196 Siehe z.B. Lüdtke (1989), S. 253-255.
197 Siehe u. S. 259 f.
198 Siehe Vossische Zeitung v. 21.8.1900, Nr. 388.
199 Siehe ZHTVBln 1906, S. 50-53.

auf die Umgebung der Güterbahnhöfe Anhalter Bahnhof, Wedding und Moabit, wo die Kohlengroßhandlungen ihre Kohlenplätze hatten. Insbesondere in der Umgebung der Firma Kupfer & Co in der Sickingenstraße[200] kam es zu direkten Aktionen gegen Arbeitswillige und das Unternehmen. Ähnlich wie vier Jahr später bei den Moabiter Unruhen versuchte die Arbeitgeberseite in diesem Branchenstreik ihre Position durch direkte Interventionen beim Innenminister zu stärken, indem sie sich dort zwei Mal telegraphisch über mangelnden Schutz ihrer Kohlenplätze und Arbeitswilligen durch die Berliner Polizei beschwerte.[201] Zunächst habe der Polizeischutz ausgereicht, am 30. August habe aber das 84. Polizeirevier in Moabit erklärt, es könne „auf hoehere anweisung" den dortigen Kohleplätzen den bisherigen Schutz nicht mehr gewähren. Da es schon zu schweren Ausschreitungen gekommen sei, sei neben der Behinderung der Arbeitswilligen auch die Gefärdung von „leben und eigenthum in hoechstem grade" zu befürchten; „wir bitten euer excellenz daher ganz ergebenst, hochgeneigtest verfuegen zu wollen, dasz der den kohlenbahnplaetzen bisher gewaehrte polizeiliche schutz fortan in gewohntem grade gewaehrt wird."[202] Der zur Stellungnahme aufgeforderte Polizeipräsident spielte die bereits vorgekommenen „Ruhestörungen und Belästigungen Arbeitswilliger" auf das für solche Streiks übliche Maß herunter. Im Falle des 84. Polizeireviers habe die diesem übergeordnete Hauptmannschaft lediglich eine Reduzierung der für den Kohlenplatz der Firma Kupfer und Co. in der Sickingenstraße vorgenommenen Aufsicht angeordnet, „von einer Nichtgewährung jeglichen Schutzes ist überhaupt nicht die Rede gewesen", die Beschwerde sei daher unbegründet.[203]

„hauptsächlich in moabit und nordhafen herrscht durch den ungenuegenden schutz streik und gewalttaetigkeit", beschwerten sich die Kohlengroßhändler am 8. September in ihrem zweiten Telegramm an den Innenminister. Es sei zu Sachbeschädigungen und Behinderungen Arbeitswilliger gekommen, „am habsburger ufer wurde ein kohlenwagen in den kanal gesteurzt; am bahnhof moabit fanden nachts ueberfaelle auf die auf den kohlenplaetzen beherbergten arbeiter statt".[204] Wieder versuchte der Polizeipräsident in seiner Stellungnahme, dieser Dramatisierung entgegenzutreten und berichtete ausführlich über umfangreiche Aufsichtsmaßnahmen. Diese seien vor der Beschwerde der Kohlgroßhändler getroffen worden, denen der Polizeipräsident im übrigen riet, sich an Ort und Stelle über den Stand der Dinge zu unterrichten, anstatt sich auf die „unzuverlässigen Angaben ihrer Platzverwalter und sonstiger durch den Streik eingeschüchterter Angestellten" zu verlassen. Es herrsche in Moabit und am Nordhafen keine Gewalttätigkeit. Zu einigen kleineren Zwischenfällen wurde abschließend noch angefügt: „Dass die diesseits getroffenen Massregeln nicht jeden Streikexcess zu verhindern imstande sind, liegt in der Natur der Sache und würde auch durch noch weitere Verschärfung dieser Vorkehrungen nicht er-

---

200 Siehe Abb. 16.
201 Bei den anderen hier dargestellten Arbeitskämpfen sind in den Quellen keine Hinweise auf derartige Interventionen zu finden.
202 Telegramm des Verbandes Berliner Kohlengroßhändler an MdI v. 30.8.1906, BArchP, RMI, Nr. 7010, Bl. 23 f.
203 PP an MdI v. 5.9.1906, ebd., Bl. 22v.
204 Telegramm des Verbandes Berliner Kohlengroßhändler an MdI v. 8.9.1906, ebd., Bl. 30.

reicht werden können." Eine umfassendere Gestaltung der polizeilichen Maßnahmen würde den Polizeipräsidenten „eventuell" in die Lage bringen, „andere nicht minder schützenswerte Interessen hintanstellen zu müssen."[205]

Unbeteiligte griffen in den Branchenstreik der Kohlenarbeiter 1906 kaum ein; insbesondere kam es nirgends zu Aktionen von Menschenmengen gegen die Polizei. Darin unterschieden sich die „Streikexzesse" der Transportarbeiter von denen der Verkehrsarbeiter. *Unterhalb dieser Schwelle* konnten die polizeilichen Maßnahmen – folgt man der Argumentation des Polizeipräsidenten im Fall der Kohlenarbeiter – auch gegenüber dem Ministerium relativiert werden: Ein Minimum an Konflikten zwischen Streikenden und Arbeitswilligen wurde als unvermeidbar in Kauf genommen, um andere Sicherheitsinteressen nicht vernachlässigen zu müssen; zumindest schien das für „normale" Zeiten zu gelten. Vier Jahre später war es auf beiden Seiten mit der Gelassenheit vorbei: Vergleichbare polizeiliche Maßnahmen riefen eine massive Reaktion der im westlichen Moabit wohnenden und arbeitenden Menschen hervor.

Eine Besonderheit des Transportgewerbes stellte die vergleichsweise frühe Einbeziehung männlicher *Jugendlicher* in den Arbeitsprozeß dar. Bei den „Rollmöpsen", den jugendlichen Mitfahrern der Rollkutscher, oder den Bollejungen handelte es sich nicht um Lehrlinge wie in Werkstätten, die einer besonderen Ordnung unterstanden, und daher auch nicht gewerkschaftlich organisiert werden konnten. Der TAV bemühte sich seit 1906 um ihre Aufnahme in die Gewerkschaft[206], und speziell die Rollkutscher setzten sich in einigen ihrer Lohnbewegungen auch gezielt für eine Verbesserung ihrer Löhne und ihre Einbeziehung in Tarifverträge ein.[207] Ob es bei einer dieser Lohnbewegungen zu jenen Aktionen der Rollmöpse kam, an die sich ein SED-„Arbeiterveteran" in den fünfziger Jahren erinnerte – „Ausspannen der Pferde, Zerschneiden der Stränge und ähnliche Behinderungsmaßnahmen"[208] –, konnte aus den erreichbaren Quellen nicht genau geklärt werden. Im März 1908 kam es bei einem Streik der jugendlichen Mitfahrer des Berliner Transportkomptoirs der Vereinigten Spediteure zu einer gewaltsamen Aktion gegen einen Arbeitswilligen.[209] Offensichtlich handelte es sich um einen „wilden" Streik ohne gewerkschaftliche Beteiligung, da er in den Jahresberichten des Berliner TAV ebensowenig erwähnt wurde wie zwei Streikaktionen der Bollejungen. Diese legten Anfang September 1904 die Arbeit nieder, um eine Lohnerhöhung und die Abschaffung hoher Geldstrafen durchzusetzen, was ihnen jedoch wegen des Einsatzes von Streikbrechern nicht gelang.[210] Zweieinhalb Monate später stand einer von ihnen, der dreizehnjährige Steinmetzlehrling Ernst Heise, wegen Koalitionszwangs und Nötigung vor der dritten Strafkammer des Landgerichts I: „Der Junge, der mit dem Gesicht kaum über die Schranke der Anklageraumes hinausragte und sehr vergnügt im Gerichtssaale umherblickte, war ’Leiter der Ausstandsorganisation’ der Bolleschen Milchjungen. Die ’arbeitswilligen’

205 PP an MdI v. 15.9.1906, ebd., Bl. 26-28.
206 Furtwängler (1962), S. 153 f.
207 Siehe TAVBln 1908, S. 53; Vossische Zeitung v. 22.8.1910, Nr. 392.
208 Lange (1967), S. 431.
209 Berliner Gerichts-Zeitung Nr. 36 (1908), S. 10.
210 Vorwärts v. 2.9.1904, Nr. 206, v. 3.9.1904, Nr. 207.

Jungen wurden durch 'Ausstandsposten' davon in Kenntnis gesetzt, daß sie gehörig 'verhauen' werden würden, wenn sie nicht gleichfalls die Arbeit niederlegten. Zu den 'Ausstandsbrechern' gehörte der Milchausträger Krauspe. Als dieser eines Tages ein Haus in der Stephanstraße verließ, wurde er von 20 bis 30 Ausständigen, die vom Angeklagten angeführt wurden, umringt. Dieser ließ erst eine tote Maus in den Milchkübel des K. gleiten und dann ging man mit dem Ausstandsbrecher hart ins Gericht." Der Gerichtshof begnügte sich in diesem Fall mit einem Verweis.[211] Erfolglos blieb auch der von der Vossischen Zeitung als *„Streikspiel der 'Bollejungen"* bezeichnete Arbeitskampf Anfang Oktober 1910.[212]

Nur im Organisationsbereich des TAV sind solche Ansätze der Beteiligung Jugendlicher an Arbeitskämpfen zu finden. Daß ihnen deshalb eine tragende Rolle bei der radikalen Ausrichtung der proletarischen Jugendbewegung in Berlin vor dem Ersten Weltkrieg zukam, wie es in einigen DDR-Darstellungen suggeriert wird[213], läßt sich nicht nachweisen. Darüberhinaus waren Jugendliche natürlich an den Ansammlungen von am Arbeitskampf Unbeteiligten, die gegen Arbeitswillige und die Polizei Partei ergriffen, ebenso wie Frauen häufig stark vertreten, was aber auch auf andere sich tagsüber bildende Menschenmengen zutraf.

5.3.3 Fensterputzer und Gerüstbauer

Der Organisationsbereich des TAV umfaßte *alle* auf der Straße arbeitenden Berufe, auch diejenigen, deren Dienstleistungen nicht in erster Linie im Transportieren bestanden.[214] Gemeinsam war ihnen das niedrige Qualifikationsniveau und die „straßenspezifische" Anfälligkeit ihrer Arbeitskämpfe, sich zu „Streikexzessen" auszuweiten. Die auch im Vergleich mit den anderen „Straßenarbeitern" schlecht bezahlten Fensterputzer und Gerüstbauer gehörten innerhalb dieser Gewerkschaft, die ihrerseits ja zu den jüngeren der deutschen Gewerkschaftsbewegung zählte, in Berlin zu den Spätorganisierten. Die hier vorgestellten Arbeitskämpfe fallen daher in die Jahre ab 1908; zuvor waren diese Arbeitergruppen in Berlin kaum mit Organisations-, geschweige denn Arbeitskampferfolgen hervorgetreten.

---

211 Vossische Zeitung v. 18.11.1904, Nr. 541, 2. Beil.
212 Siehe Vossische Zeitung v. 6.10.1910, Nr. 470, v. 8.10.1910, Nr. 473, 1. Beil.; vgl. Vorwärts v. 9.10.1910, Nr. 237. – Carl Bolle war ein erzpatriarchalischer Arbeitgeber, der den TAV rigoros bekämpfte (unter anderem auch in seiner Funktion als Vorsitzender des Arbeitgebervereins für das Transportgewerbe; siehe Vorwärts v. 20.3.1907, Nr. 67, in dieser Eigenschaft half er z. B. beim Streik der Ziehleute 1907 mit Arbeitswilligen aus, Vorwärts v. 23.3.1907, Nr. 70).
213 Siehe z. B. Lange (1967), S. 432.
214 Neben den bereits genannten Berufen waren in der Sektion „Handelsarbeiter" „Hausdiener und Packer" verschiedener Handelsbranchen, „Einkassierer und Kassenboten", „Fahrstuhlführer und Portiers" sowie „Theater- und Kinoangestellte", in der Sektion „Transportarbeiter" neben den Fahrern und Kutschern der verschiedensten Branchen auch die dazugehörigen Hilfsarbeiter (etwa der Getränkeindustrie), „Lagerarbeiter", „Bretterträger und Holzplatzarbeiter", „Speicherarbeiter" und „Zeitungsträgerinnen", in der Sektion „Droschken- und Kraftwagenführer" neben den Fahrern auch die „Wagenwäscher" und schließlich in der Sektion „Industriearbeiter" in Industriebetrieben arbeitende „Packer, Lager-, Betriebshilfs-, Hof- und Transportarbeiter" organisiert. Siehe TAVBln 1913.

Der Ende September 1908 bei der Fentsterreinigungsfirma Arnheim & Co. beginnende Streik von 48 Fensterputzern entwickelte sich bald zu einer „Machtfrage zwischen der Organisation der Fensterputzer und der der Arbeitgeber".[215] Nachdem der Vertrauensmann entlassen und ein alter Tarif einseitig gekündigt worden war, überraschte der TAV die Firma mit einem plötzlichen Streik, in dessen Verlauf es mehrfach auf der Straße zu Konflikten zwischen Arbeitswilligen und Streikposten kam. „Die Zahl der polizeilichen Feststellungen war im Hinblick auf die nicht bedeutende Anzahl der Streikenden eine unverhältnismäßig hohe", resümierte das Polizeipräsidium in einem Bericht an das Innenministerium. „Bei der Art des Geschäftsbetriebes, der sich über ganz Berlin erstreckt, liessen sich jedoch trotz umfassender Massregeln der Reviere Belästigungen der Arbeitswilligen und Zusammenstöße zwischen den gegnerischen Parteien nicht immer verhindern."

Die Formen der Auseinandersetzungen wichen nicht von denen der Transportarbeiter ab: Die Kolonnen der Arbeitswilligen wurden von Streikenden „verfolgt, bedroht, wörtlich und tätlich beleidigt und misshandelt; man riss sie von den Leitern, hinderte sie an der Fortsetzung ihrer Arbeit und bewarf sie mit Steinen", so die Version des Polizeipräsidiums.[216] Zur gewaltsamen Eskalation dürften nicht nur der übliche Polizeischutz, sondern insbesondere folgende Vorkehrungen des Arbeitgebers beigetragen haben: Er suchte kurz nach Beginn des Streiks per Annonce im Berliner Lokal-Anzeiger „[zur] Beaufsichtigung Arbeitswilliger [...] einige kräftige Leute". Diese waren laut Bericht des Vorwärts „mit Schlagringen, Revolvern und anderen Mordwaffen ausgerüstet", einer führte gar einen auf Menschen abgerichteten Hund mit.[217] Trotz der Unterstützung durch die Inhaber anderer Fensterreinigungen, die das Anlernen der Arbeitswilligen besorgten[218], konnte der Streik nach zwei Wochen mit Lohnerhöhungen und Arbeitszeitverkürzungen beendet werden. Die Erfolglosigkeit der in den daurauffolgenden Monaten eingeleiteten Strafverfahren legt die Annahme nahe, daß die Schwere dieser „Streikexzesse" in den Polizeiberichten stark übertrieben worden war.[219] In den beiden folgenden Jahren gelang es dem TAV, die Zahl der organisierten Fensterputzer von 266 auf 700 zu erhöhen.[220] Stolz konnte im Jahresbericht des Berliner TAV für 1910 auf Lohnerhöhungen um bis zu 50 Prozent verwiesen werden; sogar die Abschluß eines einheitlichen Tarifvertrags schien möglich.[221]

Auch bei weiteren Arbeitskämpfen in dieser Branche sticht die unverhohlen aggressive Vorgehensweise der Unternehmer ins Auge — was beim Einsatz gewaltbereiter Streikbrecher auch für die Arbeit*geber*seite mit Nachteilen verbunden sein konnte. Laut einem Vorwärts-Bericht über den zu Beginn des Jahres 1911 durchgeführten Streik bei der „Fensterreinigungsanstalt Berliner Glaserinnungsmeister"

---

215 Vorwärts v. 23.9.1908, Nr. 223.
216 PP an MdI v. 11.11.1908, GStA, MdI, Rep. 77, Tit. 2515, Nr. 3, Bd. 1, Bl. 130, 130v.
217 Vorwärts v. 27.9.1908, Nr. 227.
218 Vorwärts v. 26.9.1908, Nr. 226.
219 „Verzeichnis der wegen schwerer Vergehen eingeleiteten Strafverfahren anlässlich des Streiks im Fensterreinigungsinstitut Arnheim & Co.", GStA, MdI, Rep. 77, Tit. 2515, Nr. 3, Bd. 1, Bl. 143-144.
220 Vorwärts v. 17.4.1910, Nr. 89. — Welchem Organisationsgrad das entsprach, konnte ich nicht ermitteln.
221 TAVBln 1910, S. 104, 114.

verzichteten Kunden der bestreikten Unternehmen wegen des mit der Streikbrecher-arbeit verbundenen Polizeiaufgebots vor ihren Geschäften lieber auf deren Dienste.[222] In dieser Zeit war gerade auch in bürgerlichen Kreisen durch das gericht-liche Nachspiel zu den Moabiter Unruhen die Rolle der Polizei bei Arbeitskämpfen alles andere als unumstritten. Als das Ende des Arbeitskampfes durch eine Lohn-erhöhung und den in Aussicht gestellten Beitritt zum Einheitstarif abzusehen war, stieß die Entlassung der „Streikbrechergarde" in einem der bestreikten Unternehmen auf Schwierigkeiten: „Die Streikbrecher führten sich dabei so auf, daß die Firma und ihre kaufmännischen Angestellten froh sein mußten, daß die Rausreißer endlich, nachdem sie sich so viel wie nur irgend möglich an Extravergütung ergattert hatten, aus dem Hause waren. Auf dem Hofe waren mindestens 15 uniformierte und geheime Polizeibeamte anwesend, diesmal aber offenbar nicht zum Schutze der 'Arbeitswilligen', sondern zum Schutze des Geschäfts vor jenen Leuten."[223]

Ähnlich zweischneidig gestaltete sich der Einsatz professioneller Streikbrecher beim Streik von 249 Gerüstbauern der Firma Altmann in Charlottenburg im April 1910. Die nach zehn Tagen friedlichen Streikverlaufs aus Essen eintreffenden Streik-brecher wurden in einem Massenquartier in Wilmersdorf untergebracht und waren bewaffnet. Der Vorwärts beschrieb ihr Benehmen als ausgesprochen herausfordernd: „Diese Elemente fühlen sich als Herren von Charlottenburg und glauben, als solche sich alles herausnehmen zu können. Als gestern morgen ein Wagen mit Arbeitswilli-gen die Berlinerstraße in Charlottenburg herunterfuhr, *wurde seitens der Arbeitswilli-gen dreimal auf Passanten geschossen*. (!) Das Benehmen der Arbeitswilligen ist direkt provozierend. Mit gespanntem Revolver in der einen und Gummischlauch in der anderen Hand werden die Streikenden direkt verhöhnt. Und das alles geschieht unter dem Schutze der Polizei."[224]

Mehrfach kam es zu gewaltsamen Zusammenstößen zwischen Streikenden, die von am Arbeitskampf Unbeteiligten unterstützt wurden, und Arbeitswilligen, wobei im Unterschied zu zahlreichen anderen Fällen hier die aktive Rolle der Streikenden dank ihrer umfangreichen Geständnisse in den sich anschließenden Landfriedens-bruchprozessen außer Frage steht.[225]

Der Vorwärts bemühte sich in seiner Berichterstattung, wie immer in derartigen Situationen, Gewalttätigkeiten einseitig den Arbeitswilligen zuzurechnen, was ihm insbesondere durch das Verhalten der auswärtigen Streikbrecher erleichtert wurde. Sogar der Geschäftsführer Altmann „möchte sie am liebsten wieder los sein", wie er in Einigungsverhandlungen bekundete.[226] „Wie wir hören, sind aus den Kreisen des umwohnenden Bürgertums [in Wilmersdorf − T.L.] Beschwerden über das Verhalten der Streikbrecher bei der Polizei geführt worden, die auch ihrerseits den Geschmack an ihren Schützlingen verloren zu haben scheint"[227], berichtete der Vorwärts in der

222 Vorwärts v. 12.1911, Nr. 10, siehe a. v. 14.1.1911, Nr. 12.
223 Vorwärts v. 19.1.1911, Nr. 16.
224 Vorwärts v. 26.4.1910, Nr. 96.
225 Urteil der 2. Strafkammer des Kgl. Landgerichts III in Berlin v. 4.7.1911, GStA, MdI, Rep. 77, Tit. 2515, Nr. 3, Bd. 1, Bl. 174-180v.
226 Vorwärts v. 1.5.1910, Nr. 101, 3. Beil.
227 Vorwärts v. 4.5.1910, Nr. 103.

letzten Streikwoche. Geradezu triumphierend schilderte er drei Tage später unter der Überschrift *„Landfriedensbruch durch Streikbrecher verübt"* einen gewaltsamen Angriff von fünfzehn bis zwanzig Streikbrechern auf ein Lokal in Wilmersdorf, dessen Wirt zwei von ihnen zuvor Lokalverbot erteilt hatte; die „Streikbrecher der Firma Altmann sind nachgerade ein Schrecken für die ganze Umgebung des Altmannschen Geschäfts geworden". Statt am „Arbeitswilligenschutz" mangele es am „Schutz des ruhigen Bürgers vor den arbeitswilligen Krawallmachern", hieß es abschließend. Ausnahmsweise kam es in Folge dieses Arbeitskampfes tatsächlich zu Ermittlungen auch gegen Arbeitswillige, sogar unter der Anschuldigung des *schweren* Landfriedensbruchs. Zum Zeitpunkt des Verfahrens gegen die vier am Überfall in Wilmersdorf beteiligten Streikenden schwebten diese Verfahren allerdings noch – die Beschuldigten waren „noch nicht aufzufinden".[228]

Diese Beispiele zeigen, daß der Einsatz von professionellen Streikbrechern durchaus auch auf andere als die durch die Gegenwehr der Streikenden gesetzten Grenzen stoßen konnte. Gewerbsmäßiger Streikbruch war ohne jene von der Polizei weitgehend tolerierte Bereitschaft zu gewaltsamen Konflikten, die aber zugleich die Wiederherstellung friedlicher Verhältnisse am Arbeitsplatz und in dessen Umgebung beeinträchtigen konnte, nicht möglich. Vor allem die aufsehenerregenden Berichte über die kriminellen Praktiken der „Streikbrechergarde" des Richard Hintze während und nach den Moabiter Unruhen[229] trugen zur hier in Ansätzen zu beobachtenden Ablehnung professioneller Streikbrecher auch in bürgerlichen Kreisen bei.[230]

5.4 Ladenstreiks

In vom Kaufverhalten des allgemeinen Publikums abhängigen Gewerbezweigen waren *Boykottbewegungen* ein selbstverständlicher Bestandteil des Arbeitskampfes. Die Straßenöffentlichkeit wurde dabei weniger durch die Auseinandersetzung zwischen Streikenden, Arbeitswilligen und der Polizei auf den Arbeitskampf aufmerksam gemacht, da es sich meist um Streiks in Hunderten von Kleinbetrieben handelte, deren Arbeitswillige nicht alle unter Polizeischutz gestellt werden konnten. Der eigentliche Streik bzw. Streikbruch und Arbeitswilligenschutz waren also vergleichsweise unauffällig. Öffentliches Interesse hingegen erregten die Versuche der Einflußnahme auf die Kunden und Kundinnen. Anhand einiger Beispiele aus der „Streikexzesse"-Fallsammlung, die bei weitem nicht der Gesamtentwicklung dieser Bran-

---

228 Vorwärts v. 5.7.1911, Nr. 154, 1. Beil.
229 Siehe u. S. 283-285.
230 Ein weiterer der Gruppe der Straßenstreiks zuzuordnender Arbeitskampf weist von den strukturellen Gegebenheiten der Branche her Ähnlichkeiten mit Ladenstreiks auf, die zu vergleichbaren Arbeitskampfmethoden führten. Die im März 1911 streikenden, zumeist in Kleinstunternehmen beschäftigten *Schilderanmacher* konzentrierten sich weniger darauf, Kollegen vom Streikbruch abzuhalten, als vielmehr bei Ladeninhabern und Gastwirten den Boykott der bestreikten Unternehmen durchzusetzen, wozu ähnliche Kontrollsysteme wie etwa bei den Streiks der Bäcker oder Barbiergehilfen eingesetzt wurden. Siehe TAVBln 1911, S. 138, Vorwärts v. 11.3.1911, Nr. 60, v. 15.3. 1911, Nr. 63, v. 17.3.1911, Nr. 65.

chen gerecht werden können, soll diese Variante der Einbeziehung der Straßenöffentlichkeit in den Arbeitskampf dargestellt werden.

Nach mehrwöchigen ergebnislosen Bemühungen um höhere Löhne und kürzere Arbeitszeiten legten am 25. Mai 1901 ca. 300 *Barbiergehilfen* die Arbeit bei ihren Meistern nieder. Die Besonderheiten eines Arbeitskampfes in kleinen Meisterbetrieben zeigte ein Bericht der Vossischen Zeitung noch in derselben Nacht: Da die jüngeren Gehilfen traditionsgemäß bei ihren Meistern wohnten, bedeutete die Niederlegung der Arbeit gleichzeitig die Aufgabe der Wohnung. 200-300 wohnungslose Barbiergehilfen mußten sich daher im Anschluß an die den Streik beschließende Versammlung in der Nähe ihres Gewerkschaftsbüros in der Luisenstadt auf der Straße die Zeit vertreiben, um auf die Öffnung der Streikkontrolle zu warten. „Es dauerte nicht lange, da kam ein Polizeileutnant mit zwölf Schutzmännern und machte der nächtlichen Versammlung ein Ende. Posten verhinderten jede weitere Ansammlung, bis um 6 Uhr morgens das Lokal eröffnet wurde."[231]

Angesichts der 16-1700 Barbierstuben in Berlin war eine sich lediglich auf Arbeitsniederlegung beschränkende Streiktaktik aussichtslos. Stattdessen wurden vor allem in den Arbeitervierteln in den Zahlstellen der Arbeiterbewegung provisorische Frisierstuben eingerichtet, auf die rote Plakate mit der Aufschrift „Hier arbeiten streikende Barbiere!" hinwiesen. Die Barbiergehilfen rasierten die Arbeiterkundschaft umsonst, erwarteten aber einen freiwilligen Beitrag zum Streikfonds, aus dem die Streikunterstützung bestritten wurde.[232] Die Adressen dieser Barbierstuben wurden regelmäßig im Vorwärts bekanntgegeben, verbunden mit Apellen an die Solidarität der Arbeiter, sich nur von streikenden Barbieren barbieren zu lassen. Nachdem mit den innungsfreien Arbeitgebern ein Tarifvertrag abgeschlossen worden war, wurden deren Gehilfen mit Kontrollkarten ausgestattet, um deren Überprüfung die Arbeiterkunden ebenfalls gebeten wurden. Auch nach dem erfolgreichen Abschluß des Streiks blieben Aufrufe, sich nur von Barbieren mit Kontrollkarte rasieren zu lassen, fester Bestandteil des Gewerkschaftsteils des Vorwärts.[233]

Während die Solidarität mit den Barbieren naturgemäß Männersache war, ging es beim Streik der *Bäckergesellen* im Mai 1904 in erster Linie darum, die Arbeiterfrauen zu solidarischem Kaufverhalten zu bewegen. Die Agitation für den Boykott derjenigen Geschäfte, die die Forderungen nach Abschaffung der Logis, drei Freinächten während der hohen Feiertage und Minimallohn ablehnten, konnte sich angesichts von 2.250 in Frage kommenden Arbeitgebern mit ca. 4.500 Beschäftigten nicht auf die seitenlange Bekanntgabe der bewilligenden Geschäfte im Vorwärts[234] beschränken. Zugleich — so der Verband der Bäcker in seinem Jahresbericht — wurde „über das ganze Streikgebiet [außer Berlin auch die Vororte — T. L.] in einer Auflage von 700000 ein Flugblatt mit größter Präzisität verbreitet."[235] Dabei kam es zu Konflikten mit der Polizei, die Flugblattverteiler feststellen und Flugblätter beschlagnahmen ließ. Auf

231 Vossische Zeitung v. 26.6.1901, Nr. 243, 2. Beil.
232 Ebd., Vossische Zeitung v. 25.5.1901, Nr. 242, 2. Beil.
233 Siehe z. B. Vorwärts v. 1.6.1901, Nr. 125, v. 5.7.1901, Nr. 154, v. 27.7.1901, Nr. 173, v. 21.5.1904, Nr. 118, 1. Beil., siehe a. BGK 1905, S. 40.
234 Z. B. Vorwärts v. 20.5.1904, Nr. 117, 2. Beil.
235 Verband der Bäcker und Berufsgenossen Deutschlands (1905), S. 11.

den Bahnhöfen konkurrierten Meister und Streikposten um aus der Provinz eintreffende Arbeitswillige; jeder „neuankommende Bäcker wurde mit Beschlag belegt."[236] Um die bewilligenden Betriebe zu kennzeichnen, setzte die Gewerkschaftsorganisation 3000 Plakate in Umlauf, die mit ihrem Stempel versehen der Kundschaft die Einhaltung des Tarifs verbürgten. Vor Geschäften, deren Bäckermeister sie ohne Stempel aushängten, bildeten sich Menschenansammlungen, die die Entfernung der Plakate forderten oder diese selbst vornahmen. Außerdem wurden beim Geschäft des Obermeisters einer der beiden Bäckerinnungen in der Fruchtstraße im Stralauer Viertel die Scheiben eingeschmissen.[237] Nach fünfzehn Streiktagen hatten vier Fünftel der Bäckereien mit ca. drei Vierteln der Gesellen die Forderungen bewilligt, so daß der Streik beendet werden konnte, um nun „den Kleinkrieg zu führen für die Erhaltung dessen, was durch den Streik erreicht worden ist."[238]

Boykotts zugunsten von Lohnarbeitern, die um verbesserte Arbeitsbedingungen kämpften, betrafen nicht nur die Nahrungsmittelbranchen mit den vielen Kleinbetrieben wie Bäcker und Fleischer, sondern auch die modernen Großbetriebe des Einzelhandels, die *Kaufhäuser*. Anfang November 1907 traten die Hausdiener und Arbeiter der Warenhäuser „des kleinen Mannes" der Firma Jandorf & Co., die „an den Zentren des überaus regen Verkehrs der Arbeiterbevölkerung" angesiedelt waren[239], in Streik, um die sogenannte „Konkurrenzklausel" in ihrem Arbeitsvertrag, die ihnen bei der exorbitanten Konventionalstrafe von 101 Mark den sofortigen Wechsel zu anderen Arbeitergebern verbot, loszuwerden. Darin wurden sie von der Arbeiterbewegung unterstützt; insbesondere die Frauen sollten sich engagieren. Von einem sozialdemokratischen Zahlabend Ende Oktober 1907 wurde berichtet: „Als Beobachtungsposten an den Geschäftshäusern der Firma Jandorf werden auf Beschluß der Gewerkschaftskommission und des General-Vorstandes [der Berliner Sozialdemokratie − T. L.] nur weibliche Personen Aufstellung nehmen, um eventl. bei Sistierungen sich renitent zu benehmen und dadurch bei den Frauen der Genossen den Zweck und Ziel des Boykotts zu beweisen."[240]

Wie „renitentes Benehmen" konkret aussah, beschreibt ein Vorwärts-Bericht über „erregte Szenen" am Abend des 9. November vor der Filiale in der südlichen Rosenthaler Vorstadt. Vor einem Eingang in der Veteranenstraße hatten sich am späten Nachmittag „Scharen von Menschen" angesammelt, „aus deren Mitte die Mahnung 'Kauft nicht bei Jandorf!' laut wurde". Obwohl die Polizei zu Pferde über den Bürger-

236 Vossische Zeitung v. 12.5.1904, Nr. 221, 1. Beil., siehe a. v. 13.5.1904, Nr. 222; Vorwärts v. 14.5.1904, Nr. 112.
237 Vossische Zeitung v. 17.5.1904, Nr. 227.
238 Vorwärts v. 27.5.1901, Nr. 122, Vossische Zeitung v. 28.5.1904, Nr. 246, 2. Beil., v. 3.6.1904, Nr. 256, 1. Beil.; Vorwärts v. 10.6.1904, Nr. 134, 3. Beil., 2.10.1904, Nr.232. − Der hier dargestellte Bäckerstreik kann als exemplarisch für weitere mit der Mobilisierung der Arbeiterkundschaft verbundene Lohnbewegungen der Bäcker im Juni 1907, Vossische Zeitung v. 17.5.1911, Nr. 239, und im Mai 1911, Vorwärts v. 30.5.1911, Nr. 124, gelten.
239 Colze (1908), S. 10. − Daneben gehörte aber auch das vornehme Kaufhaus des Westens zu diesem Großunternehmen. Im übrigen standen derartige Boykottkampagnen in keiner Weise mit der zeitgenössischen prinzipiellen Warenhauskritik in Verbindung, vielmehr distanzierte sich die Sozialdemokratie von derartigen „antisemitischen Mittelstandsrettern", siehe z. B. Vorwärts v. 11.10.1907, Nr. 238.
240 Spitzelbericht v. 25.10.1907, BLHA, Rep. 30, Tit. 94, Nr. 14141, Bl. 236v.

steig sprengte, schwoll die Menschenmenge auch nach Ladenschluß immer mehr an: „In großer Zahl waren Frauen unter der Menge vertreten. Manche Frauen bekundeten gegenüber den Schutzleuten, die mit bekannter Bravour vorgingen, auch gegenüber den auf den Bürgersteigen umhertrabenden Berittenen, ihre Entrüstung mit einer Furchtlosigkeit, wie man sie dem 'schwachen Geschlecht' sonst nicht zutraut."[241]

Ähnlich wie bei den Aktionen gegen die Weddinger Fleischer im Jahre 1912 traten bei diesem Konsumentinnenprotest neben den Frauen vor allem männliche Jugendliche in Aktion, was der Vorwärts allerdings geflissentlich verschwieg. Einem Bericht der Vossischen Zeitung zufolge wurde in einer Nebenstraße ein Berittener mit Steinen beworfen, sechzehn Personen wurden festgenommen, und „Gruppen radaulustiger Personen trieben sich bis gegen 3 Uhr morgens in der Nähe des Warenhauses umher".[242] Einer der Festgenommenen, ein vierzehnjähriger Mechanikerlehrling, erhielt drei Monate später vom Schöffengericht in Berlin-Mitte einen „Verweis" wegen Widerstandes gegen die Staatsgewalt.[243]

Jedoch auch die Boykottaktion gegen ein einzelnes Geschäft konnte zum Ausgangspunkt von Straßenpolitik werden. Die im Zentrum der Weddinger Fleischkrawalle von 1912 stehende *Fleischerei Morgenstern* bildete im Oktober 1910 den Ausgangspunkt dreitägiger Straßenaktionen, die die unmittelbare Nachbarschaft des Geschäfts mobilisierte. Morgenstern, ein Unternehmen mit vier Filialen in Berlin, hatte im Sommer jenes Jahres einen Tarifvertrag mit dem sozialdemokratischen Zentralverband der Fleischer abgeschlossen und sich damit auch verpflichtet, ausschließlich dessen Arbeitsnachweis in Anspruch zu nehmen.[244] Nachdem es in der Filiale in der Weddinger Schererstraße zu Differenzen wegen eines „gelben" Altgesellen gekommen war, hatte deren Geschäftsführer, nachdem der Auslöser des Konflikts in eine andere Filiale versetzt worden war, zwei besonders renitente Gesellen entlassen und vom Verband um die Vermittlung neuer Gesellen gebeten. Daraufhin legten die restlichen Gesellen am 26. Oktober mit Einwilligung ihres Verbandes die Arbeit nieder und verlangten die Wiedereinstellung der Entlassenen. „Vor dem Morgenstern'schen Geschäft wurden Streikposten aufgestellt, die das Publikum auf den Streik aufmerksam machten. Das Publikum — hauptsächlich Arbeiter — nahm zum Teil Partei für die Ausständigen"[245], stellte das königliche Landgericht fest.

Am nächsten Tag kam es vor allem nach Arbeitsschluß zu Ansammlungen in den drei Straßen, an deren Kreuzung das Geschäft lag: der Scherer-, Max- und Adolf-

---

241 Vorwärts v. 12.11.1907, Nr. 265. Siehe a. im Bericht der Berliner Gewerkschaftskommission: „Zum ersten Mal traten bei einem solchen allgemeinen Kampf die in der politischen Bewegung tätigen Frauen auf den Plan, denen durch die Organisierung der Kleinarbeit und durch die Einwirkung auf die kaufenden Frauen die Anerkennung nicht versagt werden kann, daß sie tüchtig mitgearbeitet haben." BGK 1907, S. 11 f.

242 Vossische Zeitung v. 11.11.1907, Nr. 530.

243 Vorwärts v. 4.2.1908, Nr. 29, 2. Beil.- Insgesamt führte die Boykottbewegung zu „113 Strafmandaten wegen Uebertretung der Str.-P.-V. [Straßen-Polizei-Verordnung – T. L.], des Preßgesetzes und des Groben Unfugparagraphen"; JbTAV 1907, S. 231.

244 ZdF 1913, S. 25.

245 Urteil der 1. Strafkammer des Kgl. Langerichts III Berlin v. 25.1.1911 (i. f. „Urteil im Weddingprozeß"), S. 8-13, GStA, MdI, Rep. 77, Tit. 2515, Nr. 3, fasc. 5.; vgl. Deutsche Fleischer-Zeitung v. 28.10.1910, Nr. 253.

straße.[246] Aus der johlenden und pfeifenden Menge heraus wurde eine Scheibe der Fleischerei eingeworfen. Die zur Zerstreuung der Menge anrückenden Polizeibeamten wurden zwar mit Lärmen und Schreien empfangen, stießen aber nicht auf direkten Widerstand. Gegen 22 Uhr war die Straße wieder ruhig.[247] Am nächsten Tag spielte sich das Gleiche ab mit dem Unterschied, daß sich mittlerweile die Streikenden mit Plakaten, Flugblättern und Zetteln an die Kundschaft gewandt hatten. In einem Flugblatt des Fleischer-Verbandes wurden die Hintergründe des Streiks genau beschrieben und Morgenstern eines rücksichtslosen „Herrn- und Protzenstandpunktes" bezichtigt, der auch noch die „Kühnheit — um nicht zu sagen — Frechheit" besitze, als Ersatz für die streikenden Gesellen beim gewerkschaftlichen Arbeitsnachweis Streikbrecher anzufordern. Während sich das Flugblatt des Verbandes mit Aufforderungen zur moralischen Unterstützung der Fleischergesellen begnügte — „'Arbeiter, Arbeiterfrauen, unterstützt die streikenden Fleischergesellen, zeigt diesem Herrn, dass die Solidarität der Arbeiter kein leerer Wahn ist. Unser Sieg ist euer Sieg, Hoch die Solidarität!'" —, riefen die Fleischergesellen selbst auf Handzetteln mit der Aufschrift „Kauft nicht bei der Firma Morgenstern" und Plakaten, die in umliegenden Geschäften und Lokalen ausgehängt wurden, direkt zum Boykott auf.[248] „Diese Aufforderung hatte den Erfolg, daß die Tageseinnahme gestern [am 28. Oktober — T. L.] um fast zwei Drittel gegen die sonstige Einnahme zurückging", beklagte tags darauf die Deutsche Fleischer-Zeitung.[249] Aus Angst vor Angriffen begaben sich die arbeitswilligen Fleischergesellen nicht auf den Heimweg, sondern übernachteten in der Fleischerei. „Als der Polizeihauptmann Körnich gegen 10 Uhr mit anderen Polizeioffizieren durch die Maxstrasse ging, wurde ihnen zugerufen: 'Na wartet man, morgen ist Sonnabend da wird es besser losgehen.'"[250]

In der Tat „ging es besser los" am Wochenende, vor allem nach Alkoholkonsum, auf dessen enthemmende Wirkung sich die meisten in der folgenden Nacht Verhafteten später vor Gericht zu ihrer Entlastung beriefen. Für die Eskalation in der Nacht zum Sonntag war aber neben diesem „üblichen", Aktionen gegen die Polizei begünstigenden Faktor der Freizeit auch die zeitliche Nähe zu den Moabiter Unruhen ausschlaggebend. Sie waren seit vier Wochen Gegenstand der innenpolitischen Auseinandersetzung und bildeten in ersten Stellungnahmen zu den Ereignissen am 28. und 29. Oktober den Bezugspunkt der Bewertung im Vorwärts. Den „Massen" wie der Polizei wurde attestiert, durch Besonnenheit ein zweites Moabit verhindert zu haben.[251]

Tagsüber glichen die Ereignisse am Sonnabend zunächst denen des Vortags, mit dem Unterschied, daß sich nach Feierabend noch mehr Menschen, darunter viele

---

246 Siehe Abb. 15.
247 Urteil im Weddingprozeß, S. 13 f.
248 Zit. n. ebd., S. 15 f.
249 Deutsche Fleischer-Zeitung v. 29.10.1910, Nr. 254. — Im Vorwärts distanzierten sich der Fleischerverband und die Berliner Parteiorganisation ausdrücklich von diesem Vorgehen der Fleischergesellen. Diese hatten sich nicht an die „Gepflogenheiten der Berliner Arbeitschaft" gehalten, nach denen der „Boykott als letztes Mittel im Kampfe" nur durch *gemeinsamen Beschluß von Partei und Gewerkschaft"* verhängt werden konnte; Vorwärts v. 1.11.1910, Nr. 256.
250 Urteil im Weddingprozeß, S. 16.
251 Vorwärts v. 30.10.1910, Nr. 255.

Frauen und Kinder, in den engen Straßen um die Fleischerei herum ansammelten. Der Laden von Morgenstern wurde weitgehend gemieden.[252] Die Wenigen, die dennoch dort einkauften, wurden auf der Straße „belästigt"; ihnen wurde die Ware entrissen. Gegen 21 Uhr wurde die Schererstraße von dieser lärmenden und schreienden Menge, aus der vereinzelt mit Steinen geworfen und die üblichen Polizei-Beschimpfungen gerufen wurden, ohne Waffengewalt geräumt und an beiden Enden durch Schutzmannsketten abgesperrt. Da die Menschenmengen sich aber vor den Ketten sammelten, auf diese eindrängten und weiterhin auf die Polizei schimpften, ging diese nun „unter Anwendung körperlicher Gewalt aber ohne Waffengewalt" vor. Um 22[15] schien die Situation bereinigt, die Ketten wurden, um die Reibungsflächen mit dem Publikum zu mindern, zurückgezogen und nur ein Posten von sieben Schutzleuten vor der Fleischerei zurückgelassen.[253]

Kaum jedoch hatte der den Einsatz leitende Polizeihauptmann Körnich den Ereignissen den Rücken gekehrt, hörte er wieder Lärm aus der Schererstraße. Die Menschenmenge hatte die Schutzleute vor der Fleischerei umringt, bewarf sie mit Steinen und beschimpfte sie. Dabei wurde die Arbeitermarseillaise gesungen, und zwar nicht vereinzelt und gegröhlt, sondern so laut und melodisch, daß Körnich, wie er später vor Gericht aussagte, glaubte, einen Gesangsverein vor sich zu haben – ein Indiz für die Beteiligung organisierter, im Singen zumindest dieses Liedes geübter Arbeiter und Arbeiterinnen.[254] Die erneute Räumung und Absperrung der Schererstraße wurde nun zum Ausgangspunkt von gewaltsamen Zusammenstößen zwischen der Polizei und dem Publikum in den umliegenden Straßen, die erst um 2 Uhr morgens endeten. Auch am Sonntag kam es noch vereinzelt zu Ansammlungen, aus denen heraus die Polizei beschimpft wurde.[255]

Mit dem unmittelbaren Anlaß, dem Boykott gegen Morgenstern, hatten diese Ereignisse nichts mehr zu tun; sie unterlagen der Eigendynamik des durch die Moabiter Unruhen bis aufs Äußerste gereizten Verhältnisses zwischen Arbeiterpublikum und Polizei in einem „reinen" Arbeiterquartier.[256] „Glücklicherweise" waren „weder Streikende noch andere Mitglieder unseres Verbandes" an ihnen beteiligt, stellte der Vorstand des Fleischer-Verbandes in seinem Geschäftsbericht fest.[257]

Der Boykott jedoch wurde zu Beginn der Woche fortgesetzt. Seine Beschreibungen in den Tageszeitungen erlauben Rückschlüsse auf die Funktionsweise von Nachbarschaftsöffentlichkeit in einem derartig zugespitzten Klassenkonflikt. Nach wie vor mied das „Proletariat des Weddings" den Morgensternschen Laden. „Gestern (Montag) abend von 6 Uhr bis zum Geschäftsschluß um 8 Uhr hat kaum ein halbes Dutzend Käufer oder Käuferinnen das appetitliche Lokal betreten, und unter dem halben Dutzend fand das geübte Auge gar noch ein paar 'Renommierkunden' heraus: Schutzmannsgattinnen und sonstige Frauen, denen es aus irgend welchen Gründen

252 Ebd., Vorwärts v. 29.10.1910, Nr. 254.
253 Siehe Urteil im Weddingprozeß, S. 19-21.
254 Vorwärts v. 18.1.1911, Nr. 15, 1. B.
255 Siehe Urteil im Weddingprozeß, S. 21-26, 81-90.
256 Einige den Moabiter Unruhen ähnliche Aspekte werden daher zusammen mit diesen behandelt, siehe u. S. 256-258, 269.
257 ZdF 1913, S. 25.

nicht darauf ankommt, bei der Bevölkerung des Weddings in Achtung und Ansehen zu stehen."[258]

Einer Schilderung in der Vossischen Zeitung zufolge versuchten Arbeiterfrauen, einzelne Kunden und Kundinnen durch Zureden vom Kaufen bei Morgenstern abzuhalten, wobei sich Menschenansammlungen bildeten, die von der Polizei zerstreut wurden. Ein Kunde wurde „sofort angerufen und belästigt, nachdem er den Laden verlassen hatte. Ein Polizeioffizier ordnete deshalb an, daß ein Schutzmann ihn mit einem gewissen Abstand begleitete. Vor seinem Hause aber hatte sich schon eine Menschenmenge angesammelt, die ihn schwer beschimpfte. Besonders tat sich darin ein Arbeiterehepaar Wolter aus der Reinickendorfer Str. No. 36 hervor, das auch vorher schon aus dem Hause heraus geschimpft und aufreizende Reden geführt hatte. Die Polizei nahm Mann und Frau fest und brachte sie nach der Wache."[259]

Konformes Verhalten von Nachbarn in sozialen Konflikten wurde weniger durch abstrakt-moralische Appelle als durch kollektive Einschüchterung und öffentliche Beschuldigung zu erzwingen zu versucht. Auf „Achtung und Ansehen" der Weddinger Bevölkerung konnten nur eindeutig höhergestellte „Persönlichkeiten" verzichten. Gegenüber dem Rest der im Stadtteil Wohnenden war der Entzug von „Achtung und Ansehen" das entscheidende Druckmittel, um die prekäre Geschlossenheit der Nachbarschaft aufrechtzuerhalten.

Nachdem der Vorwärts am Montag im Wedding ein Extra-Blatt verteilt hatte, in dem er alle organisierten Arbeiter und Arbeiterinnen aufforderte, sich auf keinen Fall an Ansammlungen auf der Straße zu beteiligen, um Provokationen durch die Polizei zu vermeiden[260], leerten sich die Straßen in der Umgebung von Morgenstern. Laut Vossischer Zeitung machten lokale Beobachter dafür allerdings auch den Dauerregen in diesen Tagen verantwortlich.[261] Im übrigen „[sorgten] Streikbrecher [...] dafür, daß der Streik nicht siegreich verlief."[262]

Kam es beim Boykott von Geschäften für alltägliche Konsumgüter wie Brot und Fleisch zu „Straßenszenen", so beteiligten sich daran vor allem die für den Haushalt zuständigen Arbeiterfrauen und eventuell Kinder und Jugendliche – ein Muster, das auch schon bei der Fleischrevolte am Wedding zu beobachten war. Die als letzte in Erscheinung tretende Gruppe von „Streikexzessen" anläßlich von Ladenstreiks hingegen nahm – ähnlich den Barbierstuben – von einer überwiegend von Männern besuchten Einrichtung, den Gaststätten, ihren Ausgang. Die *Gastwirtsgehilfen* waren

---

258 Vorwärts v. 1.10.1910, Nr. 256. – Zur Ausgrenzung von nichtproletarischen Frauen im alltäglichen Umgang vgl. auch die Polemik einer Agitatorin gegen Beamtenfrauen in einer sozialdemokratischen Frauenversammlung: Jede „Arbeiterfrau müßte unter allen Umständen es unter ihrer Würde halten, mit einer Beamtenfrau zu sprechen, noch etwa zu grüßen oder ihr gefällig zu sein, denn mit Nichtbeachtung könnte man die Damen am besten kränken. Die Beamtenfrauen müßten fühlen, daß die [!] nur von Arbeitergroschen ihr bequemes Leben fristen." Spitzelbericht v. 15.2. 1911, BLHA, Rep. 30, Tit. 94, Nr. 14154, Bl. 160.
259 Vossische Zeitung v. 1.11.1910, Nr. 513, 1. Beil. – Wolters hatten sich an den Ereignissen in der Sonnabend-Nacht mit Rufen gegen die Polizei vom Balkon aus beteiligt und wurden deshalb wegen Beleidigung später zu je drei Monaten Gefängnis verurteilt; siehe Urteil im Weddingprozeß, S. 6, 65-70.
260 Siehe GStA, MdI, Rep. 77, Tit. 2515, Nr. 3, fasc. 5., Bl. 16.
261 Vossische Zeitung v. 1.11.1910, Nr. 513, 1. Beil.; siehe a. Vorwärts v. 2.11.1910, Nr. 257.
262 ZdF 1913, S. 25.

eine typische Gruppe von „Spätorganisierten": Zwar gab es bereits seit 1898 einen Zentralverband; der eigentliche Aufschwung in der Mitgliederentwicklung setzte aber erst nach 1905 ein, und Streiks waren seltene Einzelfälle in Großbetrieben.[263] Die Arbeitsbedingungen dieser Berufsgruppe waren durch den reinen Trinkgeld-Verdienst verbunden mit Entlohnung durch Kost und extrem lange Arbeitszeiten sowie häufigen Stellenwechsel gekennzeichnet; daher spielte die Forderung nach fester Entlohnung, die erst jetzt, da erhöhte Preise die Trinkgelder reduzierten, in breiterem Maße unterstützt wurde, sowie nach Anerkennung des gewerkschaftlichen Arbeitsnachweises die zentrale Rolle.[264] Im Laufe des Jahres 1911 konnte der Verband der Gastwirtsgehilfen bei den Bewegungen für die Abschaffung der Kost und Einführung des Barlohnes in Berlin vor allem in großen Betrieben trotz der üblichen Polizeipräsenz bei Streiks erste Erfolge und öffentliches Interesse verzeichnen. „Auch die Angestellten des neuesten gastwirtschaftlichen Typus, der 'Hackepeter', hatten sich ebenfalls zum Kampf um bessere Verhältnisse aufgerafft. Kurz aufeinander brachen die Streiks in den beiden Betrieben von *Forckert* am Schönhauser und Oranienburger Tor, ebenso im Hackepeter 'Zum Vesuv', Inhaber *Seeliger*, Kottbusser Str. 28, aus, die nach kurzem, nur zweitägigem Ringen mit vollen Siegen endeten. In beiden Fällen wurde auch die *Anerkennung des Arbeitsnachweises* erreicht."[265]

Anläßlich des Streiks im „Vesuv" kam es am 1. Dezember vor dem Restaurant zu Ansammlungen und tags darauf, in der Nacht zum Sonntag, zu „Radauszenen", an denen mehrere hundert Personen, die johlend und brüllend die Kottbusser Straße auf- und abgingen, teilnahmen. Eine ganze Reviermannschaft mußte aufgeboten werden, um die Ruhe wiederherzustellen.[266] Auch die Aussperrung der organisierten Kellner im Februar 1912 im Hackepeter „Vesuv III" in der Schönhauser Allee 72 führte an einem Sonnabendabend zu großen Ansammlungen und Polizeieinsätzen, bevor ein Vertrag mit dem Verband der Gastwirtsgehilfen abgeschlossen wurde.[267]

Vor allem wenn die Streikenden versuchten, durch die Verteilung von *Flugblättern* im Restaurant die Gäste über die von ihnen bekämpften Mißstände zu informieren, konnte es bei derartigen Arbeitskämpfen zu gewaltsamen Konflikten mit Arbeitswilligen und dem Inhaber kommen. Der Einsatz eines mit einem sandgefüllten Gummischlauch bewaffneten „Rausschmeißers" gegen einen Gewerkschaftsangestellten und dessen Frau zog im April 1912 vor dem Restaurant „Alter Kuhstall" in der Invalidenstraße einen Auflauf und acht Festnahmen nach sich; daß ein weiterer Gewerkschafter zum Sturm auf das Restaurant aufgerufen haben soll, konnte ihm allerdings vor Gericht nicht nachgewiesen werden.[268] Tagelang sammelten sich Ende Juli 1912 vor

---

263 Siehe Fricke (1987), Bd. 2, S. 955, 960; BGK 1900 ff. Der aus der 1906 durchgeführten Umfrage in den Wahlkreisvereinen der sechs Berliner Reichstagswahlkreise ermittelte Organisationsgrad von 65 % von nur 2.000 Berufsangehörigen erscheint angesichts der Tatsache, daß es laut BGK 1908, S. 94, 20.000 Berufsangehörige gab, unwahrscheinlich.
264 Siehe JbVdG 1911, S. 13 f.
265 VdGBln 1911, S. 15, 19 f.- „Hackepeter" waren vermutlich Schnellrestaurants, die nach den in dieser Zeit in Mode kommenden mit Zwiebelhackfleisch belegten Brötchen benannt wurden, vgl. Dehne (1992).
266 Vossische Zeitung v. 4.12.1911, Nr. 605.
267 Siehe Vossische Zeitung v. 19.2.1912, Nr. 90; Vorwärts v. 18.2.1912, Nr. 41; JbVdG 1912, S. 17.
268 Vorwärts v. 13.4.1912, Nr. 86, v. 14.12.1912, Nr. 292.

dem Ausschank der Löwenbrauerei in der Weddinger Hochstraße Menschen an, da die Polizei sich nicht nur dem Schutz der Arbeitswilligen widmete, sondern auch zur Verhaftung von Flugblattverteilern schritt und eigenhändig an der Häuserwand befestigte Zettel der Streikenden entfernte.[269] Auch ein Café mit bürglichem Publikum wie das „Abbazzia" in der Charlottenburger Hardenbergstraße wurde zum Schauplatz von Tumulten, nachdem als Gäste getarnte „Gelbe" in brutaler Weise Flugblattverteiler aus dem Lokal geworfen hatten. Es gelang den organisierten Kellnern, das im Auto vorfahrende vornehme Publikum bereits vor dem Betreten des Lokals zur Umkehr zu bewegen.[270] Nur in wenigen Ausnahmen gingen — folgt man den Jahresberichten des Verbandes der Gastwirtsgehilfen — derartige von Boykottaufrufen begleitete Arbeitskämpfe verloren. Gemessen an der Gesamtzahl der Lohnbewegungen dieser Branche stellten gewaltsame Vorfälle eine Ausnahme dar. Die Aufklärung des Publikums stellte das wichtigste Druckmittel der Organisierten dar, wenn es Gastwirte zu Streiks kommen ließen, „bei welchen das Publikum fast durchweg Solidarität übte, was an dieser Stelle hauptsächlich von seiten der organisierten Arbeiterschaft hervorgehoben und dankend anerkannt sein soll".[271]

5.5 „Streikexzesse" als Klassenkonflikte

Bisher habe ich auf den Begriff „Klasse" zur Charakterisierung von Handlungen und Strukturen bewußt weitgehend verzichtet, um die reifizierenden und nivellierenden Effekte, die die Verwendung dieses Begriffs und seiner Singular-Komposita wie *die Klassenlage*, *das Klassenbewußtsein*, *der Klassenwiderspruch* etc. gewollt oder ungewollt mit sich bringt, von der konkret-historischen Analyse fernzuhalten. In der nun folgenden sozialhistorischen Interpretation der „Streikexzesse" ist es hingegen sinnvoll, „Klasse" als eine konkreten Individuen gemeinsame handlungsleitende Vorstellung über die Natur der gesellschaftlichen Beziehungen, in der sie gemeinsam anderen gegenüberstehen, einzuführen. Damit soll das Gewicht „objektiver" Voraussetzungen und begünstigender Faktoren für die Neigung, die soziale Welt als Klassengesellschaft zu *interpretieren* und in ihr „als Klasse" zu *handeln*, nicht infragegestellt werden. Konkrete *Handlungen* in konkreten Situationen können jedoch nur aus der Bedeutung und Interpretation sozialer Tatsachen für und durch die Handelnden erklärt werden, nicht hingegen als „notwendige", quasiautomatische Folge einer „objektiven" Struktur, die in den Dimensionen des Status und der materiellen Lage gemessen wird.

Wer nahm an „Streikexzessen" teil, in welchen Stadtteilen, in welcher Öffentlichkeit fanden sie statt? Lassen sich in den „Streikexzessen" Handlungselemente identifizieren, die auf die im alltäglichen Kleinkrieg zwischen Polizei und Publikum verbreiteten Interaktionstypen verweisen? Und schließlich: Welchen sozialen Sinn hatte die in der rigorosen Bekämpfung von Streiks bestehende Straßenpolitik von oben?

---

269 Vorwärts v. 31.7.1912, Nr. 176.
270 Siehe Vorwärts v. 5.9.1912, Nr. 207, v. 7.9.1912, Nr. 209; JbVdG 1912, S. 22.
271 VdGBln 1912, S. 8-22.

Was stand auf der anderen Seite für diejenigen, die sich dagegen vehement und teilweise gewaltsam in straßenpolitischen Aktionen von unten zu Wehr setzten, auf dem Spiel?

Nach dem *sozialen Status* von „Streikexzedenten" zu fragen, erweist sich als geradezu trivial. Natürlich handelte es sich so gut wie ausschließlich um Männer und Frauen aus der Arbeiterschaft, die als Streikende oder als sich einmischende Dritte Angriffe auf Arbeitswillige und Polizisten ausführten bzw. von diesen angegriffen wurden. Daß die Arbeitswilligen ebenfalls der Unterschicht entstammten, geht ebenso eindeutig aus dem Quellenmaterial hervor. Abgesehen von den unmittelbar betroffenen Unternehmern gibt es keine Hinweise auf bürgerliche Zivilpersonen, die sich an derartigen Auseinandersetzungen beteiligt hätten. Der „Streikexzeß" war auf seiten der Zivilpersonen im Unterschied zu den Interaktionstypen des alltäglichen Kleinkriegs zwischen Polizei und Publikum eine *ausschließlich* und nicht lediglich überwiegend von Arbeitern und wenigen Arbeiterinnen dominierte Aktionsform.

Auch hinsichtlich des *Alters* der Akteure weisen die zur Verfügung stehenden Personenangaben Unterschiede auf: Während unter den in der Kleinkrieg-Fallsammlung identifizierbaren Teilnehmern die Gruppe der Unter-30-Jährigen mit gut 75 % bei weitem dominierte, fällt diese jugendliche Vorrangstellung bei den „Streikexzessen" für die Fälle, in denen durch größere Gerichtsverfahren Personenangaben überliefert sind, etwas bis wesentlich schwächer aus. Im Fall des Omnibusfahrerstreiks 1903 ist ein Nachweis aller eingeleiteten 197 Strafverfahren erhalten:[272] Von den darin aufgeführten 194 Personen mit Altersangabe waren 60 % unter 30, 26 % zwischen 30 und 39 Jahre alt. Von den 52 Angeklagten der beiden Prozesse infolge der Moabiter Unruhen gehörten zwei Drittel zur Altersgruppe der bis zu 30 Jahre Alten. In den anderen Fällen, für die entsprechende Angaben vorliegen, beim Krawall am Rosenthaler Tor anläßlich des Straßenbahnangestellten-Streiks 1900, bei den Weddinger Krawallen 1910 und beim Streik von Dewitt & Hertz 1912 sind die Altersgruppen der über und der unter 30 Jahre Alten nahezu gleich stark vertreten. Der Anteil der Frauen an diesen Gruppen ist hingegen ähnlich wie in der Kleinkrieg-Fallsammlung mit einigen Prozent verschwindend gering, was aber zunächst lediglich für ihre geringere Straffälligkeit anläßlich von „Streikexzessen", nicht aber generell für ihre Nicht-Teilnahme an derartigen Aktionen spricht.

Während also der alltägliche Kleinkrieg mit der Polizei vor allem als Teil der Freizeitkultur junger und jugendlicher Männer, vor allem Arbeiter, gedeutet werden kann, war der „Streikexzeß" eine Aktionsform, an der sich auch Arbeiter in „gesetztem" Alter in relevantem Ausmaß beteiligten. Dies galt sowohl für die Streikenden wie für parteiergreifende Dritte aus der Nachbarschaft oder dem Straßenpublikum. Der Vergleich der lokalen Verteilung der in den beiden Fallsammlungen erfaßten Ereignisse weist ebenfalls in die Richtung einer in der Lebenswelt der Arbeiterschaft in ihrer Gesamtheit verankerten Form von Straßenpolitik.

Bei der Auszählung der lokalen Verteilung der in den 74 Fällen der „Streikexzesse"-Fallsammlung enthaltenen 351 Einzelereignisse zeichnet sich ein Spitzengruppe von fünf Stadtteilen und einem Vorort ab, die sich von der entsprechenden Spitzen-

---

272 BArchP, RMI, Nr. 7012, Bl. 100-123.

gruppe der Kleinkrieg-Fallsammlung[273] deutlich unterscheidet. Die in Zeitungsberichten erwähnten Ereignisse wurden für diese Schätzung in zwei Gruppen eingeteilt: zum einen in die der unmittelbar auf den Streik bezogenen Aktionen: 'Konflikt
Streikende – Arbeitswillige', 'Konflikt Streikende – Polizei', 'Polizeischutz für Arbeitswillige', zum anderen in die für die Beteiligung der Straßenöffentlichkeit charakteristischen Aktionen: 'Menschenmengen' und 'Beteiligung der Nachbarschaft'.[274]
An der Spitze der ersten Ereignisgruppe liegen die westliche Luisenstadt jenseits des
Kanals mit 57 und die Stadt Charlottenburg mit 51 Erwähnungen, gefolgt vom westlichen Moabit und dem Wedding mit 29 bzw. 24 Erwähnungen. Die hervorragende
Stellung der Luisenstadt als Standort der mittleren und kleineren Industrie[275] schlägt
sich auch in den mittleren Positionen ihrer anderen beiden Teile nieder. Charlottenburg, das westliche Moabit und Wedding sind hingegen zusätzlich durch großindu-
strielle Komplexe der Metallindustrie und Arbeiterwohngebiete geprägt. Dieselben
vier Stadtteile bzw. Städte belegen auch bei der zweiten Ereignisgruppe die ersten vier
Plätze, aber in anderer Reihenfolge: Zu Menschenmengen und von der Nachbarschaft getragene Aktionen aus Anlaß von Streiks kam es am häufigsten im Wedding und im westlichen Moabit (21 bzw. 16 Erwähnungen), gefolgt von der westlichen
Luisenstadt jenseits des Kanals und Charlottenburg. In der Kleinkrieg-Fallsammlung hingegen war von diesen drei Stadtteilen lediglich der Wedding unter den Berliner Stadtteilen an dritter Stelle in der Spitzengruppe zu finden, während die anderen
im Mittelfeld plaziert waren. Die beiden unruhigsten Viertel der Kleinkrieg-Fallsammlung, die Spandauer Vorstadt und der Gesundbrunnen, nehmen lediglich in
der zweiten Ereignisgruppe mit je sechs Erwähnungen den 6. Rang ein, während sie
in der ersten weit abgeschlagen sind. Was die ereignisarmen Stadtteile anbelangt,
gleichen sich die lokalen Verteilungen in beiden Fallsammlungen: Die bürgerlichen
Stadtteile und die restlichen Vororte fallen kaum ins Gewicht.

In dieser zugegebenermaßen nur in groben Umrissen erkennbaren Verteilung der
mit „Streikexzessen" verbundenen Ereignisse spiegeln sich zwei Faktoren wider: die
räumliche Verteilung der Gewerbestandorte und das soziale Profil lokaler Öffentlichkeiten. In Stadtteilen mit zahlreichen Betrieben wurde naturgemäß öfter gestreikt,
gab es also mehr Anlässe zu „Streikexzessen"; in Stadtteilen, die *zugleich* auch als
Wohnviertel der Arbeiterschaft dienten[276], fand sich um so leichter ein für die Streikenden parteiergreifendes Publikum. Gelegenheit und Bereitschaft zu derartige Soli-
darisierungen waren offenbar in Stadtteilen wie der Spandauer Vorstadt, aber auch
den Teilen des Stralauer Viertels, die in der Kleinkrieg-Fallsammlung von Bedeutung
waren, in weitaus geringerem Ausmaß vorhanden. Die besondere Bedeutung der von

---

273 Siehe o. Tab. 4.
274 Gezählt wurden die Erwähnungen derartiger Ereignisse in der Vossischen Zeitung und im Vorwärts. Nicht berücksichtigt wurden wegen ihres besonderen Gewichts die Moabiter Unruhen. Das
   Resultat der Auszählung kann aufgrund der Ungenauigkeiten in der Berichterstattung lediglich die
   Grundlage für eine *grobe Schätzung* der lokalen Verteilung von „Streikexzessen" abgeben.
275 Siehe Fiebig u. a. (1984).
276 Dies wurde nicht nur durch die Berlintypische Durchmischung von Gewerbe und Wohnen auf eng-
   stem Raum im Mietskasernenbau – Beispiel Luisenstadt –, sondern auch durch das unmittelbare
   Nebeneinander von Großbetrieben und vergleichsweise homogenen Arbeitervierteln – Beispiel
   westliches Moabit, siehe u. Kap. 6.3.1 – bewirkt.

der Arbeiterschaft stark geprägten Nachbarschaft eines Wohnviertels geht auch mit dem Befund des im Vergleich mit der Kleinkrieg-Fallsammlung etwas größeren Gewichts der „gesetzten" Arbeiter im Familienvateralter bei den „Streikexzessen" konform. „Streikexzesse" wurzelten nicht in erster Linie in den geschlechts- und generationsspezifischen Verhaltensweisen unverheirateter junger „Rowdies", sondern in tendenziell generationen- und geschlechtsübergreifenden Deutungsmustern und Wertvorstellungen der Arbeiterschaft, denen zufolge *diese* Konflikte als *Klassenkonflikte* gedeutet und behandelt wurden. In „Streikexzessen" ereignete sich, so läßt sich in Erweiterung des Thompsonschen Diktums formulieren, „Klasse".

Dabei lassen sich einige der anhand der Interaktionstypen des alltäglichen Kleinkriegs zwischen Polizei und Publikum herausgearbeiteten *Handlungselemente* als konstitutive Bestandteile auch dieser Straßenereignisse beobachten:
— die *Aufmerksamkeitsbereitschaft* des Straßenpublikums als Grundvoraussetzung für die Bildung von Menschenmengen (vgl. 'Sensationen'), die häufig erwähnte *Beteiligung von Frauen und Jugendlichen* an diesen Menschenmengen,
— die Austragung von Meinungsverschiedenheiten mithilfe von *Gewalt* (vgl. 'Schlägereien'),
— die *kollektive Bestrafung* von schwerbewaffneten Gewaltexzedenten (vgl. 'Lynch-Aktionen'),
— die Wiederherstellung einer durch Regelverstöße gegen den *sozialmoralischen Konsens* gestörten lokalen Ordnung sowohl gegenüber Angehörigen der eigenen wie anderer Sozialgruppen (vgl. 'Aktionen gegen Eigentümer'), die *Ablehnung der Polizei* als in Streitigkeiten intervenierende Instanz (vgl. 'Aktionen gegen die Polizei').
— Streiks konnten zu bestimmten Zeiten (Sonnabend Abend) Anlässe zu Aktionen gegen die Polizei bilden, bei denen die *prinzipielle Feindschaft gegen die Polizei* und nicht der veranlassende Streik das Leitmotiv der Aktionen darstellte.
Als wichtige Unterschiede sind festzuhalten:
— „Streikexzesse" fanden zumeist tagsüber statt, nahmen jedenfalls tagsüber ihren Ausgangspunkt, und standen in der Regel nicht unmittelbar mit der Freizeitsphäre, insbesondere dem Kneipenbesuch, in Verbindung.
— Die Lust am „groben Unfug" spielte — ohne ganz zu fehlen — bei den meisten „Streikexzessen" eine untergeordnete Rolle.
Diese Unterschiede zum alltäglichen Kleinkrieg mit der Polizei gilt es jedoch zu differenzieren. „Streikexzesse" lassen sich in zwei Hauptgruppen einteilen: Zum einen in eine Mehrzahl von unmittelbar auf das bestreikte Unternehmen bezogenen und sich in dessen Umgebung meist tagsüber abspielenden Auseinandersetzungen vor allem zwischen Streikenden, Arbeitswilligen und der Polizei, bei denen am Arbeitskampf Unbeteiligte seltener in Erscheinung traten; zum anderen in einige wenige Fälle von in der Nachbarschaft eines Arbeiterwohnviertels verankerten Aktionen großer Menschenmengen, die sich kaum oder nur in geringem Maße aus Streikenden zusammensetzten und deren Handlungen sich in erster Linie gegen die Polizei richteten. Während bei den hauptsächlich von Streikenden getragenen Aktionen die Elemente der Freizeit und des groben Unfugs weitgehend fehlten, gehörten sie zu den Aktionen der Arbeiter-Nachbarschaften: Krawalle wie die am Rosenthaler Tor 1900, am Nettel-

beckplatz 1903 oder im Wedding 1910 fanden nachts bzw. am Wochenende statt und wurden von typischen Unfug-Aktionen wie Laternen-Löschen, Litfaßsäulen-Anzünden und Feuerwerkskörper-Abbrennen begleitet. Dennoch unterschieden sich auch diese „Streikexzesse" durch ihre direkte Verankerung im Wohngebiet — Nutzung der Hauseingänge und Kneipen als Rückzugsgebiet — von den größeren 'Aktionen gegen die Polizei' aus der „Kleinkrieg"-Fallsammlung, wenngleich sie deren breites Repertoire an Aktionsformen (Beschimpfen der Polizei, „Blaukoller", Widerstand gegen Sistierungen, Gefangenenbefreiung, Bewerfen der Polizisten) aufwiesen.

Allen „Streikexzessen" gemeinsam war eine komplexere Zusammensetzung der Konfliktparteien. Während für die Analyse der Aktionen des alltäglichen Kleinkriegs mit der Polizei die Einteilung in die Partizipationseinheiten „Polizist", „Einzelner" und „Menschenmenge" ausreichte, müssen wir bei „Streikexzessen" von in sich gegliederten „Lagern" ausgehen: Auf der einen Seite das bestreikte Unternehmen, die Arbeitswilligen, Arbeitgeberverbände und die Polizei, auf der anderen Seite die Streikenden eines Unternehmens, ihre Gewerkschaft, das Straßenpublikum bzw. die Nachbarschaft des bestreikten Unternehmens und die durch die veröffentlichte Meinung im Vorwärts repräsentierte Arbeiterbewegung. Die Streikenden auf der Straße und das sie unterstützende Straßenpublikum sahen sich zudem den Verhaltensanforderungen zweier miteinander konkurrierender Ordnungsmächte ausgesetzt: Zum einen dem Gehorsamsanspruch der Staatsgewalt, die sich durch die Duldung, ja Förderung irregulärer Gewaltausübung seitens Arbeitswilliger zugleich selbst um ihre Legitimität brachte, zum anderen dem Erziehungs- und Leitungsanspruch der Arbeiterbewegung, die ihren Anhängern aus Gründen der Schadensbegrenzung einen disziplinierten und gesetzeskonformen Verhaltensstil abforderte und darüber hinaus auch im Arbeitskampf ihre Ordnungskompetenz („Arbeiterpolizei") unter Beweis stellen wollte. Daß die sozialdemokratischen Funktionäre und Redakteure mit dieser legalistischen Orientierung bei ihrer Klientel nur bedingt durchdrangen, war das paradoxe Ergebnis ihres Erfolges: In dem Maße, wie sich die Sozialdemokratie in der Arbeiterschaft als legitime Vertreterin einer von der Obrigkeit zugunsten der Unternehmer entrechteten Klasse durchsetzen konnte, verbreitete sich unter Arbeitern und Arbeiterinnen ein distinktes *Ehrgefühl*, das durch die fortwährende Diskriminierung im Straßenalltag, aber insbesondere in *explizit* politisierten Konfliktsituationen wie Streiks um so mehr herausgefordert wurde. Diese moralisch-politische Qualität stellt eine weitere Besonderheit des „Streikexzesses" gegenüber den in der „Kleinkrieg"-Fallsammlung enthaltenen Konflikten dar: Diesen lag zwar die Diskriminierung seitens der Staatsgewalt und eine in Rufen wie „Bluthund" artikulierte implizite politische Interpretation von unten zugrunde, die sich jedoch nicht explizit auf die Zulässigkeit organisierten Handelns von Arbeitern, sondern „nur" auf die ihres jeweiligen öffentlichen Verhaltens bezog.

Diese explizit politische Qualität der auf Streiks bezogenen Ordnungskonflikte läßt sich auf beiden Seiten beobachten. Die staatliche Intervention in Arbeitskämpfe prinzipiell zugunsten der Unternehmer vollzog sich konkret als eine Willkür-Praxis der *sozialen Diskriminierung* durch die Exekutive vor Ort, die Arbeiter zweifach ausgrenzte: Zum einen gegenüber „nützlichen Elementen" aus der eigenen Schicht, zum anderen gegenüber Menschen aus höheren Schichten. Das entsprechende

Unterscheidungsvermögen wurde den Schutzmännern nicht nur in der Dienstanweisung, wo von einem „besseren" (bürgerlichen) und (implizit) „schlechteren" (proletarischen) Teil des Straßenpublikums die Rede war, sondern auch zur Deutung komplizierter Situationen wie beim Omnibusangestelltenstreik 1903 abverlangt. Die Tatsache, daß es Streikenden gelegentlich gelang, diese am äußeren Erscheinungsbild ausgerichtete Wahrnehmung gezielt zu unterlaufen, unterstreicht die Bedeutung dieser alltäglichen Sozialdiskriminierung gerade bei Arbeitskämpfen. Im Juni 1903 nutzten Streikposten einer Firma in der Sophienstraße, die in ihrer Werktagskleidung bereits vom Schutzmann fortgewiesen worden waren, den Respekt vor dem bürgerlichen Habit zur Täuschung der Obrigkeit und übten in Gehrock, Zylinder und weißer Weste unerkannt unter den Augen der Polizisten vor bestreikten Unternehmen die Streikkontrolle aus.[277]

Der Diskriminierungseffekt der polizeilichen Ordnungsmaßnahmen wurde verstärkt durch den weitreichenden Schutz bis hin zur gänzlichen Straffreiheit bei Tötungsdelikten, den Arbeitswillige genossen. An ihrer Beurteilung – „nützliche Elemente" oder ehrlose Verräter – kristallisierte sich die Unversöhnlichkeit der beiden aufeinanderprallenden Weltbilder. Dieser staatlichen Protektion „niedrigster" und „minderwertiger" Elemente wurde in den Kommentierungen der Arbeiterpresse mit einer rigorosen Abgrenzung des eigenen Kollektivs nach unten begegnet. Der solidarische, seine Staatsbürgerrechte beanspruchende und damit politisch handelnde Arbeiter stand demnach haushoch über dem Arbeitswilligen, dem je nach Bedarf und Gelegenheit fachliche Inkompetenz, moralische Unzuverlässigkeit, Rückständigkeit, Ungebildetheit und andere negative Anzeichen der Andersartigkeit bescheinigt wurde. Besonders in geschlossenen Gruppen eingesetzte ausländische Arbeitswillige dienten dabei als Projektionsfläche für fremdenfeindliche Stereotype. Die prägnanteste Ausformulierung dieser gegensätzlichen Beurteilung von professionellen Streikbrechern findet sich in den hier herangezogenen Quellen in einem Vorwärts-Kommentar zu einem Interview der Berliner Morgenpost mit dem Streikbrecheragenten Richard Hintze, dessen brutale „Knüppelgarde" erheblich zur Eskalation der Moabiter Unruhen beigetragen hatte.[278] Der Vorwärts hielt Hintzes ungenierte Selbststilisierung als Unternehmersöldling zwar auch für die Aufschneiderei eines Einundzwanzigjährigen, hob jedoch zugleich hervor: „Aber die Gemeinheit der Gesinnung ist echt, grundecht und wahr und kann zeigen, auf welches Niveau die Arbeiterklasse zurücksinken würde, wenn, wie unsere Regierenden und Unternehmer wünschen, Gesellen wie Hintze der Normaltyp der deutschen Arbeiter werden würden. Das ist freilich ausgeschlossen – die Hintze und Konsorten werden nie mehr als Schmeißfliegen am Leibe des Proletariats."[279]

---

277 Vorwärts v. 12.6.1903, Nr. 134, 1. B., siehe a. ein Beispiel in Vorwärts v. 30.10.1904, Nr. 256, 1. Beil. und einen Bericht über einen Arbeitskampf in der Buchbinderbranche, Zahlstelle Berlin des Deutschen Buchbinderverbandes (1908), S. 162. Umgekehrt konnten jedoch auch Arbeiter getäuscht werden: Nachdem ein Streikposten die Ehefrau eines bestreikten Pianoforte-Fabrikanten irrtümlicherweise als Arbeitssuchende angesprochen und auf den Streik hingewiesen hatte, wurde er wegen „Belästigung" sistiert, Vorwärts v. 20.10.1904, Nr. 247, 1. Beil.
278 Siehe u. S. 283 f.
279 Vorwärts v. 5.10.1910, Nr. 233.

Die direkten Aktionen anläßlich von Arbeitskämpfen dürfen also nicht lediglich als eine Art „Fortsetzung des Streiks mit anderen Mitteln" interpretiert werden, die gezielt eingesetzt wurden, um den ökonomischen Druck auf den Arbeitgeber sicherzustellen. Genausowenig dienten polizeiliche Maßnahmen gegen Streikende nur dazu, durch Verhinderung von Streiks materiellen Schaden von Unternehmen fernzuhalten. Eine solche Interpretation würde zu kurz greifen, da sie den Handelnden eine Effizienzorientierung unterstellen müßte, die sich nicht bewährte: Die verfügbaren Informationen sprechen weder für einen durchschlagenden Erfolg der polizeilichen Anti-Streikmaßnahmen noch für eine direkte Abhängigkeit der Streikerfolge von direkten Aktionen seitens der Streikenden.[280]

Bei der Straßenpolitik während Arbeitskämpfen stand etwas andere auf dem Spiel: In der Konfrontation zwischen streikunterstützender Solidarität und streikbekämpfender Ordnungssicherung wurde um die legitime Teilhabe an der Macht von Öffentlichkeit gerungen. Der willkürlichen Diskriminierung von sich gegen ihren Dienstherren auflehnenden Arbeitern stand der universale Anspruch auf Gleichbehandlung und Ehrbarkeit auch und gerade von Arbeitern in Klassenaktionen gegenüber. Jeder Arbeitskampf wurde so zur öffentlichen Gelegenheit, dieser polizeilich-juristischen Repression durch direkte Aktionen entgegenzutreten und für das Klassenhandeln auch die öffentliche Anerkennung als moralisch legitime, wenn nicht gar legale Handlungsweise zu reklamieren. Durch die permanente Intervention der Staatsgewalt entwickelte sich gerade in der Sphäre, in der die soziale Diskriminierung am offenkundigsten war, im Rechtsstaat, aus den Konflikten um diese Klassenaktionen eine negative Dialektik, die weder den staatlichen noch den gewerkschaftlichen Ordnungshütern ins Konzept paßte. Das ständige juristische Geplänkel mit seiner uneinheitlichen Rechtsprechung zur Einschlägigkeit von Straßenpolizeiverordnungen und Grober-Unfug-Paragraphen, den drakonischen Strafen für verbotenen Koalitionszwang, Beleidigung, Nötigung oder in seltenen Fällen Landfriedensbruch wirkte erzieherisch auf die „Delinquenten" – allerdings kaum im Sinne der Strafverfolgung. Auch wenn das durch die systematische Außerkraftsetzung bürgerlicher Freiheiten immer wieder „erschütterte" Rechtsempfinden der Arbeiter[281] deren Anspruch auf Anerkennung als gleichberechtigte Staatsbürger, der sich vor allem in der breiten Wahlrechtsbewegung artikulierte, steigerte, so bestätigte und nährte es zugleich die Deutung sozialer Konflikte als Klassenkämpfe. Zum Leidwesen von Gewerkschaftsfunktionären verzichteten streikende Arbeiter und ihre Sympathisanten jedoch nicht darauf, in der Sprache und den Formen *ihrer* Lebensweise diese Gerechtigkeitsvorstellungen nachdrücklich und daher auch handgreiflich *außerhalb* der ihnen vorenthaltenen Rechtsordnung zu artikulieren. Im Kern stand daher — immer noch — die Vorstellung von einer ständischen Hierarchie abgestufter Rechte aus der Perspektive von oben der Hoffnung auf eine den kollektiven Aufstieg ermöglichenden egalitären Ordnung aus der Perspektive von unten unversöhnlich gegenüber. Innerhalb

---

280 Dies ergibt ein Vergleich der Erfolge bzw. Mißerfolge aller Arbeitskämpfe im DMV-Bereich mit den in der „Streikexzesse"-Fallsammlung enthaltenen; berechnet nach „Statistik der in den Jahren 1897 bis 1921 stattgefundenen Lohnbewegungen", DMV (1922), S. 53 und DMVBln 1903-1913.
281 DMVBln 1907, S. 53.

dieser Unversöhnlichkeit gab es durchaus einen gemeinsamen Kanon von „Sekundärtugenden" wie Disziplin, Ordnung, Gehorsam, Mut, Aufopferungsbereitschaft etc. sowie die dazugehörende „Männlichkeit", die beide Seiten mit äußerster Energie für ihre Zwecke in Anspruch nahmen.

Auf der einen Seite wurden der solidarische Verhaltenskodex untereinander und der kollektive Aufstiegs- und Selbstbehauptungswille gegenüber anderen gesellschaftlichen Gruppen und dem Staat über die regionalen und statusmäßigen Unterschiede hinweg zum Allgemeingut vor allem der Lohnabhängigen. Dieses *Klassenbewußtsein* hatten sie mit der Sozialdemokratie als sozialer Bewegung hervorgebracht, und es sicherte dieser wiederum gegen Ende des Kaiserreichs insbesondere in protestantischen Großstädten eine hegemoniale Stellung im politisch-kulturellen Leben der Arbeiterschaft. Zugleich jedoch gewann der Imperativ verbaler, gewaltfreier und „rationaler" Konfliktregelung, wie er auch von den im gesetzlichen Rahmen operierenden Organisationen geteilt wurde, nur bedingt in der organisierten Arbeiterschaft an Verbindlichkeit. Weitgehend außerhalb des mäßigenden Einflusses der Arbeiterorganisationen blieb das Verhalten des mit Streikenden sympathisierenden Straßenpublikums. Trotz aller Ermahnungen von Gewerkschaftsfunktionären und Parteipresse zu Disziplin und Gesetzmäßigkeit artikulierte sich angesichts offenkundiger Polizeiwillkür der *Eigen-Sinn* von Gewerkschaftsmitgliedern, Unorganisierten und sympathisierenden Zuschauern in Gestalt von *direkten Aktionen*: Klassenhandeln duldete in diesen Situationen keinen Aufschub, sondern mußte an Ort und Stelle vor allem gegenüber dem Staat behauptet werden. Die Straße entwickelte sich daher mit den verschärften Streikauseinandersetzungen zu einer auch von Klassenkonflikten geprägten Politik-Arena, in der eine spezifische, durch die ältere Traditionslinie der Konflikte zwischen Straßen-Volk und Polizei-Staat vorstrukturierte Logik von Handlungselementen und Rollen galt. Klassenhandeln in anderen Politik-Arenen der Zivilgesellschaft wie vor allem dem Arbeitsplatz, den Gewerkschaften, Vereinen und Versammlungen und nicht zuletzt bei Wahlen durch die Option für eine „Klassenpartei" wurde dadurch nicht hinfällig, eher im Gegenteil: Dank der zentralen Rolle der Polizei in der Straßenpolitik von oben verschwand das Verhältnis der Arbeiterschaft zum Staat auch in den anderen Politik-Arenen nie von der Tagesordnung. Der eiserne Legalismus und Elektoralismus der Sozialdemokratie waren ebenso wie die ersten Ansätze eines rechtsförmigen Eliten-Kompromisses in der Frage der Anwendung des sich als „harmlos" erweisenden Demonstrationsrechts Strategien der „konventionellen" Politik, mit diesem permanenten Spannungszustand umzugehen.[282] *In derselben Zeit* spitzte sich der direkte Konflikt zwischen Arbeiterklasse und Staat gerade auf der Straße zu, wo sich Arbeiter und Schutzmänner tagtäglich begegneten und häufig genug gegeneinander standen. Den symbolischen wie für Berlin auch quantitativen Kulminationspunkt derartiger Auseinandersetzungen um Streiks und Arbeitswillige, der schlaglichtartig das aufrührerische wie repressive Potential von Straßenpolitik im Rahmen der Wilhelminischen Gesellschaft bloßlegte, bildeten die von einem harmlosen Kohlenarbeiterstreik im westlichen Moabit ausgehenden Unruhen im September 1910.

---

282 Siehe u. S. 349 f.

6 Die Moabiter Unruhen

Gewaltsame Zusammenstöße zwischen Arbeitswilligen und Streikenden, massiver Polizeischutz für professionelle Streikbrecher, blutige Polizeieinsätze gegen Menschenansammlungen, die Einbeziehung umliegender Straßen und deren Bewohner, die Beteiligung von Frauen und jungen Männern, Feierabend und Heimweg von der Arbeit als bevorzugte Gelegenheiten zu Auseinandersetzungen mit der Polizei und nicht zuletzt die charakteristischen taktischen Elemente: Werfen mit Steinen und Kohlen auch aus den Häusern heraus, Johlen und Pfeifen, Laternenlöschen bzw. -zerstören einerseits, Wiederherstellung der öffentlichen Ordnung durch Säuberung der Straße mit blanker Waffe andererseits — all diese Handlungselemente der Moabiter Unruhen in der Zeit vom 19. September bis 10. Oktober 1910 sind auch bei anderen „Streikexzessen" und Straßenunruhen zu beobachten und können als konventionelle Bestandteile der Straßenpolitik von unten und von oben betrachtet werden. Das Ausmaß und der besondere soziale und politische Kontext ließen diesen „normalen" „Streikexzeß" jedoch zu einem innenpolitischen Ereignis ersten Ranges werden. In politischen Diskursen wurde „Moabit" zu einer Chiffre, die bei den einen für die polizeistaatliche Verteidigung von Unternehmerinteressen um jeden Preis, bei den anderen für die in der sozialdemokratisch verhetzten Arbeiterbevölkerung konzentrierte Umsturzgefahr schlechthin stand. „Moabit" wurde in den Jahren vor dem Ersten Weltkrieg zum Synonym für *Klassenkampf* — von unten *und* von oben.[1]

Die Spuren der Moabiter Unruhen in den Diskussionen der politischen Öffentlichkeit der Jahre kurz vor dem Ersten Weltkrieg in der ganzen Breite nachzuverfolgen, würde den Rahmen dieser Arbeit sprengen und eine systematische medienwissenschaftliche Aufarbeitung erfordern. Zwei großangelegte Strafprozesse sowie der sich jahrelang hinschleppende Schadensersatz-Prozeß der Witwe des von Schutzmännern mit Säbeln erschlagenen Arbeiters Hermann gegen den Polizeipräsidenten hielten das Thema im Bewußtsein der Öffentlichkeit. Ob in Parlamentsdebatten, Zeitschriften aller Gattungen und Richtungen oder in Karikaturen und illustrierten Beilagen, in kabarettistischen Couplets und Gruselkabinetten auf sozialdemokratischen Sommerfesten — überall war „Moabit" präsent.

In dieser Untersuchung steht hingegen die sozialhistorische Bedeutung straßenpolitischer Aktionen im Mittelpunkt des Interesses, weshalb ich neben dem Aktenmaterial des preußischen Innenministeriums nur das unmittelbare publizistische Umfeld der Moabiter Unruhen in die Untersuchung einbeziehe. Darüber hinaus werde ich bei der Analyse einiger Aspekte die einen Monat später folgenden Weddinger Krawalle[2] heranziehen, die den Moabiter Unruhen durch ähnliche strukturelle

---

1 In „normalen" Zeiten bezeichnete der Berliner Sprachgebrauch mit „Moabit" in erster Linie das im Stadtteil „Moabit östlich" gelegene Kriminalgericht; zu dessen Geschichte siehe Engel u. a. (1987), S. 216-237.
2 Siehe o. S. 228-231.

Bedingungen und durch die zeitliche Nähe verbunden waren. Von anderen „Streikexzessen" unterschieden sich die Moabiter Unruhen zum einen durch das lokale Milieu eines vergleichsweise homogenen Arbeiter- und Fabrikenviertels und zum anderen durch die direkte Einflußnahme eines mächtigen Ruhrindustriellen auf die Reichsleitung. Von diesen individuellen Besonderheiten dieses Fall zu unterscheiden sind die Handlungszwänge und Strategien derjenigen Institutionen, die auf einer mittleren Ebene auf die durch einen Kohlenarbeiterstreik in einem Arbeiter- und Fabrikenviertel erzeugte Gemengelage zu reagieren hatten: Das waren auf der einen Seite das Berliner Polizeipräsidium und das heißt vor allem Traugott v. Jagow als bereits profilierter Gegner sozialdemokratischer Straßenpolitik, und auf der anderen Seite die SPD-Führung mit ihrer betont rechtsstaatlichen und legalistischen, auf Wahlerfolge fixierten Politik und ihrem Selbstverständnis als konkurrierender Ordnungsmacht.

In den auf die Unruhen folgenden Monaten rangen diese beiden Antipoden in zwei Strafprozessen um die „richtige" Interpretation von „Moabit", suchten Schuldige zu benennen, Beteiligte zu entlasten und politisches Kapital daraus zu schlagen. Durch diese sekundäre „Politisierung" wurden die Moabiter Unruhen mit dem Kampf um das „Recht auf die Straße" im Rahmen des preußischen Wahlrechtskampfes verknüpft. Für Jagow stellte sich dieser Arbeiteraufruhr als Gelegenheit zur Rehabilitierung des Ansehens seiner während der Wahlrechtsdemonstrationen düpierten Schutzmannschaft[3] dar. Die bei der Niederschlagung der Unruhen eingesetzte Brutalität wiederum verschärfte durch ihre einschüchternde Wirkung auf die Sozialdemokratie deren strategisches Dilemma: Sie scheute nach den Moabiter Unruhen trotz ihres nach wie vor ungebrochenen Massenanhangs mehr denn je das Risiko straßenpolitischer Mobilisierungen und legte sich um so ausschließlicher auf die Nutzung legaler Methoden zur Eroberung politischer Macht fest.

6.1 Vorbemerkung zur Quellenlage

Bei der Rekonstruktion der zahlreichen Ereignisse während der Moabiter Unruhen steht man in besonderem Maße vor dem Problem einseitiger Berichterstattungen in den verfügbaren Quellen. Da die Unruhen und ihre Niederschlagung in kürzester Zeit zur Staatsaffäre wurden, die gleichermaßen die Reichsleitung wie die politisch-publizistische Öffentlichkeit beschäftigten, setzte das Polizeipräsidium in seiner Pressearbeit alles daran, das Bild eines von der Sozialdemokratie inspirierten Aufstands zu zeichnen, um die extremen polizeilichen Maßnahmen zu rechtfertigen, worin es von der konservativen Presse bereitwillig unterstützt wurde. Der Vorwärts und andere Polizeikritiker hingegen konnten erfolgreich polizeiliche Willkürakte gegen Ende der Unruhen nachweisen, hatten aber erhebliche Schwierigkeiten, die „Straßenexzesse" in den Tagen zuvor angemessen zur Kenntnis zu nehmen.

---

3 Siehe u. Kapitel 7.4.1 .

Neben dem Schriftverkehr zwischen dem Polizeipräsidium und dem Innenministerium sowie der die Ereignisse begleitenden Berichterstattung der Vossischen Zeitung und des Vorwärts bilden in dem nun folgenden Versuch einer Rekonstruktion und sozialhistorischen Einordnung der Tatsachen vor allem die zwei Prozesse gegen 66 Beteiligte eine wichtige Quelle zur Abgleichung der verschiedenen Tatsachenbehauptungen. Sowohl die ausführlichen Gerichtsreportagen in den Tageszeitungen als auch das über 200 Seiten starke Urteil im ersten, umfangreicheren Prozeß vor der Strafkammer der Berliner Landgerichts[4] bieten durch die Vernehmung von 675 Zeugen allein im Strafkammerprozeß[5] die Möglichkeit, den Verlauf der Moabiter Unruhen einigermaßen konsistent zu beschreiben und einige Legenden und Falschmeldungen als solche zu identifizieren.[6]

6.2 Überblick über die Ereignisse[7]

1. Phase: „Streikexzesse" im Arbeiterquartier
(Montag, den 19., bis Samstag, den 24. September)

Den Ausgangspunkt bildete eine Lohnbewegung der Kutscher und Träger bei der *Kohlenhandlung Kupfer & Co.* Sie forderten am 15. September 1910 eine Anhebung ihrer Löhne, die seit dem Arbeitskampf im Sommer 1906 nicht mehr erhöht worden waren. Ähnlich wie schon bei anderen Arbeitskämpfen in dieser Branche weigerte sich die Firma, mit dem Transportarbeiterverband (TAV) zu verhandeln, und lehnte darüber hinaus am 18. September Lohnerhöhungen bis auf weiteres wegen schlechter

---

4 StA, MdI, Rep. 77, Tit. 2515, Nr. 3, fasc. 4, Bd. 2, Bl. 2-106, i. f. zit. als „Strafkammerprozeß", im Unterschied zum zweiten Prozeß vor dem Schwurgericht, i. f. „Schwurgerichtsprozeß". Die täglichen Gerichtsreportagen verschiedener Tageszeitungen weisen mitunter unterschiedliche Schreibweisen von Familiennamen auf, die bei Zitaten nicht korrigiert wurden. Im wesentlichen habe ich mich auf die Berichte der Vossischen Zeitung und des Vorwärts gestützt. V. a. die die Polizei belastenden Aussagen sind im Vorwärts detaillierter wiedergegeben als in den bürgerlichen Zeitungen, häufig in direkter Rede. Einander widersprechende Berichte habe ich nicht gefunden, die Berichte unterschieden sich durch unterschiedliche Weglassungen oder Ausführlichkeit. Als Ergebnis der redaktionellen Bearbeitung sind ebenfalls die Hervorhebungen durch Fett- oder Gesperrtdruck anzusehen. Auch sie wurden, wie sonst auch in dieser Untersuchung, durch Kursivdruck wiedergegeben.

5 Vorwärts v. 6.1.1911, Nr. 5, 1. Beil.

6 Die einzige bisherige auf das Aktenmaterial des preußischen Innenministeriums gestützte Untersuchung der Moabiter Unruhen ist nach wie vor Bleiber (1955). Seine Auswertung ist − wie ich an einigen Beispielen belegen werde − alles andere als detailliert, kritisch und erschöpfend und von der Interpretationslinie „Revolutionärer Kampfeswille der Arbeiterklasse gegen Teuerung und Monopolkapital wird mangels leninistischer Partei von der opportunistischen Sozialdemokratie verraten" fehlgeleitet.

7 Siehe a. Abb. 6. Die folgende Zusammenfassung dient zur Orientierung über das Gesamtereignis „Moabiter Unruhen". Sie basiert im wesentlichen auf den in GStA, MdI, Rep. 77, Tit. 2515, Nr. 3, fasc. 4, Bd. 1 enthaltenen Berichten des Polizeipräsidenten an das Innenministerium vom 22.9., 26.9. bis 1.10., 25.10.1910 und 6.1.1911, einer Zusammenstellung des Polizei-Direktors Eckhardt beim Innenministerium v. 18. Oktober 1910, ebd., sowie Berichten des Vorwärts und der Vossischen Zeitung. Auf Einzelnachweise wird weitgehend verzichtet, sie sind in der auf den Überblick folgenden detaillierten Darstellung einzelner Aspekte zu finden.

Geschäftslage ab. Daraufhin traten am Montag, den 19. September, 23 Kutscher und 113 Arbeiter (von insgesamt ca. 140 Beschäftigten) in den Streik. Mit Rückendeckung durch den Arbeitgeberverband versuchte die Firma mithilfe von Arbeitswilligen den Betrieb aufrechtzuerhalten.

In den ersten drei Tagen des Streiks kam es aus Anlaß von Kohlentransporten zu vereinzelten Zusammenstößen zwischen Streikenden und Arbeitswilligen, die zunächst aber das Maß des bei solchen Arbeitskämpfen Üblichen nicht überschritten. Die Streikenden hatten einen „geordneten Dienst" eingerichtet: Acht Streikposten standen vor dem Kohlenplatz in der Sickingenstraße und hielten eine ständige Verbindung zu den zwei Streiklokalen aufrecht. Verließ ein Kohlentransport den Platz, wurde er von benachrichtigten Streikenden begleitet, um die Arbeitswilligen zur Arbeitsniederlegung zu bewegen. Dem schlossen sich am Arbeitskampf Unbeteiligte an, so daß es immer wieder zu kleinen Menschenansammlungen kam, die johlend und pfeifend die Kohlentransporte begleiteten. Ein Teil der Streikenden kehrte nach kurzer Zeit wieder zum Kohlenplatz bzw. in die Streiklokale zurück, während die anderen weiterhin dem Kohlentransport folgten. Ab dem 20. September begleitete die Polizei die Transporte und bewachte den Kohlenplatz. Die gerichtsnotorischen Konflikte mit Arbeitswilligen in diesen ersten drei Tagen fanden nicht in Moabit, sondern weit entfernt davon, in Charlottenburg und in Schöneberg, bzw. am ersten Tag, ganz zu Beginn des Streiks, auf dem Kohlenplatz statt. Die Nachbarschaft war daran noch nicht aktiv beteiligt.

Nach einer telegraphischen Intervention der Berliner Kohlenhändler beim Innenminister gewährte die Polizei nach Angaben des davon unterrichteten Polizeipräsidenten erhöhten Schutz, aber nicht mehr als bei derartigen Anlässen üblich. Auch in der Berichterstattung des Vorwärts wurde der Streik noch als Routineangelegenheit behandelt.

Einen qualitativen Sprung in der Entwicklung des Konflikts brachte am Freitag, dem 23. September, die Einstellung von ca. 50 auswärtigen, durch eine Spezialagentur vermittelten Arbeitswilligen. Zweimal gelang es den Streikenden an diesem Tag, Transporte in unmittelbarer Nähe des Kohlenplatzes aufzuhalten und zum Umkehren zu zwingen. Die Kutscher und Schutzleute wurden mit Steinen beworfen und zum Teil verletzt, einmal wurde eine Gefangenenbefreiung versucht. Noch setzte die Polizei keine Waffen ein; auch als am nächsten Morgen auf dem Kohlenplatz eine Wache mit einem Wachtmeister und zehn Schutzmännern eingerichtet wurde, erhielten diese den Befehl, auch bei Beschimpfungen und Steinwürfen zunächst möglichst ohne Waffeneinsatz und mit gütlichem Zureden vorzugehen.

Am Sonnabend wurden gegen 15 Uhr zwei die Rostocker Straße durchfahrende Kohlenwagen vor dem Lokal des Gastwirts Friedrich Pilz, in dem eines der beiden Streiklokale untergebracht war, angehalten. Die Menge war mittlerweile auf mehrere Tausend angewachsen, die die Wagen einkeilten und die Arbeitswilligen beschimpften. Ob bereits daraufhin einer der Kutscher mit seinem Revolver schoß — so der Vorwärts —, oder erst nachdem mit Steinen geworfen worden war, muß dahingestellt bleiben. In jedem Fall wurde er sofort danach von den Umstehenden entwaffnet, die Bespannung wurde zerschnitten, und am zweiten Wagen wurden die Klappen geöffnet, so daß die Ladung auf die Straße fiel. Einer der Kutscher wurde in das Streiklokal geführt, der andere floh. Ein Streikleiter wandte sich beschwichtigend an die Menge. Nun zog die Polizei, mittlerweile um 25 auf 50 Mann verstärkt, blank, um den Rücktransport der beiden Wagen zum Kohlenplatz zu ermöglichen, während immer noch Steine und Kohlenstücke geworfen wurden. Am Abend desselben Tages zogen Menschenansammlungen von der Sickingenstraße aus durch die umliegenden Straßen, es kam zu den ersten Festnahmen. Während die Akteure am Nachmittag ebenso wie in den Tagen zuvor hauptsächlich von der Moabiter Arbeiterbevölkerung beiderlei Geschlechts, darunter den Streikenden gestellt wurde, kam am Sonnabend abend „Janhagel" von außerhalb hinzu.

Während dieser Ereignisse intervenierte der Haupteigentümer der Firma Kupfer, der Ruhrindustrielle Hugo Stinnes, beim preußischen Innenministerium und beim Reichskanzler. Er schickte am Abend des 24. ein dramatisches Telegramm an Bethmann Hollweg – der vier Jahre zuvor als Innenminister bereits die Notrufe der Berliner Kohlengroßhändler empfangen hatte – und forderte ein Eingreifen von höchster Stelle, um den Aufruhr zu beenden. Gleichzeitig telegrafierte er an den Innenminister: „Der gewährte Schutz ist absolut ungenügend." Während des in Moabit ruhigen Sonntags wurden diese Telegramme an den Polizeipräsidenten weitergereicht, der in seinem Lagebericht am Montag *vormittag* Stinnes' Kritik noch als ungerechtfertigt zurückwies. Auf dem Lagerplatz seien nunmehr Tag und Nacht Wachen stationiert, insgesamt stünden in Moabit 300 Beamte zur Verfügung. Auch werde man am Montag bekanntgeben, daß künftig auch gegen Frauen und Kinder, die von den Tumultuierenden immer vorgeschoben würden, vorgegangen würde. In der Anlage fügte er – noch unkommentiert – ein Telegramm des Einsatzleiters vor Ort, Polizeimajor Klein, an, das den Beginn der zweiten Phase beschrieb.

2. Phase: Der Aufruhr (Montag, den 26., und Dienstag, den 27. September)

Die direkte Konfrontation zwischen der Moabiter Arbeiterbevölkerung und der Polizei begann mit einem Sturm der Polizeimajor Klein unterstellten Schutzleute auf den Fabrikhof der Löwe AG am Sickingenplatz. Aus einer während der Mittagspause vor dem Fabriktor versammelten Menschenmenge heraus war ein zum Betriebsgelände von Kupfer & Co. zurückkehrender Kohlentransport mit Steinen beworfen worden, ein Kutscher schoß auf die Menge, woraufhin die Polizei die Menge auf den Fabrikhof zurücktrieb. Vom Hof und aus den Fenstern des Fabrikgebäudes heraus bewarfen die Arbeiter nun die Polizei mit Steinen und Werkzeug, bis diese in den Vorhof eindrang. Erst die das Ende der Arbeitspause verkündende Fabrikpfeife beendete diese Konfrontation.

Am Nachmittag versuchte Klein in der Sickingenstraße für die nunmehr auf 180 Mann gesteigerte Platzwache Wohnungen anzumieten. Ein Hauswirt zog unter dem Druck seiner Mieter seine anfängliche Zusage zurück. Stattdessen mußten Zelte vom Militär ausgeliehen werden, die bestreikte Firma besorgte Tische und Bänke. Nach einem ruhigen Nachmittag begannen um 18 Uhr die ersten Zusammenstöße.

Die Sickingenstraße war um diese Zeit durch Schutzmannsketten abgesperrt worden, vor denen sich große Menschenmengen gebildet hatten. Als die Ketten gegen 18⁴⁵ Uhr zurückgezogen wurden, wurde die Polizei beworfen, und dies nicht nur aus der Menge, sondern auch aus Häusern und Kneipen heraus. Die Zusammenstöße konzentrierten sich auf die Kreuzungen der Sickingenstraße mit ihren Nebenstraßen; es hagelte Steine ebenso wie Bierseidel, Teller, Flaschen und Gläser, aus Häusern in der Sickingenstraße wurde Wasser und Sand herabgeschüttet. Dagegen ging die Polizei mit der gewaltsamen Räumung einiger Lokale vor – die später vor Gericht den Gegenstand ausführlicher Beweisaufnahmen bildeten –, dann wurde die Menge mit blanker Waffe zur Beusselstraße hin durch die Siemens- bis in die Waldstraße hinein vertrieben. Zwar trat jetzt Ruhe ein, nach und nach füllten sich aber die Straßen wieder mit Menschen, und es folgten zwischen 19 und 21 Uhr nochmals Säuberungen der Sickingen- und Rostocker Straße. Im Laufe der Nacht waren in den umliegenden Straßen, vor allem in der Hutten- und Beusselstraße, ständig Menschenmengen in Bewegung, die einzelne Polizisten angriffen, die sich z. T. in Kneipen flüchten mußten oder von Anwohnern versteckt wurden. Gegen Mitternacht wurde der Pfarrer Schwebel von der Reformationskirche an der Ecke Beussel- und Wiclefstraße auf dem Heimweg erkannt und beschimpft. Er konnte sich gerade noch rechtzeitig in seine Wohnung retten; danach wurden elf Scheiben der Kirchenfenster mit Steinen eingeschmissen. Gegen Mitternacht wurde ein Schaukasten des Kaufhauses Preuß an der Ecke Turm- und Beusselstraße zerstört und geplündert. Eine Stunde später, bei der den Tag beschließenden Räumung der Huttenstraße, wurde ein Schutzmann durch einen Messerstich in den Bauch schwer verletzt. Während der Aktionen wurden Laternen zertrümmert bzw. ausgelöscht, Feuermelder mißbräuchlich betätigt und Litfaßsäulen angezündet. Laut Beobachtungen von Polizeibeamten sollen sich nach dem Schichtwechsel um 23 Uhr auch AEG-Arbeiter unter den Akteuren befunden haben, ansonsten habe es sich vor allem um die Anwohner der betreffenden Straßen gehandelt.

Der Dienstag brachte dann den Höhepunkt der Unruhen. Tagsüber kam es nicht zu größeren Zusammenstößen, wohl aber war das Viertel von den Spuren der vergangenen Nacht geprägt. Die Polizeipräsenz wurde verstärkt, am Vormittag wurden sechs ausfahrende Kohlenwagen von insgesamt 100 Schutzmännern begleitet. Am Morgen hatte der Polizeipräsident die Wache auf dem Kohlenplatz besichtigt und mit Major Klein die Anwendung schärferer Maßnahmen, insbesondere den Einsatz der Schußwaffe gegen das Werfen aus den Fenstern beschlossen, was im Laufe des Tages auch in den Straßen angekündigt wurde. Nachmittags waren überall Neugierige auf den Straßen, darunter vor allem Frauen und Jugendliche, die in Gruppen diskutierten. Kinder schauten den städtischen Gasarbeitern beim Reparieren der Lampen zu und spielten „Streikbrecher". Im Laufe des Tages wurde die Hauptmannschaft in Moabit um weitere 300 auf nunmehr 600 Mann verstärkt und für alle Fälle die gesamte Berliner Schutzmannschaft in Bereitschaft gehalten. Zum abend hin wurden von der Platzwache an vier Kreuzungen 187 Mann stationiert. Zugleich sammelten sich vor den am Vorabend zerstörten Kneipen und insbesondere an der Ecke Beussel- und Sickingenstraße sowie an der zum Bahnhof Beusselstraße führenden Beusselbrücke einige tausend Menschen. Polizei und Publikum standen sich zunächst angespannt, aber friedlich wie zwei Heerlager gegenüber.

Um 19 Uhr kippte diese Situation an der Ecke Beussel- und Sickingenstraße in einem Prozeß wechselseitigen „Sich-Aufschaukelns" um: Das Johlen und Singen von

Arbeiterliedern interpretierte die Polizei als Absicht, die Schutzmannschaft anzugreifen, woraufhin sie die Säuberung der Straßen mit der blanken Waffe begann. Ein Teil der Menge wurde nach Norden bis auf Plötzenseer Gebiet vertrieben und sammelte sich danach auf dem Bahnhof Beusselstraße. Überall in den Nebenstraßen der Beusselstraße ging die Polizei mit dem Säbel gegen die sich auf der Straße Aufhaltenden vor, die in die Hauseingänge flüchteten, nach Passieren der Polizei aber sofort wieder auf der Straße erschienen. Dabei wurde in der Wiclefstraße neben der Reformationskirche der Arbeiter Hermann durch Säbelhiebe so schwer verletzt, daß er einige Tage später verstarb. Zugleich kam es zu vereinzelten Würfen und – späteren Behauptungen der Polizei zufolge – auch zu Schüssen aus den Fenstern. Daraufhin drangen kleinere Kommandos in die Häuser und Wohnungen ein, um gezielte Sistierungen vorzunehmen.

Mittlerweile war auch Jagow wieder am Kampfplatz erschienen, ließ sich durch die Straßen chauffieren und leitete schließlich selbst den Höhepunkt des Abends, die „Schlacht in der Rostocker Straße", ein. Dort hatte bereits in der Zeit zwischen 19 und 21 Uhr ein Vizewachtmeister sechs Schüsse auf Fenster und Balkons abgegeben, und gegen 22 Uhr entstand hier größere Unruhe. Patrouillen wurden beworfen und angeblich beschossen. Von der Wittstocker Straße her säuberten die Schutzleute nun die Straße Richtung Norden, stürmten die Hauseingänge, schlugen mit dem Säbel die Scheiben der Haustüren ein, die die Flüchtenden hinter sich verschlossen hatten, und schossen unter Jagows persönlicher Anleitung systematisch auf alle Fenster und Balkons, aus denen geworfen wurde. Nach der Säuberung der Rostocker Straße gegen Mitternacht entfachten Tumultuanten in deren Mitte ein kleines Feuer, um, wie die Polizei vermutete, sie aufs Neue in die Straße zu locken, wozu sie sich aber nicht bewegen ließ. Die Feuerwehr konnte den Brand unbehelligt löschen. Noch um 1 Uhr wurden in dieser Gegend Laternen zertrümmert. Erst gegen 2^{30} Uhr konnte mit der Entlassung der Mannschaften begonnen werden.

3. Phase: Belagerungszustand (Mittwoch, der 28., und Donnerstag, der 29. September)

Insgesamt prägten weniger Polizeiaktionen gegen Menschenansammlungen als gegen vereinzelt des Weges Kommende das Geschehen in dieser Phase. Die in der polizeikritischen Presse und später in den Prozessen geschilderten zahlreichen „Amtsüberschreitungen" und „Mißgriffe" prügelnder und beleidigender Schutzleute in Zivil oder in Uniform konzentrierten sich auf diese beiden Tage. Vor allem das Passieren der Absperrungen barg Risiken: Egal ob Mann oder Frau, Kind oder Greis – viele wurden erst durchgelassen, um dann hinterrücks mit Säbeln oder Gummischläuchen traktiert zu werden.

Der Schwerpunkt der Aktionen verlagerte sich aus dem ursprünglichen „Streikviertel" in der Nachbarschaft des Kohlenplatzes zur südlich davon gelegenen Turmstraße, neben der Beusselstraße die Hauptverkehrsader und Geschäftsstraße von Moabit. In der Rostocker Straße herrschte am 28. September tagsüber und abends „unheimliche Stille", die Anwohner mieden die Straße und hielten Jalousien, Fenster und Vorhänge zur Straße geschlossen. Nur vereinzelt wurden hier Ansammlungen auseinandergetrieben. An der Stelle, wo in der Nacht zuvor das Feuer gebrannt hatte, wurde eine fliegende Wache eingerichtet. Der Zugang zu diesen Straßen wurde streng kontrolliert, Anwohner und andere Anlieger mußten sich als solche ausweisen, um die Ketten passieren zu dürfen. Die Kneipen wurden ab 17 Uhr polizeilich geschlossen, damit sich die Arbeiter nach Feierabend sofort auf den Heimweg begeben würden.

Zusätzlich bevölkerten nun Neugierige aus ganz Berlin die Hauptverkehrsstraßen. Gegen Abend strömten Tausende, darunter jene, die im Nachhinein immer wieder als „Janhagel" identifiziert wurden, vom Bahnhof Beusselstraße und von der Turmstraße her in das Viertel ein, sammelten sich an und harrten der Dinge, die da kommen würden. Auf diese beiden Punkte konzentrierten sich die Polizeieinsätze gegen Menschenmengen: Die Ansammlungen wurden unter Einsatz der blanken Waffe zurückgetrieben und die Flüchtenden verfolgt. Vor allem um den an der Turmstraße gelegenen kleinen Tiergarten, der den Gejagten als Rückzugsgebiet diente, konzentrierten sich diese Säuberungsaktionen, die unterschiedslos auswärtige Neugierige und unbeteiligte Passanten in Mitleidenschaft zogen. Gegen 22 Uhr überfiel hier ein Schutzmannskommando auf Befehl eines Kriminalschutzmanns vier ausländische Journalisten und ihren Chauffeur. Sie hatten gegenüber dem kleinen Tiergarten angehalten, um den Polizeieinsatz zu beobachten und wurden durch Säbelhiebe in das offene Auto zum Teil erheblich verletzt. Da es sich um Korrespondenten führender britischer und US-amerikanischer Tageszeitungen handelte, wurden damit die Moabiter Unruhen mit einem Schlage zu einem weltweiten Medienereignis.[8]

Die Auseinandersetzungen rund um den kleinen Tiergarten setzten sich ungefähr bis 1 Uhr fort. Im Unterschied zu den Tagen davor stieg die Zahl der verletzten Zivilpersonen erheblich, während die der verletzten Polizisten abnahm. Zusätzlich zu den bereits im Gebiet stationierten uniformierten wurden noch 140 Kriminalschutzmänner der Abteilung IV (Verbrechensbekämpfung) des Polizeipräsidiums ins „Kampfgebiet" geschickt, die in Zivil unerkannt in der Menge operierten, um „Rädelsführer" festzunehmen und in den Unfallstationen Verletzte des Aufruhrs zu überführen. Zahlreiche Zeugenaussagen sprechen dafür, daß sie sich zugleich als „Lockspitzel" oder „agents provocateurs" betätigten und Umstehende vor allem zu Beschimpfungen der Polizei anreizten.

Am nächsten Tag, dem 29. September, wurde das polizeilich bewachte Gebiet noch etwas vergrößert. Die Schutzmänner wurden teilweise mit Karabinern ausgerüstet. Allein in der Rostocker Straße wurden ab 18 Uhr über 100 Mann stationiert. Wieder sammelten sich abends während des Feierabendverkehrs an der Ecke Beussel- und Turmstraße Tausende, die mehrmals von Berittenen zurückgedrängt wurden. Lokale in der Turmstraße wurden geräumt und geschlossen. Gleichzeitig patrouillierten kleinere Kommandos und Kriminalbeamte in den Nebenstraßen bis in das östliche Moabit hinein. Auch der Zugang zu den Straßen um die Turmstraße wurde nun kontrolliert. Etwa ab 22 Uhr beruhigte sich die Situation. Um diese Zeit traf Innenminister Dallwitz ein, um sich von Jagow und Klein in einem Rundgang das Streikviertel zeigen zu lassen. Bereits gegen 23 Uhr herrschte überall Ruhe, gegen 1 Uhr konnten die Schutzmannschaft entlassen und die Kommandos zurückgezogen

---

8 Siehe Abb. 17.

werden. Die Zahl der Verletzten und Verhafteten war stark zurückgegangen. Die „heiße Phase" der Moabiter Unruhen war beendet.

4. Phase: Rückkehr zur Normalität
    (Freitag, den 30. September, bis Montag, den 10. Oktober)

In den folgenden Tagen kam es nur ganz vereinzelt zu Zusammenstößen zwischen Polizisten und dem Straßenpublikum. Hin und wieder wurde mit Blumentöpfen oder Sand aus einem Fenster geworfen. Die ständigen Schutzkommandos wurden reduziert und teilweise in den Höfen stationiert. Nach und nach wurde der Schankbetrieb bis 24 Uhr wieder erlaubt; nur die Kneipen in der Sickingen-, Wittstocker und Rostocker Straße mußten zunächst noch um 17 Uhr schließen. Abgesehen von den verstärkten Patrouillen bot der Sonnabend nach Schließung der Fabriktore wieder das gewohnte Bild. Am Montag, dem 3. Oktober, wurden die besonderen polizeilichen Maßnahmen aufgehoben und nur noch eine Wache von 50 Mann auf dem Kohlenplatz belassen. In der folgenden Woche versuchten die Streikenden immer wieder, Arbeitswillige auf ihre Seite zu ziehen. Besonderes Aufsehen in der Presse erregten Einschüchterungsversuche am 5. Oktober im Streiklokal, dessen Wirt Pilz dadurch zu einem der Hauptangeklagten im Strafkammerprozeß wurde. Aufgrund der mittlerweile aufgenommenen Verhandlungen zwischen den Arbeitern und der Firmenleitung wurde der Streik am Montag, dem 10. Oktober, mit minimalen Erfolgen für die Arbeiter aufgehoben.

Bilanz und Nachspiel

Im Vergleich mit anderen Tumulten und gemessen an ihrer Dauer und ihrem Umfang fallen bei den Moabiter Unruhen die niedrigen Sistierungszahlen auf: In der ersten Phase wurden lediglich einige der an „Streikexzessen" Beteiligten festgenommen, in der zweiten Phase am Montag vierzehn Personen, und auch für die folgenden Tage wurde nur von vereinzelten Sistierungen berichtet. 77 Personen wurden dem Untersuchungsrichter vorgeführt; die Verhandlungstermine zeigen, daß die meisten von ihnen nicht auf frischer Tat von der Polizei ertappt, sondern in den Tagen zwischen dem 30. September und dem 10. Oktober von zivilen Augenzeugen denunziert wurden.[9] Bei elf dieser Festgenommenen handelte es sich um streikende Transportarbeiter der im bürgerlichen Süden Moabits gelegenen „Handelsgesellschaft Deutscher Apotheker", die sich in derselben Zeit an Aktionen gegen Arbeitswillige ihres bestreikten Betriebs beteiligten[10] und mit den Unruhen im Nordwesten Moabits nichts zu tun hatten. Von den restlichen 66 wurden 54 vor der Strafkammer des Landgerichts bzw. dem Schwurgericht angeklagt.[11] Anders als nach den Wahl-

---

9 Vossische Zeitung v. 7.10.1910, Nr. 471. Eine genaue Aufstellung der Festnahme-Termine siehe PP an MdI v. 25.10.1910, S. 5, GStA, MdI, Rep. 77, Tit. 2515, Nr. 3, fasc. 4, Bd. 1, Bl. 158.
10 Siehe TAVBln 1910, S. 30f, 35; Vorwärts v. 12.10.1910, Nr. 239.
11 Bericht des Polizeidirektors Eckhardt v. 27.12.1910, GStA, MdI, Rep. 77, Tit. 2515, Nr. 3, fasc. 4, Bd. 1, Bl. 248, 248v.

rechtsdemonstrationen[12] gab es keine Verfahren vor dem Amtsgericht wegen geringfügiger Vergehen und Übertretungen. Die niedrigen Sistierungszahlen entsprechen der Dominanz gewaltsamer Aktionen auf beiden Seiten: In der zweiten, der Aufruhr-Phase, befand sich die Schutzmannschaft überwiegend in der Defensive, in der dritten Phase, während des Belagerungszustandes, war ihre Strategie hingegen ausschließlich auf die gewaltsame Einschüchterung einer sich bereits von der Straße zurückziehenden Einwohnerschaft ausgerichtet. Massensistierungen setzen jedoch neben der Anwesenheit der Massen selbst auch die souveräne Beherrschung der Gesamtsituation voraus, die in der Aufruhrphase nicht gegeben war.

Die Kehrseite der niedrigen Sistierungszahlen waren hohe Verletztenzahlen. Eine genaue Gesamtbilanz zu ziehen, ist nur für die Polizei möglich. Viele der durch Säbel- und Knüppelhiebe Verletzten verzichteten entweder auf ärztliche Behandlung oder suchten Ärzte in anderen Stadtteilen auf, da die Kriminalpolizei bei der Unfallstation in der Erasmusstraße und bei Charlottenburger Ärzten Verletzte der Beteiligung an den Unruhen zu überführen versuchte. Doch auch die vom Polizeipräsidenten vorgenommene Aufstellung spricht eine deutliche Sprache: „Verletzt sind insgesamt 84 Beamte und 10 Dienstpferde, aus dem Publikum, soweit in den Krankenhäusern usw. hat festgestellt werden können, ca. 150 Personen, tatsächlich wohl aber mindestens die doppelte Zahl."[13]

Als direktes Todesopfer der Polizeimaßnahmen steht in jedem Fall der erwähnte Hermann fest. Bei einem weiteren Arbeiter namens Michalewski sprechen äußere Anzeichen dafür, daß er ebenfalls an Kopfverletzungen in Folge von Polizeieinsätzen gestorben ist, obwohl eine genaue Untersuchung nicht durchgeführt wurde.[14] Außerdem verübten zwei der Inhaftierten Selbstmord.[15] Nach breitangelegten Ermittlungen, in deren Verlauf über 200 Verfahren eingestellt wurden[16], kamen die aussichtsreichsten Fälle in zwei Prozessen, die zugleich die Urheberschaft der Sozialdemokratie beweisen sollten, zur Anklage. Von den 77 bereits erwähnten in Untersuchungshaft Genommenen waren nur 30 weder gewerkschaftlich noch politisch organisiert; selbst nach Abzug der elf Streikenden der Apotheker-Handelsgesellschaft verblieb also immer noch ein Übergewicht von 36 Organisierten, darunter acht Arbeiter der Kohlenhandlung.[17] Dies führte zu einem ersten Prozeß vor der Strafkammer, in dem an 43 Verhandlungstagen räumlich weit auseinanderliegende Ereignisse aus der Zeit vom 20. September bis zum 5. Oktober zusammen verhandelt wurden. Mit der durch diese Zusammenfassung gegebenen Möglichkeit einer die Moabiter Unruhen in ihrer ganzen Breite erfassenden Beweisaufnahme wollte die Staatsanwaltschaft ursprünglich ihre Theorie von der sozialdemokratischen Hauptschuld erhärten. Stattdessen nutzten die sozialdemokratischen Verteidiger die Gelegenheit, einige Hundert Zeugen polizeilicher Amtsüberschreitungen aufzubieten und den Prozeß in ein Tribunal

---

12 Siehe u. S. 346.
13 PP an Mdi v. 6. 1. 1911, GStA, MdI, Rep. 77, Tit. 2515, Nr. 3, fasc. 4, Bd. 1, Bl. 228.
14 Vorwärts v. 2.10.1910, Nr. 231.
15 Vossische Zeitung v. 10.12.1910, Nr. 597, 5. Beil., v. 27.5.1911, Nr. 256, 2. Beil.
16 Vossische Zeitung v. 18.11.1910, Nr. 541, 5. Beil.
17 Bericht des Polizeidirektors Eckhardt v. 22.10.1910, GStA, MdI, Rep. 77, Tit. 2515, Nr. 3, fasc. 4, Bd. 1, Bl. 146v.

gegen die Polizei zu verwandeln. Nachdem das Gericht mit seinem Urteil am 11. Januar 1911 in einigen Fällen schon deutlich unter den von der Staatsanwaltschaft geforderten Strafen geblieben war, endete der sich anschließende zweite Prozeß vor dem Geschworenengericht mit einem regelrechten Debakel für die Anklage: Die hier des schweren Landfriedensbruchs angeklagten „Rädelsführer" kamen noch glimpflicher davon. Beiden Urteilen wurde die Tatsache nicht lediglich vereinzelter, sondern zahlreicher Amtsüberschreitungen in Form von Beleidigungen und körperlichen Mißhandlungen als durch Zeugenaussagen bewiesen zugrundegelegt.[18] Doch damit war das juristische Nachspiel noch lange nicht beendet. Dank Jagows Intransigenz den Gerichten gegenüber zogen sich Schadensersatzprozesse bis in die Jahre des Ersten Weltkriegs hinein hin.

---

18 Zu den Gerichtsverfahren, insbesondere der gemeinsamen Behandlung in einem großen Verfahren, was zunächst von den Verteidigern erfolglos beanstandet wurde, um den Angeklagten die lange Untersuchungshaft zu ersparen, siehe a. Moabit (1911).

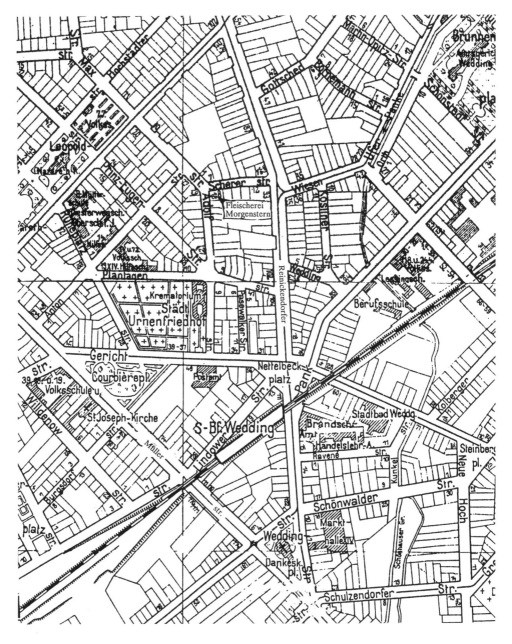

Abb. 15: *Die Reinickendorfer Straße und Umgebung im Stadtteil Wedding (um 1910)*

Abb. 16: *Das „Streikviertel" der Moabiter Unruhen, 1910*

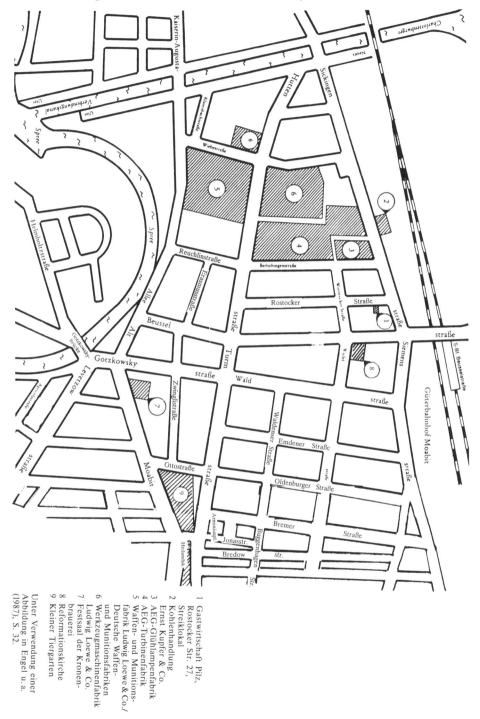

1 Gastwirtschaft Pilz, Rostocker Str. 27, Streiklokal
2 Kohlenhandlung Ernst Kupfer & Co.
3 AEG-Glühlampenfabrik
4 AEG-Turbinenfabrik
5 Waffen- und Munitions- fabrik Ludwig Loewe & Co./ Deutsche Waffen- und Munitionsfabriken
6 Werkzeugmaschinenfabrik Ludwig Loewe & Co.
7 Festsaal der Kronen- brauerei
8 Reformationskirche
9 Kleiner Tiergarten

Unter Verwendung einer Abbildung in Engel u. a. (1987), S. 32.

253

6.3 Der spezifische Kontext der Moabiter Unruhen: „Arbeiterklasse" gegen „Kapitalmagnat"

6.3.1 Das „Streikviertel"

In den im Grenzgebiet zwischen Charlottenburg und Moabit liegenden Straßenzügen, deren Einwohnerschaft ein Polizeioffizier bereits anläßlich der Massenaussperrung in der Elektroindustrie im Herbst 1905 als polizeifeindlich beschrieben hatte[19], herrschten zwei Flächennutzungen bzw. Bebauungsweisen vor: einerseits große Fabrikanlagen, andererseits in unmittelbarer Nachbarschaft dazu Mietskasernen niedrigeren Standards. Biedermanns Erhebung über die tageszeitlichen Schwankungen im Berliner Berufsverkehr[20] weist für 1913 für die Sickingen-, Hutten- und Kaiserin-Augusta-Allee sechs Großbetriebe der Metallindustrie mit je über 1.100 Beschäftigten sowie zwei weitere mit je über 500 Beschäftigten aus, darunter je zwei Niederlassungen von Loewe & Co. sowie der AEG. Der Anteil der Metallarbeiter und -arbeiterinnen an allen in Industrie und Handwerk beschäftigten Arbeitern und Arbeiterinnen unter den Einwohnern dieses Stadtteils betrug 48 % gegenüber 31 % in ganz Berlin.[21] Aus den Beschäftigten dieser Unternehmen, deren hoher gewerkschaftlicher Organisationsgrad in der öffentlichen Diskussion als selbstverständlich vorausgesetzt wurde, rekrutierte sich auch der alltägliche Pendlerverkehr vor allem mit dem Wedding, den Biedermann in seiner Studie nachgewiesen hat. Diese erreichten und verließen Moabit vor allem über den Nordring-Bahnhof Beusselstraße, wozu sie die Beusselstraße benutzen mußten.[22]

Die Mietskasernen in der unmittelbaren Nachbarschaft zu den Fabriken in der Sickingen-, Wittstocker, Berlichingen-, Beussel- und Rostocker Straße wiesen *nicht* die für diesen Wohnhaustyp sonst in Berlin charakteristische soziale Durchmischung mit mittelständischen Mietern im Vorderhaus und Unterschichten in Hinterhaus und Seitenflügel auf. Sie waren zum Teil erst Mitte der 90er Jahre gebaut worden und mit ihren kleinen Wohnungen zu niedrigen Mieten auf Arbeiter als Bewohner auch der Vorderhäuser abgestellt.[23] Bei der Grundstücksaufnahme 1910 wiesen die entsprechenden drei Stadtbezirke mit Abstand die höchsten Werte für die durchschnittliche Zahl der Bewohner und Haushaltungen pro bebautem Grundstück innerhalb des Stadtteils westliches Moabit auf: Lagen sie im ganzen Stadtteil, zu dem auch ausgesprochen gutbürgerliche Gegenden am nördlichen Spreeufer gegenüber dem Hansaviertel gehörten, bei 98 Bewohnern und 26 Haushaltungen pro Grundstück, so lagen sie in diesen drei Stadtbezirken zwischen 138 und 155 bzw. 32 und 39.[24] Dies entsprach der Entstehung dieses Viertels als Neubauviertel in Erstbebauung, in dem, anders als bei der Neubebauung von älteren Wohnvierteln im Innern der Stadt, durch

---

19 Siehe o. S. 186.
20 Siehe o. S. 48.
21 Berechnet n. Grundstückaufnahme 1910, 3. H., S. 49.
22 Vgl. Biedermann (1917), Anlageheft: Nachweisung der gewerblichen und geschäftlichen Besiedlung *Gross-Berlins* in ihrer Lage zu den Stationen der Schnellverkehrswege, S. V u. Tafel VI.
23 Siehe Thienel (1973), S. 231f.
24 Grundstücksaufnahme 1910, 1. H., S. 17.

die lückenlose Bebauung mit Mietskasernen von vornherein größere Einwohnerdichten bewirkt wurden.[25] Auch die Vorderhäuser bestünden aus von „besser gestellten Arbeitern" bewohnten kleinen Wohnungen, die teilweise an Schlafleute vermieteten, sagte der zuständige Polizeileutnant Folte im Strafkammerprozeß aus.[26]

Diese Indizien sprechen für die Annahme, daß die Unruhen in einem Viertel stattfanden, das in überdurchschnittlichem Ausmaß von Arbeiterfamilien bewohnt war und sich dadurch von anderen, sozial durchmischteren Mietskasernenvierteln wie etwa der Luisenstadt deutlich unterschied.[27] Die in Moabit ansässige wie die nach Moabit tagtäglich einpendelnde Arbeiterbevölkerung bildeten — legt man den hohen gewerkschaftlichen und politischen Organisationsgrad in dieser Branche zugrunde[28] — eine überdurchschnittlich homogene politisch-kulturelle Öffentlichkeit. In diese Richtung weist auch das Ergebnis der Kommunalwahlen im 43. Wahlbezirk der dritten Wählerabteilung am 4. November 1909, zu der das Streikviertel gehörte: 4.305 der 4.332 abgegebenen Stimmen entfielen auf den sozialdemokratischen Mandatsinhaber Ewald, das entsprach zugleich 51 % aller Wahlberechtigten in dieser Abteilung. Damit gehörte er zu denjenigen Kommunalwahlbezirken der dritten Wählerabteilung, in der mangels Aussichten nicht einmal die Liberalen antraten.[29]

Die Arbeitskampfaktionen in der zahlenmäßig für dieses Viertel unbedeutenden Kohlenhandlung spielten sich inmitten dieser Öffentlichkeit ab. Jeder von Arbeitswilligen gelenkte und von Schutzmännern eskortierte Kohlenwagen fuhr am Werkstor von Löwe vorbei, passierte die umliegenden Wohnstraßen mit ihren vielen Kneipen und bog schließlich in die Hauptverkehrsader des Viertels, die Beusselstraße ein. Die Aufmerksamkeit für einen Arbeitskampf war unter den Metallarbeitern und ihren Familien in diesen Tagen zusätzlich durch den gleichzeitigen Streik in der deutschen Werftindustrie erhöht. Am 22. September kündigten die Metallindustriellen eine 60%-Aussperrung in der *gesamten* deutschen Metallindustrie ab 8. Oktober an, wenn bis dahin an der Waterkant keine Einigung erfolgt sei.[30] Derartige Nachrichten in Zeiten der Massenstreikdebatte sorgten an der sozialdemokratischen Basis für Kampfbereitschaft. In Parteiversammlungen war von „Generalstreik für ganz Deutschland" die Rede.[31] Auch ohne daß es dann zur großen Metallarbeiteraussper-

---

25 Siehe Thienel (1973), S. 229.
26 Vossische Zeitung v. 19.11.1910, Nr. 544.
27 Generell ist darauf hinzuweisen, daß die Tatsache der sozialen und funktionalen Durchmischung, wie sie für bestimmte kleinräumige Mietskasernenviertel behauptet und z. T. nachgewiesen wurde — siehe z. B. die Untersuchungen von Bascón-Borgelt u. a. (1983), Fiebig u. a. (1984), Geist/Kürvers (1984) —, nicht mit den sozialstatistischen Aussagen der Aggregatdaten für die Stadtteile verwechselt werden darf. Letztere verdecken die Tatsache, daß es auch *innerhalb* der von Mietskasernen geprägten Stadtteile Gegenden mit stark von einander abweichender Zusammensetzung der Einwohnerschaft gab. In einem insgesamt sozial gemischten Stadtteil konnte es also durchaus auch homogenere Arbeiterviertel geben. Sozialstatistische Daten auf der untersten statistischen Ebene der Stadtbezirke liegen leider nicht vor, aber allein die wenigen verfügbaren Angaben über die Bevölkerungsdichte und Konfession liefern bei allen von den Unterschichten dominierten Stadtteilen deutliche Hinweise auf derartige Unterschiede.
28 Vgl. Fricke (1987), II, S. 988 f.
29 Vorwärts v. 4.11.1909, Nr. 258.
30 Siehe Vossische Zeitung v. 22.9.1910, Nr. 446.
31 Spitzelbericht v. 26.9.1910, BLHA, Rep. 30, Tit. 94, Nr. 14154, Bl. 41v.

rung kam, spielte das an Arbeitskämpfen auf überregionaler Ebene ausgerichtete Klassenbewußtsein eine zentrale Rolle in den Moabiter Unruhen.

Die protestantische Staatskirche hatte es in dieser sozialdemokratischen „Monokultur" besonders schwer[32], zumal die Gemeinde außerdem noch „katholischer Propaganda und evangelischem Sektenwahn in besonderem Maße ausgesetzt" war, wie es in der Begründung eines Antrags auf eine dritte Pfarrerstelle hieß.[33] Insgesamt bot das Viertel selbst einem bürgerlichen Beobachter ein ordentliches Erscheinungsbild, obwohl subproletarische Randgruppen und die Prostitution durchaus auch vertreten waren.[34]

Das Unruheviertel rechts und links der Reinickendorfer Straße im Wedding gehörte ebenfalls zum 6. Berliner Reichstagswahlkreis, in dem die Sozialdemokratie 1912 81% der abgegebenen Stimmen bzw. 65% aller Wahlberechtigten auf sich vereinigen konnte.[35] Die Werte für die Wohn- und Bebauungsdichte lagen unter denen der Stadtbezirke im Moabiter Streikviertel, auch war die Gegend nicht durch die unmittelbare Nähe zu wenigen Großbetrieben geprägt. Dennoch dürften viele Bewohner des Weddings an den Moabiter Unruhen direkten Anteil genommen haben, da ein erheblicher Teil der täglich in die Moabiter Großbetriebe Einpendelnden vom Wedding kam. „Rot" war der Wedding, betrachtet man das Wahlverhalten, schon vor 1914:[36] Bei den Kommunalwahlen im 46. Kommunalwahlbezirk der dritten Wählerabteilung am 5. November 1911 entfielen von 4.801 abgegebenen Stimmen 4.716 – das entsprach 58% aller Wahlberechtigten – auf den sozialdemokratischen Mandatsinhaber Hintze[37], was eine dem westlichen Moabit durchaus vergleichbare absolute Vorrangstellung der Arbeiterorganisationen anzeigt.

Trotz der relativen Homogenität von Lebenslage und politischem Verhalten der Bewohner und Arbeitenden in diesen Unruhevierteln würde die Vorstellung von einer unterschiedslos sozialdemokratisch und polizeigegnerisch eingestellten Bevölkerung in die Irre führen. Die Geschlossenheit mußte unter Konflikten und durch Druck der Mehrheit hergestellt werden, nicht nur innerhalb der Arbeiterbevölke-

---

32 Siehe die ausführlichen Schilderungen des seit 1911 in der Reformationsgemeinde tätigen Pfarrers Günther Dehn, später einer der führenden Vertreter des „religiösen Sozialismus"; Dehn (1956), S. 36 f., Dehn (1962), S. 168-170. Vgl. auch Dehn (1929), S. 15-33, wo stärker der Zustand des Viertels in den 20er Jahren beschrieben wird. – Das Viertel war auch nach den Moabiter Unruhen mehrmals Schauplatz gewaltsamer Auseinandersetzungen: Sowohl während des Ersten Weltkriegs (Januarstreiks) und Januar bis März 1919, als auch, mittlerweile als von der KPD dominierter „Beusselkiez" berühmt-berüchtigt, gegen Ende der Weimarer Republik im Straßenkampf gegen die Nazis. Insbesondere die Rostocker Straße und Pilz' Lokal blieben Brennpunkte linksradikaler Politik; vgl. Engel u. a. (1987), S. 40-49, Rosenhaft (1983), passim, Stahr (1992).

33 Königl. Konsistorium der Provinz Brandenburg, Abt. Berlin an den Evangelischen Oberkirchenrat v. 13.6.1908, EZA, Best. 7, Nr. 11572. – Nach den Moabiter Unruhen fehlte in derartigen Anträgen nie der Hinweis auf die besonders „gefährdete" Gemeinde, die „fast nur aus Anhängern der Sozialdemokratie" bestünde, ebd.

34 Siehe Aussagen in den Strafprozessen, Vossische Zeitung v. 18.12.1910, Nr. 593, v. 20.12.1910, Nr. 595, 6. Beil., v. 11.1.1911, Nr. 17, 5. Beil.

35 Vgl. Hertz-Eichenrode (1990). S. 243.

36 In den zwanziger Jahren erlangte besonders die in diesem Viertel gelegene Kösliner Straße, die während der Weddinger Krawalle Schauplatz von Aktionen v. a. Jugendlicher gegen die Polizei war, als Brennpunkt des „Roten Wedding" überregionale Berühmtheit. Siehe Rosenhaft (1983), passim; Berliner Geschichtswerkstatt (1987).

37 Vorwärts v. 6.11.1911, Nr. 260a.

rung, sondern auch gegenüber am Ort ansässigen Angehörigen anderer sozialer Gruppen: Hausbesitzer in der Sickingenstraße befürchteten neben dem Ärger mit ihren Mietern einen Sturm des „Mobs" auf ihre Häuser, wenn sie der Polizei leerstehende Wohnungen überlassen würden.[38] Der in der Nacht zum 27. September geschädigte Warenhausinhaber Preuß verkündete am nächsten Tag per Anschlag im Schaufenster, daß er entgegen anderslautenden Gerüchten *keine* Waren an Kupfer & Co. geliefert habe. Eine ähnliche Mitteilung ließ das Kaufhaus Meyer am 29. September im Vorwärts veröffentlichen.[39] Im Strafkammerprozeß berichteten mehrere Zeugen von Geschäftsleuten, die sich aus Angst vor Boykottaktionen weigerten, die Kohlenhandlung zu beliefern bzw. mit der Polizei zu kooperieren.[40]

Auch die Geschlossenheit innerhalb der kleinräumigeren Nachbarschaft, ja sogar innerhalb von Arbeiterfamilien[41] war keineswegs selbstverständlich. Drei in der Wiclefstr. 31 wohnende Angeklagte wurden nur von Nachbarn aus dem eigenen Hause und einem gegenüber wohnenden Ehepaar beschuldigt, am 27. September abends „Bluthunde" gerufen bzw. einen Blumentopf auf die Straße geworfen zu haben. „Die von Hausbewohnern gegen sie erstattete Anzeige sei aus Rache erfolgt", behauptete eine von ihnen vor Gericht.[42] Zwei von ihnen wurden erst am 11. und 12. Oktober in Untersuchungshaft genommen, was auf Denunziationen während der kriminalpolizeilichen Ermittlungen nach den Unruhen schließen läßt.[43] Eine der Belastungszeuginnen, die Frau des gegenüberwohnenden Kaufmanns Jordan, bemühte sich vor dem Prozeß um weitere Belastungszeugen in der Nachbarschaft.[44] Bei einer der Angeklagten handelte es sich um eine aktive Sozialdemokratin, die aufgrund „vagen Hausklatsch[s]" mehrere Woche in der Untersuchungshaft verbrachte.[45] Hintergrund dieser Gegensätze war möglicherweise die enge Nachbarschaft zum Fremdkörper Kirche und ihren an dieser Straßenecke gelegenen Einrichtungen.[46]

Einer vergleichbaren nachbarschaftsinternen Intrige hatten auch drei Bewohner des Hauses Schererstr. 12 im Prozeß zu den Weddinger Krawallen ihre Anklage wegen Beamtenbeleidigung zu verdanken. Die Gerichtsverhandlungen mußten sich die Hälfte ihrer Zeit mit einem nachbarschaftsinternen Konflikt um das angemessene Verhalten in derartigen Unruhesituationen beschäftigen. Offensichtlich hatte der Streit schon in der Krawallnacht am 29. Oktober angefangen: Ein Teil der Hausbewohner hatte sich im Hausflur versammelt und achtete dort auf Ordnung, um nicht in die Straßenereignisse verwickelt zu werden, während andere (wie z. B. die Verwal-

---

38 Vossische Zeitung v. 27.9.1910, Nr. 453, 1. Beil.
39 Vorwärts v. 29.9.1910, Nr. 228.
40 Vossische Zeitung v. 22.11.1910, Nr. 548, v. 18.12.1910, Nr. 593, 11. Beil.
41 Siehe den Fall des Hauptbelastungszeugen im Strafkammerprozeß, der von seiner Mutter und seinen Schwestern unter Druck gesetzt wurde, auf seine Aussage gegen den Gastwirt Pilz zu verzichten, Vossische Zeitung v. 7.12.1910, Nr. 574, v. 14.12.1910, Nr. 586. – Im Schwurgerichtsprozeß waren zwei Anklagen aufgrund der Denunziation durch die Schwester eines weiteren Angeklagten zustande gekommen, Vossische Zeitung v. 10. 1. 1911, Nr. 16.
42 Vossische Zeitung v. 17.11.1910, Nr. 540.
43 Strafkammerprozeß, S. 4 f., 101-103.
44 Vossische Zeitung v. 2.12.1910, Nr. 565, 5. Beil.
45 Moabit (1911), S. 23.
46 Siehe Berliner Adreßbuch von 1910.

tersfrau von gegenüber) aufmerksam „Bluthunde"-Rufe und ähnliche Beleidigungen registrierten und sofort der Polizei mitteilten.[47]

Interne Differenzierungen des „Streikviertels" lassen sich schließlich anhand der *Kneipen* als den wichtigsten Institutionen vor allem der männlichen Quartiersöffentlichkeit nachzeichnen. Sie standen wegen der zahlreichen gegen sie geführten polizeilichen Attacken mehrmals im Mittelpunkt der Beweisaufnahme während der Gerichtsverhandlungen. Sie wurden während der Unruhen keinesfalls alle gleich behandelt, weder von der Polizei noch von den Aufrührern. Am einen, vergleichsweise „respektablen" Ende des Spektrums standen die sozialdemokratischen Verkehrslokale, deren Inhaber selbst formell oder informell Basisfunktionäre der Arbeiterbewegung waren. Der Schankwirt Pilz stellte dem Streikkomitee nicht nur sein Hinterzimmer zur Verfügung, sondern wirkte auch tatkräftig bei der „Überzeugungsarbeit" an Arbeitswilligen mit.[48] Mehrere Zeugen behaupteten, daß er auch an den Straßenaktionen in der ersten Woche vor seinem Lokal beteiligt gewesen sei.[49] Der Schulrektor und Bezirksvorsteher Schroeder kannte ihn als Beisitzer des örtlichen Wahlvorstandes, sein „Lokal sei wohl schon infolge der Ehrenstellung, die Pilz in seiner Partei einnehme, gut frequentiert".[50] Unter allen Angeklagten der beiden Prozesse war er mit Abstand der am meisten mit der Sozialdemokratie Identifizierbare; die Verteidigung vermutete, daß anhand seiner Person der Nachweis sozialdemokratischer Urheberschaft für die Unruhen geführt werden sollte[51], und brachte Hinweise darauf vor, daß die Polizei es schon seit längerem auf ihn und seine Tätigkeit für die Sozialdemokratie abgesehen hatte.[52] Zu seinem Glück versagte jedoch der gegen ihn aufgebotene Hauptbelastungszeuge, so daß er mit glimpflichen drei Monaten Gefängnis wegen Koalitionszwangs und Nötigung davonkam. Daneben schien es auch unter den „Parteibudikern" unsichere Kantonisten zu geben: Der Schankwirt Pflaumenbaum pflegte offenbar während der Moabiter Unruhen nach Ansicht seiner Genossen einen zu freundlichen Umgang mit Polizeibeamten. Obwohl seine Frau vor Gericht ausführlich Amtsüberschreitungen von Kriminalbeamten bezeugte[53], wurde er Anfang 1911 aus dem sozialdemokratischen Wahlverein ausgeschlossen, „weil er während der Unruhen in jenem Viertel an die dort diensthabenden Schutzleute Zigarren, Zigaretten u. Getränke verschenkt habe".[54]

Diese beiden Parteilokale blieben von gewalttätigen und aufsehenerregenden Räumungsaktionen verschont, im Gegensatz zu etlichen anderen Kneipen und Restaurants, egal ob darin die Arbeiterschaft oder der kleine Mittelstand verkehrte.

---

47 Siehe Vorwärts v. 20.1.1911, Nr. 17, 1. Beil., v. 21.1.1911, Nr. 18, 1. Beil, v. 24.1.1911, Nr. 20., 1. Beil., v. 25.1.1911, Nr. 21, 2. Beil., v. 26.1.1911, Nr. 22, 2. Beil.
48 Siehe Vossische Zeitung v. 6.12.1910, Nr. 571, 5. Beil.
49 Vossische Zeitung v. 11.12.1910, Nr. 581, 12. Beil., v. 13.12.1910, Nr. 583, 8. Beil.
50 Vossische Zeitung v. 7.12.1910, Nr. 574. Ganz in diesem Sinne wollten die Teilnehmer eines sozialdemokratischen Zahlabends am 11. Januar 1911 „den Zahlabend abbrechen und gemeinschaftlich nach Moabit [...] gehen, um dem aus der Untersuchungshaft entlassenen Pilz eine Huldigung zu bringen", was der Versammlungsleiter jedoch entschieden zurückwies, Spitzelbericht v. 12.1.1911, BLHA, Rep. 30, Tit. 94, Nr. 14154, Bl. 27.
51 Vorwärts v. 10.12.1910, Nr. 289, 2. Beil.
52 Vorwärts v. 12.1.1911, Nr. 10, 1. Beil.
53 Vossische Zeitung v. 30.12.1910, Nr. 612, v. 31.12.1910, Nr. 613, 1. Beil.
54 Spitzelbericht v. 9.3.1911, BLHA, Rep. 30, Tit. 94, Nr. 14154, Bl. 191.

Nach den ersten Zusammenstößen in der Sickingenstraße am 26. September vermutete die Polizei in den an den Ecken zur Berlichingen- und Rostocker Str. liegenden Kneipen die Urheber gegnerischer Attacken und ließ sie gewaltsam räumen. Andererseits wurden am 26. September in zwei Fällen Lokale durch die Tumultuierenden angegriffen und eines davon vollkommen demoliert, weil die Wirte einzelnen flüchtenden Polizisten Zuflucht gewährt hatten.[55]

Am eklatantesten jedoch kamen Gegensätze innerhalb der Einwohnerschaft des Viertels in der Aktion gegen den Pastor der Reformationsgemeinde, Hans Schwebel, zum Ausdruck. Laut seiner Zeugenaussage im Strafkammerprozeß befand er sich am 27. September kurz vor Mitternacht auf dem Heimweg mit der Straßenbahn. Nachdem er an der Wiclefstrasse ausgestiegen war, habe er aus der den Straßenbahnwagen umringenden Menge Rufe gehört: „'Da steht der Pfaffe Schwebel, schlagt den Hund tot!' Ich hielt es bei dieser Situation nicht unter der Manneswürde, so schnell wie möglich zu entfliehen; mir lief die Menschenschaar nach und schrie fortgesetzt! Da läuft er, Haut ihn!" Mit Müh und Not konnte er sich in seine Wohnung retten.[56]

Und selbst der Hauptgegner der aufrührerischen Moabiter Bevölkerung, die Polizei, war unter den Einwohnern des Viertels vertreten: Zwei Schutzmanns-Ehefrauen traten — allerdings mit geringem Erfolg — im Strafkammerprozeß als Zeuginnen gegen die Berichte von polizeilichen Amtsüberschreitungen auf und berichteten von den Anfeindungen seitens ihrer Nachbarn, denen sie während der Unruhen und in den Tagen danach ausgesetzt waren.[57]

6.3.2 Hugo Stinnes' Telegramme

Wie um das Genre-Bild des zur vollen Blüte entwickelten „reinen" Klassenkonflikts abzurunden, befand sich an der Spitze der Arbeitgeberseite ein Industrieller, der bei „Ausbruch des Ersten Weltkriegs [...] zu den Großen der deutschen Schwerindustrie [zählte]".[58] Hugo Stinnes und die von ihm gegründete *Deutsch-Luxemburgische Bergwerks- und Hütten AG Bochum* waren zu gleichen Teilen Eigentümer der Vereinigten Berliner Kohlenhändler-Aktiengesellschaft, der wiederum die Firma Kupfer & Co. gehörte.[59] Stinnes' weitverzweigte Unternehmensbeteiligungen bildeten einen modernen, vertikal konzentrierten Industriekomplex, zu dem neben der Ausgangsbasis Kohlebergbau und Kohlenhandel die Eisen- und Stahlproduktion, der Schiffsbau, die Reederei und der Energiesektor (Strom- und Gasproduktion) gehörten. Er war selbstverständlich an den großen Monopolunternehmungen des rheinisch-westfälischen Kohlebergbaus, dem 1893 gegründeten „Rheinisch-Westfälischen Kohlensyndikat", und insbesondere führend an der 1904 zur Beherrschung des deutschen Kohlenhandels und Kohlentransports gegründeten „Rheinischen Kohlenhandels- und Reedereigesellschaft" beteiligt. Darüber hinaus trieb er seit 1902 als Aufsichtsratsvorsitzender

---

55 Strafkammerprozeß, S. 38.
56 Vossische Zeitung v. 22.11.1910, Nr. 547, 5. Beil.
57 Siehe Vossische Zeitung v. 20.12.1910, Nr. 595, 6. Beil., v. 20.12.1910, Nr. 596.
58 Wulf (1979), S. 28.
59 Ufermann/Hüglin (1924), S. 150.

des „Rheinisch-Westfälischen Elektrizitätswerks" die Verflechtung wirtschaftlicher und (kommunal-)politischer Interessen im Rhein-Ruhr-Gebiet voran, verstand es also durchaus, „Wirtschaft und Politik" – so der Titel der biographischen Studie von Peter Wulf – im unternehmerischen Interesse zu verbinden. Auch in Arbeitskonflikten war der Vierzigjährige bereits 1910 kein unbeschriebenes Blatt mehr: „Der große Bergarbeiterstreik im Jahre 1905 brach auf einer Stinnes-Zeche aus, und Stinnes selbst war es, der in dieser Streikbewegung bei aller Beweglichkeit in Einzelfragen die ganze harte Linie der Arbeitgeber auch gegen die öffentliche Meinung vertrat."[60]

Stinnes' geschäftliches Engagement in Berlin zielte darauf ab, durch den Import von englischer Kohle zu Dumpingpreisen dort die oberschlesische Kohle zu verdrängen.[61] Die dabei hingenommenen Verluste mußten als Begründung für die verweigerte Lohnerhöhung herhalten; mit Vertretern der Gewerkschaften zu verhandeln, war das Unternehmen prinzipiell nicht bereit.[62] In den Wochen nach den Unruhen stilisierte ihn der Courier, die Wochenzeitung des TAV, zum „ungekrönten König am Rhein"[63], der „die Fäden der Grundursachen in der Hand gehabt [hat] und [...] das ganze Spiel hinter den Coulissen persönlich geleitet [hat]". Dieser „industrielle Raubritter" sei der „indirekte Mörder des armen Familienvater Hermann". Derartige Behauptungen stützten sich auf die Information, daß Stinnes am 17. September in Berlin gewesen sei, als der TAV noch versuchte, auf schriftlichem Wege mit Kupfer & Co. ins Gespräch zu kommen.[64] Stinnes ließ dies in einer Gegendarstellung richtigstellen: Er sei nur kurz am 23. September und nach den Unruhen am 6. Oktober in Berlin gewesen und habe zuletzt eine Vermittlung, etwa durch das Einigungsamt des Gewerbegerichts, nicht abgelehnt.[65]

Wie „schwach" die Staatsgewalt gegenüber einem „Kapitalmagnaten"[66] tatsächlich war, kann in diesem Einzelfall anhand der telegraphischen Interventionen Stinnes' nachvollzogen werden. Sie richteten sich bereits am Abend des 24. Septembers, also noch in der ersten Streikwoche, an die höchstmögliche Instanz, den Reichskanzler. Am 21. hatte zunächst der Verband der Berliner Kohlenhändler beim Innenminister interveniert, wovon dieser den Polizeipräsidenten umgehend in Kenntnis setzte, damit dieser „gefälligst das Erforderliche" veranlasse.[67] Am Morgen des 24. telegrafierte Stinnes direkt an das Innenministerium: „Der gewährte polizeiliche Schutz ist absolut ungenügend".[68] Im Laufe des Tages schickte die Firmenleitung von Kupfer & Co. zwei dramatische Berichte an Stinnes: „jetzt [...] mehr als Aufruhr. [...] Wir befürchten größere Unruhen und sind außerstande, das Geschäft zu betreiben. [...] Wir bitten die Beteiligten, beim Minister militärischen Schutz zu verlangen. [...]

60 Wulf (1979), S. 22-29; zur Entwicklung des Konzerns siehe a. Ufermann/Hüglin (1924), insbes. vor dem Ersten Weltkrieg S. 26-31, und speziell zur Unterwerfung des kleinen und mittleren Kohlenhandels Der Courier, Nr. 50 (1910), S. 494 f.
61 Siehe Moabit (1911), S. 9, Bleiber (1955), S. 202 f.
62 Siehe Moabit (1911), S. 9 f.
63 Der Courier, Nr. 41 (1910), S. 386.
64 Der Courier, Nr. 4 (1911), S. 33 f.
65 Der Courier, Nr. 8 (1911), S. 81 f.
66 Siehe Der Courier, Nr. 4 (1911), S. 33 f.
67 MdI an PP v. 21.9.1910, GStA, MdI, Rep. 77, Tit. 2515, Nr. 3, fasc. 4, Bd.1, Bl. 1.
68 Telegramm Stinnes an MdI v. 24.9.1910 (Abschrift), ebd., Bl. 4.

Drahtet dringend, was unternommen", und: „Jetzt herrscht vollständiger Kampf. [...] Lager ohne polizeiliche Bedeckung, da Wache zum Kampf ausrücken mußte. Helft dringend." Deren Wortlaut teilte Stinnes noch am selben Abend telegraphisch dem Reichskanzler mit und bat wegen der Gefährdung des Lebens der Beamten, Arbeitswilligen und Schutzleute „um Eingreifen von oberster Stelle".[69]

Ob die nun am 26. September erfolgende Eskalation, soweit sie durch die Polizei verursacht war, auf die Kenntnis dieser über den Innenminister an den Polizeipräsidenten weitergereichten Interventionen Stinnes' zurückzuführen ist, ist schwer abzuschätzen. Wahrscheinlich dürfte Jagow die Gunst der Stunde genutzt haben, denn er hatte ein durchaus eigenständiges Interesse daran, einmal „mit äußerster Schärfe" vorzugehen.[70] Zunächst einmal wies er den Vorwurf des „ungenügenden polizeilichen Schutzes" am Vormittag des 26. Septembers in einem Bericht an den Innenminister zurück, stellte verschärftes Vorgehen ohne Rücksicht auf Frauen und Kinder in Aussicht und schloß die Anforderung militärischer Unterstützung aus. Im übrigen möge sich der Beschwerdeführer mit Änderungsvorschlägen den Polizeischutz betreffend mündlich an ihn wenden.[71]

Daß das beharrliche Festhalten an einer möglicherweise etwas langwierigeren „Friedensaufgabe kriegerischen Charakters", wie er die polizeiliche Niederschlagung des Aufruhrs im Nachhinein nannte[72], nicht ohne weiteres mit den Interessen des Konzernherrn konform ging, wurde in einer Besprechung mit dem Geschäftsführer von Kupfer & Co. sowie zwei weiteren Arbeitgebervertretern am 28. September, also in der Phase des „Belagerungszustandes", deutlich: Er erklärte, „daß eine weitere Ausdehnung des Betriebs von Kupfer & Co. unter polizeilichem Schutz nicht möglich sei", und ließ sich darüber auch auf keinerlei Verhandlungen ein. Das nahm Stinnes zum Anlaß, in einem Brief an den Reichskanzler nicht nur 10.000 Mk, für verletzte Schutzmänner und deren Familien zur Verfügung zu stellen, sondern zu fordern, „daß der Herr Polizei-Präsident von Berlin angewiesen wird, im *vollen* Umfange den bedrohten Gewerbebetrieb und die darin tätigen Angestellten zu schützen, gegebenenfalls an solche Organe der Staatsgewalt diesen Schutz abzugeben, die dazu stark genug sind."[73] Genau das wollte der Polizeipräsident natürlich unter allen Umständen vermeiden. Er brauchte „seinen", den *polizeilichen*, und keinen militärischen Belagerungszustand. Als er schließlich von dem Brief über das Innenministerium am Sonnabend, dem 1. Oktober, amtlich Kenntnis erhalten hatte, konnte er bereits direkt an Stinnes telegraphisch den Schutz der vollen Betriebsaufnahme am nächsten Montag zusagen.[74]

Die Interventionen Stinnes' bei den zentralen Reichsbehörden und ihre Verarbeitung im behördeninternen Verkehr zeigen *keinesfalls*, daß „im kaiserlichen Vorkriegsdeutschland der Staatsapparat, der doch personell in seinen höheren und mittleren Bereichen fast ausschließlich mit Adeligen besetzt war, bis zum Reichskanzler

---

69 Zit. n. Telegramm des Reichskanzlers an MdI v. 25.9.1910, ebd. Bl. 13-19.
70 Siehe u. S. Kap. 6.5.
71 PP an MdI v. 26.9.1910, GStA, MdI, Rep. 77, Tit. 2515, Nr. 3, fasc. 4, Bd.1, Bl. 6v, 7.
72 Siehe u. S. 289.
73 Stinnes an Reichskanzler v. 29.9.1910, ebd. Bl. 42-44.
74 Telegramm PP an Stinnes v. 1.10.1910, ebd. Bl. 41v.

hinauf nach der Pfeife der Großindustriellen tanzte, wenn es zur Sicherung der Ausbeutung um die Unterdrückung des Volkes ging" — so die der Stamokap-Theorie folgende Interpretation des DDR-Historikers Bleiber.[75] Zwar äußerte sich die „allerhöchste" Bedeutung der Moabiter Unruhen in den Augen von Innenministerium und Polizeipräsidium spätestens ab dem 27. September auch darin, daß Wilhelm II. täglich telegraphisch über den Stand der Dinge informiert wurde, und zu dieser Stufe der Dringlichkeit hat Stinnes gewiß beigetragen, dennoch finden sich in den Quellen keinerlei Anzeichen für eine den Stinnes'schen Vorstellungen entsprechende Anweisung der politischen Instanzen an den Polizeipräsidenten oder andere, etwa militärische Behörden.

Stinnes' generelle Intransigenz gegenüber den Streikenden und die absolute Weigerung seiner Firma, mit Gewerkschaften zu verhandeln, waren notwendige Voraussetzungen gewesen für die Schärfe, die der Konflikt bereits in der ersten Woche des Streiks angenommen hatte. Sie stießen zu diesem Zeitpunkt beim lokalen Reviervorsteher, dem bei der Niederschlagung des Aufruhrs maßgeblich beteiligten Polizeileutnant Folte, auf Kritik. Vor den Geschworenen beschrieb er ausführlich, wie er versucht habe zwischen den Parteien eine Verbindung herzustellen, wozu er sich zunächst an den Gastwirt Pilz und an den Vertreter der Firma gewandt hatte. Trotz seiner Hinweise auf die „heutigen sozialen Verhältnisse[.]", unter denen es „doch nicht angängig erscheine, eine Gewerkschaft vollständig zu negieren", wollte dieser nur unter Ausschluß von Gerwerkschaftsfunktionären mit den Arbeitern verhandeln.[76] — Durch diese strikte Weigerung sämtlichen Vermittlungsvorschlägen gegenüber und die hartnäckigen Interventionen an „oberster Stelle" *trug* Hugo Stinnes dazu *bei*, daß sich ein gewöhnlicher „Streikexzeß" nicht nur zum Aufruhr eines Arbeiterviertels, sondern auch zur großangelegten polizeilichen Vergeltungaktion auswachsen konnte — mehr aber auch nicht.[77]

6.4 Die Moabiter Unruhen als Bürgerkriegsszenario

Diese beiden Besonderheiten — die soziale „Monokultur" des westlichen Moabits und der Einfluß eines intransigenten Konzernherren — unterschieden den Arbeitskampf bei Kupfer & Co. von Anfang an von den anderen hier untersuchten. Zusammen mit dem rigorosen Kurs des durch die Wahlrechtsbewegung des Jahres 1910 her-

---

75 Bleiber (1955), S. 201.
76 Vossische Zeitung v. 11.1.1911, Nr. 17, 5. Beil.
77 Bleibers (1955) Untersuchung der Moabiter Unruhen unterschlägt die eigenständigen Motive Jagows, also insbesondere ihren aus den Quellen eindeutig hervorgehenden *unmittelbaren* Zusammenhang mit dem Debakel der Polizei wärend des Wahlrechtssturms in der ersten Hälfte des Jahres 1910 vollkommen. Er versucht stattdessen, den Verlauf der Unruhen als das Ergebnis der sich verschlechternden Lage der Arbeiterklasse — mit deren empirischen Nachweis er allerdings gerade im Fall Berlins einige Probleme hat — und deren daraus resultierenden „revolutionären Kampfwillen", ferner der Abwesenheit einer leninistischen Partei avant la lèttre und — wie bereits erwähnt — der Willfährigkeit preußischer Behörden gegenüber den Weisungen von Monopolherren darzustellen.

ausgeforderten Polizeipräsidenten v. Jagow bildeten sie den idealen Nährboden für eine Eskalation verhältnismäßig geringfügiger Konflikte zwischen Arbeitswilligen und Streikenden zu Bürgerkriegszuständen, in denen sich „Arbeiterklasse" und „Polizei-/ bzw. Unternehmer-Staat" schlechthin gegenüberstanden. Als der Kulminationspunkt der Straßenpolitik in Berlin vor dem ersten Weltkrieg legte „Moabit" das Bürgerkriegs-Potential der von Klassenwidersprüchen durchzogenen Gesellschaft des Kaiserreichs bloß. Anhand der beiden Hauptphasen der Unruhen, der Aufruhrphase am Montag und Dienstag (26. und 27. September) und dem Belagerungszustand an den beiden darauffolgenden Tagen, sollen nun die wichtigsten Handlungselemente dieses Bürgerkriegsszenarios aus der Perspektive von unten und oben herausgearbeitet werden.

6.4.1 Aufrührer und Aufrührerinnen

Wer waren die Aufrührer und Aufrührerinnen? Welche Gruppen der Moabiter Arbeiterbevölkerung beteiligten sich an welchen Aktionen? Wie „politisch" oder „unpolitisch" waren diese? Bei der politisch-publizistischen Ausschlachtung der Moabiter Unruhen kreiste der Streit immer wieder um die Alternativen „sozialdemokratische Urheberschaft" *oder* Werk des „Janhagel" *oder* Manipulationen von „agents provocateurs" im Dienste der Polizei. Jede Seite steuerte eigene Verschwörungstheorien bei: In den Augen der Obrigkeit war wenn nicht die sozialdemokratische Partei- und Gewerkschaftsführung selbst, so doch ihr nachhaltiger Einfluß verantwortlich zu machen, der „Janhagel" hingegen von untergeordneter Bedeutung.[78] Der Vorwärts und die sozialdemokratischen Verteidiger kreideten der Polizei nicht nur sicherheitspolizeiliches Versagen gegenüber dem von der ordentlichen Arbeiterschaft strikt abzugrenzenden „Janhagel" an, sondern unterstellten der Polizeiführung ein bewußtes Inkaufnehmen der Eskalation durch Untätigkeit am Abend des 26. Septembers, die dann durch den Einsatz von „Lockspitzeln" während des „Belagerungszustandes" fortgesetzt wurde.[79] Liberale Stimmen wie die Vossische Zeitung schlossen sich dem Urteil von Professor Schmoller an, wonach das ganze nur ein gewöhnlicher Pöbelauflauf, wie er alle Tage vorkomme, gewesen sei, um die polizeilichen Übergriffe um so entschiedener zu geißeln. *Gemeinsam* war in *allen* Argumentationen die zentrale Position der Vorstellung vom „Janhagel": Entweder um gegenüber dem „unpolitischen" „Janhagel" die Gefährlichkeit „anständiger", aber sozialdemokratisch verhetzter Arbeiter zu betonen, oder um die objektive Komplizenschaft zwischen „unanständigen", angeblich nicht-sozialdemokratischen Randgruppen und der Polizei herauszustreichen und damit zugleich die Sozialdemokratie zu entlasten, oder um ganz allgemein die „Harmlosigkeit" des Straßenvolks einerseits und die Gefährlichkeit hysterischer Polizisten andererseits festzustellen. Trotz ihrer Gegensätzlichkeit war diesen

---

78 So die Staatsanwälte in ihren Plädoyers, Berliner Tageblatt v. 4.1.1911, Nr. 7, v. 5.1. 1911, Nr. 8, Reichskanzler Bethmann Hollweg sprach am 10.12.1910 von „moralischer Mitschuld der Sozialdemokratie", Verhandlungen Reichstag, XII. Legislaturperiode, II. Session, Bd. 262, 98. Sitzung, S. 3546, vgl. a. Jagow in einem Schreiben an den Innenminister (siehe u. S. 287).
79 Siehe Plädoyers der Verteidigung im Strafkammerprozeß, Vorwärts v. 7.1.1911, Nr. 6, 1. Beil.; Moabit (1911), S. 16 f., 34-37.

politischen Diskursen das Bedürfnis, „Arbeiterschaft" nach unten abzugrenzen, gemeinsam. Wurden die Schilderungen konkreter, dann handelte es sich bei denjenigen, die in diesem Sinne „unter" den Arbeitern standen, meist um Gruppen junger Männer, wie sie bereits in der Analyse der Kleinkrieg-Fallsammlung als „Rowdys", „Halbstarke" oder „junge Burschen" aufgetreten sind, sowie um Menschen aus dem Prostitutions-Milieu.

Ein weiteres Element dieser Diskussion war die Frage der *„Planmäßigkeit"*, mit der die Akteure handelten. Handelten sie „spontan und unvorbereitet", so galt das als „harmlos", „unpolitisch" und „unbedacht"; man konnte ihnen „berechtigte Empörung" zugute halten.[80] Handelten sie hingegen „organisiert" und „bewußt zusammenwirkend", dann wurden die Ereignisse als „revolutionär" charakterisiert[81], was unweigerlich „Nähe zur Sozialdemokratie" implizierte.

Durch die Ausschließlichkeit ihrer Aussagen verstellen diese politischen Funktionalisierungen der Moabiter Unruhen den Blick auf das Zusammenwirken verschiedenartiger Ursachen, deren mehr oder weniger zufälliges Aufeinandertreffen den „Regeln des Aufruhrs" folgende Handlungsabläufe in diesem Ausmaß erst ermöglichte. Genaugenommen hatten alle recht. Das zeigt auch die differenzierte Beteiligung des gesamten Wohnviertels: Die sozialdemokratische Betrachtungsweise nutzte die unterschiedlichen Formen der Beteiligung verschiedener Gruppen als Ansatzpunkt zur Ausgrenzung der minder Respektablen. Die vor allem durch die Beweisaufnahme im Strafkammerprozeß überlieferten differenzierten Einzelschilderungen ergeben das Gesamtbild straßenpolitischer Aktionen, in denen diese im Viertel wohnenden und verkehrenden Gruppen *kooperierten*, ohne daß es dazu eines formellen Plans bedurft hätte.[82]

An der Nahtstelle zwischen den noch ausschließlich auf den Arbeitskampf bei Kupfer & Co. konzentrierten und im Wesentlichen von den Streikenden getragenen, wenn auch bereits vor den Augen der Anwohnerschaft stattfindenden direkten Aktionen der ersten Streikwoche und dem Aufruhr des ganzen Wohnviertels stand der Kampf zwischen den Löwe-Arbeitern und der den Kohlenplatz sichernden Schutzmannschaft. Das Eingreifen der organisierten Fabrikarbeiter aus der Position der Unbeteiligten heraus, nämlich während der Mittagspause, außerhalb des Fabrikgeländes, markierte den Umschlag des unternehmensinternen Arbeitskampfes in eine *lokale Klassenauseinandersetzung*: Nur die Vorstellung einer Kohlenarbeitern, Anwohnern und Fabrikarbeitern gemeinsamen Interessenlage gegenüber Unternehmern und Staat und die Gemeinsamkeit entsprechender Verhaltensnormen konnte diese durchschlagende Wirkung auf die weitere Entwicklung haben. An der darauf erfolgenden Abriegelung der Sickingenstraße entzündeten sich noch am selben Abend die ersten ausschließlich gegen die Polizei gerichteten Aktionen, die in einer längeren Straßenschlacht mündeten.[83]

---

80 Vgl. Plädoyers der Verteidigung im Strafkammerprozeß, Vorwärts v. 7.1.1911, Nr. 6, 1. Beil.
81 Staatsanwalt Porzelt im Schwurgerichtsprozeß, Vossische Zeitung v. 23.1.1911, Nr. 38.
82 Siehe die Aussagen der Einsatzleiter Polizeimajor Klein und Polizeileutnant Folte, die immer von „Janhagel" *und* Arbeitern berichteten, Vossische Zeitung v. 18.11.1910, Nr. 542, v. 19.11.1910, Nr. 543, 5. Beil.
83 Siehe PP an MdI v. 27.9.1910, GStA, MdI, Rep. 77, Tit. 2515, Nr. 3, fasc. 4, Bd. 1, Bl. 25v, 26.

Den Polizeigegnern standen für ihre Aktionen zwei taktische „Stützpunkte" zur Verfügung, die durch die Mietskasernenarchitektur vorgegeben waren: *Kneipen und Hauseingänge* und *Balkons und Fenster zur Straße*. (Gelegentlich wurden auch die auf die Höfe vordringenden Polizisten aus Hinterhoffenstern beworfen.) Abgesehen vom Vorgehen gegen Menschenmengen auf der Straße selbst konzentrierten sich die Vorstöße der Polizei auf diese beiden „Stützpunkte". Vor allem die Räumungen von Lokalen am frühen Montagabend bildeten den Gegenstand langwieriger Zeugenbefragungen im Strafkammerprozeß, da die Verteidigung nachweisen wollte, daß die Polizei von sich aus die Lokale angegriffen und in einem Fall ohne Vorwarnung die Gäste hinausgeprügelt hatte, was die Polizisten vor Gericht bestritten.[84] Anderen Zeugen zufolge wurden Kneipen in der Sickingenstraße geräumt, weil Leute in sie geflüchtet waren, aber nicht weil von dort geworfen worden war.[85] In jedem Fall ging die Polizei davon aus, daß sich Tumultuanten in die Kneipen flüchteten bzw. daß Flaschen, Geschirr u. dgl. nur von dort stammen konnten.[86]

Von mehreren Beobachtern wurde der geradezu „familiäre" Charakter der *frühabendlichen* Aktionen sowohl am 26. wie am 27. September registriert. Dem Bericht der Vossischen Zeitung zufolge füllten sich die Straßen mit großen Menschenmengen, „darunter viele halbwüchsige Burschen, aber auch kleine Schulkinder. Familienväter trugen ihre Kleinen auf den Armen heraus und glaubten so, gegen alles geschützt zu sein. Die Warnungen der Polizei schienen sie nicht belehrt zu haben. Wenn nun die Schutzmänner *solche Leute aufforderten, die Straße zu verlassen, so machten sie Lärm, beschwerten sich darüber, daß man ihnen nicht einmal erlaube, mit ihren Kindern auf die Straße zu gehen, wo sie wollten, und reizten die Menge durch ihre Redensarten auf.*"[87] Der Zeuge Bars hatte gehört, wie ein neben ihm in der Menge Stehender gefragt wurde, „ob man die Kinder nicht wegschicken sollte, die Antwort aber ging dahin: Die Kinder sollen nur weiter schreien, denn sie machen den größten Effekt."[88]

Am Abend des 26. Septembers waren an dem gut zwei Stunden während Hin und Her zwischen Auseinandertreiben der Menge und erneuten Ansammlungen, sobald sich die Polizei wieder zurückzog, neben den „Rowdies" und „jungen Burschen" laut Aussage eines Arbeiters Alt und Jung, Männer und Frauen beteiligt.[89] In diesen Aktionen ging es beiden Seiten in erster Linie um die *Präsenz auf der Straße*, wobei das demonstrative Mitführen kleiner Kinder als „passive Gewalt" vor scharfem Vorgehen der Polizei schützen sollte.[90]

Nach einer kurzen Pause zwischen 21^{15} und 22^{30} Uhr änderte sich die Taktik der Aufrührer: Zunächst wurden Laternen gelöscht. Dann erfolgten mehrere *Angriffe auf Einzelpersonen* bzw. deren Eigentum: Dazu gehörten drei Polizisten, die mit Rufen wie „Denen wollen wir mal das Hemde ausziehen"[91] regelrecht gejagt wurden und in

---

84 Siehe Vossische Zeitung v. 17.12.1910, Nr. 591, 6. Beil., v. 17.12.1910, Nr. 592, v. 13.12.1910, Nr. 584.
85 Vossische Zeitung v. 3.1.1911, Nr. 3, 5. Beil.
86 Vossische Zeitung v. 30.12.1910, Nr. 611, 4. Beil.
87 Vossische Zeitung v. 27.9.1910, Nr. 454.
88 Vossische Zeitung v. 11.12.1910, Nr. 581, 12. Beil.
89 Vossische Zeitung v. 3.1.1911, Nr. 3, 5. Beil.
90 Ein Beispiel siehe Vossische Zeitung v. 21.12.1910, Nr. 597, 5. Beil.
91 Vossische Zeitung v. 27.11.1910, Nr. 557, 11. Beil.

Wohnungen und Kneipen flüchten mußten, der bereits erwähnte Pfarrer, das Kaufhaus Preuß und schließlich die schwere Verletzung eines Polizisten durch einen Messerstich. Vor allem diese Aktionen ließen bei Außenstehenden den Eindruck von Koordination und Planmäßigkeit entstehen. Eine Zeugin „bekundet, sie habe gesehen, wie ein großer Zug junger Männer singend: 'Wir Männer in der Bluse sinds' durch die Straße zog und auf das Kommando eines Mannes Laternen einwarf."[92] Der Polizeimajor Klein spekulierte über die Vorgänge in der Rostocker Straße am 27. September: „Das Auslöschen der Laternen geschah so urplötzlich und schnell, daß man beinahe auf den Gedanken hätte kommen können, hier scheine eine gewisse Direktive vorzuliegen."[93]

Offensichtlich entwickelte sich zwischen den hochmobilen Straßenakteuren und den stationären Vorderhausbewohnern und -bewohnerinnen in dieser Phase eine Arbeitsteilung, die diesen Eindruck eines „Plans" verstärkte. Der Adjutant von Polizeimajor Klein berichtete von mehrfachen Rückzügen der von der Polizei Gejagten in die von „besseren Arbeitern" bewohnten Häuser im Wechsel mit verbalen und physischen Attacken aus deren Vorderhauswohnungen. Daraus schloß er, daß die Staßenakteure mit den Hausbewohnern „Hand in Hand" gingen: „Wo sollten sie denn die vielen Hausschlüssel hergenommen haben, mit denen schleunigst die Haustüren vor den Polizeibeamten zugeschlossen wurden?"[94] Auf eine Nachfrage der Verteidigung erläuterte er seine Vorstellung von dieser „Planmäßigkeit": *Es sei ja nicht nötig, daß ein besonderer Plan bestanden habe. Die Leute wären aber doch einheitlich vorgegangen, denn sie fühlen sich verbunden durch die ewige Hetzerei des 'Vorwärts' gegen die Polizei.*"[95] Auch andere Zeugen berichteten von Pfiffen und Hausbewohnern, die Leuten von der Straße die Hauseingänge öffneten.[96]

Da man sich seitens der Obrigkeit ein derartiges Verhalten nur als vorab geplantes, koordiniertes Handeln vorstellen konnte, ging man in der Gerichtsverhandlung jedem Anzeichen von den Aufruhrhandlungen vorangegangenen Absprachen oder Absichtserklärungen nach. Der Angriff einer Menschenmenge am Abend des 26. Septembers soll laut Aussage des Schutzmanns Kugler mit einem Ruf aus der Menge „Jetzt ist es Zeit, jetzt können wir losgehen!" eingeleitet worden sein.[97] Ein ziviler Zeuge berichtete von einem Gespräch in der Kneipe die Äußerung eines Mannes: „*Heute abend gibts Kattun. Mir kann ja nischt weiter passieren. Ich bin unverheiratet und auf ein Jahr kommts mir nich drauf an.*"[98] Ein weiterer berichtete: „Eines Tages sei sein 12jähriger Bruder durch die Rostocker Straße gegangen und habe dort ein langes Eisenstück gefunden und aufgehoben. In diesem Augenblick sei ein Strolch an ihn

92 Vossische Zeitung v. 13.12.1910, Nr. 583, 8. Beil., siehe a. v. 20.12.1910, Nr. 595, 6. Beil.
93 Vossische Zeitung v. 11.1.1911, Nr. 17, 5. Beil. – Laternenzerstörung als Bestandteil von revolutionären Straßenkämpfen behandelt Schivelbusch (1983), S. 98-112, am französischen Beispiel im Rahmen seiner Kulturgeschichte der Straßenbeleuchtung. Die Laternenzerstörung bot demnach nicht nur die lustvolle visuelle und akustische Erfahrung von Omnipotenz (S. 99), sondern war zugleich gemeinsam mit dem Barrikadenbau traditioneller Bestandteil des Aufruhrs (S.104 f.).
94 Vossische Zeitung v. 19.11.1910, Nr. 544.
95 Vorwärts v. 20.11.1910, Nr. 272, 1. Beil.
96 Siehe Vossische Zeitung v. 26.11.1910, Nr. 555, 1. Beil., v. 11.12.1910, Nr. 581, 12. Beil., v. 26.11.1910, Nr. 555, 1. Beil., v. 7.12.1910, Nr. 286, 2. Beil.
97 Berliner Tageblatt v. 15.1.1911, Nr. 27, 7. Beibl.
98 Vossische Zeitung v. 15.12.1910, Nr. 587, 7. Beil.

herangetreten und habe zu ihm gesagt: 'Laß det man liegen, sonst haben wir heute abend nischt zum Schmeißen.' Ein anderer junger Mensch habe ihm mehrere Steine gezeigt und gesagt: 'Heute abend kriegen sie die Dinger in die Fresse und wir machen uns dann dünne.'"[99]

Eines der Opfer der Räumung des Lanzerathschen Lokals am 26. September, der Küfermeister Drekold, berichtete, was er dort am darauffolgenden Tag, also ebenfalls am 27. September, von einem Maurerpolier erfahren hatte: Seine „Kollegen hätten alle Urlaub genommen, weil sie am Abend eine große Sache in der Rostocker Straße machen wollten. Sie würden die Polizei dort auf einen Haufen locken, alle Laternen verdunkeln, womöglich die Rohrleitungen stören und aus den Fenstern auf die Polizei schießen. Ich ging zum Polizeileutnant Folte, um ihm diesen Plan mitzuteilen, der nachher ja auch fast genau so ausgeführt worden ist." Der Maurerpolier konnte jedoch von Folte nicht mehr ausfindig gemacht werden.[100]

Der Polizei selbst gingen in diesen Tagen Meldungen über eine bevorstehende Brandstiftung auf dem Kupferschen Kohlenplatz oder über ein geplantes Sprengstoffattentat auf die Beusselbrücke zu.[101] Derartige Gerüchte und Prahlereien weisen allerdings kaum auf eine regelrecht organisierte und heimliche Vorbereitung der Unruhen hin – eher im Gegenteil: Die Aufmerksamkeit, mit der sie registriert wurden, zeigt eine allen Beteiligten gemeinsame *Erwartungshaltung* über den unweigerlichen Fortgang des bereits eskalierten Konflikts an. Was noch folgen würde, war unschwer zu prophezeien: Die Techniken und Grundregeln von Straßenauseinandersetzungen mit der Polizei waren ja Allgemeingut der Unterschichten, daher konnte man mit derartigen Verschwörungsgeschichten durchaus ins Schwarze treffen. Ein Kaufmann bezeugte, daß er auf der Straße einen Arbeiter sagen hörte: „Die verfluchte Bande, die Aussauger, die bewilligen den Arbeitern nicht die paar Pfennige. Aber diesmal sollen sie was erleben. Wir sind organisiert und halten zusammen in der ganzen Welt. Der Zeuge sagte zu dem Mann: 'Da sind Schutzleute, die können das hören.' Da anwortete der Mann: 'Diese Bauernlümmels, die Bluthunde, wir werden es ihnen schon zeigen, heute abend bleibt keine Scheibe ganz."[102]

Diese Antizipation verschärfter Auseinandersetzungen ist auch bei Angeklagten anzutreffen. Dem Schlosser und Messerstecher Bock konnte beispielsweise nachgewiesen werden, daß er sich durchaus auf Eventualitäten vorbereitet hatte. Er hatte sein Taschenmesser in die äußere Paletottasche (und nicht in die Hosentasche) gesteckt, um sich notfalls gegen eventuelle Säbelattacken, wie er sie kurz zuvor beobachtet hatte, wehren zu können.[103] Einem Oberkontrolleur der Wach- und Schließgesellschaft, mit dem er sich kurz vor dem Zusammenstoß mit der Polizei unterhielt, sagte er, „wenn er angegriffen werde, so wisse er was er zu tun habe, 'denn er oder ich'".[104]

---

99 Vossische Zeitung v. 18.12.1910, Nr. 593, 11. Beil.; eine ähnliche Ankündigung siehe v. 20.12.1910, Nr. 595, 6. Beil.
100 Vossische Zeitung v. 17.12.1910, Nr. 592. – Der Vorwärts v. 18.12.1910, Nr. 296, vermutete hinter dem Unbekannten einen Spitzel.
101 Vossische Zeitung v. 11.1.1911, Nr. 17, 5. Beil., v. 18.11.1910, Nr. 542.
102 Vorwärts v. 21.12.1910, Nr. 298, 2. Beil.
103 Vossische Zeitung v. 1.12.1910 Nr. 564.
104 Strafkammerprozeß, S. 92.

Auch die im Urteil des Strafkammerprozesses festgestellte Beharrlichkeit, mit der ein anderer Angeklagter, der zwanzigjährige Arbeiter Heide, die Polizei herausforderte, offenbart mehr als nur spontanes Aufbegehren. Am 27. September hatten sich gegen 21 Uhr an der Kreuzung Turm-, Gotzkowsky- und Waldstraße johlende und pfeifende Menschen angesammelt, die von der Polizei auseinandergetrieben werden sollten: „Der Schutzmann Junge machte zuerst die Ecke vor dem Hause Gotzkowskistraße 65 frei. Zu den dort Angesammelten gehörte der Angeklagte Heide, der sich durch Johlen und Pfeifen besonders hervortat. Beim Einschreiten des Junge blieben nur einige stehen, zuletzt von ihnen ging dann der Angeklagte. Dieser nahm jetzt an der gegenüberliegenden Ecke der Gotzkowskistraße Aufstellung und verhielt sich dort ebenso. Auch von hier verjagt, trieb er es an den andern beiden Straßenecken in derselben Weise. Die Schutzleute mußten nun eine Menschenmenge in der Turmstraße bis zur Ottostraße zurückdrängen. Heide folgte ihnen und war wieder vornweg, als sie kehrt machten, dabei rief er fortwährend: 'Schmeißt doch die Bluthunde, die Strolche, die Spitzbuben.' Den Schutzleuten war es bisher nicht gelungen, den Heide zu fassen, weil er ihnen in der Menge geschickt auszuweichen verstand. Endlich benutzte Kohly einen haltenden Straßenbahnwagen. Er lief um denselben herum und packte Heide. Durch den Anprall fielen beide zu Boden. Heide lag über Kohly und würgte ihn am Halse. Dabei rief er: 'Halt, Genossen, gegen die Räuber.' Jetzt kam der Schutzmann Wacker dem bedrängten Kohly zu Hülfe. Auf ihn wollten sich bereits 40 bis 50 Leute stürzen. Wacker versetzte dem Heide einen Säbelhieb und zog ihn in die Höhe. Als nunmehr Heide den Kohly wieder in den Kragen griff, gab der inzwischen hinzugeeilte Schutzmann Junge ihm einen zweiten Säbelhieb. Auch die Schutzleute Höhne und Blank waren hinzugekommen. Heide wurde festgenommen, schlug gegen die Schutzleute um sich, warf sich dann zur Erde und mußte von Junge, Kohly, Wacker und Höhne zur Wache fortgeschleppt werden. Blank deckte den anderen Beamten hierbei gegen die Menge den Rücken. Auf dem Wege zur Wache rief Heide: 'Nun habt ihrs ja geschafft, ihr Hunde' und auf der Wache selbst äußerte er dann noch 'Wir Arbeiter siegen doch. Die Maschinengewehre hören auch einmal auf zu schießen.'"[105]

Vor Gericht bemühte sich sein Verteidiger, ihn als einen strebsamen jungen Arbeiter darzustellen, der seine Freizeit mit Sprachstudien verbringe und nur auf einem Spaziergang in die Unruhen hineingeraten sei.[106] Die Detailliertheit der gegen ihn vorgebrachten Beschuldigungen und der gänzliche Mangel an Verteidigungszeugen sprechen in seinem Falle allerdings eher dafür, daß er aus Überzeugung und daher mit einem Mindestmaß an Zielstrebigkeit gehandelt hatte, oder, in den Worten des Staatsanwalts, daß er „vom Haß gegen die Staatsgewalt erfüllt" gewesen sei.[107]

Nach dem ersten Abend der Konfrontationen legte diese Erwartungshaltung in einem Prozeß der gegenseitigen Bestätigung die Grundlage für die Eskalation am Abend des 27. Septembers. Jung und Alt, Männer und Frauen nahmen nach Feier-

---

105 Ebd., S. 97-99.
106 Vossische Zeitung v. 16.11.1910, Nr. 540, 7. Beil.
107 Berliner Tageblatt v. 5.1.1911, Nr. 9. Heide wurde wegen Beleidigung und Widerstand zu neun (statt fünfzehn beantragten) Monaten Gefängnis verurteilt, Vossische Zeitung v. 12.1.1911, Nr. 19, 5. Beil.

abend an den Kreuzungen der Beusselstraße gegenüber der Polizei Aufstellung. Der als Zeuge vernommene Kammergerichtsrat Daberkow ging abends um 21^{15} in der Turm-, Wald- und Beusselstraße spazieren und berichtete, daß sich dort „Schutzleute und Publikum [...] wie zwei feindliche Heerlager gegenüber[standen]".[108] Der Zeuge Stellmacher Feller berichtete vom „Janhagel", der (vermutlich am 27. September – T. L.) an der Reformationskirche gestanden habe. „Einem Mann, der gut gekleidet war, habe er gesagt, daß abends sehr viel Polizei erscheinen werde. Der Mann habe geantwortet: 'Na warte man Jungeken, wenn wir nicht anfangen, fängt die Polizei von selber an.'"[109]

Zu dieser Erwartungshaltung kam ein weiteres, in mehreren Bericht auftauchendes Element dieser Situation. An der Beusselstraße Ecke Siemensstraße wurden laut Beobachtung des Zeugen Berthold „Lieder gesungen und die Beamten wurden verhöhnt. Rufe wie 'Bluthunde!' ertönten, und eine Frauenstimme rief: Schlagt sie tot, Verbrecher von Gottesgnaden!'"[110] Der Journalist Steinberg hatte ein Hoch auf die Sozialdemokratie und „das Arbeiterlied" (wahrscheinlich die Arbeitermarseillaise) gehört[111], der Berichterstatter des Vorwärts hingegen hatte in der Menschenmenge nur ein paar gröhlende Betrunkene bemerkt.[112]

Auch dem Beginn der Weddinger Krawalle ging eine sich über den Nachmittag bis gegen 22 Uhr hinziehende Phase der gewaltlosen, aber schimpfenden und ihr Mißfallen bekundenden Menschenansammlungen, die von der Polizei immer wieder aufgelöst worden waren, voraus. „Wir hatten uns stundenlang mit Leuten *herumgeärgert*, da wußte jeder nun Bescheid", brachte Polizeihauptmann Körnich gegen die Behauptung vor, es seien davon einzelne Unbeteiligte betroffen worden. Die Initialzündung für den scharfen Einsatz mit der blanken Waffe ging nach seiner Aussage vom gemeinsamen Absingen der Arbeitermarseillaise in der Schererstraße aus: „Zeuge hebt hervor, daß er an der Ecke der Scherer- und Reinickendorfer Straße auch ein Arbeiterlied habe singen hören. Er meint es sei die *Arbeitermarseillaise* gewesen, und fügt hinzu: so daß wir *gezwungen waren, vorzugehen*."[113]

Welche Seite dann in diesen Situationen in Moabit bzw. im Wedding als erste zur Gewalt überging, ist anhand der einander widersprechenden Beschreibungen in den Quellen nicht eindeutig festzustellen. Ohne daß es einer gezielten einseitigen Attacke bedurfte hätte, konnte das massierte Einandergegenüberstehen und der Austausch von Mißachtungen bzw. Anordnungen in die Aktionsform übergehen, die alle Beteiligten letztlich erwarteten: den offenen Schlagabtausch.

Bei der „Schlacht in der Rostockerstraße" in der Nacht vom 27. auf den 28. September kam es dabei dann wieder zum konzentrierten Einsatz der für den Kampf in einer engen, von Mietskasernen gesäumten Straße typischen Gewaltmittel: Werfen

---

108 Vossische Zeitung v. 13.12.1910, Nr. 583, 8. Beil.
109 Vossische Zeitung v. 18.12.1910, Nr. 593, 11. Beil.
110 Vossische Zeitung v. 26.11.1910, Nr. 555, 1. Beil., eine Anspielung auf Wilhelms II. Rede vor dem Provinziallandtag in Königsberg am 25. August d. J., in der dieser sich selbst in der Tradition des Gottesgnadentums stehend als „Instrument des Himmels" bezeichnet hatte, was v. a. vom Vorwärts scharf kritisiert worden war, siehe Deutscher Geschichtskalender 1910, II. Bd., S. 7-10.
111 Vossische Zeitung v. 14.12.1910, Nr. 585, 6. Beil.
112 Vorwärts v. 28.9.1910, Nr. 227.
113 Vorwärts v. 18.1.1911, Nr. 15, 1. Beil.

mit allen möglichen Gegenständen sowohl von den Balkonen und Fenstern herab als auch von der Straße aus. Daß dabei nicht nur dem Haushalt zu entnehmende Dinge wie Flaschen und Porzellan, sondern auch Steine und gar Eisenteile verwendet wurden, kann als ein weiteres Indiz für eine zumindest durch Teile der Aufrührer, darunter Metallarbeiter, vorbereitete Aktion gewertet werden. Zuvor waren die tagsüber eben noch reparierten Laternen gelöscht und teilweise wieder zerstört worden, und auch in den Wohnungen der Vorderhäuser brannte kein Licht. Wieder kam es zum Katz-und-Maus-Spiel zwischen den Hinterhausbewohnern und der Polizei um den Aufenthalt auf der Straße.[114] Laut Bericht des Vorwärts handelte es sich lediglich um „einige[.] stärkere[.] Zusammenrottungen halbwüchsiger Burschen und eines Gesindels, das sich in dieser Gegend, nach der Darstellung vieler Bewohner, angesammelt hat, und gegen die sich die Polizei als völlig ohmächtig erwiesen hat".[115] Bei genauerem Hinsehen krankt diese „Janhagel"-These aber daran, daß sie sich lediglich auf den Zeitraum bis 22^{30} Uhr bezieht, während die dramatischen Schilderungen aus polizeilicher Sicht die Zeit um Mitternacht als den Höhepunkt der Auseinandersetzungen schildern. Auch in der Beweisaufnahme vor Gericht konnten die sozialdemokratischen Verteidiger das Gesamtbild der „Schlachtordnung" „Straßenbewohner gegen eindringende Polizei" nicht erschüttern.

Extrem dramatisierende, vermutlich durch das Polizeipräsidium lancierte Schilderungen der „Schlacht in der Rostockerstraße"[116] forderten geradezu zur Annahme eines planmäßig durchgeführten Aufruhrs heraus. Die verschiedenen Einzelereignisse dieses Abends – die Ansammlungen gegen 19 Uhr mit Absingen der Arbeitermarseillaise, der plötzliche Beginn der Zusammenstöße unmittelbar danach, die Verdunkelung der Straßen – fügten sich für die im militärischen Denken befangenen Polizeiführer zu einem „Schlachtplan", dessen weitere Ausführung nur durch die Wiedereroberung des verlorenen Terrains, der Straße, mittels Beschuß der Fenster und mit dem Polizeipräsidenten an der Spitze verhindert werden konnte. Selbst Hilferufe und der Feuerschein eines „Scheiterhaufens" aus der Rostocker Straße heraus wurden als Versuche, „die *Polizei* noch einmal *in die dunkle Straße hineinzulocken*, um sie von neuem mit allen möglichen Wurfgeschossen überschütten zu können", interpretiert.[117]

Zwei Details in diesen Berichten sind zumindest teilweise in den Bereich der Phantasie zu verweisen: Zum einen die Berichte über den Gebrauch von Schußwaffen gegen die Polizei und zum anderen die Schilderung der Ausmaße des „Scheiterhaufens" in der Rostockerstraße. Nach der Beweisaufnahme vor Gericht blieb davon lediglich ein zerlegter und in der Mitte der Straße angezündeter Photographenschaukasten übrig, während der „mit der Polizei in Fühlung stehende Berichterstatter" in

---

114 Strafkammerprozeß, S. 45-47.
115 Ebd.
116 Siehe Vossische Zeitung v. 28. 9. 1910, Nr. 456. Demnach soll Jagow zu Pferde an der Spitze der Schutzmannschaft in die Rostockerstraße eingedrungen sein und dort mit den Rufen *„Das ist der Jagow, schlagt ihn tot, schießt den Hund nieder!"* und anderen Drohungen empfangen worden sein. Ferner sei es zu einem regelrechten Feuergefecht gekommen, zeitweilig sei die vorrückende Polizei sogar von zwei Seiten unter Beschuß genommen worden.
117 Ebd.

der Vossischen Zeitung Kisten, Stroh, Lumpen und gar Petroleum brennen sah. Der Einsatz von Schußwaffen *gegen* (und nicht durch) die Polizei bleibt eine der zweifelhaftesten Punkte in den vielen Schilderungen, nicht nur für diesen Abend, sondern für die Moabiter Unruhen generell. Insgesamt fällt auf, daß beispielsweise im ganzen Prozeß keine einzige konkrete Schußverletzung, ob eines Polizisten oder einer Zivilperson, bezeugt wurde. Während an der Tatsache der Schüsse seitens der Polizei kein Zweifel bestehen kann — es wurden z. B. am Abend des 27. Septembers peinlich genau 173 verschossene Patronen gemeldet[118] —, tauchten „harte" Indizien für Schüsse aus der anderen Richtung in den Prozessen nicht auf und waren offensichtlich auch nicht beizubringen.[119] Daß auch auf ziviler Seite nichts über Schußverletzungen berichtet wurde, lag möglicherweise daran, daß laut einer Zeugenaussage die Beamten beim Schießen absichtlich zu hoch gehalten hatten.[120]

Angesichts der Tatsache, daß auch in zahlreichen anderen in dieser Untersuchung behandelten Straßenkonflikten immer wieder Schußwaffen zur Anwendung kamen und es trotzdem nur selten dabei zu Schußverletzungen kam, ist aber nicht auszuschließen, daß seitens der Aufrührer auch mit scharfen Waffen „geknallt" wurde, *ohne* daß dem Tötungsabsichten zugrundelagen, wie es einige Zeitungsberichte glauben machen wollten. Dafür spricht auch die Tatsache, daß zwei Angeklagte bei ihrer Festnahme einen Revolver bei sich trugen und ein weiterer kurz davor Schüsse in die Luft abgegeben hatte.[121]

Wenn in den zahlreichen Zeugenaussagen und Reportagen vom „Janhagel" als „treibender" — aber nicht ausschließlicher! — Kraft die Rede ist, bezog sich dies meist auf Aktionen zu später Nachtstunde, weniger auf den Auftakt unmittelbar nach Feierabend. Das ist — auch wenn man das Entlastungsinteresse zugunsten der „ordentlichen" Arbeiterschaft in Rechnung stellt — durchaus plausibel. Natürlich beteiligten sich „Rotten" junger Männer auf ihre Weise an den Aktionen, d. h. in kleineren Gruppen, die auf Grund ihrer Schnelligkeit ein größeres Risiko eingehen konnten, und daher auch mehr ins Auge stachen. Nichts anderes beschrieb Polizeimajor Klein bei seiner Zeugenaussage vor dem Schwurgericht als jenen „Janhagel, der bei allen solchen Gelegenheiten plötzlich wie aus der Erde gewachsen erscheint, sich zu Hunderten ansammelt, lärmt und tobt und bei Erscheinen der Polizei ebenso plötzlich wieder verschwindet."[122] Die Verfolger des Wachtmeister Pitt am Abend des 26. Oktober setzten sich aus „jungen bartlosen Männern" zusammen, bezeugte der ihm Zuflucht gewährende Gastwirt Menzel, dasselbe gilt für die Plünderung und Demolierung eines weiteren Lokals in derselben Nacht.[123] Andere Schilderungen weisen aber innere Differenzierungen der am Aufruhr Beteiligten auf: Laut einer Zeugenaussage seien an der Plünderung des Schaukastens des Warenhauses Preuß ausschließlich Mädchen beteiligt gewesen, und die dazugehörige „johlende Menge" bestand überwiegend aus Leuten zwischen 16 und 24 Jahren.[124] Sie bewegten sich dabei aller-

---

118 PP an MdI v. 28.9.1910, GStA, MdI, Rep. 77, Tit. 2515, Nr. 3, fasc. 4, Bd. 1, Bl. 54.
119 Siehe Vossische Zeitung v. 18.11.1910, Nr. 542.
120 Vossische Zeitung v. 18.12.1910, Nr. 593, 11. Beil.
121 Vossische Zeitung v. 18.11.1910, Nr. 541, 5. Beil., v. 10.1.1911, Nr. 16.
122 Vossische Zeitung v. 11.1.1911, Nr. 17, 5. Beil.
123 Vossische Zeitung v. 19.11.1910, Nr. 544, v. 20.11.1910, Nr. 545, 1. Beil.
124 Vossische Zeitung v. 11.12.1910, Nr. 581, 12. Beil.

dings in einer zumindest sympathisierenden, wenn nicht gar unterstützungsbereiten Umgebung. Die einzeln angegriffenen Schutzmänner Prieskorn und Sperling bezeugten, daß die Menge sich aus jungen *und* älteren Leuten zusammensetzte.[125] Ein anderer Zeuge hingegen identifizierte die Kontrahenten der Polizei als jenen Janhagel, „der sich in der Plötzenseer Heide und auf den Rummelplätzen am Bahnhof Beusselstrasse herumtreibe".[126] Eine eindeutige soziale Zuordnung dieser Akteure: soziale Randgruppen, erwachsene Arbeiter, junge Mädchen — läßt sich diesen Schilderungen nicht entnehmen.

Dennoch spielten Jugendliche in den nachträglichen Erkärungsversuchen der Polizei eine besondere Rolle. Das plötzliche Auftauchen, „wie aus der Erde gewachsen", das ebenso plötzliche Verschwinden waren — abgesehen von den „Zinnen" der Mietskasernen, die das Bombardement *und* die optische Kontrolle der Polizei ermöglichten — die einzige taktische Grundlage von Gegengewalt zur Polizeigewalt auf der Straße. Sie erforderte neben der Jugendlichen eigenen Schnelligkeit eine intime Kenntnis des Terrains und ein Mindestmaß an internen Kommunikationsstrukturen, die nach außen hin abgeschlossen waren und zugleich durch wechselseitige Bestätigung und Ermutigung die Hemmschwellen der einzelnen herabsetzten. Polizeimajor Klein beschuldigte insbesondere die Freundinnen der jungen Männer, durch ihr „Schimpfen und Anreizen und Anfeuern [...] viel zur Verstärkung der Exzesse beigetragen" zu haben. Die „jungen Damen haben sie vielleicht dazu gebracht, sich als tapfere Ritter zu zeigen."[127]

Während diese Aussage noch eher spekulativ blieb, erlauben die Anklagen gegen mehrere Jugendliche Einblicke in die derartigen Aktionen zugrundeliegenden Kommunikationsstrukturen. Der nicht-sozialdemokratische Verteidiger des minderjährigen Schulz, der eine Laterne eingeworfen hatte, plädierte unter Hinweis auf den sozialen Umgang dieses Sohnes eines kleinen Beamten für eine milde Strafe. Zu Hause, in der Familie „sei [ihm] keine sozialdemokratische Gesinnung und kein Haß gegen alle Autorität [...] eingeflößt worden. [...] Der Angeklagte kam dann in die Gesellschaft der Arbeiterkinder, und so übertrug sich auch auf ihn die Verhetzung und Vergiftung durch die schlechte Presse, die in diesen Kreisen immer gelesen wird, und die Jahr aus Jahr ein ihre Giftsaat streut." Zufällig aus der Menge der Beteiligten Herausgegriffene wie sein Mandant seien „nur Produkte der Verführung und der Mißleitung".[128] Nach Ansicht des Gerichts hatten sich Schulz und sein „Verführer" Wand in der Nacht zum 28. September in der soeben geräumten Oderberger Straße in einer Anzahl junger Leute befunden. „Wand hatte einen Stein bei sich. Diesen gab er dem Schulz mit den Worten: 'Schmeiß mal die Laterne ein'. Schulz nahm den Stein und zertrümmerte die Laterne. Darauf warf Wand mit seinem Spazierstock in eine zweite Laterne, so daß die Scheiben zertrümmerten und das Licht erlosch."

---

125 Vossische Zeitung v. 25.11.1910, Nr. 554.
126 Vossische Zeitung v. 18.12.1910, Nr. 593.
127 Vossische Zeitung v. 11.1.1911, Nr. 17, 5. Beil. — Eine Zeuge berichtete eine ähnliche Konstellation vom 23. September in der Sickingenstraße: Es „sei um die Mittagszeit gewesen, als die Arbeiterinnen der A. E. G. auf der Straße standen. Da seien die Kohlenwagen gekommen, die Menge habe gelärmt und mit Steinen geworfen. Die Mädchen hatten am meisten gelärmt." Vorwärts v. 29.11. 1910, Nr. 279, 2. Beil.
128 Vossische Zeitung v. 10.1.1911, Nr. 15, 6. Beil.

Wand stritt seine Beteiligung vor Gericht gänzlich ab, wurde aber durch einen Zeugen, dem er in den Tagen unmittelbar nach den Unruhen das Gegenteil erzählt hatte, überführt.[129]

Auch im Schwurgerichts-Prozeß kamen derartige Interaktionen zwischen jungen Männern zur Sprache. Vier Angeklagten wurden Steinwürfe auf Laternen vorgeworfen, ein Fünfter soll sie dazu aufgefordert haben. Sie kannten sich alle als Bewohner der Waldstraße, waren teilweise miteinander befreundet; drei von ihnen hatten vor der Tat gemeinsam ein Lokal besucht. Auch sie traten vor Gericht keineswegs geschlossen auf. Einer von ihnen, der zum Tatzeitpunkt noch siebzehnjährige Marquardt, „Sohn achtbarer Eltern, die auch politisch nicht suspekt sind, der Mann gehört einem Kriegerverein an", ließ sich von einem nicht-sozialdemokratischen Pflichtverteidiger verteidigen, dessen Antrag auf vorzeitige Haftentlassung der Staatsanwalt mit folgender Begründung entgegentrat: „Der Angeklagte gehörte zu einer Clique, die in die Hausflure hinein retirierten, dann bei günstiger Gelegenheit wieder auf die Straße hinausliefen, mit Steinen warfen ec. Danach liegt Landfriedensbruch vor."[130]

Diese Katz-und-Maus-Aktionen Jugendlicher, die „den Schutzleuten fast unter den Händen hindurch[liefen] und [...] nicht gefaßt [wurden]", so ein Zeuge im Strafkammerprozeß[131], prägten auch die Tumulte rund um den kleinen Tiergarten am 28. September. Einerseits wurden sie im konventionellen Sprachgebrauch von Polizei- und Zeitungsberichten dem „Janhagel" zugeordnet. Andererseits hob der Staatsanwalt im Strafkammerprozeß in seinem Plädoyer hervor, daß sich weder Arbeitslose noch Zuhälter unter den Angeklagten befänden, sondern nur ordentliche Arbeiter und Arbeiterfrauen, wie sie im westlichen Moabit vorherrschten.[132] Diese bereits beim Kleinkrieg zwischen Polizei und Publikum zu beobachtende inkonsistente Verwendungsweise des Begriffs „Janhagel" — von Zuhältern und Prostituierten bis zu randalierenden junge Männern — ließ ihn für jene semantischen Aus- und Abgrenzungsmanöver zum Zwecke der selektiven Schuldzuweisung bzw. Entlastung aus den verschiedensten Perspektiven heraus so geeignet erscheinen. Daher verwundert es auch nicht weiter, daß der „Janhagel" selbst nie „authentisch" zu Wort kam: Die ihm zunächst zugerechneten konkreten Einzelpersonen waren bei näherem Hinsehen durchweg Kinder „ordentlicher" Sozialdemokraten, Arbeiter, Beamter etc. „Janhagel" repräsentierte in allen Diskursen das sozial Fremde, über das sich zu erheben Vorbedingung sozialer Anerkennung war. Ein anderer möglicher realer Referent von „Janhagel" hingegen, jenes sich außerhalb der Normen bürgerlicher wie proletarischer Existenz bewegende Milieu von Prostitution und Verbrechen, wie es zum Beispiel im Scheunenviertel angesiedelt war, hatte sich, betrachtet man die Summe der *konkreten* Schilderungen, an *diesen* Unruhen jedenfalls nicht beteiligt.

Die Kehrseite der Ausgrenzung von Tumultuierenden als „Janhagel" auch durch die offizielle Sozialdemokratie läßt sich exemplarisch am Fall des 27jährigen Messer-

---

129 Strafkammerprozeß, S. 112-114.
130 Vossische Zeitung v. 10.1.1911, Nr. 16.
131 Vossische Zeitung v. 18.12.1910, Nr. 593, 11. Beil.
132 Berliner Tageblatt v. 4.1.1911, Nr. 7.

stechers Bock zeigen. Obwohl er der Partei und dem DMV angehörte[133], kam er nicht in den Genuß, von einem der versierten sozialdemokratischen Rechtsanwälte verteidigt zu werden.[134] Er war „sechsmal darunter wegen Bedrohung, Beleidigung, Hausfriedensbruch und namentlich zweimal wegen Körperverletzung vorbestraft"[135] – gewiß ein schwieriger, wenn nicht gar hoffnungsloser Fall, wenn es darum ging, das Panier der sozialdemokratischen Arbeiterschaft vor Gericht rein zu halten. In der sozialdemokratischen Agitationsschrift zu den Moabiter Unruhen ist er der einzige Angeklagte, dem nicht die Erregung angesichts der polizeilichen Übergriffe zugute gehalten wird, vielmehr wird sein folgenschwerer Zusammenstoß mit der Polizei als Randereignis dargestellt, das mit den eigentlichen Unruhen nichts zu tun gehabt habe – eine krasse Entstellung der Wahrheit angesichts der Tatsache, daß er sich nur kurze Zeit nach einem Polizeieinsatz gegen eine Menschenmenge in der Huttenstraße zugetragen hatte.[136] Bock war *der* Verlierer des Strafkammerprozesses: Er erhielt nicht, wie vom Staatsanwalt gefordert, zweieinhalb, sondern dreieinhalb Jahre Gefängnis.[137] Nachdem das Reichsgericht in Leipzig am 23. Mai 1911 seine Revision verworfen hatte[138], hängte er sich drei Tage später im Untersuchungsgefängnis mit seinem Taschentuch an der Heizungsröhre auf. *„Ein Opfer des Moabiter Krawallprozesses"*[139] – *nur* des Moabiter Krawallprozesses?

Es waren nicht Verzweiflung und Übermut sozialer Randgruppen, sondern die Empörung einer ansonsten durchaus „integrierten" Arbeiterbevölkerung über die krasse Parteilichkeit der Staatsgewalt, die die Disziplin des Alltags außer Kraft setzten. Die Gegend um die Beusselstraße war – zieht man die Kleinkrieg-Fallsammlung heran – ansonsten eine der ruhigeren Arbeitergegenden Berlins, möglicherweise eine Folge der extremen sozialen Homogenität des Viertels. Der in den Arbeitskampf bei Kupfer & Co. hineingezogenen Anwohnerschaft ging es darum, eine *ihren* Vorstellungen von Anstand und normgerechtem Verhalten entsprechende *Ordnung wiederzuherstellen*, eine moralische und soziale Ordnung, der sich in diesem Viertel alle, bis hinauf zum Hausbesitzer, bei Strafe sozialer Ächtung und des Geschäftsruins unterzuordnen hatten. Der direkteste Weg, um diesem Konsens Geltung zu verschaffen, war die Kontrolle über das „eigene" kollektive Territorium: die Straße und die Zugangsmöglichkeiten zur Straße, deren körperliche Besetzung durch zwanglosen

---

133 Vossische Zeitung v. 1.12.1910, Nr. 564.

134 Vossische Zeitung v. 10.1.1911, Nr. 15, 6. Beil.

135 Strafkammerprozeß, S. 196.

136 Moabit (1911), S. 6, 17, 23.

137 Nur ein weiterer Angeklagter erhielt einen Monat mehr als gefordert, nämlich neun statt acht Monaten Gefängnis, in sieben Fällen, darunter zwei Freisprüchen, entsprach das Urteil dem Antrag des Staatsanwalts, in den restlichen 25 Fällen blieb es z. T. deutlich darunter, Vossische Zeitung v. 12.1.1911, Nr. 19, 5. Beil. Der nächstschwere Fall mit eineinhalb Jahren Gefängnis war ein als Streikposten tätiger Kohlenarbeiter, der bereits wegen schweren Landfriedensbruch, begangen bei den Arbeitslosendemonstrationen im Januar 1909 (siehe u. S. 325), vorbestraft war.

138 Vossische Zeitung v. 24.5.1911, Nr. 251, 2. Beil.

139 Vossische Zeitung v. 27.5.1911, Nr. 256, 2. Beil. – Hinweise auf Bocks psychische Labilität gab es schon im Strafkammerprozeß, siehe Vorwärts v. 10.1.1911, Nr. 8, 1. Beil. Unter der Überschrift *„Trauriges Nachspiel zum Moabiter Krawallprozeß"* meldete der Vorwärts v. 28.5.1911, Nr. 123, 5. Beil., den Selbstmord und kommentierte: „Man nimmt an, daß Bock, der zumindest als geistig minderwertiger Mensch angesehen werden muß, in einem Fall von Geistestrübung und v. a. aus Verzweiflung über die Zurückweisung der Revision den Selbstmord verübt hat."

Aufenthalt und sozialen Verkehr einen hohen Stellenwert im Alltagsleben einnahm. Daher der durchaus auch *demonstrative* Charakter des abendlichen Aufsuchens der Straße durch ganze Familien. Klassenbewußtsein artikulierte sich hier nicht als bloße Brot-und-Butter-Frage, sondern als eine an der Integrität gruppenspezifischer Normen ausgerichtete Prinzipienfrage, die in diesem Kontext nur im *physischen* Argumentationsstil „auszudiskutieren" war.

Entsprechend der breiten Basis, auf die sich diese Interpretation des Konflikts innerhalb der Nachbarschaft stützen konnte, war die Palette der Aktionsformen differenziert. Sie bot den „gesetzten" Arbeiterfamilien der Vorderhäuser ebenso wie den Kindern, Jugendlichen und alleinstehenden Männern je spezifische Beteiligungsmöglichkeiten, die einander *ergänzten*. Dieses Ineinandergreifen verschiedener Handlungsweisen durch verschiedene Gruppen bedurfte keiner expliziten Vorbereitung, wohl aber eines engmaschigen Kommunikationsnetzes, sei es der Bewohner und Bewohnerinnen einer Straße oder eines Hauses, von nahe beieinander wohnenden Kollegen und „Genossen", sei es der „Cliquen" Jugendlicher. Auf dieser Grundlage war eine übereinstimmende Interpretation des konkreten Konfliktes zwischen Streikenden, Arbeitswilligen und Polizei im Sinne eines Angriffs auf die im Viertel dominierende moralische Ordnung möglich. Dieser klassenbewußten Interpretation mit den verschiedensten Mitteln Geltung zu verschaffen, machte den sozialen Sinn des Aufruhrs aus; die vereinzelt anzutreffenden Ansätze zu einer entgegengesetzten Bewertung des Verhaltens der Polizei wurden durch deren forsches Eingreifen zunichte gemacht.[140]

6.4.2 Der polizeiliche Gegenschlag: „Kriegszustand" im Arbeiterviertel

Kurz, „es *herrschte völlige Anarchie*" – so charakterisierte Polizeimajor Klein während des Strafkammerprozesses die Zustände am Montagabend.[141] Am Morgen des darauffolgenden Tages wurde die Angelegenheit zur Chefsache: Jagow besichtigte den Kohlenplatz und besprach mit den Polizeioffizieren das schärfere Vorgehen.[142] Zugleich begann die systematische Besetzung des Viertels, indem die Kommandoposten bis zur Turmstraße vorgeschoben wurden.

In den späteren vom Polizeipräsidenten und einigen seiner Untergebenen vorgebrachten Begründungen für diesen Weg der Niederschlagung der Unruhen im allgemeinen und einzelner Maßnahmen im besonderen läßt sich die Konsequenz der „Völlige-Anarchie"-Diagnose verfolgen. Sie hieß „Belagerungs-" oder „Kriegszustand".[143] Die Gastwirtin Pflaumenbaum berichtete vor Gericht über ein Gespräch

---

140 Ein Beispiel für viele: Der im Strafkammerprozeß als Zeuge auftretende Porzellanmaler Claus, der noch am 26. September die beiden patrouillierenden Schutzmänner Prieskorn und Sperling vor einer randalierenden Menschenmenge, von der sie kurz darauf gejagt wurden, gewarnt und an jenem Tag die Polizei „bedauert" hatte, wurde in den folgenden Tagen angesichts der von ihr begangenen Mißhandlungen „von einem gelinden Haß gegen sie erfüllt", Vossische Zeitung v. 27.11.1910, Nr. 557, 11. Beil.
141 Vossische Zeitung v. 18.11.1910, Nr. 542.
142 Vossische Zeitung v. 27.9.1910, Nr. 454.
143 PP an MdI v. 6.1.1911, GStA, MdI, Rep. 77, Tit. 2515, Nr. 3, fasc. 4, Bd. 1, Bl. 241.

mit einem Kriminalkommissar am 28. September. Dieser erklärte ihr: „*'Ja, Tante Pflaumenbaum, jetzt sind wir hier. Wir haben uns hier häuslich niedergelassen. Wir befinden uns hier im Belagerungszustande. Die uniformierten Schutzleute werden nicht respektiert, die haben nicht ordentlich aufräumen können. Aber jetzt, wo wir da sind, wird erst ordentlich aufgeräumt.'*"[144]

„Belagerungszustand" war – obwohl er de jure natürlich *nicht* bestand – mehr als nur eine übertreibende Metapher oder Floskel. Diese Polizisten redeten nicht nur so, sondern sie meinten auch „Belagerungszustand" – und vor allem: Sie handelten auch so. „Belagerungszustand" war eine handlungsleitende Vorstellung davon, wie die Staatsgewalt die ihr abhanden gekommene Kontrolle über das öffentliche Territorium wiedererlangen und gegen „Feinde" verteidigen sollte. Polizeitaktische Einschränkungen in der Ausübung der Staatsgewalt traten weitgehend, wenn auch nicht vollständig[145] zurück. Auf diese quasi-militärische Interpretation der Situation wie der eigenen Aufgabe stößt man sowohl in den Berichten Jagows an den Innenminister als auch in Zeugenaussagen von Polizeibeamten, die „vor Ort" aktiv waren. Das Einschlagen auf Flüchtende begründete ein Polizeileutnant gegenüber der Verteidigung mit den Worten „Wir können doch nicht warten, bis wir totgeschlagen werden."[146]

Was diese militärische Wahrnehmung der Situation für den Einzelnen konkret bedeuten konnte, wurde anhand eines krassen Falls vor der Strafkammer minutiös rekonstruiert und von den Richtern in ihre Auflistung der bewiesenen Polizei-„Mißgriffe" aufgenommen. Nachdem Polizeileutnant Schirmer die Straßen eines Häuserblocks an der Turmstraße Ecke Buggenhagenstraße mehrfach hatte räumen lassen, geriet ein einzelner Flüchtender zwischen zwei Trupps von Polizisten. Er wurde nacheinander von beiden Trupps mit blanken Säbeln bearbeitet, obwohl die Menschenansammlung längst aufgelöst war. Das Gericht stellte dazu fest: „Wenn nun auch dieser Mann sich an der Buggenhagenerstraße zum Angriff gegen die Polizeibeamten rüstete, so hatte er doch nach den ersten Schlägen jeden Widerstand und jede Widersetzlichkeit aufgegeben und dies durch sein Fliehen erkennen lassen. Daher konnten auch Leutnant Schirmer und seine Mannschaften nicht annehmen, daß dieser Mann sich im Zustande des Angriffes befand oder einen solchen auch nur plante. Deshalb hat Leutnant Schirmer auf wiederholtes Befragen nach dem Grunde seines Vorgehens keine andere Erklärung abgeben können, als daß er sich dazu für befugt gehalten habe zur Aufrechterhaltung der Autorität. Daß aber die Machtbefugnisse der Polizei gegenüber einer in menschenleerer Straße vereinzelt fliehenden Person, von der wenigstens in diesem Augenblicke nichts zu befürchten war, durch Dreinschlagen nicht gewahrt werden dürfen, liegt auf der Hand."[147]

Polizeileutnant Schirmer bekam im Schwurgerichts-Prozeß nochmals die Gelegenheit, sein Verhalten am Abend des 28. Septembers zu erläutern. Er berief sich nach wiederholten Vorhaltungen des Rechtsanwalts Heinemann, der einzelne Mann

---

144 Vorwärts v. 31.12.1910, Nr. 306, 1. Beil.
145 Siehe Jagows Verteidigung gegen rechte Kritik an den Polizeimaßnahmen, u. S. 289.
146 Vossische Zeitung v. 17.12.1910, Nr. 592.
147 Strafkammerprozeß, S. 174-179.

sei doch zum Zeitpunkt dieses Einsatz friedlich gewesen, „auf die in der Gendarmerieverordnung enthaltenen Vorschriften über den Waffengebrauch. – *Rechtsanwalt Heinemann*: Wie ist denn Ihr Verhalten mit der Gendarmerieverordnung vereinbar? – *Polizeileutnant Schirmer: Sie stellen mich vor eine schwere Antwort*. Was man im Moment tut, das läßt sich nicht immer begründen. – *Rechtsanwalt Heinemann:* Auch wenn der junge Mann vorher Widerstand geleistet hätte, warum schlugen Sie ihn nachher, wo kein Widerstand geleistet wurde? – *Polizeileutnant Schirmer*: Das ist ein seelischer Vorgang, der sich schwer erklären läßt. Wenn man sich in einer Gefechtsstellung befindet, greift man eben zu.“

Das kommentierte einer der Verteidiger mit der Bemerkung „Alle Achtung!“, was den Zeugen veranlaßte, gegen diese „Kränkung“ um ein Einschreiten durch den Vorsitzenden zu bitten. An einen anderen Zeugen gewandt, fragte Rechtsanwalt Heinemann: „War denn die Situation so, daß man von einer Gefechtsstellung reden kann? – *Zeuge Trevor:* Nein. Außer 10 bis 12 Schutzleuten war nur der einzelne Mann da, der auch nicht aus der Menge, sondern aus entgegengesetzter Richtung kam. – *Rechtsanwalt Heine*: Und das, Herr Leutnant Schirmer, nennen Sie eine Gefechtsstellung? (Heiterkeit) – *Vors.*: Ich bitte, nicht zu lachen. – *Polizeileutnant Schirmer*: Die Gefechtsstellung bestand darin, daß ich von der einen und Wachtmeister Thurow von der anderen Seite vorgehen mußten. *Jetzt tut es mir leid, daß ich den jungen Mann geschlagen habe, ich bedaure es.*“[148]

Im Plädoyer faßte Rechtsanwalt Heinemann die Quintessenz dieser Szene zusammen: „Also, als wenn man in Feindesland ist, wo es darauf ankommt, den Feind zu überwinden und wo Gesetze nicht existieren! Mit der Erklärung des Polizeileutnant Schirmer, daß es ihm leid tue, den Mann geschlagen zu haben, scheidet alles Persönliche in dieser Sache aus. Aber das *Typische* dieses Falles ist, die *erstaunliche und maßlose Selbstüberhebung einer Reihe von Beamten, die Verkennung ihrer Stellung und die Unkenntnis der gesetzlichen Vorschriften*. Die betreffenden Beamten maßten sich ein disziplinarisches Strafrecht an. Sie glaubten, sie dürften *Körperstrafen*, ja im Falle Hermann sogar die *Todesstrafe*, nach Belieben *verhängen und vollstrecken*.“[149]

Das militärische Prinzip der gewaltsamen Prävention durch „Zugreifen“ wurde nicht nur „in Gefechtsstellung“ angewandt, sondern auch während der ruhigeren Phasen des „Belagerungszustandes“. Gelegenheiten dazu boten die zahlreichen Straßenabsperrungen im engeren Streikviertel, an denen die Polizei über die Berechtigung von Anwohnern und Anliegern, die Straße zu betreten, zu entscheiden hatte. Stellvertretend für zahlreiche weitere Zeugen sei hier der Warenhausbesitzer Preuß zitiert: „Ich habe gesehen, daß einzelne Personen geschlagen wurden. Zum Beispiel weiß ich, daß ein junger Mann von etwa 16 Jahren von der Turmstraße her nach der Huttenstraße wollte und an der Kette der Schutzleute vorbeiging, zunächst von den uniformierten Schutzleuten einen Stoß erhielt und dann *unheimlich geschlagen* wurde. Der Junge weinte bitterlich, und rief immer: 'Lassen Sie mich doch durch, ich

---

148 Vorwärts v. 18.1.1911, Nr. 15, 1. Beil. – Zu den Vorschriften über den Waffengebrauch in der „Gendarmerieverordnung“ bzw. der „Allgemeinen Dienstvorschrift für die Schutzmannschaft“ siehe o. S. 74.
149 Vorwärts v. 21.1.1911, Nr. 18, 2. Beil.

bin unschuldig, ich komme aus dem Geschäft.' Er weinte wie ein Kind. *Trotzdem wurde er geschlagen und zwar mit Ochsenziemern* von Kriminalschutzleuten. [...] Wohin man sah, sah man ja Kriminalschutzleute mit Stöcken. Wenn einer ganz unschuldig über die Straße kam, sprangen drei bis vier, die in Ecken und Haustüren standen, hervor und bearbeiteten ihn mit Ochsenziemern."[150]

Diese Behandlung wurde nicht nur Anwohnern, sondern auch Arbeitern auf dem Weg zur Fabrik zuteil, wie der Vorsitzende des Arbeiterausschusses von Löwe berichtete.[151] Ein Mieter des Zeugen Zack aus der Wittstocker Straße, „der auf dem Wege von der Arbeit nach Hause nicht durch die Absperrungen gelassen wurde, wollte sich einen polizeilichen Passierschein erwirken und ging deshalb in Begleitung des Zeugen nach dem Polizeibureau. Der Polizeileutnant sagte: *einen Passierschein könne er nicht geben, wer dahin gehe, wo Tumult sei, der müsse sich gefallen lassen, daß er seine Keile kriege.* Wenn ich — habe der Leutnant gesagt — in Zivil dahin gehen würde, dann bekäme ich auch Keile."[152]

Als ein Anwohner der Rostocker Straße an einer Polizeisperre vorbrachte, er müsse unbedingt eine Hebamme benachrichtigen, bekam er zu hören: „Was heißt hier Hebamme, hier wird keine Rücksicht mehr genommen, ob Kinder kommen oder nicht! Sie haben selbst schuld an den Zuständen, die jetzt hier herrschen!"[153] Insbesondere an den Schutzmannsketten wurden Frauen Opfer sexistischer Beleidigungen. Die Wäscherin Kunze, die in der Sickingenstraße am 28. September um 19 Uhr Einkäufe machen wollte, wurde zunächst von einem Polizeileutnant durch eine Kette durchgelassen. Danach versetzte ihr ein Schutzmann mit den Worten „*Hure, mach daß Du wegkommst!*" von hinten einen Säbelhieb.[154]

Die Behandlung an den Polizeiketten war aber nicht einheitlich. Zahlreiche vom Polizeipräsidenten mobilisierte Entlastungszeugen bekundeten, sie seien ohne Schwierigkeiten durch die Absperrungen gekommen, was einer der Verteidiger unter anderem auf ihre bürgerliche Kleidung zurückführte.[155] Der Schriftsteller Karpel sagte aus, er „sei überall von den Schutzleuten auf seine Bitte hin durchgelassen worden. Dagegen seien Leute, die dem Arbeiterstande angehörten, stets gleich grob geworden und deshalb zurückgewiesen worden."[156] Diese Aussage enthält den Hinweis darauf, daß man sich die Opfer dieser verschärften Form der Straßenaufsicht nicht ausschließlich als passive Dulder und Dulderinnen vorzustellen hat. Offensichtlich konnte auch unter diesen extremen Bedingungen die Polizei herausgefordert werden. Ein Zeuge beobachtete, „daß sich von der Menschenmenge wiederholt einzelne Leute ablösten, an den Polizeileutnant herantraten und in frechem Tone verlangten durchgelassen zu werden."[157]

150 Vossische Zeitung v. 20.11.1910, Nr. 545, 1. Beil.
151 Vossische Zeitung v. 23.11.1910, Nr. 549, 5. Beil.
152 Vorwärts v. 14.12.1910, Nr. 292, 2. Beil.
153 Vossische Zeitung v. 30.12.1910, Nr. 612.
154 Vorwärts v. 18.12.1910, Nr. 296, 1. Beil. Ein weiteres Beispiel siehe Vossische Zeitung v. 11.12.1910, Nr. 581, 12. Beil.
155 Siehe Vossische Zeitung v. 6.1.1911, Nr. 9, 5. Beil.
156 Vossische Zeitung v. 14.12.1910, Nr. 585, 6. Beil.
157 Vossische Zeitung v. 20.12.1910, Nr. 595, 6. Beil.

THE DAILY GRAPHIC, SEPTEMBER 30, 1910.

LORD CHARLES BERESFORD ON THE DANGER OF 1913. (See Page 7.)

THE DAILY GRAPHIC
ONE PENNY

LONDON: FRIDAY, SEPTEMBER 30, 1910.

Registered as a Newspaper.

THE DRAWN SWORD IN THE STREETS OF BERLIN.

POLICE WITH DRAWN SABRES CONDUCTING AN ARRESTED RIOTER TO THE POLICE STATION IN THE MOABIT DISTRICT, WHERE THE MOST SERIOUS CONFLICTS BETWEEN POLICE AND PUBLIC HAVE OCCURRED. IT WAS IN THE MOABIT DISTRICT, AS REPORTED IN YESTERDAY'S "DAILY GRAPHIC," THAT THE POLICE ATTACKED FOUR BRITISH JOURNALISTS WITH DRAWN SABRES. (See page 7.)

Abb. 17: *The Drawn Sword in the Streets of Berlin (1910)*
Titelblatt einer Londoner Tageszeitung

Das Passieren der Absperrungen wurde zumindest teilweise auch zur Demonstration von „Haltungen" der Selbstbestimmung und des Eigen-Sinns genutzt. Der Zeuge Görlich berichtete: „Als am 28. bezw. 29. September in der Rostocker Straße die polizeiliche Absperrung stattgefunden hatte, erging von einem Polizeioffizier eine Warnung an das Publikum, daß sich niemand mehr auf der Straße bewegen sollte. Wenn Leute von der Arbeit kamen, so wurden sie aufgefordert, so schnell wie möglich in ihre Häuser zu gehen. Verschiedene gingen auffallend langsam und die wurden dann von Schutzleuten mit der Säbelscheide vorwärts getrieben."[158]

Ein weiterer Schwerpunkt derartiger Attacken gegen Unbeteiligte stellten die Straßenbahnhaltestellen dar. Mit den Worten „Sie stehen ja schon länger als zehn Minuten hier" sei ein Schutzmann auf ihn losgegangen und habe auf ihn eingeschlagen, als er auf die Elektrische wartete, erzählte der Milchhändler Spremberg.[159]

Außer durch die Verwendung militärischer Begriffe zur Kennzeichung der Situation und der eigenen Handlungsweise verriet sich die Befangenheit der Polizisten im strikten Freund-Feind-Denken durch die zahlreichen Beschimpfungen und Beleidigungen, mit denen sie die Zivilisten überzogen. Besonders Verbalinjurien gegen Frauen wurden aufmerksam registriert. „Verfluchtes Aas, verdammtes Saustück, was treibst Du Dich hier umher?";[160] „Na, Du olle Triene, mach, daß Du weiter kommst!"; „Haut doch die olle S.., daß sie liegen bleibt"[161] lauten einige Stichproben dessen, was im Strafkammerprozeß bezeugt wurde. Auch in der Berichterstattung während der Unruhen wurden derartige Äußerungen besonders hervorgehoben. Einer Frau, die in der Rostocker Straße im zweiten Stock aus dem Fenster sah, rief ein uniformierter Schutzmann zu: *Machen Sie's Fenster zu, alte Sau, oder Sie haben den letzten Dreck gesch...".*[162] Eine Tageszeitung machte sich die Mühe, ein kleines Glossar dieses Jargons mit zwanzig Beispielen zusammenzustellen. „Hure", „Aas" und „Sau" bzw. „Lausejunge", „Kerls", „Hunde", „Lump", „Strolch" und „oller Popelfritze" waren die beiden Geschlechtern gewidmeten Ausdrücke.[163]

Ein Bericht des Polizeipräsidenten über die interne Aufklärung der in der Gerichtsverhandlung bekanntgewordenen Amtsüberschreitungen offenbart die diskriminierende Funktion derartiger Beschimpfungen: „Auf die Aufklärung der angeblichen Schimpfreden, soweit sie nicht in Verbindung mit andern Missgriffen geschehen sein sollen, habe ich allerdings keinen besonderen Wert gelegt, weil [...] überhaupt die Lebensgewohnheiten der hier in Frage kommenden Bevölkerungsschichten eine andere Beurteilung der *etwa* gefallenen, meist höchst unwahrscheinlichen, gröberen Redensarten bedingen [...]."[164]

Hinzu kamen Äußerungen unverhohlener Schadenfreude über Verletzungen auf gegnerischer Seite. Ein an der Ecke Alt-Moabit und Gotzkowskistraße wohnender Rechtsanwalt hatte von seiner Wohung aus einen Polizeieinsatz beobachtet und

---

158 Vossische Zeitung v. 11.12.1910, Nr. 581, 12. Beil.
159 Vossische Zeitung v. 3.1.1911, Nr. 3, 5. Beil., siehe a. v. 6.12.1910, Nr. 572.
160 Vossische Zeitung v. 16.12.1910, Nr. 590.
161 Vossische Zeitung v. 13.12.1910, Nr. 583, 8. Beil.
162 Vorwärts v. 1.10.1910, Nr. 230.
163 Zit. n. Moabit (1911), S. 33, siehe a. Vossische Zeitung v. 14.12.1910, Nr. 585, 6. Beil.
164 PP an MdI v. 14.1.1911, GStA, MdI, Rep. 77, Tit. 2515, Nr. 3, fasc. 4, Bd. 1, Bl. 266.

dabei gehört, „wie aus einer Gruppe von Zivilpersonen, die mit den uniformierten Beamten in ständigem Konnex standen, schallendes – ich kann bald sagen wieherndes – Gelächter ertönte, als die Schutzleute mit dem Säbel auf die fliehenden Leute einschlugen [...] Rechtsanw. *Heinemann:* Kam das Gelächter [...] von den Schutzleuten? *Zeuge:* Ja, es war ein schadenfrohes, höhnisches, wieherndes Gelächter über die Niedergestochenen, ich mag es nicht nachmachen, es war zu ekelhaft".[165] Die bei den Moabiter Unruhen eingesetzten Beamten wußten durchaus, daß sie mit derartigen Verhaltensweisen ihre amtlichen Befugnisse überschritten. Das Verbot des Aufenthalts auf Balkons und an Fenstern wurde daher von einigen Zeugen als Versuch, die Beobachtung der Polizeiaktionen zu behindern, interpretiert.[166]

Nicht nur „Gefechtsstellung" und quasi-standrechtliche Körperstrafen, sondern auch der Verzicht auf jede Form äußerlicher Höflichkeit und Korrektheit – dieses insgesamt terroristische Verhalten der Schutzmänner bemühten sich einzelne Kommentatoren schon während der Unruhen zu erklären. Eine mögliche Deutung lieferte der mit seinen Kollegen attackierte Korrespondent Wile von den englischen Daily News, dessen Bericht im Vorwärts zitiert wurde. Im Anschluß an seine Schilderung des Überfalls auf ihn und seine Kollegen führte er aus: „Ich habe eine ziemlich große Erfahrung über die *Kopflosigkeit,* die für die *Preußische Polizei* in kritischen Momenten charakteristisch zu sein scheint, aber ich habe *niemals eine so absolut blinde Wut gesehen wie die, von der diese gehorsamen Sklaven eines preußischen agents provocateur ergriffen zu sein schienen.*"[167]

Die Aussagen des an dieser Aktion beteiligten Schutzmanns Wenzel XI im Strafkammerprozeß bestätigten Wiles Erklärung.[168] Dennoch weisen einige Berichte darauf hin, daß neben dem Verlust der Selbstkontrolle im Moment des Handelns auch die vor dem Einsatz bereits vorhandene Erregung und damit die Antizipation derartiger Handlungen dem Wüten der Polizeibeamten zugrundelagen. Der Vorwärts-Berichterstatter Unger hatte in der Straßenbahn Schutzleute sagen hören: „Wenn man solange Ruhe gehabt, dann sei es sehr gut, wenn man mal wieder den Säbel ziehen und sich ausarbeiten könne."[169] Ein anderer Zeuge beschrieb den Beginn einer Polizeiaktion folgendermaßen: „Die Schutzleute hätten dreimal 'Hurrah' gebrüllt und seien im Laufschritt die Straße entlang gelaufen."[170]

Besonders die in Zivil „arbeitenden" Kriminalschutzleute zeichneten sich durch unberechenbare und hemmungslose Brutalität aus. Sie begaben sich in Menschenmengen und Lokale und gingen dort übergangslos zu gewaltsamen Attacken auf diejenigen über, die sich negativ über die Polizei äußerten. „Von allen Seiten, auch von den zuverlässigsten, schärfsten Beobachtern, wird übereinstimmend erklärt, daß die bekannten ehrenwerten Herrschaften, die sonst in Joppe und Lodenhut beim Alexanderplatz durch den stechenden sogenannten Polizeiblick auffallen, mitunter auch von einem mehr oder minder räudigen Köter begleitet sind, in Moabit wie die Hun-

---

165 Vossische Zeitung v. 13.12.1910, Nr. 583, 8. Beil.
166 Siehe Vossische Zeitung v. 20. 11. 1910, Nr. 545, 1. Beil., v. 30.12.1910, Nr. 612, v. 3.1.1911, Nr. 3, 5. Beil.
167 Vorwärts v. 30.9.1910, Nr. 229.
168 Siehe Vossische Zeitung v. 23.11.1910, Nr. 550.
169 Vossische Zeitung v. 27.11.1910, Nr. 557.
170 Vossische Zeitung v. 18.12.1910, Nr. 593, 11. Beil.

nen gehaust haben", beginnt ein Artikel im Vorwärts über die „Gentlemans" [!]. Sie hätten sich nicht nur als agents provocateurs, sondern nebenbei auch als die „Gummiknüppelhelden der Straße" gezeigt: „Es ist beobachtet worden, daß solche Gentlemans wie Wahnsinnige sich gebärdeten und von vernünftigeren uniformierten Beamten halbwegs zur Zurechnungsfähigkeit zurückgebracht werden mußten. Gegen diese Spione in der eigenen Mitte waren oft selbst die anständigsten, friedliebendsten Passanten nahezu machtlos."[171] Die Methode der Einschüchterung war durchaus erfolgreich. „Aus Furcht seine Ergüsse an den Verkehrten zu richten, hielt man den Mund, und so hörten die Verhöhnungen, Schimpfereien und Hetzereien nach und nach auf", berichtete die Vossische Zeitung über den Abend des 29. September.[172]

Die „Roheit der Schutzleute", der schamlose Sadismus, den etliche von ihnen bei den Moabiter Unruhen an den Tag legten — diese vor allem im Strafkammerprozeß lang und breit geschilderten Widerwärtigkeiten „königlicher" Beamter durchbrachen auch politisch-kulturelle Schranken innerhalb des „Publikums". „Es war geradezu entsetzlich und grauenhaft und mußte jeden gebildeten Menschen mit dem tiefsten Abscheu und Ekel erfüllen", kommentierte der Zeuge Rechtsanwalt Ballien, der sich selbst als „glühenden Patriot[en] und Monarchist[en]" bezeichnete, das von ihm Beobachtete. Beim Zuschauen sei ihm dabei entfahren „Das ist ja wie in Rußland", erinnerte er sich vor der Strafkammer.[173] Der Verteidigung gelang es, neben etlichen kleineren Unternehmern und unteren Beamten auch Vertreter gehobener Schichten — u.a. einen Großkaufmann, einen Professor und seine Söhne, Architekten, einen Förster a.D. — als Zeugen gegen die Polizei aufzubieten und so das Bild einer klassen- und parteiübergreifenden Kritik an deren Maßnahmen zu zeichnen, das ja schließlich auch das Gericht selbst überzeugte.

Der Erste Staatsanwalt Steinbrecht hingegen machte ausschließlich die Ereignisse in der Nacht vom 26. zum 27. September, bei denen drei Schutzleute einzeln angegriffen und teilweise schwer verletzt worden waren, für die Härte des Polizeieinsatzes verantwortlich: „Die übrigen Schutzleute, die davon erfuhren und vielleicht auch noch übertriebene Gerüchte hörten, glaubten nun ihr Leben selbst durch die Menge gefährdet und gerieten in große Erbitterung. [...] Daß die Schutzleute, die weitere Angriffe erwarten mußten, nun mit ihren Waffen schärfer vorgingen, ist menschlich sehr erklärlich."[174]

Diese auf eventuell vorgekommene polizeiliche „Mißgriffe" bezogene Entlastung der Polizei war nach dem Urteil der Strafkammer hinfällig. Der Polizeimajor Klein mußte zu Beginn des Schwurgerichtsprozesses einräumen, daß er seine zu Beginn des Strafgerichtsprozesses abgegebene pauschale Garantie für das korrekte Verhalten aller unter seinem Befehl stehenden Beamten nicht mehr übernehmen könne.[175] Im

171 Vorwärts v. 2.10.1910, Nr. 231, 5. Beil.
172 Vossische Zeitung v. 30.9.1910, Nr. 460.
173 Vossische Zeitung v. 13.12.1910, Nr. 583, 8. Beil. – Die Chiffre „Rußland" ist in mehreren Kommentaren anzutreffen, der Vorwärts v. 1.10.1910, Nr. 230, spricht z.B. von „russischen Zuständen in Moabit".
174 Berliner Tageblatt v. 5.1.1911, Nr. 8.
175 Vossische Zeitung v. 11.1.1911, Nr. 17, 5. Beil.

Plädoyer dieses Prozesses rechnete ihm der Verteidiger Heinemann dieses Einge-
ständnis hoch an und richtete dann seine Kritik und Analyse auf die rangniederen
Beamten. Angesichts des sich in „Gefechtsstellung" wähnenden Polizeileutnants
Schirmer führte er aus: „Wenn solche Überschätzung ihrer Stellung schon bei den
oberen Beamten vorhanden war, so kann man sich nicht wundern, wenn es bei den
unteren Beamten zu so wirklich scheußlichen Roheiten kommt, die nicht durch Nervosität zu entschuldigen sind, sondern auf reine Lust an Roheit zurückgeführt werden müssen. Leute, die immer gewohnt sind zu gehorchen, fühlten sich hier als
Herren und hatten einen gewaltigen Machtkitzel. Dazu kam, daß sie sich auch wegen
der Unbilden, die ihnen zugefügt waren, rächen wollten."[176]

„Sie sind hier Sch.. dreck, *hier sind wir die Herren*", erklärte ein Schutzmann mit
vorgehaltenem Revolver einem Gastwirt in der Berlichingenstraße, der nicht ein-
sehen wollte, wieso er sein eigenes Lokal verlassen sollte. Der hinzukommenden
Wirtin rief ein Kollege zu: „Wenn Sie Ihr Maul nicht halten, kriegen Sie *Backpfeifen.*"
So führten sich die Polizisten aber bereits am Freitag, dem 23. September, auf, drei
Tage *vor* jener Eskalation, die der Staatsanwalt den „etwaigen Verfehlungen" über-
führter Schutzmänner zugute hielt.[177] Befehlston und „Machtkitzel" gehörten, wie
zahlreiche Fälle der Kleinkrieg-Fallsammlung gezeigt haben, zur mentalen Grund-
ausstattung des königlich-preußischen Schutzmanns und bedurften im Grunde genommen keiner besonderen „Erregung". Der zunehmend das Geschehen in Moabit
prägenden Eigendynamik dieser durch keinerlei Rücksichten auf Buchstaben und
Gesetz gebundenen Polizeieinsätze trug der Vorwärts in seinem Sprachgebrauch
Rechnung, in dem er von „Polizei-Schlachten", „Polizei-Exzessen" oder „Polizei-Unruhen" sprach, um so die Urheberschaft der Polizei zu betonen.[178]

Neben der Polizei kämpften ferner noch „irreguläre" Verbände gegen die Moabiter Arbeiterbevölkerung – auch dies ein weiteres Charakteristikum bürgerkriegsähn-
licher Auseinandersetzungen. Die Legitimität des staatlichen Gewaltmonopols wurde nicht nur durch den willkürlichen und unberechenbaren Polizeieinsatz demon-
tiert, sondern auch durch die unverhohlene Duldung, wenn nicht gar Förderung der
Gewalttätigkeiten der professionellen Streikbrecher. Sie konnten schon während der
ersten Streikwoche weitgehend ungehindert in aller Öffentlichkeit mit scharfen Waffen hantieren. In einem Interview mit der Berliner Morgenpost, das nach den Unruhen in allen Tageszeitungen Furore machte, gab der Anführer der Streikbrecher
Friedrich Hintze wertvolle Einblicke in seine „Berufsauffassung". Nach ersten Erfahrungen bei einer Hamburger Streikbrecherfirma habe er sich – gerade einundzwan-
zig Jahre alt – mit Erfolg selbständig gemacht. Nun nutzte er das öffentliche Interesse
an sich und den von ihm angebotenen Dienstleistungen zur ausführlichen Reklame:
„*'Ick breche jeden Streik.* [...] Wenn ick mir meine Leute aussuche, seh' ick erst druff,
det se *ne jute Handschrift* schreiben mit de Ballkelle, det is die Hauptsache, denn keß
und kiebig missen wir sind. [...] Wir missen so'ne Leute haben, denn wir werd'n

---

176 Vossische Zeitung v. 20.1.1911, Nr. 34, 2. Beil.
177 Vorwärts v. 1.10.1910, Nr. 230, siehe a. Moabit (1911), S. 13-15.
178 Vorwärts v. 30.9.1910, Nr. 229, („Polizei-Schlachten"), v. 1.10.1910, Nr. 230 („Polizeiexzesse"), v. 7.10.
1910, Nr. 235 („Polizei-Unruhen"). – Bei den Weddinger Krawallen fanden Mißhandlungen hingegen bevorzugt nach der Sistierung auf der Wache statt, siehe Vorwärts v. 19.1.1911, Nr. 16, 1. Beil.

selbstmurmelnd immer anjejriffen von de Orjanisierten, und da ist es denn besser, *wenn wir selbst anfangen* und die Bande vertobacken. Ick saje Ihnen, mit dreißig von meine Kerls jage ick fünfhundat Orjanisierte, denn bei uns jibts Kartusch. [...] Mir kribbelts in allen Finger, wenn ick dreschen seh', *na, ick habe in de Rostocker Straße nich schlecht* gewichst.‟

Zunächst veranschaulicht das Interview den Selbstzweck körperlicher Gewalt als neben dem materiellen Interesse eigenständiges Motiv der Beteiligung an solchen sozialen Konflikten. Diese Rauflust war, wie die Analyse der Kleinkrieg-Fallsammlung gezeigt hat, außerhalb von Arbeitskämpfen als Attribut junger Männlichkeit in der Unterschicht durchaus nicht ungewöhnlich. So gesehen, boten in straßenpolitische Aktionen übergehende Streiks jungen Männern optimale Möglichkeiten, ihr weitgehend ungestraft nachzugehen. Doch außer diesem Drang, zu hauen, „det de Fetzen fliejen‟, war nach Hintzes Selbstdarstellung angesichts eines drohenden Arbeitskampfes die „richtije Polletik‟ für den Erfolg sciner Tätigkeit entscheidend: Neben der ständigen Bereitschaft zu Gewalttätigkeiten gehörte nämlich auch das planvolle und langwierige Mürbemachen des Gegners innerhalb des Betriebs, insbesondere der organisierten Kollegen und Vertrauensleute, durch inszenierte Streitereien zu den von Streikbruchfirmen angebotenen Dienstleistungen. Hinzu kam im Falle der Firma Kupfer & Co. die Verproviantierung der auf dem Kohlenplatz untergebrachten Schutzmannschaft und Streikbrecher aus weit entfernten Stadtteilen, da die Moabiter Geschäfte ja das bestreikte Unternehmen nicht belieferten. Über die in seiner kurzen Karriere bereits erfolgreich durchgeführten Aufträge legte er dem Reporter der Morgenpost gleich mehrere Zeugnisse vor.[179] Dieser sagte vor der Strafkammer aus, das Interview *am Abend des 23. Septembers*, also nach Einstellung der Streikbrecher am Morgen dieses Tages und nach den ersten Auseinandersetzungen vor dem Pilzschen (Streik-)Lokal in der Rostocker Straße am Nachmittag desselben Tages, jedoch *vor* der Eskalation am 26. September geführt zu haben.[180]
Auch wenn man den Geltungsdrang und die Aufschneiderei des jugendlichen Hintze in Rechnung stellt, belegt das Interview zwei wesentliche Arbeitskampfbedingungen dieser Zeit: Zum einen die Professionalität der Streikbrecher, zum anderen die Bewegungsfreiheit, die die Polizei während Arbeitskämpfen diesen „Profis‟ gewährte. Polizeimajor Klein machte vor der Strafkammer zwar geltend, er hätte, als er während der Unruhen im Kontor von Kupfer & Co. ein halbes Dutzend Revolver liegen sah, der Geschäftsleitung strikt untersagt, diese an die Arbeitswilligen auszugeben[181], was diese nicht daran hinderte, ihre eigenen Waffen einzusetzen.
Während der 2. und 3. Phase der Moabiter Unruhen beteiligten sich die „Hintzegardisten‟ — abgesehen davon, daß sie tagsüber unter massivem Polizeischutz Kohlen transportierten — nicht direkt an den Straßenkämpfen, „arbeiteten‟ dafür aber als Terrorgruppe im polizeilich-unternehmerischen „Hinterland‟, dem Kupferschen Kohlenplatz. Dort waren sie zusammen mit den Polizeimannschaften untergebracht und widmeten sich den frisch eingelieferten Polizeigefangenen in einer Weise, die in

---

179 Berliner Morgenpost v. 4.10.1910, Nr. 272.
180 Vossische Zeitung v. 26.11.1910, Nr. 555, 1. Beil.
181 Vossische Zeitung v. 19.11.1910, Nr. 543, 5. Beil., v. 23.11.1910, Nr. 549, 5. Beil.

einem Fall sogar einem der Kriminalschutzleute zu weit zu ging — jedenfalls im Nachhinein: „Als der Zeuge [Kriminalschutzmann Scheutzel — T. L.] den Angeklagten auf dem Kohlenplatz ablieferte, ist er, wie der Zeuge bekundet, ganz blitzschnell von Arbeitswilligen umzingelt worden, die auf ihn *einschlugen*, so daß er *blutete*. Wo die Arbeitswilligen herkamen, hat sich der Zeuge gar nicht erklären können und sich gewundert, daß er nicht selbst etwas abbekam. Er ist selbst entsetzt gewesen, wie sich die Arbeitswilligen betrugen, und hat sofort energisch gerufen: 'Nun ists aber genug!' Darauf hat man von dem Angeklagten abgelassen."[182] Außerdem unternahmen die Arbeitswilligen gelegentliche „Ausfälle" auf den großen Platz in der Sickingenstraße vor dem Kohlenlager und überfielen vor den Augen der Polizei einzelne vorübergehende Passanten.[183]

Die quasi-militärische Vorgehensweise bei der Niederschlagung des Aufruhrs, kombiniert mit der bewußten Duldung einer irregulären, Gewalt ausübenden Gruppierung inmitten des Einsatzgebietes war mehr als ein inoffizieller „Belagerungszustand". In Moabit herrschte in Ansätzen und für einige wenige Tage keineswegs „Anarchie" (Polizeimajor Klein), sondern „Kriegszustand" (Polizeipräsident v. Jagow), genauer „Bürgerkrieg": Eine gewaltsame innenpolitische Auseinandersetzung, die mit der polizeispezifischen Verhältnismäßigkeit der Gewaltmittel nicht mehr gelöst werden konnte oder sollte. Die für den dienstlichen Alltag zu „Schutzmännern" zurechtgestutzten ehemaligen Unteroffiziere konnten für einige Tage jede Zurückhaltung aufgeben und jene Un-Tugenden, die ihnen sonst immer Ärger mit dem Straßenpublikum und gelegentlich auch mit den Vorgesetzten einbrachten, jene „Roheit" und jenen „Machtkitzel", für die sie in der ganzen zivilisierten Welt berühmt-berüchtigt waren, ungestraft entfalten. Für eine im modernen Sinne polizeitaktische Beilegung des Konflikts fehlte es dieser Soldateska an subjektiven Voraussetzungen, d. h. an einer zivilen Berufsauffassung, die Gesetz- und Verhältnismäßigkeit staatlicher Gewaltanwendung nicht momentanen taktischen Erfordernissen bis hin zur Vernichtung des Gegners unterordnet (Stichwort: „Gefechtsstellung"). Die Befehle für diesen Einsatz der Schutzmannschaft während der Moabiter Unruhen kamen aber von oben, und daher ist als nächstes nach den Motiven der *Polizeiführung* für den von ihr gewählten Weg der Niederschlagung des Aufruhrs zu fragen.

6.5 Jagows Motive

Polizeipräsident Traugott v. Jagow begründete in zahlreichen Berichten an den Innenminister, warum seine Beamten so und nicht anders handeln *mußten*, und verteidigte sie vor allem während des Strafkammerprozesses gegen die immer massiveren Beschuldigungen durch die Verteidigungszeugen. Aus diesem Material lassen sich exemplarisch die Motive einer bewußt *offensiven* Straßenpolitik von oben her-

---

182 Vossische Zeitung v. 2. 12. 1910, Nr. 566, siehe a. Strafkammerprozeß, S. 117 f., sowie weitere ähnliche Beispiele Vossische Zeitung v. 30.12.1910, Nr. 611, 4. Beil., v. 29.11.1910, Nr. 560, v. 30.11.1910, Nr. 561, 6. Beil., v. 3.12.1910, Nr. 567, 2. Beil.
183 Siehe Vossische Zeitung v. 3.1.1911, Nr. 3, 5. Beil. — Ein ähnliche Aussage siehe Vossische Zeitung v. 27.11.1910, Nr. 557, 11. Beil.

ausarbeiten. Den ersten Anlaß, seine Untergebenen in Schutz zu nehmen und der sich aufbauenden öffentlichen Kritik an den Polizeieinsätzen entgegenzutreten, bot die Attacke auf die englischen Journalisten am 28. September. Noch am Abend des 29. September war Jagow am Rande der Besichtigungsfahrt des Innenministers durch Moabit an einige Journalisten herangetreten und hatte ihnen gesagt, „sie möchten auf ihre *englischen Kollegen* einwirken, daß diese den gestrigen Vorfall nicht zu tragisch nähmen. Scherzend fügte er hinzu, es wären *Wunden*, die auf dem *Schlachtfelde* erhalten worden seien.“[184]

Abgesehen davon, daß das auf die meisten Kollegen wenig Eindruck gemacht haben dürfte, begnügten sich die vier Journalisten nicht mit einem durch einen Kriminalkommissar überbrachten „Bedauern des Polizeipräsidenten“ und dem Versprechen einer „Enquete“ über den Vorfall[185], sondern beschwerten sich am 30. September in aller Form beim Polizeipräsidenten. In seiner Antwort gab Jagow eine weitere Kostprobe seiner Kaltschnäuzigkeit: „Auf die Beschwerde von heute“, beschied der die Journalisten: „Euere Hochwohlgeborcn und Ihre Herren Berufsgenossen haben sich muthig aber ordnungswidrig in eine zusammengerottete Menschenmenge — Paragraph 125 Reichsstrafgesetzbuchs — begeben. Ich bedaure lebhaft die Ihnen dadurch entstandene Unannehmlichkeit und wünsche dem verletzten Herrn Lawrence baldige Heilung.“ Und Jagow fuhr fort: „Der Dienst der Schutzmannschaft war in diesen Tagen ein ausserordentlich schwieriger. Wie ich mich selbst überzeugt habe, hat die gesamte Schutzmannschaft ihn mit hoch anerkennenswerter Energie und Kaltblütigkeit verrichtet. Im fraglichen Augenblicke war grösste Schnelligkeit geboten. Das dabei erfolgte Versehen ist hierdurch und durch die Gesamtsituation immerhin erklärlich, sodass ich ablehnen muss, gegen betheiligte Beamten vorzugehen.“[186]

Auf diesen Wink mit dem Zaunpfahl hin ließen die vier Journalisten ihre Interessen durch die Botschaften ihrer Heimatländer und ihren Berufsverband, den „Verein der ausländischen Presse zu Berlin“, dessen stellvertretender Vorsitzender selbst zu den Attackierten gehörte, direkt beim Auswärtigen Amt bzw. beim Reichskanzler vertreten. Zwei Tage später wurde Jagow vom Innenminister zur Stellungnahme aufgefordert. Nachdem er im ersten Teil seiner Antwort detailliert begründete, daß und inwiefern der Aufenthalt der Journalisten in der Turmstraße mit einer Menschenmenge, die gerade aufgelöst werden sollte, in Verbindung stand, sie insofern sich selbst gefährdet hatten, auch wenn der Angriff auf sie auf ein mißverstandenes Kommando zurückzuführen sei, widmete er weitere fünf Schreibmaschinenseiten „allgemeine[n] Bemerkungen“ über das Vorgehen der Polizei. Zunächst rechnete er anhand der Verletztenzahlen vor, wie berechtigt und erfolgreich das scharfe Eingreifen seiner Beamten nach dem 26. September gewesen sei. Ihrem „zunächst reichlich abwartende[n] und lediglich auf den Schutz des Publikums bedachte[n] Vorgehen“ bis zum 25. September seien ihre „Sicherheit und Gesundheit“ geopfert worden; in dieser Zeit seien sieben Beamte, jedoch kein Tumultuant verletzt worden. Am 26.

---

184 Vossische Zeitung v. 30.9.1910, Nr. 459, 1. Beil.
185 Vossische Zeitung v. 30.9.1910, Nr. 460.
186 Abschriften der Beschwerde und Anwortschreiben v. 30.9.1910, GStA, MdI, Rep. 77, Tit. 2515, Nr. 3, fasc. 4, Bd. 1, Bl. 114-116.

September, dem Tag mit den schwersten Ausschreitungen, wurden nur 31 Zivilisten, hingegen aber 46 Schutzleute verletzt. Daraufhin wurde am 27. September energischer vorgegangen, es wurde grundsätzlich von der Schußwaffe Gebrauch gemacht: „Als einen Erfolg dieser meiner Anordnung glaube ich es ansehen zu dürfen, daß bereits am 27. September das Verhältnis der aus dem Publikum Verletzten und der Beamtenverletzungen ein umgekehrtes wurde." Fünfzig verletzte Zivilisten wurden nun im Krankenhaus behandelt, hingegen nur zwanzig Beamte als verletzt gemeldet, am nächsten Tag waren es 47 Zivilpersonen gegenüber nur noch zehn Beamten, am 29. September schließlich stand fünf verletzten Zivilpersonen nur noch ein verletzter Beamter gegenüber. „Als Folge sehe ich es an, daß dann in den nächsten Tagen die Tumulte und Verletzungen überhaupt aufgehört haben."[187]

Was veranlaßte diesen Bürokraten und Verwaltungsjuristen, der im Unterschied zu seinen Schutzleuten keine langjährige Militärlaufbahn hinter sich hatte[188], zu dieser Feldherren-Rechnung? Ihm ging es nicht in erster Linie darum, vor Ort Ruhe und Ordnung herzustellen, für ihn war „Moabit" die Gelegenheit, etwas anderes in Ordnung zu bringen. Sein Problem waren die „fortgesetzten öffentlichen Angriffe gegen die Schutzmannschaft" seit dem Wahlrechtskampf in Preußen, die die Beamten „zu einer etwas zu vorsichtigen Dienstführung bestimmt hatten". Damit meinte er die „Preßhetze" gegen die Polizei, die Gerichtsverhandlungen um Polizeieinsätze, in denen Schutzmänner von sozialdemokratischen Anwälten scharf angegriffen worden waren und die gerichtliche Verfolgung von Polizisten nur mit Mühe abgewendet werden konnte. Durch all dies, so Jagows Argumentation, „kann der Polizeibeamte allmählich dahin gebracht werden, daß er sich auch da Zurückhaltung auferlegt, wo nur der Angriff zum Ziele führt. Dieses Stadium erachte ich jetzt für überwunden. Ich hoffe daß dieses Vorspiel überhaupt genügt haben wird, um der sozialdemokratischen Parteileitung, die es wohl als Versuchsballon entweder inszeniert oder doch mindestens nicht verhindert hat, die Lust zu Wiederholung zu verleiden."[189]

Jagows Polizeitaktik während der Moabiter Unruhen erscheint im Licht dieser Erläuterungen als der Versuch, die sozialdemokratischen Erfolge beim Kampf um das „Recht auf die Straße" rückgängig zu machen, als Vergeltungsschlag, der die Moral einer von rechtsstaatlichen Prozeduren gequälten Exekutive wiederaufrichten sollte. „Wer den *sechsten März* miterlebt hat, der hat den *Schlüssel zum 26. September*", meinte Rechtsanwalt Heine in seinem Plädoyer vor der Strafkammer.[190] Daher wehrte sich der Polizeipräsident in den folgenden Monaten auch mit äußerster Konsequenz gegen alle Versuche der „Korrektur von Beamten, die, wie ich ohne Weiteres zugebe, sich etwas kopflos benommen haben", sei es infolge von Beschwerden, von Gerichtsverfahren oder von Schadensersatzklagen. Darunter müsse „der *Geist der Schutzmannschaft leiden* und das könnte sich bitter rächen".

Im Januar 1911, gegen Ende des Strafkammerprozesses, schickte Jagow unaufgefordert dem Innenminister einen 35 Schreibmaschinenseiten langen Kommentar zu

---

187 PP an MdI v. 3.10.1910, GStA, Rep. 77, Tit. 2515, Nr. 3, fasc. 4, Bd. 1, Bl. 66-67.
188 Er war natürlich Reserve-Offizier, und zwar als Rittmeister beim 3. Garde-Ulanen-Regiment, siehe Die Polizei v. 13.1.1910, Nr. 21, 6. Jg., S. 401.
189 PP an MdI v. 3.10.1910, GStA, Rep. 77, Tit. 2515, Nr. 3, fasc. 4, Bd. 1, Bl. 67v-68.
190 Vorwärts v. 7.1.1911, Nr. 6, 1. Beil.

den die Polizei belastetenden Zeugenaussagen: Sie seien allesamt falsch oder zu unbestimmt. Außerdem würden die bezeugten Tatsachen von den Verteidigern als abgeschlossene „Einzelvorkommnisse" dargestellt, obwohl es doch auf den „Zusammenhang der Tatsachen" ankäme. Diesen umriß er folgendermaßen: „In Moabit herrschte tagelang Aufruhr; alle Mahnungen, alle Aufforderungen zur Ruhe, das Vorgehen ohne Waffe waren erfolglos geblieben, die Leute wichen nicht von der Straße. Die Polizei mußte und zwar dauernd Gewalt anwenden, um die gefährdete Ordnung wieder herzustellen und weiteren Ungesetzlichkeiten vorzubeugen. Gehen auf dieser Grundlage Menschen in den gefährdeten Straßen nicht auseinander, nicht auf Aufforderung weiter, treten sie zum Verweilen in die Türnischen oder in die Hausflure, so müssen sie dort fortgewiesen oder fortgeschafft werden, gleichviel ob mit Gewalt oder ohne."

Die Argumentation entspricht der der einmal eingenommenen „Gefechtsstellung", wie sie der ihm untergebene Polizeileutnant vor Gericht vertreten hatte. Daß dieser Logik auch völlig unbeteiligte Einzelpersonen zum Opfer fielen, mußte in Kauf genommen werden; die „Tatsache aufrührerischer Unruhen hat eben ihre Unbequemlichkeiten und Härten für den Einzelnen und gerade für den Unschuldigen zur Folge".[191] Auf die Bezeugungen von Amtsüberschreitungen hin habe er jeden in Frage kommenden Beamten zur Aussage aufgefordert. Die Beamten hätten mit „männlicher und ehrlicher Entrüstung" auf ihren Diensteid alle Vorwürfe zurückgewiesen.[192]

Eine Woche später, nach dem Urteil im Strafkammerprozeß, sah sich Jagow veranlaßt, wiederum unaufgefordert, „noch einmal mit allem Nachdruck meine Auffassung über die Haltung der Schutzmannschaft während der Unruhetage in Moabit zum Ausdruck zu bringen". Er bat den Innenminister, angesichts des der Schutzmannschaft durch den Prozeßverlauf geschehenen Unrechts „im Interesse der Staatsautorität das Parlament im Sinne der Ausführung meines Berichts aufzuklären", und brachte einige Fehler der Staatsseite zur Sprache: So hätte die Staatsanwaltschaft gegen seinen Rat „die nie nachweisbare Behauptung, die sozialdemokratische Parteileitung habe die Krawalle organisiert", konstruiert; hinzu kam die Verbindung aller Strafsachen zu einem „Monstreprozeß", anstatt, wie im Frühjahr nach den Wahlrechtsdemonstrationen erfolgreich geschehen, viele kleine Verfahren durchzuführen; ferner sei es den Verteidigern gelungen, „die Beweisverhandlung so zu gestalten, als ob die Polizei die Angeklagte sei"; es seien unzählige Meineide geschworen worden, „ungezählte formelle Beleidigungen der Polizei passierten ungerügt", die Staatsanwaltschaft verzichtete auf die Vernehmung zahlreicher Polizeizeugen — „eine schwere Schädigung polizeilicher Interessen"; schließlich habe man nur 25 Stunden je Woche „gesessen" statt täglich von acht Uhr morgens bis Mitternacht, so daß als Ergebnis blieb: *Die Schutzmannschaft hat das Staatswesen gefördert. Das gerichtliche Verfahren hat durch Fehler, die vermieden werden konnten, ihm Abbruch getan.*"

Aber auch mögliche Fehler der von ihm selbst geleiteten Behörde sprach er an — allerdings gegen die Vorwürfe verschiedener „rechtsstehende[r] Zeitungen" gewandt,

---

191 PP an MdI v. 6.1.1911, ebd., Bl. 231v-232v.
192 Ebd., Bl. 241.

die Polizei sei „anfangs zu schwächlich vorgegangen und habe dadurch die Krawalle in ihrem späteren Umfange entstehen lassen". Zur Abwehr dieses Schwäche-Vorwurfs umriß er ein Verständnis polizeispezifischer Aufruhrbekämpfung, das ihn im Vergleich zu Befürwortern militärischer Interventionen als den flexibleren Strategen ausweist. Daß der Widerstand gegen die Polizei „jeden Abend neu entstehen kann, liegt in der Natur der Sache und ist kein Zeichen von Schwäche der Polizei. Denn das Neuentstehen wäre nur dadurch zu verhindern, dass die Polizei, jeden, der die Strasse betritt, sofort niederschießt. Eine Friedensaufgabe kriegerischen Charakters ist eben unter Umständen schwieriger zu lösen, als eine Kriegsaufgabe, die man mit absoluter Rücksichtslosigkeit erledigen kann."

Wer auch jetzt noch im nachhinein für den Einsatz von Militär plädiere, wisse „wohl kaum, was das bedeuten würde, einmal für das Volk, insbesondere aber für die Armee". In seiner noch kurzen Amtszeit sei für eine ausreichende Bewaffnung der Schutzmannschaft gesorgt worden. „Jetzt erachte ich die Schutzmannschaft für in der Lage, Unruhen, auch grössere, sofort niederzuschlagen."[193]

Im Gegensatz zu ultrarechten Phantasten — *„2 Maschinengewehre am Kreuzpunkt der Hutten- und Beusselstraße hätten den ganzen Krawall sofort erstickt"*[194] — verfolgte Jagow mit seiner „Friedensaufgabe kriegerischen Charakters" ein grundsätzliches Anliegen. Seine Strategie, Unruhen unter allen Umständen durch die Polizei und nicht durch Verhängung eines formalen, von Militäreinheiten durchzusetzenden Ausnahmezustandes zu unterdrücken, entsprang nicht nur dem institutionellen Eigeninteresse, sondern stand zugleich in der Tradition des staatlichen Sicherheitsvorbehalts gegenüber Rechtsstaatsgarantien. Die Vorstellung von der einheitlichen Staatsgewalt „als außerhalb und vor dem Recht stehende Größe", die den zum *Erhalt* der gegebenen staatlichen Ordnung erforderlichen Verrechtlichungsprozeß, der Staatsgewalt nach 1848 angeleitet hatte, jene reaktionäre Utopie eines „exekutiven Sicherheitsvorbehalts des Rechtsstaates"[195] war es, die ihn mit äußerster Konsequenz dazu antrieb, die Rechtmäßigkeit der Polizeieinsätze in Moabit insbesondere gegen Gerichtsurteile zu verteidigen.

Die Hartnäckigkeit, mit der er dies tat, brachte ihn schließlich in offenen Gegensatz zu seinem Vorgesetzten, obwohl dieser am 17. Januar die Polizei gegen Kritik von rechts wie von links in aller Form verteidigt hatte.[196] Den Anlaß dazu bot das empörte Presseecho auf Jagows Rede zu Kaisers Geburtstag im Polizeipräsidium. Er benutzte diesen „patriotischen Tag", so Jagow dem Bericht des Vorwärts zufolge, gegen alle Anschuldigungen aufgrund seiner *eingehendste[n] Untersuchung jeden Einzelfalles zu weitester Oeffentlichkeit es auszusprechen, daß der Ehrenschild unserer*

---

193 PP an MdI v. 14.1.1911, ebd., Bl. 266-269. Vgl. a. PP an MdI v. 15.1.1911, ebd., Bl. 265, 265v.
194 Die Post v. 4.10.1910, zit. n. Vorwärts v. 5.10.1910, Nr. 233.
195 Siehe Funk (1986), S. 141-156, 195-200.
196 Verhandlungen Abgeordnetenhaus, 21. Legislaturperiode, IV. Session 1911, 1. Bd., Sp. 213-217. — Darüber hinaus waren bereits Ende November 1910 — also noch während des Strafkammerprozesses — 95 Auszeichnungen unter den bei den Moabiter Unruhen eingesetzten Polizeibeamten verteilt worden, GStA 2.2.1., Nr. 15337, B. 77-119; hinzu kamen noch Ordensverleihungen an den Polizeipräsidenten und einen Staatsanwalt aus dem Strafkammerprozeß anläßlich des Ordensfestes am 22. Januar, Vorwärts v. 24.1.1911, Nr. 20. An öffentlichen Würdigungen der mit den Moabiter Unruhen befaßten staatlichen Stellen fehlte es also keinesfalls.

Schutzmannschaft rein ist. Sie hielt *tadellose Manneszucht.* Auch die Prussiens schienen ja 1870 ihren Gegnern Babaren. Viel Feind, viel Ehr!"[197]

Am 16. Februar schrieb er wiederum unaufgefordert: „Euer Excellenz äusserten mündlich Bedenken, ob die Veröffentlichung der von mir gelegentlich der letzten Kaisergeburtstagsfeier im Kreise der Beamten des Polizeipräsidiums gehaltenen Ansprache angezeigt gewesen sei. Insbesondere war Euer Excellenz mit dem Ausdrucke, es sei 'tadellose Manneszucht' gehalten worden, nicht einverstanden." Nochmals stellte er das Problem der durch vorangegangene Presseangriffe lädierten Moral der Schutzmannschaft in den Mittelpunkt; sie hätte die Beamten in den ersten Tagen der Unruhen daran gehindert, entsprechend seinen Befehlen mit der Schußwaffe vorzugehen. *Nachdem* mithilfe des von ihm selbst angeleiteten Schußwaffeneinsatzes „der Aufstand erledigt war", übertraf die Kritik an der Schutzmannschaft aber alles bisher dagewesene, da „kam Alles darauf an, jedem Polizeioffizier, und zugleich dem letzten Schutzmann, zu zeigen, dass unbegründete Angriffe an mir, dem Chef, tot abprallen." Wenn er als unmittelbarer Vorgesetzter der Schutzmannschaft diese nicht gegen derartige Anschuldigungen in Schutz nehmen könne, würde er „die Verantwortung für ein scharfes Vorgehen der Schutzmannschaft nicht wieder übernehmen können."[198]

Zwar bekam Jagow in der ihm verbleibenden Zeit als Berliner Polizeipräsident keine Gelegenheit, diese kaum verhohlene Rücktrittsdrohung in die Tat umzusetzen.[199] Dafür kämpfte er um so konsequenter gegen die gerichtlichen Bewertungen der Polizeieinsätze an. Durch „Konflikterhebung"[200] gegen Zivilgerichte, die auf-

---

197 Vorwärts v. 29.1.1911, Nr. 25. – Nebenbei desavouierte er damit zugleich seine Polizeioffiziere, die vor dem Schwurgerichtsprozeß Amtsüberschreitungen der Schutzmannschaft eingeräumt hatten.
198 PP an MdI v. 16.2.1911, GStA, Rep. 77, Tit. 2515, Nr. 3, fasc. 4, Bd. 1, Bl. 287-289. Auch dieser Bericht stieß beim Bearbeiter des Innenministeriums auf Skepsis.
199 Zu seiner Karriere siehe u. S. 341 f.
200 Der „Konflikt" illustriert aufs anschaulichste Funks (1986) These vom rechtsförmigen Ausbau des staatlichen Sicherheitsvorbehalts *gegen* den Rechtsstaat nach 1848: „Die Erhebung des K. ist eine speziell dem preußischen Recht angehörende Einrichtung. Wird gegen einen Beamten wegen einer in Ausübung oder in Veranlassung der Ausübung seines Amtes vorgenommenen Handlung oder wegen Unterlassens einer Amtshandlung eine gerichtliche Verfolgung eingeleitet, so kann die vorgesetzte Provinzialbehörde dadurch, daß sie den K. erhebt, den Prozeß vom ordentlichen Gericht abrufen und die Vorentscheidung des OVG herbeiführen, ob sich der Beamte einer Ueberschreitung seiner Amtsbefugnisse oder der Unterlassung einer ihm obliegenden Amtshandlung schuldig gemacht habe." Gesetzliche Grundlage bildete das Gesetz vom 13.2.1854 betr. die Konflikte bei gerichtlichen Verfolgungen wegen Amts- und Diensthandlungen in Verbindung mit dem Gesetz vom 8.4.1847 über das Verfahren bei Kompetenzkonflikt. Jagows Konflikterhebungen stützten sich auf folgende Erweiterungen der „Konfliktmöglichkeiten": „Der durch die Erhebung des K. bezweckte Schutz gegen vexatorische Ansprüche hat erhebliche Bedeutung gewonnen, seitdem durch G. v. 1.8.1909 [...] bestimmt worden ist, daß in den Fällen, in welchen ein unmittelbarer Staatsbeamter [...] in Ausführung der ihm anvertrauten öffentlichen Gewalt [...] vorsätzlich oder fahrlässig seine Amtspflicht verletzt, die im § 839 BGB bestimmte Veranwortlichkeit an Stelle des Beamten den Staat [...] trifft. Nach § 2 dieses Gesetzes finden nämlich im Fall der Inanspruchnahme des Staates [...] durch die Feststellung der Frage der Amtsüberschreitung des Beamten 'die für den Fall der Verfolgung des Beamten geltenden Vorschriften Verwendung'. Damit ist das K.Verfahren auch auf zivilrechtliche Ansprüche gegen Staat, Gemeinden usw. erstreckt, was zur Folge hat, daß der zur Vorentscheidung berufene Gerichtshof, falls er findet, daß der Beamte sich einer Ueberschreitung nicht schuldig gemacht habe, entsprechend § 3 des K.Gesetzes den Rechtsweg gegen den Staat für unzulässig erklären kann." Stengel (1913), S. 607, 611.

grund der in den Strafprozessen bewiesenen Tatsachen erhobene Schadensersatz-ansprüche gegen den Staat zu beurteilen hatte, brachte er die Frage der Recht-mäßigkeit der Polizeieinsätze vor das Oberverwaltungsgericht, wo sie jahrelang ver-handelt wurde.[201] Im Fall des Rechtsstreits um Entschädigungsansprüche der Witwe des Arbeiters Hermann dauerte es bis 1916, bevor er sich „in diesen großen Zeiten" des Burgfriedens unter gehörigem Druck des Innenministers die Zustimmung zu einem Vergleich abringen ließ.[202]

6.6 Die „Politisierung" der Moabiter Unruhen

Bis hierher stand die Rekonstruktion der Moabiter Unruhen und ihrer Akteure vor allem anhand der konkreten Beschreibungen der zahlreichen Zeugen aus den Straf-prozessen und der Rechtfertigungen des Polizeipräsidenten im Vordergrund. Als Ergebnis läßt sich festhalten: Der aufrührerischen Bevölkerung eines extrem homo-genen Arbeiterquartiers stand eine in militärischen Handlungsmustern befangene Polizeitruppe gegenüber, deren Führung mit der Niederwerfung der Unruhen zu-gleich die moralische und subjektive Handlungsfähigkeit der Staatsgewalt wiederher-zustellen versuchte. Auf den ersten Blick will es scheinen, als ob dieser Versuch gründlich mißlang, da nach den Strafprozessen die Kritik am Vorgehen der Polizei bis weit in das bürgerliche Lager hinein reichte und selbst der Innenminister nicht mehr uneingeschränkt hinter den Eigeninteressen des Polizeiapparates stand. Das volle Ausmaß der Auswirkungen der Moabiter Unruhen erschließt sich jedoch erst bei Betrachtung der von den Zeitgenossen vorgenommenen *politischen* − und nicht lediglich juristischen − Bewertungen und Konsequenzen.

6.6.1 Die Sozialdemokratie als „Anstifterin" der Moabiter Unruhen?

In den Tagen während der Unruhen folgten die politischen Schuldzuweisungen im gesamten bürgerlichen Meinungsspektrum der offiziellen Lesart von der sozialdemo-kratischen Urheberschaft, sei es im Sinne einer direkten Anstiftung oder einer all-gemeineren „Milieu-These". In regierungsnahen und rechtsextremen Kreisen erhob man sehr bald die Forderung nach Ausnahmegesetzen zum Schutz von Arbeitswilli-gen, ein Unterfangen, das in dem Maße aussichtslos wurde, wie das Ausmaß und die Art der Polizeiwillkür im Zuge der Strafverfahren publik wurden.[203] Zugleich mußte

---

201 Siehe den Fall des aus einem Lokal geprügelten Zimmerermeisters Otto, Vossische Zeitung v. 14.12. 1912, Nr. 636.
202 Siehe die Akte „betr. Aufklärung des Falls Hermann. Moabit 28.1.1911 − 7.11.1916", GStA, MdI, Rep. 77, Tit. 2515, Nr. 3, fasc. 7.
203 Als tonangebend kann die Rede des freikonservativen Reichstagsabgeordneten v. Heydebrand und der Lase vom 26. November 1910 gelten, in der er in allgemeiner Form Maßnahmen der Reichs-leitung gegen die „Unterwühlung unseres Staats- und Gesellschaftslebens" anmahnte, wogegen sich der Reichskanzler zwei Wochen später in aller Form verwahrte; Ausnahmegesetze vorzulegen, lehnte er am 26.11. und 10.12.1910 ab, Verhandlungen Reichstag, XII. Legislaturperiode, II. Session, Bd. 262, 87. Sitzung, S. 3178 f., 98. Sitzung, S. 3544-3547. Gefordert wurden in der Regel weniger ein dem Sozialistengesetz entsprechendes Verbot der Sozialdemokratie als vielmehr Verschärfungen

aber auch die Sozialdemokratie selbst ihr Verhältnis zu diesen Ereignissen definieren. Wie ging sie mit der nicht von der Hand zu weisenden Tatsache um, daß es ihre soziale und politische Klientel war, die da — ob nun aktiv oder passiv — eine Woche lang der Polizei gegenüber gestanden hatte?

Die These von der sozialdemokratischen Mitwirkung konnte sich auch auf konkrete Einzelbeobachtungen stützen. Als ein Indiz galt der Aufruf des TAV im Vorwärts im Anschluß an die Zusammenstöße während der ersten Woche des Arbeitskampfes bei Kupfer & Co.: „Die Streikenden werden sich auch dadurch nicht einschüchtern lassen und alles daran setzen, die Arbeitswilligen fernzuhalten. Arbeiter aller Branchen, unterstützt die streikenden Kohlenarbeiter und Kutscher der Firma Kupfer in ihrem schweren Kampfe."[204] „Alles daran setzen" und „Arbeiter aller Branchen" waren in den Augen der Staatsanwälte und Polizeileutnants die Schlüsselworte zur Eskalation auf Arbeiterseite.[205] Der örtliche Revierleutnant Folte verwies vor der Strafkammer auf seine Erfahrungen während des Streiks bei der Eisengießerei Hartung zwei Jahre zuvor: „Die Ruhestörungen hörten auf, als im 'Vorwärts' ein Artikel erschien, in dem gesagt wurde, daß sich die organisierten Genossen und Genossinnen nicht an den Ansammlungen beteiligen. Ähnlich war es in dem vorliegendem Falle. Die Ansammlungen nahmen erst einen größeren Umfang an, als die 'Genossen aller Branchen' gebeten wurden, die Streikenden in ihren Bestrebungen zu unterstützen. Die Unruhen flauten jedoch sofort ab, als im Vorwärts gesagt wurde, es sei ausgeschlossen, daß organisierte Genossen und Genossinnen beteiligt seien."[206]

Bestärkt wurden die Staatsanwälte in dieser Interpretation des sozialdemokratischen Einflusses auf die Arbeiterschaft durch die vom Streiklokal in der Rostocker Straße ausgehenden Aktivitäten, in deren Verlauf Arbeitswillige mehr oder weniger gewaltsam in das Lokal geführt und zur Rede gestellt worden waren. Daran knüpften sie folgende Betrachtungen über die Stellung der Gewerkschaftsorganisationen in der Arbeiterschaft: „Es ist eigentümlich, zu beobachten, wie die Arbeitswilligen so unter dem Terrorismus der *Gewerkschaft* stehen, daß sie diese mit dem Respekt vor einer Behörde ansehen. Sie sprechen in ihren Aussagen davon, daß sie von den Streikenden 'festgenommen', der Streikleitung 'vorgeführt' und dort wie vor Gericht 'vernommen' worden seien. Man habe ihnen Vorhaltungen gemacht und sie dann entlassen. Um ihnen die Macht der Organisation noch mehr vor Augen zu führen, wurden sie dann von den Streikenden bis zur Wohnung oder zum Bahnhof begleitet."[207]

---

des StGB zum Schutz von Arbeitswilligen, gegen Verherrlichung von revolutionären Vorgängen auch im Ausland etc. und — nach den Erfahrungen mit dem Strafkammerprozeß — eine Begrenzung der Verteidigungsrechte im Strafprozeß. (Siehe z. B. den freikonservativen Abgeordneten v. Zedlitz und Neukirch am 17.1.1911 im preußischen Abgeordnetenhaus, Verhandlungen Abgeordnetenhaus, 21. Legislaturperiode, IV. Session 1911, 1. Bd, Sp. 221-224.) Zu gesetzgeberischen Maßnahmen aus Anlaß der Moabiter Unruhen kam es mangels Durchsetzbarkeit schließlich nicht, siehe ausführlich über die diesbezüglichen Beratungen zwischen Reichsjustizamt, Reichsamt des Innern und preußischem Justizministerium Saul (1974), S. 309-313; selbst Wilhelms II. Drängen beim Reichskanzler auf ein Verbot des Streikpostenstehens blieb folgenlos, vgl. Bleiber (1955), S. 206.

204 Vorwärts v. 24.9.1910, Nr. 224.
205 Siehe Vossische Zeitung v. 19.11.1910, Nr. 544.
206 Vossische Zeitung v. 19.11.1910, Nr. 543. — Zum Streik in der Hartungschen Gießerei im Jahr 1908 siehe o. S. 196-198.
207 Berliner Tageblatt v. 5.1.1911, Nr. 9.

Daß die in Moabit eingesetzten Polizisten die ihnen gegenüberstehenden Menschenmengen auch als ein politisches Phänomen interpretierten, zeigt die selbstverständliche Verwendung der Bezeichnung „Demonstranten" in ihren Zeugenaussagen —
eine Tatsache, die übrigens auch nicht von der Verteidigung beanstandet wurde.
„Demonstrant" und „Demonstration" waren gerade in diesem Jahr nach den großen
Wahlrechtsdemonstrationen eindeutig politisch konnotiert. Wie die Polizisten konkrete Situationen vor der Folie ihrer großen Niederlage am 6. März[208] wahrnahmen,
zeigte die Vernehmung der am Überfall auf das Journalisten-Auto beteiligten Schutzmänner.[209] In der unmittelbar nach dem Vorfall vom Innenministerium angefertigten
Stellungnahme für das Außenministerium wurde ebenfalls viel Mühe darauf verwandt, nachzuweisen, daß die beteiligten Polizisten aufgrund der bei den Wahlrechtsdemonstrationen gemachten Erfahrungen geradezu annehmen *mußten*, daß in
dem Auto nicht Journalisten, sondern sozialdemokratische Anführer saßen.

Ein allgemeiner gehaltenes Argument für die Mitverantwortung insbesondere des
Vorwärts war die polizeifeindliche „Verhetzung", der „Haß" sowohl gegen Arbeitswillige wie gegen die Polizei, der tagein tagaus in dessen Spalten gepredigt werde.[210]
Daß „die" Sozialdemokratie die eigentliche Angeklagte der Strafprozesse sein sollte,
geht auch aus der von Jagow kritisierten Konstruktion als „Monstreprozeß" hervor.
Auch wenn ihre Leitungsgremien ganz offensichtlich nicht im mindesten mit den
Unruhen in Verbindung zu bringen waren, konnte es der Oberstaatsanwalt Porzelt
im Schwurgerichtsprozeß, also bereits nach dem ersten Debakel der Staatsanwaltschaft vor der Strafkammer, nicht lassen, in seinem Plädoyer von „Exzesse[n], die
revolutionären Charakter angenommen hatten", zu sprechen.[211] Mit folgendem Argument rechtfertigte sein vorsichtigerer Kollege Preuß hingegen unter Hinweis auf die
für „echte" Revolutionen vorbehaltenen Hoch- und Landesverratsparagraphen
gegenüber den Verteidigern die Anklage wegen *Aufruhr und Landfriedensbruch*:
„Man kann doch die Anwendung dieser Begriffe nicht davon abhängig machen, daß
Barrikaden gebaut werden, Bomben knallen, Gewehre und Revolver in Aktion treten
und Häuser zerstört werden. Sie werden als praktische Männer wissen, daß das unmöglich der Sinn des Gesetzes sein kann."[212]

Als „praktische Männer" wußten die Cohns, Heines, Heinemanns, Liebknechts
und Rosenbergs vor allem, daß es vor Gericht sowohl im Interesse ihrer Mandanten
als auch der Sozialdemokratie darauf ankam, die These von der mittelbaren oder
unmittelbaren Urheberschaft der Sozialdemokratie glaubhaft als Produkt der über-
spannten Phantasie der Gegenseite darzustellen. Daher griffen sie die Stilisierungen
von harmlosen „Dummerjungenstreichen" wie „Steinewerfen" und ähnlichem „groben Unfug" zu politischeren Delikten wie Aufruhr und Landfriedensbruch als un-
haltbar an.[213] Daß ihnen die Geschworenen in den meisten Fällen Recht gaben und

---

208 Siehe u. S. 326.
209 Vossische Zeitung v. 23.11.1910, Nr. 550. Siehe auch die für die ausländischen Journalisten gedachte
    Stellungnahme des Innenministers, MdI an Minister der auswärtigen Angelegenheiten v. 10.10.1910
    (Konzept), GStA, MdI, Rep. 77, Tit. 2515, Nr. 3, fasc. 4, Bd. 1, Bl. 81-89v.
210 Siehe Vossische Zeitung v. 19.11.1910, Nr. 544; Berliner Tageblatt v. 4.1.1911, Nr. 7, v. 5.1.1911, Nr. 8.
211 Vossische Zeitung v. 23.1.1911, Nr. 38.
212 Berliner Tageblatt v. 22.1.1911, Nr. 40.
213 Siehe Vossische Zeitung v. 21.1.1911, Nr. 36.

das Gericht bei der Festsetzung des Strafmaßes die erwiesenen polizeilichen „Miß-griffe" strafmildernd gelten ließ, stellte insofern nach dem Urteil des Strafkammer-prozesses eine weitere empfindliche Niederlage der Obrigkeit — ob nun Regierung, Staatsanwaltschaft oder Polizei — dar. Zwei Gerichtsurteile demontierten die voll-mundigen Erklärungen rechter Reichs- und Landtagsabgeordneter, von Ministern und des Reichskanzlers, die in einem fort von „Revolution", „Umsturz", mindestens aber von „moralischer Mitschuld" der Sozialdemokratie gesprochen hatten. „Mit einer Partei und ihrer Politik hat dieser an sich zu verurteilende Auflauf nichts zu tun. Sie [die Sozialdemokratie — T. L.] hat ihn nicht angestiftet, hat ihn nicht ge-wünscht, hat ihn nicht zu verantworten", lautete das Fazit im Leitartikel der Vossi-schen Zeitung.[214]

Die Sozialdemokratie bemühte sich aber in ihren Publikationen und vor allem vor Gericht nicht nur darum, nachzuweisen, daß die einzelnen Angeklagten nicht von ihr angestiftet worden waren, sondern vor allem auch darum, glaubhaft zu machen, daß sie generell nichts mit den Ereignissen und den Leuten in Moabit zu tun hatte. Diese eigentümliche Distanz zur eigenen politisch-sozialen Klientel zieht sich von Anfang an durch alle Kommentare und Berichte. Anhand der Berichterstattung und der Leit-artikel im Vorwärts lassen sich ihre politische Funktion und damit die Strategien der politischen Verwertung „Moabits" durch die sozialdemokratische Partei nach-zeichnen.

Wie häufig bei Ereignissen, an denen die Sozialdemokratie als Organisation nicht unmittelbar beteiligt war, litt die Berichterstattung des Vorwärts im Vergleich mit anderen Tageszeitungen zunächst einmal darunter, daß er die Neuigkeiten später und aus zweiter Hand bringen mußte. In der ersten Woche wurden Meldungen bürger-licher Zeitungen von Exzessen als Übertreibungen bzw. Provokationen durch die Arbeitswilligen abgetan. Da in der zweiten Woche die harten Auseinandersetzungen erst in der späten Nacht erfolgten, konnte der Vorwärts in der unmittelbar folgenden Morgenausgabe davon nichts berichten und sah sich in der Ausgabe am nächsten Tag wiederum bereits mit den Reportagen der Abendausgaben der bürgerlichen Konkur-renz konfrontiert. Die erste ausführliche Berichterstattung am Morgen des 28. Sep-tembers begann daher bereits vor allen Einzelheiten mit der salvatorischen Klausel, daß keiner der Streikenden beteiligt sei. Stattdessen wurden ausschließlich der durch die aufsehenerregenden Polizeieskorten nach Moabit gelockte „süße Mob [...], der überall dabei sein muß", und die „bartlose Jugend", die mit der „bewaffneten Macht" ihr Kriegsspiel trieb, für die Attacken auf die Polizei verantwortlich gemacht. Auf die-ser Grundlage erfolgte die erste Bewertung des bis dahin Bekannten: „Wir bedauern natürlich, daß ernste Männer ohne ihre Schuld in eine Situation hinein versetzt wur-den, die sie dem Gespött der Kinder und unerzogenen jungen Menschen aussetzte. Wir können uns vorstellen, daß allmählich in ihnen ein Groll aufwuchs, den leider jetzt andere zu spüren bekommen, als jene Jugendlichen und Spötter, deren Tun wir in keine Weise billigen wollen. Aber darüber können wir in keiner Weise vergessen, auf das eindringlichste dagegen zu protestieren, daß überhaupt unsere Schutzmann-schaft bei sozialen Kämpfen in dieser Weise verwendet wird." Daraus resultiere eine

---

214 Vossische Zeitung v. 24.1.1911, Nr. 39.

Erbitterung des Arbeiterpublikums gegen die Polizei, die es davon abhalte, dieser „lose Spötter vom Halse [zu] halten".[215]

Ganz soweit ging der Vorwärts in den folgenden Tagen mit seinem Verständnis für „unsere Schutzmannschaft" nicht mehr. Die Berichte über die Nacht vom 27. zum 28. September und insbesondere die Praxis des Belagerungszustandes führten zu einer eindeutigen Interpretation der Situation. Dennoch blieben im ersten Leitartikel zu den Moabiter Unruhen am 29. September diese Grundlinien der Argumentation erhalten und wurden politisch weiterentwickelt. Zunächst wurde wieder ausschließlich die Polizei dafür veranwortlich gemacht, „jene skandallüsternen Elemente nach Moabit" gelockt zu haben, „die dank unserer herrlichen kapitalistischen Kultur, dank unseres Dirnen- und Zuhälterwesens, dank der allbekannten Tatsache, daß unsere Strafanstalten nichts sind als Hochschulen für die Verbrecher, in einer Millionenstadt natürlich nicht fehlen". Nur durch die Hänseleien dieses „'Janhagel[s]', diese[s] Bodensatz[es] unserer famosen kapitalistischen Kultur", von Taugenichtsen und radaulustigen Jugendlichen, sei es zu Zusammenstößen mit der Polizei gekommen, in deren Folge das friedliche und allenfalls neugierige Publikum den Säbel zu spüren bekam. Im übrigen seien in den in der übrigen Presse kritiklos wiedergegebenen polizeioffiziösen Darstellungen auch die dem „Janhagel" zugeschriebenen Exzesse maßlos übertrieben worden, um die Härte und den Umfang der Polizeimaßnahmen zu rechtfertigen.

Bei der Suche nach den Motiven der politisch Veranwortlichen bietet der Leitartikel eine doppelte Erklärung an, indem rhetorisch gefragt wird: „Sollte denn den Veranwortlichen im Berliner Polizeipräsidium und im preußischen Ministerium des Innern wirklich jede Spur von Besonnenheit abhanden gekommen sein? Sollten sie wirklich das Ausland glauben machen wollen, daß in der Reichshauptstadt der *Bürgerkrieg* ausgebrochen sei?"

Eine eindeutige Antwort auf diese Frage bleibt zunächst aus. Auf die Kennzeichnung der Aktionen des Gegners als unverständlich-irrational-destruktiv-unberechenbar folgt kontrastierend die der Handlungsweise des eigenen Lagers als vertraut-rational-konstruktiv-berechenbar. Mit drastischen Bildern und anklagenden Gesten unter reichlicher Verwendung von Ausrufungszeichen, Fett- und Gesperrtdruck wird die „absolute Passivität" der Sozialdemokratie gegenüber diese Vorgängen beschworen. Man sei *„so vollständig unbeteiligt"*, daß man „in der Tat dem Verhängnis der völligen Bankerotterklärung des preußischen Polizeistaats den ungestörtesten Verlauf lassen" könne. Ergebnis der scharfmacherischen Preßhetze und der Unbesonnenheit von Innenminister und Polizeipräsident werde sein: *„Der Sozialdemokratie werden auch durch die neuesten Polizeiattacken wieder Hunderttausende neuer Anhänger zugeführt werden!"* Im Vertrauen auf die Disziplin ihrer Mitglieder hätte es die sozialdemokratische Organisation nicht nötig, an diese eine besondere Weisung zu richten. Allenfalls sei folgende Beteiligung der Sozialdemokratie an den Ereignissen in Moabit denkbar: „Wohl aber würden sich die *Organisationen des klassenbewußten Proletariats nicht geweigert haben, an der sofortigen Wiederherstellung der Ruhe mitzuarbeiten — und*

---

215 Vorwärts v. 28.9.1910, Nr. 227.

mit ganz anderem Erfolg als die Polizei! —, wenn sie von den Behörden darum ersucht
worden wären."

Die faktische Unmöglichkeit dieser einzig denkbaren Lösung führt zur Beantwortung der eingangs gestellten Frage: *„Aber man wollte es mit dem Polizeisäbel, mit den
Brownings schaffen!* Man *wollte* die Diktatur des Säbels und der Browningpistole proklamieren! Mit dem *Erfolge,* daß die *breitesten Massen* nun endgültig aufgeklärt sind
über das Säbelregiment der preußischen Klassenherrschaft! *Wie lange noch?!* Die
nächste Reichstagswahl wird der blindlings ihrem Verhängnis entgegentaumelnden
Reaktion die Quittung präsentieren!"[216]

Mit der Verheißung einer aufklärerischen Wirkung der Moabiter Unruhen auf die
„breitesten Massen" wird das unangenehme Thema wieder in die vertrauten Gefilde
derjenigen Strategie und Politik-Arena zurückgeführt, auf die die Sozialdemokratie
ihre ganzen Hoffnungen setzte: auf den Kampf um die Mehrheit im Parlament.
Damit nimmt die Pose der „absoluten Passivität" zumindest des sozialdemokratischen Leitartiklers bei der politischen Ausdeutung der Moabiter Unruhen Züge eines
bei dieser Partei auf den ersten Blick befremdlichen Zynismus an. Eine Explikation
des Implizierten müßte etwa lauten: „Und selbst wenn sie zu Hunderten abgeschlachtet würden, die besonnenen Parteigenossen würden sich nie und nimmer zur
Gegenwehr provozieren lassen, denn je schärfer die Polizei dann vorgeht, um so besser für die Partei und ihre Wahlergebnisse, und damit um so vernichtender für die
Reaktion." Auch das „Angebot", als alternative Ordnungsmacht aufzutreten, ist — bei
aller bereits in anderen Zusammenhängen erwiesenen Ordnungsliebe der Sozialdemokratie — in diesem Kontext von zweitrangiger Bedeutung. Im Zentrum der
Argumentation und der Aufmerksamkeit steht die Spekulation auf die segensreichen
Auswirkungen der Polizeieinsätze auf die eigenen Wahlergebnisse, denen die Genossen ebenso wie die noch unaufgeklärten Massen ihre Opfer zu bringen haben. Zugleich läßt diese Pose letztendlicher Überlegenheit den Rückschluß auf ein massiv
empfundenes und nur durch rhetorisches Imponiergehabe zu überspielendes Ohnmachtsgefühl einer Funktionärselite zu, die anläßlich dieser spontanen Massenerhebung feststellen mußte, wie sehr sie den Bezug zu den sozialen und politischen Realitäten ihrer eigenen Anhänger verloren hatte. Die einzige Verbindung zu diesen, über
die sie noch zu reden vermochten, war die Stimmabgabe für die Sozialdemokratie.

Die Praxis des Belagerungszustandes in den folgenden Tagen festigte diese sozialdemokratische Erklärung der Moabiter Unruhen: Am Anfang war es *nur* der selbstredend nicht-sozialdemokratische „Janhagel", der Unordnung schuf, am Ende richteten sich die Polizeimaßnahmen nur gegen unbeteiligte Arbeiter und Arbeiterinnen,
von denen natürlich etliche der Sozialdemokratie angehörten. Die Fiktion einer

---

216 Vorwärts v. 29.9.1910, Nr. 228. — Diese Einschätzung der Moabiter Unruhen blieb nach außen hin
    innerhalb der sozialdemokratischen Führungskreise über alle Flügel hinweg unwidersprochen;
    auch die Linke wich in ihren Stellungnahmen von dieser Interpretation nicht ab, siehe Bleiber
    (1955), S. 173 ff. Lediglich die Bremer Linken interpretierten das Verhalten der Moabiter in der
    Bremer Bürger-Zeitung als ein „Signal" an die Sozialdemokratie, spontane Aktionen im Sinne des
    Massenstreiks in „zweckmäßige politische Aktion umzusetzen". Der Parteivorstand warf ihnen
    daraufhin Verantwortungslosigkeit und Unterstützung der Scharfmacher vor. Daraufhin beschränkten sich die Bremer Genossen in der Agitation zu den Moabiter Unruhen auf die übliche Kritik an
    der Polizeidiktatur, siehe Mohring (1968), S. 128 f.

lebensweltlichen Kluft zwischen „ordentlicher" Arbeiterschaft und „unordentlichem" Subproletariat und die damit einhergehende Tabuisierung ihrer tatsächlichen Beziehungen beruhte ihrerseits auf der sozialen und räumlichen Distanz zwischen den Redaktionsstuben des Vorwärts und Moabit, die sich zu Beginn der aktuellen Berichterstattung in Fehleinschätzungen aufgrund mangelnder Ortskenntnis niederschlug: So hielt man die Polizeiberichte über blumentopfwerfende Vorderhausbewohner für unglaubwürdig, da diese doch den gehobenen Ständen angehörten; ebenso verhielt es sich mit Mutmaßungen über Moabit als eine der letzten Wahlhochburgen der Konservativen, die nun auch an die Sozialdemokratie fallen würde[217] – angesichts der von den Unruhen betroffenen Straßenzüge eine Spekulation, die nur aus der Unkenntnis der Differenzierungen innerhalb der sozialen Topographie Moabits zu erklären ist. Um jeden „falschen" Verdacht abzuwenden, traten hochrangige Vertreter der Parteiführung, des TAV und der Vorwärtsredaktion vor der Strafkammer als Zeugen den Phantastereien von einer sozialdemokratischen Leitung der Unruhen entgegen. „Die Parteileitung [...] hatte zunächst keinen Anlaß einzuschreiten, denn es mußte als ganz selbstverständlich gehalten werden, daß organisierte Arbeiter bei den Vorfällen nicht beteiligt seien", erklärte Fritz Ebert (der spätere Reichspräsident) als Mitglied des Parteivorstandes. Der Landtagsabgeordnete und Vorwärts-Redakteur Ströbel veranschaulichte diese „Distanz" der Sozialdemokratie mit dem Hinweis auf das späte Einsetzen einer eigenen Berichterstattung über die Vorgänge.[218] Die Zurückhaltung der Sozialdemokratie in den ersten Tagen nach Bekanntwerden der Unruhen, als bürgerliche Zeitungen noch den „Janhagel" als Urheber nannten, begründete er damit, daß „dieser ja den 'Vorwärts' nicht liest, von uns also nicht beeinflußt werden kann."[219]

Derartige Ausführungen sind keinesfalls nur als Schutzbehauptungen zur Abwehr strafrechtlicher Schritte gegen die Arbeiterbewegung zu verstehen. Die Distanz des Vorwärts zu den Moabiter Unruhen hatte soziale *und* technische Gründe. Die einzigen Nachrichtenteile, in denen der Vorwärts immer aktueller und detaillierter war als die bürgerliche Konkurrenz, waren „Gewerkschaftliches" (insbesondere über den Stand von Arbeitskämpfen und Lohnbewegungen) und „Partei-Angelegenheiten", also jene Aktualität, die die *organisierte* Arbeiterschaft zum großen Teil selbst produzierte. Die anderen Bereiche gesellschaftlicher Wirklichkeit wurden in der Regel nur aus zweiter Hand dargestellt und blieben im gedruckten Weltbild des Sozialdemokratie auch zweitrangig. Diese für ein Parteiorgan selbstverständliche Überordnung der formal-politischen Realitäten über die des banalen „unpolitischen" Alltags kam dem Bestreben, die gesellschaftlichen Niederungen, in denen Phänomene wie der „Janhagel" zu Hause waren, säuberlich von der ordentlichen Welt der „aufgeklärten" Arbeiterschaft zu trennen, entgegen; daher die messerscharfe „Weil-nicht-sein-kann-was-nicht-sein-darf"-Logik des Parteisekretärs Fritz Ebert. Daß in der „Nacht" der

---

217 Vorwärts v. 29.9.1910, Nr. 228.
218 Vossische Zeitung v. 22.11.1910, Nr. 548. Laut Aussage eines sozialdemokratischen Abteilungführers aus Moabit waren Mitglieder seines Wahlvereins „ungehalten" darüber, daß der Vorwärts später als die bürgerlichen Zeitungen berichtete. Vorwärts v. 23.11.1910, Nr. 274, 2. Beil., siehe a. Vorwärts v. 29.12.1910, Nr. 304, 1. Beil.
219 Vorwärts v. 23.11.1910, Nr. 274, 2. Beil.

gesellschaftlichen Wirklichkeit alle „Katzen grau" sein könnten, mochten *diese* Parteifunktionäre in den lichten Höhen von Parteitagen, Parlamenten und Redaktionen allenfalls ahnen, in jedem Fall aber verschwiegen sie es.

Im Gegensatz dazu waren die „praktischen Männer" vom juristischen Fach durchaus zu realistischeren Gesamteinschätzungen in der Lage; ihr Alltag bestand nun mal aus dem mühseligen Klein-Klein Unterschichten-typischer Straftaten und obrigkeitlicher Schikanerie, sie kannten ihre Mandanten und deren Lebenswelt wesentlich besser, und wußten diese Kenntnisse zu deren Wohl auch einzusetzen. Ohne von seiner auf die Hauptverantwortung der Polizei zielenden Verteidigungslinie abzuweichen, lieferte der Rechtsanwalt Wolfgang Heine in seinem Plädoyer vor der Strafkammer mit einer Beschreibung der *„örtlichen Verhältnisse in Moabit"* eine kleine soziologische Analyse der Moabiter Unruhen. Sie enthält die wichtigsten Elemente der Straßenpolitik von unten im Arbeiterviertel: „Die Bevölkerung dieses Stadtteils, besonders die Arbeiterbevölkerung ist himmelweit entfernt eine Gesellschaft von Desperados (Verzweifelter) zu sein, die nichts zu verlieren hätte, und keine andere Tendenz kenne, als alles zu vernichten. Wer die Bevölkerung kennt, der weiß, daß die Moabiter Arbeiter wirtschaftlich durchaus in geordneten Verhältnissen leben. Trotzdem sind es natürlich Leute mit Lebensbedingungen der Nichtbesitzenden. Durch ihre Beschäftigung sind sie Arbeiter. Sie und auch ihre Frauen sind genötigt, viel auf der Straße zu sein. Das führt dazu, daß auch bei den Frauen die in besitzenden Kreisen vielfach bestehende Scheu vor der Straße hier nicht existiert. Man kann sich also nicht wundern, wenn unter solchen Verhältnissen die Straße sich schnell mit Menschen füllt. Vor allem ist die Straße auch der Spielplatz von Kindern. Da die Leute gedrängt wohnen, kommt hier eine Ansammlung auf der Straße leichter zusammen wie in dem Villenviertel des Westens. Das gilt schon für den durchaus harmlosen Teil der Bevölkerung. Dazu rechne ich auch die jungen Leute, die gern mal einen kleinen Unfug mitmachen und den Launen die Zügel schießen lassen, deshalb aber keineswegs zum Janhagel gehören. *Es sind nicht gerade die schlechtesten Kinder, die nicht hinter dem Ofen sitzen und den Katechismus lesen.* Die Kinder wollen auch mal was sehen und erleben. In dem heroischen Zeitalter der Jugend nimmt man auf dem Lande Vogelnester aus, man stiehlt Aepfel von des Nachbars Baum oder auch Hühnereier. Hier sucht die Jugend auf andere Weise ihren Tatendrang zu befriedigen. Wenn mal etwas Derartiges vorkommt, so darf man das nicht gleich so tragisch nehmen, wie Pastor Schwebel es getan hat, der für die Psyche der Jugend kein Verständnis hat. Der Pastor sagte, er habe keine Wirkungen der sozialdemokratischen Jugenderziehung bemerkt. Das glaube ich gern, denn seine Beziehungen hören da auf, wo die Wirkungen der sozialdemokratischen Jugenderziehung anfangen. In einem Stadtgebiet, wo Tausende von ledigen jungen Männern leben, macht sich natürlich auch die Prostitution und ihr Anhang bemerkbar, was ja auch einige Zeugen bestätigt haben. Ein hochkultivierter Teil der Stadt zieht sich bis an die äußersten Grenzen. Dahinter kommt dann eine wüste Gegend, die Plötzenseer Heide, wo sich Elemente aufhalten, von denen der Berliner Volkswitz sagt: *'Er hat Arbeet, er muß die Schwäne uff'n Kopp spucken!'* Was den soliden Teil der Bevölkerung betrifft, so sind natürlich viele gewerkschaftlich Organisierte darunter. Leider noch nicht genug. Auch viele sind darunter, die bei den Wahlen für die Sozialdemokratie stimmen. Der überwiegende und führende Teil der Moabiter Bevölkerung ist sozialdemokratisch. Wenn die Einwohner nicht durch die kulturellen Einflüsse der Arbeiterbewegung ein Ehrgefühl hätten, wie man es in anderen Ständen als selbstverständlich voraussetzt, so würden sie die von den Polizisten ausgeteilten Prügel für selbstverständlich halten und sie ruhig hinnehmen. Wenn es so wäre, dann würde die Sache glatter gegangen sein. Die Leute würden dann *mit dem blöden Lächeln eines russischen Muschiks die Säbelhiebe dankend hingenommen haben.*"

Zusammen mit dem notorisch schlechten Verhältnis zwischen Polizei und Arbeiterpublikum, dessen bekannte Ursachen Heine anschließend noch beschrieb[220], sind in diesem Plädoyer die für die Moabiter Unruhen zentralen Elemente der „Logik des Aufruhrs" angeführt: Die schichtenspezifischen Formen der Öffentlichkeit, generationsspezifische Nutzungen des Straßenraumes, die Distanz des Arbeitermilieus zu staatserhaltenden Kreisen, hier zur evangelischen Kirche, das Mit- und Nebeneinander „solider" und „unsolider" Bevölkerungteile, die lokale Hegemonie der Sozialdemokratie und jene damit verbundene Kultur des „Ehrgefühls" sowohl angesichts unsolidarischen Verhaltens unter Arbeitern als auch gegenüber Diskriminierung und Willkür von oben.

Heines Kollege, Rechtsanwalt Heinemann, plädierte dafür, gerade dieses vom Staatsanwalt als Strafverschärfungsgrund vorgebrachte *„Solidaritätsgefühl der Arbeiter"* als straf*mildernd* zu berücksichtigen, indem er es auf eine Stufe mit ständischen Ehrbegriffen anderer sozialer Gruppen, zum Beispiel von Offizieren oder Kaufleuten, hob. Während diesen zur Verteidigung von Standesinteressen das Duell oder der Kampf gegen den unlauteren Wettbewerb zu Gebote stünden, sei der Arbeiter zum günstigen Verkauf seiner Arbeitskraft auf die Koalition und das Solidaritätsgefühl angewiesen. Darin werde er allerdings durch die Bestimmungen der RGO, insbesondere deren § 152, der Einsprüche oder Klagen gegen den Rücktritt von einer Koalition ausschließt, erheblich behindert. „Wo der rechtliche Zwang fehlt, entwickelt sich natürlich das *moralische Gefühl für die Interessen der Klassen um so stärker.*"[221]

Die von Heine vorgenommene Abgrenzung der Moabiter Arbeiterbevölkerung vom schicksalsergebenen „russischen Muschik" folgt der herrschenden Konvention, den kollektiven Aufstieg der Klasse auch als ein Sich-Erheben über ein soziales Unten zu definieren; in den „konventionelleren" Agitationsreden ist an dieser Stelle von „Lumpenproletariat" oder „Janhagel" die Rede.[222] Zwar ließ Heine im weiteren Verlauf seines Plädoyers wie schon während des Prozesses die üblichen Schuldzuweisungen an die Polizei folgen und strich um der Entlastung seiner Mandanten willen vor allem deren Versagen gegenüber dem „Mob" heraus, dennoch bildet der *offen artikulierte Widerspruch* gegen die Polizeimaßnahmen die Quintessenz seines Plädoyers. Daß dieser Konflikt sich nicht zu einer nur „blutig" zu erstickenden *„Massenerhebung"* ausweitete, schrieb auch er dem Einfluß der Sozialdemokratie zu.[223]

---

220 Vorwärts v. 8.1.1911, Nr. 7, 1. Beil.
221 Ebd.
222 Im Courier, dem Organ des TAV, mußten dafür die organisatorisch zersplitterten „Bergsklaven" des Ruhrgebiets, die „polnisch-christlichen Grubenheloten" herhalten, mit denen Stinnes im Gegensatz zu den gut organisierten Berliner Kohlenarbeitern − darunter auch viele Polen... − leichtes Spiel habe, Courier Nr. 41 (1910), S. 386.
223 Vorwärts v. 7.1.1911, Nr. 6, 1. Beil.

Trotz aller Beteuerungen in den offiziellen Verlautbarungen der Arbeiterbewegung kann also abschließend festgehalten werden: Ohne das aktives Eingreifen der sozialdemokratisch orientierten Einwohnerschaft und Fabrikarbeiter hätte es keinen Konflikt mit der Polizei gegeben; ohne die Kooperation verschiedener Generationen und Untergruppen der Bevölkerung dieses Arbeiterviertels wäre es nicht zu diesen nächtlichen Straßenkämpfen gekommen. In diesem Sinne hatte der Aufruhr in Moabit durchaus einen politischen Charakter: Nicht als Ausdruck „revolutionärer Kampfentschlossenheit" – eine phantastische, leninistisch inspirierte Interpretation des DDR-Historikers Bleiber[224], die er mit den konservativen Zeitgenossen teilt –, sondern als Selbstbehauptung einer sozial-kulturellen Ordnung, deren Verletzung auf der Straße ihren Ausgang genommen hatte und nur auf der Straße zu korrigieren war. Gewiß, *diese* Straßenpolitik trennte Welten von offiziellen Politik-Arenen wie Parlamenten und Parteitagen, auch wenn die Straßenakteure eben dorthin ihre eloquentesten Vertreter entsandten. Im Rahmen der enorme soziale Distanzen umklammernden sozialdemokratischen Arbeiterbewegung repräsentierten straßenpolitische Aktionen den Eigen-Sinn einer Basis, deren Ehrgefühl und Verhaltensweisen nicht ausschließlich durch die routinierte Rhetorik verbaler Stellvertreterpolitik entsprochen werden konnte. Welche *Rückwirkungen* „Moabit" auf die Politik dieser Sozialdemokratie in Berlin hatte, soll nun anhand der Reaktionen der Parteiführung in den Monaten nach den Unruhen dargestellt werden.

6.6.2 Jagows später Erfolg

Nach außen hin spekulierten die Parteiführung und die von ihr instruierten Funktionäre auf die entlarvend-aufklärerische Wirkung der polizeilichen Mißhandlungen und wurden darin natürlich durch den relativen Erfolg der beiden Prozesse bestärkt. Zugleich hielten sie an der Fiktion fest, „kein Arbeiter und keine Arbeiterin, die der Partei angehört, habe sich aus Neugierde an einer der Ansammlungen beteiligt".[225] Schon im November 1910 versprach sich eine Genossin Rohde in einer Frauenversammlung in der Badstraße von den „Moabiter Vorgängen mit dem sensationellen Prozeß", der „so gut wie gewonnen sei", Vorteile für die Partei: „So manche Arbeiterfrau im Moabiter Stadtteil werde jetzt doch wohl anderer Ansicht werden, und ihrem Mann nach Kräften in politischer Hinsicht zur Seite stehen."[226]

Die Moabiter Prozesse würden als Wahlagitation für die Partei wirken, hieß es auf einem Zahlabend im 3. Berliner Reichstags-Wahlkreis Mitte Dezember.[227] Das Ergebnis des Schwurgerichtsprozesses kommentierte der Vorwärts mit Blick auf die nächsten Reichstagswahlen zuversichtlich so: „Der Moabiter Spuk ist verflogen und unsere Feinde stehen vor dem Nichts – wir aber vor der Ernte!"[228] Immer wieder wurde insbesondere an die „Mörder" Hermanns und die Tatsache, daß sie immer

---

224 Bleiber (1955), S. 186, 207 und passim.
225 So Luise Zietz vom Parteivorstand im November 1910 auf einer Versammlung im Moabiter Gesellschaftshaus, siehe Spitzelbericht v. 14.11.1910, BLHA, Rep. 30, Tit. 94, Nr. 14154, Bl. 60.
226 Spitzelbericht v. 23.11.1910, ebd., Bl. 72, 72v.
227 Spitzelbericht v. 15.10.1910, BLHA, Rep. 30, Tit. 95, Nr. 16001, Bl. 50, 50v.
228 Vorwärts v. 24.1.1911, Nr. 20.

noch frei herumliefen, an ihre Beschützer in den Behörden, die „viel schlimmer und gemeiner sind, als die Halunken und Mörder von Moabit selbst", erinnert und mithilfe von Zeugenaussagen aus den Prozessen die Empörung über die Polizeieinsätze artikuliert.[229] Verschiedentlich wurde zum Boykott von Kaufhäusern und Vergnügungsstätten, die für ein Erholungsheim der Schutzmannschaft gespendet hatten, aufgerufen.[230]

Informationen aus den Leitungsgremien der Partei hingegen zeigen eine andere Wirkung der Moabiter Unruhen. Noch im August 1910 meldete ein Spitzelbericht eine „Majorität" in der Berliner Sozialdemokratie für die Inangriffnahme des politischen Massenstreiks, falls die Wahlrechtsdemonstrationen im Herbst wieder nicht den gewünschten Erfolg bringen würden.[231] Folgt man dem Bericht über eine Vorstandssitzung des Wahlkreisvereins im 4. Berliner Wahlkreis, dann standen auch einen Monat später, am 27. September, die Zeichen noch auf Sturm; in der Diskussion hieß es: „Sollten die herrschenden Gewalten keine Vernunft annehmen, so hätten sie sich es selbst zuzuschreiben, wenn es zu dem alleräußersten käme. Die Sozialdemokratie ist gewillt, in diesem Winter einen Kampf zu führen, wie ihn noch niemand gesehen habe."[232] Das Polizeipräsidium setzte den Innenminister am 6. Oktober von diesem Stimmungsbericht in Kenntnis.[233]

Ende des Monats jedoch hatte sich das Bild den „vertraulichen Nachrichten" zufolge geändert. In der Frage der Anwendung des politischen Massenstreiks war noch keine Klarheit geschaffen worden, in „leitenden Parteikreisen fürchtet man die Uebernahme der Verantwortung für die Folgen eines politischen Massenstreiks und will man daher warten, bis der Druck hierzu durch genügende Agitation und Propagierung vorbereitet von unten aus der Masse der Arbeiter kommt". Daher solle bis auf weiteres lediglich auf Zahlabenden und Versammlungen über Wahlrecht und Massenstreik aufgeklärt werden. Abschließend heißt es: „Das energische Vorgehen der Behörden bei den Moabiter Krawallen, sowie das Zirkular des Freiherrn von Bissing haben in Parteikreisen — oben und unten — ernüchternd gewirkt."[234]

Diesen Schlußsatz hielt ein Bearbeiter des Berichtes in der Abteilung VII, Politische Polizei, zwar „für etwas gewagt": Er meinte, daß nur die „Besorgnis vor einer gesetzgeberischen Aktion gegen Partei oder Gewerkschaften und vor Verlust von Mitläufern bei den kommenden Wahlen die abwartende und vorsichtige Haltung der Linken zur Folge hat".[235] Gerade von Ausnahmegesetzen als logischer Folge der

---

229 Siehe z. B. MdR Stadthagen auf einer Volksversammlung in der Brauerei Friedrichshain, Spitzelbericht v. 9.4.1911, BLHA, Rep. 30, Tit. 94, Nr. 14149, Bl. 253v, 254.

230 Siehe Spitzelbericht über einen Zahlabend. v. 15.6.1911, BLHA, Rep. 30, Tit. 95, Nr. 16006, Bl. 13; Spitzelbericht über eine Abteilungssitzung v. 22.10.1910, BLHA, Rep. 30, Tit. 94, Nr. 14149, Bl. 90v.

231 Spitzelbericht v. 16.8.1910, BLHA, Rep. 30, Tit. 95, Nr. 15995, Bl. 1.

232 Spitzelbericht v. 30.9.1910, ebd., Bl. 3, 3v.

233 PP an MdI v. 6.10.1910 (Konzept), ebd., Bl. 4.

234 Spitzelbericht v. 29.10.1910, ebd., 2, 2v. – „Zirkular des Freiherrn von Bissing": Ein „Korpsbefehl" aus dem Jahre 1907, der im Falle des Kriegs- bzw. Belagerungszustandes u. a. die Verhaftung von Reichstagsabgeordneten ohne Rücksicht auf deren Immunität vorsah. Er wurde im September 1910 im Vorwärts veröffentlicht. Siehe Groh (1973), S. 185, Anm. 334, S. 533, 583.

235 Spitzelbericht v. 29.10.1910, BLHA, Rep. 30, Tit. 95, Nr. 15995, Bl. 1v. – Auch Groh ist der Ansicht, daß der Bissingsche Erlaß sozialdemokratische Funktionäre nicht sonderlich beeindruckte, „weil die Sozialdemokratie stets von dem Vorhandensein solcher Anweisungen [...] überzeugt war." Groh (1973), S. 185, Anm. 334.

Moabiter Unruhen war in der rechten Presse und bei den rechten Parteien in diesen Tagen aber vor allem die Rede.[236] Am 21. Dezember beschloß schließlich die Landeskommission, das Führungsgremium der preußischen Sozialdemokratie, über das weitere Vorgehen im Wahlrechtskampf: Am 22. Januar 1911 sollten Massenversammlungen, aber unter keinen Umständen Straßendemonstrationen stattfinden, da diese in keinem Falle genehmigt würden und daher „notwendigerweise zu scharfen Zusammenstößen mit der Polizei führen" müßten, „und nichts sei augenblicklich der Regierung genehmer als solche Zusammenstöße, die ihr das Material zur Wahlparole liefern würden, nach dem sie bisher vergeblich suchte".[237]

In Kenntnis dieser Beschlußlage bezeichnete das Polizeipräsidium in einem Bericht an das Innenministerium die Anfang Januar vom Zentralvorstand der Berliner Sozialdemokratie veröffentlichte „Warnung vor Straßenumzügen und Demonstrationen" als „ernst gemeint". In aller Bescheidenheit fuhr Jagow fort: „Ob und inwieweit die Furcht vor der blanken Waffe der Schutzmannschaften, die Besorgnis vor einem etwaigen Ausnahmegesetze und die Angst, angesichts der kommenden Reichstagswahlen durch Krawalle und dergleichen Mitläufer abzuschrecken, zu dieser Vorsicht beigetragen haben, entzieht sich meiner Kenntnis. Jedenfalls stehen die gegenwärtigen Maßnahmen der Partei in einem auffallenden Gegensatze zu den Absichten, die sie vor einigen Monaten hegte, [...] und auf welche die Partei nach Beseitigung der 'gespannten', nach ihrer Meinung für sie zur Zeit mißgünstigeren Situation voraussichtlich wieder zurückkommen wird."[238]

Entsprechend den Beschlüssen der Landeskommission wurden die Mitglieder auf den Zahlabenden vor dem 22. Januar instruiert. Von einem Zahlabend im 2. Wahlkreis wurde die Anweisung berichtet: „Es ist jeder Zusammenstoß mit der Polizei zu vermeiden. Die Moabiter Vorgänge sind ja den Genossen noch so frisch im Gedächtnis, daß darüber nichts mehr zu sagen sei."[239] Unmittelbar vor dem 22. Januar richtete der Berliner Aktionsausschuß ein Rundschreiben an die Vorsitzenden der Wahlkreisvereine in Berlin und der Provinz Brandenburg mit dem „strengen Hinweis", daß „mit Rücksicht auf die politische Lage und die Situation, die durch den Moabiter Prozeß geschaffen worden ist, Demonstrationen unter allen Umständen am 22. d. Mt. verhindert werden sollen. Es sei wohl auch ein Gebot der politischen Klugheit, wenn verhindert wird, daß schon nach den ersten Protestversammlungen Demonstrationen stattfänden. Ob auf der Straße demonstriert wird ist von Fall zu Fall zu prüfen; am Sonntag hat es jedoch unbedingt zu unterbleiben."[240] In einem Flugblatt vor dem 22. Januar wurde, auf „unseren prächtigen Wahlrechtssturm" im Vorjahr bezugnehmend, die Zurückhaltung folgendermaßen begründet: „Freilich, nicht jeder Tag ist Sturmtag. Aber unsere Arbeit ist immer fruchtbar, auch wenn sie nach außen nicht immer in Erscheinung tritt. Die Tage des Massenaufgebotes und der Demonstrationen werden wiederkommen."[241] Doch auch die Schutzmannschaft erhielt

236 Siehe Saul (1974), S. 306, 308.
237 Spitzelbericht v. 5.1.1911, BLHA, Rep. 30, Tit. 95, Nr. 15995, Bl. 20-21.
238 MdI an PP v. 11.1.1911 (Konzept), ebd., Bl. 22v-23v.
239 Spitzelbericht v. 12.1.1911, ebd., Bl. 27v, 28. Siehe a. einen Spitzelbericht aus dem 5. Wahlkreis v. 12.1.1911, ebd., Bl. 25v, 26.
240 Spitzelbericht v. 21.1.1911, ebd., Bl. 49.
241 Flugblatt „Zum Angriff vor", ebd., Bl. 31v.

einen ganz auf Deeskalation abgestellten Aufsichtsbefehl — unauffälliges Sammeln und Entlassen der Mannschaften, gedecktes Unterbringen der Reserven, untergeschnallte Schußwaffe —, und der 22. Januar verstrich ohne Zwischenfälle.[242]

Gemessen an der noch im Spätsommer aus Parteikreisen gemeldeten Kampfentschlossenheit schränkte „Moabit" die Handlungsmöglichkeiten der Sozialdemokratie ein. An eine Wiederholung oder gar Steigerung der Triumphe vom Wahlrechtssturm ein Jahr zuvor war nicht zu denken, der herbeigesehnte machtpolitische „Durchbruch" rückte in weite Ferne. Gerade der relative Erfolg ihrer Rechtsanwälte vor Gericht hielt ihre Führungsgremien davon ab, diesen Balanceakt der durch das Reichsvereinsgesetz gedeckten demonstrativen Herausforderung von Polizei und Obrigkeit fortzusetzen. Es galt, die weit in bürgerliche Kreise reichende Empörung über die Polizeiwillkür in wahlpolitische Erfolge umzumünzen und daher jede Gelegenheit zur Konfrontation mit der Polizei zu vermeiden. Die Polizei hatte, wenn auch unter enormen Verlusten an Ansehen und Glaubwürdigkeit, die Initiative im Kampf um das „Recht auf die Straße" zurückgewonnen.

---

242 Siehe ebd., Bl. 45-48, und Berichte der Abt. VII und der PBen, ebd., Bl. 54-63. Siehe a. Vorwärts v. 24.1.1911, Nr. 20, 3. Beil.

7 Straßendemonstrationen

7.1 Straßendemonstrationen als Straßenpolitik

Im alltäglichen Kleinkrieg um die öffentliche Ordnung und bei „Streikexzessen" spielte die „offizielle", organisierte Politik meist keine oder nur eine indirekte Rolle; zu ihrer Logik gehörten ja gerade die Artikulation und Wahrung von Interessen *außerhalb* der expliziten Politikformen. Zu Straßendemonstrationen hingegen kam es im Untersuchungszeitraum *nur* im Zusammenhang mit Aktionen politischer und gewerkschaftlicher Organisationen. Sie waren insofern von vornherein auf die politischen Institutionen des Kaiserreichs bezogen. Was hatten sie also mit der bisher behandelten „Straßenpolitik" gemeinsam?

Die unmittelbare Durchführung einer Straßendemonstration im hier behandelten Zeitraum beruhte häufiger auf den mehr oder weniger spontanen Entscheidungen ihrer Teilnehmer als auf exakten Vereinbarungen über Zeitpunkt und Route durch etwaige Veranstalter. *Daß* diese Teilnehmer und Teilnehmerinnen sich zuvor auf der Straße angesammelt hatten, war allerdings immer das Ergebnis eines öffentlichen Aufrufs, dem sie durch ihr Erscheinen Folge geleistet hatten. In der überwiegenden Zahl der Fälle schufen die Saalveranstaltungen der Sozialdemokratie die Möglichkeit zur Straßendemonstration. Es handelte sich also um langfristig geplante Ansammlungen von Menschen, die von vornherein ein bestimmter politischer Zweck und eine bestimmte politische Gesinnung verbanden, die sich damit im Gegensatz zu den anderen straßenpolitischen Ereignissen aus einer fest umrissenen Gesamtheit von Mitgliedern politischer und gewerkschaftlicher Organisationen rekrutierten.[1] „Si l'on s'en tient aux discours des organisateurs [...], une manifestation [...] commence par un manifeste", formuliert der Politikwissenschaftler Michel Offerlé, der sich eingehend mit den Demonstrationen der französischen Sozialisten während der dritten Republik beschäftigt hat.[2] Das „Gelingen" einer Demonstration definiert er als die Realisierung eines von den Organisatoren reklamierten Anspruchs, im Namen der von ihnen zur Demonstration Aufgerufenen Forderungen öffentlich zu artikulieren („manifeste"), ein Anspruch, dessen Glaubwürdigkeit sich in jedem Fall in der konkreten „manifestation", also in der Teilnahme oder Nichtteilnahme der Aufgerufenen erweisen muß.[3]

Im Rahmen der offiziellen Formen der Artikulation und Repräsentation politischer Interessen im wilhelminischen Obrigkeitsstaat war eine solche „manifestation" eine *direkte Aktion der politischen Repräsentation*: Straßendemonstrationen hoben

---

1 Dementsprechend wurde der Erfolg von sozialdemokratischen Versammlungen von der Polizei auch immer am Verhältnis Versammlungsbesucher/örtliche Mitgliederzahl abgelesen. Die gezielte Mobilisierung von Nichtmitgliedern stellte eher die Ausnahme dar.
2 Offerlé (1990), S. 114.
3 Siehe ebd., S. 112-116.

gezielt die Grenzen der herkömmlichen Versammlung mit ihrer Beschränkung auf die von einzelnen gesprochenen Worte und ihrer Orientierung an der parlamentarischen Geschäftsordnung auf, zugleich „demonstrierten" sie die unzureichende Repräsentation der Teilnehmer in den bestehenden Parlamenten, um deren Abschaffung zugunsten einer erweiterten, „wahren" Volksvertretung zu fordern. Das „Direkte" dieser Aktionen bestand also nicht in der unmittelbaren Wahrung konkreter Interessen, sondern in Handlungsformen, die dem gegebenen Modus der indirekten und als vollkommen unzureichend empfundenen Repräsentation ein *Symbol* der Alternative, der politischen Gleichberechtigung aller Staatsbürger und Staatsbürgerinnen, entgegensetzten. Für die Demonstranten bot sich dabei zugleich die Möglichkeit, kollektive Identitäten und Bedeutungen für sie selbst wie für Außenstehende sinnlich erfahrbar zu machen und darzustellen. Es ging nicht nur darum, *daß* auf der Straße demonstriert wurde, sondern auch darum, *wie.* Der „Zweck" von Straßendemonstrationen ging über ihren taktischen Einsatz zum Erreichen politischer Ziele hinaus: Sie waren Akte der Sinngebung, produzierten kulturelle Bedeutungen, waren auch Selbstzweck. Sie standen damit zugleich in der Traditionslinie des kulturellen Gegensatzes zwischen der verbalen Argumentation der Eliten-Politik und der physisch-symbolischen Argumentation popularer Politik, der in Deutschland erstmals während der 1848er-Revolution zur vollen Blüte gelangt war.[4]

Mit dem *expliziten Symbolismus* der Straßendemonstrationen ist ein weiterer prinzipieller Unterschied zu den anderen Bereichen von Straßenpolitik verbunden: ihre ebenso explizite Ausdeutung und Interpretation in den Medien, Parteiversammlungen und Amtsstuben. „Unpolitische" Aktionen im alltäglichen Kleinkrieg oder im Zusammenhang mit Arbeitskämpfen wurden fast ausschließlich im juristischen Diskurs abgehandelt und „verstanden", und nur in Extremfällen wie den Moabiter Unruhen kam es dabei zu einer regelrechten Konkurrenz von Interpretationen und Bewertungen, die aber von den Straßenakteuren selbst nicht intendiert war. Die Demonstration auf der Straße hingegen sollte von vornherein auch zu einer „manifestation de papier"[5] führen: Sie zielte nicht nur auf den sinnlichen Eindruck, den sie bei den Teilnehmern und Zuschauern hinterließ, sondern gerade auch auf ihre diskursive Verdopplung in den Kommentaren der gegnerischen wie eigenen Presse. Wie bei einer Theaterpremiere gehörten zu jeder Straßendemonstration erwartungsvolle bis skeptische Vorausberichte und enthusiastische bis vernichtende „Kritiken". Auch im internen Schriftverkehr der Polizei und − soweit aus deren Spitzelberichten erkenntlich − in den internen Beratungen der Veranstalter finden wir diese „Demonstration auf dem Papier": Stimmungsberichte, Direktiven und Einschätzungen im Voraus, Manöverkritik und Bilanzierung des Erreichten oder Verhinderten im Nachhinein begleiteten fast jede Straßendemonstration. Das Gelingen einer Demonstration im hier umrissenen Sinne einer „manifestation" fand in dieser politischen Öffentlichkeit mit ihren konkurrierenden Interpretationen statt, unabhängig davon, ob die vorgetragenen Forderungen sofort, in naher oder späterer Zukunft oder gar nicht durchgesetzt wurden.

---

4 Siehe Gailus (1990), S. 37 f. u. passim, Kaschuba (1991).
5 Siehe Offerlé (1990), S. 117-121.

Diese Existenz der Demonstrationen sowohl „auf der Straße" wie „auf dem Papier" entsprang deren unmittelbarer Verknüpfung mit den politischen Strategien und Zielsetzungen ihrer Urheber und deren Gegenspieler, der Obrigkeit. Auf der Urheber-Seite gilt es dabei zu differenzieren: Was die Basis der Sozialdemokratie und ihre Leitung mit Straßendemonstrationen bezweckten, mußte nicht notwendig identisch sein. Das Oszillieren zwischen einübender proto-revolutionärer Straßenbesetzung und Ventilfunktion für frustrierte Hoffnungen auf politische Erfolge bildete das straßenpolitische Pendant zum Hin und Her der Positionen in der die ganze Sozialdemokratie erfassenden Massenstreikdebatte.[6] Auf der anderen Seite stellte das 1908 in Kraft getretene Reichsvereinsgesetz (RVG), dem nach und nach die Rechtsprechung der Oberverwaltungsgerichte folgte[7], das Berliner Polizeipräsidium vor das Problem einer Anpassung der traditionellen, gegen jegliche nichtgenehmigte Menschenansammlung gerichtete Straßenaufsicht an die neue Rechtslage, ohne dabei den exekutiven Sicherheitsvorbehalt gegen derartige Ausflüsse von Rechtsstaatlichkeit aufgeben zu müssen. Die „ordentliche", d. h. legale und moderne Straßendemonstration eindeutig vom potentiell umstürzlerischen Tumult und Aufruhr zu unterscheiden, war für die preußische Obrigkeit gerade angesichts des in seinen politischen und sozialen Konsequenzen in der Tat revolutionären Forderungskatalogs der Demonstranten — schließlich ging es um nichts geringeres als die Durchsetzung der parlamentarischen Demokratie — ein schwieriger Lernschritt. Die „Revolutionsfurcht" der sich in ihrer sozialen und herrschaftlichen Existenz bedroht fühlenden Trägerschichten des preußischen Staats verknüpfte die gewaltfreie, rein symbolisch wirkende Straßendemonstration gegen den erklärten Willen ihrer Urheber, quasi „hinter ihrem Rücken", mit der Vorstellung vom traditionellen Volkstumult, der bis dahin jede Revolution begleitet hatte.

Als Bestandteil politischer Strategien innenpolitischer Gegner unterscheiden sich Straßendemonstrationen schließlich noch in einem weiteren Punkt von den übrigen straßenpolitischen Ereignissen in dieser Untersuchung: Sie waren Teil von Handlungszusammenhängen auf *gesamtstaatlicher* Ebene. Demgegenüber blieben die „Streikexzesse" und alltäglichen Aktionen des Kleinkriegs zwischen Polizei und Publikum Interaktionen von lokaler Tragweite, auch wenn sie natürlich durch die die gesamte Gesellschaft durchziehenden Antagonismen mitverursacht waren. Jede der

---

6 Deren wichtigste theoretischen Beiträge siehe Grunenberg (1970). Zum Zusammenhang von Massenstreikdebatte und Politik der Parteiführung am Vorabend des Ersten Weltkrieg siehe nach wie vor am umfassendsten Groh (1973).

7 Siehe Fesser (1987). — Das 1908 in Kraft getretene Reichs-Vereinsgesetz brachte folgende Neuerungen: Es erlaubte die Beteiligung von Frauen an politischen Vereinen und Versammlungen, verbot sie aber Jugendlichen unter 18 Jahren. Politische Versammlungen *im Saal* mußten lediglich öffentlich bzw. der Polizeibehörde angekündigt, aber nicht polizeilich genehmigt werden. Versammlungen *unter freiem Himmel* ebenso wie öffentliche *Umzüge* bedurften hingegen der polizeilichen Genehmigung, die nur aus sicherheitspolizeilichen, *nicht aber aus politischen Gründen* versagt werden konnte. Bei nichtgenehmigten Umzügen oder Versammlungen unter freiem Himmel waren *nur* deren Leiter und Veranstalter nach dem RVG strafbar, die übrigen Teilnehmer unbeschadet der Strafbarkeit einschlägiger Delikte nach StGB hingegen nicht. Besonders umstritten bei der parlamentarischen Beratung des RVG war das für die Problematik der Straßendemonstrationen weitgehend nebensächliche Verbot der Verwendung von Fremdsprachen in öffentlichen Versammlungen, ein Fall seiner Anwendung siehe u. S. 353. S. Loening (1911), S. 165-168, vgl. a. Ludwig-Uhland-Institut (1986), S. 23.

im folgenden für Berlin beschriebenen Demonstrationswellen war Teil der von der Sozialdemokratie weitgehend zentralistisch gesteuerten Straßenpolitik. Ihre umfassende Analyse bedürfte also einer Erhebung aller Demonstrationen in Preußen bzw. im Deutschen Reich, eine Anforderung, die mit den Möglichkeiten und Zielsetzungen dieser Untersuchung nicht vereinbar ist. Doch selbst da, wo dies ansatzweise versucht wurde[8], schlägt der „Hauptstadteffekt" durch: Unbeschadet der reichsweiten Demonstrationen im Wahlrechtskampf 1908 bis 1910 konzentriert sich die Überlieferung und damit das verarbeitete Quellenmaterial vor allem auf die Berliner Ereignisse, da sie den nationalen Entscheidungsinstanzen *beider* Seiten sowohl räumlich wie institutionell am nächsten standen. Gerade dank der unmittelbaren Mitwirkung sowohl des Parteivorstandes wie des preußischen Innenministers an der Vor- und Nachbereitung aller in der Hauptstadt durchgeführten Straßendemonstrationen erlaubt eine detaillierte Untersuchung des Berliner „Falls" also durchaus auch allgemeinere Aussagen über die „nationalen" Straßenpolitiken dieser Zentralinstanzen, denen die Ergebnisse anderer regionalhistorischer Untersuchungen gegenüberzustellen wären.[9]

Die bei der Durchsicht der Vossischen Zeitung, des Vorwärts und der Polizeiakten gefundenen Straßendemonstrationen[10] lassen sich den Anlässen nach in drei klar

---

8 Siehe ebd. (1986), insbesondere S. 24-26 drei Karten des Deutschen Reichs, in denen sämtliche in der sozialdemokratischen Presse für die Monate Januar/Februar, März und April 1910 gemeldeten Demonstrationen und Kundgebungen in Größenklassen eingeteilt eingetragen sind. Die für das Deutsche Reich ermittelte Konzentration auf die „Hauptdemonstrationstage" 13.2., 6.3. und 10.4.1910 trifft auch auf Berlin zu.

9 Zu Braunschweig und Hannover siehe die Studie von Boll (1981), der sich allerdings stärker auf die Zeit nach 1914 konzentriert. Die von ihm zusammengestellte Tabelle „Wahlrechtskämpfe in Braunschweig und Hannover 1906-1914", ebd. S. 134-138, weist dieselben Verdichtungszeiten auf wie in Berlin: 1906, 1908 und 1910, während 1911 bis 1913 wenig demonstriert wurde.

10 Im Unterschied zum „Kleinkrieg" und den „Streikexzessen" basiert die Untersuchung der Straßendemonstrationen nicht auf einer ausschließlich anhand ihrer Erwähnung in der Vossischen Zeitung gebildeten Fallsammlung. Die dichte Quellenlage bei der Polizeibehörde und die Überlieferung in der Sekundärliteratur − Lange (1967), Bezirksleitung Berlin der SED (1987) − boten hinreichende Anhaltspunkte, um die dem Umfang und der politischen Bedeutung nach relevanten Straßendemonstrationen zusammenzustellen und anhand der Vorwärts-Berichte ausführlicher zu untersuchen. Zugleich steht einer exakten Falldefinition und Zählweise die Tatsache entgegen, daß es aufgrund der Gleichzeitigkeit von mehreren Saalveranstaltungen im Anschluß an diese oftmals zu mehreren an verschiedenen Punkten gleichzeitig entstehenden, sich vereinigenden und wieder trennenden Umzügen kam, hingegen die einheitliche zentrale Kundgebung oder Straßendemonstration ein seltener Ausnahmefall blieb. In der Untersuchung berücksichtigt wurden daher alle Versammlungsaktionen in Sälen, bei denen es vor oder nach mindestens einer der Versammlungen zu einer Straßendemonstration kam; unberücksichtigt blieben jene Versammlungen, bei denen keine der beteiligten Seiten derartiges berichtete. Dessen ungeachtet ist natürlich auch hier davon auszugehen, daß es − vor allem in den Vororten − eine unbekannte Anzahl kleiner, kaum auffälliger Straßendemonstrationen gab, die nur durch einige Einzelfälle in der Fallsammlung repräsentiert sind. − Ferner wurde auf eine Auswertung der *parteiinternen* Überlieferung (Protokolle, Briefwechsel in Nachlässen einzelner Akteure) verzichtet: Aus der parteigeschichtlichen Forschung, z.B. Groh (1973), die die parteiinternen Strategiedebatten auf der Führungsebene bereits zur Genüge aufgearbeitet hat, geht zugleich hervor, daß diese gegenüber den konkreten Aktionen und deren Vorbereitung und Durchführung vor Ort vergleichsweise abstrakt und abgehoben blieben. Untersuchungen zu den Determinanten sozialdemokratischer Strategien anhand parteiinterner Quellen auf *lokaler* Ebene sind hingegen wie z.B. Saldern (1984) auf Zufallsfunde − in diesem Fall ein Ortsvereins-Protokollbuch − angewiesen. In meiner Untersuchung haben sich die *Spitzelberichte* der Politischen Polizei, die auch das parteiinterne Geschehen auf der untersten organisatorischen Ebene, den Bezirken

voneinander abgrenzbare Gruppen einteilen: 1. Totengedenken als Straßenpolitik, 2. Ausflüge, 3. politische Versammlungen. Friedhofsbesuche, Leichenbegängnisse und Ausflüge als in den unpolitischen Alltag integrierte Handlungsformen bildeten traditionell Ansatzpunkte zur respektierten, geduldeten oder weitgehend unauffälligen politischen Selbstdarstellung. Die politische Demonstration im heutigen Sinne hingegen entwickelte sich in erster Linie aus den sich durch den letztgenannten Anlaß ergebenden Ansammlungen Gleichgesinnter auf der Straße. Auf diese Handlungsform konzentrierte sich der Kampf um das „Recht auf die Straße", aus dem noch vor dem Ersten Weltkrieg das „Kulturmuster 'friedliche Straßendemonstration'"[11] hervorgehen sollte.

7.2 Grundformen der Straßendemonstration

7.2.1 Totengedenken als Straßenpolitik

Das öffentliche, als solches von Dritten ohne weiteres wahrnehmbare Gedenken an Verstorbene stellte eine der wenigen kollektiven Straßennutzungen dar, deren Gebrauch im Kaiserreich „demokratisiert" war. Der große Gleichmacher unterstellte beide Seiten, die Untertanen *und* ihre Obrigkeit, einer „höheren", den Vorrang der alltäglichen öffentlichen Ordnung relativierenden „Ordnung": der Trauer. Ihren Ritualen und Äußerungsformen mußte die Polizei einen minimalen Raum geben, zugleich band sie um der „Würde" des Gedenkens willen die Energien der Trauernden an diese Rituale und verhinderte so in der Regel die Grenzüberschreitung zur öffentlichen Un-Ordnung.[12]

Gerade diese offenkundige und nicht zu hinterfragende Sonderstellung im Rahmen der öffentlichen Ordnung erlaubte die Nutzung des Totengedenkens für den Zweck der politischen Selbstdarstellung. Das galt sowohl für ein sich jährlich wiederholendes Gedenken wie den Besuch der Gräber der Märzgefallenen am Friedrichshain als auch und besonders für die Begräbniszüge bekannter wie unbekannter Genossen.[13]

Zur Zeit der Jahrhundertwende hatte die „*Märzfeier*" bereits eine wechselvolle Geschichte hinter sich. Ursprünglich nur Gedenktag für die am 18. März 1848 auf den Berliner Barrikaden gefallenen Opfer des Militäreinsatzes, erweiterte ihn die junge Sozialdemokratie 1871 anläßlich des Gründungstages der Pariser Commune zum „Doppel-Gedenktag" eindeutig sozialistischer Prägung. Neben Saalveranstaltungen

---

und Abteilungen der Berliner Wahlkreisvereine, genau verfolgten, als die dichteste Quelle für das Verhältnis der sozialdemokratischen Basis zur Straßenpolitik der Parteiführung erwiesen.

11 So der Untertitel des Ausstellungskatalogs „Als die Deutschen demonstrieren lernten", Ludwig-Uhland-Institut (1986).

12 Siehe a. ebd. S. 175, Lüdtke (1991), S. 130 f., 140 f.

13 Auch die Begräbnisse liberaler Persönlichkeiten stellten zugleich Selbstdarstellungen des bürgerlich-liberalen und damit in Opposition zur konservativen Zentralgewalt in Preußen stehenden Berlin dar. Siehe z. B. Vossische Zeitung v. 9.9.1902, Nr. 422 (Rudolf Virchow), v. 5.11.1903, Nr., 520 (Theodor Mommsen), v. 13.3.1906, Nr. 121 (Eugen Richter), v. 26.6.1909, Nr. 294 (Paul Langerhans, langjähriger Reichstagsabgeordneter und Vorsteher der Stadtverordnetenversammlung).

mit Ansprachen und Kulturprogramm bildete der *Besuch der Gräber am Friedrichshain* den eigentlichen Kern dieses Gedenkens: Tausende defilierten Jahr für Jahr an den Gräbern vorbei, legten von Arbeitervereinen, Gewerkschaftsgruppen, Belegschaften oder auch Privatpersonen gespendete Kränze nieder, auf deren Kranzschleifen sich die „politischen" Lyriker deutscher Zunge ohne Ansehen von Rang und Namen ein Stelldichein gaben. Ebenso gleichförmig griff Jahr für Jahr die Polizei ein und zensierte vor Betreten des Friedhofs allzu „gewagte" Gedenksprüche durch Abschneiden mit der Schere. All dies spielte sich im Normalfall in einer gespannt-ruhigen Atmosphäre des wechselseitigen Respekts ab: Weder wollten die Polizisten den Besuch der Gräber als solchen verhindern noch die Besucher sich mit der Polizei auf irgendwelche störenden Händel einlassen.

Die Teilnahme an diesem Ritual und seine Anfälligkeit für ernstere Zusammenstöße zwischen der Polizei und den Friedhofsbesuchern war in starkem Maße vom Wochentag und von politischen und indirekt auch ökonomischen Konjunkturen abhängig. Während des Sozialistengesetzes ging der Besuch stark zurück, um nach seiner Aufhebung wieder zu „imposanten Kundgebung[en]" anzuwachsen.[14] Im Krisenjahr 1892 beteiligten sich Tausende von Arbeitslosen am Friedhofsbesuch. Die Stimmung gegenüber der Polizei war durch einen harten Polizeieinsatz gegen demonstrierende Arbeiter in Köpenick im Januar äußerst gereizt, es kam zu gewalttätigen Auseinandersetzungen mit Festnahmen und Verletzten auf beiden Seiten.[15]

Zu dieser Zeit, Anfang der neunziger Jahre, war der proletarisch-internationale Aspekt dieser stummen Demonstrationen deutlich hinter den demokratisch-nationalen zurückgetreten. Die Märzfeier diente der Sozialdemokratie dazu, sich angesichts der geringen Bedeutung der bürgerlichen Demokraten als legitime und einzige Erbin des 48er-Vermächtnisses darzustellen.[16] Dennoch schien laut Berichten des Vorwärts[17] und der Beobachter der Politischen Polizei[18] die Teilnahme an diesem vergangenheitsorientierten Heldengedenktag nach der Jahrhundertwende immer mehr zurückzugehen.

Das änderte sich wieder mit dem Wahlrechtskampf ab 1906. Zwar befolgten die 15.500 von der Polizei gezählten Besucher die zuvor parteiintern ergangenen Aufforderungen, nicht in geschlossenen Zügen anzumarschieren, und auch sonst wurden keine weiteren Zwischenfälle gemeldet. Aber allein die Spitzelberichte im Vorfeld ab Anfang 1906, die sich mit Berichten über die parteiinterne Massenstreikdebatte und der Auswertung des „Roten Sonntags" am 21. Januar[19] überkreuzten und vermischten, zeigen, daß die gestiegene Aktionsbereitschaft der Parteibasis die Funktionäre der Partei wie die Beobachter der Politischen Polizei gleichermaßen beschäftigte.[20]

---

14 Siehe Lüdtke (1991), S. 135.
15 Bernstein (1910), S. 192; siehe ebd. auch allgemein zur Märzfeier in Berlin vor der Jahrhundertwende S. 190-193.
16 Ebd. Linksliberale Organisationen nahmen als Minderheit allerdings auch immer am Besuch der Gräber teil.
17 Bouvier (1988), S. 339-343.
18 Siehe z. B. den Bericht Abt. VII v. 19.3.1905, BLHA, Rep. 30, Tit. 94, Nr. 9799, Bl. 108; zur Entwicklung der Friedhofsbesuche seit 1900 siehe ebd., Bl. 1-108.
19 Siehe u. Kap. 7.4.1.
20 Siehe BLHA, Rep. 30, Tit. 94, Nr. 9799, Bl. 186-406.

Im nachhinein wurde laut einem Spitzelbericht dieser unspektakuläre Verlauf partei-intern als „elendes Fiasko" bewertet.[21]

Insbesondere die Märzfeiern 1908 und 1910 waren durch die straßenpolitische Hochkonjunktur des Wahlrechtskampfes geprägt. 1908 kamen Friedhofsbesucher in Gruppen anmarschiert, wobei dem berichterstattenden Kriminalwachtmeister besonders der von Ottilie Baader und Rosa Luxemburg angeführte Zug von 100 Frauen auffiel.[22] Den ganzen Tag über löste die Polizei vor dem Friedhofseingang an der Landsberger Allee kleine anmarschierende Trupps auf, die zunächst als „ruhig" beschrieben wurden. Um die Mittagszeit verstärkte sich der Andrang v. a. durch Arbeiter während der Arbeitspause. Nachmittags sammelte sich eine aus „jugendlichen Personen zusammengesetzte johlende Menge" an, und schließlich kamen noch „feste Züge" von Versammlungsteilnehmern aus der nahegelegenen Brauerei Friedrichshain.[23] Die Ansammlungen wuchsen an, als um 18 Uhr der Friedhof geschlossen wurde, es wurde „Nieder mit Bülow!" und „Hoch das allgemeine Wahlrecht!" gerufen, und die Polizei begann mit der Räumung der Landsberger Allee.[24] Im nächsten Jahr verstärkten Arbeitslose und das schöne Wetter die Reihen der Friedhofsbesucher, aber „die Stimmung der Leute war eine weniger gereizte, als in den früheren Jahren".[25] Am Abend des 18. März 1910, also keine zwei Wochen nach dem Wahlrechtsspaziergang im Tiergarten[26], kam es nach Schließung des Friedhofes zu Zusammenstößen. Tagsüber war es trotz großen Andrangs ruhig zugegangen, am Abend hingegen wurden abrückende berittene Schutzmänner v. a. von jungen Männern („Janhagel", „Pöbel") umringt und beschimpft. Das Lied von „Jagows wilder verwegener Jagd"[27] wurde gesungen, und die Polizei brauchte mehrere Stunden, um den Landsberger Platz zu räumen.[28]

Derartige Tumulte *am Rande* des Besuchs des Friedhofs im Friedrichshain dürfen aber nicht über den ruhigen, „würdevollen" Charakter dieser Variante einer politischen Demonstration hinwegtäuschen. Sie war mit ihrer stereotypen Berichterstattung in den Zeitungen fester Bestandteil des politischen Kalenders. Jahr für Jahr beschrieben die Tageszeitungen die Aufstellung der Wartenden am Friedhofseingang, die politische Devotionalien feilbietenden Straßenhändler, die immer größer werdenden Kränze (bis zu drei Meter Durchmesser!) mit roten, schwarzen oder schwarz-rot-goldenen Schleifen und den Einsatz der polizeilichen Zensurschere gegen allzu „aufreizende" Kranzwidmungen. Diese Routine bezeugt eine Tradition der oppositionell-politischen Straßennutzung — die Ordnungsmaßnahmen der beaufsichtigenden Poli-

21 Spitzelbericht v. 12.4.1906, ebd., Bl. 406.
22 Bericht der Abt. VII v. 18.3.1908, BLHA, Rep. 30, Tit. 94, Nr. 9800, Bl. 110.
23 Bericht der Abt. VII v. 19.3.1908, ebd., Bl. 132, 132v.
24 Vossische Zeitung v. 6.9.1908, Nr. 419, 13. Beil.
25 Bericht der 8. HM v. 18.3.1909, BLHA, Rep. 30, Tit. 94, Nr. 9800, Bl. 262.
26 Siehe u. S. 326.
27 Eine Zeugin im Strafkammerprozeß zu den Moabiter Unruhen berichtete unter anderem über einen Scheiterhaufen in der Rostockerstraße in der Nacht des 27. September 1910: „Als dieser angezündet worden war, tanzten die Leute zu der Melodie: 'Das ist Jagows wilde verwegene Jagd' um das Feuer herum einen Reigen." Vossische Zeitung v. 20.12.1910, Nr. 596.
28 Bericht der 8. HM v. 18.3.1910, BLHA, Rep. 30, Tit. 94, Nr. 9800, Bl. 35-36, Abt. VII v. 19.3.1910, ebd., Bl. 39-40.

zei fanden am *Eingang* zum Friedhof statt –, in der das *Zusammenspiel* zwischen staatlichen Ordnungskräften und Demonstrierenden bereits seit langem etabliert war.

Schon lange vor dem preußischen „Wahlrechtssturm" der Jahre 1908 bis 1910 bot das *Leichenbegängnis* verstorbener Parteimitglieder eine legitime Möglichkeit der Straßendemonstration im Stadtgebiet. Im Unterschied zu den späteren polizeilich genehmigten Kundgebungen unter freiem Himmel war der Weg, den die Trauergemeinde zur „Demonstration" ihrer politischen Zusammengehörigkeit nehmen konnte, durch die beiden Endpunkte vorgegeben: Er führte vom „Trauerhaus", in dem der zu Beerdigende verstorben bzw. aufgebart war, als Start- zum Friedhof als Zielpunkt. Der demonstrative Charakter dieser Begräbniszüge gehörte zu den frühen von der Sozialdemokratie „erfundenen Traditionen"[29] öffentlicher Selbstdarstellung. Bereits in der Zeit innenpolitischer Spannungen vor dem Sozialistengesetz wurden sie binnen kurzem von der „unwillkürlich" beeindruckenden Trauergemeinde zur absichtsvollen Darstellung der Geschlossenheit und Größe des eigenen Lagers entwickelt.[30] Mit dem Anwachsen der Sozialdemokratie zur Massenbewegung wurde sie zum festen Bestandteil der Berliner Straßenöffentlichkeit, so daß ihre obrigkeitliche „Anerkennung" in Form einer eigenen Dienstvorschrift für die Schutzmannschaft im Jahre 1901 nicht ausbleiben konnte. Schon deren Titel „Sozialdemokratische Demonstrationen (Leichenbegängnisse)" verrät ihre einzigartige Stellung als einerseits offensichtliche und andererseits in Grenzen zu duldende politische Straßennutzung. Für den beaufsichtigenden Beamten waren darin weitreichende Ermessensspielräume vorgesehen: Er hatte an Ort und Stelle zu entscheiden, ob „das Tragen von Kränzen mit *roten Schleifen* in einem Leichenzuge eine *unzulässige* sozialdemokratische *Demonstration* darstellt". Dies hänge davon ab, „ob dadurch eine Störung der öffentlichen Ruhe und Ordnung mit ausreichender Wahrscheinlichkeit zu befürchten ist." Anhaltspunkte dafür waren die „Zahl der Teilnehmer", die „Zahl und Größe der Kränze und Schleifen", ferner, „ob die Art, wie die Kränze und die an ihnen befindlichen Schleifen getragen werden, die demonstrative Absicht klar erkennen läßt, ob die Aufmerksamkeit des Publikums durch den Leichenzug in bemerkenwerter Weise in Anspruch genommen wird und dergl. [...] Kleine Züge, die unbeachtet ihren Weg nehmen, werden daher unbehelligt zu sein lassen, selbst wenn sie einen Kranz mit roter Schleife mitführen." Für den Fall, daß doch eingeschritten werden mußte, wurde den Schutzmännern auferlegt, dies zur „Verhinderung demonstrativer Ausschreitungen" unauffällig zu tun: Also möglichst gleich bei Bildung des Zuges am Trauerhause bzw. „dort, wo diese Abzeichen in den Zug eingefügt werden"; außerdem sollte es in „den unbedeutenderen Fällen [...] unter Umständen genügen", etwaige Sistierungen zwecks Anzeige wegen Verstoßes gegen den Grober-Unfug-Paragraphen erst nach Beendigung des Leichenbegängisses vorzunehmen.[31]

Das Spektrum sozialdemokratischer Begräbniszüge reichte von den vielen kleinen,

---

29 Zum Begriff der „invention of tradition" in Abgrenzung zu „customs" (Brauchtum) siehe Hobsbawm (1983).
30 Siehe Lüdtke (1991), S. 122-126 anhand zweier von Bernstein beschriebenen Begräbniszüge im Jahre 1878. – Vgl. auch Bernards (1991) Abhandlung über die „Bestattungsliturgie der französischen Kommunisten".
31 Polizei-Präsidium (1902), S. 871.

von dieser Dienstvorschrift betroffenen und unspektakulären Leichenbegängnissen bis zur Demonstration Zigtausender, zu der erstmals der Tod Wilhelm Liebknechts im Jahre 1900 Anlaß gab und die als „ungewöhnliches Leichenbegängnis" unter die polizeiliche Genehmigungspflicht für Aufzüge fiel. Welche Eskalationen am Rande von „gewöhnlichen" Begräbniszügen im Sinne der zitierten Dienstvorschrift zu vermeiden waren, zeigen zwei Fälle aus Lichtenberg, einem Berliner Arbeiter-Vorort, in dem der Berliner Zentralfriedhof lag.

Am 29. Dezember 1901 forderte der Fußgendarm Richnow den Kranzträger in einem aus Berlin kommenden Leichenzug auf, die rote Schleife zu entfernen. Als dieser sich weigerte, enfernte er sie selbst mit Gewalt. Seinem Bericht zufolge schrien daraufhin Teilnehmer des Leichenzuges in „drohender Haltung", er hätte „im geschlossenen Zuge nichts zu suchen".[32] In einem anderen Fall blieb es nicht bei der drohenden Haltung. Der Aufforderung des berittenen Gendarmen Dähn, die roten Schleifen zu entfernen, widersetzten sich die Teilnehmer eines Leichenzuges am 2. Oktober 1902 mit der Begründung, daß er „kein Recht dazu hätte". Nach einem handgreiflichen Gerangel um die Schleifen wurde er von einem der Teilnehmer geschlagen und von den übrigen umzingelt, woraufhin er sich mit dem Säbel wieder den Weg freimachte.[33] In beiden Fällen rechtfertigten die Gendarmen in ihren Berichten ihr Eingreifen damit, daß Außenstehende an den Kranzschleifen „Ärgernis genommen" hätten. Ob es sich um eine zulässige oder unzulässige „Demonstration" gehandelt hatte oder nicht, wurde zum Teil in den sich anschließenden Gerichtsverfahren überprüft. Im letzteren Fall genügte eine Verurteilung wegen Widerstandes und Körperverletzung zunächst zu 30 Mk Geldstrafe, nach Berufung durch den Staatsanwalt zu einem Monat Haft.[34] Im Fall des vom Fußgendarmen Richnow wegen Übertretung des Vereinsgesetzes und groben Unfugs angezeigten Kranzträgers hingegen mußte das angerufene Schöffengericht die Ermessensentscheidung des Gendarmen überprüfen und kam zu einem gegenteiligen Ergebnis, da es allein in der Tatsache der Kundgebung einer sozialdemokratischen Gesinnung noch keinen „groben Unfug" und in einem Leichenzug, in dem ein Kranz mit roter Schleife mitgeführt wird, auch kein „ungewöhnliches Leichenbegängnis" im Sinne des Versammlungsgesetzes zu erkennen vermochte.[35]

Diesen legalen Spielraum der öffentlichen Demonstration politischer Haltungen konnte die Berliner Sozialdemokratie zu einmalig großen Umzügen ihrer Anhänger nutzen, wenn es galt, prominenten Führern das letzte Geleit zu geben. Am 12. August 1900 folgten ca. 100.000 Personen dem Sarg Wilhelm Liebknechts auf seinem fünfstündigen, fünfzehn Kilometer langen Weg von der Charlottenburger Kantstraße zum Städtischen Friedhof in Friedrichsfelde bei Lichtenberg.[36] Sie demonstrierten

32 Bericht des Fußgendarmen Richnow an das Amt zu Lichtenberg v. 30.12.1901 (Abschrift), BLHA, Rep. 30, Tit. 94, Nr. 9531/1, Bl. 82, 82v.
33 Bericht des berittenen Gendarmen Dähn an den Ersten Staatsawalt v. 2.10.1901 (Abschrift), ebd., Bl. 125.
34 Siehe Urteil des Königlichen Schöffengerichts Berlin II vom 8.4.1902 (Abschrift), ebd. Bl. 132-134, der Berufungsinstanz, ebd., Bl. 134v-136.
35 Urteil des königlichen Schöffengerichts II in Berlin v. 15.5.1902 (Abschrift), GStA, Rep. 77, Tit. 500, Nr. 40, Bd. 2, Bl. 17-19.
36 Auf eine umfassende Beschreibung wird wie im Fall der Begräbnisse von Ignaz Auer am 14. April

damit nicht nur den Masseneinfluß der Sozialdemokratie in Berlin, sondern zugleich – und dies zog in besonderem Maße die Aufmerksamkeit bürgerlicher Kommentatoren auf sich – deren Ordnungskompetenz. Laut Vorwärts wurde entsprechend den Absprachen mit der Polizei auf das Mitführen von Kränzen ganz verzichtet, lediglich auf drei großen Tafelwagen „konnten sich die rothen mächtigen Schleifen [...] unbeanstandet sehen lassen". Die Gliederung des Zuges bildete den politisch-sozialen Kosmos der Sozialdemokratie ab. Er wurde angeführt von den dem Sarg vorausschreitenden Genossen des 6. Berliner Wahlkreises, den Liebknecht im Reichstag vertreten hatte, und einem Musikcorps. Nach dem Leichenwagen und den Familienangehörigen folgten: „1. Parteileitung. Reichstags- und Landtagsabgeordnete. 2. Redaktion und Expedition des 'Vorwärts'. 3. Stadtverordnete. 4. Vertrauensleute, Gewerkschaftskommission und -Kartell. 5. Auswärtige Delegierte. 6. Musik. 7. Genossen des V. und IV. und des Wahlkreises Teltow-Beeskow-Charlottenburg. 8. Musik. 9. Genossen des III., II., I. und des Wahlkreises Niederbarnim. 10. Musik. 11. Gewerkschaften."[37]

Die Ordnung des Zuges wurde von 1.000 durch eine rote Armbinde gekennzeichnete Ordner der Partei gewährleistet: Sie hielten den Weg frei und wiesen den in den Seitenstraßen der Kantstraße wartenden Partei-Gliederungen ihren Platz im Zug zu. Ohne Zwischenfälle erreichte dieser den Friedhof; laut Schätzungen des Vorwärts nahmen daran neben den einhunderttausend im Zug noch weitere fünfhunderttausend Personen als Zuschauer am Straßenrand anteil.[38]

Auch bei Begräbnissen mittlerer Größenordnung funktionierte diese Zusammenarbeit zwischen Schutzmännern und Parteiordnern, was der Vorwärts dann zum Lobe der Polizei erwähnte.[39] Beschwerden über die Ordnungstätigkeit durch Parteigenossen bei zwei großen Leichenbegängnissen im Jahre 1911 veranlaßten die Polizei jedoch, sich genauer mit deren Rolle zu befassen.

Der Begräbniszug für Paul Singer, der neben August Bebel seit über zwanzig Jahren gleichberechtigt Parteivorsitzender gewesen war[40], am 5. Februar 1911 dürfte die größte sozialdemokratische Demonstration in Berlin, wenn nicht in Deutschland, vor dem Ersten Weltkrieg gewesen sein. Der Vorwärts schätzte die Zahl der Teilnehmer auf mehrere hunderttausend und zitierte Schätzungen der bürgerlichen Presse, die einschließlich der Zuschauenden von einer Million Anteilnehmender sprachen.[41] Schon in den Tagen zuvor waren Zehntausende im Gebäude des Vorwärts-Verlages, den Singer begründet und jahrelang finanziert hatte, an der aufgebahrten Leiche vor-

---

1907 und von Paul Singer am 5. Februar 1911 an dieser Stelle verzichtet; siehe die Darstellungen bei Bernstein (1910), S. 436; Lange (1972), S. 798 f., Lange (1967), S. 443-446, 456-458; Bezirksleitung Berlin der SED (1987), S. 424, 519.

37 Vorwärts v. 10.8.1900, Nr. 184, 1. Beil.

38 Vorwärts v. 13.8.1900, Extra-Ausgabe; Vossische Zeitung v. 13.8.1900, Nr.375, 2. Beil.

39 Z. B. Vorwärts v. 26.8.1902, Beil. (Begräbnis des Stadtverordneten Metzner), v. 26.6.1906, Nr. 145 (Begräbnis des Genossen Hoch), v. 16.4.1907, 1. Beil. (Begräbnis von Ignaz Auer).

40 Eine seiner Funktion und historischen Wirkung angemessene Biographie dieses durch die Ausstrahlungskraft August Bebels', Wilhelm Liebknechts, Karl Kautskys und anderer bekannter SPD-Politiker seiner Generation in der historischen Überlieferung nahezu „vergessenen" Unternehmers, Verlegers, Kommunalpolitikers, Partei-Organisators und Parlamentariers steht noch aus; vgl. aber eine Skizze in Gemkow (1957), S. 5-68, sowie eine Auswahl seiner Reden und Schriften, ebd., S. 71-162.

41 Vorwärts v. 7.2.1911, Nr. 32, 1. Beil.

überdefiliert. An umfassenden und vorausschauenden Ordnungsmaßnahmen übertraf dieser Trauerzug den für Wilhelm Liebknecht: Nicht nur die Aufstellung der verschiedenen Wahlkreisvereine in den Nebenstraßen der Ritterstraße, wo der Trauerzug begann, auch der Anmarsch zu diesen Aufstellungspunkten erfolgte nach Parteigliederungen von den Zahlstellen her und wurde durch Parteiordner angeleitet. Am Zielort des Zuges bekamen nur die Mitglieder von Kranzdeputationen, die sich durch von der Berliner Parteiorganisation ausgegebene Karten ausweisen konnten, Zutritt zum Friedhof.[42] Allein der Abmarsch des Trauerzuges dauerte fast sechs Stunden; die Züge der beiden Wahlkreisvereine, die zuletzt losmarschiert waren, lösten sich wegen vorgerückter Stunde bereits am Schlesischen Tor, also nach ungefähr einem Drittel der Strecke, wieder auf.

Die Kränze durften diesmal im Zug mitgeführt werden, ebenso rote Fahnen, sofern sie mit schwarzem Trauerflor versehen waren. Zu Konflikten mit der Polizei kam es nicht, eher im Gegenteil: Im Vorwärts wie in der Vossischen Zeitung wurde die gute Zusammenarbeit zwischen den Parteiordnern und den Schutzleuten lobend erwähnt. Dennoch wurde der Zug an einigen Stellen aufgehalten, da der öffentliche Personennahverkehr durchgelassen werden mußte, was vor allem an großen Kreuzungspunkten und auf der schmalen Warschauer Brücke mit Schwierigkeiten verbunden war. Am Morgen der Beerdigung hatten die Organisatoren im Vorwärts die Ordner aufgefordert, in den vom Leichenzug benutzten Straßenzügen den Verkehr zu regeln.[43] In den nachträglichen internen Bewertungen von Polizei wie Partei wurde allerdings durchaus Kritik an dieser Ordnertätigkeit laut. Laut einem Spitzelbericht über einen Zahlabend am 8. Februar im 6. Berliner Wahlkreis beschwerten sich Parteimitglieder über den verzögerten Abmarsch, der einen großen Teil der Genossen an der Teilnahme hinderte. Die Ordner hätten sich gar nicht darum gekümmert, ob der Weg frei sei oder nicht. Der Bezirksführer wies in der sich anschließenden Diskussion auf Genossen hin, die den Anordnungen der Ordner nicht Folge geleistet hatten, und andere wiederum lobten die gute Arbeit der Schutzleute.[44] Der Bericht eines Kriminalwachtmeisters vom Friedhof läßt ähnliche Schwierigkeiten der Ordner mit ihrer Klientel erkennen. Die „Genossen" seien vielfach deren Anordnungen nicht nachgekommen; insbesondere hätten sie die vor der Kapelle befindlichen Rasenflächen betreten, für deren Unversehrtheit die Partei haften mußte. Deshalb kam es immer wieder zu die Ansprachen der Trauerredner störenden Wortwechseln. Auch beim Verlassen des Friedhofs wurden die Anweisungen der Ordner vielfach ignoriert.[45] In einem anderen Bericht wurde die Ordnungstätigkeit gegenüber Außenstehenden kritisiert. In der Frankfurter Allee beobachtete ein Kriminalschutzmann, „wie die Ordner tätlich und in rücksichtsloser Weise gegen ein-

---

42 Vorwärts v. 3.2.1911, Nr. 29, 1. Beil.
43 Vorwärts v. 5.2.1911, Nr. 31, 4. Beil.
44 Spitzelbericht v. 9.2.1911, BLHA, Rep. 30, Tit. 94, Nr. 14154, Bl. 146. – Bereits im Anschluß an die Versammlungen am 21. Januar 1906 war auf einem Zahlabend im 6. Wahlkreis Kritik an der Tätigkeit der Ordner vor den Versammlungslokalen geübt worden. „Die Ordner [...] sollen nicht so scharf ihres Amtes walten, damit die bürgerliche Presse nicht wieder Grund habe, zu schreiben: 'Die rote Polizei sei schärfer wie die blaue Polizei gewesen'." Spitzelbericht v. 16.3.1906, BLHA, Rep. 30, Tit. 94, Nr. 14146, Bl. 111, 111v.
45 Bericht Abt. VII v. 6.2.1911, BLHA, Rep. 30, Tit. 95, Nr. 15802, Bl. 18, 18v.

zelne Personen des schaulustigen Publikums vorgingen. Einzelne Ordner griffen, besonders jugendliche Personen im Alter von etwa 15 bis 20 Jahren, welche sich an den Zug herandrängten, tätlich an und warfen dieselben in rücksichtsloser Weise zur Seite. Sogar auch erwachsene Personen wurden in tätlicher und in ganz unhöflicher Weise von den Ordnern behandelt."[46]

Die konservative Presse versuchte, anhand von Fotos zu belegen, „wie der Verkehr gehindert wurde, und wie wenig die roten Ordner regeln konnten"[47], eine Feststellung, die angesichts dieser Massen höchstwahrscheinlich zutraf, ohne daß dies den Ordnern angelastet werden muß. Das nur zwei Monate später fällige Begräbnis des Landtagsabgeordneten Borgmann, an dem laut Vorwärts 11.000 Genossen teilnahmen, gab dann zu einer prizipiellen Klärung der Ordner-Kompetenzen durch das Polizei-Präsidium Anlaß.

In einem Bericht nahm Kriminal-Wachtmeister Diener von der Politischen Polizei zu einer Pressekontroverse zwischen der rechtskonservativen Post und dem Vorwärts über das Verhalten der Ordner Stellung. Die Ordner hätten gewöhnliche Kirchhofsbesucher als nicht am Trauerzug beteiligte Zuschauer zurückgewiesen. In der Dunkerstraße sei eine Frau, die sich in den Zug einreihen wollte, mit der Aufforderung von Ordnern, dies an einer anderen Stelle des Zuges zu tun, durch einen Stoß ins Genick aus dem Leichenzug entfernt worden. Der Vorwärts würde keineswegs bestreiten, daß „die Polizeigewalt tatsächlich während des Leichenzuges in die Hände der Sozialdemokratie gelegt war", behaupte vielmehr, daß die Ordner bei der Regelung des Straßenverkehrs gelegentlich von Polizeibeamten unterstützt wurden. Vor dem Trauerhaus und den beiden Nachbarhäusern hätten Parteiordner den Fußweg abgesperrt und nur die durch „Einlaßkarten" zum Trauerhaus ausgewiesenen Personen durchgelassen, während die anderen auf den Fahrdamm ausweichen mußten. Im übrigen wurden, ähnlich wie schon beim Singer-Begräbnis beobachtet, Frauen und Kinder, die auf dem Fahrdamm an den Zug herantraten und „bei dem geringen Verkehr für den Leichenzug absolut kein Hindernis bildeten", weggewiesen und auf den Bürgersteig geschoben. „Hauptsächlich wurden Kinder angefaßt und bei Seite geschleudert."[48]

Dieser Bericht veranlaßte die VII. Abteilung, Politische Polizei, zu einem Brief an die X. Abteilung, Verkehrswesen und Straßenpolizei. Die Vorgänge hätten gezeigt, „daß die Ordner sich zum mindesten über die Grenzen ihrer Befugnisse nicht recht klar gewesen sind. [...] Ihre Aufgabe und damit ihr Recht und ihre Pflicht beschränkte sich ausschließlich darauf, die *Zugteilnehmer* und nur diese in Ordnung zu halten, also dafür zu sorgen, daß sie den Anordnungen der Polizei folgten und das erforderliche Tempo, den nötigen Abstand, die gebotene Geschlossenheit und durchweg Ruhe im Gliede hielten. Alles andere ging die Ordner nichts an, sondern war einzig und allein Aufgabe der Polizei." Darüber hinausgehend die Regelung des Fußgänger- und Wagenverkehrs „auf die sozialdemokratischen Ordner abzuwälzen, hieße staatliche Befugnisse an Privatpersonen überlassen." Diese Beschränkung der

---

46 Bericht der Abt. VII v. 6.2.1911, ebd., Bl. 17.
47 Zit. n. Zeitungsausschnitten, ebd., Bl. 19-21.
48 Bericht der Abt. VII v. 6.5.1911, ebd., Bl. 28-29.

Ordnerbefugnisse auf die Zugteilnehmer solle zukünftig explizit in polizeiliche Genehmigungen aus ähnlichen Anlässen aufgenommen werden.[49]

Die Grenze zwischen staatlicher und privater Ordnungstätigkeit zu ziehen, war der Polizei schon anläßlich des Auftretens der „Arbeiterpolizei" beim Arbeitskampf in der Elektroindustrie 1905 schwergefallen. Diese Unsicherheit bei niederen Polizeibeamten bezüglich der Vorrangstellung des staatlichen Gewaltmonopols wirft indirekt ein bezeichnendes Licht auf ihre Vorstellung von der Legitimierung derartiger Ordnungsbefugnisse: Wichtigste Quelle von Legitimität war demnach die Fähigkeit zur Herstellung von Ordnung (welche daher den Umständen entsprechend an „ordentliche" Sozialdemokraten delegiert werden konnte) und nicht die rechtsstaatliche Form und Einbindung der Ordnungstätigkeit. Hier schimmerte bei den subalternen Beamten ein Rest ständischen Subsidiaritäts-Denkens durch, eine Nische, in die die sozialdemokratischen Organisatoren geschickt vorstießen, um *ihre* Ordnungskompetenz und geradezu ihr Ordnungsmonopol gegenüber den Arbeitermassen unter Beweis zu stellen. *Insofern* waren die sozialdemokratischen „Angebote" nach den Moabiter Unruhen, an der Seite der Polizei als Ordungskraft zu wirken, keine hohlen Worte gewesen.

Möglicherweise hatte das beim Singer-Begräbnis unvermeidbare Durcheinander von Leichenzug, spalierstehenden Zuschauern und Straßenverkehr die ordnenden Genossen dazu veranlaßt, beim Borgmann-Begräbnis besonders gründlich ihres Amtes zu walten. Zugleich ließ ihre Straßenaufsicht aber auch Intentionen erkennen, die angesichts des geringeren Regelungsbedarfs über die Gewährleistung von Ordnung im technischen Sinne hinausgingen. Offensichtlich sollte Außenstehenden die Macht der organisierten Sozialdemokratie durch dezidierte Grenzziehungen und Zurückweisungen demonstriert und Vermischungen mit Nicht-Genossen (charakteristischerweise Frauen und Kinder) verhindert werden. Den sozialdemokratischen Organisatoren ging es bei diesen wenigen Gelegenheiten explizit politischer Straßennutzung quer durch die ganze Stadt nicht darum, das unbedingt notwendige Minimum, sondern ein die Geschlossenheit und Identität der Bewegung anzeigendes Maximum an Ordnung zu „zeigen". In diesem Sinne wurde die Postierung von zehn Schutzmännern an der Ecke Petersburger Straße/Frankfurter Allee am Tag des Borgmann-Begräbnisses als überflüssig kritisiert: „Das Publikum, das, sei es auch nur als Zuschauer, am Begräbnis eines Sozialdemokraten teilnimmt, ist so kultiviert, daß es mit Recht sagen kann: Wir brauchen keine Polizei. Wir sind uns selbst Polizei genug."[50]

7.2.2 Ausflüge

Mit dem in kleineren Gruppen durchgeführten gemeinsamen traditionellen Ausflug ins Grüne stand den Anhängern der Sozialdemokratie eine Variante der *informellen* kollektiven Straßennutzung zur Verfügung, die durchaus auch demonstrativ genutzt werden konnte. Schon in den Zeiten des Sozialistengesetzes waren Ausflüge ähnlich

---

49 Abt. VII an Abt. X v. 13.5.1911 (Konzept), ebd., Bl. 30-31.
50 Vorwärts v. 25.4.1911, Nr. 96, 1. Beil.

anderen „harmlosen" Geselligkeiten an die Stelle der verbotenen Versammlungen und Sitzungen getreten. Außerhalb Preußens wurde es im Laufe der 1890er Jahre in einigen deutschen Bundesstaaten üblich, Gewerkschaftsfeste und die Maifeier durch polizeilich genehmigte Umzüge, die ins Grüne führten, zu begehen.[51] In Preußen hingegen blieb bis 1910, also zunächst auch noch *nach* Inkrafttreten des RVG, Umzügen aus Anlaß des 1. Mai auf ministerielle Anordnung die Genehmigung versagt, und auch danach kam es nur zu einer eingeschränkten Lockerung dieser Anordnung, wovon in vereinzelten kleineren Vororten Berlins, aber nie in Berlin selbst Gebrauch gemacht wurde.[52] Die von der Partei veranstalteten nachmittäglichen Versammlungen fanden in großen Biergärten und Vergnügungslokalen statt, waren also z. T. mit einer Massenwanderung in die grüneren Außenbezirke und Vororte verbunden, die aber nie die Form geschlossener Züge annahm. Diese Versammlungen trugen in erster Linie den Charakter von öffentlichen Familienfesten, deren „Entpolitisierung" den bürgerlichen Zeitgenossen wie der Forschung als Beweis zunehmender Harmlosigkeit und Banalität dieses Kampftages galt und gilt.[53]

Eine andere, ebenfalls mit dem Frühlingsanfang verbundene volkstümliche Ausflugs-Variante war die Landpartie am Karfreitag, der in Berlin traditionell den Beginn der Ausflugs-Saison markierte.[54] Wie Tausende nichtorganisierter Arbeiter und Arbeiterinnen wanderte man in gehobener Stimmung vom Bahnhof einer Vorortbahn durch Wald und Wiesen und von Dorf zu Dorf, auch von Wirtshaus zu Wirtshaus, um gegen Abend wieder mit der Bahn ins Stadtinnere zurückzugelangen. Daß „Sozialisten auf der Reis'"[55] waren, sollte Außenstehenden keinesfalls verborgen bleiben. Polizeispitzel wanderten mit und schrieben hinterher Berichte: Die am Karfreitag des Jahres 1909 am Treffpunkt Forsthaus Hermsdorf eingetroffenen 500 bis 600 Mitglieder des 6. Wahlkreises „marschierten geschlossen in Marschordnung unter Absingen verschiedener Arbeiterlieder in Richtung nach Stolpe. Zur Leitung des Zuges waren Genossen als Ordner tätig, welche durch rote Rosetten, die sie auf der linken Brust trugen, erkenntlich waren. In dem Zuge wurden 3 rote Fahnen von ungefähr 1 Meter im Quadrat mitgeführt. Unter den Genossen herrschte eine frohe Stimmung."

In Stolpe wurde zunächst eingekehrt, außerdem stießen noch Genossen vom 3. Wahlkreis hinzu. Unter Absingen verschiedener Arbeiterlieder ging es dann zum nächsten Restaurant in Schulzendorf.[56] Auf dem Heimweg kam es bei Tegel zu einem Zusammenstoß mit einem Gendarmen, der einen der Fahnenträger sistieren wollte und dafür von einem Teilnehmer mit dem Regenschirm attackiert wurde. Dar-

---

51 Siehe Ludwig-Uhland-Institut (1986), S. 176-178.
52 Siehe den ministeriellen Erlaß zur Maifeier v. 11.4.1890, GStA, Rep. 77, Tit. 2513, Nr. 2, Beih. 2, Bl. 1-3v.; seine Bestätigung auch unter dem neuen Vereinsgesetz v. 12.6.1908, GStA, Rep. 77, Tit. 2513, Nr. 2, Bd., Bl. 60, 60v; deren minimale Abschwächung im Erlaß v. 16.4.1910, ebd. Bl. 78, 78v. Zur dann schließlich doch noch erfolgenden Liberalisierung unter Einfluß der Rechtsprechung des preußischen OVG siehe Fesser (1987), S. 309-311.
53 Siehe z. B. die Kommentare der Vossischen Zeitung jeweils am 2. Mai; ferner Lerch (1988), Flemming (1988).
54 Siehe Vossische Zeitung v. 5.4.1912, Nr. 176, 1. Beil.
55 So der Titel eines sozialdemokratischen Wanderliedes, siehe Ludwig-Uhland-Institut (1986), S. 176.
56 Bericht Abt. VII. v. 10.4.1909, BLHA, Rep. 30, Tit. 94, Nr. 14153, Bl. 91-92.

aufhin wurde der Zug auseinandergetrieben, seine Teilnehmer flüchteten in benachbarte Wirtshäuser oder bestiegen die Straßenbahn nach Berlin.[57]

Während an dieser „Herrenpartie" auch ca. 50 Frauen teilnahmen, trugen 125 Genossen des 3. Wahlkreises am Karfreitag des Jahres 1911 dem Wortsinn Rechnung und blieben auf ihrer vom Gesangverein „Liberté" begleiteten Wanderung zur Machnower Schleuse südwestlich von Berlin unter sich. Laut Spitzelbericht sangen auch sie „fast ununterbrochen soz. Lieder" — „hauptsächlich durch Ortschaften wurde besonders viel gesungen" —, hielten rote Taschentücher an einem Spazierstock befestigt in die Höhe und behinderten andere Straßenbenutzer. Nach Besichtigung der Schleuse und Einkehr ging es weiter Richtung Klein-Machnow und Teltow, wo im „Preußischen Adler" zu Mittag gegessen, den Darbietungen des Gesangsvereins gelauscht und Karten gespielt wurde. Auf dem Heimweg geriet man schließlich noch mit einem Gendarmen, der das Singen verbieten wollte, in Konflikt. Erst nach wiederholter Aufforderung verstummte der Gesang. „Als nun der Gendarm mehrere Genossen nach dem Namen frug wurde ihm geanwortet: 'Wir müssen nach Berlin und haben keine Zeit unsere Namen zu sagen.' Dabei drängte der Zug unaufhaltsam vorwärts, so daß es dem Gendarm unmöglich wurde, eine Feststellung vorzunehmen. Als er dann ein kurzes Stück zurückgeblieben war, wurde er durch Winke und Rufe verhöhnt. Ebenfalls wurde das Singen fortgesetzt." Schließlich gelangte man in Groß-Lichterfelde an und bestieg, nicht ohne zuvor ein letztes Mal einzukehren, den Zug nach Berlin.[58]

Männerbündisches Imponiergehabe und demonstrative politische Straßenbesetzung sind in diesen Episoden untrennbar ineinander verwoben. Weder die Diagnose einer „politisierten Herrenpartie" noch die einer „entpolitisierten Straßendemonstration" würden dem Eigen-Sinn derartiger kollektiver Selbstdarstellungen gerecht werden. Es ging den Teilnehmern weder ausschließlich um das eine noch ausschließlich um das andere; nur in der Verbindung von beidem gelang sozialdemokratischen Arbeits-Männern das ausgelassene „Bei-sich-Sein".[59] Die beiden hier dargestellten „Herrenpartien" wurden wegen empörter Berichte in der konservativen Presse bei der politischen Polizei aktenkundig; es ist also anzunehmen, das zahlreiche weniger spektakuläre oder unkommentiert gebliebene Ausflüge nach demselben Muster verliefen.

Für eine Gruppe innerhalb der Sozialdemokratie bedeutete der Ausflug allerdings mehr als „nur" Erholung und gemeinschaftlicher Frohsinn. Die nach der Jahrhundertwende entstehenden „Freien Jugendorganisationen" legten zwar wie ihre bürgerlichen Altersgenossen[60] besonderen Wert auf Wandern und Naturerlebnisse, nutzten diese aber zugleich als Möglichkeiten zur Straßen-, aber auch Wald- und Wiesendemonstration, da ihnen nach dem neuen Versammlungsgesetz ab 1908 andere Mittel der politischen Selbstdarstellung gar nicht oder nur begrenzt zugestanden wurden. Auch von dieser Praxis sind in den Polizei-Akten nur Fälle überliefert, in denen

---

57 Bericht Abt. VII. v. 15.4.1909, ebd., Bl. 104-105v.
58 Bericht Abt. VII. v. 15.4.1911, BLHA, Rep. 30, Tit. 94, Nr. 16001, Bl. 78-79v.
59 Die Ausnahme einer unter Ausschluß von Männern durchgeführten Frauen-Landpartie und deren Zustandekommen im 3. Wahlkreis siehe u. S. 357.
60 Siehe Aufmuth (1979).

das Eingreifen der Polizei zu ausführlicheren Zeitungsmeldungen bzw. Strafverfahren führte. Bei einem „Massenausflug" von 1.500 Jugendlichen im Wald bei Nieder-Schöneweide im Juni 1909 beschlagnahmten einige Gendarmen das mitgeführte, aber zusammengerollte Banner und sistierten einige der Teilnehmer für zwei Stunden auf die Wache. Laut Vorwärts-Bericht fügten diese sich aber nicht widerspruchslos, sondern „fertigten sich dann ein Pappschild an mit der Aufschrift: *'Die Polizei hat unser Banner genommen!'*"[61] Versuche, gegen die sistierten Teilnehmer Verurteilungen wegen Auflauf und gar Aufruhr zu erreichen, scheiterten an der offenkundigen Harmlosigkeit des Vorfalls.[62] Zwei Wochen später kündigte der Vorwärts den nächsten „Massenausflug" in den grünen Südosten Berlins an. Diesmal bereitete sich der Oberwachtmeister des Treptower Gendarmerie-Beritts besonders gründlich vor, rekognoszierte bereits am Vorabend den Zielort Adlershof und belehrte seine Untergebenen dahin, „daß jeder nach seinen Kräften dazu beizutragen habe, daß diese geplanten Ausflüge geordnet, ohne Veranstaltung öffentlicher Aufzüge geduldet werden sollten."[63]

Doch auch diesen dann mit Erfolgen in Gestalt festgenommener Fahnenträger gekrönten Vorbereitungen der Exekutive blieb richterliche Anerkennung versagt. Darüber, worin die „Veranstaltung öffentlicher Aufzüge" genau bestand, wenn sich die Jugendlichen auf der *Landstraße* fortbewegten, vertraten einige der nach diesem „Massenausflug" mit den eingereichten Anzeigen und Anklagen befaßten Amtsanwälte und Richter eine andere Auffassung. In einigen Fällen jedenfalls stuften sie das Tragen roter Fahnen und Singen sozialdemokratischer Lieder auf der „offenen Landstraße" genausowenig als Verstoß gegen das RVG ein[64] wie andere Kollegen im Singen von Arbeiterliedern mitten im Wald einen „groben Unfug" zu erkennen vermochten.[65]

7.2.3 Politische Versammlungen

Totengedenken und Ausflüge waren traditionelle Aktionsformen der Arbeiterbewegung, die mehr oder weniger regelmäßig, aber dennoch vergleichsweise selten für demonstrative Zwecke im Straßenraum genutzt werden konnten. Sie verhielten sich von ihrem politischen Gehalt her spiegelbildlich zueinander: Während der Besuch der Gräber im Friedrichshain und Leichenbegängnisse zur Selbstdarstellung der *gesamten* Bewegung ein Maximum an Öffentlichkeit mit einem Minimum an explizit politischen und das Trauerritual übersteigenden Äußerungsformen verbanden, boten Ausflüge *Teilen* der Basis die Möglichkeit, vergleichsweise unbehelligt das ganze Repertoire bewegungskultureller Selbstdarstellungen zu entfalten, deren Brisanz allerdings in der „freien" Natur nur zu nebensächlichen Geplänkeln mit einigen nervösen oder diensteifrigen Gendarmen reichte.

61 Vorwärts v. 22.6.1909, Nr. 142, 2. Beil.
62 Siehe Vorwärts v. 19.1.1910, Nr. 15, v. 16.9.1910, Nr. 217, 1. Beil.
63 Bericht d. 3. Gendarmerie-Brigade, Offiziersdistrikt Berlin II, Beritt Treptow an den Regierungspräsidenten Potsdam v. 3.8.1909 (Abschrift), GStA, Rep. 77, Tit. 499, Nr. 27, Bd. 1, Bl. 238-240v.
64 Siehe Regierungspräsident Potsdam an MdI v. 25.2.1910, GStA, Rep. 77, Tit. 499, Nr. 27, Bd. 1, Bl. 367-369.
65 Vorwärts v. 18.6.1910, Nr. 140, 1. Beil.

Der Demonstrations-Alltag der Arbeiterbewegung war hingegen von der Aktionsform *'öffentliche Versammlung im Saal'* bestimmt; auf diese wurde der Begriff des „Demonstrierens" auch im Gegensatz zum seltenen Sonderfall der „Straßendemonstration" angewandt. Dasselbe gilt für die Unterscheidung „Kundgebung" (im Saal) und „Kundgebung unter freiem Himmel" oder „Straßenkundgebung". Was die Versammelten vor und nach der Saalveranstaltung taten, gehörte im strikten Sinne nicht zum „Programm", war aber ihr häufigster und damit wichtigster Erfahrungszusammenhang von gemeinsamer Straßennutzung in einem explizit politischen Kontext. Zugleich galt der Situation in der unmittelbaren Umgebung des Versammlungsortes das besondere Augenmerk der Polizei, denn hier mußte es vorübergehend zu einer physischen Konzentration politisch Gleichgesinnter kommen, die das Risiko kollektiver Äußerungen in sich barg. Diese zu unterbinden, gehörte zu den selbstverständlichen Aufgaben der Polizei: Auch wenn kein Gesetz das Tragen roter Fahnen, das Singen revolutionärer Lieder oder Hochrufe auf die Sozialdemokratie explizit untersagte, waren derartige Handlungen der Strafverfolgung ausgesetzt: wenn auch nicht immer als „Anreiz zum Klassenkampf" (§ 130 StGB), so doch zumindest als öffentliche Ruhestörung, grober Unfug oder Verkehrsbehinderung. Der Beginn und das Ende einer ganz gewöhnlichen Saalveranstaltung waren daher aus der Perspektive der polizeilichen Straßenaufsicht *kritische* Momente des Übergangs bis zur Wiederherstellung eines „normalen Straßenbildes", aus der Perspektive der Teilnehmenden Momente der *Chance* zu Straßendemonstrationen.

Derartige Versammlungen, von denen oft Dutzende zugleich an einem Abend im ganzen Stadtgebiet abgehalten wurden und auf denen zu politischen Themen referiert, debattiert und abschließend in Form von Resolutionen gemeinsam Stellung genommen wurde, waren seit der 48er-Revolution fester Bestandteil der politischen Kultur oppositioneller Kräfte.[66] Die obrigkeitliche Reglementierung durch das preußische Vereinsgesetz von 1850 zwängte diese Aktionsform in ein enges Geflecht von Auflagen, die die vorherige Genehmigung, den Ausschluß von Frauen und Jugendlichen sowie allgemeine Belange der öffentliche Ordnung und Sicherheit betrafen; außerdem wurden, was für Berlin von besonderer Bedeutung war, im Umkreis von zwei Meilen, also fünfzehn Kilometern, um die Residenz des Königs und um die Parlamentsgebäude und damit im gesamten damaligen Berliner Stadtgebiet Versammlungen unter freiem Himmel ausgeschlossen.[67] Diesen Status quo versuchte gerade das Berliner Polizeipräsidium auch unter dem neuen Reichs-Vereinsgesetz (RVG) von 1908 so lange wie möglich aufrechtzuerhalten.[68]

An jeder Versammlung mußte ein überwachender Beamter der Schutzmannschaft — in der Regel ein Wachtmeister oder Leutnant — teilnehmen, dem ein Revierbeamter, der „möglichst" „die nötige Intelligenz" besitzen sollte, „um dem Gang der Verhandlungen folgen und später Zeugnis ablegen zu können", beigeordnet war. Daher liefert eine entsprechende Dienstvorschrift aus dem Jahre 1902 Hinweise auf die aus Polizeiperspektive neuralgischen Punkte dieser Überwachungstätigkeit. Neben den

---

66 Siehe insbes. zur Berliner Volksversammlungs-Kultur im Jahre 1848 Gailus (1990), S. 398-418.
67 Siehe Brockhaus (1908), Bd. 16, S. 284 f.
68 Siehe u. Kap. 7.4.2.

Gründen für die polizeiliche Auflösung der Versammlung – insbesondere Aufforderung zu strafbaren Handlungen, Teilnahme bewaffneter Zivilisten, Jugendlicher und Frauen und pauschal Gefährdung der öffentlichen Ruhe, Ordnung und Sicherheit – wurden nicht weniger als sieben weitere Umstände[69] genannt, die *nicht* zum Einschreiten gegen die Versammlung ermächtigten, weil sie nicht im Vereinsgesetz aufgeführt waren – ein deutlicher Hinweis auf die willkürliche Handhabung der Auflösungsvollmacht. Der Überwachung des von einer Versammlung berührten öffentlichen Straßenraums war die Vorschrift „Aufrechterhaltung der Ruhe und Ordnung vor den Versammlungsräumen" gewidmet. Danach sollten dort Ansammlungen von vornherein unterbunden und das Kommando der Schutzmannschaft bei zu erwartendem besonders starkem Andrang durch die Experten der Politischen Polizei zuvor instruiert werden.[70]

Der Platz vor dem Versammlungslokal war der häufigste Ausgangspunkt von Straßendemonstrationen. Hier trafen die gleichgesinnten Versammlungsteilnehmer ein, stauten sich bei großem Andrang, mußten eventuell bei Überfüllung draußen bleiben und konnten sich ohne weiteres nach Versammlungsschluß sammeln, um einen Demonstrationszug zu bilden, anstatt einzeln nach Hause zu gehen. Die Grenzüberschreitung zur expliziten Demonstration in Gestalt von Hochrufen, Gesängen, Beifall für ankommende oder gehende Versammlungsredner oder durch Bildung eines geschlossenen Zuges konnte ohne organisatorischen Aufwand „spontan" erfolgen, was natürlich von allen Beteiligten, ob Veranstalter, Polizei oder Versammlungsteilnehmer, antizipiert wurde. Daß diese Einbeziehung des Straßenraumes in die politische Selbstdarstellung auch schon *vor* der straßenpolitischen Hochkonjunktur ab 1908 in kleineren Dimensionen zum politischen Alltag gehörte, zeigen die regelmäßigen Berichte in der Presse und bei den Behörden über die sozialdemokratischen Versammlungen aus Anlaß des Ersten Mai.

Die *Maifeier* als wichtigsten Feier- und Festtag der Arbeiterbewegung über den Streik hinausgehend auch zu Straßendemonstrationen zu nutzen, wurde schon umittelbar nach ihrer Entstehung gefordert und begründet. Aus Berlin läßt sich dafür als Beispiel die Schrift des „unabhängigen Sozialisten" Hans Müller anführen, der sowohl mit historischen Vorbildern in der Geschichte revolutionärer Bewegungen in Frankreich und Großbritannien als auch mit der psychologischen Wirkung von Straßendemonstrationen argumentierte.[71] Diese wurden also auch innerhalb der deutschen Arbeiterbewegung keineswegs erst nach der Jahrhundertwende „erfunden", sondern bereits in den Jahrzehnten davor diskutiert und angestrebt.[72]

---

69 Zulassung von Gästen, Abwesenheit des Einberufers, Abweichen von der Geschäftsordnung oder Unterlassung der Wahl eines „Bureaus" (Versammlungsleitung), Teilnahme von Nichtberufsangehörigen in einer Versammlung Berufsangehöriger, Redebeiträge von Frauen in einer Reichstagswählerversammlung, Fortsetzung der Versammlung nach Mitternacht bzw. über die Polizeistunde hinaus.
70 Polizei-Präsidium (1902), S. 874-880.
71 Siehe Müller (1892), passim.
72 Siehe a. über die in das 18. Jahrhundert zurückreichenden Demonstrations-Tradition in Frankreich Tilly C. (1986), Robert (1990).

In Berlin wie in anderen Orten hatte sich nach kurzer Zeit folgende Arbeitsteilung zur Feier des Ersten Mai entwickelt:[73] Am Vormittag fanden Gewerkschaftsversammlungen statt, an denen „feiernde", also streikende und je nach Wirtschaftslage auch arbeitslose Berufsangehörige teilnahmen. Ob und in welchem Umfang die Gewerkschaften durch derartige Veranstaltungen das Risiko befristeter Vergeltungs-Aussperrungen eingingen, blieb ihnen selbst überlassen. Nachmittags veranstaltete die Partei Versammlungen für die ganze Familie, in denen nicht zuletzt wegen der Anwesenheit der Kinder politische Ansprachen nur der Form halber eine Rolle spielten[74], hingegen „Lustbarkeiten" aller Art im Mittelpunkt standen.[75]

Zu Straßendemonstrationen kam es naturgemäß nur in der Umgebung der in der Innenstadt abgehaltenen Gewerkschaftsversammlungen. In der stereotypen Berichterstattung des Polizeipräsidiums an den preußischen Innenminister wurden sie folgendermaßen dargestellt: Trotz „gehobenere[r]" und „kampfesmutigere[r]" Stimmung als im Vorjahr „ist die Feier ohne bemerkenswerte Vorkommnisse, namentlich aber ohne jede Störung der öffentlichen Ruhe, Ordnung und Sicherheit verlaufen. Den Anordnungen der Polizeibeamten wurde allgemein willig Folge geleistet, was besonders auch zum Ausdruck kam gelegentlich des auch in diesem Jahr wieder erwarteten Versuchs, im Anschluß an einzelne Versammlungen geschlossene Züge zu formieren. Es genügte lediglich die Aufforderung des Aufsichtsbeamten auseinanderzugehen, um die Teilnehmer zu zerstreuen."[76]

Auch in den übrigen Jahren vor dem preußischen Wahlrechtskampf prägte diese souveräne Alles-im-Griff-Rhetorik die polizeilichen Berichte. Gelegentlich mußten einige Sistierungen vorgenommen werden, immer wieder war von der „Neigung, demonstrativer Weise in geschlossenen Zügen sich durch die Straßen zu bewegen", die Rede, was durchweg erfolgreich verhindert werden konnte.[77] Dieser „Neigung" wurde freilich durch die frühe polizeiliche Absperrung der Versammlungssäle wegen Überfüllung insofern Vorschub geleistet, weil sich dadurch mit einiger Sicherheit ausrechnen ließ, wo sich die Massen der Zuspätgekommenen ansammeln würden. In diesem zeitlichen und örtlichen Randbereich der traditionellen öffentlichen Versammlung machten die späteren Akteure des Kampfes um das „Recht auf die Straße" ihre jeweiligen Erfahrungen mit der demonstrativen Besetzung des öffentlichen Raumes.

---

73 Zur doppelten Funktion des Ersten Mai als Tag der Arbeitsruhe („Feiertag") *und* „Festtag" seit seiner Begehung 1890 siehe Braun (1990).
74 Während der politischen Ansprache mußten die Kinder auf polizeiliche Anordnung den Saal verlassen; bei gutem Wetter kein Problem. Wolfgang Heine, 1909 Festredner auf der Maifeier der Rixdorfer Sozialdemokraten in der „Neuen Welt", fand folgende pragmatische „Lösung" für den Schlecht-Wetter-Fall: „Referent erklärte, weil der Polizei-Leutnant die Entfernung der Kinder verlange, er wolle von einem politischen Referat absehen und vom Wetter sprechen. Er sprach etwa 2 Minuten vom Wetter und brachte ein Hoch auf den 1. Mai aus." Bericht PP an MdI v. 2.5.1909, GStA, Rep. 77, Tit. 2513, Nr. 2, Bd. 7, Bl. 38.
75 Siehe dazu u. a. Bernstein (1910), S. 425-430.
76 PP an MdI v. 4.5.1900, GStA, Rep. 77, Tit. 2513, Nr. 2, Bd. 5, Bl. 71.
77 Siehe die Berichte ebd., Bd. 5 und 6.

7.2.4 Übersicht: Straßendemonstrationen 1906-1914 in Berlin[78]

Während der Jahre 1905 und 1906 setzten zwei Faktoren eine Periode dynamischer und offensiver Strategien der sozialdemokratischen Arbeiterbewegung in Gang, die sich vor allem in Preußen in mehreren Wellen von Straßendemonstrationen niederschlugen. Zum einen brachte die gute Konjunktur einen erheblichen Zuwachs an Mitgliedern in Gewerkschafts- und Parteiorganisationen, die sich zugleich in bisher nie gekanntem Umfang einer Gegenoffensive von Unternehmertum und Obrigkeit ausgesetzt sahen.[79] Damit stand die Sozialdemokratie vor dem strategischen Dilemma, den steigenden Organisationsgrad in den eingefahrenen Geleisen der Interessenpolitik nicht mehr in ökonomische und politische Erfolge umsetzen zu können: Sowohl das restriktive Koalitionsrecht wie die Zensuswahlrechte in den verschiedenen Bundesstaaten blieben unüberwindbare Schranken. Zum anderen weckte die russische Revolution 1905 mit ihren Arbeiteraktionen vom Massenstreik bis zur Rätebildung bei vielen Sozialdemokraten und Sozialdemokratinnen Hoffnungen auf einen machtpolitischen Durchbruch nach einer vergleichbaren breitangelegten Massenmobilisierung.[80] Aufgrund dieser Konstellation gab die sozialdemokratische Führung die bisherige Zurückhaltung gegenüber straßenpolitischen Aktionsformen auf und agitierte zum Kampf um das „Recht auf die Straße". Der folgende Abschnitt bringt eine Übersicht über die straßenpolitisch bedeutsamen Versammlungen und Kundgebungen in Berlin, die aus dieser ab 1906 einsetzenden, in erster Linie auf die Erringung des gleichen, geheimen und direkten Wahlrechts in Preußen abzielenden Massenbewegung hervorgegangen sind.[81]

---

78 Da im Unterschied zu den anderen hier behandelten Bereichen von Straßenpolitik zu diesen Straßendemonstrationen umfangreichere Forschungen vorliegen — siehe Ludwig-Uhland-Institut (1986), Warneken (1986), Erne (1986), die Beiträge in Warneken (1991a) — und diese Themen zudem zum festen Bestandteil der regionalen Arbeiterbewegungs- und Sozialgeschichte in der DDR-Literatur zählten — siehe Lange (1967), Glatzer (1986), Bezirksleitung Berlin der SED (1987) — werde ich auf eine ausführliche Darstellung aller ermittelten Demonstrationen verzichten. — In der von der Historischen Kommission zu [West-]Berlin herausgegebenen „repräsentativen" Berlin-Geschichte werden im Beitrag über die Zeit des Kaiserreichs von Erbe (1987) bezeichnenderweise weder der preußische „Wahlrechtssturm" noch andere Straßendemonstrationen überhaupt nur erwähnt. — Für den vor allem theoretisch wesentlich entwickelteren Forschungsstand in Frankreich siehe Favre (1990).

79 Siehe o. Kap. 5.1.

80 Siehe die umfangreiche Dokumentation des Echos der russischen Revolution von 1905 in der deutschen Presse von Stern (1961), ferner Lösche (1967), S. 34-47, Schorske (1981), 2. Kap., und allgemein zu Revolutionserwartung und -vorstellungen in der Sozialdemokratie während des Kaiserreichs Hölscher (1989).

81 Soweit nicht anders angegeben, sind die Angaben in dieser Übersicht dem Vorwärts, der Vossischen Zeitung und der einschlägigen regionalgeschichtlichen Literatur — Lange (1967), Bezirksleitung Berlin der SED (1987), Glatzer (1986) — entnommen, wobei die Angaben für die Teilnehmerzahlen *soweit darin enthalten* vom Vorwärts übernommen wurden, da die bürgerlichen Blätter sich meist an die vom Polizeipräsidium verlautbarten und z. T. grotesk niedrigen Schätzungen hielten. Umgekehrt ist natürlich auch bei den Schätzungen der Veranstalter ein gewisses Quantum an Übertreibung zu agitatorischen Zwecken in Rechnung zu stellen; ein Dauerproblem von Demonstrationsberichten bis in unsere Tage, siehe a. Champagne (1990), S. 350 f. Die Zahlenangaben dienen hier in erster Linie dazu, ein Bild von den *ungefähren* Größenordnungen derartiger Aktionen zu vermitteln.

Prolog: Der „Rote Sonntag" am 21. Januar 1906

Reichsweit finden Saalversammlungen gegen das Dreiklassenwahlrecht und für die russische Revolution statt. Die radikale Rhetorik der Massenstreikdebatte, Gerüchte und Spitzelberichte über Umsturzpläne und Bewaffnungsaktionen sowie ein halbtägiger Massenstreik und die sich aus einer Wahlrechtsdemonstration entwickelnden schweren Straßenkämpfe und Plünderungen in Hamburg am „Roten Mittwoch" vier Tage zuvor[82] führen in den Kreisen der Obrigkeit zu einer regelrechten „sozialen Panik". Das Schloßviertel, in dem zugleich das Ordensfest stattfindet, sowie die Umgebung der 93 Versammlungsorte in Berlin und Umgebung sind von einer vollständig mobilisierten Schutzmannschaft umstellt, der Gouverneur von Berlin hält seine Truppen in Bereitschaft. Doch alles vollzieht sich ohne einen einzigen Zwischenfall, die Versammlungsredner ermahnen die Versammlungsteilnehmer zur Zurückhaltung, im übrigen sorgen die Parteiordner vor den Lokalen für einen reibungslosen, d. h. vor allem demonstrationsfreien Ablauf.

Erste Phase: Straßendemonstrationen nach sozialdemokratischen Versammlungen, Januar 1908 bis Januar 1909

Die Eröffnung der Session des Abgeordnetenhauses am 10. Januar 1908 gibt den Anlaß für 50 Saalversammlungen mit über 100.000 Teilnehmern in Berlin und Umgebung am Vorabend. Nach deren Schluß ziehen 15-20.000 Personen in geschlossenen Zügen durch die Stadt, wobei es zu vereinzelten Sistierungen kommt. Am 10. 1. demonstrieren vormittags einige Tausend, v. a. Frauen, vor dem Abgeordnetenhaus gegen das preußische Wahlrecht. Am darauffolgenden Sonntag, dem 12. 1., finden acht Versammlungen statt, nach denen mehrere Demonstrationszüge von bis zu 20.000 Versammlungsteilnehmern von der Polizei begleitet durch die ganze Stadt ziehen und z. T. auch Unter die Linden gelangen. An der Friedrichsgracht bei der Gertraudenbrücke, einem Übergang zur abgesperrten Schloßinsel, setzt die Polizei gegen eine von ihr eingekreiste Menschenmenge Säbel ein, zahlreiche Verhaftungen und Verletzungen sind die Folge. Nach dem 12. 1. werden die polizeilichen Sicherungsmaßnahmen um das Schloßviertel verstärkt.

In derselben Zeit, vom 9. bis 12. Januar, kommt es im städtischen Obdachlosenasyl zu Tumulten und am 13. Januar zu einer kleinen Straßendemonstration Arbeitsloser. Am 21. 1. ziehen etwa 2.000 Arbeitslose im Anschluß an fünf sozialdemokratische Arbeitslosenversammlungen mit ca. 12.000 Teilnehmern von der westlichen Stralauer Vorstadt bis zum Schiffbauerdamm nahe der Friedrichstraße, wo es zu einer Straßenschlacht mit der Polizei kommt, die auf eine Baustelle und deren Arbeiter ausgedehnt wird. Bei der Verfolgung von Demonstranten dringt ein Polizeikommando in die nahegelegene Geschäftsstelle des DMV ein, wobei ein Besucher derselben mißhandelt und ein Gewerkschaftsbeamter festgenommen werden.

Am 22. und 24. Januar spricht Klara Zetkin in überfüllten Versammlungen von 8.000 bzw. 2.000 Frauen zur Wahlrechtsfrage. Im Anschluß an die letztere findet ein kleine Demonstration Richtung Innenstadt statt, die ohne Waffengewalt und mit vier Sistierungen aufgelöst wird.

---

82 Siehe Evans (1979).

Die Zusammenstöße mit der Polizei werden in zwei Landfriedensbruchprozessen während des Frühjahrs verhandelt und in der Öffentlichkeit diskutiert. Bis zum Januar 1909 kommt es nach sozialdemokratischen Versammlungen immer wieder zu Demonstrationszügen Richtung Innenstadt, die alle ohne Gewalt aufgelöst bzw. am Zutritt zum Schloßviertel gehindert werden können. Die Anlässe sind sehr unterschiedlich: Am 18. März finden anläßlich des 60. Jahrestags der 48er-Revolution zusätzlich zum Friedhofsbesuch 25 Saalveranstaltungen statt, am 14. Mai protestieren Jugendliche gegen das am nächsten Tag inkrafttretende RVG, am 29. 10. ziehen 400-500 arbeitslose Fleischergesellen vor das Wohnhaus eines Innungsmeisters, am 1. November veranstalten Teilnehmer einer Protestversammlung, die gegen den Ausschluß des sozialdemokratischen Abgeordneten Adolf Hoffmann aus der Debatte des Abgeordnetenhauses über die Pfarrerbesoldung protestieren, einen Demonstrationszug gegen die preußische Staatskirche. Im Anschluß an 26 Versammlungen gegen das „persönliche Regiment" Wilhelms II. am 10. November anläßlich der Daily-Telegraph-Affäre bilden sich drei Demonstratioszüge, die ohne Gewalt aufgelöst werden. Nur zwei Ereignisse stehen im direkten Zusammenhang mit dem Wahlrechtskampf: Zum einen der Protest Tausender gegen die Verschlechterung des kommunalen Wahlrechts durch die bürgerliche Mehrheit der Rixdorfer Stadtverordnetenversammlung vor dem Rathaus am 17. 12., zum anderen eine Neuauflage der Januar-Demonstrationen im Jahre 1909: Am 24. 1. finden in Berlin sechs Versammlungen mit „Zehntausenden" von Teilnehmern statt, an die sich bis zu 10.000 Personen starke Demonstrationszüge anschließen, die vor allem den vornehmen Westen und die Siegesallee zu erreichen suchen. Dabei gelingt es einzelnen, bis zum Schloß vorzudringen. Am nächsten Tag wird vor dem Abgeordnetenhaus und in dessen Umgebung demonstriert.

Diese erste Phase von Straßendemonstrationen wird am 9. Februar 1909 abgeschlossen wiederum durch Arbeitslosendemonstrationen im Anschluß an fünfzehn Arbeitslosenversammlungen, deren Teilnehmer nach Versammlungsschluß in zwei Zügen von mehreren tausend Personen der Innenstadt zustreben. Einige Teilnehmer des Zuges durch die Luisenstadt reißen dort den Fahnenschmuck herunter, der aus Anlaß des am selben Tag stattfindenden Staatsbesuchs des englischen Königs an öffentlichen Verkehrsmitteln und Gebäuden angebracht worden war, und verprügeln einzelne Busfahrer, die ihnen entgegentreten. Ein harter Polizeieinsatz und ein Landfriedensbruchprozeß sind die Folgen.

Zweite Phase: Ferrer-Versammlungen im Oktober 1909 und Wahlrechtsbewegung der Sozialdemokratie und Linksliberalen in Preußen bis Mai 1910

Die März- und Maifeiern des Jahres 1909 bleiben ohne Demonstrationsversuche auf der Straße. Ein europäisches Medienereignis ersten Ranges im Herbst desselben Jahres gibt den Anlaß zu einer Welle von Protestveranstaltungen in ganz Europa, die auch Berlin erreicht. Am 13. Oktober fällt der spanische Schulreformer Francisco Ferrer als angeblicher Anarchist und Umstürzler auf Betreiben des spanischen Klerus einem skandalösen Justizmord zum Opfer.[83] Vor allem in Frankreich, aber auch in

---

83 Zu seiner Person und Tätigkeit als Pädagoge sowie zum Prozeß siehe Comité (o.J.), Ferrer (1962).

Italien kommt es zu Massenversammlungen mit gewaltsamem Verlauf;[84] dieser Justizmord mobilisiert nicht nur die internationale Arbeiterbewegung, sondern auch das antiklerikale, aufklärerisch-liberale Bürgertum, da die von Ferrer gegründeten „modernen Schulen" in Spanien in erster Linie gegen den Einfluß der katholischen Kirche gerichtet waren.[85] Am 17., 19. und 20. Oktober finden aus diesem Anlaß Saalversammlungen in Berlin statt. Bereits am 16. versucht eine kleine Gruppe von Demonstranten zur spanische Botschaft zu gelangen. Im Anschluß an drei sozialdemokratische Versammlungen am 17. Oktober kommt es zu kleinen Demonstrationen; Schutzmänner werden mit Steinen beworfen, können die Menschenmenge aber ohne Waffengewalt auflösen. Zum Skandal wird das Vorgehen Berittener gegen die den Saal verlassenden Teilnehmer und Teilnehmerinnen einer von bürgerlichen Frauenrechtlerinnen einberufenen Protestversammlung am 19. 10., da hier vor allem „besseres Publikum" in die Flucht geschlagen wird. Im Anschluß an eine vom Verleger Karl Schneidt einberufene Versammlung am 20. Oktober kommt es ebenfalls zu einer tumultuösen Demonstration, die ohne Waffengewalt aufgelöst werden kann.

Der „preußische Wahlrechtssturm" der Monate Februar bis April 1910 bringt in Berlin wie in ganz Deutschland die dichteste Folge von Straßendemonstrationen sowie in der Berliner Region die *ersten genehmigten politischen Kundgebungen unter freiem Himmel*:

13. 2. 200.000 Teilnehmer an 42 sozialdemokratischen Versammlungen in Groß-Berlin mit anschließenden Demonstrationen Zehntausender.

15. 2. Versammlungen der bürgerliche Frauenbewegung mit anschließenden kleinen Demonstrationen.

20. 2. Versammlung der Freisinnigen mit kurzer anschließender Demonstration.

27. 2. 8.000 Teilnehmer an einer Versammlung linksliberaler Intellektueller mit anschließender Demonstration einiger Tausend vor dem Schloß.

6. 3. Ein im Vorwärts angekündigter, aber verbotener sozialdemokratischer „Wahlrechtsspaziergang" wird über Nacht vom Treptower Park in den Tiergarten verlegt; dort demonstrieren ca. 150.000 Teilnehmer. Im Tiergarten und am Treptower Park geht die Polizei zu Fuß und zu Pferde mit blankem Säbel gegen Menschenansammlungen vor. Dieser erfolgreiche „Trick" der Berliner sozialdemokratischen Organisation wird in der deutschen wie internationalen Presse als „Blamage" des Berliner Polizeipräsidenten gewertet.

13. 3. 5.000 Teilnehmer an einer Versammlung der linksliberalen Demokratischen Vereinigung mit anschließender Demonstration.

15. 3. 48 sozialdemokratische Versammlungen in Groß-Berlin ohne Demonstrationen, aber mit Polizeieinsätzen gegen abströmendes Publikum.

17. 3. Sozialdemokratische Versammlung in Spandau, mit anschließender Demonstration.

---

84 In der französischen Demonstrationsgeschichte markieren zwei Ferrer-Demonstrationen den Übergang vom spontanen, mit öffentlichen Tumulten verbundenen Protest (am 13. Oktober, ein Toter, 65 Verletzte) zur von der Arbeiterbewegung organisierten friedlichen Demonstration „à l'anglaise" oder „à l'allemande" (am 17. Oktober), Offerlé (1990), S. 91 f. Siehe a. insbesondere Cardon/Heurtin (1990), S. 125-132 zu dem dabei erstmals angewendeten Ordnerdienst.
85 Siehe Ferrer (1962), 4. Kap.

18. 3. Zusammenstöße zwischen Polizei und sozialdemokratischem Publikum nach Schließung des Friedhofs am Friedrichshain.

10. 4. Drei genehmigte Kundgebungen der Berliner Sozialdemokratie und der Demokratischen Vereinigung unter freiem Himmel im Treptower Park, Friedrichshain und Humboldthain mit insgesamt 250.000 Teilnehmern.

1. 5. Maifeier mit Demonstrationszügen nach den Vormittagsveranstaltungen, aber ohne Zusammenstöße mit der Polizei.

Dritte Phase: Straßendemonstrationen vor und nach Versammlungen und polizeilich genehmigte Kundgebungen unter freiem Himmel als Routine, 1911 und 1912

Diese Phase ist durch eine geringere Häufigkeit von Straßendemonstrationen bei gleichzeitiger Routinisierung gekennzeichnet. Als neu „erfundene" Tradition wird der Internationale Frauentag, zunächst noch ohne festes Datum, in den sozialdemokratischen Fest-Kalender aufgenommen: Am 19. 3. 1911 finden im Groß-Berliner Raum 41 Veranstaltungen statt, zu denen die Teilnehmerinnen teilweise in demonstrativen, geschlossenen Zügen anmarschieren. Anläßlich der Maifeier 1911 kommt es zu vereinzelten Straßendemonstrationen, ebenso nach sozialdemokratischen Wahlrechtsversammlungen am Abend des 4. 7. 1911. Den Höhepunkt des Jahres bildet eine genehmigte Friedens-Kundgebung unter freiem Himmel im Treptower Park am 3. 9. 1911 nach dem Muster der am 10. 4. 1910 durchgeführten Kundgebungen mit bis zu 200.000 Teilnehmern.

Im Mai 1912 finden außer dem Internationalen Frauentag am 12. d. M. zwei Tage zuvor sechs Versammlungen statt, die gegen die gewaltsame Entfernung des von der Debatte ausgeschlossenen sozialdemokratischen Landtags-Abgeordneten Julian Borchardt durch ein Polizeikommando protestieren und erst am selben Tag einberufen worden sind. Im Anschluß an diese durch den Zustrom von 60-70.000 Personen überfüllten Saalveranstaltungen bilden sich zwei Demonstrationszüge, die ohne Waffengewalt zerstreut werden. Nach den am 22. 5. durchgeführten 32 Wahlrechts-Versammlungen in Berlin kommt es nur vereinzelt zu kleineren Demonstrationszügen.

Auf den September 1912 konzentriert sich die sozialdemokratische Agitation gegen die Teuerung der Lebensmittel. Während es im Anschluß an kleinere Veranstaltungen am 3. und 24. nur in einem Fall zu einem kleinen Demonstrationszug ohne polizeiliches Einschreiten kommt, sind die in nur fünf Sälen durchgeführten Versammlungen am 29. d. M. von geschlossenem Anmarsch davor wie von Demonstrationszügen von jeweils mehreren tausend Personen danach begleitet, die zu Polizeieinsätzen ohne Waffengebrauch führen.

Am 20. 10. 1912 findet in Berlin die letzte und zugleich größte genehmigte Kundgebung unter freiem Himmel im Treptower Park vor dem Ersten Weltkrieg nach bekanntem Muster statt; sie wird von 250.000 Teilnehmern besucht und richtet sich gegen die Kriegsgefahr, das preußische Dreiklassenwahlrecht und die Teuerung. Sie verläuft ohne jegliche Zwischenfälle und stellt für die Organisatoren beider Seiten bereits Routine dar. An sechs sozialdemokratischen Friedensversammlungen mit internationalen Gästen am 17. 11. kommt es wegen Demonstrationszügen zu Zusammenstößen mit der Polizei ohne Waffeneinsatz.

Nachspiel: Strategiekrise der Sozialdemokratie und deren weitgehender Verzicht auf Straßendemonstrationen 1913 und Anfang 1914.

Die übrigen Straßendemonstrationen, von denen zu berichten ist, fallen in eine Zeit der strategischen Orientierungskrise der Sozialdemokratie, der es nach wie vor nicht gelingt, trotz Erfolgen bei den Reichstagswahlen und in der gewerkschaftlichen Organisation den ersehnten machtpolitischen Durchbruch herbeizuführen. Die Veranstaltungen zum Internationalen Frauentag am 2. bzw. 8. März verlaufen nach dem mittlerweile schon erprobten Muster. Im Anschluß an sozialdemokratische Jugendversammlungen am 7.3. und 25.4.1913 werden kleine Demonstrationszüge gebildet, gegen die die Polizei mit blankgezogener Waffe, allerdings ohne deren Einsatz vorgeht. Am 13.8. und 25.11. finden Arbeitslosenversammlungen statt; jedoch nur nach den sechs im November durchgeführten, an denen etwa 20.000 Personen teilnehmen, kommt es zu kleinen Demonstrationszügen. Im Anschluß an elf Gegenveranstaltungen zum offiziellen Völkerschlacht-Gedenken am 19.10.1913 ziehen Arbeiter und Jugendliche in kleinen Trupps durch die Stadt. Siebzehn Wahlrechtsversammlungen am 26.5.1914 verlaufen ohne Straßendemonstrationen und Zwischenfälle.

Soweit den Spitzelberichten und Beobachtungen der Politischen Polizei zu entnehmen ist, lagen zwischen diesen Phasen sozialdemokratischer Straßenpolitik Phasen der Strategiediskussion bzw. der gezielten Zurückhaltung in dieser Politik-Arena, die zum Teil aus Rücksicht auf die verschiedenen Wahlkämpfe, in denen das Risiko von Auseinandersetzungen mit der Polizei gescheut wurde, erfolgte. Der Verzicht auf die spektakulärste Form der Straßendemonstration, die Kundgebung unter freiem Himmel, ab 1913 wurde ergänzt durch eine *straßenpolitische Offensive von oben*, die über das bisherige konventionelle Maß an monarchisch-staatlicher Repräsentation weit hinausging.[86]

Bevor anhand einer Diskussion des Forschungsstandes zur sozial- und kulturgeschichtlichen Bedeutung der Straßendemonstrationen übergegangen wird, sollen zunächst anhand dieser Berliner Beispiele ihre wichtigsten *äußeren* Merkmale zusammengetragen werden. Auffällig ist eine gewisse *jahreszeitliche* Regelmäßigkeit: Im Hochsommer fanden sehr selten Straßendemonstrationen statt, sie häuften sich hingegen in den ersten Monaten des Jahres und im Herbst. Eine Großteil der Demonstrationsanlässe war an die Tätigkeit von Parlamenten geknüpft: Deren Kalender bestimmte z.B. bei den Wahlrechtsdemonstrationen 1908 und 1910 — Beginn der Session, Einbringung von Wahlrechtsänderungsvorlagen — oder bei den Teuerungsprotesten 1912 die Terminwahl. Der Verlauf von parlamentarischen Auseinandersetzungen konnte aber auch Anlässe zu Demonstrationen überhaupt erst schaffen: In diese Kategorie fallen Proteste gegen den Ausschluß aus der Debatte von sozialdemokratischen Mitgliedern des preußischen Abgeordnetenhauses. Die durch den *Bezug auf das parlamentarische Geschehen* vorgegebene Aussparung des Sommers wurde durch den selbstgeschaffenen politischen Kalender der Sozialdemokratie verstärkt: Ihre demonstrativen Feiertage — Märzfeier, Maifeier, Internationaler Frauentag — lagen alle im Frühjahr, hinzu kam die als „Roter Sonntag" begangene Demon-

---

86 Siehe u. Kap. 7.5.2.

stration zu Anfang des Jahres, bei der sich aktuell-politische Themen mit der Erinnerung an die russische Revolution von 1905 überlagerten. Auch die Proteste gegen Arbeitslosigkeit lagen — vermutlich aufgrund der Verschärfung der materiellen Situation in den Wintermonaten — häufig am Ende des Winters. Bei den restlichen Anlässen wie etwa der Daily-Telegraph-Affäre oder der Hinrichtung Ferrers bestimmte der Zufall den Demonstrationstermin.

Die *Tageszeiten* der Demonstrationsveranstaltungen waren von den Wochentagen abhängig: Mit Ausnahme der Maifeier, der Arbeitslosenversammlungen und der zwei Protestversammlungen vor dem preußischen Abgeordnetenhaus fanden sie an Werktagen nur abends (aber nie Sonnabends), in der Regel um 20 Uhr, statt, an Sonntagen hingegen vormittags um 12 Uhr. Zu letzteren gehörten auch die genehmigten Kundgebungen unter freiem Himmel. Doch auch die sonntäglichen Saalveranstaltungen brachten in der Regel größere (nicht genehmigte) Straßendemonstrationen hervor als die Abendveranstaltungen unter der Woche. So fielen die zentralen Veranstaltungen im Wahlrechtskampf, ob im Saal oder vor den Toren der Stadt, sämtlich auf Sonntage; im Wahlrechtssturm 1910 fand zwischen dem 13. Februar und dem 13. März sogar an *jedem* Sonntag eine Versammlung bzw. der Wahlrechtsspaziergang im Tiergarten statt.

Die *Orte*, von denen Straßendemonstrationen ausgingen, die Stadt-*Räume*, die dabei durchquert wurden, und die Orte ihrer meist polizeilichen Auflösung waren durch zwei Faktoren vorgegeben: Durch die Lage der Versammlungssäle und durch die Absperrung des Schloßviertels gegen jeglichen Demonstrationsversuch. Bei den genehmigten Kundgebungen unter freiem Himmel fanden Straßendemonstrationen in erster Linie in Form des nach Bezirken und Abteilungen gegliederten geschlossenen Anmarsches statt, aber auch deren Route durfte die Stadtmitte nicht durchqueren. In jeder der von der Arbeiterschaft bewohnten Stadtregionen gab es Veranstaltungssäle, die besonders häufig Ausgangspunkte von Demonstrationen waren: im Norden die Pharussäle in der Müllerstraße und die Germaniasäle in der Chausseestraße, in der Schönhauser Allee die Brauerei Königsstadt, am Friedrichshain die Säle der gleichnamigen Brauerei, Kliems Festsäle und die Neue Welt an der Hasenheide an der südlichen Grenze Berlins nach Rixdorf und Kellers Festsäle in der Koppenstraße im westlichen Stralauer Viertel. Sofern nicht wegen Überfüllung Draußengebliebene demonstrativ und geschlossen zum nächsten Veranstaltungsort zogen, bewegten sich die Züge auf die Innenstadt zu, wurden an Kreuzungen abgelenkt, versuchten ihr Ziel über Nebenstraßen zu erreichen, bis sie sich schließlich irgendwo am Rande der Innenstadt, etwa im Spandauer Viertel, in der Friedrichstadt oder der Luisenstadt, von selbst zerstreuten, sofern sie zuvor nicht von der Polizei aufgelöst worden waren. Nur ganz selten gelang die Besetzung des Schloßviertels: Den Wahlrechtsspaziergang am 6.3.1910 verlegte die Parteileitung über Nacht in den Tiergarten und damit auch bis vor das Brandenburger Tor; dorthin waren auch schon einige Teilnehmer der Straßendemonstrationen am 24. Januar im Vorjahr gelangt. Nur die Teilnehmer der Wahlrechtsversammlung bürgerlicher Intellektueller am 27. Februar 1910 konnten eine Aufsichtspanne der Polizei dazu nutzen, bis auf den Schloßplatz zu ziehen und dort zu demonstrieren. Im Bereich zwischen dem Stralauer Viertel und der Friedrichstadt gab es darüber hinaus noch zwei beliebte Stationen sozialdemokratischer Demonstrationszüge: Sie führten etwa von Kellers Festsälen in der Koppenstraße über die Spree in die Luisenstadt zum Gewerkschaftshaus am Engel-Ufer und von dort weiter Richtung Friedrichstadt, um das Vorwärts-Gebäude in der Lindenstraße zu erreichen. Unterwegs schlossen sich Teilnehmer aus anderen Sälen, etwa aus der Neuen Welt oder den „Süd-Ost"-Sälen in der Wrangelstraße, an.

Die *Zusammensetzung der Teilnehmer* bildete weitgehend die Klientel der Sozialdemokratie in ihrer Gliederung nach Beruf, Alter und Geschlecht ab: Überwiegend Arbeits-Männer jungen und mittleren Alters; Frauen waren, obwohl ihre Teilnahme immer wieder in Berichten hervorgehoben wurde, nur als Minderheit von um zehn Prozent vertreten.[87] Das galt im großen und ganzen auch für die Veranstaltungen von Linksliberalen, in denen das bürgerliche Publikum fast immer in der Minderheit war.

Ein polizeilich genehmigter Aufzug im Sinne des RVG war keine dieser Straßendemonstrationen; das hat es *in Berlin* vor dem Ersten Weltkrieg *nie* gegeben. Es gab lediglich das „Recht", *am Rande der Stadt* in Volksparks Versammlungen unter freiem Himmel abzuhalten, zu denen in kleinen Trupps ohne demonstrativen Charakter anmarschiert werden durfte.[88] Daß dennoch nicht jeder spontane Demonstrationszug im Anschluß an eine Versammlung einen harten Polizeieinsatz heraufbeschwor, lag zum einen an den Demonstranten, die es soweit gar nicht kommen lassen wollten, zum anderen an der Sicherheitskonzeption der Polizei, für die die Abschirmung des Schloßviertels wichtiger war als die sofortige Auflösung der Züge, und nicht zuletzt am Zahlenverhältnis zwischen Demonstranten und Polizei. Deren Kräfte waren am Rande des Schloßviertels konzentriert, nicht in unmittelbarer Nähe der Versammlungsorte. Dort begnügte sie sich häufig mit der Aufsicht über die Versammlung und der Beobachtung der Teilnehmer, um durch Kuriere die am Schloßviertel postierten Kommandos über etwaige Annäherungen von Demonstranten zu unterrichten.[89] Die

---

87 Ludwig-Uhland-Institut (1986), S. 143 f. bringt die in den Polizeiakten enthaltene Liste der 66 beim Wahlrechtsspaziergang am 6.3.1910 sistierten Personen: Es handelt sich ausschließlich um Männer, darunter sechs nicht mit einem Arbeiterberuf oder als „Arbeiter" bezeichnete. Die Alterszusammensetzung entspricht der bei den nach einigen „Streikexzessen" angefertigten Sistierten-Verzeichnissen: 52 % sind unter dreißig Jahre alt. Die Teilnahme von Frauen wurde in Presseberichten häufig hervorgehoben, allerdings meist ohne Zahlenangaben. Aufgrund von Bilddokumenten kommt Erne (1986), S. 80, zu dem Ergebnis, daß der Frauenanteil bei den Straßendemonstrationen 1910 unter dem Mitgliederanteil von 12 % lag; in von ihr herangezogenen Dortmunder Polizeiakten wurde der Frauenanteil auf 3 bis 8 % geschätzt.

88 Siehe u. S. 358 f.

89 Dieses „Management" von sozialdemokratischen Versammlungen und den dabei entstehenden Straßendemonstrationen entwickelte sich nach 1910 zu einer routinierten Zusammenarbeit von Politischer Polizei und Schutzmannschaft. Die Politische Polizei gab einen Vorausbericht an das Kommando der Schutzmannschaft, in dem über die Stimmung in der Partei, die Stellung der Parteileitung zu eventuellen Demonstrationen, die zu erwartenden Teilnehmermengen und deren Demonstrationsneigung informiert wurde. Sie richtete während der Veranstaltungen einen auf Beobachtungen ihrer Kriminalschutzmänner gestützten Informationsdienst ein, der mit Kommandostellen der Schutzmannschaft in Verbindung stand. Überraschungen wie beim Wahlrechtsspaziergang konnten so nicht mehr vorkommen. Die Souveränität und Präzision, mit der der Leiter der Exekutive der Politischen Polizei, Henninger, den Verlauf dieser Veranstaltungen und ihren zunehmenden politischen Leerlauf einzuschätzen wußte, bekräftigen Grohs anhand von dessen Einschätzungen der Massenstreikdebatte gewonnenes Urteil, wonach Henninger „zu einer für einen preußischen Exekutivbeamten erstaunlich realistischen Einschätzung der Sozialdemokratie, die seinesgleichen auch unter höheren Beamten kaum findet", „tendierte"; Groh (1973), S. 556 f., Anm. 366.

wenigen heftigen Zusammenstöße zwischen Polizei und Demonstranten mit Säbeleinsatz und einer großen Anzahl von Verletzten und Festgenommenen fanden daher fast alle am Rande des Schloßviertels statt: entweder im östlichen Tiergarten (Wahlrechtsspaziergang) oder in Uferstraßen an der Spree, in denen die Richtung Schloßinsel strebenden Demonstranten von der Polizei eingekesselt worden waren (am 12. und 21. Januar 1908). Die einzigen Demonstranten, die von sich aus Gewalt anwendeten, waren die Teilnehmer der Arbeitslosenversammlungen am 9. Februar 1909 und der Ferrer-Versammlungen am 17. und 20. Oktober 1909. Ansonsten wurde durchweg *gewaltfrei* demonstriert; selbst die harten Polizeieinsätze an der Spree oder im Tiergarten eskalierten *nie* zu regelrechten Straßenschlachten mit kollektiven Aktionen gegen die Polizei, wie sie bei den bereits behandelten Unruhen in Arbeitervierteln zu beobachten sind.

7.3 Straßendemonstrationen als „Körpersprache": Ergebnisse kulturwissenschaftlicher Forschungen

Wie demonstrierten die Anhänger der Sozialdemokratie? Welche Symbole verwendeten sie, um ihren Anspruch auf gesellschaftliche Anerkennung und politische Gleichberechtigung sinnfällig darzustellen? Zu dieser Frage liegen einige in einem kulturwissenschaftlichen Forschungsprojekt unter Leitung von Bernd Warneken erarbeitete Antworten vor, die entscheidend zur Entdeckung der Straßendemonstration als Gegenstand historischer Forschung beigetragen haben. Er formuliert anhand der Wahlrechtsdemonstrationen des Jahres 1910: „Demonstrieren ist eine körperliche Ausdruckshandlung, die zwischen nur verbaler Artikulation und physischem Körpereinsatz steht: Sie bedeutet den Gebrauch des Körpers als politisches Ausdrucksinstrument, sie benutzt Körpersprache gewissermaßen als Mundart der politischen Sprache."[90]

Unter den restriktiven Bedingungen preußischer Polizeipraxis wurde daraus im Wahlrechtskampf sogar eine strikte „Nur-Körper"-Sprache: Die Demonstranten mußten, um „groben Unfug" zu vermeiden, auf Embleme wie Fahnen, Transparente und Plakate weitgehend verzichten. Warneken hebt verschiedene Aspekte dieser Körpersprache hervor:[91]

— Der *„Raumverhaltensaspekt"*: Die Demonstrationen führten von den „profanen" Arbeitervierteln zu den „Kultstätten der Nation", in das Regierungs- und Schloßviertel sowie die angrenzenden Wohnviertel gehobener Schichten.

— Die *Akustik*: Sowohl der „Massentritt" als auch die ihn begleitenden Rufe und Gesänge kontrastierten gezielt mit der in diesen Stadtvierteln üblichen Stille.

— Die *Körperhaltung* und das *Blickverhalten*: Entgegen der im Alltag anzutreffenden Bescheidenheit und Demutshaltung beim Betreten des fremden Territoriums gingen die Demonstranten aufrecht, „frech und frei" umherblickend; bei Begegnungen mit

---

90 Warneken (1986), S. 65.
91 Ebd., S. 66-76.

der Polizei wurde diese Form der Selbstbehauptung zum wechselseitigen „Drohstarren", zum stummen und (noch) nicht von körperlichen Aktionen begleiteten unverhohlenen Mustern des Gegenübers.

– Die *Kleidung*: Die Demonstranten trugen wie bei der Maifeier den dunklen, „bürgerlichen" Sonntagsanzug, der mehreren Zwecken diente: Er drückte ihre eigene Hochachtung vor den Idealen, für die sie eintraten, aus, er milderte möglicherweise den Zugriff durch Polizisten, vor allem aber war er gegen die Vorstellung von demonstrierenden Arbeitern als unzivilisiertem Straßenmob gerichtet. Diese Botschaft war allerdings ambivalent: Die schwarzen Anzüge und Hüte gaben das Bild einer zwar disziplinierten und „gesitteten", aber zugleich „düsteren" und daher als um so bedrohlicher empfundenen „Masse" ab.

– Die „ordentliche" *Gehweise*: Alle Beobachter hoben immer wieder die „musterhafte Ordnung" der gemeinsamen Fortbewegung hervor; sie führte häufig zu militärischen Charakterisierungen als „Kompanien", „Heerschau" oder „Manöver". Warneken differenziert diesen Befund: Zwar drückten auch Sozialdemokraten ihren Stolz mithilfe jener „strammen" Körperhaltung aus, die in allen Sozialisationsinstanzen eingeübt wurde. Das Ordentliche am Marschieren der Demonstranten bestand aber keineswegs in soldatischem Drill, sondern in der Koordination: Die Menge war in der Lage, ein gemeinsames Tempo zu halten, nur eine Straßenseite zu benutzen, die Straßenbahn nicht zu behindern und die Anweisungen der Ordner zu befolgen. Die Gehweisen variierten vom geschlossenen Zug in Reih und Glied über „zwanglose Reihen" und „lose Gruppen" bis hin zum „ungegliederten und nach außen offenen Strom". Von „Drill" im Sinne einer durchgängigen Stilisierung und Ausrichtung des Einzelkörpers konnte aber in keinem Fall die Rede sein; vielmehr waren zugleich andere Aktivitäten möglich (Unterhaltungen, Rauchen, Umherblicken).

– *Gestische* und *liturgische* Elemente: Die Anordnung von Zuhörern und Rednern auf niedrigen Rednertribünen bei den Kundgebungen unter freiem Himmel bildeten keine Unterordnung wie etwa bei Feldgottesdiensten ab. Die Versammlungen wurden mit einem in feierlicher Stille durchgeführten Akt, der Annahme einer Resolution durch Handaufheben, beendet. Die danach ausgebrachten Hochs wurden mit Hutschwenken unterstrichen, eine Geste, die individuell oder in Gruppen auch während der Demonstrationszüge eingesetzt wurde. Auch hier fällt der Verzicht auf aggressive Gestik auf, was der oftmals als „heiter" beschriebenen Stimmung der Demonstranten entsprach, die auf die gelungene Selbstdarstellung entspannt wie auf einen Sieg reagierten.

Diese Beobachtungen belegen Warneken und die von ihm geleitete studentische Forschungsgruppe zum einen anhand von Zeitungs-Reportagen aller Richtungen und Polizei-Akten, zum anderen durch die z. T. minutiöse Auswertung von Fotografien. Ihnen ist aus der Sicht meiner Untersuchungsergebnisse gerade in Hinblick auf die „heißen Phasen" des Wahlrechtskampfes im Januar 1908 und vom Februar bis April 1910 nichts hinzuzufügen. Allerdings ist zu betonen, daß die herausgearbeiteten Aspekte der Demonstration als „politischer Körpersprache" in verschiedenen Kombinationen auftraten, es also keineswegs einen für alle Anlässe einheitlichen Demonstrations-„Stil" gab. Das aus den Saalveranstaltungen übernommene Ritual der öffentlichen Abstimmung beschränkte sich auf die seltenen Kundgebungen unter freiem Himmel, der stumme Marsch großer Züge v. a. auf den polizeilich genehmigten Anmarsch zu diesen, während die abendlichen Spontan-Demonstrationen im Anschluß an Saalveranstaltungen fast immer von Gesang und Rufen begleitet waren. Gemeinsam war jedoch allen Straßendemonstrationen die Friedlichkeit der Mittel und ihre relative Ordnung: Auch die ohne Parteiregie durchgeführten Umzüge hielten sich an bestimmte Gepflogenheiten wie die Rücksichtnahme auf den Straßenverkehr und endeten von wenigen Ausnahmen abgesehen nicht in Aktionen gegen die Polizei.

Im Gegensatz zur traditionellen plebejischen Straßenkultur des 18. und 19. Jahrhunderts, die den öffentlichen Zeremonien der Oberen eine rituelle Unordung der Unteren entgegensetzte, führten die Straßendemonstranten in den preußischen Wahlrechtskämpfen — so abschließend Warneken — ihren „Symbolkrieg" auf eine andere Weise: „Diese zwischen Hierarchie und Anarchie hindurchgeführten Massenaufzüge sind Propaganda für die Möglichkeit des 'Volksstaates', der Republik: Sie wollen neben Zahl und Entschlossenheit der Massen vor allem deren politische und kulturelle Hegemoniefähigkeit beweisen".[92]

Darin lag zweifellos die von allen Zeitgenossen anerkannte, wenn auch unterschiedlich interpretierte Neuartigkeit dieser Protestform.[93] Körper in diesen Massen auf der Straße zu versammeln und sie dennoch *nur* symbolisch einzusetzen, widersprach den bisherigen straßenpolitischen Erfahrungen: Menschenansammlungen im öffentlichen Straßenraum, die einen gesellschaftlichen Konflikt artikulierten, waren der Obrigkeit gleichbedeutend mit einer direkten Gefährdung der öffentlichen Ordnung, da sie jederzeit zur Gewalt gegen Sachen und Personen übergehen konnten. Während der traditionelle Volkstumult die alte Ordnung durch Unordnung bedrohte, bedrohten die „Massendemonstrationen der Arbeiterbewegung [...] die alte Ordnung durch das Bild einer neuen".[94]

Der Schlüssigkeit und Überzeugungskraft dieses „Bildes", so ist hinzuzufügen, galten die Anstrengungen der sozialdemokratischen Demonstrationsstrategen. Gerade in ihren Anfangsgründen war die Straßendemonstration vollkommen beherrscht von dieser negativen Fixierung auf den traditionellen Volkstumult. Das geht nicht nur aus ihrer kulturwissenschaftliche Analyse, sondern auch aus der nun folgenden Untersuchung ihrer politisch-strategischen Hintergründe hervor. Der Verzicht auf Lärmen und Johlen, die Besonnenheit und Ruhe bis hin zur Schweigsamkeit Tausender unterstrich das Ausbrechen-Wollen aus einem traditionellen Gefüge öffentlicher Ordnung, die auf der lediglich repressiven Unterbindung un-ordentlicher Handlungen basierte, der ostentativen Selbstbeherrschung aber nichts entgegenzusetzen hatte außer eskalierende Nervosität oder hilfloses Gewährenlassen. Perfektioniert und geradezu überhöht wurde das Bild vom mündigen, der Selbstbestimmung fähigen Volk durch den Ordnerdienst, in dem der technische mit dem symbolischen

---

92 Ebd., S. 77.
93 Ludwig-Uhland-Institut (1986) untersucht neben den ausführlichen Beschreibungen der Demonstrationen auch deren Diskussion und Bewertung v. a. in der bürgerlichen Presse.
94 Warneken (1991b), S. 104.

Zweck untrennbar verschmolz: ein „performativer Akt", der das darzustellende Ziel, die Selbstherrschaft der Gleichberechtigten, an Ort und Stelle vollzog, damit ihre zukünftige Verwirklichung „versprach" und zugleich die öffentlichen Menschenansammlungen innewohnende „Gefahr" der öffentlichen Un-Ordnung verneinte.[95]

Insofern sie zur Negation und Überwindung des alten „Pöbelexzesses" stilisiert wurde, stellte also auch die geordnete Straßendemonstration im sozialdemokratischen Diskurs eine Variante der sozialen Abgrenzung nach unten dar. Die Virtualität dieser Inszenierung, die durch das Verschwimmen der Grenzen zwischen „Realität" und „Bühne"[96] jenes achtunggebietende „Bild" einer „neuen Ordung" erzeugte, schwand freilich in dem Maße, wie Straßendemonstrationen zur Routine wurden. Rasch lernten liberale wie konservative Beobachter, nachdem sie sich von der Harmlosigkeit dieser Art von Demonstrationen überzeugt hatten, diese zu ridikülisieren und zu banalisieren: So konnten die Kundgebungen im Treptower Park als nur vordergründig politische Familienausflüge mit einem Jahrmarkt verglichen werden;[97] die Vossische Zeitung glossierte bereits 1913 das angeblich gleichförmige und folgenlose Alle-Jahre-Wieder der Frauentags-Demonstrationen.[98] Allen Demonstrations-Anstrengungen zum Trotz blieb zunächst einmal alles beim alten, eine Erfahrung, die in den beiden Jahren vor dem Ersten Weltkrieg Enttäuschung und Ernüchterung an Stelle der gehobenen Stimmung während des „Wahlrechtssturms" treten ließ.[99]

7.4 Straßendemonstrationen im Kräftefeld von sozialdemokratischer Basis und Parteiführung, bürgerlicher Öffentlichkeit und Obrigkeit

7.4.1 Bis zum Wahlrechtssturm und den Moabiter Unruhen 1910

So berechtigt die Entgegensetzung von Volkstumult und Straßendemonstration in den kulturwissenschaftlichen Forschungen vom Gesamterscheinungsbild her ist, so wenig darf ihre Gleichzeitigkeit und Wechselwirkung übersehen werden.[100] Gerade durch ihre auch den Akteuren bewußten Unterschiede waren sie als entgegengesetzte Pole im Spektrum straßenpolitischer Aktionsformen von unten aufs engste miteinander verknüpft. Dasselbe gilt mutatis mutandis auch für ihre Behandlung durch die Straßenpolitik von oben, da sie den neuen Straßendemonstrationen nach den

---

95 Siehe a. ebd., S. 115. – Zum Begriff „performativer Akt" siehe anhand der Analysen faschistischer Diskurse bei Projekt Ideologietheorie (1980), passim, insbes. S. 73 f. Die Wirkungsweise performativer Akte auch bei politisch völlig anders gearteten Massenbewegungen wie der Sozialdemokratie im Kaiserreich zu konstatieren, unterstellt nicht einen ihnen gemeinsamen programmatischen Kern als Massenbewegungen. Die italienischen Faschisten und die Nazis waren lediglich diejenigen Massenbewegungen, die derartige Praxen populistischer Repräsentation am konsequentesten weiterentwickelten und gerade dazu Versatzstücke aus der gegnerischen politischen Kultur übernahmen.
96 Siehe Warneken (1991b), S. 107.
97 Siehe ebd., S. 114.
98 Siehe Vossische Zeitung v. 3.3.1913, Nr.112.
99 Siehe Warneken (1991b), S. 115 f.
100 Dies hebt auch einer ihrer Vertreter, Kaschuba (1991), S. 75-77 ausdrücklich hervor.

Regeln traditioneller Straßenaufsicht als grundsätzlich zu unterbindende Ansammlung „schlechten Publikums" entgegentrat.[101]

Straßendemonstrationen definierten sich als *Nicht-Tumult* und trugen dennoch immer das *Potential*, zu traditionellen Tumulten „auszuarten", in sich. Das von Warneken et al. gezeichnete Bild des „Kulturmusters 'friedliche Straßendemonstration'" ist daher auch im Doppelsinn als „Muster", als angestrebte, aber nicht in jedem Fall erreichte Form der Selbstdarstellung zu verstehen. Andernfalls suggeriert es eine Eindeutigkeit und Geschlossenheit der Aktionen wie der Akteure, die näherer Betrachtung nicht standhält. Dieselben friedlich demonstrierenden Arbeiter beteiligten sich unter anderen Umständen an direkten Aktionen bei Streiks oder Quartierskrawallen, wurden gelegentlich vom Blaukoller übermannt oder trieben am Wochenende groben Unfug. Außerdem: „Die" Sozialdemokratie, die ab 1908 die Straßen besetzte, war alles andere als ein monolithischer Block; sie zeigte das „Sonntagsgesicht" einer Geschlossenheit, von der sich das „Werktagsgesicht" der Widersprüche zwischen Basis und Funktionären, linksradikalem, zentristischem und reformistisch-revisionistischem Flügel, Männern und Frauen, Jugendlichen und Erwachsenen und nicht zuletzt Gewerkschaften und Parteiorganisation deutlich abhob.

Gegenüber der von Warneken in den Mittelpunkt gerückten „glorreichen" Phase des Wahlrechtskampfes 1910 mit ihrer elaborierten symbolischen Körpersprache wurde die erste Phase von Straßendemonstrationen 1908 bis 1909 stärker durch die Eigeninitiativen der Partei-Basis mitgestaltet. Sie brachte in den parteiinternen Diskussionen die Forderung nach Strategien der endgültigen Überwindung der Machtlosigkeit durch konzentrierte, alle Kräfte mobilisierende Aktionen ein, und in diesem Sinne wurden Straßendemonstrationen in den Jahren bis 1910 auch als konkrete Schritte in Richtung „Massenstreik" verstanden — sowohl innerhalb der Sozialdemokratie als auch beim politischen Gegner. Damit wuchs den Straßendemonstrationen in dieser Phase eine straßenpolitische Qualität zu, die für alle Beteiligten existentielle Bedeutung hatte: Sie trugen die Hoffnungen und Befürchtungen revolutionärer Eskalationen. Dafür bürgte ihr *„manifeste"*, die Forderung nach der Einführung eines demokratischen Wahlrechts, deren Verwirklichung tatsächlich eine soziale und politische Umwälzung der Herrschaftsverhältnisse in Preußen bedeutet hätte, wie sie erst im Oktober 1918 begann. Die mit diesen Strategiedebatten verbundene Dynamik des Drängens auf Aktionen von unten und deren Kanalisierung von oben her hat Dieter Groh in seiner grundlegenden Studie analysiert, die sich allerdings — von der letzten Runde der Massenstreikdebatte 1913/14 und den sie begleitenden Organisationsansätzen in den Berliner Wahlkreisvereinen abgesehen — auf die nationale Ebene der obersten Führungsgremien der Partei beschränkt. Im folgenden soll dieser Prozeß vor allem anhand der Spitzelberichte aus den unteren Parteigliederungen dargestellt werden.

Im Vorfeld der für Januar 1906 angesetzten Demonstrationsveranstaltungen registrierte die Politische Polizei eine aktivistische Stimmung unter den Parteimitglie-

---

101 Die von Champagne (1990), S. 334, formulierte Kritik an ethnographischen Untersuchungen französischer Demonstrationen trifft tendenziell auch auf Warneken et al. zu, da auch bei ihnen das konstitutive Moment des strategischen „Einsatzes" der Straßendemonstrationen im politischen Machtkampf zu kurz kommt.

dern, die mit zur „sozialen Panik" des „Roten Sonntags" beigetragen habe dürfte. So wurde ihr bereits am 11. Dezember 1905 aufgrund vertraulicher Mitteilungen berichtet, daß unter den Arbeitern der AEG „mit einer gewissen Begeisterung" von den „großen Demonstrationen" am 16. Januar gesprochen würde. Bis dahin sei daher nicht mit „Demonstrationen irgendwelcher Art" zu rechnen, es müsse aber „mit der Möglichkeit von allerdings von der Parteileitung nicht beabsichtigten Straßendemonstrationen gerechnet werden".[102]

Vor allem die Zahlabendversammlungen am 11. Januar brachten Berichte über einzelne Abteilungen oder Bezirke, in denen auf Straßendemonstrationen gedrungen wurde. Laut Instruktionen der Parteileitung an die Basisfunktionäre sollten Straßendemonstrationen diesmal aber unbedingt unterbleiben, da man erst am Anfang der Wahlrechtsagitation stünde. Dennoch beschlossen einzelne Gruppen Aktionen auf eigene Faust, die in einem Fall erst einen Tag vor dem „Roten Sonntag" nach Intervention von Funktionären zugunsten einer reinen Saalveranstaltung abgesagt wurden.[103] Neben diesen konkreten Informationen über von der Parteileitung verhinderte Straßendemonstrationen einzelner Parteigruppen gelangten aus weniger zuverlässigen Quellen wie Stammtischgesprächen und klatschsüchtigen Schlafstellenvermieterinnen Gerüchte über die angebliche Bewaffnung der Genossen und die am „Roten Sonntag" zu erwartende Revolution an die Politische Polizei. Sie beruhten deren Einschätzung zufolge auf gezielten Irreführungen.[104] Je umfangreicher die polizeilichen Vorsorgemaßnahmen und je reibungsloser der Verlauf der Saalversammlungen, desto glaubwürdiger die Behauptung der politischen Reife der *tatsächlich* friedlichen Massen und ihr Anspruch auf staatsbürgerliche Gleichberechtigung − so ließ sich demnach das Kalkül der sozialdemokratischen Strategen zusammenfassen.[105] Ein aufwendiger Ordnerdienst vor den Versammlungssälen sicherte diesen erwünschten Verlauf des „Roten Sonntags" ab.[106]

Als am Nachmittag des 16. Januar eine Schutzmannspatrouille im Tiergarten eine Gruppe von 300 lärmenden Jugendlichen auseinandertrieb, bekam sie zu hören: „Na wartet man, heute gehen wir noch, aber am Sonntag, da werden wir es Euch zeigen, da kommt es genau so wie in Rußland."[107] In der Partei machte die Forderung, man

---

102 Spitzelbericht v. 11.12.1905, BLHA, Rep. 30, Tit. 94, Nr. 13562, Bl. 18, 18v; siehe a. den Bericht PP an MdI v. 16.12.1905 (Konzept), ebd., Bl. 26-31.
103 Siehe Spitzelberichte und Vermerke v. 11. bis 25.1.1906, ebd., Bl. 133-138v, 185, 185v, 209-211, 217-218.
104 Siehe Spitzelberichte und Vermerke v. 16.12.1905 bis 20.1.1906, ebd., Bl. 26-27, 57-58, 99-100, 150-155, 177, 177v, 184.
105 Siehe Spitzelbericht v. 17.1906 über einen Redebeitrag von Ottilie Baader auf einem Frauenleseabend am 15.1.1906, ebd., Bl. 180, 180v, und insbesondere einen Spitzelbericht v. 20.1.1906 über eine Zusammenkunft der Versammlungs-Referenten mit dem Aktions-Ausschuß am 19.1.1906, ebd. Bl. 391-392.
106 Siehe Vossische Zeitung v. 22.1.1906, Nr. 35. − Groh (1975), S. 147 interpretiert diesen Verlauf des „Roten Sonntags" als das Ergebnis eines indirekten Zusammenspiels von „gemäßigten" Kräften in Partei und Regierung, die weder den Bestand der Organisationen bzw. aus der Niederwerfung von Straßendemonstrationen resultierende Militäraktionen riskieren wollten, und spekuliert sogar darüber, ob der außerordentlich präzise Informationsstand über die Planungen der Sozialdemokratie bei der Politischen Polizei im Vorfeld dieser Aktion nicht auf gezielte Indiskretionen seitens der Partei zurückzuführen war.
107 Bericht Abt. VII v. 16.1.1906, BLHA, Rep. 30, Tit. 94, Nr. 13562, Bl. 191, 191v.

müsse mit der Regierung „russisch reden", die Runde.[108] Auch wenn die zahlreichen Bewaffnungs- und Umsturzgerüchte von denjenigen, die sie in Umlauf setzten, nicht unbedingt wörtlich gemeint waren, sind sie dennoch als Machtphantasien der Bürger zweiter Klasse ernstzunehmen. Was aus Angeberei oder zur Verulkung Nichteingeweihter an Räubergeschichten verbreitet wurde, vermochte zwar die Analytiker der Politischen Polizei nicht zu narren, wurde aber Teil einer die gesamte Öffentlichkeit durchziehenden Erwartungshaltung. „Das beste Geschäft hätten in diesen Tagen zweifellos die Notare gemacht, da viele Leute, in Rücksicht auf den blutigen Sonntag, ihr Testament anfertigen ließen", mokierte sich der auf dem rechten Flügel der Partei stehende Wolfgang Heine auf dem Stiftungsfest seines Wahlvereins am 20. Januar über die Stimmung im Bürgertum.[109] Während ernsthafte Ansätze zur Vorbereitung von Straßendemonstrationen an der Basis mit sanftem Druck von oben abgewürgt wurden, durften die Gerüchte über Aufstand und Revolution als harmlose Übertreibungen die Gemüter beschäftigen.

Das Gelingen dieser Doppelstrategie — einerseits in Andeutungen von der Revolution reden, andererseits durch minutiöse Vorbereitungen die Demonstrations-Aktionen unterhalb der Schwelle zur direkten Konfrontation halten — veranlaßte die Parteiführung in den Wochen nach dem „Roten Sonntag" zur Vorbereitung detaillierter Massenstreik-Szenarios, die sich jedoch wegen der notwendigen Rücksichtnahme auf die weniger risikofreudigen Gewerkschaften nicht realisieren ließen. Anfang Februar wurde der Politischen Polizei berichtet, daß nach Bebels Meinung Straßendemonstrationen vorläufig in Berlin „zu verhindern" oder nur als „Straßen-Spaziergang" in den Vororten durchführbar seien. Danach müsse weiterhin „fortgesetzt demonstriert werden", und zwar in Form von plötzlichen Arbeitsniederlegungen am Nachmittag.[110]

Derartige Aktionen wurden auf zwei Zahlabenden im 6. Wahlkreis am 4. Februar noch für denselben Monat angekündigt. Weitere Details dieser „Bebel'schen Taktik" — so das Etikett der Politischen Polizei — konnten die Spitzel Mitte des Monats melden. Angeblich sei der Parteivorsitzende durch seine Beobachtungen während des Bergarbeiterstreiks im Ruhrgebiet im Jahr davor auf die Idee gebracht worden, durch Massenarbeitseinstellungen am Nachmittag, bei welchen die Arbeiter zu Hause bleiben und so für Feiertags-Stille mitten in der Woche sorgen würden, zu demonstrieren. Derartige Aktionen sollten nach und nach in verschiedenen Städten und dann regelmäßig, etwa alle vier Wochen, ursprünglich zuerst in Berlin (und nicht — wie bereits geschehen — in Hamburg) durchgeführt werden, zur „Schulung" der Genossen, und um „derart zu erproben, wie weit die Arbeiterführer die Arbeiter in der Gewalt haben". Nur die „heikle Frage" der Verhinderung des Zuzugs Arbeitswilliger von außerhalb sei noch nicht gelöst. Im übrigen sei der Plan streng geheim. „Man will besonders vermeiden, daß Presse, die Behörden und Anarchisten davon etwas erfahren."[111]

---

108 Siehe Vossische Zeitung v. 22.1.1906, Nr. 35.
109 Spitzelbericht v. 21.1.1906, BLHA, Rep. 30, Tit. 94, Nr. 14144, Bl. 23.
110 Spitzelbericht v. 5.2.1906 (irrtümlich auf 5.2.1905 datiert), BLHA, Rep. 30, Tit. 94, Nr. 13562, Bl. 4.
111 Spitzelbericht v. 17. u. 19.2.1906, BLHA, Rep. 30, Tit. 94, Nr. 9799, Bl. 206-208.

Ausgerechnet im Verbandsorgan der von den Anarchisten beeinflußten lokalistischen Gewerkschaftsorganisation „Freie Vereinigung" wurde dann im Sommer jenes am 16. Februar ausgehandelte Geheimabkommen zwischen Parteivorstand und Gewerkschaftskommission veröffentlicht, das eine systematische Vorbereitung derartiger Massenstreik-Aktionen bis auf weiteres ausschloß.[112] Bereits auf den Zahlabenden am 14. Februar wurde den Parteimitgliedern untersagt, über bevorstehende Straßendemonstrationen zu diskutieren, da es sich bei der Vorbereitung des „Roten Sonntags" gezeigt hätte, daß dadurch die Regierung zu umfassenden Vorbereitungen in der Lage sei. „Die nächste Demonstration wird über Nacht kommen, ohne daß dazu Propaganda gemacht werden wird."[113]

Der Massenstreik als Teil einer gewaltigen, den politischen Durchbruch versprechenden gemeinsamen Mobilisierung aller Kräfte der sozialdemokratischen Arbeiterbewegung war damit vorläufig vom Tisch, nicht jedoch die in ihren Mitteln allerdings wesentlich bescheidener gehaltenen Straßendemonstrationen. Zunächst aber verzichtete die Parteiführung auch auf diese nicht zuletzt aus Rücksicht auf den Wahlkampf zu den Reichstagswahlen des Jahres 1907. In Vorbereitung auf die Protestaktionen anläßlich der im Januar 1908 zu erwartenden Behandlung einer liberalen Wahlrechtsvorlage im preußischen Abgeordnetenhaus beschäftigten sich die Parteimitglieder ab dem Herbst 1907 mit dem Thema Massenaktionen im Wahlrechtskampf. Wieder wurde ihnen zunächst mit vielversprechenden Andeutungen der Mund wäßrig gemacht. Schon im September 1907 forderte Paul Singer auf einem Charlottenburger Zahlabend die Genossen auf, „falls ein derartiger Ruf [zu Demonstrationen – T. L.] von Seiten des Partei-Vorstands erfolgen sollte", „Mann für Mann [zu] erscheinen und auch noch die Säumigen welche bisher der Organisation fernstehen mit[zu]bringen."[114] Fritz Ebert bereitete einen Monat später Mitglieder im 2. Wahlkreis auf bevorstehende Aktionen vor, allerdings ob „der Kampf durch einen eventuellen Generalstreik oder durch Straßendemonstrationen geführt werde, darüber könne er [...] heute noch nichts bestimmendes sagen; auch die Genossen sollten sich darüber nicht die Köpfe zerbrechen." Der Zentralvorstand werde ja „alles bis ins Kleinste" regeln, „dann [sei es] eine Kleinigkeit [...], die Genossen zum Kampf zu rufen und zusammen zu bringen."[115] Vor Genossen im 4. Wahlkreis kündigte Singer am selben Abend „einen Kampf" an, „wie ihn die Partei noch nie erlebt habe", einen „opferreichen Kampf", in dem „kein Mittel gescheut werden dürfe".[116]

Unmittelbar vor den Aktionen vom 9. bis 12. Januar 1908 fand diesen Ankündigungen entsprechend die detaillierte Instruierung der Parteimitglieder statt: Geschlossener Anmarsch von den Zahlstellen am Abend des 9. Januar, möglichst in nüchternem Zustand, um Zusammenstöße mit der Polizei zu vermeiden, und zwar so spät, daß die Versammlungssäle von Nichtorganisierten und Frauen besetzt würden, so daß draußengebliebene Genossen sich an gemeinsamen Umzügen zu anderen Versamm-

---

112 Siehe ausführlicher Müller (1985), S. 183-185; Groh (1975), passim.
113 Spitzelberichte v. Zahlabenden am 14.2.1906 v. 16. u. 17.2.1906, BLHA, Rep. 30, Tit. 94, Nr. 9799, Bl. 193-196, 205, 205v.
114 Spitzelbericht v. 12.9.1907, BLHA, Rep. 30, Tit. 94, Nr. 13217, Bl. 218.
115 Spitzelbericht v. 16.10.1907, BLHA, Rep. 30, Tit. 94, Nr. 14141, Bl. 234-235.
116 Spitzelbericht v. 16.10.1907, BLHA, Rep. 30, Tit. 94, Nr. 14147, Bl. 80-81.

lungsorten beteiligen könnten. Am nächsten Vormittag sollten insbesondere Arbeitslose und Frauen vor dem preußischen Abgeordnetenhaus erscheinen; wie es am Sonntag, dem 12. Januar, mit den angesetzten Versammlungen weiterginge, würde noch auf außerordentlichen Versammlungen am 11. Januar bekanntgegeben werden.[117]

Auf einem Zahlabend im sechsten Wahlkreis lösten diese Mitteilungen des Bezirksführers eine „lebhafte Diskussion" aus, in der auch die Basis mit ihren Vorstellungen zu Wort kam: „Die meisten Redner traten dafür ein, daß es nun endlich einmal wahr gemacht werden muß, entweder sie erhalten das Wahlrecht nun auf gütlichem Wege, oder die Partei muß nun alles daran setzen, sei es durch Streiks, Revolution oder sonst etwas mag kommen was. Die Genossen haben weiter nichts zu verlieren, schlechter als es jetzt gehe, kann es nicht werden. Einzelne Redner versuchten den Genossen klar zu machen, daß die Partei zu derartigem Vorgehen doch nicht fest genug stehe, um alles durchzusetzen und man würde sie evtl. mit Ausnahmegesetzen traktieren und ihre schöne Organisation vernichten und darum sollte man wohl demonstrieren, aber jeden Zusammenstoß mit der Polizei vermeiden. Im Schlußwort über die Angelegenheit führte der Bezirksführer aus vorläufig solle jeder Zusammenstoß mit der Polizei vermieden werden, wenn es soweit ist, wird von der Leitung schon eine Anweisung erfolgen."[118]

Durch „vorläufig" und „wenn es soweit ist" wurde die revolutionäre Ungeduld der Kritiker in die von oben vorgezeichneten Bahnen friedlicher Straßendemonstrationen gelenkt. Offensichtlich pragmatischer denkende Genossen im 4. Wahlkreis wollten sich auf die „Saal-Überfüllungs"-Taktik gar nicht erst einlassen, vielmehr rechtzeitig anmarschieren, um noch Platz im Versammlungslokal zu bekommen, da sie „sich nicht draußen kalte Füße holen" wollten.[119] Die bekam stattdessen die Parteileitung angesichts der dann doch nicht „vermiedenen" blutigen Zusammenstöße mit der Polizei. Während die zahlreichen der Innenstadt zustrebenden Züge am Sonntagvormittag des 12. Januar wenigstens noch zum Teil von der Partei und ihren Basisfunktionären angeleitet worden waren und im Vorwärts auch triumphierend mit Überschriften wie *Das Proletariat hat sich die Straße erobert* gefeiert wurden[120], handelte es sich bei den Zusammenstößen zwischen Arbeitslosen und der Polizei am 21. Januar um eines jener Ereignisse, die angeblich *„mit der sozialdemokratischen Partei oder mit der Wahlrechtsbewegung nicht das mindeste zu tun"* hatten.[121]

Den Eindruck, den der ab dem 12. Januar rund um das Schloßviertel herrschende Belagerungszustand auf Parteikreise machte, während in denselben Tagen im über-

---

117 Spitzelberichte v. 9.1.1908, BLHA, Rep. 30, Tit. 94, Nr. 13218, Bl. 3-4, BLHA, Rep. 30, Tit. 94, Nr. 14142, Bl. 8-9, BLHA, Rep. 30, Tit. 94, Nr. 14144, Bl. 180, BLHA, Rep. 30, Tit. 94, Nr. 14152, Bl. 21.

118 Ebd., Nr. 13218, Bl. 1-2v.

119 Ebd., Nr. 14147, Bl. 148, 148v. – Auf einer Kreiskonferenz im 6. Wahlkreis im Dezember desselben Jahres beantragte ein Bezirk hingegen eine generelle Verkürzung der Redezeiten bei Massenversammlungen, damit die Draußengebliebenen nicht so lange bei schlechter Witterung auf den Beginn der Straßendemonstrationen warten müßten. Spitzelbericht v. 9.12.1908, BLHA, Rep. 30, Tit. 94, Nr. 14152, Bl. 215, 215v.

120 Beschreibungen siehe Vorwärts v. 13.1.1908, Nr. 10a, Vossische Zeitung v. 13.1.1908, Nr. 20, Vorwärts v. 15.4.1908, Nr. 90 (Gerichtsreportage).

121 Vorwärts v. 22.1.1908, Nr. 18.

füllten Obdachlosenasyl randaliert und auf eigene Faust demonstriert wurde, zeigt eine Debatte im Pankower Ortsverein am 13. Februar, in der der Genosse Freiwald vom Groß-Berliner Aktionsausschuß ausführte: „Eine derartige Demonstration wie am 12. Januar 08 von der socialdemokratischen Partei ausgeführt wurde, ist in Zukunft nie und nimmer mehr anzuwenden. Die Partei würde sich nur selbst aufs schlimmste schädigen und kampflos machen." Einige „radikalere Genossen" schlugen vor, den Tag der im Herbst zu erwartenden Urwahlen zum preußischen Abgeordnetenhaus zu Demonstrationen vor den Wahllokalen zu nutzen. Derartige Demonstrationen bezeichnete Freiwald als „zwecklos" und bemerkte zum Schluß der Debatte: „Genossen, führen Sie sich mal selbst weitere derartige Demonstrationen vor Augen, was kann dadurch alles entstehen, den Genossen könnte man es nicht übel nehmen, wenn sie sich zur Abwehr einer Waffe bedienen, und was wäre es dann, nicht mehr Demonstration, sondern Revolte. Die Folgen würden dann nicht ausbleiben."[122]

Auch wenn derartige Abwiegelungsversuche gelegentlich noch Zwischenrufe wie „Feigheit" provozierten[123], vermochten sie weitere Demonstrations-„Neigungen" vorerst ins Leere laufen zu lassen. Als es in den folgenden Wochen um die Vorbereitung auf die Veranstaltungen anläßlich der Märzfeier ging, wurde bereits wieder in allen Versammlungen energisch vor Straßendemonstrationen im Anschluß an die Saalversammlungen gewarnt und entsprechenden Vorschlägen entgegengetreten.[124] Im Vorfeld der Maifeier konnte der Polizeipräsident dem Innenministerium über eine gedrückte Stimmung nicht zuletzt dank der hohen Arbeitslosigkeit berichten, die selbst vom „Straßenpöbel" keine Demonstrationen erwarten ließ und sich in einem im Vergleich mit früheren Jahren „kläglichen" Verlauf der Veranstaltungen niederschlug.[125]

Dennoch wurden die „spontanen" Umzüge im Laufe des Jahres zum mehr oder weniger festen Bestandteil abendlicher Saalversammlungen, auch ohne daß die Parteimitglieder durch Instruktionen jedesmal darauf vorbereitet werden mußten. Daß es dabei nicht mehr zu gewaltsamen Konflikten mit der Polizei kam, dürfte Lernprozessen auf beiden Seite zuzuschreiben sein: Einerseits verzichteten die Demonstranten auf das Ziel „Schloßviertel", sobald sich ihnen ein Polizeiaufgebot in den Weg stellte, und gingen ihrer Wege, andererseits entwickelte die Schutzmannschaft eine gewisse Routine im Umgang mit derartigen Gelegenheitsdemonstrationen.[126]

Die Straßendemonstrationen des Januar 1909 muten in ihrer Kombination von triumphalem „Roten Sonntag" und einer Demonstration vor dem Abgeordnetenhaus einerseits, mit den Ausschreitungen der Arbeitslosen am Tag des Staatsbesuchs des

---

122 Spitzelbericht v. 13.2.1908, BLHA, Rep. 30, Tit. 94, Nr. 13218, Bl. 30-31. – Siehe ähnliche Einschätzungen der Aktion am 12.1.1908 durch Parteifunktionäre, Spitzelberichte v. 26. u. 27.1.1908, BLHA, Rep. 30, Tit. 94, Nr. 14144, Bl. 241–244.
123 Spitzelbericht v. 13.2.1908, BLHA, Rep. 30, Tit. 94, Nr. 13218, Bl. 19-20.
124 Siehe Spitzelberichte v. 12.3.1908, BLHA, Rep. 30, Tit. 94, Nr. 14142, Bl. 39-41v, BLHA, Rep. 30, Tit. 94, Nr. 14147, Bl. 173-177v, BLHA, Rep. 30, Tit. 94, Nr. 14152, Bl. 53-56v.
125 PP an MdI v. 29.4. u. 2.5.1908, GStA, Rep. 77, Tit. 2513, Nr. 2, Bd. 6, Bl. 256, 256v, 259-260.
126 Siehe z.B. die Umzüge im Anschluß an die Protestversammlungen anläßlich der Daily-Telegraph-Affäre am 10.11.1908, siehe Berichte der Schutzmannschaft u. der Abt. VII, BLHA, Rep. 30, Tit. 94, Nr. 12428.

englischen Königs andererseits wie eine bis in Einzelheiten gehende Kopie der Ereignisse im Vorjahr an, mit dem Unterschied, daß selbst im Fall der gewalttätigen Arbeitslosen harte Konfrontationen mit der Polizei ausblieben. Auch für die Zeit danach finden sich Abwiegelungsversuche wie im Vorjahr.[127] Erst mit dem Wahlrechtssturm 1910 setzte ein weiteres Mal die Dynamik von Basismobilisierung durch Verheißung großartiger Aktionen, Demonstrationserfolgen und anschließender Abwiegelung „pünktlich" zum 1. Mai ein.[128] Auch diesmal fand, noch bevor der Reichskanzler Bethmann Hollweg durch seinen Wahlrechts-„Reform"-Vorschlag am 4. Februar die eigentliche Demonstrationswelle auslöste, eine parteiinterne Strategie-Debatte um die Optionen Massenstreik und/oder Straßendemonstrationen statt, die in einen bewußt vage gehaltenen Parteitagsbeschluß der preußischen Sozialdemokratie mündete.[129]

Die entscheidende Veränderung im gesamtpolitischen Kräftefeld gegenüber den Vorjahren bestand Anfang 1910 darin, daß mittlerweile die Liberalen im Reichstag wieder zur Opposition gehörten und sich ihrerseits verstärkt für Wahlrechtsreformen einzusetzen begannen.[130] Doch nicht nur auf dem Papier und in Parlamenten bahnten sich derartige Gemeinsamkeiten, von denen die Sozialdemokratie zunächst wenig wissen wollte[131], an. Der spanische Justizmord an Francisco Ferrer im Oktober 1909 mobilisierte eine *klassenübergreifende* antiklerikale Welle der Empörung und Protestversammlungen, und auch die sich daran anschließenden Polizeieinsätze gegen Versammlungsteilnehmer und v. a. -teilnehmer*innen* stellten liberale „Persönlichkeiten" der bürgerlichen, ja gar adeligen Oberschicht auf eine Stufe mit sozialdemokratischen Arbeitern, für die diese Behandlung zum Alltag gehörte. Zugleich zeigt die polizeiliche Verarbeitung dieser Vorgänge einen Strategiewechsel des Polizeipräsidiums an, der untrennbar mit der Person des am 2. November 1909 in sein neues Amt eingeführten Traugott v. Jagow verbunden ist.[132]

---

127 Laut Bericht Abt. VII. v. 2.4.1909 wollte der Aktionsausschuß sich aus Furcht vor Straßenunruhen nicht an einer im 6. Wahlkreis geplanten Veranstaltung gegen das polizeiliche Spitzelsystem beteiligen und warnte vor Straßendemonstrationen. BLHA, Rep. 30, Tit. 94, Nr. 14153, Bl. 46v.

128 Siehe Groh (1973), S. 128-160.

129 Im Dezember 1909 wurden in Berliner Parteiorganisationen von Funktionären verschiedene Aktionen, von Straßendemonstrationen über halbtägige Massenstreiks bis hin zum Generalstreik, angekündigt bzw. diskutiert; siehe Spitzelberichte v. 8. u. 9.12.1909, BLHA, Rep. 30, Tit. 94, Nr. 13219, Bl. 82-83v, BLHA, Rep. 30, Tit. 94, Nr. 14142, Bl. 266, 266v, BLHA, Rep. 30, Tit. 94, Nr. 14144, Bl. 327-330. − Zum Beschluß des preußischen Parteitags siehe Groh (1973), S. 132; Ludwig-Uhland-Institut (1984), S. 15.

130 Siehe Langewiesche (1988), S. 223-225.

131 Vorschläge des rechten Parteiflügel für gemeinsame Aktionen wurden noch auf dem preußischen Parteitag Anfang Januar strikt abgelehnt; siehe Groh (1973), Siehe 128131.

132 Vossische Zeitung v. 2.11.1909, Nr. 515. Dr. jur. Traugott v. Jagow, geb. 1865 in Perleberg, gest. 1941 in Berlin, entstammte dem märkischen Uradel und hatte es bis 1907 in der Stellung eines 1. Oberregierungsrates zum Stellvertreter des Regierungspräsidenten in Potsdam gebracht. Bei seiner Ernennung zum Polizeipräsidenten eilte dem Junggesellen der Ruf eines harten Arbeiters voraus, Die Polizei v. 13.1.1910, 6. Jg., Nr. 21, S. 401. 1916 zum Regierungspräsidenten in Breslau ernannt, endete seine Beamtenlaufbahn dort 1919 in Folge der Revolution. Als „Innenminister" der von den Kapp-Putschisten eingesetzten und nur wenige Tage „amtierenden" Reichsregierung war er Hauptangeklagter im Hochverratsprozeß nach der Niederschlagung des Putsches und wurde als einziger Angeklagter zu fünf Jahren Festungshaft verurteilt; siehe Brammer (1922). Nach seiner Begnadigung wirkte er noch ab 1924 als Hauptgeschäftsführer des Pommerschen Landbundes, der mitglieder-

Die Versammlungen am 17. und 20. Oktober, von der Sozialdemokratie bzw. dem linksliberalen Herausgeber der Welt am Montag, Karl Schneidt, einberufen, wurden in erster Linie von sozialdemokratischem Publikum besucht, das dem mittlerweile gewohnten Muster entsprechend nach Versammlungschluß kleine Straßendemonstrationen durchführte. Die dabei zutagetretende Nervosität der Polizei und Gewaltbereitschaft der Demonstranten war möglicherweise nicht nur durch die Abscheulichkeit des Justizmordes, sondern auch die dramatischen Berichte über gewaltsame Ferrer-Demonstrationen im europäischen Ausland erzeugt worden. Die Versammlung am 19. Oktober war eine der noch seltenen gemeinsamen Aktionen sozialdemokratischer und linksliberaler Kräfte, in diesem Fall prominenter Frauenrechtlicherinnen wie Lily Braun und Minna Cauer. Die sich danach auf dem Platz vor dem Versammlungslokal in der Köpenicker Straße abspielenden Begegnungen zwischen Draußengebliebenen, Versammlungsteilnehmerinnen und der Polizei stellten ebenfalls lediglich eine ohne Waffengewalt durchgeführte Auflösung von Menschenansammlungen und eincs kleinen Demonstrationszugs durch Schutzmänner zu Fuß und zu Pferde dar. Wie etliche vergleichbare Fälle in den anderthalb Jahren davor verdienten sie eigentlich keine ausführlichere Beschreibung. Die Beteiligung bürgerlichen Publikums und die Gründlichkeit, mit der sich der neue Polizeipräsident der Sache annahm, ließen sie jedoch zu einem Wendepunkt für die Straßenpolitik von oben werden, der ausführlicher analysiert werden muß.

Bereits am nächsten Tag meldete der Vorwärts den Einsatz Berittener und die Sistierung von Versammlungsteilnehmern aus einer eingekeilten Menschenmenge heraus unter der Überschrift *„Neue Heldentaten der Berliner Polizei"*.[133] Der entscheidende Auslöser für die vom Polizeipräsidenten angeforderte ausführliche Berichterstattung der beteiligten Polizeioffiziere dürften aber das kritische Echo auch in der liberalen Öffentlichkeit und die Beschwerden zweier ihrer hervorragenden Persönlichkeiten gewesen sein. Sowohl die prominente Frauenrechtlerin Minna Cauer als Einberuferin der Versammlung als auch der als ehemaliger Jesuit und antiklerikaler Schriftsteller bekannte Graf von Hoensbroech beschwerten sich in aller Form über das Vorgehen der Polizei und verlangten eine Untersuchung der Vorfälle bzw. die Bestrafung der beteiligten Beamten.[134]

Die Offiziere der Schutzmannschaft berichteten daraufhin: Das Lokal hatte bereits vor Beginn der Versammlung um 20 Uhr wegen Überfüllung gesperrt werden müssen. Fünfzehn dem Leutnant Krüger II unterstellte Fußschutzmänner versuchten Ansammlungen Draußengebliebener, die sich auf einem Inselperron auf dem Platz aufhielten, in Bewegung zu halten.[135] Auch der unweit davon postierte Leutnant Hormuth berichtete vom Auseinandertreiben „junger Männer und Frauen" sowie „Janhagel" noch vor Beendigung der Versammlung, die nur, wenn sie einzeln aufgefordert wurden, sich zerstreuten, im übrigen aber Hochrufe auf Ferrer ausbrach-

stärksten Landesorganisation des aus dem Bund der Landwirte hervorgegangenen Reichs-Landbundes; siehe die biographische Skizze in Ludwig-Uhland-Institut (1986), S. 54.

133 Vorwärts v. 20.10.1909, Nr. 245.
134 Schreiben v. Cauer u. Hoensbroech v. 20.10.1909, BLHA, Rep. 30, Tit. 94, Nr. 9675, Bl. 185-188.
135 Bericht 55. PR v. 23.10.1909, ebd., Bl. 189-190.

ten, johlten und lärmten.[136] Als um 21³⁰ Uhr die Versammlungsteilnehmerinnen und -teilnehmer — ca. 1.800 Personen — das Lokal verließen und zum größten Teil über den Vorplatz zu den Straßenbahnhaltestellen und den Richtung Westen führenden Straßen strömten, wurden sie von den Draußengebliebenen mit Hochrufen auf die Referentin des Abends, die sozialdemokratische Frauenrechtlerin Lily Braun, begrüßt. Leutnant Krüger II sistierte eine Person wegen groben Unfugs und wurde während des Transports zur nahegelegenen Wache vom „johlenden Mob" verfolgt. Leutnant Hormuth, der nun auf dem Inselperron für Bewegung zu sorgen hatte, wurde dort von Hoensbroech angesprochen, der sich über den gerade stattfindenden Einsatz Berittener, die auf den Bürgersteigen in die Menge hineinritten, empörte. Er verwies ihn an das Polizeipräsidium und forderte ihn — nach standesgemäß höflichem Wortwechsel erfolgreich — zum Weitergehen auf.

Ebenso wie diese beiden hoben auch die anderen berichtenden Polizeioffiziere hervor, daß die Menge keineswegs zu Gewalttätigkeiten neigte, sondern lediglich durch Johlen und Lärmen „Unfug" trieb und die Polizei „beschimpfte" und „anulkte". Das eigentliche straßenpolizeiliche Problem lag woanders. Leutnant Puckaß, der mit fünfzehn Fußschutzmännern aus einer Nebenstraße herbeigeeilt war und schon unterwegs von entgegenkommenden Trupps mit „Bluthunde" und „Mörder" beschimpft worden war, beschrieb es so: Beim Vorgehen gegen die Menschenmenge auf dem Platz vor dem Versammlungslokal zusammen mit den Berittenen „wurde die Taktik verfolgt, die aus besseren Elementen bestehenden Versammlungsteilnehmer, darunter viele Frauen, von dem Mob abzudrängen und sie nach der Alten Jakobsstraße zu leiten, während letztere nach der entgegengesetzten Richtung Köpenicker-straße abgeschoben wurden. Bei diesem Bestreben, das bessere Publikum aus dem Gefahrenbereich zu schaffen, ist von den Schutzleuten durchaus maß- und rücksichtsvoll vorgegangen. [!] Daß natürlich der eine oder andere in dem allgemeinen Gedränge von den Beamten angefaßt werden mußte, ließ sich nicht vermeiden. Dagegen wurden zahlreiche Frauen ihrer weiblichen Würde durchaus uneingedenk ausfallend und grob gegen die Beamten und belästigten sie mit unanständigen Redensarten." Das Richtung Köpenicker Straße abgeschobene „schlechtere" Publikum sammelte sich jedoch hinter den vorrückenden Polizeimannschaften immer wieder und konnte dann nur durch eine gemeinsame Einkesselung mit den Berittenen und die dadurch ermöglichte Sistierung von achtzehn Personen zerstreut werden.[137]

Während die Leutnants sich in ihren Berichten weitgehend auf ihr unmittelbares Vorgehen beschränkten, lieferte der Einsatzleiter Polizeihauptmann Stephan, der zugleich die Berittenen befehligt hatte, auch ausführlichere Rechtfertigungen für die von ihm zu verantwortende „Taktik", die in einer seltenen Ausführlichkeit die Problematik der „spontanen" Straßendemonstrationen nach Versammlungen in der polizeilichen Wahrnehmung dokumentieren. Zunächst ging es ihm darum, die vorhandene Demonstrations-„Gefahr" unter Beweis zu stellen. Während seine Untergebenen die sich während der Saalveranstaltung ansammelnde und später mit dem „besseren" Versammlungspublikum vermischende Menge unspezifisch als „Mob" oder „junge

136 Bericht 49. PR v. 23.10.1909, ebd., Bl. 191-193.
137 Bericht 87. PR v. 23.10.1909, ebd., Bl. 194-195v.

Burschen" beschrieben, bezeichnete sie Stephan zunächst als „halbwüchsige[.] Burschen, zu denen sich Janhagel und Mob gesellt hatten", und spezifizierte erstere dann
in entscheidender Weise: „Viele von diesen Burschen mußten der sozialdemokratischen Jugendorganisation angehören, denn jugendliche und auch ältere Radfahrer
umkreisten und verfolgten die radfahrenden Schutzmänner fortgesetzt bei ihren
Fahrten. Zwischen 7 und 8 Uhr nachmittags zeigten sie sich schon in der Prinzen-,
Neander-, Annen-, Insel- und den angrenzenden Straßen, um die Stellungen der
Polizei zu erkunden. Ferner befanden sich unter dem Publikum auch ältere Arbeiter,
anscheinend die Führer der jüngeren Genossen, die sich durch besonders lautes
Brüllen hervortaten, auch russische Studenten fehlten nicht."

Diese Konzentration von Sozialdemokraten schuf in Verbindung mit einer gleichzeitig einige Straßen weiter stattfindenden Anarchisten-Versammlung „alle Voraussetzung zur Bildung von Demonstrationszügen", weshalb energisches Eingreifen
geboten gewesen sei. Das einzige an konkreten Hinweisen auf die Beteiligung von
Sozialdemokraten, was Stephan in einer späteren Zeugenaussage vorbrachte, waren
halbwüchsige Burschen, die die Arbeitermarseillaise sangen.[138] Von Anarchisten[139]
war danach nie mehr die Rede, ebensowenig von sozialdemokratischen Radfahrern.
Um so bezeichnender steht dieser Bericht für die Versatzstücke einer Situationsdefi-
nition, in der die übliche nivellierende Wahrnehmung aller Unterschichtiger als
„Pöbel" oder „Janhagel" mit den geläufigen Stereotypen des Revolutionärs („Anarchisten", „russischer Student", die als radikal eingestuften Jugendorganisationen und
ihre älteren „Führer", „Radfahrer"...) vermengt wurde. Aber erst das aus dem Versammlungslokal strömende „bessere" Publikum brachte die entscheidende Zuspitzung: „Nun begann [...] ein Schieben der Massen nach Westen – der Vorbote
eines Durchbruchs", gegen den mithilfe der Berittenen von der nördlichen, dem Versammlungslokal gegenüberliegenden Seite her vorgegangen wurde.

Auch Polizeihauptmann Stephan betonte im letzten Teil seines Berichts, daß
„grobe Widersetzlichkeiten" oder gar „Angriffe" seitens des Publikums nicht vorgekommen waren. „Der Janhagel verübte groben Unfug en masse und narrte und
verhöhnte die Polizei. Die Situation nahm jedoch niemals einen ernsteren Charakter
an, so daß von der Waffe hätte Gebrauch gemacht werden müssen. Die Polizei war
stets Herr der Situation." Der Einsatz der Berittenen sei vor allem gegen die „fliehenden Burschen", die zu verfolgen die „um viele Jahre älteren Fußschutzmänner" nicht
imstande waren, erforderlich gewesen.[140]

Da sich weder Cauer noch Hoensbroech mit ablehnenden Bescheiden als Antworten auf ihre Beschwerden zufrieden gaben[141], und der Minister befürchtete, daß der in
liberalen Kreisen hohes Ansehen genießende Graf die Angelegenheit gar ins Parlament tragen werde[142], wurde der Polizeipräsident erneut zur klärenden Untersuchung

---

138 Vossische Zeitung v. 15.4.1910, Nr. 175, 5. Beil.
139 Ihre Versammlung verlief ohne jegliche Zwischenfälle, das starke Polizeiaufgebot „hatte nicht den
   geringsten Anlaß zum Einschreiten"; Vossische Zeitung v. 20.10.1909, Nr. 493.
140 Bericht IV. HM v. 24.10.1910, BLHA, Rep. 30, Tit. 94, Nr. 9675, Bl. 198-203.
141 Schreiben PP an Hoensbroech v. 12.11.1909 (Konzept), ebd., Bl. 213, 213v, an Cauer v. 7.12.1909
   (Konzept), ebd., Bl. 214v-215v.
142 Protokoll einer Konferenz der Polizeiführung mit einem Vertreter des MdI am 10.11.1909, ebd., Bl.
   216-218.

der Vorfälle aufgefordert. Nennenswerte Neuigkeiten förderte diese zweite Serie von Berichten aus der Schutzmannschaft nicht zutage.[143]

Der auf dieser Grundlage Anfang Dezember erstattete ausführliche Bericht des Polizeipräsidenten an den Minister diente in erster Linie dazu, diesen mit Argumenten für eine eventuelle Parlamentsdebatte auszustatten.[144] Der Polizeipräsident bzw. die Beamten der VII. Abteilung nahmen seine Ausarbeitung zum Anlaß, sich ausführlicher über die grundsätzliche Dimension der Angelegenheit Gedanken zu machen – Erörterungen, die zwar im Konzept des Antwortschreibens durchgestrichen wurden und den Minister mithin (jedenfalls auf diesem Wege) *nicht* erreichten, die aber dennoch über die straßenpolitischen Vorstellungen, mit denen die Polizeiführung und insbesondere Jagow zwei Monate später in die Auseinandersetzungen des Wahlrechtssturmes eintraten, Auskunft geben.[145]

Ausgangspunkt ist die herrschende Rechtslage: „Die Demonstration durch Umzüge in den Straßen, wozu nach Vorstehendem [den Berichten über die Ferrer-Versammlungen – T. L.] auch in Berlin noch immer lebhafte Neigung vorhanden ist, ist zu einer *bedenklichen* Kampfesweise dadurch geworden, daß die Sozialdemokratie 'das Recht der Proletarier auf die Straße' proklamiert hat. Ein solches Recht giebt es nicht." Nicht genehmigte Umzüge seien vielmehr „unerlaubt" und daher durch die Polizei zu verhindern bzw. zu sprengen. Dazu sei diese „unter allen Umständen" deshalb verpflichtet, „damit das Dogma von dem Recht auf die Straße nicht durch Gewährenlassen den Anschein der Richtigkeit erhält. [...] Handelt aber die Polizei dieser Aufgabe gemäß, versucht sie also einem Demonstrationszuge entgegenzutreten, dann glaubt die von der Parteilehre irregeführte demonstrierende Menge, durch Polizeiwillkür in der Ausübung eines *Rechtes* behindert zu werden; sie schimpft, sie leistet Widerstand und der Konflikt ist da."

Dafür, daß diese an und für sich durchaus friedlichen Demonstrationszüge, „zu denen sich anfänglich ganz harmlose Leute zusammen getan haben", keinen friedlichen Verlauf nahmen, wurden in dem Entwurf zwei Gruppen verantwortlich gemacht, die die Oberhand gewonnen hätten: „der auf dem Großstadtpflaster herumlungernde Janhagel und die sozialdemokratische Jugend". Während sich zur ersteren weitere Erörterungen erübrigten, wurden in einem längeren Zitat aus dem Bericht eines „Polizeileutnants Schmidt I, in dessen Revier die sozialdemokratische Jugendorganisation häufig getagt hat", die Charakteristika der neuen, weitaus gefährlicheren Gruppe angeführt: Sie würden zwar noch wie Schulpflichtige aussehen, seien aber „planmäßig" verhetzt und benähmen sich entsprechend. „Diese Jungen, denen bei den Vorträgen, die ihnen gehalten werden, nur das imponiert, was sie zu großen, freien Herren zu stempeln [scheint? I. O. unleserlich – T. L.], verstehen es mit ihrer unreifen Erscheinung, sich durchzulavieren, ohne mit der Behörde oder sonstwie in Konflikt zu geraten. Sie fühlen sich infolge der Verhetzung, die nicht nur in den Versammlungen und in Lokalen, sondern auch unter der Hand in Lesezimmern, bei

---

143 Siehe Bericht Polizeimajor Rau v. 19.11.1909, BLHA, Rep. 30, Tit. 94, Nr. 9675, Bl. 220-238
144 PP an MdI v. 7.12.1909 (Konzept), ebd., 240-248v, 250-255v.
145 Warum dieser letzte Teil des Berichts durch einen sehr kurzen, die allgemeine Berechtigung des polizeilichen Vorgehens bestätigenden Absatz (ebd., Bl. 255, 255v) ersetzt wurde, ist nicht ersichtlich. Wahrscheinlich führte er zu weit vom eigentlichen Berichtsgegenstand ab.

Ausflügen u. s. w. geübt wird, als große Herren; sie wollen als zielbewußte, unumschränkte Leute auftreten und bemühen sich nach ihrer Art den Beispielen der Großen zu folgen, ja sie sogar zu übertrumpfen. Sie fühlen revolutionär und suchen sich so zu betätigen."

Das zur damaligen Zeit völlig neue und ungewohnte Phänomen *politisierter*, nicht lediglich „radaulustiger" Jugendlicher diente schließlich zur Rechtfertigung des Polizeieinsatzes, denn: „Solchen Elementen nachzugeben, denen die Auflehnung gegen die Polizei zum Sport geworden ist, hieße die Allgemeinheit schädigen. Dominieren sie in einem Zuge, so muß mit möglichster Energie eingeschritten werden. Eine sentimentale Rücksichtnahme darauf, daß außer ihnen auch harmlose Staatsbürger im Zuge weilen, wäre gefährlich." Diese hätten sich ihren dabei möglicherweise zu erleidenden Schaden selbst zuzuschreiben oder sollten „sich mit dem Gedanken trösten", „für die Allgemeinheit gelitten" zu haben. Jedenfalls seien der Polizei keine Vorwürfe wegen der Ereignisse im Zusammenhang mit den Ferrer-Versammlungen zu machen.[146]

Graf von Hoensbroech konnte eine Woche später durch eine persönlichen Unterredung mit seinem Standesgenossen von Jagow zufriedengestellt werden[147], die bürgerliche Öffentlichkeit hingegen nicht. Im Januar 1910 begannen einige Amtsgerichtsprozesse gegen die zwischen dem 17. und 20. Oktober Sistierten, in der Regel wegen Vergehen wie grober Unfug oder Nichtbefolgung, die jene für das Ansehen der Polizei abträglichen öffentlichen Erörterungen in der Presse nach sich zogen, denen Jagow später die sinkende Moral in der Schutzmannschaft zuschreiben sollte.[148] Hoensbroech und Cauer traten als Zeugen auf. Von den 22 am 19. Oktober Sistierten konnte nur einer in der Berufungsinstanz zu 20 Mk. Geldstrafe verurteilt werden, die anderen wurden freigesprochen, hatten gegen geringe Bußgelder keinen Einspruch erhoben oder waren mangels Aussicht auf Erfolg gar nicht erst angezeigt worden.[149] Die Verfahren hatten stattdessen einen ganz anderen „Erfolg". Zwei Tage nach den ersten, mit Freispruch endenden Amtsgerichtsverfahren am 6. und 7. Januar vermerkte Kriminal-Kommissar Groß von der Politischen Polizei: „Die bekannten letzten Gerichtsverhandlungen gegen Demonstranten werden ohne Zweifel dazu beitragen, unter den Genossen die Lust zu Straßenkundgebungen zu erhöhen." Zwar wünsche die Landeskommission, daß bei den für eine Woche später angesetzten Versammlungen nicht demonstriert werde, aber dieser „Hinweis auf Demonstrationen bewirkt nach den bisherigen Beobachtungen immer gerade das Gegenteil, zumal die im Vorwärts ausführlich veröffentlichten Verhandlungen des Preußentages die erforderliche Stimmung hierzu erzeugt haben." In einigen Kreisen habe man sich bereits darauf geeinigt, von den Zahlstellen aus verspätet anzumarschieren.[150]

146 Ebd., 249, 249v, 256, 256v. (Die ersten beiden Seiten des durchgestrichenen Teils des Konzepts sind falsch eingeheftet.)
147 Siehe Jagows eigenhändiges Protokoll v. 15.10.1909, ebd., Bl. 279, 279v.
148 Siehe o. Kap. 6.5.
149 Die polizeiinterne Behandlung der Gerichtverfahren siehe ebd., Bl. 284-305, 327-346, 352-383; Gerichtsreportagen siehe z. B. Vossische Zeitung v. 27.2.1910, Nr. 98, 14. Beil., v. 14.4.1910, Nr. 174, v. 15.4.1910, Nr. 175, 5. Beil.
150 Bericht Abt. VII v. 10.1.1910, BLHA, Rep. 30, Tit. 94, Nr. 9675, Bl. 325-326.

Die nach Teilnehmerzahl und Gewaltniveau relativ unbedeutenden Ereignisse um die Ferrer-Versammlungen wurden durch Jagows Behandlung zu einem straßenpolitischen Wendepunkt, der die kommenden moralischen Niederlagen der Polizei bereits vorzeichnete. Beim Versuch, das sich einbürgernde Gewohnheitsrecht auf die Straße aus der Welt zu schaffen, gerieten der Polizeipräsident und seine Schutzmannschaft ausgerechnet mit Vertretern und Vertreterinnen jener „besseren" Bevölkerungskreise in Konflikt, deren bevorzugte Behandlung auf der Straße den Grundpfeiler der herkömmlichen Straßenpolitik von oben darstellte. Das überkommene Feindbild vom unterschichtigen Janhagel versagte angesichts seiner bürgerlichen „Beimischungen", der Versuch das Publikum entsprechend sozial-geographischer Herkunft nach „Westen" zu „leiten" respektive nach „Osten" „abzuschieben", scheiterte nicht nur nur am Eigen-Sinn der flinken „Jungens", sondern auch der „Damen" und „Herren". Neben den unpolitischen, lediglich „radaulustigen" „Mob" trat als polizeiliches Gegenüber außerdem der sozialdemokratisch verhetzte Jugendliche von harmlosem Äußerem, aber revolutionärer Gesinnung: Indiz einer tückisch lauernden Gefahr für die Staatsordnung, die keine „sentimentale Rücksichtnahme" auf „Beigemischte" duldete. Die Unnachgiebigkeit und Einbildungskraft, aber auch Kaltschnäuzigkeit, mit der die Polizei ihr Vorgehen anläßlich der Ferrer-Versammlungen (zunächst nur vor sich selbst) rechtfertigte, verdichteten sich in jenen bald geflügelten Worten, die am Morgen der ersten Wahlrechtsdemonstrationen des darauffolgenden Jahres an den Berliner Litfaßsäulen prangten:

„Bekanntmachung

Es wird das Recht auf die Straße verkündet.
Die Straße dient lediglich dem Verkehr.
Bei Widerstand gegen die Staatsgewalt erfolgt Waffengebrauch.
Ich warne Neugierige.
Berlin, den 13. Februar 1910.　　　　　　　　Der Polizei-Präsident
　　　　　　　　　　　　　　　　　　　　　　von Jagow"[151]

Unter dem Eindruck des Wahlrechtsspaziergangs im Tiergarten am 6. März 1910, der die taktische Hilflosigkeit eines massiven Polizeieinsatzes angesichts friedlicher Massen in der Größenordnung von Zehntausenden offenbart hatte, mußte die Obrigkeit dann doch Konzessionen an das neue Gewohnheitsrecht machen — wenn auch nur in Form eines Kompromisses, der die Gegenseite vorläufig zufriedenstellte. Bevor sie sich jedoch zur Genehmigung einer Kundgebung unter freiem Himmel *am Rande der Stadt* durchrangen, sannen die Verantwortlichen in Ministerien und Polizei ein letztes Mal auf Mittel und Wege, um die nichtgenehmigten Straßenkundgebungen aus der Welt zu schaffen.

Seitdem das neue RVG nur noch die *Leiter*, nicht aber die *Teilnehmer* nichtgenehmigter Umzüge unter Strafe stellte, und diese zudem auf „ordnungsgefährdende" Demonstrationsmittel wie rote Fahnen und Transparente, ganz zu schweigen von

---

151 Ein Original siehe BLHA, Rep. 30, Tit. 95, Nr. 15994, Bl. 32, ein Faksimile davon siehe Ludwig-Uhland-Institut (1986), S. 35.

Gewalttätigkeiten, weitgehend verzichteten, war das Polizeipräsidium auf der Suche nach verbliebenen juristischen Grundlagen für ein Vorgehen gegen Straßendemonstranten. Eine im März 1910 zehn Tage nach dem Wahlrechtsspaziergang abgehaltene „vertrauliche Besprechung" von Vertretern des preußischen Justizministeriums, der Staatsanwaltschaft und des Polizeipräsidiums lotete alle zur Verfügung stehenden Möglichkeiten der Strafverfolgung aus und stieß dabei auf folgende Schwierigkeiten: Zwar seien auch die aus demonstrierenden Menschenmassen heraus begangenen Straftaten wie Landfriedensbruch, Widerstand etc. ohne weiteres zu verfolgen, allerdings sei die „Feststellung der Schuldigen bei Massenaufläufen" ebenso wie die sich anschließende Beweissicherung durch die Polizei sehr schwierig. Außerdem könnte das Einschreiten aus diesem Anlaß zu Massenverhaftungen führen, für die sich die Gefängnisse als zu klein erweisen könnten. Auf juristische Schwierigkeiten stieß die Beraterrunde bei dem Versuch, die Strafbarkeit „der Straßenkundgebungen an sich und der Aufforderung dazu" festzustellen: Im RVG war nur die Bestrafung derjenigen, die einen nichtgenehmigten Umzug *leiten* oder *zur Teilnahme* an ihm *auffordern*, vorgesehen.[152] Eventuelle Kundgebungsredner seien nicht per se mit diesen Personen identisch, sondern könnten allenfalls aufgrund des Inhalts ihrer Reden verfolgt werden. Die massenhafte Anwendung der Schutzhaft in Verbindung mit den polizeirechtlichen Bestimmungen des Allgemeinen Landrechts sei auch nicht möglich.[153]

Das magere Ergebnis dieser Gesprächsrunde wurde in den folgenden Tagen mehr als bestätigt durch eine Beratung des Dezernenten der Politischen Polizei, v. Marcard, mit dem Kommandeur der Schutzmannschaft und dem Dirigenten der Kriminal-Abteilung. Deren in einer Aktennotiz Marcards festgehaltenen Ergebnisse zeigen das ganze Dilemma der polizeilichen Verhinderung von Straßendemonstrationen auf: „Massensistierungen bei Straßenkundgebungen" seien zwar „nicht direkt undurchführbar". Sie müßten durch die 250 Kriminalbeamten vorgenommen werden, die in größeren Trupps à 50 Mann an verschiedenen Stellen der Stadt eingesetzt würden. Zu dieser Vorgehensweise führt die Notiz dann sieben unter „aber" aufgezählte Punkte an: Die mangelnde Mobilität dieser 50er-Trupps; diese Beamte würden anderweitigen Verwendungen entzogen; bei Massensistierungen käme auf jeden Sistierten mindestens ein Beamter; und mit fünfzig gleichzeitigen Sistierungen sei die Straßenkundgebung nicht aus der Welt geschafft. „5. Massensistierungen würden außerordentlich provozierend wirken – starker Anreiz zu größeren Delikten. 6. Versuche zur Gefangenenbefreiung seien unausbleiblich. Daraus resultierend 7. Prügelei mit Beamten – Mangels anderer Waffe Gebrauch der Schußwaffe –; Folgen unübersehbar." Außerdem sei die gleichzeitige Unterbringung vieler Sistierter schwierig, Privatgebäude seien dafür kaum zu haben; die Zulässigkeit der Schutzhaft nur wegen Demonstrierens sei rechtlich „sehr zweifelhaft. Aus demselben Grunde

---

152 Bereits im August 1908, vier Monate nach Inkrafttreten des RVG, hatte sich der Polizeipräsident beim Oberstaatsanwalt erkundigte, ob die Leiter der Züge oder gar die Einberufer der Versammlungen als „Anstifter" von aus Umzügen heraus begangenen Straftaten wie Landfriedensbruch, Widerstand u. dgl. belangt werden könnten, was dieser verneinte. PP an Oberstaatsanwalt v. 10.8.1908 (Konzept) und Antwort v. 3.9.1908, BLHA, Rep. 30, Tit. 95, Nr. 15994, Bl. 24-27v. – Eine entsprechende Entscheidung des Berliner Kammergerichts vom 5.10.1909 siehe Vossische Zeitung v. 15.2.1910, Nr. 77.

153 Protokoll der Besprechung v. 17.3.1910, BLHA, Rep. 30, Tit. 95, Nr. 15994, Bl. 47-53.

[wegen Beteiligung an einem nichtgenehmigten Aufzug — T.L.] *allein* [...] Bestrafung nicht möglich. Demnach Wirkung der ganzen Maßnahme außerordentlich gering".[154]

Gemessen an der noch wenige Monate zuvor gegenüber dem Minister dargelegten harten Haltung gegen das Gewohnheits-„Recht auf die Straße" war das eine ernüchternde, ja geradezu niederschmetternde Einsicht. Sie dürfte der „Schwenkung des Berliner Polizeipräsidenten"[155] in den folgenden Tagen zugrundegelegen haben, als er erstmals Kundgebungen unter freiem Himmel zuließ.

Dieser triumphale Höhe- und Endpunkt des preußischen Wahlrechtssturms war zugleich die erste Straßenaktion, bei der die sozialdemokratische Parteiführung mit einer linksliberalen Organisation offiziell zusammenarbeitete. Während die *bürgerlichen* Versammlungsteilnehmer am 19. Oktober 1909 den vorliegenden Berichten zufolge tatsächlich noch *keine* Straßendemonstration beabsichtigt hatten, wich diese Zurückhaltung während der Aktionen von Februar bis April 1910 einer zunehmenden Beteiligung an derartigen Aktionen. Zwar wurden Straßendemonstrationen, die im Anschluß an liberale Wahlrechtsversammlungen entstanden, häufig vom sozialdemokratischen Teil der Teilnehmer initiiert und dominiert[156], in anderen Fällen hingegen prägte das linksliberale Publikum die Umzüge. Die Teilnehmer und Teilnehmerinnen einer von der bürgerlichen Frauenbewegung durchgeführten Wahlrechtsversammlung gingen sogar soweit, auf ihrem Demonstrationszug Richtung Reichskanzlerpalais die Arbeitermarseillaise anzustimmen[157], und nur den überwiegend bürgerlichen Teilnehmern der „Intellektuellen"-Veranstaltung am 27. Februar gelang es das einzige Mal in der hier erfaßten Geschichte der oppositionellen Berliner Straßendemonstrationen, direkt bis vor das Schloß zu gelangen.[158]

Der Triumph des 10. Aprils war durch die zunächst indirekte, dann offene Zusammenarbeit zwischen der „Demokratischen Vereinigung" und der Leitung der Berliner Sozialdemokratie ermöglicht worden: Nachdem der Vorstand dieser am äußersten linken Rand des bürgerlichen Parteienspektrums angesiedelten Splittergruppe[159] eine Genehmigung für eine Versammlung im Humboldthain bekommen hatte, konnte der Polizeipräsident dieselbe dem Sozialdemokraten Eugen Ernst nach eingehenden Verhandlungen über die einzuhaltenden Auflagen nicht länger versagen. Auf der Versammlung im Humboldthain sprachen dann Redner beider Par-

---

154 Notiz des Decernenten Abt. VII v. 31.3.1910, ebd., Bl. 45.
155 So die Schlagzeile der Vossischen Zeitung v. 8.4.1910, Nr. 164.
156 Als Beispiel kann die vom freisinnigen Wahlrechtsausschuß am 20.2.1910 einberufene Versammlung in der Brauerei Friedrichshain gelten. Während der Versammlung berichtete einer der Veranstalter einem Kriminalschutzmann, der sozialdemokratische Stadtverordnete Manasse habe ihn gefragt, ob nach Schluß der Versammlung ein Zug geplant sei. Auf seine verneinende Antwort habe jener erwidert: „Dann machen wir es alleine, wir haben ja genug Genossen in der Versammlung." Spitzelbericht v. 22.3.1910, BLHA, Rep. 30, Tit. 94, Nr. 14305, Bl. 18v-19v.
157 Siehe Vorwärts v. 17.2.1910, Nr. 40. In der Versammlung hatte Toni Breitscheid, die Frau des liberalen, später sozialdemokratischen Politikers Rudolf Breitscheid, „unter stürmischem Beifall" betont, „das Bürgertum müsse mit dem Proletariat zusammengehen und ihm auch folgen, wenn es stärkere Töne anschlage." Ebd.
158 Zur Kundgebung „staatserhaltender" Demonstranten vor dem Schloß nach den Reichstagswahlen im Januar und Februar 1907 siehe u. S. 362-365.
159 Siehe Elm (1983).

teien. Zugleich war mit diesen Kundgebungen das Muster eines Elitenkompromisses zwischen den Spitzen von Partei und Polizei gegeben, der den Verzicht auf *Straßen*demonstrationen und Garantien für einen reibungslosen An- und Abmarsch mit der positiven Bekräftigung der Inanspruchnahme der durch das neue RVG gegebenen Rechte *außerhalb Berlins* bzw. in dessen *Außenbezirken* verband.[160]

Noch während des Wahlrechtssturms hatte Rosa Luxemburg mit einer Agitation für die Weiterentwicklung der Straßendemonstrationen in Richtung auf *Massenstreik* zu agitieren begonnen, wofür sie auf Parteiversammlungen regelmäßig Beifall erhielt, ohne aber irgendwelche weiterführenden Diskussionen, geschweige denn Beschlüsse in dieser Richtung bewirken zu können. Die Entscheidung, die Wahlrechtsdemonstrationen nicht zum Massenstreik weiterzuentwickeln, fällten die Führungsgremien bereits im März: Sie hielten die Situation noch nicht für „reif" und orientierten die Parteimitglieder stattdessen auf die für Anfang 1911 erwarteten Reichstagswahlen.[161] Nach der Maifeier, die auf einen Sonntag fiel und daher ohne größere Komplikationen mit kleineren Straßendemonstrationen im Anschluß an die Vormittagsveranstaltungen begangen werden konnte, wurde in Parteikreisen das vorläufige Ende auch der *Straßendemonstrationen* angekündigt: Der Wahlrechtskampf, so der Versammlungsleiter eines Zahlabends im 3. Wahlkreis am 11. Mai, sei für die Partei bisher „aussichtslos". „Wir haben noch so manches vor, was aber jetzt noch nicht preisgegeben wird. Ein tüchtiger Feldherr wird niemals seine Taktik vorher bekannt geben."[162] Kurz darauf beschloß die preußische Landeskommission, „von weiteren Demonstrationen für diesen Sommer Abstand" zu nehmen, wofür zwei Gründe angeführt wurden: Zum einen würden bei schönem Wetter „die meisten Berliner ihre Ausflüge" machen, so daß keine imposante Masse zustande käme, zum anderen wären auch Unfälle in Folge der Hitze zu befürchten. Ausschlaggebend war das Votum der Groß-Berliner Parteiorganisation: Während bei den übrigen Mitgliedern der Landeskommisssion „große Neigung für Demonstrationen" vorhanden war, wurde ein entsprechender Antrag im Aktions-Ausschuß der Berliner Wahlkreisvereine bei Stimmengleichheit abgelehnt, und dieser knappen Entscheidung schloß sich die Landeskommission ohne weiteres an.[163] Drei Wochen später hieß es dann auf einem Zahlabend im 6. Wahlkreis über die Wahlrechtsdemonstrationen, „daß dieselben vorläufig ihr Ende erreicht hätten, damit dies keine alltägliche Erscheinung werde".[164] Diese Argumentation für den Überraschungseffekt und gegen die Routine von Straßendemonstrationen konnte sich auf den Erfolg des über Nacht in den Tiergarten verlegten Wahlrechtsspaziergangs am 6. März stützen; zugleich wurden die „Massen" damit wie bei den Aktions-Verheißungen früherer Jahre ein weiteres Mal auf die Ratschlüsse der Parteihierarchie verwiesen. Obwohl Luxemburg mit ihrer Agitation die *Stimmung* der Basis traf, überließ diese die praktische Vorbereitung und

160 Vgl. Groh (1973), S. 155; Ludwig-Uhland-Institut (1986), S. 46-53, dort auch Teile eines von Ernst angefertigten und im Vorwärts v. 8.4.1910, Nr. 81 veröffentlichten Gedächtnisprotokolls über seine Verhandlungen mit Jagow; siehe ferner Vorwärts v. 6. bis 12.4.1910, Nr. 79-84.
161 Siehe ausführlich Groh (1973), S. 147-156.
162 Spitzelbericht v. 12.5.1910, BLHA, Rep. 30, Tit. 94, Nr. 14144, Bl. 354.
163 Spitzelbericht v. 23.5.1910, BLHA, Rep. 30, Tit. 94, Nr. 14304, Bl. 213, 213v.
164 Spitzelbericht v. 9.6.1910, BLHA, Rep. 30, Tit. 94, Nr. 14153, Bl. 381v, 382.

Durchführung von Aktionen nach wie vor ihren Leitungsgremien. Ein weiterer Mobilisierungs-Zyklus mit anfänglichen Absichtserklärungen, gegebenenfalls bis zum Massenstreik zu gehen, setzte bereits wieder im August 1910 ein. Die polizeiliche Machtentfaltung während der Moabiter Unruhen ebenso wie die Erfolge der Sozialdemokratie in Presse und Gerichtssälen in den Monaten danach setzten diesem Zusammenspiel von Basis und Parteiführung ein jähes Ende.

7.4.2 Nach den Moabiter Unruhen

Die negative Fixierung auf den traditionellen Aufruhr als eine unter allem Umständen zu vermeidende Eskalation des lediglich symbolischen Körpereinsatzes lag von Anfang an der offiziellen Straßenpolitik der Sozialdemokratie zugrunde. *Zugleich* verwies ihr Diskurs vom Massenstreik, der immer wieder die Sehnsucht nach einem plötzlichen macht-politischen Durchbruch artikulierte, eindeutig auf eine nicht näher definierte Überschreitung nur symbolischer Aktionen. Ein genaues Szenario der Machtübernahme für den „Tag X" eines Massen- oder Generalstreiks ist in der ganzen Debatte nicht zu finden, und was seine konkrete Durchführung betrifft, blieb das Projekt der „Bebel'schen Taktik" vom Februar 1906 ein Einzelfall. Gerade diese Unbestimmtheit ließ bei Gegnern wie Anhängern, ja sogar bei der Parteileitung selbst Raum für Phantasien: Irgendwann und irgendwie würde eine von den Massen ausgehende Dynamik einsetzen, die eindeutig Elemente einer aufrührerischen, um nicht zu sagen revolutionären, Straßenpolitik enthalten mußte. Als konkreter Präzedenzfall, auf den Luxemburg immer wieder verwies, fungierten die Ereignisse während der russischen Revolution 1905.[165] Der *tatsächliche* Aufruhr von Arbeitern und Arbeiterinnen während der Moabiter Unruhen ließ zwar weniger revolutionäre Ambitionen, wohl aber das Gewaltpotential von Klassenkonflikten und insbesondere die Souveränität staatlicher Repression zutage treten. Die Moabiter Unruhen hatten schlaglichtartig beleuchtet, zu welchen Widerstandsaktionen die eindeutig sozialdemokratisch orientierte Arbeiterbevölkerung in zugespitzten Situationen in der Lage war und wie konsequent dagegen von oben der „Kriegszustand" praktiziert wurde. Durch den Einschüchterungserfolg der Polizei einerseits und den juristisch-publizistischen Erfolg der Sozialdemokratie im Nachhinein andererseits trug gerade der über den traditionellen Volkstumult hinausgehende Klassencharakter der Moabiter Unruhen dazu bei, die sozialdemokratische Straßenpolitik auf einen Status quo des bis 1910 Erreichten einzufrieren. Gleichmäßige Routine bei Protestaktionen war die unausweichliche Folge. Zwar kam es 1911 und 1912 am Rande von Versammlungen immer wieder zu kleinen Straßendemonstrationen, auch zeigte sich die Bewegung auf zwei Kundgebungen unter freiem Himmel noch einmal in ihrer ganzen Größe und Geschlossenheit − zu einer mit den Kampagnen Anfang 1908 und 1910 vergleichbaren Serie von Straßenaktionen kam es jedoch nicht mehr. Im April 1911 erklärte z.B. Karl Liebknecht auf einer Generalversammlung des Wahlkreisvereins im 6. Wahlkreis, daß zur Zeit wegen des Reichstagswahlkampfes ein „Waffenstillstand" im Kampf um das freie Wahlrecht herrsche, der aber nach den Wahlen wieder

---

165 Siehe dazu anhand der Kautsky-Luxemburg-Kontroverse 1910 Groh (1973), S. 156-160.

beginnen müsse.[166] Auf Vorstöße in den entsprechenden Beratungsgremien wurde Ende Juni 1911 unter Hinweis auf die mangelnde „Stimmung" und den Reichstagswahlkampf ablehnend reagiert.[167] Statt Wahlrechts-Kundgebungen unter freiem Himmel wurden am 4. Juli 1911 Saalveranstaltungen durchgeführt, zu denen geschlossen von den Zahlstellen anzumarschieren ins Belieben der Wahlkreisvereine gestellt war, während Straßendemonstrationen *nach* den Versammlungen verhindert werden sollten. „Den Hauptwert soll der Aktionsausschuß auf massenhaftes Auftreten der Genossen vor Beginn der Versammlungen legen", hieß es in einem Spitzelbericht.[168] Nur nach zwei Versammlungen bildeten sich kleine Demonstrationszüge.[169] Ein Vorstoß von Genossen im 3. Wahlkreis, künftig generell zu *allen* größeren Veranstaltungen geschlossen von der Zahlstelle aus anzumarschieren, wurde noch im selben Monat abgelehnt; es wurde dabei mit dem notwendigen Überraschungseffekt, der nur durch vom Aktionsausschuß vorbereitete Direktiven von Fall zu Fall gewährleistet sei, argumentiert.[170]

Von dieser Kompromißlinie zwischen Demonstrations-„Neigung" an der Basis und deren Kanalisierung durch die Führungsgremien wurde in der Folge kaum abgewichen. Wohl zeigten skandalöse Zwischenfälle, wie die gewaltsame Entfernung des von der Debatte ausgeschlossenen sozialdemokratischen Landtagsabgeordneten Julian Borchardt durch ein Kommando der Schutzmannschaft am 10. Mai 1912, daß es, wenn „die Stimmung unter den Genossen [...] sehr erregt war", innerhalb von Stunden, nämlich noch am selben Abend, zu tatsächlich „spontanen" Demonstrationsumzügen nach Protestversammlungen kommen konnte. Aber auch diese hielten sich im Rahmen der bereits etablierten Praxis.[171] Nach den Reichstagswahlen im Januar 1912 in der preußischen Sozialdemkratie diskutierte Vorschläge, wieder einen regelrechten Wahlrechtskampf zu initiieren, stießen hingegen auf wenig Resonanz. Die Stimmung dafür war nicht vorhanden.[172] Der Reichstagswahlkampf selbst hatte als straßenpolitische Neuerung Wählerversammlungen unter freiem Himmel gebracht.[173]

Als die letzte nur noch entfernt an die früheren Kampagnen erinnernde Serie von sozialdemokratischen Versammlungen, die mit vereinzelten straßenpolitischen Aktionen verbunden waren, können die von September bis November 1912 durchgeführten Proteste gegen die Teuerung und — anläßlich des zweiten Balkankrieges — für den Frieden gelten.[174] Nach den Teuerungs-Versammlungen im September kam es zu vereinzelten Demonstrationszügen;[175] den Höhepunkt bildete die Kundgebung im Treptower Park am 20. Oktober mit angeblich 250.000 Teilnehmern. Den Genossen

166 Spitzelbericht v. 26.4.1911, BLHA, Rep. 30, Tit. 95, Nr. 14154, Bl. 243v.
167 Siehe Bericht Abt. VII v. 29.6.1911, BLHA, Rep. 30, Tit. 95, Nr. 15995, Bl. 104-105.
168 Spitzelbericht v. 4.7.1911, ebd., Bl. 147, 147v.
169 Siehe Berichte Abt. VII v. 4.7.1911, ebd., Bl. 149-156.
170 Spitzelbericht v. 19.7.1911, ebd., Bl. 99, 99v.
171 Siehe Spitzelbericht v. 10.5.1912, BLHA, Rep. 30, Tit. 95, Nr. 15838, Bl. 2, zu den Demonstrationszügen siehe Berichte von Schutzmannschaft u. PP, ebd., Bl. 4-45.
172 Siehe Spitzelbericht v. 26.1.1912, BLHA, Rep. 30, Tit. 95, Nr. 15838, Bl. 177-188.
173 Siehe Ludwig-Uhland-Institut (1986), S. 34.
174 Für ganz Deutschland siehe Groh (1973), S. 357f.
175 Siehe Berichte der Schutzmannschaft u. der Abt. VII, BLHA, Rep. 30, Tit. 95, Nr. 15985.

wurde im Vorwärts eingeschärft, sich an die Weisungen der Ordner zu halten und insbesondere nach der Kundgebung jegliche Straßendemonstration zu unterlassen, auch nicht nicht in kleinen Trupps umherzuziehen.[176]

Daß diese Aktionsform mit ihrer minutiösen Vorbereitung und dem exakten Anmarsch, der trotz Ordnereinsatz zu erheblichen Verkehrsstörungen führte, bereits zu einer routinierten Übung ohne jeden „Überraschungseffekt" geworden war, konnte selbst der enthusiastische Vorwärts-Bericht nicht leugnen. Gerade *deshalb* — so seine Argumentation — dokumentiere die enorme Beteiligung das Ausmaß der Erbitterung der Volksmassen.[177] Diese machte sich zwei Tage später auf allerdings weniger parteikonforme Weise in der Weddinger Fleischrevolte Luft.[178] Die Beobachter der Politischen Polizei hingegen führten die große Teilnehmerzahl ausschließlich auf die *disziplinierende* Wirkung des geschlossenen Anmarschs zurück: Wenn es die Parteileitung den Genossen selbst überlassen hätte, wie sie zum Kundgebungsort gelangten, hätten sich kaum so viele von ihnen dort auch eingefunden.[179]

Mobilisieren und Dämpfen gingen auch den sechs „internationalen" Demonstrationsversammlungen für den Frieden am 17. November voraus: Zunächst wollte der Aktionsausschuß Demonstrationen nach Ende der Versammlungen gezielt in Kauf nehmen und veranlaßte entsprechende Mundpropaganda;[180] doch angesichts der energischen Haltung der Polizei, die Ansprachen in fremder Sprache strikt untersagte, „hat man die Vorsicht als den besseren Teil der Tapferkeit erwählt und namentlich unter dem Drucke der Gewerkschaftsführer beschlossen, jeden Zusammenstoß mit der Staatsgewalt zu vermeiden." Daher wurde sogar auf den von Ordnern geführten geschlossenen Anmarsch verzichtet. Nach den Versammlungen kam es dann zwar doch zu einigen Straßendemonstrationen, „da eben der Trieb hierzu durch die Partei in der Masse grossgezogen worden ist und letztere andererseits nicht mehr wie früher unbedingt 'Ordre pariert'", wie Jagow in seinem Bericht an den Innenminister formulierte. Aber mit denen der Jahre 1908 bis 1910 waren diese Aktionen nicht mehr zu vergleichen: „Eigentliche Zugbildungen [...] sind wenig beobachtet worden. Im Allgemeinen handelte es sich um ungeordnete Massen, um Menschenknäuel."[181]

In den parteiinternen Mobilisierungsphasen bis 1910 waren „Straßendemonstrationen" und „Massenstreik" regelmäßig in einem Atemzug genannt worden, wovon in der Praxis — von ganz vereinzelten Ausnahmen außerhalb Berlins abgesehen — nur erstere praktiziert wurden. Nach den Moabiter Unruhen hörte diese semantische Verknüpfung auf zu existieren: Wenn von „Straßendemonstrationen" die Rede war, war nicht mehr automatisch von „Massenstreik" die Rede und umgekehrt. In den beiden letzten Jahren vor Kriegsbeginn wuchs sich das strategische Dilemma, unter preußischen Bedingungen mittels Massenmobilisierung der Macht näher zu kom-

---

176 Vorwärts v. 19.10.1912, Nr. 245, 1. Beil.
177 Vorwärts v. 21.10.1912, Nr. 246a.
178 Siehe Lindenberger (1994).
179 Bericht Abt. VII v. 21.10.1912, BLHA, Rep. 30, Tit. 95, Nr. 15996, Bl. 95. — Ein Spitzelbericht v. 16.10.1912 aus dem 3. Wahlkreis spricht für diese Einschätzung: Demnach sollten alle Mitglieder schriftlich zur Zahlstelle geladen werden, BLHA, Rep. 30, Tit. 95, 16001, Bl. 306.
180 Spitzelbericht v. 14.11.1912, BLHA, Rep. 30, Tit. 95, Nr. 15838, Bl. 131-132. Vgl. einen Spitzelbericht v. 14.11.1912 aus dem 3. Wahlkreis, BLHA, Rep. 30, Tit. 95, 16001, Bl. 314.
181 PP an MdI v. 18.11.1912 (Konzept), BLHA, Rep. 30, Tit. 95, Nr. 15838, Bl. 238-240.

men, ohne den legalistischen Weg einschließlich des Versammlungsrechts zu verlassen, zu einer regelrechten Parteikrise aus. Sie begann mit der Folgenlosigkeit des Stimmenzuwachses bei den Reichstagswahlen im Januar 1912, zu der im Mai 1913 die ausbleibende Kräfteverschiebung nach den preußischen Landtagswahlen hinzukam; es wurde verstärkt Kritik an Hierarchisierungs- und Bürokratisierungstendenzen in der Arbeiterbewegung geübt; den Folgen der beginnenden Wirtschaftskrise zu begegnen, war die Gewerkschaftsbewegung nicht in der Lage; und 1913 setzte ein stetiger Mitgliederrückgang ein.[182] Im Unterschied zu früher blieb die daraufhin vom linken Parteiflügel initiierte, z. T. aber auch von „aktivistischen" Revisionisten wie Ludwig Frank mitgetragene letzte Runde der Massenstreikdebatte von der politischen Praxis isoliert. Sie artikulierte zwar die Ungeduld der Basis, ging aber nicht mehr in Gestalt auch nur vager Andeutungen über bevorstehende große Kämpfe in die Vorbereitung konkreter Aktionen ein und endete ohne greifbare Ergebnisse. Die Berliner Straßendemonstrationen der Jahre 1913 und 1914 waren daher nicht mehr als geringfügige Randereignisse bei den traditionellen Saal-Versammlungen im Frühling und bei zwei Versammlungen der Jugendbewegung. Nichts dokumentiert dies eindrücklicher als das Abbrechen der Berichterstattung in den entsprechenden Spezialakten der Politischen Polizei.[183]

Lediglich die Begründung einer Tradition von *Frauendemonstrationen* gilt es als straßenpolitische Errungenschaft der Jahre ab 1911 festzuhalten. Frauen waren, so formuliert Andrea Erne, „bei den Wahlrechtsdemonstrationen in einem doppelten Sinne integriert [...]: sie waren sowohl *einbezogen,* als auch *eingeschlossen".*[184] Als Fortschritt gegenüber dem bislang üblichen generellen Ausschluß aus dem politischen Leben kann ihre nach der Jahrhundertwende steigende Teilnahme an politischen Versammlungen bewertet werden; mit dem neuen RVG hatten sie ab 1908 das *Recht,* an politischen Versammlungen und Vereinigungen gleichberechtigt mitzuwirken. Das bedeutete keineswegs, daß sie entsprechend ihrem Bevölkerungsanteil in der Sozialdemokratie vertreten waren. Ihr Mitgliederanteil stieg in den Friedensjahren bis auf über 14 % an.[185] Ihr Anteil an öffentlichen Versammlungen lag laut den von mir verwendeten Polizeiberichten mit starken Schwankungen um 10 %.

Zugleich ermöglichte die gleichberechtigte Mitgliedschaft ab 1908 aber auch die Auflösung der zuvor als Notbehelf errichteten formal selbständigen Organisationen der proletarischen Frauenbewegung, und dadurch wurden die neuen Genossinnen zunächst ohne eigenständige Artikulationsmöglichkeiten in die Wahlrechtsbewegung „eingeschlossen". Zwar gab es bestimmte Mobilisierungsschwerpunkte, bei

182 Siehe Groh (1973), S. 461-476.
183 Z. B. die Akte „Demonstrationen jeder Art, *aus*schließlich Wahlrechtsdemonstrationen", die mit Berichten über die Friedensversammlungen vom 17.11.1912 schließt, BLHA, Rep. 30, Tit. 95, Nr. 15838; oder diejenige über die Wahlrechtsdemonstrationen, deren letzter Spitzelbericht v. 5.2.1913 parteiinterne Gerüchte über eine Wahlrechtsdemonstration mit „Trick", also ähnlich der vom 6.3. 1910, meldet, BLHA, Rep. 30, Tit. 95, Nr. 15996, Bl. 150. Der Rest der Akte besteht aus Zeitungsausschnitten. An versiegenden Informationsquellen kann es nicht gelegen haben, wie die gleichzeitige intensive Berichterstattung über die Massenstreikdebatte auf allen Ebenen der Partei zeigt, siehe Groh (1973), Siehe 476-503.
184 Erne (1986), S. 80.
185 Siehe Niggemann (1981), S. 299.

denen die Teilnahme von Frauen besonders hervorgehoben wurde, wenn etwa an einem Werktagvormittag vor dem Parlamentsgebäude demonstriert werden sollte; diese galten aber in gleicher Weise für die gerade nicht erwerbstätigen Männer. Da an eine Umverteilung von Haus- und Kinderarbeit nicht zu denken war, stieß das Engagement selbst der politisierten sozialdemokratischen Frauen immer wieder auf zeitliche Grenzen, wie sie am Problem der Mittagsmahlzeiten bei sonntäglichen Versammlungen um 12 Uhr vormittags sichtbar wurden.[186] Darüber hinaus waren auch Arbeiterfrauen durch ihre geringere außerhäusliche und Straßensozialisation, die damit einhergehenden Defizite an physischem Training und die bewegungshemmende Kleidung bei der Politik der Körpersprache gegenüber den Männern im Nachteil. Die Wahlrechtsdemonstrationen blieben so, ähnlich wie die sonstige sozialdemokratische Versammlungskultur, eine männlich dominierte Sphäre, deren Friedlichkeit unter diesen Vorraussetzungen gerade für sie und die bisweilen mitgeführten Kinder eine absolute Notwendigkeit war und deren eventuelle Eskalation vor allem zu ihren Lasten ging, da sie nicht so schnell vor der Polizei davonrennen konnten wie die Männer.

Erne behauptet, die entrüsteten Darstellungen von gegenüber Polizeieinsätzen „hilflosen" Demonstrationsteilnehmerinnen in der zeitgenössischen Polizeikritik stellten Diskriminierungen durch Mitleid dar, da auch den Männern eine wirkungsvolle Gegenwehr gegen einreitende und einhauende Schutzmänner nicht möglich gewesen sei.[187] Das ist nur die halbe Wahrheit. Zum einen waren insbesondere junge Männer, denen die „Hit-and-run"-Taktiken des alltäglichen Kleinkriegs mit der Polizei vertraut waren, kurzfristig tatsächlich zu wirkungsvoller Gegenwehr in der Lage. Zum anderen beherrschten Arbeiterfrauen abseits der sozialdemokratischen Versammlungskultur durchaus auch Elemente der „nicht-symbolischen" Körpersprache, die bevorzugt im taktischen Verbund mit den Aktionen junger Männer zum Einsatz kamen, wie einige im Kleinkrieg- und „Streikexzesse"-Kapitel beleuchtete Vorgänge zeigen. Gegenüber dieser aus dem traditionellen Tumult überkommenen generations- und geschlechtermäßigen Rollenverteilung erforderte die Beteiligung von Frauen an Straßendemonstrationen die prinzipielle *Gleichförmigkeit* der Aktionen jedes bzw. jeder Einzelnen. In diesem Kontext — ein unter den damaligen Verhältnissen absoluter Ausnamezustand — waren sie in der Tat das „schwache Geschlecht" und daher in dem Moment schutzloser als die Männer, wenn das kunstvolle Arrangement durch den Eingriff der Staatsgewalt zerstört wurde. Zugleich aber „diskriminierten" die Schutzmänner bei der Gewaltanwendung die Frauen in der Weise, daß die schlimmsten Folgen polizeilicher Gewaltanwendung, nämlich schwere Verletzungen durch Knüppel und Säbel, jedenfalls bei den hier untersuchten Fällen, den Männern vorbehalten blieben.

Daß das Demonstrieren an der Seite der Männer in der Anfangsphase des Wahlrechtssturmes im Februar 1910 noch als Schutz gesehen werden konnte, zeigt ein Bericht über die Ausführungen einer Abteilungsleiterin auf einem Frauenlese-

---

186 Im Dezember 1913 beschloß der Aktionsausschuß die Verlegung derartiger Aktionen auf 13 Uhr, siehe Spitzelbericht v. 23.12.1913, BLHA, Rep. 30, Tit. 95, Nr. 15994, Bl. 67.
187 Erne (1986), S. 84.

abend[188] im 6. Wahlkreis. „Frau Anna Matschke" geißelte zunächst die Wahlrechts-vorlage und die darin vorgesehene Aufrechterhaltung der „Ausschaltung der Frauen von der Mitbestimmung im Staatsleben" und ging dann zur bislang geringen Beteiligung der Frauen an den Demonstrationen über: „Die Frauen haben noch keinen Mut mit den Männern zusammen auf die Straße zu gehen. Wir brauchen keine Angst vor den Blauen mit ihren Säbeln zu haben. [...] Die bekommen wir schon mürbe und unter. Die Blauen haben nur eine große Schnauze, aber aushecken können sie sehr wenig. Wenn wir wieder demonstrieren, machen wir es so, daß immer Mann und Frau zusammen gehen. Wir lassen uns nicht von den Männern trennen. Wenn es zum Kampf kommt, kämpfen wir mutig an der Seite der Männer mit."[189]

Von eigenständigen Frauen-Straßendemonstrationen war zu diesem Zeitpunkt noch nicht die Rede. Erst nach den Erfahrungen des Jahres 1910 wurden im Rahmen einer internationalen Aktion[190] Demonstrationszüge, an denen *nur* Frauen teilnahmen, durchgeführt, und zwar in der bewährten Form des geschlossenen Anmarschs von den Zahlstellen bzw., wie auf einem Zahlabend im 6. Walkreis vorgeschlagen wurde, von den Frauenleseabendlokalen aus, wobei Männer fernbleiben sollten.[191] Diese forderte eine Referentin auf einer Frauenversammlung desselben Wahlkreises auf, an diesem Tag die Frauen im Haushalt zu vertreten.[192] Nach bewährtem Muster sollten sich die absichtlich zuspätkommenden organisierten Frauen bei Überfüllung der Säle vor den Versammlungslokalen ansammeln. Während des Anmarsches „soll nicht gesungen werden, da wir hier in Preußen dazu keine Erlaubnis erhalten."[193]

Gesungen wurde am 19. März dann lediglich zum Abschluß der Veranstaltungen beim Verlassen der Säle. Im 3., 4. und 6. Wahlkreis marschierten laut Vorwärts-Bericht geschlossene Frauen-Züge an. In paradoxer Weise bildeten die Ansammlungen vor den Veranstaltungslokalen den Zweck der Aktion ab: Viele Genossinnen waren in Begleitung ihrer Männer hineingegangen, diese überließen aber bald ihre Plätze weiteren Frauen, so daß sie, wenn sie nicht auf den Stehplätzen unterkamen, den Saal wieder verließen. „Nach Schluß der Versammlung [in den Weddinger Pharus-sälen − T. L.] bemühte sich die Polizei, die Teilnehmer der Versammlungen, die zum Teil als Paare gekommen, aber durch den Verlauf der Dinge wieder auseinander-gekommen waren und nun auf der Straße sich gegenseitig suchten, so schnell als möglich zu zerstreuen."

---

188 „Frauenleseabende" dienten zusätzlich zu den monatlichen Zahlabenden für alle Mitglieder der gezielten parteiinternen Bildungsarbeit für Frauen, was jedoch die Teilnahme von Männern − in diesem Fall fünf von achtzehn Anwesenden − keineswegs ausschloß.
189 Spitzelbericht v. 19.2.1910, BLHA, Rep. 30, Tit. 95, Nr. 14153, Bl. 302-303. Die frauenspezifischen Grenzen ihrer Agitation bekam Matschke, die dank ihres Radikalismus zu den am häufigsten erwähnten Basisfunktionärinnen in den Berliner Spitzelberichten gehörte, noch in derselben Versammlung zu spüren, als sie vorschlug, zwei statt nur einen Frauenleseabend pro Monat durch-zuführen. Unter Hinweis auf den Zeitmangel der Frauen wurde dieser Vorschlag abgelehnt, ebd., Bl. 303v.
190 Siehe Vorstand der IG Metall (1985), S. 14-33; dort auch allgemein zur Geschichte des Internationalen Frauentags bis 1985.
191 Spitzelbericht v. 9.3.1911, BLHA, Rep. 30, Tit. 95, Nr. 14154, Bl. 191.
192 Spitzelbericht v. 15.2.1911, ebd., Bl. 160.
193 Spitzelbericht von einem Leseabend am 27.2.1911 v. 28.2.1911, ebd., Bl. 184v, 185. Siehe a. einen Spitzelbericht von einer Frauenversammlung am 14.2.1911 v. 15.2.1911, ebd. Bl. 162.

Vor anderen Versammlungslokalen kam es nur vereinzelt zu kurzen Straßendemonstrationen ohne nennenswerte Konflikte mit der Polizei.[194] Nach diesem Muster verliefen auch die übrigen Frauentage: „So wird das Proletariat Jahr für Jahr seine weibliche Heerschau abhalten", lautete bereits im nächsten Jahr der selbstzufriedene Vorwärts-Kommentar, der zugleich ungewollt die Grenzen sozialdemokratischer Frauenemanzipation markierte: „Auch gestern fühlten sich die Frauen in erster Linie als *Proletarier, als Sozialdemokraten.*"[195] Der Hinweis auf diese den patriarchalischen Vorrang in der Sozialdemokratie bis in die Grammatik hinein dokumentierenden Formulierungen ändert nichts an der Bewertung der Frauendemonstrationen als einen zukunftsweisenden Einschnitt, sowohl aus Sicht beteiligter Frauen[196] wie der historischen Analyse. Daran ändert auch Karin Hagemanns Beobachtung, daß unter den in der Weimarer Republik gegebenen Bedingungen politischer Gleichberechtigung und eines rechtsstaatlich garantierten Demonstrationsrechts mit dem Übergang zur disziplinierten Demonstration „der Raum für alltagsbezogenen autonomen Frauenprotest" schwand, nichts.[197] In der Zeit *vor* 1919 dürfte der demonstrative Einbruch in die bislang ausschließlich Männern vorbehaltene Sphäre der Politik, dem es an Gegnern innerhalb des eigenen Lagers durchaus nicht fehlte, eine wichtige Erweiterung des Aktionsradius *zumindest* der *politisch engagierten* Frauen dargestellt haben.

Wie wenig Frauen hingegen in den Niederungen des Parteilebens zu sagen hatten, zeigt eine Debatte um ihre Beteiligung an der Karfreitags-„Herrenpartie" im dritten Wahlkreis die nur wenige Wochen nach dem ersten Internationalen Frauentag, die männliche Exklusivität dieser Unternehmung infragestellte. Von einem Zahlabend zwei Tage vor dem Ausflug erhielt die Politische Polizei folgenden Bericht: „Seitens der Genossinnen wurde angeregt, daß auch sie am Charfreitag die Herrenpartie mitzumachen wünschen, da sie doch auch an Demonstrationen sich beteiligen."[198] Auf einem gemeinsamen Zahlabend von sechs Bezirken desselben Wahlkreises vier Wochen später wurde diese Diskussion fortgesetzt: „Längere Ausführungen wurden gemacht über die vom Kreise veranstaltete Herrenpartie am Charfreitag. Die Frauen verlangten auch daran teilzunehmen, was jedoch nach vielen Einwendungen abgelehnt wurde."[199] Die Frauen ließen nicht locker. Im nächsten Frühling wurde aus einer Vorstandssitzung des Wahlkreisvereins berichtet: „6. Wegen Zwistigkeiten unter den weiblichen und männlichen Mitgliedern des Wahlvereins finden am Charfreitag getrennte Partien statt. Die Frauen gehen nach Tegel und Hermsdorf, die Männer nach Erkner. Die Frauen wollten sich wenigstens am Abend mit den Männern treffen, auch dies wurde vom Vorstand abgelehnt."[200]

---

194 Vorwärts v. 21.3.1911, Nr. 68, 2. Beil. — Die parteiinternen Machtverhältnisse zwischen den Geschlechtern spiegelten sich im zahlenmäßigen Geschlechterverhältnis bei den Referenten und Referentinnen selbst bei diesen Versammlungen wider: In den 13 Berliner Versammlungen sprachen dreizehn Genossen und drei Genossinnen, denen sich in der Versammlung in den Arminhallen noch drei bürgerliche Frauenrechtlerinnen mit Grußworten zugesellten, ebd.
195 Vorwärts v. 14.5.1912, Nr. 111, 2. Beil.
196 Siehe z. B. die Tagebuchaufzeichnungen von Minna Cauer in Lüders (1925), S. 155 f.
197 Siehe Hagemann (1991), S. 225.
198 Spitzelbericht v. 13.4.1911, BLHA, Rep. 30, Tit. 95, Nr. 16001, Bl. 81.
199 Spitzelbericht v. 11.5.1911, ebd., Bl. 85v. Zum Verlauf der Herrenpartie siehe o. S. 318.
200 Spitzelbericht v. 27.3.1912, ebd., Bl. 218.

Die Routine der Sozialdemokratie bei der Durchführung von Straßendemonstrationen ab 1911 fand ihre Entsprechung in der zunehmenden Souveränität der Polizei im Umgang mit dieser neuartigen Straßennutzung. Anhand interner Beratungen über den Umgang mit zu erwartenden Teilnehmern von ungenehmigten Umzügen läßt sich eine Tendenz zum gelassenen Pragmatismus ablesen, der ähnlich wie in anderen Bereichen der Straßenaufsicht das Opportunitätsprinzip mit politischer Wachsamkeit verknüpfte, ohne auf den „exekutiven Sicherheitsvorbehalt" auch gegenüber der Inanspruchnahme der im RVG verankerten Rechte durch die Staatsbürger zu verzichten.

Nach der Wiedergewinnung der straßenpolitischen Initiative mittels der demonstrativ-brutalen Polizeieinsätze während der Moabiter Unruhen versuchte der Berliner Polizeipräsident, die Wirksamkeit der durch das RVG gegebenen unzweideutigen Rechtslage auf dem Wege der exekutiven Kleinarbeit zumindest im Raum Berlin soweit als möglich abzuschwächen. Straßendemonstranten sollten, wo es nur ging, strafrechtlich belangt werden. Noch immer konzentrierten sich die Anstrengungen auf die „Leiter" von Umzügen. Dazu waren laut einer Lageeinschätzung der Politischen Polizei zu den Wahlrechtsversammlungen vom 22. Mai 1912 auch diejenigen zu rechnen, „die sich durch Schwenken von Hüten, Schirmen, Zeitungsblättern oder sonst als Leiter eines Umzuges kenntlich machen, das Zeichen zum Anstimmen oder Einstellen von Gesängen geben, die Marschrichtung des Zuges angeben u. s. w."[201]

Ein Demonstrationszug ließ sich damit aber nicht verhindern. Insbesondere der massenhafte Anmarsch von den Zahlstellen war der Polizei ein Dorn im Auge. Zu den Auflagen, unter denen die große Friedenskundgebung am 20. Oktober desselben Jahres im Treptower Park genehmigt wurde, gehörte insbesondere die Zusicherung der Veranstalter, daß der Anmarsch von den Bezirken und Abteilungen in Trupps von nicht mehr als 20 bis 100 Personen erfolgte. Er erfolgte dann durchaus beabsichtigt in Trupps von 100 bis 1.500 Personen, allerdings wurde dagegen nicht eingeschritten, „weil überall noch das Bestreben zu erkennen war, keinen geschlossenen Aufzug zu veranstalten, sondern die Teilnehmer in möglichst losen Haufen dem Bestimmungsort zuzuführen".[202] Im übrigen vollzog sich der Anmarsch von einigen Verkehrsstörungen abgesehen „bei der bekannten Disziplin der Genossen in Ruhe und Ordnung". Am Ende seines Berichts an den Innenminister schilderte Jagow seinen Ausweg aus dem sich darbietenden Dilemma. Für ihn stand fest: „Aufzüge im Sinne des §7 Reichsvereinsgesetzes will ich nicht genehmigen." Dadurch geriet er aber unweigerlich in Konflikt mit der Rechtsprechung des Oberverwaltungsgerichts. „Deshalb gab ein Eingehen auf den Antrag des Sozialdemokraten Ernst die erwünschte Möglichkeit, für die Veranstaltung innerhalb Berlin das Vereinsgesetz auszuschalten und sie lediglich aus verkehrspolizeilichen Gesichtspunkten zu beurteilen, wodurch der nach Lage der Gesetzgebung unnmöglichen Hinderung der Veranstaltung in Treptow selbst ein möglichst unauffälliges und ungestörtes Einfinden der Menschenmassen auf dem Versammlungsplatz zu erreichen gewesen wäre." Im übrigen müsse

---

201 Bericht Abt. VII v. 22.5.1912, BLHA, Rep. 30, Tit. 95, Nr. 15995, Bl. 192. — Welche Folgen die entsprechend dieser Direktive vorgenommenen drei Sistierungen — siehe Berichte ebd., Bl. 221-226 — hatten, geht aus der Akte nicht hervor.
202 Siehe Berichte Abt. VII v. 20.10.1912, BLHA, Rep. 30, Tit. 95, Nr. 15996, Bl. 72-73v, 76v, 138-143.

man in Zukunft eben die sich dennoch beim Anmarsch zur Kundgebung bildenden, mehr als 1.000 Personen großen Züge, „weil dem Straßenverkehr hinderlich, zur Auflösung bringen".[203]

Die „Ausschaltung" des Versammlungsrechts durch „verkehrspolizeiliche Gesichtspunkte" — das war die auf Straßendemonstrationen abgestellte Variante des exekutiven Sicherheitsvorbehaltes. In die Verlegenheit, Anträge auf Umzüge im Sinne des RVG in Berlin nach Intervention durch Verwaltungsgerichte genehmigen zu *müssen*, brachte die Parteileitung das Polizeipräsidium vor dem Ersten Weltkrieg allerdings gar nicht mehr. Sie ließ stattdessen ebenfalls den erreichten Status quo unangetastet. Eventuellen „Trieben" der Parteibasis wurde auch durch die inoffiziellen nicht-genehmigten Aktionen vor, während und nach den Saalveranstaltungen genüge getan, ohne daß eine der beiden Ordnungsmächte das Umkippen friedlicher Straßendemonstrationen in offenen Aufruhr zu befürchten hatte. Die Auseinandersetzung um das „Recht auf die Straße" wurde so zurückgeschraubt auf die polizeiliche Kontrolle einer Randerscheinung der eigentlichen politischen Aktionen, wie die sechs Saalveranstaltungen am 17. November 1912 zeigen. Zunächst drängte noch Anfang November der Innenminister angesichts der Erfahrungen mit dem Anmarsch zur Kundgebung im Treptower Park darauf, die dabei entstehenden „öffentlichen Aufzüge" zu unterbinden: So sollte die Sammlung der Parteimitglieder an den Zahlstellen und deren gemeinsamer Abmarsch gleich an Ort und Stelle verhindert werden oder der Einsatz von mit roter Armbinde gekennzeichneten Ordnern, die sich in Wirklichkeit als Führer der Züge betätigten, nicht zugelassen werden.[204] Angesichts der ca. 600 Parteilokale allein in Berlin[205] dürfte dieser Vorschlag an ähnlichen Schwierigkeiten gescheitert sein wie das Projekt der Massenverhaftungen im März 1910; es finden sich jedenfalls keine Anzeichen für einen Versuch seiner Verwirklichung. Der Verlauf des 17. Novembers hingegen bestätigte Jagows strategische Grundsätze. Zwar füllten sich die Straßen vor und nach den Versammlungen mit Sozialdemokraten, auch versuchten in der Luisenstadt zwei Züge von einigen Tausend Teilnehmern hartnäckig, den dieses Stadtviertel teilenden Kanal Richtung Innenstadt zu überqueren. Sie mußten dabei jedoch ebenso wie die Züge in anderen Stadtvierteln ohne jegliche organisatorische oder moralische Stütze wie Ordner und Plakate auskommen.[206]

7.5 Auf dem Weg zur „Nationalisierung der Massen": Die patriotischen Straßendemonstrationen während der Julikrise 1914 und ihre Vorläufer

Die Geschichte der Straßendemonstrationen in Deutschland vor dem Ersten Weltkrieg — im Kontext des 20. Jahrhunderts genaugenommen eine *Vorgeschichte* — endete in den patriotischen Spontan-Demonstrationen der Mobilmachungstage zu

---

203 PP an MdI (Konzept) v. 22.10.1912, ebd., Bl. 27-29.
204 Mdi an PP v. 4.11.1912 (Abschrift), BLHA, Rep. 30, Tit. 95, Nr. 15994, Bl. 59.
205 Siehe eine Aktennotiz des Leiters der Exekutive der Abt. VII v. 5.11.1912, ebd., Bl. 58.
206 Siehe die Berichte d. HMen v. 17.11.1912, BLHA, Rep. 30, Tit. 95, Nr. 15838, Bl. 196-217v.

Beginn des Ersten Weltkrieges. Auch wenn nach neueren Forschungen das Bild einer gleichmäßig alle Klassen und Bevölkerungsgruppen erfassenden Kriegsbegeisterung deutlich relativiert werden muß[207], bleibt die Tatsache, daß nicht − wie bislang in der Reichshauptstadt − Demonstrationen der Kriegsgegner, sondern die der Kriegsbefürworter das Straßenbild bestimmten. Ihnen „gehörte" Ende Juli die Straße, und zwar im Zentrum der Stadt, am Sitz der Macht: Unter den Linden, in der Wilhelmstraße, vor dem Schloß − also an jenen nationalen Kultstätten, die zu besetzen der demokratischen Opposition fast nie gelungen war.

Die sozial- und mentalitätsgeschichtlichen Ursachen für diese schlagartig zutage tretende *Hegemonie der Kriegsbefürworter,* vor der die oppositionellen Kräfte zumindestens kapitulierten, wenn sie nicht in aller Form zu ihnen überliefen, und der umfassenden Machtlosigkeit und gesellschaftlichen Marginalisierung der Kriegsgegner zu ergründen, gehört nicht zu den Aufgaben dieser Untersuchung.[208] Ein Aspekt soll an dieser Stelle aber herausgearbeitet werden, um die auch *straßenpolitische* Übermacht der Kriegsbefürworter in jenen Tage besser zu verstehen: Ich werde im folgenden in meiner Durchsicht der Vossischen Zeitung aufgefundene Fälle straßenpolitischer Aktionen rechter und staatstragender Kräfte zwischen 1900 und 1914 vorstellen, die als Vorläufer der patriotischen Straßendemonstrationen während der Julikrise 1914 gelten können. Für sich genommen bilden sie keine „Tradition" und auch keinen Strang zusammenhängender Erfahrungen mit Straßenpolitik, wie sich dies für die Unterschichten im allgemeinen und die Sozialdemokratie im besonderen nachzeichnen läßt. Sie belegen lediglich die Existenz einiger disparater, zum Teil aber sehr eindrücklicher *Präzedenzfälle* in der politischen Kultur des Wilhelminischen Kaiserreichs: weniger was den Anlaß − Kriegsbeginn − als was den Inhalt − die klassenübergreifende Begeisterung für die Nation - angeht. Das „Augusterlebnis" war ebensowenig wie die Julikrise das Produkt einer kurzfristigen politischen Konjunktur[209], sondern konnte an bereits in den Jahrzehnten zuvor sichtbare Potentiale anknüpfen, die sich nicht in der organisatorischen und ideologischen Neuformierung rechter Verbände und Parteien seit den 1890er Jahren[210] erschöpften. Die systematische und gezielte Nutzung des öffentlichen Straßenraumes für die „aggressive Werbetätigkeit" einer nicht der politischen Linken zuzurechnenden Organisation blieb hingegen in Berlin auf wenige Ausnahmeerscheinungen, darunter die Umzüge der Heilsarmee[211] und Tumulte um die Kundgebungen des „Radauantisemiten" Graf von Pückler-Tschirne[212], beschränkt.

207 Siehe zuletzt die Untersuchung von Kruse (1994) über die Sozialdemokratie.
208 Siehe zur jüngeren Forschung die Beiträge in Hüppauf (1984), Düllfer/Holl (1986) sowie Berliner Geschichtswerkstatt (1989).
209 Vgl. Fischer (1961).
210 Vgl. Stegmann (1970), Eley (1980).
211 Siehe z. B. Vossische Zeitung v. 28.7.1913, Nr. 378; Vorwärts v. 18.8.1908, Nr. 192, 2. Beil.
212 Siehe z. B. Vossische Zeitung, die von den Berliner Tageszeitungen am aufmerksamsten seine Agitation verfolgte und ihn nicht nur als Spinner abtun wollte, v. 21.6. 1902, Nr. 286, v. 24.10.1904, Nr. 500, v. 8.2.1905, Nr. 66, 2. Beil, v. 23.6.1910, Nr. 290. Zu Pückler-Tschirne siehe Pulzer (1984), S. 193.

7.5.1 Ovationen und Huldigungen: Die „Nation" als „Volk" auf der Straße

Saalveranstaltungen von „staatserhaltenden" Parteien verliefen durchweg in geordneten Bahnen und zogen keine Straßendemonstrationen nach sich. Die Artikulation eines überparteilichen nationalen Konsenses in der Straßenöffentlichkeit war vor 1914 an die traditionelle Form der *Huldigung*, die „hochgestellten" Personen aus besonderen Anlässen dargebracht wurde, gebunden. Einen dieser Anlässe stellte der *Besuch der „Burengenerale"* Botha, Dewet und Delarey im Oktober 1902 dar: „Von der Bevölkerung ist den Buren ein enthusiastischer Empfang bereitet worden, ein Empfang, wie er hier selbst gekrönten Häuptern nur sehr selten zu Theil geworden ist. Die verschiedenartigsten Elemente hatten sich zusammengefunden, um den Einzug der Burenführer zu einer Kundgebung aller Schichten der Gesellschaft zu gestalten. Taktvoll wurde jeder Mißton vermieden, der an irgend einer Stelle peinliche Empfindungen hätte wachrufen können — es war lediglich eine Ehrung von Männern, die mit heldenmüthiger Aufopferung für die Freiheit und Unabhängigkeit ihrer Heimath gekämpft haben und in diesem Kampf nach hartem Ringen von der Uebermacht bezwungen wurden."[213] Diese Meldung der Vossischen Zeitung faßt den diesem Ereignis zugrundeliegenden breiten Konsens in der bürgerlichen wie sozialdemokratischen Öffentlichkeit zusammen. Auf Einladung des *Deutschen Burenhilfsbundes,* des *Deutschen Frauenhilfsbundes für die Burenfrauen und -kinder* sowie des *Alldeutschen Verbandes* hielten sich die Burengenerale zwei Tage lang in Berlin auf, um auf den Festbanketts dieser drei Organisationen Spenden zugunsten ihrer unter den Kriegsfolgen leidenden Bevölkerung, aber auch um die Ovationen begeisterter Menschenmengen entgegenzunehmen. Da die offizielle deutsche Außenpolitik während des Burenkriegs strikte Neutralität bewahrt hatte, Wilhelm II. mit Rücksicht auf britische Empfindlichkeiten eine Audienz mit den Burengeneralen kurz zuvor abgesagt und allen offiziellen Staatsvertretern den Kontakt mit ihnen untersagt hatte, demonstrierte diese Begeisterung zugleich die Distanz zu den Zwängen von Diplomatie und großer Politik, auch wenn man sich sorgfältig aller „Mißtöne" gegenüber Großbritannien enthielt.[214] Von ihrem Eintreffen am Nachmittag des 16. Oktobers bis zur ihrer Abfahrt zwei Tage später wurden die Burengenerale, sobald sie auf der Straße wahrzunehmen waren, von Menschenmassen umringt und bejubelt. Auf und vor dem Bahnhof Zoologischer Garten, in den Straßen während der Fahrten innerhalb Berlins zwischen dem Hotel Prinz Albrecht, den Festbanketts und einem kurzen Besuch des Kaiser-Wilhelm-Nationaldenkmals, und auch auf dem Platz vor dem Hotel, überall sammelten sich „Burenfreunde", um die „Helden" eines „nationalen Befreiungskampfes" zu sehen. Wie die Vossische Zeitung[215] berichtete auch der Vorwärts von einem sozial gemischten Publikum, in dem allerdings die gehobenen Schichten dominierten, während sich Arbeiter mit ihren Begeisterungsausbrüchen eher zurückhielten.[216] In der

---

213 Vossische Zeitung v. 17.10.1902, Nr. 487, 1. Beil.
214 Allgemein zur „Buren-Agitation" in Deutschland wie in ganz Europa siehe Kröll (1973), zum Berlin-Besuch der Burengenerale insbesondere S. 320-322.
215 Vossische Zeitung v. 17.10.1902, Nr. 487, 1. Beil.
216 Vorwärts v. 17.10.1902, Nr. 243.

Nähe des Bahnhofs wurde das Gedränge „geradezu beängstigend und bedrohlich"; als die Gäste aus dem Bahnhof heraustraten, wurden die doppelten Schutzmannsketten zur Seite gedrängt. „Zahlreiche Damen, die offenbar den besseren Ständen angehörten, drängten sich fast unter Lebensgefahr an die Wagen, um den Helden die Hand zu drücken."[217] Sechs „schwere Ohmachtsanfälle und vier Beinbrüche durch Ueberfahren" gehörten zur Bilanz des ersten Besuchstages.[218]

Im Hotel Prinz Albrecht angekommen, zeigten sich die Gäste auf dem Balkon der Menge und hielten kurze Ansprachen, womit sie einer Bitte des stellvertretenden Polizeipräsidenten v. Friedheim nachkamen, da die Schutzmannschaft offenbar befürchtete, der Massen anders nicht Herr werden zu können.[219] Diese Geste wiederholte sich noch des öfteren in den beiden folgenden Tagen. Beim Besuch des Reichstags — eine Demonstration konservativer und antisemitischer Abgeordneter gegen die offizielle Ignorierung der Gäste — wurden sie von ihren Bewunderern auf die Arme gehoben und in das Reichstagsgebäude getragen.[220]

Als das erste regelrechte „Straßen-Politikum" königstreuer Provenienz können die *„Huldigungen" bürgerlicher Demonstranten an den Reichskanzler von Bülow und Wilhelm II.* in der Nacht nach den beiden Reichstagswahlgängen im Jahre 1907 angesehen werden. Ausgangpunkt war am Tag des Hauptwahlgangs, dem 25. Januar, das in der Zimmerstraße in der Friedrichstadt gelegene Gebäude des Scherl-Verlags, wo vom Berliner Lokal-Anzeiger ab 19 Uhr die neuesten Wahlergebnisse auf eine große Leinwand projiziert wurden. Die die ganze Breite der Straße einnehmende Menge kommentierte sie entweder durch Mißfallen oder Zustimmung, je nachdem, ob die Sozialdemokraten einen Wahlkreis gewonnen oder verloren hatten. Aufgrund der sich bald abzeichnenden Wahlniederlage der Sozialdemokraten stieg die Stimmung erheblich, namentlich wenn nach „staatserhaltenden" Wahlergebnissen auch noch Abbildungen von Bismarck, Wilhelm II. oder dem neuen liberalen Staatssekretär im Reichskolonialamt, Dernburg, projiziert wurden. Patriotische Gesänge („Deutschland, Deutschland über alles", „Die Wacht am Rhein", „Heil Dir im Siegerkranz") wurden angestimmt. Nachdem die letzte Projektion verloschen war, formierte sich ein hauptsächlich aus Studenten bestehender Zug von ca. 500 Personen, der mit Gesang dem Schloß zustrebte, an der Schloßbrücke allerdings von einigen Schutzleuten, von denen einer sogar blankzog, aufgehalten wurde. Die Demonstranten zogen daraufhin vor das Reichskanzlerpalais, riefen „Bülow! Bülow!", bis dieser schließlich in den Garten kam und am Zaun eine kurze Dankesrede hielt. Ein weiterer Zug — ob es derselbe war, läßt sich anhand der Zeitungsberichte nicht klären — stattete auch noch dem Kronprinzenpaar einen Besuch ab, das sich kurz am Fenster zeigte. Dort wurde die Menge unter Anwendung körperlicher, aber ohne Waffengewalt auseinandergetrieben.[221]

Das Vorgehen der Polizei hatte einen entrüsteten Aufschrei in einigen bürgerlichen Zeitungen zur Folge. Im Berliner Tageblatt beschwerten sich ältere Teil-

217 Vossische Zeitung v. 17.10.1902, Nr. 487, 1. Beil.
218 Vorwärts v. 18.10.1902, Nr. 244, 2. Beil.
219 Vossische Zeitung v. 17.10.1902, Nr. 487, 1. Beil.
220 Siehe Vossische Zeitung v. 17.10.1902, Nr. 488, v. 18.10.1902, Nr. 490, v. 19.10.1902, Nr. 491, 1. Beil.
221 Berliner Lokalanzeiger, 26.1.1907, Nr. 46., Berliner Tageblatt v. 26.1.1907, Nr. 46.

Abb. 18: *Die Kundgebung vor dem Königlichen Schloß in Berlin nach den Stichwahlen am 5. Februar 1907*

nehmer über die „unbegreiflichen Mißgriffe" von Polizisten, die sie weggeschoben hatten;[222] in anderen Blättern schilderten andere, wie sie die Sperren am Schloß umgangen hatten und in den Lustgarten gelangt waren, bevor sie sich von einem Polizeileutnant zum Auseinandergehen bewegen ließen.[223] Auch der Reichskanzler und – über den Weg des Innenministers[224] – der Polizeipräsident schlossen sich dieser Mißbilligung an. Letzterer veröffentlichte zwei Tage später eine eigene Darstellung der Vorfälle und bedauerte es, „daß diesen Kundgebungen gegenüber das *richtige Verständnis gefehlt* hat". Zugleich wies er Behauptungen, es sei zum Einsatz der blanken Waffe gekommen, zurück und führte zur Entschuldigung die Befürchtung der verantwortlichen Exekutivkräfte an, „daß der Hinzutritt auch andersdenkender Elemente leicht zu den schärfsten Konflikten und Auftritten, die verhindert werden mußten, führen konnte."[225]

Bei den Teilnehmern handelte es sich hauptsächlich – jedenfalls behauptete dies die Freisinnige Zeitung[226] – um die „liberale Jugend", zu der sich auch einige Professoren und ältere „Patrioten" gesellt hatten.[227] Die Reaktion bürgerlicher Tageszeitungen und die öffentliche Selbstkritik der Polizei offenbarten schlaglichtartig, daß im Bedarfsfall den staatserhaltenden politischen Richtungen die demonstrative Nutzung der Straße selbstverständlich zustand. Der Vorwärts kommentierte diese Debatte um den Polizeieinsatz gegen den „Radaupatriotismus" mit einer Mischung aus Anklage und Schadenfreude. Natürlich forderte er einmal mehr das Demonstrationsrecht für Arbeiter, zugleich konstatierte er: Das „Bürgertum hat von der Polizei in der Wahlnacht das *geerntet*, was es zu anderen Zeiten gegen die Arbeiterklasse *gesät* hat. Wer zu allen Uebergriffen, die die Polizei gegen Arbeiter sich erlaubt, stille schweigt oder gar Beifall spendet, der darf sich nicht wundern, wenn *das Machtbewußtsein der Polizei auch mal ihm selber unbequem wird.*"[228]

Die Nacht nach den am 5. Februar abgehaltenen Stichwahlen bot der Berliner Polizei die Gelegenheit, ihren Fehler in aller Form zu korrigieren. Auch diesmal nahm der Zug von der Zimmerstraße aus seinen Anfang; die Polizei griff während der Bekanntgabe der Stichwahlergebnisse nur ein, um der Straßenbahn den Weg freizumachen.[229] „Ein Strom der Zehntausende", so das Berliner Tageblatt, zog zum Reichskanzlerpalais und nach einer kurzen Ansprache durch Bülow zum Schloß.[230] Dort belagerten die Demonstranten den Eingang, besetzten die Balustrade und warteten auf den Kaiser, der auch kurz darauf mit seinem Automobil durch die Menschenmenge gefahren kam. „Ein ungeheurer Jubel empfing den Monarchen. Die begeisterte Menge drängte sich dicht an das Fahrzeug heran, und einen Augenblick sogar

---

222 Berliner Tageblatt v. 26.1.1907, Nr. 47, v. 27.1.1907, Nr. 48.
223 Vossische Zeitung v. 31.1.1907, Nr. 51, 1. Beil., Berliner Lokalanzeiger v. 3.2.1907, Nr. 61, 4. Beibl.
224 Vossische Zeitung v. 27.1.1907, Nr. 45, 1. Beil.
225 Vossische Zeitung v. 28.1.1907. Nr. 46, 3. Beil.
226 Zit. n. Vorwärts v. 29.1.1907.
227 Ebd., Vossische Zeitung v. 31.1.1907, Nr. 51, 1. Beil.
228 Vorwärts v. 29.1.1907, Nr. 24, 2. Beil. Auch während der Wahlrechtskampfes im nächsten Jahr wiesen der Vorwärts bzw. sozialdemokratische Strafverteidiger auf diesen Präzedenzfall hin, siehe v. 12.1.1908, Nr. 10, v. 26.1.1908, Nr. 22, 3. Beil., v. 10. 3. 1908, Nr. 59, 3. Beil.
229 Berliner Lokal-Anzeiger v. 6.2.1907, Nr. 57. S. Abb. 18
230 Berliner Tageblatt v. 6.2.1907, Nr. 66.

wurde dieses festgehalten. Der Kaiser schien in bester Laune. Mit lebhaftester Herzlichkeit winkte er wieder und wieder aus dem Fenster seines Wagens heraus." Nachdem er im Schloß verschwunden war, vergingen noch einige Minuten, die mit dem Singen patriotischer Lieder überbrückt wurden. Dann zeigte sich Wilhelm II. mit seiner Familie am Fenster und hielt eine kurze Rede, wonach sich die Ansammlung zerstreute. Zu Konflikten mit der Polizei kam es in dieser Nacht nicht.[231] Ein kleiner Trupp durchzog noch die Friedrichstadt und das Tiergartenviertel, um dem Kronprinzenpaar und dem einzigen in Berlin gewählten Abgeordneten der Liberalen, Kaempf, seine Huldigungen darzubringen.[232]

Schon einer der Leserbriefschreiber nach dem 25. Januar hatte den Demonstrationszug als ein „allen Teilnehmern unvergeßlich" bleibendes Ereignis geschildert.[233] Die Ansprache des Kaisers stellte demgegenüber eine Steigerung, ja ein historisches Novum dar. „Seit den *stürmischen Märztagen des Jahres 1848* ist es nicht wieder vorgekommen, daß ein preußischer König vom Balkon des Berliner Schlosses aus zu seinem Volke gesprochen hat", stellte das Berliner Tageblatt fest.[234] Die Reportage des Berliner Lokal-Anzeigers schloß mit den Worten: „[...] jeder [der auseinandergehenden Teilnehmer – T. L.] trug mit sich fort die Erinnerung an eine Stunde, da die Herzen von Kaiser und Volk zusammenschlugen wie nie zuvor, an eine Kundgebung, wie sie sich in dieser Art wohl noch nie vor dem königlichen Schlosse zu Berlin abgespielt hat."[235]

Sowohl die Begeisterung für die Burengenerale wie die Huldigungen der liberalen Parteigänger anläßlich des Wahlsiegs des Bülow-Blocks 1907 artikulierten nicht nur einen bürgerlich-nationalen Konsens, sie enthielten zugleich Elemente einer Kritik an den begrenzten Möglichkeiten, diesen Konsens des staatsstreuen politischen Lagers auch öffentlich zur Darstellung bringen zu können. Das Hervorheben der Einmaligkeit der Ansprache des Kaisers an „das Volk" in der Nacht zum 6. Februar 1907 drückte zugleich das Unbehagen an der sonst üblichen Distanz zwischen Nation und Krone aus. Die auch auf der Straße sichtbare Begeisterung für die Burengenerale enthielt eine implizite Kritik an der nur diplomatischen Notwendigkeiten gehorchenden Weigerung des Monarchen, diesen eine Audienz zu gewähren. Eine regelrechte Konkurrenzsituation um die Gunst „der Nation" entwickelte sich im Jahre 1909 aus der das ganze Land erfassenden Begeisterung für den Grafen *Zeppelin* und seine Luftschiffe.

Die Faszination für die Luftfahrt hatte bislang ausschließlich im Rahmen rein kommerzieller oder militärischer Schauveranstaltungen zur Ansammlung größerer Menschenmassen geführt. Handelte es sich bis dahin lediglich um eine weitere Variante wochenendlicher Sportereignisse, so brachte Graf Zeppelin und seine majestätisch dahingleitenden Luftschiffe einen völlig neuen Zug in die Flugbegeisterung. Unter großer Anteilnahme der deutschen Öffentlichkeit begann Zeppelin 1906, gestützt auf eine vom Scherl-Verlag entfachte Pressekampagne, mit seinen Fernflügen.

---

231 Berliner Lokal-Anzeiger v. 6.2.1907, Nr. 57.
232 Vorwärts v. 8.2.1907, Nr. 33.
233 Vossische Zeitung v. 31.1.1907, Nr. 51, 1. Beil.
234 Berliner Tageblatt v. 6.2.1907, Nr. 66.
235 Berliner Lokal-Anzeiger v. 6.2.1907, Nr. 57.

Nachdem 1908 seine neueste Entwicklung, „Zeppelin III" oder kurz „Z. III" genannt, durch eine elektrische Entladung zerstört worden war, konnte angesichts des drohenden Bankrotts seiner Firma eine „Nationalspende" für einen neuen Z. III binnen kurzem den Verlust wettmachen. Aus Technikbegeisterung wurde nun die Legende des vom Pech verfolgten deutschen Ingenieurs, der, getragen von der Volksbegeisterung, die Deutschen wenigstens beim Blick in die Lüfte einigte.[236] Die damit einhergehende Entgegensetzung zur Person des Kaisers wurde zwar nicht ausgesprochen, war aber dank Wilhelms II. anfänglicher Ablehnung des Zeppelins allgegenwärtig.

1909 sollten auch die Berliner und Berlinerinnen die Früchte ihrer Spendenfreudigkeit zu sehen bekommen. Im August kam der Zeppelin mit dem Grafen in zwei Tagesflügen von Friedrichshafen über Nürnberg und Bitterfeld nach Berlin. Für Sonnabend, den 28. nachmittags, war sein Erscheinen über Berlin angekündigt. Angesichts von entsprechenden Erfahrungen in Süddeutschland hatten die zuständigen Behörden das Ereignis bis hin zur minutiösen Festlegung der Route über Berlin gründlich vorbereitet. Damit alle die Manöver des Z. III möglichst ausführlich zu sehen bekämen, sollte er vor der Landung auf dem Tegeler Schießplatz einige Schleifen und Bögen über den größeren innerstädtischen Parks ausführen. Als Zentrum des Geschehens war das Tempelhofer Feld vorgesehen.[237]

Am Samstag, dem 28. August, begann die Berliner Bevölkerung, verstärkt durch ungefähr eine Million auswärtiger Gäste, bereits in den Vormittagsstunden Aufstellung zu nehmen.[238] Nicht nur auf den Dächern und Balkonen, sondern auch in den großen Grünanlagen wie dem Friedrichshain, dem Zoologischen Garten, dem Kreuzberg, der Gegend um das Schloß und natürlich auf dem Tempelhofer Feld wurde geduldig gewartet, ausgerüstet mit der für Tagesausflüge üblichen Wegzehrung, assistiert von Liegestuhlvermietern und fliegenden Händlern, die bereits *vor* dem Ereignis Bilder vom Zeppelin über Berlin, aber auch Broschüren und Gedenkmünzen verkauften.[239] Allein auf dem Tempelhofer Feld erwarteten Hunderttausende das Wunder. Dem Reporter der Vossischen Zeitung bot sich von der Tribüne aus „ein überwältigendes Bild", ein „Zusammenlauf", größer als bei jeder Parade.[240]

Ein havarierter Propeller bei Bitterfeld verzögerte die Ankunft des Zeppelins jedoch um 24 Stunden und sorgte damit am Sonntag für eine Neuauflage der Menschenansammlungen. Der Vossichen Zeitung zufolge übertraf nun das „Menschgewoge" auf dem Tempelhofer Feld die Ansammlungen vom Vortage. Schon seit 10 Uhr 45 konnte man Z. III am westlichen Horizont über Steglitz und Lichterfelde

---

236 Siehe als umfangreiche Darstellung des „Zeppelinismus" Clausberg (1979) sowie ferner — insbesondere auch zum Verhältnis von Arbeiterbewegung und Zeppelin — Warneken (1984) und (1988), zuletzt Fritzsche (1992).

237 Vossische Zeitung v. 16.8.1909, Nr. 380. Den Vorwärts veranlaßten diese Maßnahmen zu langwierigen Polemiken gegen die obrigkeitliche „Angst vor der Zeppelin-Raserei" vor den in Wahrheit so disziplinierten Volksmassen; Vorwärts v. 17.6.1909, Nr. 190, 2. Beil.

238 Unter Hinzurechnung von knapp zwei Millionen Berlinern schätzt der Berliner Lokal-Anzeiger v. 29.8.1909, Nr. 579, „daß vielleicht drei Millionen Männer, Frauen und Kinder in Bewegung gewesen sein dürften."

239 Vossische Zeitung v. 28.8.1909, Nr. 402. — Ich beschränke mich im folgenden auf die in der Vossischen Zeitung gefundenen Beschreibungen, da sie mit anderen — z. B. Schwipps (1984), Berliner Lokal-Anzeiger, Vorwärts — übereinstimmen.

240 Vossische Zeitung v. 29.8.1909, Nr. 403, 1. Beil.

manövrieren sehen. Nach Eintreffen der kaiserlichen Familie war es um 12 Uhr 30 soweit.

„Er kommt! Er kommt! Einer rief es dem andern zu, und aller Kleinmut, der sich wohl in mancher Seele eingenistet hatte, war mit einem Schlage vorbei." Der Zeppelin schwebte zunächst an den Tribünen vorbei. „In dem ersten Moment seines Erscheinens rührt sich nichts inmitten der Menschenscharen. Keine Hand streckt sich aus, kein Laut wird hörbar. Man hatte das Luftschiff seit Tagen erwartet und hatte es nahezu eine Stunde lang herankommen gesehen — allein die Feierlichkeit dieses Augenblicks überwältigte die Herzen. Ehrfurcht, Erstaunen, Verblüffung hatten sich der ungeheuren Menge bemächtigt. Dann aber ging es los! Der tosenden Meeresbrandung gleich, erhob sich ein Jubelsturm und erschütterte die Luft in einem gewaltigen Gleichklang aus hunderttausend Kehlen. Die dort oben, zu denen dieser eine mächtige gemeinsame Ruf drang, müssen in der Tat die Empfindung gehabt haben, über einem entfesselten Orkan zu schweben. Und gleichzeitig hatte sich das Farbenbild vollkommen verändert. Aus den dunklen Wogen waren weiße geworden. Wie die Wellengischt hoben und senkten sich die Tücher, man konnte sich nicht fassen, man wußte kaum noch, wie man der freudigen Erregung Ausdruck geben sollte. Schließlich ging man sogar zu Händeklatschen über. Aus der vorderen Gondel wurde, als Entgegnung, etwas Weißes geschwenkt, ein Tuch oder eine Mütze. 'Hurrah, Hurrah, Graf Zeppelin winkt!'"

Nach einer Viertelstunde Aufenthalt über dem Tempelhofer Feld wurden verschiedene andere Punkte über der Stadt angeflogen. Als letzte Station vor der Landung erschien der Zeppelin über dem Friedrichshain, wo der Berliner Osten bereits ungeduldig zu werden begann und argwöhnte, daß Zeppelin sich nur dem vornehmen Westen zeige.

Den zweiten Höhepunkt der Berlin-Fahrt bildete die Landung auf dem Tegeler Schießplatz, bei der selbst das handverlesene Publikum und die Journalisten jegliche Zurückhaltung aufgaben und die Militärketten durchbrachen, um die Begrüßung des Grafen aus nächster Nähe zu sehen. Der Kaiser küßte ihn gar, und die Menge sang die Nationalhymne. Der stellvertretende Bürgermeister Dr. Reicke (ein Freisinniger) faßte das allgemeine Hochgefühl in einer Begrüßungsansprache zusammen, in der er die „Einmütigkeit" der Deutschen als „ein Volk", wie sie sich in der Spendenaktion gezeigt habe, beschwor; „wir Berliner sind dabei wahrlich nicht die letzten gewesen." Auch er artikulierte indirekt die Entgegensetzung Zeppelins zum Kaiser: „Wenn auch aus der Höhe, die Sie sich erobert haben, Ihnen eine Stadt wie die andere erscheinen muß, so wird doch die Begeisterung von drei Millionen, die in diesen Stunden mit Rufen und Fahnenwehen zu Ihnen emporgelodert ist, Ihnen gesagt haben, daß hier im Herzen des Landes, unter den Augen unseres allverehrten geliebten Kaisers, auch das Herz des Volkes am lautesten schlägt jedem großen Manne und jeder großen Tat! Daß Sie uns Beides bringen, der Menschheit wieder einmal das langersehnte Schauspiel gewähren, wie dem Verdienste das Glück sich gesellt, und wie Überzeugung und Mut endlich zum Siege führen, macht Sie zum Helden und Führer, zum Liebling des Volkes."[241]

---

241 Vossische Zeitung v. 30.8.1909, Nr. 404.

Bei „Liebling des Volkes" handelt es sich, so Bernd Warneken, immerhin um ein „Epitheton aus der Hymne 'Heil dir im Siegerkranz', das dort dem Kaiser zugedacht ist."[242] Auch im Bericht der Vossischen Zeitung über die Ovationen, die einige Stunden später dem Kaiser und seinem Gast vor dem Schloßplatz dargebracht wurden, sind derartige Differenzierungen erkennbar. Nachdem um 15⁴⁵ Uhr die kaiserliche Familie mit Zeppelin den Balkon betreten hatte, „erbrauste [...] ein nicht endenwollender Jubel [...] Mit dem Singen von 'Deutschland, Deutschland über alles!' und der 'Wacht am Rhein' huldigte man dem nationalen Helden, mit 'Heil Dir im Siegerkranz' dem Kaiser und seinem Hause."[243]

Das in den Worten des stellvertretenden Bürgermeisters wie den Ovationen vor dem Schloß artikulierte *Erlebnis* einer Einheit der Deutschen ohne Ansehen von Rang und Namen war in den Leitartikeln und Kommentaren aller Zeitungen tagelang vorbereitet worden. „Heil Zeppelin!" überschrieb die Vossische Zeitung am Samstag, dem ursprünglich vorgesehenen „Zeppelintag", ihren Leitartikel, in dem sie die „geistige [Einheit] der Richtungen, die unser Volksleben durchdringen und die in lebendigen epochalen Werken ineinandergreifen", beschwor.[244] Immer wieder wurde in den Reportagen von den verschiedenen Schau-Plätzen der Stadt der klassenübergreifende, die Nation einigende Charakter der Menschenmassen hervorgehoben.[245] Alles war friedlich, es ging auch ohne Polizei – „wie in diesem Gewoge alle Standesunterschiede sich verwischten, und sich alles ohne Lärm, Hast und Gedränge abwickelte – das war einzigartig für Berlin."[246] Die Erfahrung mit derartigen Menschenmassen, die, ohne daß besondere polizeiliche Maßnahmen ergriffen werden mußten, friedlich ihrer Begeisterung Ausdruck gaben, wurde in einigen Zeitungskommentaren sogleich verallgemeinert: Angesichts dieser Disziplin könne man den Massen das Recht auf Demonstrationen unter freiem Himmel nicht länger vorenthalten, schrieb die Vossische Zeitung.[247]

Der politisch-kulturelle Gehalt der Zeppelin-Empfänge nicht nur in Berlin, sondern in ganz Deutschland weist jedoch weit über die Tagespolitik hinaus. Ein Massenspektakel wie der Berliner Zeppelintag erreichte im Vergleich mit den bis dahin praktizierten Staatszeremoniellen mit Volkskulisse eine völlig neue Qualität. Letztere beschränkten sich darauf, die Gesellschaft als eine festgelegte Hierarchie von Ständen darzustellen. Das Volk bekam nur zu bestimmten Momenten an bestimmten Orten in diesem Schauspiel die Möglichkeit zur Besichtigung und zur Ovation, befand sich dabei immer *am Rand* und nie im Mittelpunkt des Geschehens. Andere Gelegenheiten, bei denen sich ein Publikum in vergleichbaren Dimensionen sammeln konnte, waren als Teil der expandierenden Freizeitindustrie staats- und politikfern. Die beteiligten Massen traten auch dabei nie als gestaltendes, sondern

---

242 Warneken (1988), S. 55, siehe a. Warneken (1984), S. 74.
243 Vossische Zeitung v. 30.8.1909, Nr. 404.
244 Vossische Zeitung v. 28.8.1909, Nr. 401. – Als „Erziehung der Bevölkerung zum Zeppelin-Fanatismus" brandmarkte der Vorwärts diese Stimmungsmache, für die die Vossische Zeitung noch ein vergleichsweise niveauvolles Beispiel abgibt, Vorwärts v. 22.8.1909, Nr. 195, 3. Beil.
245 Siehe a. Beispiele in Warneken (1984), S. 64 f.
246 Vossische Zeitung v. 29.8.1909, Nr. 403, 1. Beil.; siehe a. die Berichte des Berliner Lokal-Anzeigers v. 29.8.1909, Nr. 579.
247 Zit. n. Warneken (1988), S. 54, dort auch weitere Beispiele.

lediglich als konsumierendes Subjekt auf und blieben bar jeglicher symbolischer Funktion.

Der Zeppelin hingegen kann für die erste Hälfte des 20. Jahrhunderts als ein *Kollektivsymbol*[248] der Deutschen angesehen werden. Er leistete nicht nur die semantische Verknüpfung des Fortschritts der deutschen Nation mit dem von Technik, Industrie und moderner Gesellschaft, eine damals gängige und keineswegs originele Vorstellung. Bedeutsamer erscheint mir der Zepellinkult durch die Anordnung der Protagonisten: Volk *und* Herrschaft wurden gemeinsam durch den Blick nach oben gebannt, erlagen gemeinsam der sinnlichen Faszination eines majestätisch daherschwebenden Luftschiffs, dessen Flug *tatsächlich* durch gemeinsame finanzielle Anstrengungen ermöglicht worden war. Neu war die wenn auch nur momentane Selbst-Unterstellung des gesamten Kollektivs ohne Ansehen von Rang und Namen unter *eine* „ideologische Macht" — die aufwärtsstrebende Nation — und ihre gleichzeitige Verkörperung: „Was wir erlebten, war berauschend schön: eine Riesenstadt mit dem gewaltigen Zustrom der Gäste auf den Straßen, an den Fenstern, auf den Dächern, auf dem weitgedehnten Truppenübungsplatz und überall, Stunde auf Stunde harrend, und die Blicke aller nach oben gerichtet, um das Wunder mit Händen zu greifen und die Empfindung voll durchzukosten: es geht mit uns aufwärts!"[249]

Die von Hunderttausenden mitsamt der kaiserlichen Familie erlebte Zeppelin-Euphorie im Juni 1909 zeigt, daß derartige „performative Akte", in denen eine utopische Bedeutung nicht nur symbolisiert, sondern in actu auch vollzogen und damit zugleich entgegenstehende Realitäten wie die Zerrissenheit in Klassen, Konfessionen und Parteien verneint werden, keinesfalls nur oppositionellen Massenbewegungen — also während des Kaiserreichs vor allem der Sozialdemokratie – zu Gebote standen. Sie wurden in den kommenden Jahrzehnten fester Bestandteil populistischer Diskurse und im nationalsozialistischen Diskurs zur Perfektion entwickelt. Daß in den Köpfen der Zeppelinbegeisterten möglicherweise die nationale Euphorie eine untergeordnete Rolle spielte im Verhältnis zur Sensationslust, Technikbegeisterung und Fortschrittseuphorie[250], ändert nichts daran, daß große Menschenmassen der aktive und tragende Teil dieser Darstellung waren, an deren sinnliche Erfahrung die Diskurse um „Nation", „Volk" und „Fortschritt" nahtlos anknüpfen konnten. Daß, wie Warneken herausgearbeitet hat, auch relevante Teile der Sozialdemokratie sich auf ihre Weise der Zeppelinbegeisterung angeschlossen hatten, ihre Kommentatoren sowohl das Luftschiff wie seinen Erfinder und seine Volksbewegung zu Symbolen des Fortschritts, der Arbeiterehre und der Unaufhaltsamkeit der Volksmassen umzu-

---

248 Es handelt sich hierbei um einen zentralen Begriff der von Jürgen Link in Anlehnung an Foucault und die französische poststrukturalistische Semiologie entwickelten Theorie und Methode der „Interdiskursanalyse": „Unter *Kollektivsymbolen* möchte ich *Sinn-Bilder* (komplexe, ikonische, motivierte Zeichen) verstehen, deren kollektive Verankerung sich aus ihrer sozialhistorischen, z. B. technohistorischen Relevanz ergibt, und die gleichermaßen metaphorisch wie repräsentativ-synekdochisch und nicht zuletzt pragmatisch verwendbar sind." Link (1988), S. 286, H. i. O. Sie sind hervorragend geeignet, die die Gesellschaft durchziehenden sektoralen, teilweise antagonistischen und spezialistischen Diskurse zum Zwecke ihrer gesellschaftlichen Reintegration zusammenzuführen.

249 Vossische Zeitung v. 1.9.1909, Nr. 408.

250 Das behauptet jedenfalls der Vorwärts v. 31.8.1909, Nr. 202, 2. Beil.

deuten verstanden – diese enorme, bis dahin beispiellose Integrationskraft einer nationalen Bewegung weist über das Jahr 1909 hinaus: Die Zeppelintage waren ein „Vorspiel des Augusterlebnisses von 1914"; wer „die Zeppelinbewegung fünf, sechs Jahre vorher als Mentalitätsindikator zu lesen versteht, wird dieses 'Augusterlebnis' kaum mehr als überraschend bezeichnen können".[251]

7.5.2 Das Jubeljahr 1913

Während die Sozialdemokratie nach der Folgenlosigkeit ihres Reichstagswahlerfolges und angesichts der Aussichtslosigkeit im Kampf um eine Wahlrechtsreform in Preußen ab 1912 zunehmend in die Defensive geriet, war das Jahr 1913 für den Staat, die Krone und ihre Parteigänger ein Jahr der Offensive. Mit der neuen Heeresvorlage wurde ein neuer Rekord an Rüstungsausgaben in Höhe von rund einer Milliarde Reichsmark erreicht, deren Finanzierung durch einen einmaligen Wehrbeitrag und ein Besitzsteuergesetz die Zustimmung der Sozialdemokratie im Reichstag fand.[252] Zugleich boten zwei Jubiläen und eine kaiserliche Hochzeit die Gelegenheit, innerhalb von neun Monaten in der Reichshauptstadt wie im ganzen Reich mehrere Male patriotische Massenversammlungen zu inszenieren: Das einhundertjährige Jubiläum der Befreiungskriege von 1813, das sowohl im März (Beginn der Befreiungskriege) als auch im Oktober (Völkerschlacht bei Leipzig) begangen wurde, das 25jährige Jubiläum des Regierungsantritts von Wilhelm II. im Juni und dazwischen, im Mai, die Hochzeit der kaiserlichen Prinzessin Viktoria Luise mit dem Prinzen von Cumberland – bei diesen drei Ereignissen konnten die Untertanen in verschiedensten Formen auf der Straße ihre nationale und monarchische Gesinnung demonstrieren.[253]

Im Unterschied zu den üblichen staatlich-monarchischen Feierlichkeiten waren die des Jahres 1913 auch in bürgerlichen Kreisen alles andere als unumstritten.[254] Verfolgte man Ordensfest, Kaisers Geburtstag und die Paraden noch weitgehend aus alter Gewohnheit, so enthielt allein schon die historische Bewertung des königlichen „Aufrufs an mein Volk" von 1813 reichlich Diskussionsstoff, ging es doch um nichts Geringeres als die Initiative des Volkes in den Befreiungskriegen und die zögerliche Haltung des Königs dazu. Dennoch bestand über alle politischen Lager hinweg Einigkeit darin, daß dieses Datum von zentraler Bedeutung für das Gemeinwesen war. Anders als die herkömmlichen staatlichen Feierlichkeiten konnte man die Jahrhundertfeier nicht auf ein traditionelles monarchisches Zeremoniell vor einigen tausend Schaulustigen reduzieren. Stattdessen stellte sich die *Jahrhundertfeier* als ein vergleichsweise vielstimmiges „Konzert" dar, dessen „Harmonie" – und bisweilen auch „Disharmonie" – durch das Zusammenwirken verschiedener Bevölkerungsgruppen zustandekam, sofern sie nicht wie die Sozialdemokraten eindeutig außerhalb des

251 Warneken (1984), S. 80.
252 Siehe Stenkewitz (1960), S. 96-125.
253 Siemann (1988) bietet nach Stenkewitz (1960), S. 77-96 den bislang ersten Beitrag zur Untersuchung der politischen Feste im Jahr 1913, ohne daß damit das Thema erschöpfend behandelt wäre. Seine Informationsbasis, hauptsächlich eine Tübinger Tageszeitung, ist so schmal, daß ihm die Feierlichkeiten vom 10. bis 17. März entgangen sind.
254 Siehe Stenkewitz (1960), S. 81-89; Siemann (1988), S. 314-316.

Staates standen. Organisatorisch ruhten diese nicht-staatlichen, aber immer staatsbezogenen Aktivitäten auf einem „vielschichtigen *Geflecht scheinbar unpolitischer Vereinsorganisationen*", wie Wolfram Siemann in seiner Untersuchung hervorhebt. „Turn-, Gesangs-, Patrioten-, Schützen- und Kriegervereine steuerten Massenveranstaltungen, die breite Kreise der Bevölkerung in ihren Bann zogen und Begeisterung stifteten."[255]

Entsprechend den historischen Ereignissen des Jahres 1813 begannen die Feierlichkeiten mit einer Eröffnung des ostpreußischen Provinziallandtags am 5. Februar 1913 in Königsberg, woran sich die Säkularfeier der Friedrich-Wilhelms-Universität in Berlin am 9. und 10. Februar mit dem ersten der vielen Umzüge dieses Jahres anschloß. Nach einem Festakt in der Aula zogen die studentischen Korporationen in vollem Wichs zum Denkmal Friedrich Wilhelms III., legten dort einen Lorbeerkranz nieder und fuhren dann zum Kreuzbergdenkmal, um dort ebenfalls einen Kranz niederzulegen. Auch ihnen war die übliche Kulisse Schaulustiger sicher, ging doch sonst im Alltagsleben der Millionenstadt der studentische Pomp vollkommen unter.[256]

Am 10. März 1813 hatte Friedrich Wilhelm III. den Aufruf „An mein Volk!" veröffentlicht; deshalb bildete dieses Datum neben dem der Völkerschlacht den Höhepunkt der Jahrhundertfeier.[257] Der 10. März 1913 fiel auf einen Montag, und deswegen dominierten unter den vielen Schaulustigen zunächst die Frauen und die Kinder. Allein die Ausschmückungen der verschiedenen Denkmalsplätze, insbesondere der Königin Luise, zogen Tausende an. Das offizielle Gedenken begann mit zwei Gottesdiensten: einem für den Hof und die Spitzen von Militär und Regierung im Dom und einem für die „Stadtväter" in der Nikolaikirche. Während der Gottesdienste waren im Lustgarten Vertretungen aller Truppengattungen und von Kriegervereinen angetreten, der „ganze große Platz glich einem Feldlager". Das Publikum hatte natürlich keinen Zutritt zum Platz und umsäumte ihn daher. Nachdem der Kaiser, von den obligaten Hochrufen begleitet, aus dem Schloß herbeigeritten war, begann der Festakt mit der Verlesung eines Tagesbefehls, dem sich eine Parade der angetretenen Truppenteile anschloß.[258]

Ein Musterbeispiel für die differenzierte Beteiligung der Gesellschaft an der Jahrhundertfeier stellt der „Zentenar-Fackelzug" am 16. März dar. Er war auf private Initiative hin entstanden und wurde von einer „Vaterländischen Gesellschaft zur Verbreitung von Geschichtskenntnissen" veranstaltet. Beteiligt waren: „Als erste die deutsch-völkischen Studenten. Dann der Deutsche Flottenverein mit Mitgliedern des Deutschen Wehrvereins; die katholischen Vereine Berlins und der Vororte; der Bürgerverein Herold; der Verein der Handlungskommis vom Jahre 1858; der Deutsche Turnerbund; der Deutsche Bürgerverein vor dem Oranienburger Tor; der Nationalliberale Wahlkreis Teltow-Charlottenburg; eine Gruppe von Privatpersonen, der sich eine Anzahl von Damen angeschlossen hatte; der Berliner Schützenbund (70 Vereine mit drei Musikkorps); die Deutschsoziale Partei; die Wandervögel; der

---

255 Siemann (1988), S. 317, H. i. O.
256 Berliner Lokal-Anzeiger v. 10.2.1913, Nr. 73; siehe a. Siemann (1988), S. 300-302, Stenkewitz (1960), S. 77 f.
257 Ebd., S. 78.
258 Vossische Zeitung v. 10.3.1913, Nr. 126.

Nationalliberale Ortsverein von Steglitz; die Lichtenberger Beamten-, Lehrer- und Kriegervereine; die Beamten der Firma Bolle; der Kreisverband der evangel. Männer und Jünglinge; die Nationalliberalen Vereine von Friedenau, Neukölln und Köpenick; der Deutsche Bürgerverein des Norddistrikts; der Bürgerverein Gesundbrunnen; der Bund für Wanderpflege und schließlich die Jugendvereine des Ostens."

Ein formales Kriterium für die Beteiligung am Fackelzug ist nicht erkennbar; es konnte offenbar jeder (und jede) patriotisch Gesonnene(r) mitmachen. Dieser Zug bewegte sich in einer engen Schlangenlinie „wie bei der Polonaise im Tanzsaal" über den Schloßplatz auf den kaiserlichen Balkon zu. „Und nun ertönte Hoch auf Hoch, während die Teilnehmer, Gruppe auf Gruppe, vor dem Kaiserpaar defilierten. Und gar häufig wurden die Zuschauer von der allgemeinen Begeisterung mitgerissen. Ehe der Zug sein Ende erreicht hatte, konnte man von einer *Huldigungsdemonstration* im vollen Sinne des Wortes sprechen." Nachdem alle Platz gefunden hatten, brauste — „anscheinend spontan ausgebracht" — ein Kaiserhoch über den Platz. Der Kaiser salutierte. „Und als dann die Nationalhymne erklang, sangen nicht nur die Fackelträger, sondern auch die Tausende der Zuschauer aus voller Kehle mit. Ein neues brausendes Hoch, und der Zug setzte sich wieder in Bewegung." Auf dem Kreuzberg folgte dann eine ganz der aktuellen Aufrüstung gewidmete Festrede von Generalleutnant v. Wrochem.[259]

National-bürgerliche Elemente der Jahrhundertfeier kamen beim Berliner Gedenken an die Leipziger Völkerschlacht noch stärker zur Geltung — die kaiserliche Familie war nämlich durch die Denkmalseinweihung in Leipzig verhindert. Nach einem Festgottesdienst der Kriegervereine im Dom am 18. Oktober war am Denkmal Friedrich Wilhelms III. unter freiem Himmel ein Festakt mit Veteranen-Aufmarsch und Musikkorps mitzuerleben. Ähnlich wie schon im Frühjahr beging die Stadt Berlin ihren eigenen Festakt, diesmal beim festlich geschmückten Denkmal auf dem Kreuzberg.[260] Das Berliner Großereignis zum Völkerschlachtgedenken war jedoch ein Festzug patriotischer Jugendorganisationen am nächsten Tag, Sonntag, dem 19. Oktober. „Hunderttausende", so die Vossische Zeitung, standen in den Straßen Spalier, um zunächst dem „Aufmarsch Jungdeutschlands" zuzusehen.[261] Dieser „Zug von 30 000 jungen begeisterten Berlinern" setzte sich zusammen aus Gemeindeschülern und -schülerinnen, den Schülern höherer Anstalten, Pfadfindern und Pfadfinderinnen, Jungdeutschland-Gruppen in Uniformen, jugendlichen Turnern und Turnerinnen, Wanderern, Radfahrern, Sportlern, Fortbildungsschülern, Abordnungen einzelner Regimenter, Delegationen auswärtiger Vereine usw. — kurz: aus allem, was jung und patriotisch war. Dazwischen spielten zahlreiche Militärkapellen und Musikchöre der Feuerwehr und der Jungdeutschland-Gruppen.

---

259 Vossische Zeitung v. 17.3.1913, Nr. 138. Aus der Rede Wrochems: „Weithin über den Erdkreis schattet ihre Aeste die deutsche Eiche! Ihrer mächtigen Krone aber drohen heute noch Gefahren, aus Ost und West umfaucht ihre Wipfel ein zorniger Wind. Der Neid und die Bosheit soll uns einig finden, deutsch, einfach, schlicht und eisern!" Ebd.

260 Vossische Zeitung v. 18.10.1913, Nr. 531.

261 Der „Bund Jungdeutschland" war ein vom Kriegsministerium 1911 initiierter Zusammenschluß bürgerlicher Jugendverbände, der die Förderung der Wehrkraft der deutschen Jugend zum Ziel hatte und, unterstützt von allen beteiligten staatlichen Stellen, die vormilitärische Ausbildung in den angeschlossenen Organisationen durchführte, siehe Bethge (1983).

Zwischen der Schuljugend und den Jugendvereinen kam die eigentliche Attraktion des Tages, der „historische Zug", in dem alle, die sich 1813 irgendwie um die Befreiung der Vaterländer verdient gemacht hatten, ob Dichter, General oder Bauernführer, ob Tiroler, Preuße, Schotte oder Russe, auf Paradewagen in Kostümen dargestellt wurden. „Räuberromantik à la Karl May –, so zog die bürgerliche Jugend zur Hundertjahrfeier", kommentierte der Vorwärts bissig.[262] Auf dem Tempelhofer Feld angekommen, verteilten sich die verschiedenen Gruppen über das ganze Feld und gaben, erleuchtet von großen brennenden Holzstößen, Fackeln und bengalischem Licht, ein Potpourri historischer Reminiszensen zum besten. „Da lehnt sich der zum Tode verwundete Körner an einen Waffengefährten aus dem Lützowschen Freikorps, da stürmt Blücher trotz seines weißen Haares mit jugendlichem Feuermut seiner wackeren Feuerschar voran [. . .]. Auch an gefangenen Franzosen fehlt es nicht. Ein buntes Lagerleben, in dem die verschiedensten Truppen und Völkertypen auftauchen, entwickelt sich." Eine Festrede des Vorsitzenden des Bundes Jungdeutschland, Generalfeldmarschall Frhr. v. d. Goltz, beendete die Feier. „Und wenn die Entscheidungsstunde naht, wird sie [die Jugend – T. L.] mannhaft für Vaterland und Kaiser einstehen. Mit einem dreifachen Hurra auf den Kaiser schloß die kurze, kernige Ansprache. Die Nationalhymnne erklang."[263]

Veranstaltungen der Fortschrittsliberalen und der Sozialdemokraten zeigten, daß das Gedenken an 1813 keineswegs nur den etablierten politischen Kräften und ihrem Massenanhang ein Anliegen war. Verglichen mit Jungdeutschland hielt sich der Andrang allerdings in bescheidenen Grenzen. Beide begnügten sich mit Saalveranstaltungen, wobei sozialdemokratische Arbeiter nach Schluß der Versammlungen in bewährter Weise kleine Straßendemonstrationen durchführten, die der bürgerlichen Presse zufolge im allgemeinen Gewühl dieses Tages aber nicht weiter auffielen und nur zu unbedeutenden Zwischenfällen führten.[264]

Lassen sich in den Veranstaltungen zum Gedenken an die Befreiungskriege gewisse Ansätze zu einer modernen, ins 20. Jahrhundert weisenden „Nationalisierung der Massen" (Mosse) im Sinne von deren symbolischer Einbeziehung in das Zeremoniell selbst feststellen, so waren die beiden anderen Feste stärker der Kontinuität monarchischer Traditionen, wenn auch inszeniert in Größenordnungen, die nur in einer Millionenstadt möglich waren, verpflichtet. „Byzantinismus" war das kritische Schlagwort, mit dem Linksliberale und Sozialdemokraten diese Prachtentfaltung und Huldigungsorgien bedachten.[265]

Schon beim Einzug am 13. Februar war das kaiserliche Brautpaar von einer begeisterten Menschenmenge, der es sogar gelang, beim Brandenburger Tor die Schutzmannskette zu durchbrechen, begrüßt worden.[266] Am 21. Mai begannen dann die Festtage am Königshof anläßlich der kaiserlichen Hochzeit mit der Ankunft des eng-

---

262 Vorwärts v. 20.10.1913, Nr. 275.
263 Vossische Zeitung v. 20.10.1913, Nr. 533.
264 Ebd. Ein anderes Bild zeichnete der Vorwärts v. 20.10.1913, Nr. 275, der von durchweg starkem Besuch in den 34 Saalveranstaltungen der Partei und der speziellen Jugendveranstaltung sowie von einem gewaltigen Polizeiaufgebot berichtete.
265 Lange (1967), S. 605 f.
266 Vossische Zeitung v. 13.2.1913, Nr. 80.

lischen Königspaares. Es wurde bei seiner Fahrt vom Lehrter Bahnhof über das Brandenburger Tor zum Schloß von der kaiserlichen Familie begleitet, eine Konzentration gekrönter Häupter, die natürlich einen großen Andrang Schaulustiger zur Folge hatte. Viel bekamen sie aber nicht zu sehen. Die Polizei begann mit weiträumigen Absperrungen, die auch in den folgenden Tagen den Verkehr im „Hurrahviertel" stark beeinträchtigten. Außerdem fehlte jegliches offizielle Zeremoniell wie etwa bei Staatsbesuchen, denn schließlich handelte es sich um einen „rein familiären Besuch, dem jeder offizielle politischer Charakter fehlt."[267] Vor allem der nächste Tag, an dem die eigentlichen Feierlichkeiten begannen, bot mit dem Eintreffen weiterer Hochzeitsgäste reichlich Gelegenheit, die Hochzeitsgesellschaft zu bestaunen und mit Ovationen zu begrüßen, wobei dies beim russischen Zaren dank des polizeilichen Sicherheitskordons, mit dem er umgeben wurde, nur beschränkt möglich war.[268] Mit dem „Tschindara der Soldatenmusik", die zusätzlich nachmittags im Tiergarten geboten wurde (der 100. Geburtstag Wagners bot dem Magistrat den geeigneten „bürgerlichen" Vorwand), zahlreichen „Provinzlern" und dem schönen Wetter waren die notwendigen Ingredienzien für ein richtiges Volksfest beisammen.[269]

Die verschiedenen Feierlichkeiten[270] dauerten bis zum 24. Mai; Schloß und die Linden waren in diesen Tagen ständig umlagert von ovationsbereiten Schaulustigen, die keine Möglichkeit versäumen wollten, einen Blick auf die Hochzeitsgesellschaft zu erhaschen.[271] Am eigentlichen Hochzeitstag, dem 24. Mai, kam die Vossische Zeitung nicht umhin, „den Enthusiasmus der Berliner [zu] bewundern, die Stunde um Stunde fest stehen wie die Mauern". „Acht bis zehn Reihen tief" standen die Menschen, von denen selbst die in der ersten Reihe kaum einen Blick auf den im geschlossenen Wagen vorbeiflitzenden Zaren werfen konnten. „Und doch stehen die Menschenmauern weiter, wagen nicht, sich vom Platz zu rühren aus Furcht, nachher dasselbe Auto nicht zurücksausen zu sehen. Dieses Ausharren läßt sich nur mit der Begeisterung erklären, die die Bevölkerung der Hochzeit im Kaiserhause entgegenbringt und folglich allen Vorgängen, die damit verbunden sind."[272]

Selbst der Vorwärts, sonst eher zum Herunterspielen der öffentlichen Anteilnahme bei Hoffestlichkeiten neigend, mußte festzustellen: Das „Volk, die guten Berliner, hat die Hochzeitstage reichlich ausgenützt, um sich nach allen Richtungen gründlich zu blamieren", und er hielt diesem „Volk" daraufhin im Leitartikel des Lokalteils eine bitterböse Gardinenpredigt.[273] Erst mit der Abreise des Brautpaares am Abend des 24. Mai vom Stettiner Bahnhof — auch hier „standen die Menschen wie Mauern und wichen nicht" — fand die kaiserliche Familienfeier und damit die Anteilnahme der schaulustigen Berliner ein vorläufiges Ende.[274]

267 Vossische Zeitung v. 21.5.1913, Nr. 252.
268 Vossische Zeitung v. 22.5.1913, Nr. 254.
269 Vossische Zeitung v. 23.5.1913, Nr. 255, 1. Beil.
270 Das Programm siehe Berliner Lokal-Anzeiger v. 21.5.1913, Nr. 251, 1. Beibl., sowie dessen detaillierte Berichterstattung v. 22.-25.5.1913, Nr. 252-259.
271 Vossische Zeitung v. 23.5.1913, Nr. 256.
272 Vossische Zeitung v. 24.5.1913, Nr. 258.
273 Vorwärts v. 26.5.1913, Nr. 128, Beil.
274 Vossische Zeitung v. 25.5.1913, Nr. 259. — Die Unentwegten konnten in den darauffolgenden Tagen im Kunstgewerbemuseum noch das Brautkleid und die Hochzeitsgeschenke besichtigen, was zum

Neues bot die Prinzessinnen-Hochzeit verglichen mit anderen kaiserlichen Familienfesten und den Staatsbesuchen gekrönter Häupter nicht, dafür aber um so mehr vom alten, und zwar in noch nie dagewesenem Ausmaß. Die Anordnung der Elemente mit einer passiven Menschenmenge am Rande des eigentlichen Ereignisses wurde nicht geändert, nur zog sie sich ausnahmsweise über ganze vier Tage hin. Die dabei an den Tag gelegte Ausdauer der Neugierigen unterstreicht zugleich die ungebrochene Faszination, die das monarchische Zeremoniell selbst in einer von sozialdemokratischen Wählern dominierten Großstadt auf einen signifikanten Teil der Bevölkerung ausübte.

Ähnlich wie bei der Jahrhundertfeier bekamen bei den Feierlichkeiten aus Anlaß von Kaiser Wilhelms II. 25-jähriger Regierungszeit die verschiedensten Verbände und gesellschaftlichen Gruppen Gelegenheit zur aktiven Beteiligung.[275] Der Sonntag des 15. Juni wurde von Tausenden genutzt, um sich in der Innenstadt die aufwendigen Ausschmückungen der öffentlichen Gebäude und Plätze sowie die Schaufensterdekorationen anzuschauen. Vom Dönhoffplatz bis zum Potsdamer Platz – also für ungefähr anderthalb Kilometer – brauchte man zu Fuß eine ganze Stunde.[276] Auch am nächsten, dem eigentlichen Jubiläumstag, „stauten sich in allen Straßenzügen, die zu den Linden führten, gewaltige Menschenmassen"[277], die Vossische Zeitung schätzte sie auf Hunderttausende. Der Tag hatte wie zum Neujahrstag und Kaisers Geburtstag mit einem „großen Wecken" begonnen. Um 8^{30} Uhr brachten 7.000 Gemeindeschulkinder im Schloßhof dem Kaiser ein Ständchen. Den Rest des Tages nahm das höfische, publikumsabgewandte Zeremoniell in Anspruch[278] – wäre da nicht eine improvisierte Rundfahrt des kaiserlichen Paares rund um das Schloßviertel gewesen, um sich dem „Volk" zu zeigen und den Festschmuck zu besichtigen.[279]

Am Dienstag, dem 17. Juni, dem letzten Feiertag des Kaiserjubiläums, war wiederum die Straße Schauplatz zweier Huldigungsumzüge. Der Vormittag gehörte den Berliner Handwerkerinnungen, die mit 12.000 Personen und einigen hundert Wagen in historischen Trachten und Darstellungen der verschiedenen Handwerke vom Königsplatz zum Schloß zogen. „Von einem 'Einsäumen' der Straße durch die Menschen konnte heute schon nicht mehr gesprochen werden. Kopf an Kopf gedrängt, vom Fahrdamm bis zu den Mauern, stand die Menge Unter den Linden. Von Bewegungsfreiheit war keine Rede", berichtete die Vossische Zeitung.[280] Den Schlußakt des Kaiserjubiläums bildete am Abend ein Fackelzug der Berliner Studenten. Wieder warteten „Hunderttausende von Berlinern" geduldig. Vom Brandenburger Tor her

Andrang „zehntausender von Damen" führte. „30 Schutzleute zu Fuß und sechs Berittene mit zwei Offizieren [mußten] aufgeboten werden [...], um die sich zum Teil in wenig erbaulicher Weise drängende und stoßende Frauenmenge in Schach zu halten." Vossische Zeitung v. 26.5.1913, Nr. 260 u. Nr. 261, v. 27. 5. 1913, Nr. 263.

275 Z. B. ein Sportfest verbunden mit der Einweihung des Grunewald-Stadions und eine Ruderregatta, Siemann (1988), S. 302, oder ein Autokorso des kaiserlichen Automobilklubs, Vossische Zeitung v. 14.6.1913.
276 Vossische Zeitung v. 16.6.1913, Nr. 299.
277 Vossische Zeitung v. 17.6.1913, Nr. 301.
278 Vossische Zeitung v. 16.6.1913, Nr. 300; Siemann (1988), S. 302.
279 Berliner Lokal-Anzeiger v. 17.6.1913, Nr. 301.
280 Vossische Zeitung v. 17.6.1913, Nr. 302.

kommend, versammelten sich die Teilnehmer auf dem Platz zwischen Lustgarten und Schloß, wo nach einer Ansprache durch einen Chargierten Hochs auf den Kaiser und „Heil Dir im Siegerkranz" erklangen. Der Vorbeizug dauerte über anderthalb Stunden; „nach dem Schluß der Feier brachte das Publikum dem Kaiser durch Hurrahrufe eine lebhafte Ovation dar, für die der Monarch durch Handwinken dankte. Dann trat die Gesellschaft in den Saal zurück, und die öffentliche Feier des Kaiserjubiläums hatte ihr Ende erreicht."[281] Die Studenten ließen es sich nicht nehmen, nach dem Zusammenwerfen der Fackeln in der Alexanderkaserne noch ordentlich zu kneipen und auf den Straßen Kostproben der dieser Bevölkerungsgruppe vorbehalteneten Unfugkultur („Gänsemarsch am Rinnstein", „Dauerlauf auf den Straßenbahnschienen" usw.) zu geben. „Die Berliner freuten sich sichtlich über das fröhliche Treiben."[282] Daß es sich beim Regierungsjubiläum um ein Rekordereignis handelte, zeigte auch die Tags darauf veröffentlichte Bilanz der Großen Berliner Straßenbahn: „Der Sonntag brachte mit 2.108.000 Personen die höchste Verkehrsziffer seit Bestehen des Unternehmens."[283]

Worin bestand das qualitativ Neue dieses Festjahres? Natürlich gehörte jede der drei beschriebenen Feierlichkeiten eigenen Traditionen an und stellte zunächst einmal nichts anderes als deren Fortführung im Maßstab von Hunderttausenden dar. Auch die die bürgerliche und kleinbürgerliche Öffentlichkeit einbeziehenden Repräsentationsformen wie studentische Fackelzüge und Innungsumzüge waren aus den Traditionen von Studentenkorps, Krieger- und Schützenvereinen und anderen patriotischen Organisationen wohlbekannt. Ungewöhnlich war dagegen die Konzentration der Anlässe und der maximale Aufwand bei ihrer Begehung. Eine derartig extensive wie intensive Nutzung des öffentlichen Raumes für Symbolhandlungen, die sich eindeutig im Rahmen des noch immer maßgebenden ständestaatlichen Diskurses bewegten und dabei die bereits bestehenden bürgerlich-parlamentarischen Verfassungselemente systematisch ausgrenzten, war bisher nicht dagewesen. Ob sie bewußt als Gegenreaktionen auf die junge Tradition sozialdemokratischer Massenkundgebungen unter freiem Himmel inszeniert worden sind, kann an dieser Stelle mangels einschlägiger Quellen nicht geklärt werden.

Für den Zweck dieser Untersuchung sind die staatlich-monarchischen Feierlichkeiten des Jahres 1913 von Bedeutung, weil sie öffentliche und offizielle Nutzungen des Straßenraumes darstellten, die zwar an die Formen und Inhalte staatlichhöfischer Repräsentation anknüpften, dabei aber zugleich in neue Dimensionen der Massenmobilisierung vorstießen. Die Öffnung für die verschiedenen Gruppen und Verbände überbrückte vorübergehend die sonst übliche Äußerlichkeit staatlicher Repräsentation, ihre Fremdheit gegenüber der Zivilgesellschaft. Damit wurde zumindest in den euphorischen Momenten die der „modernen" Politik von Interessengruppen und Parteien fremde ständestaatliche Repräsentation zugunsten einer umfassenden symbolischen Darstellung der „Nation" überwunden, zweifellos ein Vorgriff auf das Augusterlebnis 1914. Zugleich schwand das absolute Monopol des monarchi-

---

281 Vossische Zeitung v. 18.6.1913, Nr. 303.
282 Vossische Zeitung v. 18.6.1913, Nr. 304; zum Phänomen des „Studentenulks" siehe o. S. 125.
283 Vossische Zeitung v. 18.6.1913, Nr. 304.

schen Prinzips in der staatlichen Repräsentation: Die patriotischen Vereine drängten auf größere Beteiligung; bereits der Zeppelinkult hatte eine völlig neue Qualität der Massenbeteiligung erreicht und für den Kaiser nur noch eine Nebenrolle gelassen.

Der patriotischen Begeisterung zu Beginn des Ersten Weltkrieges, die gerade in Berlin in so krassem Widerspruch zum hohen sozialdemokratischen Wähleranteil zu stehen schien, waren nicht nur einzelne Präzendenzfälle wie den Empfang der Burengenerale 1902 oder die Bülow-Huldigungen 1907 vorausgegangen, sie war ein Jahr zuvor sorgfältig orchestriert „geprobt" worden. Mehr noch: In seiner Untersuchung hebt Wolfram Siemann die Spannung zwischen den thematischen Polen „Krieg" (Jahrhundertfeier) und „Frieden" (Regierungsjubiläum) im Festjahr 1913 hervor und kommt zu dem Ergebnis: „Das Jahr 1913 vereinigte so viele Anlässe, Krieg und Frieden in Festen anzusprechen, daß es bei der Ausbildung von Kriegserwartung und -mentalität eine *Schwellenfunktion* erhielt."[284]

7.5.3 Kriegsbegeisterung

Demonstrative Straßennutzungen staatserhaltender Kräfte, die sich nicht auf das konventionelle Kulisse-Stehen während der Staatszeremonielle beschränkten, sondern ansatzweise das „Volk" als „Nation" darstellten, waren im Sommer 1914 – das sollte dieser Überblick verdeutlicht haben – nichts gänzlich Unbekanntes mehr. Aber auch der Anlaß, nämlich der Beginn eines Krieges, und das hieß in einer Garnisonsstadt konkret: die Verabschiedung der ins Feld ziehenden Truppen, erfolgte nach Mustern, die – wenn auch vergleichsweise im Miniaturmaßstab – bereits zum Repertoire der Großstadt-Öffentlichkeit gehörten, und zwar nicht nur dank der Erinnerungen der älteren Generation an die Einigungskriege. Am Feldzug zur Niederschlagung des Boxeraufstandes in China im September 1900 beteiligte sich die Berliner Garnison nur durch die Entsendung eines Eisenbahnerbataillons von 500 Mann, dessen Ausmarsch aber „Tausende" Neugieriger anlockte.[285] Auffälliger waren hingegen im Jahre 1904 die Verabschiedungen der nach Südwest-Afrika gegen die aufständischen Hereros ins Feld ziehenden Truppen. Der auf mehrere Tage verteilte Ausmarsch der Freiwilligen-Einheiten der Berliner Regimenter mit klingendem Spiel vom städtischen Ordonnanzhaus in der Neuen Königstsraße östlich des Stadtzentrums über den Schloßplatz bis zum Lehrter Bahnhof lockte regelmäßig eine große Menschenmenge an, die die neuartigen Tropenuniformen bewunderte und den Soldaten zujubelte. Auf dem gesamten Weg „harrten schon eine halbe und sogar schon eine Stunde vor Ankunft der Krieger dichte Menschenscharen auf den Gehsteigen. Jungberlin hatte sich zu beiden Seiten der Truppe massiert und gab ihr unter Hoch- und Hurrarufen das Geleite; die berittenen Schutzleute hatten vollauf zu tun, um den Weg notdürftig freizuhalten."[286]

284 Siemann (1988), S. 299, S. 316, H.i.O.
285 Vossische Zeitung v. 4.9.1900, Nr. 413. – Der drei Monate später erfolgende Einzug der siegreichen Truppen hingegen wurde wesentlich aufwendiger begangen: Die Stadthonoratioren empfingen die Marine-Einheiten am Brandenburger Tor, der Kaiser nahm ihre Parade vor dem Zeughaus ab und verlieh hohe Auszeichnungen, siehe Vossische Zeitung v. 17.12.1900, Nr. 589.
286 Vossische Zeitung v. 25.3.1904, Nr. 143, 1. Beil., siehe a. Vossische Zeitung v. 30.1.1904.

Die Zudringlichkeiten der Begeisterten nahm vor allem in der Umgebung des Lehrter Bahnhofs Ausmaße an, die bei späteren Verabschiedungszeremoniellen dessen Absperrungen durch die Polizei erforderlich machten.[287] Beim Ausmarsch eines Freiwilligentransports am 30. März griffen daraufhin mehrere hundert „halbwüchsige Burschen" die Schutzmannsketten an der Ecke Unter den Linden und Wilhelmstraße an und demolierten später auf dem Lehrter Bahnhof ein Wärterhäuschen.[288] Weitere Freiwilligen-Ausmärsche vollzogen sich hingegen ohne Störungen.[289]

Die Straßenszenen in Berlin nach Bekanntwerden der Ablehnung des österreichischen Ultimatums durch Serbien am 24. Juli 1914 sind schon oft beschrieben worden.[290] Ausgehend von den jüngsten Forschungsergebnissen zu diesem Thema, der Untersuchung von Wolfgang Kruse, soll im folgenden diskutiert werden, warum am Ende der Geschichte der Straßendemonstrationen in Deutschland vor dem Ersten Weltkrieg nicht die Sozialdemokraten, sondern ihre Gegner die Straße beherrschten.

Kruses Untersuchung konzentriert sich auf die Ursachen der Integration der Sozialdemokratie in die deutsche Kriegspolitik und beleuchtet daher unter anderem die verschiedenen *innerhalb* dieser Bewegung wirksamen Faktoren, die eine erfolgreiche Antikriegs-Politik während der Julikrise begünstigten bzw. verhinderten.[291] Seine genaue Auswertung von Polizeiakten und Parteipresse belegt, daß die in der Zeit vom 26. bis 31. Juli durchgeführten Versammlungen gegen den Krieg eine „starke", von der Parteibasis in ihrer Breite getragene Antikriegsbewegung darstellten, an der sich ca. eine dreiviertel Million Menschen beteiligten. Allein über 100.000 von ihnen besuchten demnach die 32 im Raum Groß-Berlin am 28. Juli durchgeführten Saalveranstaltungen, eine für *diese* Demonstrationsform rekordverdächtige Anzahl. Größere Menschenmengen hatte die Sozialdemokratie bislang nur durch langfristig vorbereitete Kundgebungen unter freiem Himmel zusammenzubringen vermocht. Im Anschluß an diese Saalveranstaltungen strebten, wie in den früheren Jahren bei ähnlichen Gelegenheiten, Demonstrationszüge der Innenstadt zu. Es kam zu vereinzelten Polizeieinsätzen, z. T. mit blanken Säbeln und Verletzten. Im Unterschied zu früheren Jahren gelang es größeren Trupps von Demonstranten, ins Zentrum bis Unter die Linden vorzudringen; dort lieferten sie sich mit kleinen Gruppen patriotischer Demonstranten erfolgreich einen „Sängerkrieg", bis die Polizei eingriff.[292]

100.000, wenn nicht mehr, Teilnehmer an den sozialdemokratischen *Saalveranstaltungen* — damit sei „nicht zuletzt die Menge der aktiv an Prokriegsdemonstrationen Beteiligten weit übertroffen worden". Ähnlich vage blieb Kruses Einschätzung, daß das Ausmaß der über das ganze Stadtgebiet verteilten *Demonstranten* „die chauvinistischen Umzüge der vorangegangenen Tage trotz polizeilicher Unterdrückungsmaß-

---

287 Siehe Vossische Zeitung v. 29.3.1904, Nr. 150, v. 5.4.1904, Nr. 158.
288 Vorwärts v. 31.3.1904, Nr. 77, 2. Beil.
289 Vossische Zeitung v. 20.5.1904, Nr. 234.
290 Siehe zuletzt Berliner Geschichtswerkstatt (1989), Glatzer (1983), S. 11-64.
291 Allein aus diesem Grund darf von seinem Befund einer starken Antikriegsbewegung an der Parteibasis nicht auf die Haltung der nicht-organisierten Arbeiterschaft bzw. der nicht-organisierten sozialdemokratischen Wähler, die jene zahlenmäßig bei weitem übertraf, geschlossen werden!
292 Kruse (1994), S. 40.

nahmen deutlich" übertroffen habe.[293] Auch diese Behauptung wird nicht durch ähnlich detaillierte Recherchen zum zahlenmäßigen Umfang geschweige denn zur politischen Qualität der chauvinistischen Demonstrationen untermauert. Kruses für sein Untersuchungsinteresse zentrale Argumentation, in diesen Tagen habe auf Seiten der Sozialdemokratie der „Stärke der Antikriegsproteste" die „Schwäche der Antikriegspolitik" gegenübergestanden[294], verliert dadurch nicht an Plausibilität. „Stark" war die Antikriegsbewegung an der Basis im Kontrast zur Antikriegspolitik der Parteiführung, wie „stark" sie hingegen im Vergleich mit der während der Julikrise außerhalb der Partei entfachten Bewegung der Kriegsbefürworter war, ist eine andere Frage.

Die patriotischen Straßenkundgebungen konzentrierten sich auf das Wochenende vom 25. und 26. Juli und bestanden zunächst in Sympathiekundgebungen für Österreich. Am Sonnabendabend bildeten sich ab 20 Uhr im Schloßviertel und Unter den Linden mehrere Züge, deren Teilnehmer patriotische Lieder sangen, schwarzweißrote und schwarzgelbe Fahnen mit sich führten und vor der österreichischen Botschaft, dem Schloß, dem Reichskanzlerpalais und dem Kriegsministerium Kundgebungen durchführten. Die Vossische Zeitung berichtet von „Arbeiter[n], Studenten, Soldaten und Kaufleute[n]", die „einmütig Arm in Arm nebeneinander hergingen".[295] Einzelne Gruppen durchzogen noch bis um 3 Uhr morgens die Innenstadt. Am Sonntag morgen waren diese Kundgebungen bereits ein Medienereignis, so daß in Erwartung weiterer Kundgebungen der Zustrom zur Innenstadt noch größer war. Das Berliner Tageblatt berichtete von einem „Chaos sondergleichen"[296], die Vossische Zeitung von „einer Massenwanderung von den Außenbezirken nach dem Innern der Reichshauptstadt". Der Aufzug zur Großen Wache vor dem Schloß gab um die Mittagszeit den Anlaß zu größeren Kundgebungen, die Kapelle mußte vor „mehr als zehntausend Personen" die üblichen patriotischen Lieder zum Mitsingen spielen. „In den Nachmittags- und Abendstunden wuchsen die Ansammlungen wieder im Stadtinnern. Jungdeutschland war es vornehmlich, das jetzt den Ton angab. Immer von neuem erschienen Trupps, die bald von einigen Hunderten zu mehreren Tausenden anwuchsen. Ab und zu gingen Fahnenträger, Trommler und Pfeifer voran. In der Mitte des Zuges tauchten bisweilen Bilder des österreichischen und deutschen Kaisers auf [...]." Die Kundgebungen hörten ersten gegen Mitternacht auf. Nach Ansicht der Vossischen Zeitung, die in diesen Tagen einen betont nüchternen Ton anschlug, „fehlte ihnen anscheinend das ursprüngliche, wodurch sie am Sonnabend abend auch ältere, bedächtige Leute in ihren Bann nahmen. Die Wiederholung mutete gestern fast wie ein Schauspiel an."[297]

Am Montag vormittag wiederholte sich vor dem Schloß in kleinerem Maßstab das Wunschkonzert.[298] Nachdem die Polizei den Kundgebungen bislang noch mit wohlwollender Duldung begegnet war, erließ der Polizeipräsident am Dienstag aus Ver-

293 Ebd., S. 39, 41. – Meine Hervorhebungen.
294 Ebd., Kap. 2.2; vgl. auch Boll (1980), S. 87-94.
295 Vossische Zeitung v. 26.7.1914, Nr. 374, 1. Beil.
296 Siehe Berliner Tageblatt v. 27.7.1914, Nr. 375.
297 Vossische Zeitung v. 27.7.1914, Nr. 375, 1. Beil.
298 Vossische Zeitung v. 27.7.1914, Nr. 376, 1. Beil.

kehrsrücksichten ein allgemeines Verbot von derartigen Umzügen.[299] Das Straßenbild wurde nun zusätzlich durch den „Andrang zu den Sparkassen" geprägt.[300]

Erst am Abend desselben Dienstags fanden in Berlin die Antikriegsveranstaltungen statt. Der entsprechende Aufruf des sozialdemokratischen Parteivorstandes richtete sich in erster Linie gegen die Kriegstreiber in Österreich wie im eigenen Lande, appellierte aber zugleich an den Friedenswillen der deutschen Regierung.[301] Also auch dem *„manifeste"* nach handelte es sich um eine Gegendemonstration aus defensiver Position heraus. Ein direkter zahlenmäßiger Vergleich der Beteiligung am „patriotischen" Wochenende mit den 100.000 Kriegsgegnern am Dienstag ist aus mehreren Gründen nicht möglich: Zum einen liegen dazu keinerlei genauere zusammenfassende Schätzungen vor, wenn man von Erwähnungen wie „Tausende" oder den „Zehntausend" am Sonntag vor dem Schloß absieht. Zum anderen handelte es sich nicht um von einer Organisation durchgeführte Veranstaltungen, sondern um in sich heterogene, aber durch die sich überstürzenden Nachrichten mobilisierte Menschenmengen, innerhalb derer aktivistische Minderheiten ein „Schauspiel" zu inszenieren verstanden — allerdings *ohne* dabei auf offenen Widerstand zu stoßen.[302]

„Jungdeutschland gab den Ton an" — darin bestand die straßenpolitische Überlegenheit der Kriegsbefürworter in jenen Tagen. Zur „Schwäche" der sozialdemokratischen Antikriegspolitik gehörte auch die verharmlosende Wahrnehmung dieser Jugendlichen: Sie wurden im Vorwärts mit den konventionellen Attributen des „Janhagels" belegt, ihre Aktionen wurden als nicht ernstzunehmende Kindereien abgetan, denen die Ernsthaftigkeit der „friedlichen Bürger", auch der sozialdemokratischen, entgegengestellt wurde.[303] Die straßenpolitische Defensive der Sozialdemokratie in diesen Tagen schimmert indirekt in den Erfolgsmeldungen über die eigenen Versammlungen durch: „Während bisher Unter den Linden etliche tausend alldeutscher Studenten und antisemitischer Handlungsgehilfen unter geschickter Ausnutzung der Staffage, die ihm die übrigen Tausende eines harmlos neugierigen Publikum abgaben, 'Volk' gemimt und einen tollen Hexensabbat aufgeführt hatten, trat am Dienstagabend wirklich einmal Volk auf die Bildfläche."[304]

Daß sich auch unter den patriotischen Demonstranten der eine oder andere Arbeiter befunden hat, läßt sich zwar nicht beweisen, ist aber nicht unwahrscheinlich. Daß sie sich vor allem aus bürgerlichen Schichten im weitesten Sinne rekrutierten, kann aber allen Beschreibungen zufolge ohne weiteres angenommen werden. Entscheidend für die Defensivstellung der Sozialdemokratie war der Umstand, daß in der Millionenstadt Groß-Berlin die vaterländischen Aktivisten aus diesen Bevölkerungskreisen sehr wohl imstande waren, in unübersehbarer Weise „Volk zu mimen", und daß gerade in der Reichshauptstadt diesem „Schauspiel" durch die Wahl des Ortes, nämlich das Schloßviertel, und das Zusammenspiel mit dem Staat die öffentliche und

---

299 Vossische Zeitung v. 28.7.1914, Nr. 378, 1. Beil.
300 Vossische Zeitung v. 27.7.1914, Nr. 376, v. 28.7.1914, Nr. 378, 1. Beil.
301 Siehe Boll (1980), S. 88, 90.
302 Der Vorwärts schilderte in seiner Reportage über den Sonntag Drangsalierungen gegenüber sich nicht an patriotischen Äußerungen Beteiligenden. Vorwärts v. 27.7.1914, Nr. 202.
303 Ebd.
304 Vorwärts v. 29. 7. 1914, Nr. 204.

offizielle Anerkennung zuteil werden konnte. Sich vor dem Schloß in großen Menschenmengen zu versammeln, um mit dem Monarchen direkt in Verbindung zu treten – ein Vorgang, der noch 1907 als absolute Neuheit des Kaiserreichs registriert worden war –, genau dieses war im Vorjahr im Rahmen der verschiedenen Feierlichkeiten unter maßgeblicher Beteiligung z. B. des Jungdeutschland-Bundes in spektakulärer Weise praktiziert worden. Diesen Raum, auf den alle Welt blickte, konnten die patriotischen Demonstranten ohne größere Vorbereitungen, „spontan", besetzen, dort konnten sie diejenigen Ereignisse „machen", die als Pressebilder und Reportagen die Berichte von diesen Tagen prägten und noch immer prägen. Auch straßenpolitisch gesehen waren die Kriegsbefürworter auf den Ernstfall vorbereitet, ihre im revolutionären Attentismus befangenen sozialdemokratischen Gegenspieler hingegen nicht. Mochten die kriegsgegnerischen den chauvinistischen Demonstranten auch *zahlenmäßig* überlegen gewesen sein – *politisch* waren sie ihnen unterlegen.

Nach Jahren einer stagnierenden Straßenpolitik ihrer Führung zeigten sie sich erst auf der Straße, nachdem sie von dieser zu Versammlungen im Saal aufgerufen worden waren. Im Taumel der nun folgenden russischen und deutschen Mobilmachungstage ab dem 30. Juli war von ihnen in Berlin nichts mehr zu sehen.[305]

7.6 Straßendemonstrationen als Klassenhandeln

Die Ergebnisse der Untersuchung der Straßendemonstrationen, in Ansätzen auch schon die der „Streikexzesse", erfordern eine Erweiterung des hier vorgeschlagenen Begriffs der Straßenpolitik: Wurde bisher von zwei identifizierbaren Kontrahenten im bipolaren Determinationszusammenhang von Straßenpolitik ausgegangen, nämlich oben dem Polizei-Staat und unten dem Straßen-Volk, ist nun mit der Sozialdemokratie ein weiterer Akteur in den Begriff von Straßenpolitik aufzunehmen. Die durch das Anwachsen zur Massenpartei erfolgte Binnendifferenzierung dieser Bewegung wies ihr eine in sich äußerst widersprüchliche Stellung zwischen oben und unten zu: Zum einen trat sie dem Staat, in konkreten Situationen: der Polizei, als *alternative* Ordnungsmacht entgegen, und sie tat dies durchaus auch im Sinne der von ihr repräsentierten Bevölkerung, denn eine neue *Ordnung* anstelle der alten gehörte zu den alle Sozialdemokraten verbindenden Zielen. Letztere wurde nicht als Ordnung an sich, sondern als Ordnung zur Aufrechterhaltung von Ausbeutung kritisiert. In *diesem* Sinne stellte die immer wieder reklamierte Ordnungs-Kompetenz der Partei die *Transformation* der den direkten Aktionen des klassischen Volks-Tumults zugrundeliegenden Vorstellungen einer notwendigen Wiederherstellung gestörter

---

305 Die *Vor*geschichte der sozialdemokratischen Straßenpolitik läßt Kruse (1994) bei seiner Bewertung völlig außer acht. Dennoch soll damit nicht behauptet werden, daß allein durch eine straßenpolitische Überlegenheit der sozialdemokratischen Kriegsgegner über die Kriegsbefürworter das Scheitern der Antikriegspolitik der Parteiführung zu verhindern gewesen wäre. Die Untersuchungen von Groh (1973), Boll (1980) und zuletzt Kruse (1994) zeigen vielmehr die dieser Politik zugrundeliegenden Fehleinschätzungen, die erfolgreichen Täuschungsmanöver der Reichsregierung und nicht zuletzt die heimliche Zusammenarbeit zwischen einzelnen Reichstagsabgeordneten und der Regierung als Ursachen ihres Scheiterns auf.

Ordnung dar. Zum anderen aber stand die Partei mit ihren Ordnungsansprüchen selbst dem sozialen Unten, dessen politische Mobilisierung ja ihre ureigenste Aufgabe war, gegenüber, je nach konkreten Konstellationen sowohl außerhalb der Partei, etwa in Abgrenzung gegen Nichtdazugehörende, als auch innerhalb der Partei. Die Sozialdemokratie integrierte auf diese Weise Funktionen der Straßenpolitik von oben und von unten: Mit ihrer zentralistischen Anleitung disziplinierte und kontrollierte sie das Verhalten ihrer Anhänger, die zugleich in direkten Aktionen politischer Repräsentation die Kritik am preußischen Semi-Absolutismus verkörperten und Autonomie im Sinne von Selbst-Herrschaft beanspruchten: „Wir [Sozialdemokraten − T. L.] brauchen keine Polizei. Wir sind uns selbst Polizei genug."

Wie wirkte sich diese widersprüchliche Stellung der Sozialdemokratie in der Politik-Arena „Straße" auf die Möglichkeiten von Menschen aus der Unterschicht, dort als „Klasse" zu handeln, aus? Waren Straßendemonstrationen Klassenaktionen? Will man sich nicht mit einer Antwort nach dem Motto „Wo 'Klasse' draufsteht, ist auch 'Klasse' drin" zufriedengeben, indem man den programmatischen Klassencharakter der Partei allen ihren Aktionen zugute hält, sind folgende Differenzierungen möglich und notwendig: Zwei Traditionslinien prädestinierten die sozialdemokratische Straßendemonstration zur Artikulation auch von Klassengegensätzen. Zum einen der Klassenkampf von oben durch die bereits jahrzehntelange Praxis des polizeilichen Schutzes von Unternehmerinteressen während Arbeitskämpfen; dieser Polizei standen die Arbeiter auch bei Straßendemonstrationen gegenüber. Zum anderen trat mit der Sozialdemokratie ausgerechnet eine „Klassenpartei" mehr oder weniger unangefochten das bürgerlich-demokratische Erbe der deutschen Politik im 19. Jahrhundert, zu dem auch die frühen Traditionen populärer Straßendemonstrationen gehörten[306], an. Die nach wie vor einer politischen Lösung harrende Sache des Volkes wurde als Klassenfrage artikuliert, die bürgerlich-revolutionäre Volksversammlung zur Arbeiterversammlung, eine Alternative dazu − etwa eine radikaldemokratische Volksbewegung kleinbürgerlichen Zuschnitts wie in Frankreich − gab es nicht. Gerade die Wahlrechtsagitation als Höhepunkt einer klassenspezifischen Artikulation von „Volksrechten" berief sich 1910 noch immer auf den ursprünglich „provisorischen" Charakter des 1849 in der Reaktionsperiode oktroyierten Dreiklassenwahlrechts.[307] In den beiden hin und wieder von kleinen straßenpolitischen Auseinandersetzungen begleiteten traditionellen Demonstrationsfeiern, der März- und der Maifeier, war dieser Klassencharakter von Straßendemonstrationen bereits fest verankert: Gegen *Arbeiter* und das revolutionäre Pathos ihrer Widmungen richteten sich in erster Linie die Polizeimaßnahmen vor dem Friedhof der Märzgefallenen am Friedrichshain, und der eigentliche Sinn der Maifeier, das „Feiern" der Arbeiter, bildete Jahr für Jahr den Anlaß zu Aussperrungsaktionen und Solidaritätsbewegungen der Lohnabhängigen. Bürgerlich-demokratische Kräfte hingegen hatten seit der 1848er Revolution auf die Straße als Politik-Arena weitgehend verzichtet.

Die mit dem 1. Mai überlieferte, aber noch an das Ritual eines Feiertags gebundene Verbindung von „Streik" als klassenspezifischer Aktionsform und „Straßen-

---

306 Siehe Gailus (1990), Kaschuba (1991).
307 Siehe z. B. die Argumentation in einem Leitartikel des Vorwärts vor dem „Roten Sonntag" 1906, v. 18.1.1906, Nr. 14.

demonstration" wurde durch den „Massenstreik" als Strategie-Projekt zunächst intensiviert. Solange das stimulierende Beispiel von Massenstreiks in anderen europäischen Ländern und die zwar vage, aber immer wieder formulierte Verknüpfung von Straßendemonstrationen mit einem binnen kurzem bevorstehenden machtpolitischen Durchbruch aktuell waren, konnten Straßendemonstrationen als Auftakt zur großangelegten Klassenaktion interpretiert werden − sowohl von der Sozialdemokratie selbst wie von der Obrigkeit. Nie wurde während des hier untersuchten Zeitraums in Berlin seitens der Obrigkeit „Revolution" so ernsthaft befürchtet und seitens der Arbeiterbasis − wenn auch teilweise nur im Scherz − so oft erwähnt, wie im Januar 1906 anläßlich des Gedenkens an den russischen „Blutsonntag" von 1905, und auch zu keinem anderen Zeitpunkt nahmen Überlegungen zur Verbindung von Straßendemonstrationen und Massenstreik so konkrete Gestalt an wie in der „Bebel'schen Taktik" 1905/06. Nachdem die Gewerkschaftsführung in der Frage des Massenstreiks klare Verhältnisse geschaffen hatte, konzentrierten sich die Energien auf den Kampf um das „Recht auf die Straße", dessen strategischer Wert in dem Maße sank, wie er an utopischer Kraft verlor. Bis zum Vergeltungsschlag der Berliner Polizei während der Moabiter Unruhen war wenigstens noch immer von „entscheidenden Kämpfen" die *Rede*, sobald es um bevorstehende Straßendemonstrationen ging. Nach den Moabiter Unruhen wurde auch dieser rhetorische Zusammenhang zunehmend aufgegeben. Straßendemonstrationen büßten die ihnen anfangs innewohnende virtuelle Klassenkampf-Dynamik ein; sie wurden zu einer in ihrer Durchführung zwar immer wieder umstrittenen, aber nicht über sich selbst hinausweisenden Symbolhandlung. Die straßenpolitische Initiative ging an den innenpolitischen Gegner über, und erst mit den Massenstreiks gegen Ende des Ersten Weltkriegs setzte eine neue Dynamik ein, in der Klassenhandeln und Straßenbesetzung, zunächst nur demonstrativ, später auch militärisch, unmittelbar miteinander verknüpft wurden.[308]

Doch damit ist der Klassencharakter der Straßendemonstrationen nur nach ihrer unmittelbar auf die politischen Machtkämpfe bezogenen Seite hin bestimmt. „Als-Klasse-Handeln" wurde zugleich erst durch die in bestimmten Bevölkerungsgruppen vorherrschenden Deutungs- und Aneignungsweisen gesellschaftlicher Realität ermöglicht. Es ist also nach dem Stellenwert der Straßendemonstrationen auch in dieser Richtung zu fragen: Inwiefern artikulierten sie in ihrer spezifischen, mit Disziplin und äußerer Ordnung verbundenen Symbolik „Klassenbewußtsein"? Auch unter diesem Gesichtspunkt betrachet, läßt sich ein im Kaiserreich zu Friedenszeiten nicht auflösbares Dilemma konstatieren: Der von der Organisation reklamierten Ordnungskompetenz entsprach die von den klassenbewußten Arbeitern reklamierte Respektabilität und deren sichtbare „Demonstration". Ein demonstrativ-ordentliches Äußeres wurde auf mehreren Ebenen immer wieder sowohl erzwungen als auch herausgefordert: Allgemein durch die sozialen und politischen Diskriminierungen, denen Arbeiter tagtäglich ausgesetzt waren, im speziellen durch das Verbot der Verwendung von politischen Symbolen, und nicht zuletzt durch die zahlreichen Konflikte mit der Polizei, in deren entdifferenzierender Wahrnehmung Arbeiter und

---

308   Zur „Revolution 1918/19" als soziale Massenbewegung siehe Rürup (1983), S. 288 f., zu Berlin insbesondere Neue Gesellschaft für Bildende Kunst (1990).

„Janhagel" zu einer an der Figur des klassischen Volkstumults orientierten Masse verschmolzen. Sich materiell und geistig über diesen „Pöbel" erhoben zu haben und dennoch vom Staat nicht als gleichberechtigter Bürger anerkannt zu werden, diese Erfahrung machte den klassenspezifischen Eigen-Sinn des „ordentlichen", nüchtern-sachlichen Habitus bei Straßenaktionen im Umfeld der Sozialdemokratie im Kaiserreich aus. Die bittere Ironie dieser Verknüpfung von „Staatsbürger" und „Arbeiter" lag in ihrer integrativen Wirkung: In dem Maße, wie die Sozialdemokraten sich „selbst Polizei genug" waren, also ihre unruhigen Elemente im Zaum zu halten wußten, beindruckten sie ihre direkten Gegenspieler bei der Polizei um so weniger. Die Aneignung und Eroberung etablierter Konventionen von Straßenöffentlichkeit und individueller Statussymbole wie dem bürgerlichen Sonntagsanzug mit Hut und Krawatte änderten nichts am formalen und informellen Pariastatus. Erst auf einer revolutionierten verfassungsmäßigen Grundlage, in der Weimarer Republik, enstand in der Demonstrationskultur vor allem der Kommunisten ein explizit klassenspezifisches Repertoire an Gesten und Symbolen, das über die Aneignung eines bereits existierenden bürgerlichen Repertoires durch eigene signifikante Schöpfungen hinausgehen konnte, ja hinausgehen mußte: Erinnert sei an den Gruß mit der geballten Faust, die keinerlei polizeilichen Einschränkungen unterworfene Verwendung der roten Fahne, die in Zusammenarbeit mit der künstlerischen Avantgarde entwickelten ästhetischen Formen von Massen-Selbstdarstellungen.[309] Erst sie überwanden die sowohl aufgezwungene wie angenommene Fixierung auf das Erscheinungsbild des „ordentlichen", seine formale Gleichberechtigung einfordernden Arbeiter-Staatsbürgers.

---

309 Siehe Korff (1986).

8. Die Straße als Ort des Klassenhandelns: Zusammenfassung

Das Berlin des späten Kaiserreichs war eine politische Landschaft besonderer Art: In der Reichshauptstadt verdichteten sich durch das Nebeneinander von großstädtischer Arbeiterschaft, moderner Polizei und Machtzentren des preußischen Staates wie der Sozialdemokratie sozialstrukturelle und politische Faktoren von Straßenpolitik in einer Weise, die die Analyse ihrer unmittelbaren Wechselwirkungen im Rahmen einer Regionalstudie ermöglichte. Die Zusammenfassung der Ergebnisse dieser Untersuchung repräsentiert daher zugleich die Möglichkeiten und Grenzen dieser Herangehensweise. Sie kann gelesen werden: 1. als das Resümee einer Studie zur politischen Sozialgeschichte der Region Berlin, die den „Hauptstadteffekt" berücksichtigt, ohne die Geschichte Berlins auf eine Geschichte als Hauptstadt zu reduzieren, 2. als Bilanz der empirischen Erprobung eines Konzepts, das unter dem Begriff „Straßenpolitik" die Funktion öffentlicher (Un-)Ordnung in kapitalistischen Großstädten sowohl aus alltags- wie politikgeschichtlicher Perspektive zu erfassen beansprucht. 3. Die anhand des Berliner „Falls" gewonnenen Aussagen sind in ihrer allgemeinen Form zugleich *Hypothesen* über die Bedeutung der Straße als Politik-Arena für die Gesellschaftsgeschichte des späten Kaiserreichs, die die Beziehungen zwischen der Staatsgewalt und der als Klasse handelnden Arbeiterschaft in den Mittelpunkt stellen, deren Tragweite im übrigen aber durch vergleichende Forschungen mit anderen Regionen und Untersuchungszeiträumen zu überprüfen wäre.

8.1 Kleinkrieg, „Streikexzesse" und Straßendemonstrationen: Eine Synopse

Als Politik-Arena brachte die Straße Kämpfe um Macht und Ressourcen räumlich zusammen, die durch jeweils eigenständige Konfliktkonstellationen hervorgebracht wurden. Was sie in ihrer Heterogenität verklammerte, war die Gegenüberstellung von Straßen-Volk und Polizei-Staat: Der „öffentlichen Ordnung" der Obrigkeit wurde in variierenden Konstellationen, manchmal expressis verbis, zumeist nur implizit oder symbolisch, eine andere Ordnung, die öffentliche Un-Ordnung der Unteren, entgegengesetzt. Jene sah in der Aufrechterhaltung gesellschaftlicher Machtpositionen durch bürokratische Herrschaft und soziale Disziplinierung ihren zentralen Daseinszweck, diese hingegen entsprang vielfältigeren Motiven. Die Bereitschaft, gegenüber der Staatsgewalt und den von ihr Beschützten durch direkte Aktionen an Ort und Stelle eigene Interessen zu wahren und kollektiven Normen Geltung zu verschaffen, zeichnete unterschiedliche Akteure in unterschiedlichen Situationen aus: Den das Wochenende feiernden Arbeitern ging es „nur" darum, beim Kneipenbummel nicht vom Schutzmann behelligt zu werden, andere mischten sich aus prinzipieller Abneigung in dessen Tätigkeit ein. Vor allem die aus derartigen Konflikten hervorgehenden kollektiven Aktionen gegen die Polizei zeigten auf der Ebene des *Kleinkriegs zwischen Polizei und Publikum* das andauernde Legitimitätsdefizit des staatlichen Gewaltmonopols bei polizeilichen Eingriffen in die Lebenswelt der Unterschichten an. Tagsüber bildete darüber hinaus die handfeste Abwehr der polizeilichen Unterstützung für bestreikte Unternehmer und deren Streikbrecher eine eigene Quelle von Konfrontationen, die immer wieder zu sogenannten *„Streikexzessen"* eskalierten. Auch den *Straßendemonstrationen* lagen zumindest in ihrer Anfangsphase bis 1910 direkte, gegen die polizeiliche Straßenaufsicht gerichtete Aktionen der Straßenbesetzung zugrunde. Das konkrete Zusammenwirken (oder Nicht-Zusammenwirken) dieser drei Bereiche von Straßenpolitik im Untersuchungszeitraum soll nun in einer Synopse der Untersuchungsergebnisse dargestellt werden.

8.1.1 Gleichzeitigkeiten

In allen drei Bereichen der Straßenpolitik läßt sich eine Phase erhöhter Ereignisdichte abgrenzen, die von ruhigeren Phasen eingeschlossen wird. Innerhalb der Kleinkrieg-Fallsammlung weisen die Jahre 1906 bis 1913 insgesamt überdurchschnittliche Fallzahlen auf. Nur die Zahlen der Jahre 1909 und 1911 liegen leicht darunter; den vom leichten Aufwärtstrend der gesamten Fallsammlung deutlich abweichenden Höhepunkt bilden die Jahre 1906 und 1907. Bei den „Streikexzessen" setzt diese dynamische Phase etwas früher ein: 1903 kommt es zu einer ersten Häufung von Straßenaktionen bei Arbeitskämpfen. Weitere ereignisreiche Jahre in diesem Bereich sind insbesondere die Jahre 1905 mit der Massenaussperrung in der Elektro-Industrie sowie das Jahr 1907 mit den Aussperrungen im Baugewerbe und der holzverarbeitenden Industrie. Den Höhepunkt der Entwicklung bei den „Streikexzessen" bilden jedoch eindeutig die Jahre 1910 bis 1912, wofür einerseits die Massenaussperrung in der Metallindustrie im Herbst 1911 und andererseits die vom Transportarbeiterverband geführten Arbeitskämpfe ausschlaggebend sind. Diese Hochphase bei den „Streikexzessen" fällt mit einer überdurchschnittlichen Frequenz bei den Kleinkrieg-Fällen im Jahr 1912 zusammen, die besonders ausgeprägt ist, wenn man aus diesem Bereich nur die straßenpolitischen Aktionen im engeren Sinne, also 'Verfolgungsjagden', 'Lynchaktionen', 'Aktionen gegen Eigentümer', 'Aktionen gegen die Polizei', heranzieht. In diese Phase fällt mit den Moabiter Unruhen im Herbst 1910 auch der „Streikexzeß" von mit Abstand größter politischer Bedeutung. Die Hochphase der Straßendemonstrationen setzt rein quantitativ gesehen in Berlin erst im Januar 1908 mit den ersten Wahlrechtsdemonstrationen ein und hält bis zum Herbst 1912 an. Das dem zugrundeliegende straßenpolitische Spannungspotential tritt aber bereits am 21. Januar 1906 zu Tage: Dieser erste „Rote Sonntag", für den die Repressionsorgane mit dem Äußersten rechneten und der gerade deshalb in angespannter Ruhe verlief, markierte qualitativ den Beginn einer straßenpolitischen Strategie der Sozialdemokratie, die im „Wahlrechtssturm" Anfang 1910 ihren Höhepunkt erreichte. Insgesamt gesehen kann also von einer straßenpolitischen Hochphase in den Jahren 1906 bis 1912 gesprochen werden.

Als gemeinsames Kennzeichen der zeitlichen Entwicklung der drei Bereiche läßt sich im Umkehrschluß die ruhige Phase unmittelbar nach der Jahrhundertwende feststellen; dies gilt vor allem für die Straßendemonstrationen. Im Bereich der „Streikexzesse" bleibt der zugleich den Beginn des Untersuchugszeitraums vorgebende Streik der Straßenbahnangestellten im Mai 1900 mit seinen zahlreichen Straßenaktionen zunächst eine Ausnahme, während für die Fälle der Kleinkrieg-Fallsammlung ein niedriges Ausgangsniveau zu beobachten ist, das erst wieder im letzten Jahr des Untersuchungszeitraums, 1914, erreicht wird. Während das Einsetzen der Hochphasen in den drei Bereichen zu unterschiedlichen, wenn auch nahe beieinanderliegenden Zeitpunkten auf deren jeweilige Eigengesetzlichkeiten zurückgeführt werden kann, frappiert die *Gleichzeitigkeit*, mit der nach dem gemeinsamen Höhepunkt 1912 ab 1913 straßenpolitische Aktivitäten in allen drei Bereichen zurückgehen. Dieser Trend der letzten Vorkriegsjahre läßt sich mit zwei weiteren Befunden kombinieren: zum einen mit der straßenpolitischen Offensive der Obrigkeit mit ihrer neue Dimensionen und Qualitäten erreichenden Repräsentation des monarchischen Staates in Gestalt der Jubelfeiern des Jahres 1913, während derer sich das überkommene strategische Dilemma der Sozialdemokratie, Masseneinfluß nicht in politische Macht umsetzen zu können, zu einer alle Bereiche der Bewegung erfassenden Dauerkrise auswuchs; zum anderen mit den deutlichen Anzeichen für ein Nachlassen des polizeilichen Disziplinierungsdrucks in den Jahren ab 1910, wie er aus den Deliktstatistiken als grober Trend zu ersehen ist. Auch wenn sie nur als bedingt aussagekäftig anzusehen sind, da die Ursachen für diese Veränderung nicht ohne weiteres nachzuvollziehen sind, sprechen auch andere Befunde, zum Beispiel der Umgang mit dem traditionellen Silvestertrubel oder mit der von Verteilungsstellen des „Arbeitsmarkts" und Arbeitsnachweisen ausgehenden alltäglichen öffentlichen Un-Ordnung, für erste Anzeichen einer am Opportunitätsprinzip orientierten Straßenaufsicht vor Ort. Ein Nachlassen der „klassischen", an der Ahndung des „groben Unfugs" orientierten Sozialdisziplinierung ist zu erkennen.

Eine genauere Erklärung für dieses synchrone Abflauen straßenpolitischer Aktionen in allen drei Bereichen zu finden, ist an dieser Stelle nicht möglich. Gesamtgesellschaftlich gesehen liegt sie im Trend der von Jessen konstatierten Anzeichen eines Nachlassens des alltäglichen Disziplinierungsdrucks der Polizei gegenüber den Unterschichten in den letzten Jahren vor dem Ersten Weltkrieg.[1] Für die Zeitpunkte des *Einsetzens* der straßenpolitischen Dynamik zwischen 1903 und 1906 lassen sich hingegen konkretere Ursachen nennen: 1. Die systematische Organisierung des Arbeitskampfes seitens der Unternehmer ab 1903, 2. die konjunkturelle Abwärts-Wende in den Jahren 1906 und 1907 bei gleichzeitigem Maximum von Arbeitskämpfen zwischen 1905 und 1907 in Berlin wie in ganz Deutschland, 3. die Ausstrahlung der russischen Revolution 1905 auf die Sozialdemokratie, die im „Roten Sonntag" 1906 erste greifbare Ergebnisse zeigte. Durch diese Faktoren häufen sich im Jahr 1906 die Konfliktherde insbesondere zwischen Polizei und Arbeiterschaft: Die an Umfang und Anzahl zunehmenden Streiks gegen immer besser organisierte und systematisch vom Staat unterstützte Unternehmer gaben immer wieder Anlaß zu

---

1 Siehe Jessen (1991), S. 279-282.

Ordnungskonflikten auf der Straße, die auch auf den alltäglichen Kleinkrieg zwischen Polizei und Publikum „abfärben" konnten. Vor diesem Hintergrund erscheinen die auf einen Breslauer „Streikexzeß" bezugnehmenden Losungen „Rache für Biewald" und „Wir sind hier nicht in Breslau mit der abgehauenen Hand" während zweier nächtlicher, nicht durch Streiks veranlaßter Krawalle im Sommer 1906 keineswegs als Zufallsprodukt.

Mit den straßenpolitischen Ereignissen des Jahres 1910 erreichte die 1906 einsetzende straßenpolitische Hochphase qualitativ gesehen ihren Wendepunkt. Im Berliner Kontext markierten die „Moabiter Unruhen" im Oktober desselben Jahres das Ende einer sich krisenhaft zuspitzenden Dynamik: Danach konnte keines der größeren straßenpolitischen Ereignisse, weder der Millionen-Trauerzug anläßlich Singers Begräbnis im Januar 1911 noch die Friedenskundgebungen der 250.000 im Herbst 1911 und 1912, das im Jahr 1910 etablierte Arrangement zwischen Parteiführung und Polizeipräsidium gefährden. Die Phase der kritischen Wechselwirkung zwischen den drei straßenpolitischen Bereichen war beendet; allenfalls für 1912 ist sie noch einmal zu beobachten: Die Fleischrevolte am Wedding war zeitlich und von ihrem gesellschaftspolitischen Gehalt her aufs engste mit der letzten Welle von sozialdemokratischen Straßendemonstrationen im Herbst 1912 verknüpft. Auch das leichte Wiederansteigen der straßenpolitischen Kleinkrieg-Fälle 1912 kann analog der Entwicklung in den Jahren 1906 und 1907 als Begleiterscheinung der letzten Arbeitskampf-Welle vor dem Ersten Weltkrieg interpretiert werden. Im Unterschied zu zwei Jahren zuvor bleibt die Polizei jedoch die souveräne Herrin der Situation: Weder steht sie einer massenhaften friedlichen Herausforderung wie im Februar und März 1910 noch dem Aufruhr eines Arbeiterviertels wie im Herbst desselben Jahres gegenüber.

8.1.2 Die Topographie der Straßenpolitik von unten

Im Vergleich der drei Bereiche von Straßenpolitik stechen vor allem Unterschiede in der sozialräumlichen Verteilung zwischen den kollektiven Aktionen der Kleinkrieg-Fallsammlung und den „Streikexzessen" ins Auge. Zwei Zentren alltäglicher Konflikte mit der Polizei fallen bei den „Streikexzessen" deutlich weniger ins Gewicht: Das Spandauer Viertel inklusive Scheunenviertel sowie der Gesundbrunnen. Auf der anderen Seite nimmt neben der von zahlreichen kleineren und mittleren Industriebetrieben geprägten westlichen Luisenstadt jenseits des Kanals das westliche Moabit bei den „Streikexzessen" nicht nur durch die Moabiter Unruhen eine Spitzenstellung ein; diese beiden Stadtteile sind hingegen in der Kleinkrieg-Fallsammlung nur im Mittelfeld vertreten. Lediglich der Stadtteil Wedding zeichnet sich in beiden Fallsammlungen durch eine große Häufigkeit von Fällen aus. Beim Vergleich der von Schwippe gebildeten Sozialraumtypen wird der Eindruck, daß die City-nahen, in Verslumung begriffenen und von Unterschichten bewohnten Stadtteile (Typ III) einen anderes Profil der Straßenpolitik von unten aufweisen als die reinen Wohnviertel der Unterschichten in den äußeren Stadtteilen (Typ V/VI), bestärkt: Ihr Anteil an den im Zusammenhang mit „Streikexzessen" erwähnten Interaktionen ist unterdurchschnittlich. Wesentlich größeres Gewicht haben hingegen die zentral gelegenen reinen Geschäfts- und Dienstleistungsviertel (Typ I), wofür vor allem die „Streikexzessse" in der schon erwähnten westlichen Luisenstadt jenseits des Kanals verantwortlich sind. In *beiden* Fallsammlungen hingegen sind die reinen Wohnviertel der Unterschichten, die „klassischen" Arbeiterviertel (Typ V/VI) mit gut 50% der Fälle bzw. erwähnten Interaktionen gleichmäßig stark vertreten; besonders ausgeprägt ist ihr Gewicht mit 61% bei den durch Aktionen von Nachbarschaften und Menschenmengen getragenen „Streikexzessen", wobei in dieser Zählung die alle Maßstäbe sprengenden Moabiter Unruhen nicht einbezogen wurden.

Der Schluß liegt nahe, daß in jenen City-nahen, durch eine gemischte Nutzung als Unterschichten-Wohnviertel und Geschäftsviertel bei gleichzeitiger Verslumung geprägten Stadtteilen die alltäglichen Konflikte mit der Polizei um „groben Unfug", Kneipenschlägereien, „unsittliches" Benehmen und Verkehrsdelikte die vorherrschenden Anlässe straßenpolitischer Aktionen waren. Hier ging es in erster Linie um die Abwehr polizeilicher Eingriffe in den Freizeitbereich vor allem junger Männer aus der Unterschicht. Vergegenwärtigt man sich die Beschreibung des für das Scheunenviertel zuständigen Revierleutnants, die er in seinem Bericht über Ordnungsprobleme mit der im Scheunenviertel gelegenen Verteilungsstelle des „Arbeitsmarkts" gab, so erscheint dieser Befund plausibel: Es handelte sich um ein dichtbesiedeltes Elendsviertel, in dem vor allem Zuwanderer aus dem Osten ihre erste Bleibe fanden, in dessen verkehrsreichen Straßen außerdem noch Gesellenherbergen und andere speziell für die Unterschichten bestimmte Dienstleistungsangebote (Volksküchen, Arbeitsnachweise, Speisehallen, „niedere" Prostitution) angesiedelt waren, dessen Wohnbevölkerung in hohem Maße ethnisch gemischt (polnische bzw. jüdische Einwanderer) war. Im Unterschied dazu traten in den äußeren Arbeitervierteln *neben* den auch dort akuten alltäglichen Kleinkrieg zwischen Polizei und Publikum Konflikte, die vor allem mit der politisch-kulturellen Prägung dieser Nachbarschaften durch die Sozialdemokratie verbunden waren. Das örtlich unterschiedliche Zusammenwirken dieser beiden Bereiche von Straßenpolitik geht auch aus einem Vergleich der zeitlichen Verteilung hervor: Nimmt man die straßenpolitischen Fälle der Kleinkrieg-Fallsammlung, also 'Verfolgungsjagden', 'Lynchaktionen', 'Aktionen gegen Eigentümer', 'Aktionen gegen die Polizei', zum Maßstab, so fällt auf, daß sie in den Stadtteilen des Typs III gleichmäßiger über den gesamten Untersuchungszeitraum verteilt sind: Zwar ist auch hier für 1906 und 1907 ein Höhepunkt von acht bzw. sieben Fällen zu beobachten, das trifft in diesen Stadtteilen jedoch auch für die Jahre 1902 und 1912 zu. Die Konzentration derartiger Kleinkrieg-Fälle auf die Jahre der Streikwellen 1906/1907 und 1911/1912 ist in den äußeren Arbeitervierteln hingegen stärker ausgeprägt; auf diese vier Jahre konzentrieren sich hier mit Abstand die meisten dieser straßenpolitischen Ereignisse. Dort, wo vor allem Menschen wohnten, die aufgrund ihrer sozialen Stellung besonders oft an Konflikten mit der Polizei um das Verhalten bei Arbeitskämpfen Anteil nehmen konnten, häuften sich also zugleich die alltäglichen Ordnungskonflikte mit der Polizei.

Schwippes sozialökologische Studie über die Entwicklung der Berliner Stadtteile enthält einen Hinweis auf die stadtinternen Migrationsbewegungen, der sich mit dem Befund der unterschiedlichen straßenpolitischen Profile der beiden Typen von Unterschichten-Wohnquartieren und dem der generationsspezifischen Trägerschaft sinnvoll verbinden läßt. Demnach lagen dem Spezialisierungsprozeß, der die äußeren Stadtviertel zu reinen Wohnvierteln der Unterschichten und die älteren, nahe dem Stadtkern gelegenen Wohnviertel bei gleichzeitiger Verslumung in Geschäftsviertel umwandelte, auch durch die Lebenszyklen der Einwohner mitverursachte Segregationsprozesse zugrunde. In den City-nahen Stadtteilen konzentrierten sich in überdurchschnittlichem Maße ältere Einwohner, die nicht mehr wegzogen, und 15-30-jährige, die frisch zugewandert waren bzw. noch keine Familie gegründet hatten. Die unter 15-Jährigen hingegen (und folglich auch ihre Eltern) konzentrierten sich in den reinen Wohnvierteln der äußeren Stadtteile. Junge Menschen am Anfang ihrer erwerbsmäßigen und familiären Selbständigkeit, darunter vor allem auch von außerhalb Zugewanderte, siedelten also bevorzugt in der Innenstadt mit ihrem verfallenden, aber billigerem Wohnungsangebot, mit der Familiengründung hingegen versuchten sie den steigenden Wohnraumbedarf in den äußeren Neubaugebieten zu befriedigen.[2]

Dieser Befund läßt sich mit der Verteilung der straßenpolitischen Aktivitäten insbesondere in den Bereichen „Kleinkrieg" und „Streikexzesse" in folgender Weise verknüpfen: Die Kleinkrieg-Fälle, bei denen, soweit Personenangaben in Erfahrung zu bringen waren, die unter 30-jährigen als Akteure eindeutig dominierten, und die sich auch auf die Citynahen Unterschichten-Wohnviertel (Typ III) konzentrierten, können als Bestandteil eines generationsspezifischen Konfliktverhaltens der Unterschicht gegenüber der Obrigkeit interpretiert werden: Junge alleinstehende Männer, die in ihrer gemeinsam verbrachten Freizeit die staatliche Autorität herausforderten bzw. sich gegen deren disziplinierende Eingriffe zur Wehr setzten. Dieses Verhaltensmuster gab es zweifellos auch in den äußeren Arbeiterwohnvierteln, dort kamen aber – in unterschiedlicher Ausprägung – Konflikte *hinzu*, denen sozio-ökonomische und sozio-kulturelle Interessenkonflikte zugrundelagen: in einigen wenigen Fällen lokale Auseinandersetzungen etwa zwischen Mietern und Vermietern, oder Dienstboten und Dienstherren, vor allem aber der Konflikt um das Verhalten von Arbeitswilligen und der ihnen beistehenden Polizei bei Arbeitskämpfen. Die Einzelfallschilderungen zeigen, daß sich Frauen, Kinder und Familienväter entsprechend ihren Möglichkeiten häufiger an solchen Auseinandersetzungen beteiligten; soweit Personenangaben über Beteiligte in Erfahrung gebracht werden konnten, lag bei „Streikexzessen" der Anteil der unter 30-jährigen niedriger als bei vergleichbaren Fällen der Kleinkrieg-Fallsammlung.

Die sozialräumliche Verteilung der Straßendemonstrationen hingegen kann nur teilweise mit derjenigen dieser straßenpolitischen Aktionen verglichen werden, da sie weniger durch Faktoren der sozialen Umgebung als der politischen Symbolik bzw. der polizeilichen Genehmigungspraxis bestimmt wurde. Die illegalen Demonstrationen zielten von den Außenbezirken her auf das Schloßviertel, daher kam es in dessen Umgebung und damit auch in City-nahen Geschäftsvierteln wie der Friedrichstadt und der Friedrich-Wilhelmstadt zu Konfrontationen mit der Polizei. Auch der demonstrative Anmarsch zu den genehmigten Kundgebungen unter freiem Himmel hatte die Innenstadt zu meiden und vollzog sich aus diesem Grund weitgehend in

---

2 Siehe Schwippe (1983), S. 277-284.

den proletarischen Außenbezirken. Als Ausgangspunkte zu illegalen Straßendemonstrationen fungierende, große Versammlungssäle hingegen gab es in jedem dieser Arbeiterviertel; diejenigen in der Innenstadt hingegen waren von geringerer Bedeutung. Daher kann man in diesen Vierteln durchaus von einer Gleichzeitigkeit aller drei Bereiche von Straßenpolitik ausgehen: Der alltägliche Kleinkrieg zwischen Polizei und Publikum, „Streikexzesse" und Straßendemonstrationen konnten hier am ehesten durch räumliche Nähe und Identität der Beteiligten in Wechselwirkung miteinander treten.

8.1.3 Körper, Generationen und Geschlechter

Kollektive Aktionen öffentlicher Un-Ordnung beruhten auf zwei subjektiven Voraussetzungen: auf expressivem Körperverhalten als sozialem Kommunikationsmittel vor allem der Unterschichten, und auf einem den Akteuren geläufigen Repertoire an Handlungselementen, das Generationen und Geschlechtern je nach Konstellation spezifische Rollen zuwies.

Die Herstellung lokaler und vorübergehender Öffentlichkeiten in Gestalt von Menschenansammlungen, die durch die Aufmerksamkeit auf einen bestimmten Gegenstand konstituiert wurden, beruhte auf der körperlichen Beteiligung jedes einzelnen. Dieser im Straßenleben alltägliche Vorgang, der zwar jeweils zufälligen Anlässen, jedoch zugleich auch der grundsätzlichen Bereitschaft, auf diese Weise gesellschaftlich zu verkehren, geschuldet war, ermöglichte Handlungsweisen, in denen nicht lediglich einzelne, sondern Kollektive einzelnen, einander oder der Staatsgewalt gegenüberstanden. Genügte für die konfliktfreie Anteilnahme lediglich das räumliche Dabei-Sein, so implizierte dieses im Falle von Konflikten die Möglichkeit des Austauschs von Gewalttätigkeiten. Gewalterfahrungen waren zwar Allgemeingut, Gewalt zumal in der Öffentlichkeit auszuüben blieb aber weitestgehend den Männern vorbehalten und war zudem ein fester und selbstverständlicher Bestandteil ihrer Sozialisation. In den alltäglichen Konflikten auf der Straße stellten daher „junge Burschen" die große Mehrheit der Akteure. In bestimmten Konfliktkonstellationen, die aus der Einbeziehung von Nachbarschaften oder tagsüber in Verbindung mit sozio-ökonomischen Interessengegensätzen, also etwa beim nachbarschaftlichen Protest gegen Exmittierungen oder beim Boykott von bestreikten Geschäften entstanden, kam es darüber hinausgehend zu einer Rollenverteilung zwischen Geschlechtern und Generationen, wie sie aus den Beschreibungen „traditioneller" Volkstumulte geläufig ist: Frauen kämpften vor allem mit akustischen Mitteln, um den Gegner öffentlich zu beschimpfen und die eigene Partei anzufeuern, jugendliche Männer führten eine Art „Guerillakampf" in kleinen Gruppen mit schnellem Wechsel zwischen Angriff und Rückzug, Nahkampf und Einsatz von Wurfgeschossen.

Derartige auf einer Rollenverteilung innerhalb der Menschenmenge beruhenden straßenpolitischen Aktionen waren in allen drei Bereichen anzutreffen, reine Jugendlichen-Aktionen gegen die Polizei hingegen nur im alltäglichen Kleinkrieg zwischen Polizei und Publikum. Was die „jungen Burschen" dort an taktischen Erfahrungen sammelten, brachten sie als „unruhige Elemente" in die durch Arbeitskämpfe oder politische Demonstrationen veranlaßten Konflikte mit der Polizei ein. Die Beteiligung von Männern im Familienvateralter erweiterte das Spektrum der Akteure in diesen beiden Bereichen aber in qualitativ entscheidender Weise, so daß sich gegenüber der Polizei ein anderes Kollektivsubjekt konstituierte: „Streikexzesse" oder der Kampf um das „Recht auf die Straße" waren Konflikte, in denen es den Akteuren generationen- und geschlechterübergreifend vor allem um ihr öffentliches Ansehen ging. Sie wollten – ob jung oder alt – als „anständige" Arbeiter bzw. gleichberechtigte und mündige Staatsbürger und Staatsbürgerinnen von der auf das Gemeinwohl verpflichteten Staatsgewalt anerkannt werden. Die daraus resultierenden Ordnungs-Konflikte wurden auch mit den hergebrachten Methoden und Fertigkeiten der öffentlichen Un-Ordnung, gemäß den allen geläufigen „Regeln des Aufruhrs" ausgetragen.

Vereinfacht ausgedrückt, läßt sich als Ergebnis festhalten: Die alltäglichen Konflikte mit der Polizei um die öffentliche Ordnung wurden vor allem von jungen Männern und „Burschen" aus der Unterschicht getragen und konzentrierten sich daher sozialräumlich an zwei Punkten: In Unterschichtenvierteln im allgemeinen und in den City-nahen Wohnvierteln im besonderen. Dieses Konfliktverhalten war Teil einer geschlechts- und schichtenspezifischen Sozialisation, in der die Straße als sozialer Raum, den es sich anzueignen, zu beherrschen und gegebenenfalls zu verteidigen galt, eine zentrale Rolle spielte, da sie für Menschen dieser Schicht einen unentbehrlicher Bestandteil ihrer Lebensweise darstellte. Vor allem in den von der Sozialdemokratie geprägten, als Wohnviertel von Arbeiterfamilien fungierenden äußeren Stadtteilen kam es darüber hinaus zu Straßenkonflikten, die vom „Handeln als Klasse" motiviert waren. Ihre Akteure wiesen, nach Geschlechtern und Generationen betrachtet, eine größere Bandbreite auf, indem auch Frauen und Männer mittleren Alters stärker beteiligt waren. Nur in diesen Wohnvierteln ist ein gleichzeitiges Zu- und Abnehmen von straßenpolitischen Aktionen im Bereich des alltäglichen Kleinkriegs zwischen Polizei und Publikum und der „Streikexzesse" festzustellen, ein Indiz für eine positive Wechselwirkung zwischen diesen beiden Bereichen von Straßenpolitik speziell in diesem sozialen und politischen Kontext. In den Arbeitervierteln stellte die Straße einen bedeutsamen „Einsatz" im alltäglichen „Machtspiel" zwischen Obrigkeit und Straßenvolk dar. Wenn es um die Straße ging, ging es hier in besonderem Maße um die Risiken und Chancen staatlicher Machtausübung wie momentaner Gegenmacht durch Angehörige der Arbeiterschaft.

8.2 Die „Programme" der Straßenpolitik

Im Vergleich zu anderen Politik-Arenen wie der Vereins- und Presse-Öffentlichkeit, den Wählerversammlungen und Parlamenten fungierte die Straße gemessen an ihrer alltäglichen Nutzung nur in bestimmten Ausnahmesituationen als eine Arena *explizit* politischer Auseinandersetzungen. Zugleich eignete sich dieser soziale Ort wie kaum ein anderer dazu, jederzeit und an Ort und Stelle diejenigen gesellschaftlichen Gegensätze, die sonst nur in den konventionellen Politik-Arenen artikuliert wurden, sinnlich zu erfahren und eventuell durch direkte Aktionen zu artikulieren. Dieses in der gesellschaftlichen Nutzung des Straßenraumes angelegte *implizite* politische Potential wurde von allen Kontrahenten der Straßenpolitik bei Bedarf aktiviert: sowohl in der Straßenpolitik von oben wie in der Straßenpolitik von unten wie auch in der als eine Vermittlung von beiden zu betrachtenden Straßenpolitik der Sozialdemokratie. Jedem dieser Kontrahenten ging es dabei um die Realisierung eines spezifischen, auf die Politik-Arena „Straße" zugeschnittenen „Programms". *Gemeinsam* war ihnen ihre geschlechtsspezifische Begrenztheit: Straßenpolitik konnte und sollte an den gesellschaftlichen Machtverhältnissen zwischen Männern und Frauen, die auch auf der Straße als strukturelle Vorrangstellung der Männer reproduziert wurden, nichts grundsätzlich ändern. Die Obrigkeit blieb männlich, und ihre Gegenüber waren es in den meisten hier untersuchten Fällen auch. Daran änderten weder der polizeiliche „Damenschutzdienst" gegen sexuelle Belästigungen noch die Mobilisierungsversuche seitens der sozialdemokratischen und bürgerlichen Frauenbewegung etwas. Implizit, wenn nicht explizit, lag der patriarchale Vorrang der Männer und das ihm entsprechende Verständnis von Geschlechterrollen jedem der im folgenden skizzierten straßenpolitischen „Programme" zugrunde.

8.2.1 Von oben: Revolutions-Prävention

Aus der Perspektive der Obrigkeit war die politische Qualität der Straße negativ bestimmt: Aufrechterhaltung von Ruhe, Ordnung und Sicherheit durch die Polizei und Politik auf der Straße schlossen einander aus. Gefährdungen der polizeilichen Souveränität im Straßenalltag wurden aus dieser Perspektive grundsätzlich und generell als Gefährdung des Staates wahrgenommen, insbesondere wenn die Polizei Menschenmengen gegenüberstand. Durch die Ausrichtung ihrer Tätigkeit an der Vorstellung vom „besseren" Publikum, dessen Interessen es gegen das Treiben des „schlechteren" zu schützen galt, durch die damit einhergehende Disziplinierung und Diskriminierung schuf die Polizei selbst auf der Straße Anlässe und Gegenstände politischer Auseinandersetzungen. Der Einsatz der polizeilichen Definitionsmacht zur Diskriminierung Unterschichtiger, die mit deren Wahrnehmung als in sich ununterschiedenem „Pöbel", „Mob" oder „Janhagel" einherging, war Teil einer politisch motivierten Sicherheitsdoktrin: Die Grenzen des Rechtsstaats (und damit auch der Gleichbehandlung der Staatsbürger durch die Staatsgewalt) waren demnach dort zu ziehen, wo die Sicherheitsinteressen des Staates selbst berührt wurden, und zwar ohne weiteres Verfahren aufgrund „pflichtgemäßen Ermessens" an Ort und Stelle. Die Furcht vor der politischen Umwälzung von der Straße aus, wie sie die europäischen Eliten im 19. Jahrhundert mehrfach erlebt hatten und die zu Beginn des 20. Jahrhunderts erneut genährt wurde (Revolutionen in Portugal und Rußland, Massenstreiks in Belgien und Schweden), lag diesem politischen Auftrag der Straßenpolizei zugrunde. Als „polizeiliches Gegenüber" konnte in dieser Vorstellungswelt einer von „Reichsfeinden" umstellten Monarchie die politische Massenbewegung par excellence, die Sozialdemokratie, ausgemacht werden. Auf ihr Wirken wurde das polizeifeindliche Verhalten des „Pöbels" in letzter Instanz zurückgeführt.

Eine Passage aus der rechtsstehenden Tageszeitung „Die Post" soll diese obrigkeitliche Sicht veranschaulichen: In einem von einer Polizeifachzeitschrift zustimmend zitierten Artikel über die ungewöhnliche Häufung von gewaltsamen kollektiven Aktionen gegen die Polizei im Sommer 1906 machte sie vor allem die Verhetzung der Jugendlichen für die Krawalle verantwortlich. „In der Presse wie in den Versammlungen und Vereinen, in den Werkstätten der Fabriken und in den zahlreichen Kneipen der Arbeiterviertel wird dieser Geist der Verhetzung großgezogen und systematisch gepflegt, ja schon in der Familie muß die heranwachsende Jugend die frechen Reden über die staatliche Autorität mit anhören. Daher erklärt sich auch das unverschämte Auftreten junger Burschen gegen alles, was Beamtenuniform trägt. [...] Das unter dem verhängnisvollen Einflusse der Staat und Gesellschaft unterminierenden Sozialdemokratie heranwachsende Geschlecht ist es, welches die erhaltenen Lehren der Zuchtlosigkeit gern in die Tat umsetzen möchte und, da es vor Revolution aus Furcht vor dem 'Kleinkalibrigen' zurückschreckt, bei jeder Gelegenheit den Organen der Polizei mit Wut und Haß entgegentritt." Diesen Gegnern wird „auch der letzte Rest von Anstandsgefühl" abgesprochen, da sie zu mehreren über einzelne Schutzmänner herfallen. Die Ausrüstung der Beamten mit Revolvern wenigstens „in den Arbeitervierteln, wo sie am meisten an Leben und Gesundheit bedroht sind", sei daher dringend geboten. „Auf alle Fälle muß den gewalttätigen Arbeiterrowdys ebenfalls mit Gewalt entgegengetreten werden und auf jeden groben Klotz ein grober Keil gesetzt werden."[3]

In derartigen Phantasien verkörperte der politisch verhetzte, heimtückisch-ehrlose Arbeiterjugendliche die von der organisierten Arbeiterbewegung ausgehende Gefahr für die Herrschaftsordnung schlechthin. Ähnliche Figuren sind mehrmals in der polizeiinternen Verständigung über die Ursachen öffentlicher Un-Ordnung zu finden: Der Verdacht politischer Motive junger Arbeitsloser, die die Verteilungsstellen des „Arbeitsmarkts" frequentierten oder sich am „Unfug" der Truppenbegleitung beteiligten, wurde in Revierberichten zur Dramatisierung eines untergeordneten ordnungspolizeilichen Problems eingesetzt, was auf die in Polizeikreisen verbreitete Akzeptanz dieses Arguments schließen läßt. Vor allem während der polizeilichen Nachbereitung der Ferrer-Versammlungen im Herbst und Winter 1909 verdichtete sich dieses Bild eines schwer zu greifenden und taktisch überlegenen Gegners, in dem das Gefahrenpotential des traditonellen Mobs mit dem der modernen Arbeiterbewegung verschmolz. Die Moabiter Unruhen brachten dann ein Jahr später die Gelegenheit, den „groben Keil" auf den „groben Klotz" zu setzen. Revolutions-Prävention bis hin zur Inszenierung des Bürgerkriegs — so lautete die programmatische Quintessenz der Straßenpolitik von oben. Zwar finden sich Ansätze für ein Übergehen vom Legalitäts- zum Opportunitätsprinzip in der Behandlung ordnungspolizeilicher Problemkonstellationen wie zum Beispiel beim Silvestertrubel; und auch Ansätze zu selbstorganisierter öffentlicher Ordnung, wie sie vor allem im Umfeld der Arbeiterbewegung anzutreffen waren, stießen zum Teil auf Zustimmung bei der überlasteten Exekutive vor Ort. Dennoch: Das Polizeiverständnis der politisch Verantwortlichen blieb ungebrochen der Tradition der „Festungspraxis" verhaftet.

Eine *Erweiterung* des Programms der Straßenpolitik von oben stellte hingegen die im letzten Jahr vor dem Krieg einsetzende neue Qualität der Repräsentation des

---

3 Zit. n. Die Polizei v. 1.9.1906, 3. Jg., Nr. 11, S. 254 f.

monarchischen Staats im öffentlichen Raum dar: Sie brachte eine zuvor nur bei einzelnen Präzedenzfällen wie den Kaiserhuldigungen anläßlich der Reichstagswahlen 1907 oder dem Zeppelintag 1909 dagewesene Massenmobilisierung im Namen von „Nation" und „Vaterland". Wie sehr durch diese Ansätze einer nicht lediglich ideologischen und organisationspolitischen, sondern auch körperlich-symbolischen „Nationalisierung der Massen" (Mosse) der innenpolitische Hauptfeind, die Sozialdemokratie, in die Defensive gedrängt wurde, offenbarte sich im Triumph der Kriegsbefürworter Ende Juli 1914.

8.2.2 Von unten: Ehre und Eigen-Sinn

In straßenpolitischen Aktionen setzten vor allem Angehörige der Unterschicht ihre Vorstellungen von angemessenem Verhalten in der Öffentlichkeit gegen Störer eines gruppen- bzw. lokalspezifischen Konsenses und gegen Eindringlinge von außen um. Die häufigsten und geläufigsten Eingriffe, die es abzuwehren galt, waren polizeiliche Maßnahmen, die nicht nur als schikanös und kleinlich, sondern von Arbeitern und Arbeiterinnen vor allem auch als diskriminierend und entehrend empfunden wurden. Aber auch andere Normverletzer konnten Opfer kollektiver Straßenaktionen werden; insbesondere in den Nachbarschaften der Arbeiterviertel waren Arbeitgeber, Haus- und Schankwirte, Dienstherren und Geschäftsinhaber sowie deren Vertreter einer sozialen Kontrolle von unten ausgesetzt, die in Konflikten um das angemessene Verhalten in diesen sozialen Funktionen zu direkten Aktionen gegen sie führen konnte. Die Abwehr von Störern konnte sich auch gegen Angehörige der eigenen Schicht richten: nicht nur im Extremfall des Streikbruchs, sondern auch in alltäglichen Fällen der Überschreitung bestimmter Grenzen angemessenen Verhaltens, z. B. im Umgang zwischen den Geschlechtern, beim Gewalteinsatz in Schlägereien, oder beim Umgang mit Arbeitstieren.

Bei der Straßenpolitik von unten ging es also nicht gegen öffentliche Ordnung überhaupt, sondern um eine nach Ansicht der physisch versammelten Öffentlichkeit wiederherzustellende Ordnung selbstbestimmten und angemessenen Verhaltens. „Es gibt eine Ordnung in der Unordnung, einen Wunsch nach größerer Gerechtigkeit und Ehre; der Auflauf drückt durch die Tat aus, woran es mangelt und was es zu erobern gilt"[4] – diese Beobachtung von Arlette Farge in Bezug auf das Paris des 18. Jahrhunderts trifft auch auf das Berlin zu Beginn des 20. Jahrhunderts zu. Den gravierendsten Eingriff in die Ordnungsvorstellungen des Arbeiterpublikums stellten zweifellos der Polizeischutz für Streikbrecher und die Polizeimaßnahmen gegen Streikposten dar, da dabei die Gegensätzlichkeit der jeweiligen Ehrbegriffe unvermittelt und von vornherein mit der staatlichen Gewaltandrohung verknüpft gegeneinander standen: „Nützliche", „staatserhaltende" Elemente oder „Schmeißfliegen am Leib des Proletariats" wurden gegen den „Pöbel", „Janhagel" oder „Mob" in Schutz genommen, der seinerseits die öffentliche Anerkennung und Sanktionierung seiner „standesspezifischen" Verhaltensregeln einklagte.

Bestandteil dieses Programms der Straßenpolitik von unten war das Festhalten ihrer Akteure an einer ihrer Lebensweise entsprechenden Form der Auseinander-

---

4 Farge (1989), S. 290.

setzung. Die „physische Argumentation" des Straßenvolks ist also nicht lediglich als Spiegelbild der polizeilichen „Festungspraxis" zu verstehen, sondern auch als ein „Medium", dessen Form eine gegen die Praxen bürokratischer Herrschaft gerichtete „Botschaft" enthielt: Straßenpolitische Aktionen waren über den jeweiligen Konfliktgegenstand hinausweisend durch den Selbstzweck körperlicher Interaktion und Verausgabung motiviert, waren Momente einer schichtenspezifischen unmittelbaren Aneignung und Schaffung gesellschaftlicher Wirklichkeit. Sie standen in der Tradition plebejischer Interessen- und Bedürfnisartikulation, die zugleich den kulturellen Gegensatz zu den Normen und Verkehrsformen der bürgerlichen Gesellschaft markierte. In diesem Eigen-Sinn öffentlichen physisch-symbolischen Argumentierens, in diesen „Regeln des Aufruhrs", die über den konkreten Gegenstand direkter Aktionen hinausgehend das Erziehungsprogramm der polizeilichen Disziplinierung konterkarierten, war ein im preußischen Obrigkeitsstaat nicht aufzulösendes Paradoxon enthalten: Noch im Protest gegen die Vorenthaltung öffentlichen Ansehens und politischer Rechte, der sich durchaus an den Verhaltensnormen einer modernen bürgerlichen Gesellschaft orientierte, manifestierten sich Werte und Normen einer vor- und antibürgerlichen, einer unterschichtigen Lebensweise. Einerseits provozierten offenkundige, vor allem Arbeiter treffende polizeiliche Amtsüberschreitungen die breite Forderung nach rechtsstaatlicher Gleichbehandlung, andererseits zog man an Ort und Stelle die Lynchaktion dem geordneten polizeilichen Einschreiten vor. Gerade die Revolte gegen die entehrende und diskriminierende Behandlung als „Pöbel" konnte nicht auf dessen Körpersprache verzichten, da nur diese an Ort und Stelle eine andere als die geforderte Untertanenhaltung auszudrücken ermöglichte. Eigen-Sinn artikulierte sich durch die Straßenpolitik von unten also nicht nur in der Bekräftigung und Durchsetzung gemeinsamer Ordnungsvorstellungen gegenüber Störern und Eindringlingen einschließlich der Polizei, er offenbarte sich ebenso in einer spezifischen, arbiträren und keineswegs konsistenten Aneignung der vom Staat und der bürgerlichen Gesellschaft zugemuteten und oktroyierten Normen.

8.2.3 Auf dem Weg nach oben: Die sozialdemokratische Transformation der Straßenpolitik von unten

Die Hegemonie der Sozialdemokratie innerhalb der Unterschichten in Großstädten wie Berlin trug gleichzeitig zur Verschärfung und zu Lösungswegen dieses Paradoxons der Straßenpolitik von unten bei. Klassenbewußtsein war vor allem politisches Bewußtsein, es thematisierte die Stellung der Klassenmitglieder in Staat und Gesellschaft und damit die Benachteiligung und Rechtlosigkeit der Mitglieder der eigenen gegenüber denen anderer Klassen. Der sein Staatsbürger-Recht einklagende Arbeiter konnte die polizeiliche Behandlung als Untertanen-„Pöbel" um so weniger ertragen, er mußte für seinen „Stand" „Ehre" einlegen: Widerstand gegen die Staatsgewalt wurde so vor allem bei Streiks zur Staatsbürgerpflicht des klassenbewußten Arbeiters. Zugleich entwickelten die Sozialdemokraten in ihren Institutionen jene Verkehrsformen mündiger Staatsbürger, von denen sie die bürgerliche Gesellschaft auszuschließen versuchte; sie lernten dort, Disziplin und Demokratie, Hierarchie und Eigenständigkeit, Geschlossenheit und Pluralismus in verbal-argumentativen Proze duren auszuhandeln und zu vereinbaren. Alle bestehenden Möglichkeiten wurden genutzt, um diese Kompetenzen zur Wahrung von Interessen auf legalem Wege einzusetzen, ob in Parlamenten, Gewerbegerichten, Krankenversicherungen oder Wohlfahrtseinrichtungen. Nur im Kernbereich der Klassenbeziehungen, bei Arbeitskämpfen, stieß diese legalistische Strategie auf die am weitesten vorgeschobenen Posten einer sich über diese Bürgerrechte hinwegsetzenden Repressionspolitik, war Straßenpolitik von unten auch durch sozialdemokratische, „disziplinierte" Gewerkschafter nahezu unvermeidlich. Konsequenterweise war daher anfangs der Streik in seiner am weitesten reichenden Bedeutung als *Massenstreik* Zielpunkt der straßenpolitischen Mobilisierung der Sozialdemokratie. Obwohl auch diese sich, nachdem die direkte Inangriffnahme des Massenstreiks 1906 durch die Gewerkschaften verhindert worden war, in den Geleisen der bewährten Inanspruchnahme staatsbürgerlicher Rechte bewegte, begann sie als halblegale, zur Konfrontation mit der Staatsgewalt bereite Straßenpolitik von unten. In den Straßendemonstrationen bis zum Frühjahr 1910 fand das ganze Spektrum hergebrachter straßenpolitischer Handlungselemente Verwendung: von der einfachen Straßenbesetzung über die öffentliche Rüge bis hin zu physischem Widerstand und Angriffen auf die Staatsgewalt. Dabei fungierte die „friedliche", den Gleichberechtigungsanspruch am treffendsten symbolisierende Straßendemonstration als „Muster", von dem je nach Umständen und vor allem je nach Reaktion der Polizei mehr oder weniger stark abgewichen wurde.

Solange sozialdemokratische Straßenpolitik die „Eroberung" der Straße zum unmittelbaren und die Einleitung des Massenstreiks zum mittelbaren Ziel hatte, wurde in der Körpersymbolik der Straßendemonstrationen das beschriebene Paradoxon der Straßenpolitik von unten aufgehoben: Je ordentlicher diese Staatsbürger demonstrierten, um so unabweisbarer ihre Forderung nach Gleichberechtigung im Staate, um so gravierender der Legitimitätsverlust der gewaltsam gegen sie vorgehenden Polizei, deren Befehlshaber im Glauben handelten, einer Revolution vorzubeugen. Dieses kunstvolle Arrangement von physischsymbolischer Herausforderung und akribischer Organisation, revolutionärer Perspektive und diszipliniertem Verhalten, gekrönt durch Blamagen der Polizei wie beim Wahlrechtsspaziergang am 6. März 1910, wurde während der Moabiter Unruhen gewaltsam zerschlagen. Zwar war die sozialdemokratische Straßendemonstration nun mehr oder weniger etabliert, mit der strategischen Perspektive „Massenstreik" verlor sie jedoch auch jene Brisanz, die sie mit den Aktionsformen der Straßenpolitik von unten verbunden hatte. Auf Seiten der Polizei trat Gelassenheit an die Stelle von Revolutionsangst, die Straßendemonstration konsolidierte sich als routinisierte Heerschau, die zwar immer noch eindrucksvoll die Ordnungskompetenz der sozialdemokratischen Führung „zeigte", für darüber hinausweisende straßenpolitische Interaktionen aber immer weniger Raum ließ. Diese Demonstrationen galt es nicht mehr zu verhindern, denn sie versprachen nicht mehr den Auftakt zum Massenstreik, sie erforderten kaum polizeiliches Eingreifen: Die Sozialdemokraten waren „sich selbst Polizei genug". Sie waren zwar nach wie vor *die* „Straßenpartei" des Kaiserreichs, *machten* aber keine Straßenpolitik mehr.[5]

---

5 „Die Sozialdemokratie ist eine *revolutionäre,* nicht aber eine *Revolutionen machende* Partei." Karl Kautsky, Ein sozialdemokratischer Katechismus, in: Die Neue Zeit 12 (1893/94), Bd. l, zit. n. Grebing (1985), S. 153.

8.3 Straßenpolitik als Klassenhandeln

Die Politik-Arena „Straße" wurde durch den Antagonismus von Straßen-Volk und Polizei-Staat konstituiert. Jederzeit aktivierbare kollektive Aufmerksamkeitbereitschaft, im Straßen-Unfug erprobte Hit-and-run-Taktiken der „jungen Burschen", Verteidigung der Autonomie von Körperlichkeit und Territorialität gegen Störer und Eindringlinge, die Korrektur von Normenverletzungen an Ort und Stelle und an Körper und Eigentum, kollektive Gewalt im „Nahkampf" wie unter Verwendung von Wurfgeschossen, Gefangenenbefreiung und demonstrativ-tumultuöse Belagerung der Polizeiwache als der gegnerischen „Festung" sowie die ebenbürtige, kompromißlose und gewaltbereite Reaktion der Polizei – all diese Handlungselemente waren seit Jahrzehnten Bestandteil der mit dem Ausbau eines flächendeckenden Polizeiapparates einhergehenden alltäglichen wie spektakulären Konflikte um öffentliche Ordnung. Obwohl ihre zivilen Protagonisten mehrheitlich der Unterschicht bzw. der Arbeiterschaft einer Großstadt, in der die Sozialdemokratie eindeutig die führende Repräsentantin dieser Bevölkerungsgruppe war, entstammten, handelte es sich nicht per se um Klassenkonflikte. Die sozialen Orte, in denen Klassenbeziehungen gelebt und auch als Konflikte artikuliert wurden, die Welt der Arbeit und der politischen Öffentlichkeit, waren allerdings mit der Straße als Politik-Arena verbunden: Sowohl Arbeitskämpfe wie der Kampf um die gleichberechtigte Repräsentation der Arbeiter im Staat fanden *auch* auf der Straße statt, konnten daher zu straßenpolitischen Konflikten werden. In umgekehrter Perspektive bot der sozialdemokratische Klassendiskurs die den Unterschichten angemessenste Deutung der in der Straßenpolitik von oben angelegten alltäglichen Sozialdiskriminierung als Ausfluß staatlich abgesicherter Klassenherrschaft, die insbesondere anhand der auf Konflikte mit der Polizei folgenden Klassenjustiz immer wieder angeprangert wurde. Diese potentielle Wechselbeziehung von Straßenpolitik und Klassenkonflikt bedingte *Klassenhandeln* in der Politik-Arena Straße in widersprüchlicher Weise: als Abgrenzung der Arbeiterklasse nach unten im Janhagel-Diskurs, als offensiver Klassenkampf von oben, als symbolisch-protorevolutionäre Straßenbesetzung.

8.3.1 Der „Janhagel"-Diskurs

Das Paradoxon der Straßenpolitik von unten, auf unordentliche Weise die ordentlichen Staatsbürgern zukommende Ehrerbietung seitens der Staatsgewalt einzuklagen, wurde auf ideologischer Ebene von allen weltanschaulichen Positionen aus im „Janhagel"-Diskurs reproduziert. „Janhagel", „Mob", „Pöbel" oder das „Rowdytum" repräsentierten in allgemeinster und zugleich anschaulichster Weise das soziale Unten: Zügellosigkeit, unkontrollierte Leidenschaft, niederer Instinkt, Sinnlosigkeit und Sittenlosigkeit – diese Attribute definierten ein Außen der zivilen Gesellschaft und damit zugleich das Feld der Auseinandersetzungen um die Zugehörigkeit zu deren Innen. Der sozialdemokratische Klassendiskurs teilte diese Prämisse und grenzte Klassenhandeln daher als ordentliches, respektables Verhalten von dem des „Lumpenproletariats" ab. Der obrigkeitliche Diskurs hingegen identifizierte das aufrührerische Verhalten von Arbeitern als die die alltägliche Un-Ordnung des „Janhagels" überschreitende Entschlossenheit der Arbeiterklasse zum machtpolitischen Aufstieg — in dieser Vorstellung war der Janhagel das vertraute und daher beherrschbare Unten einer relativ stabilen, hierarchisch gegliederten Gesellschaftsordnung. Sich als „Janhagel" gebärdende Arbeiter interpretierten liberale Polizeikritiker wiederum als Indiz für deren Harmlosigkeit, um so deren revolutionäres Potential zu neutralisieren. Diese konkurrierenden Interpretationen von straßenpolitischen Konflikten, am prägnantesten aus Anlaß der Moabiter Unruhen formuliert, bezogen sich auf ein und dasselbe Phänomen, nämlich deren unterschichtige Urheberschaft, und konstituierten damit die Bedeutung von „Klasse" als einem Projekt des kollektiven Aufstiegs. Die Bedeutung dieser beständigen virtuellen „Unterschichtung" der Arbeiterschaft lag in ihrem integrativem Effekt: Sie schuf einen gemeinsamen Sinnhorizont für den obrigkeitlich-autoritären *und* den oppositionell-demokratischen, den ständestaatlichen *und* den populistischen Diskurs, und setzte damit zugleich die Grenzen des Streitgegenstandes. Die für den Volkstumult charakteristische Logik traditioneller Handlungselemente, jene den Aufruhr ermöglichende „Sprache, die sich im Herzen des Geschehens entwickelt und jedem die Gründe für sein Handeln an die Hand gibt" (Farge/Revel)[6], war dieser ideologischen Denkweise zufolge nicht eine der Arbeiterklasse gemäße Artikulationsform, sondern der unverständliche, korrumpierte Argot gesellschaftlicher Randexistenzen.

Die Beteiligung der Arbeiterbewegung an diesem Diskurs folgte der Logik der Stigma-Bewältigung durch Stigmatisierte. Gerade die Gewerkschaft der wenig oder gar nicht qualifizierten Transportarbeiter grenzte im Arbeitskampf Arbeitswillige als „primitiv", „minderwertig" und „fremd" rigoros gegen ihre eigene Klientel ab und mußte sich dennoch in ihren Jahresberichten über die zahlreichen den Rechtsschutzfonds strapazierenden Roheitsdelikte ihrer Mitglieder beklagen. Soweit sich anhand einzelner Konfliktfälle genauere Personenangaben über die als „Janhagel", „Pöbel" oder „Rowdys" Bezeichneten finden ließen, handelte es sich in der Tat hauptsächlich um Arbeiter, unqualifizierte wie qualifizierte, wohingegen eindeutig und dauerhaft am Rande der Mehrheitskultur Lebende wie Berufsverbrecher, Zuhälter und Nicht-Seßhafte Ausnahmen bildeten. Dieser gesellschaftspolitische Diskurs der virtuellen „Unterschichtung" beruhte auf der doppelten sozialen Bedeutung des „Auflaufs" als der sich öffentlich ansammelnden Menschenmenge, wie sie Mark Harrison für England im 19. Jahrhundert herausgearbeitet hat: Menschenmengen *(crowds)* waren sowohl physische Öffentlichkeiten an bestimmten Plätzen zu bestimmten Zeiten, in denen ein breites Spektrum an Interaktionen und Kommunikationsverhalten mit vielfachen Bedeutungen realisiert werden konnte, als auch imaginäre Repräsentanten des gesellschaftlichen Außen in Diskursen über Macht und Politik, die diese Heterogenität der Motive, Orte und Personen zur Wahrnehmung als blindwütiger und nur polizeilich zu kontrollierender Masse homogenisierten. Da die Wortführer der „Unterschichteten" in ihrem Klassendiskurs diese doppelte Existenzweise der Menschenmenge reproduzierten, ist auf dieser ideologischen Ebene eine *negative* Beziehung zwischen „Klasse" und „Straßenpolitik" zu konstatieren: Die traditionelle, tumultuöse Straßenpolitik von unten repräsentierte im sozialdemokratischen Diskurs das, was „Klasse" *nicht* sein *sollte*.

---

6 Siehe o. S. 121.

8.3.2 Straßenpolitik als Klassenkampf von oben

„[…] Aber die endgültige Bestimmung dieses Klassenbewußtseins resultierte zum größten Teil aus der bürgerlichen Reaktion auf die Arbeiterklasse."[7] Dieses von Edward Thompson anhand der Entstehung der englischen Arbeiterklasse gezogene Fazit gilt auch für die Berliner Arbeiterschaft zu Beginn des 20. Jahrhunderts. Öffentlicher Un-Ordnung, ja Tumulten und Aufruhr, mithilfe von Brachialgewalt und Polizeistrafen im kurzen Prozeß entgegenzutreten, war eine Sache, betont disziplinierte Streikposten zu verhaften und gewalttätigen Arbeitswilligen unter allen Umständen freie Hand zu gewähren, eine andere. Die Sozialdemokratie war ihrer legalistischen und organisationsfixierten Strategie entsprechend bis etwa 1905 peinlichst darauf bedacht, Klassenhandeln auf der Straße möglichst in Grenzen zu halten, indem sie politisch-demonstrative Straßennutzungen auf durch Tradition und Ritual eingehegte Anlässe wie Maifeier, Totengedenken oder Landpartien beschränkte. Die Funktionalisierung der Straßenpolitik von oben für den *Klassenkampf von oben* hingegen war Teil einer breit angelegten Offensive gegen die Erfolge vor allem der Gewerkschaftsorganisationen der Sozialdemokratie. Der selbstverständliche Schutz von Unternehmerinteressen durch die Polizei – Teil des obrigkeitlichen Verständnisses von Sicherheit des Eigentums und Beförderung der Wohlfahrt – war für sich genommen nichts Neues. Gerade die Experimente mit Polizeiverordnungen gegen das Streikpostenstehen nach der Jahrhundertwende, die das Scheitern von Strafgesetzvorlagen im Parlament pragmatisch kompensieren sollten, trugen aber in vermehrtem Umfang Klassenkonflikte *auf die Straße*, vor allem auch dank der nach wie vor zunehmenden Organisations- und Arbeitskampfbereitschaft der Lohnabhängigen. Die Initiative zur Verschiebung dieses gesellschaftspolitischen Konfliktes von der konventionellen Arena der parlamentarischen Politik hin zur Exekutive, deren Maßnahmen durch die Klassenjustiz so gut wie immer gedeckt wurden, ging von oben aus. Sie stellte eine permanente, alltägliche Herausforderung an diejenigen, die Sozialdemokraten mit der Vertretung ihrer Interessen betrauten, dar: Anders als in Kategorien der Klassenherrschaft und des Klassenhandelns konnte diese Politik aus ihrer Sicht nicht gedeutet werden.

8.3.3 Konjunkturen der Straßenpolitik von unten als Klassenhandeln im späten Kaiserreich

Daß der ab 1906 forcierte Wahlrechtskampf zunächst als Kampf um das „Recht auf die Straße" mit der Option auf seine Weiterentwicklung zum Massenstreik geführt wurde, stellte die Annahme dieser Herausforderung durch die Sozialdemokratie in ihrer ganzen sozialen Breite – von der Basis bis hinein in die Parteiführung – dar. Große, aber disziplinierte Menschenmassen für halblegale demonstrative Straßenbesetzungen zu mobilisieren, gezielt Menschenansammlungen herbeizuführen, die sich ohne großes Zutun in „spontane" Umzüge und Kundgebungen verwandelten, die Friedlichkeit als Strategie des moralischen Ins-Unrecht-Setzens der eingreifenden

---

7 Thompson (1987), S. 912.

Polizei einzusetzen und damit die Gestaltung einer Massenkörper-Symbolik, die „Klasse" und „Volk" als eine verschmolzene politische Einheit repräsentierte – in dieser sozialdemokratischen Offensive der Jahre 1906 bis 1910 war ein Überschreiten der bis dahin institutionell und rechtlich vorgegebenen Grenzen politischen Handelns angelegt. Die politische Artikulation des Klassengegensatzes wurde auf eine Politik-Arena ausgedehnt, die bisher nur als Grenzbereich des Politischen, nämlich in den Alltags-Konflikten der Unterschichten mit der Polizei, nicht aber als Ort explizit politischer Konflikte fungiert hatte. Solange diese Straßenbesetzungen mit der Option auf die umfassendste Aktionsform der Klasse, dem Massenstreik, in der Vorstellung der Akteure beider Seiten verbunden blieben, bargen sie ein – gemessen an der preußischen Verfassungs- und Herrschaftsordnung – revolutionäres Potential, trotz der ostentativen Friedlichkeit, die den Straßenbesetzungen unterlegt wurde. Daß die sozialdemokratischen Spitzenfunktionäre den Massenstreik als strategische Option möglicherweise bereits 1906 aufgegeben hatten, änderte nichts an deren mobilisierender Virulenz in den folgenden Jahren, wovon die Parteistrategen bei der parteiinternen Vorbereitung von Straßendemonstrationen Gebrauch machten. Ihre Intention, Straßendemonstrationen lediglich als Ventil für die aufgestaute Aktionsbereitschaft der Basis einzusetzen, änderte nichts an der Wirkung der semantischen Verknüpfung von „Straßendemonstration" mit dem entscheidenden machtpolitischen Durchbruch in der Auseinandersetzung zwischen Arbeiterklasse und den herrschenden Klassen, den der Massenstreik zu bringen versprach.

Das Jahr 1910 brachte den Wendepunkt dieser klassenspezifischen Dynamik der Straßenpolitik, und zwar in doppelter Hinsicht: Zum einen verminderte die im Bündnis mit bürgerlichen Linksliberalen der Polizei abgehandelte Teil-Legalisierung der Straßendemonstrationen sowohl deren Klassenspezifik wie deren strategische Sprengkraft; die Anpassung des Regelwerks an das neue, nicht nur von der Sozialdemokratie in Anspruch genommene „Gewohnheitsrecht" nahm ihr die aus der offenen, aber moralisch überlegenen Regelverletzung gewonnene subversive Wirkung. Zum anderen kompensierte die Obrigkeit den damit erlittenen Gesichtsverlust durch die Eskalation der Moabiter Unruhen zu einem mehrtägigen Bürgerkriegsszenario: Die exemplarische Vorführung effektiver Aufruhrbekämpfung durch die *Polizei* aus Anlaß eines Arbeitskampfes in einem sozialdemokratischen Arbeiterviertel ergänzte die im Frühjahr 1910 gewährten Konzessionen um die abschreckende Botschaft eines „Bis-hier-und-nicht-weiter": Egal, was aus der weiteren sozialdemokratischen Straßenpolitik resultieren sollte, die Staatsgewalt war für *jede* denkbare Eventualität gewappnet. Nicht diejenigen, die von der Revolution träumten, sondern diejenigen, die sie zu fürchten hatten, trieben also deren Antizipation mit aller Gewalt auf die Spitze: Auf den Sieg der Körper-Symbolik im Frühling folgte der der körperlichen Gewalt im Herbst. Daß die Brutalität dieses Sieges der Polizei in den juristischen Nachbereitungen erneut das Ungemach massiver öffentlicher Kritik bereitete, war zu verschmerzen, da sich die Sozialdemokraten an die erfolgte Grenzziehung hielten: Sie machten zwar weiterhin in gewohnheitsmäßiger Weise vom Demonstrationsrecht Gebrauch, vom „Massenstreik" war *in diesem Zusammenhang* jedoch nicht mehr die Rede.

Was sich in den verbleibenden Jahren bis zum Ersten Weltkrieg etablierte, war eine Demonstrationsroutine, deren mobilisierendes Potential unter den Bedingungen des Dreiklassenwahlrechts und mangelnder Souveränität des Parlaments den Herrschaftsverhältnissen nichts anhaben konnte: Innerhalb dieser Grenzen den Sozialdemokraten die Straße zu überlassen, während der Preußische Landtag bis auf weiteres fest in Junkerhand blieb, konnte der Straßendemonstration als politischem Druckmittel nur abträglich sein. Denn nur in der Möglichkeit der Veränderung von parlamentarischen Mehrheiten als Folge einer sich in Demonstrationen artikulierenden öffentlichen Meinung liegt das Druckmittel einer sich strikt auf die Symbolik beschränkenden, legalen Straßenpolitik. Solange aber wie im Kaiserreich keine gleichberechtigte und souveräne Repräsentation aller Staatsbürger existierte, gingen erlaubte Straßendemonstrationen, von denen außer Verkehrsbehinderungen und lokal begrenzten Ordnungskonflikten nichts zu befürchten war, machtpolitisch ins Leere. Pierre Favre spricht – die Ergebnisse einer Studie des US-amerikanischen Soziologen Amitai Etzioni aufgreifend – von der Demonstration als „correctif légitime de l'expression électorale" in *funktionierenden Demokratien.*[8] In Fortführung dieses Gedankens ließe sich die Wirkungsweise von Demonstrationen in anderen politischen Systemen bestimmen: Die Demonstrationen der *als Demokratie* nicht funktionierenden Weimarer Republik waren ein Faktor ihrer Destabilisierung, da sie die antiparlamentarische Mobilisierung verstärkten. Genehmigte Demonstrationen in Nicht- oder Teil-Demokratien wie dem Kaiserreich blieben solang harmlos, wie sie die Herrschaftsverhältnisse nicht direkt gefährden konnten.

Erst die auch mit Demonstrationen verbundenen Massenverweigerungen am Ende des Ersten Weltkriegs erlangten die Sprengkraft, die in den Straßendemonstrationen vor 1910 angelegt war: Es bedurfte dazu nicht nur der allgemeinen Kriegsmüdigkeit, sondern auch einer politischen Neuformierung der sie initiierenden sozialen Bewegung, die an das alte Projekt der Verbindung von Massenstreik und Straßenbesetzung anknüpfte.[9] Klassenspezifische Aktionsformen wie Streiks und die Rätebewegung verliehen den Straßendemonstrationen der Revolutionszeit eine neue, dann tatsächlich revolutionäre Wirkung. „The revolution of 1918 has often been seen as little more than the expression of warweariness, the savagery that accompanied its eventual suppression as the consequence of the brutalization of the masses through their experiences in the trenches. Yet the events of 1918 did in fact bear a strong resemblance to the lesser disturbances of previous years, suggesting the existence of longterm social and political continuities underlying the pattern of periodic mass insurrection."[10] Die Zielstrebigkeit und Brutalität, mit der der preußische Polizeiapparat 1910 gegen die Straßenpolitik der Sozialdemokratie den Kriegszustand im Arbeiterquartier ins Feld führte, spricht für diese auf den „Roten Mittwoch" in Hamburg 1906 und die Moabiter Unruhen 1910 bezugnehmende These von Richard Evans.

Straßenpolitik und Klassenhandeln verband also keine statische, sondern eine dynamische, von gesellschaftspolitischen Konjunkturen abhängige Beziehung. Kon-

---

8 Siehe Favre (1991), S. 50 f., Etzioni (1970), insbes. S. 15-20.
9 Vgl. Groh (1973), S. 79, Schorske (1981), S. 404 f. Zu den straßenpolitischen Ereignissen in Berlin ab 1917 siehe Glatzer (1983), S. 346 ff.
10 Evans (1979), S. 24 f.

flikte um die öffentliche Ordnung bei Arbeitskämpfen nahmen dabei eine Scharnierfunktion ein: Der Form nach lehnten sie sich, vor allem wenn größere Menschenmengen und Arbeiternachbarschaften beteiligt waren, an die Interaktionsformen des alltäglichen Kleinkriegs zwischen Polizei und Publikum an. Zugleich vertrat die Polizei in diesen Konflikten am kompromißlosesten ihren gesellschaftspolitischen Auftrag der Sicherung staatlicher wie sozioökonomischer Herrschaftsstrukturen, was zur Verschärfung und Häufung straßenpolitischer Konflikte in arbeitskampfreichen Zeiten führte. Dieser Alltag der Konflikte um die öffentliche Ordnung konstituierte die Perspektiven und Rollen, die auch in den Konfliktlagen von gesamtgesellschaftlicher Dimension zum Tragen kamen: Arbeiter und Arbeiterinnen, die für ihre Interessen und ihre Ehre auch körperlich einzustehen bereit waren, Polizisten, die ein aufbegehrendes Gegenüber nur als „Pöbel" wahrzunehmen und zu behandeln wußten, sozialdemokratische Funktionäre, die ihren Anhängern jenes ordentliche Verhalten, das ihnen die Polizisten gewaltsam oktroyierten, durch Selbstdisziplinierung nahezubringen versuchten. Gerade der Eigen-Sinn dieses Straßen-Volks, der diese Bemühungen der Obrigkeit wie der Arbeiterführer immer wieder in ihre Schranken verwies, ermöglichte aber erst eine Straßenpolitik von unten, in der nicht nur Staats-Volk und Polizei-Staat, sondern zugleich auch die Arbeiterklasse und der Staat als Sachwalter der herrschenden Klassen einander gegenüberstanden. Und nur dort, in der Politik-Arena „Straße", konnte Klassenhandeln die Grenzen des politischen Systems in einer Weise bedrohen, die die erneute gewaltsame Grenzziehung von oben zur Folge hatte. Die Straße als ein alltägliches Medium sozialer Beziehungen war öffentliche Produktionsstätte von Macht und Eigen-Sinn, sie war daher auch Raum, Mittel und Ziel des Klassenhandelns.

Anhang

1 Abkürungsverzeichnis
(Kürzel für die verwendete Literatur s. unter 3.3 und 3.5)

Abt. VII	Abteilung VII, Politische Polizei, des Polizeipräsidiums zu Berlin
AfS	Archiv für Sozialgeschichte
BArchP	Bundesarchiv, Abteilungen Potsdam
Beibl.	Beiblatt
Beil.	Beilage
BLHA	Brandenburgisches Landeshauptarchiv
DMV	Deutscher Metallarbeiter-Verband
EZA	Evangelisches Zentral-Archiv
GStA	Geheimes Staatsarchiv, Preußischer Kulturbesitz
GuG	Geschichte und Gesellschaft
HM	Polizei-Hauptmannschaft
HZ	Historische Zeitschrift
JSH	Journal of Social History
KS	Kommando der Schutzmannschaft
MdI	Preußisches Ministerium des Innern
MdL	Mitglied des Preußischen Landtags
MdR	Mitglied des Reichstags
PB	Polizeibrigade
P&P	Past and Present
PP	Polizeipräsident zu ..., ohne Ortsangabe: zu Berlin
PR	Polizeirevier
RGO	Reichsgewerbeordnung
RMI	Reichsministerium des Innern
RVG	Reichsvereinsgesetz
SH	Social History
StDR	Statistik des Deutschen Reichs
StGB	Straf-Gesetzbuch
StJbBln	Statistisches Jahrbuch der Stadt Berlin bzw. des Statistischen Landesamts Berlin
TAV	Deutscher Transportarbeiter-Verband
ZfP	Zeitschrift für Pädagogik
ZfV	Zeitschrift für Volkskunde

2 Tabellenverzeichnis

3 Quellen- und Literaturverzeichnis

3.1 Archivakten

Bundesarchiv, Abteilungen Potsdam (BArchP) (ehem. Zentrales Staatsarchiv, Dienststelle Potsdam)

Reichsministerium des Innern (RMI)

Nr. 7001: Acta betr. die Arbeitseinstellungen. 26. 6. 1907 – 12. 2. 1913.
Nr. 7010: Acta betr. den Kohlenarbeiterstreik in Berlin. 2. 9. 1906 – 28. 2. 1907.
Nr. 7012: Acta betr. Ausstand der Omnibusangestellten in Berlin. 24. 9. 1903 – 7. 4. 1904.

Reichslandbund, Pressearchiv (RLB-PA)

Nr. 7344: Polizei (Inland), 14. 4. 1912 – 15. 3. 1914.

Geheimes Staatsarchiv, Preußischer Kulturbesitz (GStA)
(ehem. Zentrales Staatsarchiv, Dienststelle Merseburg)

Ministerium des Innern (MdI), Rep. 77

Tit. 499, Nr. 27, Bd. 1: Acta betr. die Veranstaltung von öffentlichen Aufzügen und Festen. 15. 1. 1851 – 31. 12. 1910.
Tit. 500, Nr. 40, Bd. 2: Acta betr. die Maßregeln gegen die Benutzung der sogenannten deutschen oder andrer Farben in Kokarden, Fahnen zu Demonstrationen im revolutionären Sinne. 20. 2. 1901 – 11. 4. 1911.
Tit. 1177, Nr. 3, fasc.: Acta betr. den verstärkten Waffengebrauch bei der Berliner Schutzmannschaft. 23. 6. 1911 – 31. 1. 1918.
Tit. 1177, Nr. 55, Bd. 1, 2: Acta betr. die Sammlung der Monatsrapporte der Berliner Schutzmannschaft. 1879 – 1900, 1901 – 1915.
Tit. 2513, Nr. 1, Beih. 42: Acta betr. die Anwendung des § 153 der RGO gegen Arbeitgeber (Aussperrungen) sowie die Arbeitsaussperrungen überhaupt. 1906 – 1913.
Tit. 2513, Nr. 2, Bd. 5-7: Acta betr. die allgemeine Arbeiterfeier am 1. Mai jeden Jahres. 1899 – 1902, 1903 – 1909, 1909 – 1911.
Tit. 2513, Nr. 2, Beih. 2: Acta betr. die Maifeier. 11. 4. 1890 – 23. 4. 1906.
Tit. 2515, Nr. 3, Bd. 1: Acta betr. Arbeitseinstellungen und Lohnbewegungen in Berlin. 5. 5. 1899 – 18. 4. 1916.
Tit. 2515, Nr. 3, adh. 1: Acta betr. den Ausstand der Omnibusangestellten 30. 11. 1903.
Tit. 2515, Nr. 3, adh. 2: Acta betr. die Arbeitseinstellungen und Lohnbewegungen in der Elektrizitätsbranche Berlins und Umgebung. 28. 9. 1905 – 2. 11. 1905.
Tit. 2515, Nr. 3, adh. 3: Acta betr. die Bauarbeiterstreiks und Aussperrungen in Berlin. 1. 5. 1907 – 25. 2. 1908.
Tit. 2515, Nr. 3, fasc. 4, Bd. 1, 2: Acta betr. den Kohlenarbeiterstreik in Berlin im Jahre 1910. 21. 9. 1910 – 7. 4. 1911, 15. 4. 1911 – 16. 10. 1913.
Tit. 2515, Nr. 3, fasc. 5: Acta betr. die Straßentumulte aus Anlaß der Arbeitseinstellungen bei der Schlächterei Morgenstern in Berlin, Schererstr. 8. 30. 10. 1910 – 29. 11. 1911.
Tit. 2515, Nr. 3, fasc. 7: Acta betr. die Aufklärung des Falles Hermann. Moabit. 28. 1. 1911 – 7. 11. 1916.

Geheimes Zivilkabinett, 2.2.1.

Nr. 15337: Acta betr. die Schutzmannschaft in Berlin. Bd. 1: 1888 – 1901, Bd. 2: 1901 – 1918.

Justizministerium, 2.5.1.

Nr. 10125: Acta betr. Ausschreitungen aus Anlaß der Arbeitseinstellung bei den Berliner Straßenbahnen am 19. und 20. Mai 1900.

Brandenburgisches Landeshauptarchiv (BLHA) (ehem. Staatsarchiv Potsdam)

Rep. 30, Berlin C (Polizeipräsident zu Berlin)

Tit. 44-47, Nr. 2045: Acta betr. Arbeitseinstellungen 1900–1914.
(Akten des Regierungs- und Gewerberates beim Königlichen Polizeipräsidenten zu Berlin).
Tit. 90, Nr. 7611-7612: Der Aufsichtsdienst der Schutzpolizei in den Sylvesternächten. 1890–1914.
Tit. 90, Nr. 7615: Acta betr. die Neujahrsfeier. 1895–1915.
Tit. 94, Nr. 8826: Acta betr. den Aufsichtsdienst bei der Anwesenheit auswärtiger Fürstlichkeiten in Berlin. 1908–1909.
Tit. 94, Nr. 9531/1: Acta betr. das Ausstellen und Tragen der deutschen Farben und anderer demokratischer Abzeichen sowie der roten Fahne. Bd. 3: 1899–1904.
Tit. 94, Nr. 9675: Acta betr. die seit einiger Zeit in Berlin gegen die öffentliche Ruhe und Ordnung vorgekommenen Exzesse, die darüber ergangene allerhöchste Cab.Ordre 1861. Bd. 1: 1861, 1885–1893, 1900–1910.
Tit. 94, Nr. 9767-9771, 9781-9782, 9791: Acta betr. Feierlichkeiten [anläßlich Einholungen, Verlobungen, Hochzeiten & c.]. 1905–1914.
Tit. 94, Nr. 9799: Acta betr. Ehrung der Märzgefallenen im Friedrichshain. 1903–1907.
Tit. 94, Nr. 10551: Acta betr. die polizeilichen Maßregeln bei Hoffestlichkeiten und anderen größeren Festlichkeiten. Bd. 7-8: 1906–1918.
Tit. 94, Nr. 11316-11317: Acta betr. Maßnahmen anläßlich der Anwesenheit des Königs und der Königin von England in Berlin. 1909.
Tit. 94, Nr. 11655-11656: Acta betr. Amtliche Miscellen: Anträge, Eingaben, Feierlichkeiten u.ä. von Seiten der Polizei zu überwachende Angelegenheiten. Bd. 50: 1909–1914, Bd. 51: 1911–1914.
Tit. 94, Nr. 11718-11721: Acta betr. Maßnahmen anläßlich Truppenbesichtigungen, Paraden und Manövern des Militärs. Bd. 10: 1912–1913, Bd. 11: 1913–1918, Generelle Anordnungen dazu, Bd. 1: 1867–1901, Bd. 2: 1900–1916.
Tit. 94, Nr. 12428: Acta betr. Kundgebungen zur Politik des Kaisers. Bd. 1: 1908.
Tit. 94, Nr. 13217–13219: Acta betr. die sozialdemokratische Bewegung im Reichstagswahlkreis Teltow-Beeskow-Storkow-Charlottenburg. Bd. 7: 1906–1907, Bd. 8: 1907–1909, Bd. 9: 1909–1911.
Tit. 94, Nr. 13561-13562: Acta betr. die Protestversammlungen der Sozialdemokratie gegen das Dreiklassenwahlsystem am 21.1.1906. Bd. 1: 1905–1906, Bd. 2: 1906.
Tit. 94, Nr. 14141-14142: Acta betr. die sozialdemokratische Bewegung in den einzelnen Berliner Reichstagswahlkreisen, 2. Wahlkreis. Bd. 2: 1904–1907, Bd. 3: 1907–1910.
Tit. 94, Nr. 14144: Acta betr. die sozialdemokratische Bewegung in den einzelnen Berliner Reichstagswahlkreisen, 3. Wahlkreis. Bd. 2: 1904–1910.
Tit. 94, Nr. 14146-14147, 14149: Acta betr. die sozialdemokratische Bewegung in den einzelnen Berliner Reichstagswahlkreisen, 4. Wahlkreis. Bd. 2: 1902–1907, Bd. 3: 1907–1908, Bd. 5: 1910–1911.
Tit. 94, Nr, 14152-14154: Acta betr. die sozialdemokratische Bewegung in den einzelnen Berliner Reichstagswahlkreisen, 6. Wahlkreis. Bd. 5: 1907–1908, Bd. 6: 1909–1910, Bd. 7: 1910–1912.
Tit. 94, Nr. 14304: Acta betr. den Wahlrechtskampf in Preußen. 1910–1912.
Tit. 94, Nr. 14305: Acta betr. den Wahlrechtskampf in Preußen. Strafprozesse wege der Straßendemonstrationen in Groß-Berlin. 1910.

Tit. 95, Nr. 15708: Acta betr. Ehrung der Märzgefallenen im Friedrichshain. 1911–1918.

Tit. 95, Nr. 15802: Acta betr. die Arbeiterpolizei. 1905–1913.

Tit. 95, Nr. 15838: Acta betr. Demonstrationen jeder Art, ausschließlich Wahlrechtsdemonstrationen. 1912–1913.

Tit. 95, Nr. 15981: Acta betr. die sozialdemokratische Bewegung im Reichstagswahlkreis Teltow-Beeskow-Storkow-Charlottenburg. Bd. 1: 1911–1915.

Tit. 95, Nr. 15985: Acta betr. die sozialdemokratische Bestrebungen wider die Teuerungen im Lebensmittelunterhalt. Bd. 1: 1911–1913.

Tit. 95, Nr. 15994: Acta betr. Wahlrechtsdemonstrationen. Generalia. 1905–1913.

Tit. 95, Nr. 15995-15996: Acta betr. den Wahlrechtskampf. Specialia. Bd. 1: 1910–1912, Bd. 2: 1912–1913.

Tit. 95, Nr. 16001: Acta betr. die sozialdemokratische Bewegung im 3. Berliner Reichstagswahlkreis. 1910–1912.

Tit. 95, Nr. 16006: Acta betr. die sozialdemokratische Bewegung im 6. Berliner Reichstagswahlkreis. Bd. 1: 1911 – 1912.

Tit. 133, Nr. 18605: Acta betr. Bestimmungen über das Freihalten der Straßen bei Paraden, militärischen und öffentlichen Aufzügen und bei Begräbniszügen. 1819–1914.

Tit. 133, Nr. 18688: Acta betr. Verkehrsstörungen durch marschierende Truppenteile sowie Gefahren des Asphaltspflasters. 1901–1916.

Tit. 133, Nr. 18714: Acta betr. Beschwerden über Unfug auf öffentlichen Straßen und daraufhin getroffene Maßnahmen. 1908–1916.

Tit. 133, Nr. 18758: Acta betr. Beschwerden und Bekanntmachungen über die Benutzung von Rollschuhen auf öffentlichen Straßen. 1909–1917.

Tit. 133A, Nr. 18849: Acta betr. die Polizeiaufsicht in den Sylvesternächten. 1881–1902.

Evangelisches Zentralarchiv (EZA)

Evangelischer Oberkirchenrat, Best. 7

Nr. 11572: Die evangelischen Kirchen-, Pfarr- und Schulangelegenheiten in der Reformationskirche. 1902–1931.

3.2 Tageszeitungen

Als Grundlage der Fallsammlungen

Vossische Zeitung, 1.1.1900–31.7.1914 (Mikro-Film des Instituts für Zeitungsforschung der Stadt Düsseldorf, Film Nr. 203-468)

Weitere Tageszeitungen

Berliner Lokal-Anzeiger, 1902–1904, 1907–1914.
Berliner Morgenpost, 1910.
Berliner Tageblatt 1900, 1902–1904, 1907, 1911, 1912, 1914.
Berliner Volksblatt, 1890.
B. Z. am Mittag, 1913.
Charlottenburger Zeitung, 1904.
Deutsche Fleischer-Zeitung, 1910, 1912.
Kreuz-Zeitung, 1863, 1873, 1894, 1900, 1913.
National-Zeitung, 1863.
Vorwärts, 1900–1914.
Vossische Zeitung, 1883, 1885, 1897–1899.

3.3 Periodika von Gewerkschaftsverbänden
(Einzelveröffentlichungen s. unter 3.5. Literatur)

BGK 19..   Berliner Gewerkschaftskommission (Arbeiter-Sekretariat Berlin).
                  Jahres- und Kassenbericht für das Jahr 1900–1913.
DHVBln 1901/1902 Deutscher Holzarbeiter-Verband, Zahlstelle Berlin. Bericht über die
                  Thätigkeit der Zahlstelle für 1901/1902.
DMVBln 19..   Deutscher Metallarbeiter-Verband (Verwaltungsstelle Berlin),
                  Jahresbericht der Ortsverwaltung Berlin pro 1903–1913.
JbTAV 19..   Jahrbuch des Deutschen Transportarbeiter-Verbandes 1910, 1912, 1913.
                  Hg. v. Verbandsvorstand.
JbVdG 19..   Verband deutscher Gastwirtsgehilfen,
                  Jahresbericht für das Jahr 1911, 1912.
TAVBln 19..   Deutscher Transportarbeiter-Verband, Bezirk Groß-Berlin,
                  Jahresbericht der Bezirksleitung für das Jahr 1908, 1910–1913.
VbH 1907   Verband der baugewerblichen Hülfsarbeiter Deutschlands, Zweigverein
                  Berlin und Umgebung (Hg.), Geschäftsbericht über die Bewegung im
                  Jahre 1907 und Jahresabrechnung des Zweigvereins Berlin und Um-
                  gebung.
VdGBln 19..   Verband deutscher Gastwirtsgehilfen, Gau I: Berlin, Jahresbericht der
                  Ortsverwaltung Berlin 1911–1913.
ZdF 1913   Zentralverband der Fleischer und Berufsgenossen Deutschlands,
                  Geschäftsbericht des Verbands-Vorstands vom 1. Februar 1910 bis 31.
                  Januar 1913 (6. Geschäftsperiode).
ZHTVBln 19..   Zentralverband der Handels-, Transport- und Verkehrsarbeiter Deutsch-
                  lands, Verwaltungsstelle Berlin, Jahrbuch der Ortsverwaltung Berlin I pro
                  1903, 1904, der Ortsverwaltung Berlin II pro 1906.
ZVMBln 1906   Zentralverband der Maurer, Zahlstelle Berlins und der Vororte (Hg.),
                  Geschäftsbericht über die Bewegung im Jahre 1906.

3.4 Andere Periodika, Statistiken und Textsammlungen
(Ohne die Erscheinungsorte der im Literaturverzeichnis aufgeführten Titel)

Amtliche Nachrichten des Königlichen Polizei-Präsidiums zu Berlin, 1908.
Berliner Adreßbuch. Unter Benutzung amtlicher Quellen, 1910, 1911.
Berliner Gerichts-Zeitung, 1908.
Der Courier. Zentral-Organ für die Beschäftigten der im Handels-, Transport- und Verkehrs-
    gewerbe beschäftigten Arbeiter und Arbeiterinnen Deutschlands. Publikations-Organ des
    Zentralverbandes der Handels-, Transport- und Verkehrsarbeiter Deutschlands, [ab 1907]
    des Deutschen Transportarbeiter-Verbandes, 1900, 1910, 1911.
Deutscher Geschichtskalender. Begr. v. Karl Wippermann. Hg. v. Friedrich Purlitz u. Siegfried
    H. Steinberg, Bd. 26 (1910).
Dritter Verwaltungsbericht des Königlichen Polizei-Präsidiums von Berlin für die Jahre 1891
    bis 1900. Berlin 1902.
Gesetzsammlung für die königlichen Preußischen Staaten, 1821.
Die Grundstückaufnahme vom 15. Oktober 1910 sowie die Wohnungs- und Bevölkerungsauf-
    nahme vom 1. Dezember 1910 in der Stadt Berlin und 44 Nachbargemeinden. Abt. 1, H. 1-3.
    Berlin 1913–1916.
Die Neue Zeit. Wochenschrift der Deutschen Sozialdemokratie, 1900.
Die Polizei. Zeitschrift für Polizeiwissenschaft, -dienst und -wesen, mit den Beilagen
    Der Diensthund und Die Familie, 1904, 1906, 1907, 1909–1913.
Statistik des Deutschen Reichs, A.F. Bd. 23, 32, N.F. 139, 150, 151, 207, 220/221, 240, 247.

Statistisches Jahrbuch 1989. Hg. v. Statistischen Landesamt Berlin.

Statistisches Jahrbuch der Stadt Berlin, Bd. 5 (1879) – 33 (1916), N. F. Bd. 14 (1939).

Stenographische Berichte über die Verhandlungen des Preußischen Hauses der Abgeordneten, 21. Legislaturperiode, IV. Session 1911, 1. Bd.

Verhandlungen des Reichstag. XII. Legislaturperiode. II. Session. Bd. 262. Stenographische Berichte. Von der 83. Sitzung am 22. November 1910 bis zur 102. Sitzung am 10. Janur 1911.

3.5 Literatur

ABRAMS, Lynn: From Control to Commercialization. The Triumph of Mass Entertainment in Germany 1900–1925?, in: German History 8 (1990), S. 278-293.

Anonym [d. i. Ernst FUCHS, Ernst KREOWSKI]: Die Straße. Vom Urwald bis zur Eisenbahn. Berlin o. J. [1910].

AUFMUTH, Ulrich: Die deutsche Wandervogelbewegung unter soziologischem Aspekt. Göttingen 1979.

BARK, Willy: Chronik von Alt-Westend mit Schloß Ruhwald, Spandauer Bock und Fürstenbrunn. Berlin 1937. (Schr. d. Ver. f. d. Gesch. Berlins. H. 56).

BARTHES, Roland: Mythologies. Paris 1957.

BASCON-BORGELT, Christiane, DEBOLD-KRITTER, Astrid, GANSSAUGE, Karin, HARTMANN, Kristiana: In der Luisenstadt. Studien zur Stadtgeschichte von Berlin-Kreuzberg. Hg. von der Bauausstellung Berlin GmbH (IBA). Berlin 1983.

BEDARIDA, François, SUTCLIFFE, Anthony: The Street in the Structure and Life of the City: Reflections on Nineteenth-Century London and Paris, in: J. of Urban History 6 (1980), Nr. 4, S. 379-396.

BENJAMIN, Walter: Das Passagenwerk. 2 Bde. Frankfurt a. M. 1983.

BERG-SCHLOSSER, Dirk, MAIER, Herbert, STAMMEN, Theo: Einführung in die Politikwissenschaft. München ³1981. (Beck'sche Elementarbücher).

BERGH, Ernst van den: Polizei und Volk. Seelische Zusammenhänge. Berlin 1926. (Die Polizei in Einzeldarstellungen. Hg. v. W. Abegg. Bd. 1).

BERGMANN, Anneliese: Frauen, Männer, Sexualität und Geburtenkontrolle. Zur „Gebärstreikdebatte" der SPD 1913, in: Karin Hausen (Hg.): Frauen suchen ihre Geschichte. München ²1987, S. 83 ff.

BERGMANN, Klaus: Lebensgeschichte als Apell. Autobiographische Schriften der „kleinen Leute" und Außenseiter. Opladen 1991.

BERLINER GESCHICHTSWERKSTATT (Hg.): Der Wedding – hart an der Grenze. Weiterleben in Berlin nach dem Krieg. Berlin 1987. (Berliner Geschichtswerkstatt 3).

BERLINER GESCHICHTSWERKSTATT (Hg.): August 1914: Ein Volk zieht in den Krieg. Berlin 1989. (Berliner Geschichtswerkstatt 7).

BERNARD, Jean-Pierre A.: Die Bestattungsliturgie der französischen Kommunisten, in: Bernd Jürgen Warneken (Hg.): Massenmedium Straße. Zur Kulturgeschichte der Demonstration. Frankfurt a. M., New York, Paris 1991, S. 149-167.

BERNSTEIN, Eduard (Hg.): Die Geschichte der Berliner Arbeiterbewegung. Ein Kapitel zur Geschichte der deutschen Sozialdemokratie. Dritter Teil: Fünfzehn Jahre Berliner Arbeiterbewegung unter dem gemeinen Recht. Berlin 1910.

BETHGE, Werner: Bund Jungdeutschland (BJD), 1911–1923. (1924–1933 Arbeitsgemeinschaft der vaterländischen Jugend), in: Dieter Fricke u. a. (Hg.): Lexikon zur Parteiengeschichte. Die bürgerlichen und kleinbürgerlichen Parteien und Verbände in Deutschland (1789–1945). In vier Bänden. Leipzig 1983, Bd. I, S. 330-347.

BEZIRKSLEITUNG BERLIN DER SED, Kommission zur Erforschung der örtlichen Arbeiterbewegung: Geschichte der revolutionären Berliner Arbeiterbewegung. Bd. 1: Von den Anfängen bis 1917. Berlin (DDR) 1987.

BIEDERMANN, Ernst: Die Verkehrsschwankungen in den öffentlichen Verkehrsbetrieben Berlins und Untersuchungen über deren Entlastungsmöglichkeit durch außerbetriebliche Maßregeln. (Diss.) Berlin 1917.

BLEIBER, Helmut: Die Moabiter Unruhen 1910, in: Z. f. Geschichtswissenschaft 3 (1955), S. 173-211.

BOBERG, Jochen, FICHTER, Tilman, GILLEN, Eckhart (Hg.): Exerzierfeld der Moderne. Industriekultur in Berlin im 19. Jahrhundert. U. Bet. zahlr. Autoren. München 1984. (Industriekultur deutscher Städte und Regionen. Hg. v. Hermann Glaser. Berlin 1).

BODENSCHATZ, Harald: Platz frei für das Neue Berlin! Berlin 1987. (Studien zur Neueren Planungsgeschichte. Hg. von Harald Bodenschatz u. a. Bd. 1).

BOLL, Friedhelm: Friedensstrategien der deutschen Sozialdemokratie vom Erfurter Programm 1891 bis zur Revolution 1918. Bonn 1980. (Reihe Politik und Gesellschaftsgeschichte. Hg. v. Kurt Klotzbach. Bd. 8.).

BOLL, Friedhelm: Massenbewegungen in Niedersachsen 1906 – 1920. Eine sozialgeschichtliche Untersuchung zu den unterschiedlichen Entwicklungstypen Braunschweig und Hannover. Bonn 1981.

BOLL, Friedhelm: Streikwellen im europäischen Vergleich, in: Wolfgang J. Mommsen, Hans-Gerhard Husung (Hg.): Auf dem Wege zur Massengewerkschaft. Die Entwicklung der Gewerkschaften in Deutschland und Großbritannien 1880 – 1914. Stuttgart 1984, S. 109-135.

BOLL, Friedhelm: Arbeitskampf und Region. Arbeitskämpfe, Tarifverträge und Streikwellen im regionalen Vergleich 1871 – 1914, in: Gerhard A. Ritter (Hg.): Der Aufstieg der deutschen Arbeiterbewegung. Sozialdemokratie und Freie Gewerkschaften im Parteiensystem und Sozialmilieu des Kaiserreichs. U. Mitarbeit v. Elisabeth Müller-Luckner. München 1990. (Schriften des Historischen Kolleg. Hg. v. der Stiftung Historisches Kolleg. Kolloquien 18), S. 379-414.

BOLL, Friedhelm: Arbeitskämpfe und Gewerkschaften in Deutschland, England und Frankreich. Ihre Entwicklung vom 19. zum 20. Jahrhundert. Bonn 1992.

BORGHT, Richard van der: Vom Groß-Berliner Personenverkehr, in: Groß-Berliner Kalender. Illustriertes Jahrbuch 1914. Berlin 1913, S. 171-176.

BOUVIER, Beatrix W.: Die Märzfeiern der sozialdemokratischen Arbeiter: Gedenktage des Proletariats – Gedenktage der Revolution, in: Dieter Düding, Peter Friedemann, Paul Münch (Hg.): Öffentliche Festkultur. Politische Feste in Deutschland von der Aufklärung bis zum Ersten Weltkrieg. Reinbek b. Hamburg 1988. (kulturen und ideen. Hg.v. Wolfgang Müller) (rowohlts enzyklopädie. Hg. v. Burghard König), S. 334-351.

BRAMMER, Karl (Bearb.): Verfassungsgrundlagen und Hochverrat. Beiträge zur Geschichte des neuen Deutschland. Nach stenographischen Verhandlungsberichten und amtlichen Urkunden des Jagow-Prozesses. Berlin 1922.

BRAUN, Horst Dieter: Nicht die müßigen Zerstreuungen der Gedankenlosen. Der erste Mai vor 1914 als Festfeiertag und Zielvorstellung, in: Horst Dieter Braun, Claudia Reinhold, Hanns-A. Schwarz (Hg.): Vergangene Zukunft. Mutationen eines Feiertages. Berlin 1990, S. 38-54.

BREUILLY, John: The Making of the European Working Class, in: Helmut Konrad (Hg.): Probleme der Herausbildung und politischen Formierung der Arbeiterklasse. Internationale Tagung der Historiker der Arbeiterbewegung. 24. Linzer Konferenz 1988. Wien, Zürich 1989. (ITH-Tagungsberichte, Bd. 25. Materialien zur Arbeiterbewegung Nr. 52. Hg. v. der Internationalen Tagung der Historiker der Arbeiterbewegung), S. 1-19.

BROCKHAUS' Konversations- Lexikon. Vierzehnte vollständig neubearbeitete Auflage. Neue revidierte Jubiläums-Ausgabe. Leipzig 1908 – 1910.

BRÜCKER, Eva: Soziale Fragmentation und kollektives Gedächtnis. Nachbarschaftsbeziehungen in einem Berliner Arbeiterviertel 1920 – 80, in: Wolfgang Hofmann, Gerd Kuhn (Hg.), Wohnungspolitik und Städtepolitik 1900 – 1930. Berlin 1993 (Arbeitshefte des Instituts für Stadt- und Regionalplanung der Technischen Universität Berlin, H. 48), S. 285-305.

BRÜCKER, Eva: „Und ich bin da heil 'rausgekommen". Gewalt und Sexualität in einer Berliner Arbeiternachbarschaft zwischen 1916/17 und 1958, in: Thomas Lindenberger, Alf Lüdtke (Hg.), Physische Gewalt. Studien zur Geschichte der Neuzeit. Frankfurt a. M. 1995 (i.Dr.).
BRÜCKER, Eva: Clubmen and Functionaries: Gender Relations, or the Dominant Position of Men in Lower-Class Neighbourhoods. Two Berlin Examples from the 1920s to the 1980s, in: International Yearbook of Oral History and Life Stories. Oxford 1996 (i.Dr.).

CARDON, Dominique, HEURTIN, Philippe: „Tenir les rangs". Les services d'encadrement des manifestations ouvrières (1909 – 1936), in: Pierre Favre (Hg.): La manifestation. Paris 1990, S. 123-155.
CATTARUZZA, Marina: „Organisierter" Konflikt und „Direkte Aktion". Zwei Formen des Arbeiterkampfes am Beispiel der Werftarbeiterstreiks in Hamburg und Triest (1880 – 1914), in: AfS XX (1980), S. 325-355.
CHAMPAGNE, Patrick: La manifestation comme action symbolique, in: Pierre Favre (Hg.): La manifestation. Paris 1990, S. 329-356.
CLAUSBERG, Karl: Zeppelin. Die Geschichte eines unwahrscheinlichen Erfolges. M. 223 Dokumentar-Photographien. München 1979.
COLZE, Leo: Berliner Warenhäuser. Berlin ⁴1908. (Großstadt-Dokumente. Hg. v. Hans Ostwald. Bd. 47).
COMITÉ DE DÉFENSE DES VICTIMES DE LA RÉPRESSION ESPANGOLE: Un martyr des prètres. Francisco Ferrer, 10 janvier 1859 – 13 octobre 1909. Sa vie – son oeuvre. Paris o. J.
COSTAS, Ilse: Auswirkungen der Konzentration des Kapitals auf die Arbeiterklasse in Deutschland (1880 – 1914). Frankfurt a. M., New York 1981 (Campus Forschung. Bd. 184).

DAHMS, Gustav: Arbeitsmarkt auf Berliner Straßen, in: M. Reymond, L. Manzel (Hg.): Berliner Pflaster. Illustrierte Schilderungen aus dem Berliner Leben. Unter Mitwirkung erster Schriftsteller und Künstler. Berlin 1893, S. 241-244.
DAVIS, Belinda: Reconsidering Habermas, Gender, and the Public Sphere: The Case of Wilhelmine Germany, in: Geoff Eley (Hg.): Society, Culture, and the State in Germany, 1870 – 1930. Ann Arbor 1995 (i.Dr.).
DEHN, Günther: Proletarische Jugend. Lebensgestaltung und Gedankenwelt der großstädtischen Proletarierjugend. Berlin 1929.
DEHN, Günther: Die Welt vor 1914. Ein Gang durch das neunzehnte Jahrhundert. Hamburg 1956.
DEHN, Günther: Die alte Zeit, die vorigen Jahre. Lebenserinnerungen. München 1962.
DEHNE, Harald: „Das Essen wird also auch 'ambulando' eingenommen." Das „belegte Brot" und andere schnelle Kostformen für Berliner ArbeiterInnen und ihre Kinder im Kaiserreich, in: Martin Schaffner (Hg.): Brot, Brei und was dazugehört. Sozialer Sinn und physiologischer Wert. Zürich 1992.
DEUTSCHER METALLARBEITERVERBAND, ORTSVERWALTUNG BERLIN (Hg.): Erinnerungsschrift der Verwaltungsstelle Berlin des Deutschen Metallarbeiterverbandes für die Zeit ihres fünfundzwangzigjährigen Bestehens (1. Juni 1897 bis 1. Juni 1922). Berlin 1922.
DOMANSKY-DAVIDSOHN, Elisabeth: Arbeitskämpfe und Arbeitskampfstrategien des Deutschen Metallarbeiterverbandes von 1891 bis 1914. (Diss.) Bochum 1981.
DOSSE, Francois: Foucault face à l'histoire, in: EspacesTemps 30 (1985), S. 4-22.
DRONKE, Ernst: Berlin. 2 Bde. Frankfurt a. M. 1846.
DÜLFFER, Jost, HOLL, Karl (Hg.): Bereit zum Krieg. Kriegsmentalität im wilhelminischen Deutschland 1890 – 1914. Beiträge zur historischen Friedensforschung. Göttingen 1986.

EBBIGHAUSEN, Rolf, TIEMANN, Friedrich (Hg.): Das Ende der Arbeiterbewegung in Deutschland? Ein Diskussionsband zum 60. Geburtstag von Theo Pirker. Opladen 1984.
EBERSTADT, Rudolf, MÖHRING, Bruno, PETERSEN, Richard: Groß-Berlin. Ein Programm für die Planung der neuzeitlichen Großstadt. Berlin 1910.

EDEL, Edmund: Neu-Berlin. Berlin, ⁵o.J. (Großstadt-Dokumente. Hg. v. Hans Ostwald. Bd. 50).

ELEY, Geoff: Reshaping the German Right. Radical Nationalism and Political Change after Bismarck. New Haven, London 1980.

ELEY, Geoff: Geschichte der Arbeiterbewegung – Sozialgeschichte – Alltagsgeschichte: Erfahrung, Kultur und die Politik des Alltags. Eine neue Richtung für die deutsche Sozialgeschichte?, in: ders.: Wilhelminismus, Nationalismus, Faschismus. Zur historischen Kontinuität in Deutschland. A. d. Engl. übers. v. Reinhart Kößler. Münster 1991, S. 251-296.

ELM, Ludwig: Demokratische Vereinigung, 1908–1918, in: Dieter Fricke u. a. (Hg.): Lexikon zur Parteiengeschichte. Die bürgerlichen und kleinbürgerlichen Parteien und Verbände in Deutschland (1789–1945). In vier Bänden. Leipzig 1983, Bd. I, S. 496-503.

ELOESSER, Arthur: Die Straße meiner Jugend. Berliner Skizzen. Berlin 1919.

ELOESSER, Arthur: Die Straße meiner Jugend. Berliner Skizzen. M. e. Nachbemerkung d. Verlegers z. Neuausgabe 1987. Berlin 1987.

EMSLEY, Clive , WEINBERGER, Barbara (Hg.): Policing Western Europe. Politics, Professionalism, and Public Order, 1850–1940. New York, Westport (Ct.), London 1991. (Contributions in Criminology and Penology, Nr. 33).

ENDELL, August: Die Schönheit der großen Stadt. Stuttgart 1908.

ENGEL, Helmut, JERSCH-WENZEL, Stefi, TREUE, Wilhelm (Hg.): Tiergarten. Teil 2: Moabit. Berlin 1987. (Geschichtslandschaft Berlin. Orte und Ereignisse. Bd. 2) (Publikationen der Historischen Kommission zu Berlin aus Anlaß der 750-Jahr-Feier der Stadt Berlin 1987).

ERBE, Michael: Berlin im Kaiserreich, in: Wolfgang Ribbe (Hg.): Geschichte Berlins. Zweiter Band: Von der Märzrevolution bis zur Gegenwart. M. Beiträgen von Günter Richter u. a. München 1987, S. 691-793.

ERMEL, Horst D.: Die Kirchenaustrittsbewegung im Deutschen Reich 1906 bis 1914. Studien zum Widerstand gegen die soziale und politische Kontrolle unter dem Staatskirchentum. (Diss.) Köln 1971.

ERNE, Andrea: „Mit einer Zigarre im Mund, die Frau oder Braut im Arme" – Frauen bei den Wahlrechtsdemonstrationen 1910, in: Peter Assion (Hg.): Transformationen der Arbeiterkultur. Beiträge der 3. Arbeitstagung der Kommission „Arbeiterkultur" in der Deutschen Gesellschaft für Volkskunde in Marburg vom 3. bis 6. Juni 1985. Marburg 1986, S. 64-79.

ETZIONI, Amitai: Demonstration Democracy. A Policypaper Prepared for the Task Force on Demonstrations, Protests, and Group Violence of the President's National Commission on the Causes and Prevention of Violence. Prepared under the Auspices of the Center for Policy Research. New York, London, Paris 1970.

EVANS, Richard J.: „Red Wednesday" in Hamburg: Social Democrats, police and Lumpenproletariat in the suffrage disturbances of 17 January 1906, in: SH 4 (1979), S. 1-31.

EVANS, Richard J. (Hg.): Kneipengespräche im Kaiserreich. Die Stimmungsberichte der Hamburger Politischen Polizei 1892–1914. Reinbek b. Hamburg 1989.

FARGE, Arlette: Das brüchige Leben. Verführung und Aufruhr im Paris des 18. Jahrhunderts. A. d. Franz. v. Wolfgang Kaiser. Berlin 1989. (Fr.: La vie fragile. Paris 1986).

FARGE, Arlette, REVEL, Jacques: Logik des Aufruhrs. Die Kinderdeportationen in Paris 1750. Frankfurt a. M. 1989. (Fr.: Logiques de la foule. Paris 1988).

FAVRE, Pierre (Hg.): La manifestation. Paris 1990.

FEEST, Johannes, BLANKENBURG, Erhard: Die Definitionsmacht der Polizei. Strategien der Strafverfolgung und soziale Selektion. Düsseldorf 1972. (Studienbücher zur Sozialwissenschaft. Bd.1).

FEIGELL, [Willy]: Die Entwicklung des Königlichen Polizei-Präsidiums zu Berlin in der Zeit von 1809 bis 1909. Aus Anlaß der hundertjährigen Wiederkehr des Gründungstages der Behörde zum 25. März 1909 auf Grund amtlichen Materials zusammengestelllt. Berlin 1909.

FERRER, Sol: La vie et l'oeuvre de Francisco Ferrer. Un martyr au XXe Siècle. Preface de Auguste Bontemps avec un portrait original par Aline Aurouet. Paris 1962.

FESSER, Gerd: Die Wahlrechtskämpfe der Berliner Arbeiterklasse 1910 und das Preußische Oberverwaltungsgericht, in: Jb. f. Geschichte 35 (1987), S. 297-312.

FIEBIG, Karl-Heinz, HOFFMANN-AXTHELM, Dieter, KNÖDLER-BUNTE, Eberhard (Hg.): Kreuzberger Mischung. Die innerstädtische Verflechtung von Architektur, Kultur und Gewerbe. Katalog zur Ausstellung. Berlin 1984.

FISCHER, Fritz: Der Griff nach der Weltmacht. Die Kriegszielpolitik des kaiserlichen Deutschland 1914/1918. Düsseldorf 1961.

FLEMMING, Jens: Der 1. Mai und die deutsche Arbeiterbewegung. Politische Demonstration und sozialistische Festtagskultur, in: Uwe Schultz (Hg.): Das Fest. Eine Kulturgeschichte von der Antike bis zur Gegenwart. München 1988, S. 341-351.

FRICKE, Dieter: Handbuch zur Geschichte der Deutschen Arbeiterbewegung 1869 bis 1917. 2 Bde. Berlin (DDR) 1987.

FRICKE, Dieter, KNAACK, Rudolf (Bearb.): Dokumente aus geheimen Archiven. Übersichten der Berliner politischen Polizei über die allgemeine Lage der sozialdemokratischen und anarchistischen Bewegung 1878 – 1913. 4 Bde. Weimar 1983 ff.

FRITZSCHE, Bruno: Städtisches Wachstum und soziale Konflikte, in: Z. f. Volkswirtschaft u. Statistik, H. 4 (1977), S. 447-473.

FRITZSCHE, Bruno: Das Quartier als Lebensraum, in: Werner Conze, Ulrich Engelhardt (Hg.): Arbeiterexistenz im 19. Jahrhundert. Lebensstandard und Lebensgestaltung deutscher Arbeiter und Handwerker. Stuttgart 1981. (Industrielle Welt. Bd. 33), S. 92-113.

FRITZSCHE, Bruno: Mechanismen der sozialen Segregation, in: Hans-Jürgen Teuteberg (Hg.): Homo habitans. Zur Sozialgeschichte des ländlichen und städtischen Wohnens in der Neuzeit. Münster 1985, S. 155-168.

FRITZSCHE, Peter: A Nation of Fliers: German Aviation and the Popular Imagination. Cambridge (Mass.) 1992.

FRÖBA, Gudrun, NITSCHE, Rainer: „... Ein bißchen Radau...". Arbeitslose machen Geschichte. Berlin 1983.

FUNK, Albrecht: Polizei und Rechtsstaat. Die Entwicklung des staatlichen Gewaltmonopols in Preußen 1848 – 1914. Frankfurt a. M., New York 1986.

FURTWÄNGLER, Franz Josef: ÖTV. Die Geschichte einer Gewerkschaft. Hg. v. Hauptvorstand der Gewerkschaft Öffentliche Dienste, Transport und Verkehr. Stuttgart ³1962.

GAILUS, Manfred (Hg.): Pöbelexzesse und Volkstumulte in Berlin. Zur Sozialgeschichte der Straße (1830 – 1980). M. e. Vw. d. Hg. Berlin 1984.

GAILUS, Manfred: Rauchen in den Straßen und anderer Unfug. Kleine Straßenkonflikte (Polizeivergehen) in Berlin 1830 bis 1850, in: Wolfgang Ribbe (Hg.): Berlin-Forschungen Bd. III. Berlin 1988. (Einzelveröffentlichungen der Historischen Kommission zu Berlin. Bd. 66) (Publikationen der Sektion für die Geschichte Berlins Bd. 5), S. 11-42.

GAILUS, Manfred: Straße und Brot. Sozialer Protest in den deutschen Staaten unter besonderer Berücksichtigung Preußens, 1847 – 1849. Göttingen 1990. (Veröffentlichungen des Max-Planck-Instituts für Geschichte 96).

GAILUS, Manfred, VOLKMANN, Heinrich (Hg.): Der Kampf um das tägliche Brot. Nahrungsmangel, Versorgungspolitik und Protest 1770 – 1990. Opladen 1994. (Schriften des Zentralinstituts für Sozialwissenschaftliche Forschungen der Freien Universität Berlin. Bd. 74).

GEARY, Dick: Arbeiterprotest und Arbeiterbewegung in Europa 1848 – 1939. München 1983 (Arbeitsbücher Sozialgeschichte und soziale Bewegung). (Engl.: European Labour Protest, 1848 – 1939. London 1981).

GEARY, Dick: Protest and Strike: Recent Research on „Collective Action" in England, Germany, and France, in: Klaus Tenfelde (Hg.): Arbeiter und Arbeiterbewegung im Vergleich. Berichte zur internationalen Forschung. München 1986. (HZ-Sonderband), S. 361-387.

GEISEL, Eike: Im Scheunenviertel. Bilder, Texte und Dokumente. M. e. Vw. von Günter Kunert. Berlin 1981.

GEIST, Johann Friedrich, KÜRVERS, Klaus: Das Berliner Mietshaus. 3 Bde. München 1980, 1984, 1989.

GEMKOW, Heinrich: Paul Singer. Ein bedeutender Führer der deutschen Arbeiterbewegung. Mit einer Auswahl aus seinen Reden und Schriften. Berlin (DDR) 1957.

GERHARD, Ute: Verhältnisse und Verhinderungen. Frauenarbeit, Familie und Rechte der Frauen im 19. Jahrhundert. Mit Dokumenten. Frankfurt a. M. 1978.

GERHARD, Ute: Unerhört. Die Geschichte der deutschen Frauenbewegung. U. Mitarbeit v. Ulla Wischermann. Reinbek b. Hamburg 1990.

GERSAL, Luc: Spree-Athen. Berliner Skizzen von Böotier. Autorisierte Uebersetzung. Leipzig 1892.

GIESE, Erich: Das zukünftige Schnellbahnnetz für Groß Berlin. M. 120 Textabbildungen, 15 Tabellen und 15 Tafeln. Hg. vom Verband Groß Berlin. Berlin 1919.

GLATZER, Dieter, GLATZER, Ruth: Berliner Leben 1914 – 1918. Eine historische Reportage aus Erinnerungen und Berichten. Berlin (DDR) 1983.

GLATZER, Dieter, GLATZER, Ruth: Berliner Leben, 1900 – 1914. Eine historische Reportage aus Erinnerungen und Berichten. 2 Bde. Berlin (DDR) 1986.

GÖHRE, Paul: Drei Monate Fabrikarbeiter und Handwerksbursche. Eine praktische Studie. Leipzig 1891.

GOFFMAN, Erving: Stigma. Über Techniken der Bewältigung beschädigter Identität. Frankfurt a. M. 1967. (Engl.: Stigma. New York 1963).

GOFFMAN, Erving: Das Individuum im öffentlichen Austausch. Mikrostudien zur öffentlichen Ordnung. Übers. v. R. u. R. Wiggershaus. Frankfurt a. M. 1982. (Engl.: Relations in Public. New York 1971).

GREBING, Helga: Arbeiterbewegung. Sozialer Protest und kollektive Interessenvertretung bis 1914. München 1985.

GROH, Dieter: Negative Integration und revolutionärer Attentismus. Die deutsche Sozialdemokratie am Vorabend des Ersten Weltkriegs. Frankfurt a. M.. Berlin, Wien 1973.

GROH, Dieter: Die Massenstreikdiskussion und -agitation in der deutschen Sozialdemokratie in den Jahren 1905 – 1906, in: Probleme der Geschichte der Arbeiterbewegung. Ringvorlesung 1975/76, Lehrstuhl Neuere Geschichte II, Bochum (Ms.), S. 128-150.

GRUNENBERG, Antonia (Hg.): Die Massenstreikdebatte. Beiträge von Parvus, Rosa Luxemburg, Karl Kautsky und Anton Pannekoek. M. e. Einl. d. Hg. Frankfurt a. M. 1970.

HABERMAS, Jürgen: Strukturwandel der Öffentlichkeit. Untersuchungen zu einer Kategorie der bürgerlichen Gesellschaft. Darmstadt, Neuwied 1962.

HÄVERNICK, Walter: „Schläge" als Strafe. Ein Bestandteil der heutigen Familiensitte in volkskundlicher Sicht. M. 12 Diagrammen u. 43 Abb. Museum für Hamburgische Geschichte. Hamburg 1964. (Volkskundliche Studien. Hg. v. Walter Hävernick u. Herbert Freudenthal. Bd. II).

HAGEMANN, Karen: Frauenprotest und Männerdemonstrationen. Zum geschlechterspezifischen Aktionsverhalten im großstädtischen Arbeitermilieu der Weimarer Republik, in: Bernd Jürgen Warneken (Hg.): Massenmedium Straße. Zur Kulturgeschichte der Demonstration. Frankfurt a.M., New York, Paris 1991, S. 202-230.

HARRISON, Mark: The Crowd in Bristol, 1790 – 1835. (Diss.) Cambridge 1984.

HARRISON, Mark: The Ordering of the Urban Environment: Time Work and the Occurence of the Crowd, 1790 – 1835, in: P&P 110 (1986), S. 134 – 168.

HARRISON, Mark: Crowds and History. Mass Phenomena in English Towns, 1790 – 1835. Cambridge 1988.

HARTMANN, Jürgen: Staatszeremoniell. Berlin, Bonn, München 1988.

HAUG, Wolfgang Fritz: Umrisse zu einer Theorie des Ideologischen, in: Projekt Ideologietheorie, Manfred Behrend u. a: Theorien über Ideologie. Berlin 1979. (Argument-Sonderband 40), S. 178-204.

HAUPT, Heinz-Gerhardt: Zur historischen Analyse von Gewalt: Charles Tilly/Louise Tilly/Richard Tilly, The Rebellious Century 1830 – 1930, in: GuG 3 (1977), S. 236-256.

HAUSEN, Karin: Die Polarisierung der „Geschlechtscharaktere". Eine Spiegelung der Disso-
ziation von Erwerbs- und Familienleben, in: Werner Conze (Hg.): Sozialgeschichte der Familie in der Neuzeit Europas. Neue Forschungen. Stuttgart 1976 (Industrielle Welt. Bd. 21),
S. 363-393.

HAUSEN, Karin: Schwierigkeiten mit dem „sozialen Protest". Kritische Anmerkungen zu
einem historischen Forschungsansatz, in: GuG 3 (1977), S. 257-263.

HEHEMANN, Rainer: Die „Bekämpfung des Zigeunerunwesens" im Wilhelminischen
Deutschland und in der Weimarer Republik, 1871–1933. Frankfurt a. M. 1987.

HEILIGENTHAL, R.: Die Industriestadt Berlin, in: ders.: Berliner Städtebaustudien. Berlin-
Halensee o.J. [1926], S. 1-8.

HERSCHENZ: Wirkungskreis der Polizei. Absperrungen und „großer Aufsichtsdienst", in:
Die Polizei 1 (1904/1905), S. 127-129, 435-438, 461-464, 482-484.

HERTZ-EICHENRODE, Dieter: Parteiorganisation und Wahlkämpfe der Sozialdemokrati-
schen Partei in Berlin 1871–1918, in: Gerhard A. Ritter (Hg.): Der Aufstieg der deutschen
Arbeiterbewegung. Sozialdemokratie und Freie Gewerkschaften im Parteiensystem und
Sozialmilieu des Kaiserreichs. U. Mitarbeit v. Elisabeth Müller-Luckner. München 1990.
(Schriften des Historischen Kolleg. Hg. v. der Stiftung Historisches Kolleg. Kolloquien 18),
S. 219-258.

HERZIG, Arno: Unterschichtenprotest in Deutschland 1790–1870. Göttingen 1988.

HOBSBAWM, Eric J.: The Machine Breakers, in: ders.: Labouring Men. Studies in the History of Labour. London 1964, S. 5-21.

HOBSBAWM, Eric J.: Städte und Aufstände. Ein Beitrag zur Diskussion, in: Jb. f. Wirtschaftsgeschichte 1969, H. III, S. 111-120.

HOBSBAWM, Eric J.: Worlds of Labour. Further Studies in the History of Labour. London 1984.

HOBSBAWM, Eric, RANGER, Terence (Hg.): The Invention of Tradition. Cambridge 1983.

HÖLSCHER, Lucian: Weltgericht oder Revolution. Protestantische und sozialistische
Zukunftsvorstellungen im deutschen Kaiserreich. Stuttgart 1989. (Industrielle Welt. Bd. 46).

HOHORST, Gerd, KOCKA, Jürgen, RITTER, Gerhard A.: Sozialgeschichtliches Arbeitsbuch. Bd. II: Materialien zur Statistik des Kaiserreichs 1870–1914. 2. durchges. Aufl. München
1978. (Statistische Arbeitsbücher zur neueren deutschen Geschichte. Hg. v. Jürgen Kocka u.
Gerhard A. Ritter).

HOLTON, Robert J.: The crowd in history: some problems of theory and method, in: SH 3
(1978), S. 219–233.

HÜPPAUF, B.: Ansichten vom Krieg. Vergleichende Studien zum Ersten Weltkrieg in Literatur und Gesellschaft. Königstein/Ts. 1984.

JESSEN, Ralph: Polizei im Industrierevier. Modernisierung und Herrschaftspraxis im west-
fälischen Ruhrgebiet 1848–1914. Göttingen 1991. (Kritische Studien zur Geschichtswissenschaft. Hg. v. Helmut Berding u.a. Bd. 91).

KASCHUBA, Wolfgang: Von der „Rotte" zum „Block". Zur kulturellen Ikonographie der
Demonstration im 19. Jahrhundert, in: Bernd Jürgen Warneken (Hg.): Massenmedium Straße.
Zur Kulturgeschichte der Demonstration. Frankfurt a.M., New York, Paris 1991, S. 68-96.

KOCKA, Jürgen: Lohnarbeit und Klassenbildung. Arbeiter und Arbeiterbewegung in Deutschland 1800–1870. Berlin, Bonn 1983.

KÖHN, Eckhardt: Straßenrausch. Flanerie und „kleine Form". Versuch einer Quasi-Literatur-
geschichte des Flaneurs in Berlin. Berlin 1989.

KOLLMANN, Julius: Der Großstadt-Verkehr. Modernes Verkehrswesen der Großstädte. Dargestellt an der Reichshauptstadt Berlin. Berlin 1905. (Moderne Zeitfragen, Nr. 3).

KORFF, Gottfried: Rote Fahnen und geballte Faust. Zur Symbolik der Arbeiterbewegung in
der Weimarer Republik, in: Peter Assion (Hg.): Transformationen der Arbeiterkultur. Beiträge
der 3. Arbeitstagung der Kommission „Arbeiterkultur" in der Deutschen Gesellschaft für
Volkskunde in Marburg vom 3. bis 6. Juni 1985. Marburg 1986, S. 64-79.

KRIELE, Martin: Straßen- und Lokalhandel in Berlin. Berlin 1899. (S. d. V. f. Sozialpolitik. Bd. 81).

KRÖLL, Ulrich: Die internationale Buren-Agitation 1899–1902. Haltung der Öffentlichkeit und Agitation zugunsten der Buren in Deutschland, Frankreich und den Niederlanden während des Burenkrieges. Münster 1973. (Dialog der Gesellschaft 7. Schriftenreihe für Publizistik und Kommunikationswissenschaft. Hg. v. Winfried B. Lerg).

KRUSE, Wolfgang: Krieg und nationale Integration. Eine Neuinterpretation des sozialdemokratischen Burgfriedensschlusses 1914/15. Essen 1994.

KÜGLER, Hermann: Der Stralauer Fischzug. Geschichte und Schicksale eines Berliner Volksfestes, in: Niederdeutsche Z. f. Volkskunde 6 (1928), S. 44-61.

KÜHN, Volker: Das Kabarett der frühen Jahre. Ein freches Musenkind macht erste Schritte. Berlin 1984.

LACLAU, Ernesto: Politics and Ideology in Marxist Theory. Capitalism – Fascism – Populism. London 1977.

LANGE, Annemarie: Das Wilhelminische Berlin. Zwischen Jahrhundertwende und Novemberrevolution. Berlin (DDR) 1967.

LANGE, Annemarie: Berlin zur Zeit Bismarcks und Bebels. Zwischen Reichsgründung und Jahrhundertwende. Berlin (DDR) 1972.

LANGEWIESCHE, Dieter: Liberalismus in Deutschland. Frankfurt a. M. 1988.

LEFEBVRE, Henri: Revolutionary Crowds, in: Jeffrey Kaplow (Hg.): New Perspectives in the French Revolution: readings in historical sociology. New York 1965, S. 176ff.

LEFEVRE, Andrea: Lebensmittelunruhen in Berlin 1920–1923. In: Gailus, Manfred, Volkmann, Heinrich (Hg.): Der Kampf um das tägliche Brot. Nahrungsmangel, Versorgungspolitik und Protest 1770–1990. Opladen 1994. (Schriften des Zentralinstituts für Sozialwissenschaftliche Forschungen der Freien Universität Berlin. Bd. 74), S. 346-360.

LEIXNER, Otto: Soziale Briefe aus Berlin. Mit besonderer Berücksichtigung der sozialdemokratischen Strömungen. Berlin 1891.

LERCH, Edith: Die Maifeiern der Arbeiter im Kaiserreich, in: Dieter Düding, Peter Friedemann, Paul Münch (Hg.): Öffentliche Festkultur. Politische Feste in Deutschland von der Aufklärung bis zum Ersten Weltkrieg. Reinbek b. Hamburg 1988. (kulturen und ideen. Hg.v. Wolfgang Müller) (rowohlts enzyklopädie. Hg. v. Burghard König), S. 352-372.

LEUENBERGER, Martin: Zur Kriminalisierung der Normalität: Die Definitionsgewalt von Polizisten gegenüber Jugendlichen Ende des 19. Jahrhunderts, in: Alf Lüdtke (Hg.): „Sicherheit" und „Wohlfahrt". Polizei, Gesellschaft und Herrschaft im 19. und 20. Jahrhundert. Frankfurt a. M. 1992, S. 133-158.

LINDENBERG, Paul: Strassenexistenzen, in: M. Reymond, L. Manzel (Hg.): Berliner Pflaster. Illustrierte Schilderungen aus dem Berliner Leben. Unter Mitwirkung erster Schriftsteller und Künstler. Berlin 1893, S. 97–120.

LINDENBERG, Paul: Berlin in Wort und Bild. Berlin 1895.

LINDENBERGER, Thomas: Berliner Unordnung zwischen den Revolutionen, in: Manfred Gailus (Hg.): Pöbelexzesse und Volkstumulte in Berlin. Zur Straßengeschichte 1830–1980. M. e. Vw. d. Hg. Berlin 1984, S. 43-78.

LINDENBERGER, Thomas: Die Fleischrevolte am Wedding. Lebensmittelversorgung und Politik in Berlin am Vorabend des Ersten Weltkriegs, in: Manfred Gailus, Heinrich Volkmann (Hg.): Der Kampf um das tägliche Brot. Nahrungsmangel, Versorgungspolitik und Protest 1770–1990. Opladen 1994. (Schriften des Zentralinstituts für Sozialwissenschaftliche Forschungen der Freien Universität Berlin. Bd. 74), S. 282-304.

LINDENBERGER, Thomas: Was bleibt von The Making of the English Working Class? Anmerkungen zur deutschen Arbeitergeschichte. Vortrag für „Sozialgeschichte nach E. P. Thompson". Internationales Kolloquium am 1. und 2. Juli 1994 im Max-Planck-Institut für Geschichte, Tagungsband 1995a (i. Dr.)

LINDENBERGER, Thomas: Die „verdiente Tracht Prügel". Ein kurzes Kapitel über das Lynchen im wilhelminischen Berlin. In: Thomas Lindenberger, Alf Lüdtke (Hg.), Physische Gewalt. Studien zur Geschichte der Neuzeit. Frankfurt a. M. 1995b (i. Dr.).

LINDNER, Rolf: Straße – Straßenjunge – Straßenbande. Ein zivilisationstheoretischer Streifzug, in: ZfV 79 (1983), S. 192-208.

LINK, Jürgen: Literaturanalyse als Interdiskursanalyse. Am Beispiel des Ursprungs literarischer Symbolik in der Kollektivsymbolik, in: Jürgen Fohrmann, Harro Müller (Hg.): Diskurstheorie und Literaturwissenschaft. Frankfurt a. M. 1988, S. 284-307.

LOENING, Edgar: Vereins- und Versammlungsfreiheit, in: Handwörterbuch der Staatswissenschaften. Hg. v. J. Conrad, W. Lexis, L. Elster, Edg. Loening. 8. Bd. Jena ³1911, S. 152-171.

LÖSCHE, Peter: Der Bolschewismus im Urteil der deutschen Sozialdemokratie 1903 – 1920. M. e. Vw. v. Georg Kotowski. Berlin 1967. (Veröffentlichungen der Historischen Kommission zu Berlin beim Friedrich-Meinecke-Institut der Freien Universität Berlin, Bd. 29) (Publikationen zur Geschichte der Arbeiterbewegung Bd. 1).

LOFLAND, Lyn H.: A World of Strangers. Order and Action in Urban Public Space. New York 1973.

LUDWIG-UHLAND-INSTITUT FÜR EMPIRISCHE KULTURWISSENSCHAFT DER UNIVERSITÄT TÜBINGEN (Hg.): Als die Deutschen demonstrieren lernten. Das Kulturmuster „friedliche Straßendemonstration" im preußischen Wahlrechtskampf 1908 – 1910. Begleitband zur Ausstellung des Tübinger Schlosses vom 24. Januar bis 9. März 1986. Ltg. d. Projektgruppe Bernd Jürgen Warneken. Tübingen 1986.

LÜDERS, Else: Minna Cauer. Leben und Werk. Dargest. an Hand ihrer Tagebücher und nachgelassenen Schriften. Gotha 1925.

LÜDTKE, Alf: Von der „tätigen Verfassung" zur Abwehr von „Störern". Zur Theoriegeschichte von „Polizei" und staatlicher Zwangsgewalt im 19. und frühen 20. Jahrhundert, in: Der Staat 20 (1981), S. 201-228.

LÜDTKE, Alf: „Gemeinwohl", Polizei und „Festungspraxis". Staatliche Gewaltsamkeit und innere Verwaltung in Preußen, 1815 – 1850. Göttingen 1982a. (Veröffentlichungen des Max-Planck-Instituts für Geschichte 73).

LÜDTKE, Alf: Rekonstruktion von Alltagswirklichkeit – Entpolitisierung der Sozialgeschichte?, in: Robert M. Berdahl, u. a.: Klassen und Kultur. Sozialanthropologische Perspektiven in der Geschichtsschreibung. Frankfurt a. M. 1982b, S. 321-353.

LÜDTKE, Alf: Protest – oder: Die Faszination des Spektakulären. Zur Analyse alltäglicher Widersetzlichkeit, in: Heinrich Volkmann, Jürgen Bergmann (Hg.): Sozialer Protest. Studien zu traditioneller Resistenz und kollektiver Gewalt in Deutschland vom Vormärz bis zur Reichsgründung. Opladen 1984, S. 325-341.

LÜDTKE, Alf: „Das Schwert der inneren Ordnung": Administrative Definitionsmacht, Polizeipraxis und staatliche Gewalt im vormärzlichen Preußen, in: Kriminologisches Journal, 2. Beih. 1987, S. 90-110.

LÜDTKE, Alf: Wo blieb die „rote Glut"? Arbeitererfahrungen und deutscher Faschismus, in: ders. (Hg.): Alltagsgeschichte. Zur Rekonstruktion historischer Erfahrungen und Lebensweisen. Frankfurt a. M., New York 1989, S. 224-282.

LÜDTKE, Alf: Trauerritual und politische Manifestation. Zu den Begräbnisumzügen der Sozialdemokratie im frühen Kaiserreich, in: Bernd Jürgen Warneken (Hg.): Massenmedium Straße. Zur Kulturgeschichte der Demonstration. Frankfurt a. M., New York, Paris 1991, S. 120-148.

LÜDTKE, Alf (Hg.): „Sicherheit" und „Wohlfahrt". Polizei, Gesellschaft und Herrschaft im 19. und 20. Jahrhundert. Frankfurt a. M. 1992.

LÜDTKE, Alf: Eigen-Sinn. Fabrikalltag, Arbeitererfahrungen und Politik vom Kaiserreich bis in den Faschismus. Hamburg 1993.

LÜDTKE, Alf: „Helden der Arbeit" – Mühen beim Arbeiten. Zur mißmutigen Loyalität von

Industriearbeitern in der DDR, in: Hartmut Kaelble u. a. (Hg.): Sozialgeschichte der DDR. Stuttgart 1994a, S. 188-213.

LÜDTKE, Alf: Eigen-Sinn, in: Berliner Geschichtswerkstatt (Hg.), Alltagskultur, Subjektivität und Geschichte. Zur Theorie und Praxis von Alltagsgeschichte. Münster 1994b, S. 139-153.

McELIGOTT, Anthony: Street Politics in Hamburg. 1932–33, in: History Workshop Journal 16 (1983), S. 83-90.

McHALE, V. E., BERGNER, J.: Collective and Individual Violence: Berlin and Vienna 1875– 1914. In: Criminal Justice History 2 (1981), S. 31-61.

MATTHEIER, Klaus: Die Gelben. Nationale Arbeiter zwischen Wirtschaftsfrieden und Streik. Düsseldorf 1973.

MECHOW, Max: Berliner Studenten 1810–1914. Berlin 1975.

MERTENS, Victor E.: Experimentelles über die Wirkung zweier Schutzmannssäbel, in: Z. f. Medizinalbeamte 20 (1907), S. 537-539.

MEYER-RENSCHHAUSEN, Elisabeth: Zur Geschichte der Gefühle. Das Reden von „Scham" und „Ehre" innerhalb der Frauenbewegung um die Jahrhundertwende, in: Christiane Eifert, Susanne Rouette (Hg.): Unter allen Umständen. Frauengeschichte(n) in Berlin. Berlin 1986, S. 99-122.

MILLER, Wilbur R.: Cops and Bobbies. Police Authority in New York and London 1830–1870. Chicago, London 1977.

Moabit. Ein Bild polizeilicher Willkürherrschaft. Berlin o. J. [1911].

MONKKONEN, Eric H.: Police in Urban America 1860–1920. Cambridge/Mass. 1981.

MOOSER, Josef: Arbeiterleben in Deutschland 1900–1970. Klassenlagen, Kultur und Politik. Frankfurt a. M. 1984.

MORING, Karl-Ernst: Die Sozialdemokratische Partei in Bremen 1890–1914. Reformismus und Radikalismus in der Sozialdemokratischen Partei Bremens. Hannover 1968. (Schriftenreihe des Forschungsinstituts der Friedrich-Ebert-Stiftung. B: Historisch-politische Schriften).

MOSSE, George L.: Die Nationalisierung der Massen. Politische Symbolik und Massenbewegungen in Deutschland von den Napoleonischen Kriegen bis zum Dritten Reich. Frankfurt a. M., Berlin 1976.

MÜHLBERG, Dietrich (Ltg. d. Autorenkoll.): Arbeiterleben um 1900. Berlin (DDR) 1983.

MÜHLBERG, Dietrich (Hg.): Proletariat. Kultur und Lebensweise im 19. Jahrhundert. Texte, Bildausw. u. Red. Wolfgang Bagger u. a., u. Mitarb. v. Dagmar Claus u. a. Wien, Köln, Graz 1986. (Kulturstudien. Hg. v. Hubert Chr. Ehalt u. Helmut Konrad. Sonderband 2).

MÜLLER, Dirk H.: Gewerkschaftliche Versammlungsdemokratie und Arbeiterdelegierte vor 1918. Ein Beitrag zur Geschichte des Lokalismus, des Syndikalismus und der entstehenden Rätebewegung. Berlin 1985. (Einzelveröffentlichungen der Historischen Kommission zu Berlin. Bd. 49) (Publikationen zur Geschichte der Arbeiterbewegung).

MÜLLER, Hans: Werth und Bedeutung politischer Demonstrationen. Festschrift zur Maifeier. Berlin 1892. (Sozialistische Bibliothek. Hg. v. Hermann Teistler. H. 2).

NEGT, Oskar, KLUGE, Alexander: Öffentlichkeit und Erfahrung. Zur Organisationsanalyse von bürgerlicher und proletarischer Öffentlichkeit. Frankfurt a. M. 1972.

NEUE GESELLSCHAFT FÜR BILDENDE KUNST, Berlin (West) (Hg.): Revolution und Fotografie. Berlin 1918/19. Ausstellungskatalog. In Zusammenarbeit mit dem Zentrum für Kunstausstellungen der DDR. Berlin 1990.

NIENHAUS, Ursula: Einsatz für die „Sittlichkeit": Die Anfänge der weiblichen Polizei im Wilhelminischen Deutschland und in der Weimarer Republik, in: Alf Lüdtke (Hg.): „Sicherheit" und „Wohlfahrt". Polizei, Gesellschaft und Herrschaft im 19. und 20. Jahrhundert. Frankfurt a. M. 1992, S. 243-266.

NIGGEMANN, Heinz (Hg.): Frauenemanzipation und Sozialdemokratie. M. Beitr. v. Ottilie Baader, Lily Braun, Käte Duncker, Clara Zetkin, Luise Zietz u. a. Frankfurt a. M. 1981. (Die Frau in der Gesellschaft. Frühe Texte. Hg. von Gisela Brinker-Gabler).

NITSCHE, Rainer (Hg.): Häuserkämpfe, 1872, 1920, 1945, 1982. Berlin 1981.

NOLAN, Mary: Social democracy and society. Working class radicalism in Düsseldorf 1890–1920. Cambridge 1981.

NOVY, Klaus: Hochburg der Wohnreform, in: Jochen Boberg, Tilman Fichter, Eckhart Gillen (Hg.): Die Metropole. Industriekultur in Berlin im 20. Jahrhundert. U. Bet. zahlr. Autoren. München 1986. (Industriekultur deutscher Städte und Regionen. Hg. v. Hermann Glaser. Berlin 2), S. 120-125.

OFFERLÉ, Michel: Descendre dans la rue: de la „journeé" à la „manif", in: Pierre Favre (Hg.): La manifestation. Paris 1990, S. 90-122.

OSTWALD, Hans: Dunkle Winkel in Berlin. Berlin [12]1904. (Großstadt-Dokumente. Hg. v. Hans Ostwald. Bd. 1).

OSTWALD, Hans: Sittengeschichte Berlins. Berlin 1924.

PAETSCH, H.: Die Verkehrspolizei, in: Erich Giese u. ders. (Hg.): Polizei und Verkehr. Berlin 1926. (Die Polizei in Einzeldarstellungen. Hg. v. W. Abegg. Bd. 6), S. 163-198.

PAPCKE, Sven: Progressive Gewalt. Studien zum sozialen Widerstandsrecht. Frankfurt a. M. 1973.

PARVUS: Staatsstreich und politischer Massenstrike, in: Die Neue Zeit 14 (1895/96), abgedr. in: Antonia Grunenberg (Hg.): Die Massenstreikdebatte. Beiträge von Parvus, Rosa Luxemburg, Karl Kautsky und Anton Pannekoek. M. e. Einl. d. Hg. Frankfurt a. M. 1970, S. 46-95.

PHILIPS, D.: Riots and Public Order in the Black Country, 1835–1860, in: R. Quinault, J. Stevenson (Hg.): Popular Protest and Public Order. Six Studies in British History 1790–1920. London 1974, S. 141-180.

POLIZEI-PRÄSIDIUM VON BERLIN: Sammlung der Polizeiverordnungen und polizeilichen Vorschriften für Berlin. 4. umgearb. u. verm. Ausg. 3 Bde. Im amtl. Auftr. hg. Berlin 1900.

POLIZEIPRÄSIDIUM VON BERLIN: Sammlung dienstlicher Verfügungen für die Königliche Schutzmannschaft in Berlin. Berlin 1902.

POLIZEI-PRÄSIDIUM VON BERLIN: Sammlung der Polizei-Verordnungen und polizeilichen Bekanntmachungen für Berlin. 5. Ausg. 3. Bde. Im amtl. Auftr. hg. Berlin 1910.

PRZEWISLIK, Martina: „Alle Gefahr geht vom Weibe aus". Zwangsmaßnahmen zur Bekämpfung von Geschlechtskrankheiten. Historische Parallelen?, in: Berliner FrauenKulturInitiative (Hg.): Fundorte. 200 Jahre Frauenleben und Frauenbewegung in Berlin. Ausstellungskatalog. Berlin 1987, S. 72-85.

PULZER, Peter: The rise of political antisemitism in Germany and Austria. Rev. ed. with new introduction and bibliography. London 1988.

RAPSILBER, Maximilian: Bilder der Straße, in: Spreeathener. Berlin 1914. (Berliner Bilder. Eine illustrierte Sammlung von Einzeldarstellungen aus allen Gebieten des Berliner Lebens), S. 101-128.

REIF, Heinz: Stadtentwicklung und Viertelbildung im Ruhrgebiet: Oberhausen 1850 bis 1929, in: Wolfgang Hartwig, Klaus Tenfelde (Hg.): Soziale Räume in der Urbanisierung. Studien zur Geschichte Münchens im Vergleich 1850 bis 1933. München 1990, S. 155–174.

REINKE, Herbert: „Armed As If For A War": The State, The Military And The Professionalisation Of The Prussian Police In Imperial Germany, in: Clive Emsly/Barbara Weinberger (Hg.): Policing Western Europe. Politics, Professionalism, and Public Order, 1850–1940. New York, Westport (Ct.), London 1991. (Contributions in Criminology and Penology, Nr. 33), S. 55-73.

REINKE, Herbert: „... hat sich ein politischer und wirtschaftlicher Polizeistaat entwickelt". Polizei und Großstadt im Rheinland vom Vorabend des Ersten Weltkriegs bis zum Beginn der zwanziger Jahre, in: Alf Lüdtke (Hg.): „Sicherheit" und „Wohlfahrt". Polizei, Gesellschaft und Herrschaft im 19. und 20. Jahrhundert. Frankfurt a. M. 1992, S. 219–242.

REINKE, Herbert (Hg.): „...nur für die Sicherheit da...“? Zur Geschichte der Polizei im 19. und 20. Jahrhundert. Frankfurt a. M., New York 1993.

RETZLAW, Karl: Spartakus. Aufstieg und Niedergang. Erinnerungen eines Parteiarbeiters. Frankfurt a. M. 1971.

RITTER, Gerhard A.: Sozialdemokratie und Sozialgeschichte 1909–1914. Zu einer neueren Darstellung, in: AfS XXVII (1977), S. 458-466.

RITTER, Gerhard A.: Staat, Arbeiterschaft und Arbeiterbewegung in Deutschland. Vom Vormärz bis zum Ende der Weimarer Republik. Berlin, Bonn 1980.

RITTER, Gerhard A.: Die Sozialdemokratie im Deutschen Kaiserreich in sozialgeschichtlicher Perspektive, in: HZ 249 (1989), H. 2, S. 295-362.

RITTER, Gerhard A. (Hg.): Der Aufstieg der deutschen Arbeiterbewegung. Sozialdemokratie und Freie Gewerkschaften im Parteiensystem und Sozialmilieu des Kaiserreichs. U. Mitarbeit v.Elisabeth Müller-Luckner. München 1990. (Schriften des Historischen Kolleg. Hg. v. der Stiftung Historisches Kolleg. Kolloquien 18).

RITTER, Gerhard A., TENFELDE, Klaus: Arbeiter im Deutschen Kaiserreich 1871 bis 1914. Bonn 1992. (Geschichte der Arbeiter und der Arbeiterbewegung in Deutschland seit dem Ende des 18. Jahrhunderts. Bd. 5).

ROBERT, Vincent: Aux origines de la manifestation en France (1789–1848), in: Pierre Favre (Hg.): La manifestation. Paris 1990, S. 69-89.

RÖHL, John C. G.: Kaiser, Hof und Staat. Wilhelm II. und die deutsche Politik. München 1987.

RÖMER, Willy: Kinder auf der Straße. Berlin 1904–1932. Berlin 1983. (Edition Photothek II. Hg. v. Diethart Kerbs).

ROSCHER, Gustav: Großstadtpolizei. Ein praktisches Handbuch der deutschen Polizei. Hamburg 1912.

ROSENHAFT, Eve: Beating the Facsists? The German Communists and Political Violence 1929–1933. Cambridge u. a. 1983.

ROSENHAFT, Eve: Links gleich Rechts? Militante Straßengewalt um 1930, in: Thomas Lindenberger, Alf Lüdtke (Hg.), Physische Gewalt. Studien zur Geschichte der Neuzeit. Frankfurt a. M. 1995b (i. Dr.).

ROTERING: Aus der Lehre vom groben Unfug, in: Die Polizei 6 (1909/1910), S. 145-147.

RÜRUP, Reinhard: Demokratische Revolution und „dritter Weg“. Die deutsche Revolution von 1918/19 in der neueren wissenschaftlichen Diskussion, in: GuG 9 (1983), S. 278-301.

RUTSCHKY, Katharina (Hg.): Schwarze Pädagogik. Quellen zur Naturgeschichte der bürgerlichen Erziehung. Frankfurt a. M., Berlin, Wien 1977.

SALDERN, Adelheid von: Auf dem Weg zum Arbeiter-Reformismus. Parteialltag in sozialdemokratischer Provinz. Göttingen 1870–1920. Frankfurt a. M. 1984.

SAUL, K.: Der Staat und die „Mächte des Umsturzes“. Ein Beitrag zu den Methoden antisozialistischer Repression vom Scheitern des Sozialistengesetzes bis zur Jahrhundertwende, in: AfS XII (1972), S. 293-350.

SAUL, Klaus: Staat, Industrie, Arbeiterbewegung im Kaiserreich. Zur Innen- und Außenpolitik des Wilhelminischen Deutschland 1903–1914. Düsseldorf 1974.

SCHARFE, Martin: Straße. Ein Grund-Riß, in: ZfV 79 (1983), S. 171-191.

SCHELLACK, Fritz: Sedan- und Kaisergeburtstagfeste, in: Dieter Düding, Peter Friedemann, Paul Münch (Hg.): Öffentliche Festkultur. Politische Feste in Deutschland von der Aufklärung bis zum Ersten Weltkrieg. Reinbek b. Hamburg 1988. (kulturen und ideen. Hg.v. Wolfgang Müller) (rowohlts enzyklopädie. Hg. v. Burghard König), S. 278-297.

SCHIVELBUSCH, Wolfgang: Lichtblicke. Zur Geschichte der künstlichen Helligkeit im 19. Jahrhundert. München, Wien 1983. (Hanser Anthropologie. Hg. v. Wolf Lepenies).

SCHLUMBOHM, Jürgen: Straße und Familie, in: ZfP 25 (1979), S. 697-726.

SCHMIDT, Paul: Die ersten 50 Jahre der Königlichen Schutzmannschaft zu Berlin. Berlin 1898.

SCHMIDT, Paul: Die Königliche Schutzmannschaft zu Berlin 1898 – 1908. Als Nachtrag zur Geschichte des Korps aus Anlaß der 60jährigen Bestehens. Berlin 1908.

SCHMITT, Günter: Als in Johannisthal der Motorflug begann... Hg. v. Rat des Stadtbezirks Berlin-Treptow. Berlin (DDR) 1983.

SCHNEIDER; Michael: Aussperrung. Ihre Geschichte und Funktion vom Kaiserreich bis heute. Köln 1980.

SCHNEIDER, Michael: SPD und Gewerkschaften. Bd. 1: Zur Geschichte eines Bündnisses. Darstellung und Dokumentation. Hg. v. Jochem Langkau u. a. Bonn 1994.

SCHÖNHOVEN, Klaus: Expansion und Konzentration. Studien zur Entwicklung der Freien Gewerkschaften im Wilhelminischen Deutschland 1890 – 1914. Stuttgart 1980. (Industrielle Welt. Bd. 30).

SCHÖNHOVEN, Klaus: Die Gewerkschaften als Massenbewegung im Wilhelminischen Kaiserreich 1890 bis 1918, in: Klaus Tenfelde u. a.: Geschichte der deutschen Gewerkschaften. Von den Anfängen bis 1945. Hg. v. Ulrich Borsdorf u. d. Mitarb. v. Gabriele Weiden. M. e. Vw. v. Ernst Breit u. Ilse Brusis. Köln 1987, S. 167-278.

SCHÖNHOVEN, Klaus: Die regionale Ausbreitung der deutschen Gewerkschaften im Kaiserreich 1890 – 1918, in: Gerhard A. Ritter (Hg.): Der Aufstieg der deutschen Arbeiterbewegung. Sozialdemokratie und Freie Gewerkschaften im Parteiensystem und Sozialmilieu des Kaiserreichs. U. Mitarbeit v. Elisabeth Müller-Luckner. München 1990. (Schriften des Historischen Kolleg. Hg. v. der Stiftung Historisches Kolleg. Kolloquien 18), S. 345-378.

SCHORSKE, Carl E.: Die Große Spaltung. Die deutsche Sozialdemokratie 1905 – 1917. A. d. Amerik. v. Harry Maòr. Berlin 1981. (Engl.: The German Social Democracy of 1905 – 1917. Cambrigde, [Mass.] 1955).

SCHULTE, Regina: Sperrbezirke. Tugendhaftigkeit und Prostitution in der bürgerlichen Welt. Frankfurt a. M. 1984.

SCHUTTE, Jürgen, SPRENGEL, Peter (Hg.): Die Berliner Moderne. Stuttgart 1987.

SCHWARZ, Karl (Hg.): Von der Residenzstadt zur Industriemetropole. Ein Beitrag der TU Berlin zum Preußenjahr 1981. Hg. i. A. des Präsidenten der TU Berlin. 3 Bde. Berlin 1981.

SCHWIPPE, Heinrich Johannes: Sozialökologie der Stadt Berlin 1875 – 1910. Ein Beitrag zur räumlich-sozialen Segregation in Berlin, in: Hans Kleinn (Hg.): Westfalen – Nordwestdeutschland – Nordseesektor. Wilhelm Müller-Wille zum 75. Geburtstag v. s. Schülern. Münster 1981. (Westfälische geographische Studien. Nr. 37), S. 315-351.

SCHWIPPE, Heinrich Johannes: Zum Prozeß der sozialräumlichen innerstädtischen Differenzierung im Industrialisierungsprozeß des 19. Jahrhunderts. Eine faktorial-ökologische Studie am Beispiel der Stadt Berlin 1875 – 1910, in: Hans-Jürgen Teuteberg (Hg.): Urbanisierung im 19. und 20. Jahrhundert. Historische und geographische Aspekte. Köln, Wien 1983, S. 241-307.

SCHWIPPE, Heinrich Johannes: Prozesse sozialer Segregation und funktionaler Spezialisierung in Berlin und Hamburg in der Periode der Industrialisierung und Urbanisierung, in: Heinz Heineberg (Hg.): Innerstädtische Differenzierung und Prozesse im 19. und 20. Jahrhundert. Geographische und historische Aspekte. Köln, Wien 1987, S. 195-224.

SCHWIPPS, Werner: Riesenzigarren und fliegende Kisten. Bilder aus der Frühzeit der Luftfahrt in Berlin. Berlin 1984. (Berliner Beiträge zur Technikgeschichte und Industriekultur. Schriftenreihe des Museums für Verkehr und Technik Berlin. Bd. 3).

SIEMANN, Wolfram: Krieg und Frieden in historischen Gedenkfeiern des Jahres 1913, in: Dieter Düding, Peter Friedemann, Paul Münch (Hg.): Öffentliche Festkultur. Politische Feste in Deutschland von der Aufklärung bis zum Ersten Weltkrieg. Reinbek b. Hamburg 1988. (kulturen und ideen. Hg. v. Wolfgang Müller) (rowohlts enzyklopädie. Hg. v. Burghard König), S. 298-320.

SILVER, Allan: The Demand for Order in Civil Society: A Review of Some Themes in the

History of Urban Crime, Police and Riot, in: David J. Bordura (Hg.): The Police: Six Sociological Essays. New York, London, Sydney 1967, S. 1-24.

SOLTAU, Friedrich: Wohnungswechsel und Wohnungsmarkt. Dargestellt im Anschluß an die Erhebung leerstehender und gekündigter Wohnungen vom 15. Oktober 1909 in Charlottenburg. (Diss.) Berlin 1913.

SPREE, Reinhard: Wachstumstrends und Konjunkturzyklen in der deutschen Wirtschaft von 1820 bis 1913. Quantitativer Rahmen für eine Konjunkturgeschichte des 19. Jahrhunderts. Mit 58 Schaubildern und 10 Tabellen. U. Mitarb. v. Michael Tybus. Göttingen 1978.

STAHR, Henrick: „Erst Essen – dann Miete!" Mieterkrawalle, Mieterstreiks und ihre bildliche Repräsentation, in: Diethart Kerbs, Henrick Stahr (Hg.): Berlin 1932. Das letzte Jahr der Weimarer Republik. Berlin 1992. (Deutsche Vergangenheit. Stätten der Geschichte Berlins. Bd. 73), S. 90-114.

STAATLICHE KUNSTHALLE BERLIN (Hg.): Hans Baluschek 1870 – 1935. Ausstellungskatalog. Berlin 1991.

STEDMAN JONES, Gareth: Outcast London. A Study in the Relationship between Classes in Victorian London. Oxford 1971.

STEDMAN JONES, Garcth: Working-class culture and working-class politics in London, 1870 – 1900: Notes on the remaking of a working class, in: JSH 7 (1974), S. 460-509.

STEGMANN, Dirk: Die Erben Bismarcks. Parteien und Verbände in der Spätphase des Wilhelminischen Deutschlands. Sammlungspolitik 1897 – 1918. Köln, Berlin 1970.

STENGEL, Karl Frhr. v. (Begr.): Wörterbuch des Deutschen Staats- und Verwaltungsrechts. Hg. v. Max Fleischmann. Tübingen ²1913.

STENKEWITZ, Kurt: Gegen Bajonett und Dividende. Die politische Krise am Vorabend des ersten Weltkrieges. Berlin 1960. (Schriftenreihe des Instituts für deutsche Geschichte an der Karl-Marx-Universität Leipzig).

STERN, Leo (Hg.): Die Russische Revolution von 1905 – 1907 im Spiegel der deutschen Presse. Quellenmaterial zusammengest. und bearb. v. d. Assistenkoll. Rudolf Auerzapf u. a. Berlin (DDR) 1961. (Archivalische Forschungen zur Geschichte der deutschen Arbeiterbewegung. Bd. 2/VII).

STILLFRIED: Ceremonialbuch für den Königlich Preussischen Hof. Abschnitt I.-XII. Berlin 1877.

STILLICH, U.: Die Lage der weiblichen Dienstboten in Berlin. Berlin 1902.

STORCH, Robert D.: The Plague of the Blue Locusts. Police Reform and Popular Resistance in Northern England 1840 – 1857, in: Intern. Rev. of Social History XX (1975), S. 61-90.

STORCH, Robert D.: The Policeman as a Domestic Missionary. Urban Discipline and Popular Culture in Northern England, 1850 – 1880, in: JSH 9 (1975/76), S. 481-509.

Das Strafgesetzbuch für das Deutsche Reich in seiner gegenwärtigen Gestalt einschließlich der Novelle vom 19. Juni 1912. Dritte, neubearb. Aufl. hg. v. Franz Schierlinger. München 1912.

STROHMEYER, Klaus (Hg.): Berlin in Bewegung. In Zusammenarbeit m. Marianne Strohmeyer. 2 Bde. Reinbek b. Hamburg 1987.

TEWS, Johannes: Großstadtpädagogik. Vorträge gehalten in der Humboldt-Akademie zu Berlin. Leipzig 1911.

THEWELEIT, Klaus: Männerphantasien. 2 Bde. Frankfurt a. M. 1977, 1978.

THIENEL, Ingrid: Städtewachstum im Industrialisierungsprozeß des 19. Jahrhunderts. Das Berliner Beispiel. Berlin 1973.

THIENEL, Ingrid: Verstädterung, städtische Infrastruktur und Stadtplanung. Berlin zwischen 1850 und 1914, in: Z. f. Stadtgeschichte, Stadtsoziologie und Denkmalpflege 1 (1977), S. 55-84.

THOMASON, F. J.: The Prussian Police State in Berlin, 1848 – 1871. (Diss.) Baltimore 1978.

THOMPSON, Edward P.: Die englische Gesellschaft im 18. Jahrhundert: Klassenkampf ohne Klasse?, in: ders.: Plebeische Kultur und moralische Ökonomie. Aufsätze zur englischen Sozialgeschichte des 18. und 19. Jahrhunderts. Ausgew. u. eingel. von Dieter Groh. Frankfurt

a. M., Berlin, Wien 1980a. (Sozialgeschichtliche Bibliothek. Hg. v. Dieter Groh), S. 246-288. (Engl.: Eighteenth-century English Society: Class Struggle without Class?, in: SH 3 [1976], S. 133-168).

THOMPSON, Edward P.: Die „moralische Ökonomie" der englischen Unterschichten im 18. Jahrhundert, in: ders.: Plebejische Kultur und moralische Ökonomie. Aufsätze zur englischen Sozialgeschichte des 18. und 19. Jahrhunderts. Ausgew. u. eingel. v. Dieter Groh. Frankfurt a. M., Berlin, Wien 1980b. (Sozialgeschichtliche Bibliothek. Hg. v. Dieter Groh), S. 66-129. (Engl.: The Moral Economy of the English Crowd in the Eighteenth Century, in: P&P 50 [1971], S. 76-136).

THOMPSON, Edward P.: The Making of the English Working Class. London ³1981.

THOMPSON, Edward P.: Die Entstehung der englischen Arbeiterklasse. A. d. Engl. v. Lotte Eidenbenz u. a. 2. Bde. Frankfurt a. M. 1987. (Engl.: The Making of the English Working Class. London ²1968)

THOMPSON, Edward P.: Customs in Common. London 1992.

TILLY, Charles; TILLY, Louise; TILLY, Richard: The Rebellious Century. 1830–1930. Cambridge 1975.

TILLY, Charles: Collective Violence in European Perspective, in: Hugh Davis Graham, Ted Robert Gurr (Hg.): Violence in America. Report of the Task Force on Historical and Comparative Perspectives to the National Commission on the Causes and Prevention of Violence. Beverly Hills, London 1979, S. 83-118.

TILLY, Charles: The Contentious French. Cambridge (Mass.), London 1986.

TILLY, Richard: Unruhen und Proteste in Deutschland im 19. Jahrhundert, in: ders.: Kapital, Staat und sozialer Protest in der deutschen Industrialisierung. Gesammelte Aufsätze. Göttingen 1980. (Kritische Studien zur Geschichtswissenschaft 41), S. 143-174.

TILLY, Richard; HOHORST, Gerd: Sozialer Protest in Deutschland im 19. Jahrhundert. Skizze eines Forschungsansatzes, in: Konrad Jarausch (Hg.): Quantifizierung in der Geschichtswissenschaft. Probleme und Möglichkeiten. M. e. Einl. d. Hg. Düsseldorf 1976, S. 232-278.

UFERMANN, Paul, HÜGLIN, Carl: Stinnes und seine Konzerne. Berlin 1924.

VELY, E.: Berliner Kinder, in: Spreeathener. Berlin 1914. (Berliner Bilder. Eine illustrierte Sammlung von Einzeldarstellungen aus allen Gebieten des Berliner Lebens.), S. 1-23.

VERBAND DER BÄCKER UND BERUFSGENOSSEN DEUTSCHLANDS: Die Lohnbewegungen und Streiks im Bäckergewerbe 1904 bis 1905. Agitationsbroschüre des Verbandes der Bäcker und Berufsgenossen Deutschlands. Hamburg 1905.

VERBANDSVORSTAND DES ZENTRALVERBANDES DER MAURER DEUTSCHLANDS (Hg.): Kampf um die Arbeitsbedingungen Berlin 1907. Tarifbewegung 1908. Hamburg 1909.

VOLKMANN, Heinrich: Kategorien des sozialen Protestes im Vormärz, in: GuG 3 (1977), S. 164-189.

VOLKMANN, Heinrich, BERGMANN, Jürgen: Einleitung, in: dies. (Hg.): Sozialer Protest. Studien zu traditioneller Resistenz und kollektiver Gewalt in Deutschland vom Vormärz bis zur Reichsgründung. Opladen 1984. (Schriftenreihe des Zentralinstituts für sozialwissenschaftliche Forschung der Freien Universität Berlin. Bd. 44), S. 11-18.

VORSTAND DER INDUSTRIEGEWERKSCHAFT METALL FÜR DIE BUNDESREPUBLIK DEUTSCHLAND (Hg.): Internationaler Frauentag. Tag der Frauen seit 75 Jahren. Text u. Red. Gisela Losseff-Tillmanns u. a. Frankfurt a. M. 1985.

WARNEKEN, Bernd Jürgen: Zeppelinkult und Arbeiterbewegung. Eine mentalitätsgeschichtliche Studie, in: ZfV 80 (1984), S. 59-80.

WARNEKEN, Bernd Jürgen: „Massentritt". Zur Körpersprache von Demonstranten im Kaiserreich, in: Peter Assion (Hg.): Transformationen der Arbeiterkultur. Beiträge der 3. Arbeitstagung der Kommission „Arbeiterkultur" in der Deutschen Gesellschaft für Volkskunde in Marburg vom 3. bis 6. Juni 1985. Marburg 1986, S. 64-79.

WARNEKEN, Bernd Jürgen: Entfesselung. Der Zeppelinkult als Volksbewegung, in: Baden-Württemberg 4 (1988), S. 52-55.

WARNEKEN, Bernd Jürgen (Hg.): Massenmedium Straße. Zur Kulturgeschichte der Demonstration. Frankfurt a. M., New York, Paris 1991a.

WARNEKEN, Bernd Jürgen: „Die friedliche Gewalt des Volkswillens". Muster und Deutungsmuster von Demonstrationen im deutschen Kaiserreich, in: ders. (Hg.): Massenmedium Straße. Zur Kulturgeschichte der Demonstration. Frankfurt a. M., New York, Paris 1991b, S. 97-119.

WEHLER, Hans-Ulrich: Das deutsche Kaiserreich 1871-1918. 5. durchges. u. bibl. erg. Aufl. Göttingen 1983. (Deutsche Geschichte. Hg. v. Joachim Leuschner. Bd. 9).

WERNER, Karl Ferdinand (Hg.): Hof, Kultur und Politik im 19. Jahrhundert. Akten des 18. Deutsch-französischen Historikerkolloquiums. Darmstadt vom 27.-30. September 1980. Bonn 1985. (Pariser Historische Studien. Bd. 21).

WILLIS, Paul: Spaß am Widerstand. Gegenkultur in der Arbeiterschule. A. d. Engl. v. Nils Thomas Lindqvist. Frankfurt a. M. 1979. (Engl.: Learning to Labour. Farnborough, Hants. 1977).

WIRTZ, Rainer: „Widersetzlichkciten, Excesse, Crawalle, Tumulte, Skandale". Soziale Bewegungen und gewalthafter sozialer Protest in Baden 1815-1848. Frankfurt a. M., Berlin, Wien 1981.

WITT, Peter-Christian: Die Gründung des Deutschen Reiches von 1871 oder dreimal Kaiserfest, in: Uwe Schultz (Hg.): Das Fest. Eine Kulturgeschichte von der Antike bis zur Gegenwart. München 1988, S. 306-451.

WULF, Peter: Hugo Stinnes. Wirtschaft und Politik 1918-1924. Stuttgart 1979. (Kieler Historische Studien, Bd. 28).

WYRWA, Ulrich: Branntwein und „echtes" Bier. Die Trinkkultur der Hamburger Arbeiter im 19. Jahrhundert. Hamburg 1990. (Sozialgeschichtliche Bibliothek bei Junius. Hg. v. Dieter u. Ruth Groh).

ZAHLSTELLE BERLIN DES DEUTSCHEN BUCHBINDER-VERBANDES (Hg.): Geschichte der Berliner Buchbinder-Bewegung. Festschrift zum 25jährigen Bestehen der Zahlstelle Berlin des deutschen Buchbinder-Verbandes. Berlin o. J. [1908].

ZAIKA, Siegfried: Polizeigeschichte. Die Exekutive im Lichte der historischen Konfliktforschung. Untersuchungen über die Theorie und Praxis der preußischen Schutzpolizei in der Weimarer Republik zur Verhinderung und Bekämpfung innerer Unruhen. Lübeck 1979. (Polizeipraxis Bd. 1).

ZILLE, Heinrich: Photographien Berlin. 1890-1910. Hg. u. komm. v. Winfried Ranke. München 1975.

ZIMM, Alfred: Die Entwicklung des Industriestandortes Berlin. Tendenzen der geographischen Lokalisation bei den Berliner Industriezweigen von überörtlicher Bedeutung sowie der territorialen Stadtentwicklung. Berlin (DDR) 1959.

ZINNECKER, Jürgen: Straßensozialisation - Versuch, einen unterschätzten Lernort zu thematisieren, in: ZfP 25 (1979), S. 727-746.

ZOBELTITZ, F. v.: Aus dem Garnisonleben Berlins, in: M. Reymond, L. Manzel (Hg.): Berliner Pflaster. Illustrierte Schilderungen aus dem Berliner Leben. Unter Mitwirkung erster Schriftsteller und Künstler. Berlin 1893, S. 337-348.

ZWAHR, Helmut: Zur Konstituierung des Proletariats als Klasse. Strukturuntersuchung über das Leipziger Proletariat während der industriellen Revolution. München 1981. (Nachdr. d. Ausg. Berlin [DDR] 1978).

ZWAKA, Petra: Wer hat Angst vor den neuen Amazonen? Frauenaktionen im Berlin der Jahrhundertwende, in: Berliner FrauenKulturInitiative (Hg.): Fundorte. 200 Jahre Frauenleben und Frauenbewegung in Berlin. Ausstellungskatalog. Berlin 1987, S. 99-111.

4 Verzeichnis der Abbildungen und Bildnachweis

5 Personenregister

(Erwähnungen in den Anmerkungen sind *kursiv* gedruckt)

6 Der Autor

Thomas Lindenberger, geboren 1955, Dr. phil., ist wissenschaftlicher Mitarbeiter am Forschungsschwerpunkt Zeithistorische Studien, Potsdam, und Mitherausgeber der Zeitschrift „WerkstattGeschichte".

Die Deutsche Bibliothek — CIP-Einheitsaufnahme

Lindenberger, Thomas:
Strassenpolitik: zur Sozialgeschichte der öffentlichen Ordnung
in Berlin 1900 bis 1914 / Thomas Lindenberger.
[Forschungsinstitut der Friedrich-Ebert-Stiftung]. — Bonn:
Dietz, 1995
(Reihe: Politik- und Gesellschaftsgeschichte; Bd. 39)
ISBN 3-8012-4057-6
NE: GT